Frank-Peter Herbst, Peter Rump
Skandinavien – der Norden

Mu maddarii tuobtak läi tat
zu kierrakii lantan ai årrus!

Mein war das Land in alten Zeiten,
beschützt mein Volk in der Zukunft!
(Inschrift des Samenmahnmals in Gällivare, Schweden)

LAP_004 Foto: fh

Impressum

Frank-Peter Herbst, Peter Rump
Skandinavien – der Norden

erschienen im
Reise Know-How Verlag Peter Rump GmbH
Osnabrücker Str. 79
33649 Bielefeld

10., komplett aktualisierte Auflage 2007

Gestaltung
Umschlag: G. Pawlak, P. Rump (Layout)
G. Pawlak (Realisierung)
Inhalt: G. Pawlak (Layout)
F.-P. Herbst (Realisierung)
Fotos: Wolfram Schwieder, Sonja Körber, Carola Erhard, Joachim Ehlers, Andrea Schumacher, Pentti Harala, Lisa Lieneweg, die Autoren
Titelfoto: Frank-Peter Herbst
Karten: Catherine Raisin, der Verlag

Lektorat (Aktualisierung): Barbara Bossinger

Druck und Bindung
Fuldaer Verlagsanstalt GmbH & Co. KG

ISBN 978-3-8317-1582-4
Printed in Germany

Dieses Buch ist erhältlich in jeder Buchhandlung Deutschlands, der Schweiz, Österreichs, Belgiens und der Niederlande.

Bitte informieren Sie Ihren Buchhändler über folgende Bezugsadressen:
Deutschland:
Prolit GmbH, Postfach 9, D-35461 Fernwald (Annerod)
sowie alle Barsortimente
Schweiz
AVA-buch 2000
Postfach, CH-8910 Affoltern
Österreich
Mohr Morawa Buchvertrieb GmbH
Sulzengasse 2, A-1230 Wien
Niederlande, Belgien
Willems Adventure
Postbus 403, NL-3140 AK Maassluis

Wer im Buchhandel trotzdem kein Glück hat, bekommt unsere Bücher auch über unseren
Büchershop im Internet: www.reise-know-how.de

Wir freuen uns über Kritik, Kommentare und Verbesserungsvorschläge.

Alle Informationen in diesem Buch sind von den Autoren mit größter Sorgfalt gesammelt und vom Lektorat des Verlages gewissenhaft bearbeitet und überprüft worden.

Da inhaltliche und sachliche Fehler nicht ausgeschlossen werden können, erklärt der Verlag, dass alle Angaben im Sinne der Produkthaftung ohne Garantie erfolgen und dass Verlag wie Autoren keinerlei Verantwortung und Haftung für inhaltliche und sachliche Fehler übernehmen.

Die Nennung von Firmen und ihren Produkten und ihre Reihenfolge sind als Beispiel ohne Wertung gegenüber anderen anzusehen.
Qualitäts- und Quantitätsangaben sind rein subjektive Einschätzungen der Autoren und dienen keinesfalls der Bewerbung von Firmen oder Produkten.

Frank-Peter Herbst, Peter Rump

Skandinavien – der Norden

Reise Know-How im Internet

Aktuelle Reisetipps und Neuigkeiten
Ergänzungen nach Redaktionsschluss
Büchershop und Sonderangebote

www.reise-know-how.de
info@reise-know-how.de

Wir freuen uns über Anregung und Kritik.

Vorwort

Der nördlichste Punkt Europas, das Nordkap, ist ein Traumziel, ein Magnet für viele, die sich alljährlich aufmachen, den Norden Skandinaviens zu bereisen.

Lappland. Damit verbindet man unberührte Natur, Rentiere, weite Ebenen, Mitternachtssonne und Nordlicht. Die Landschaft, die man durchfährt, ist mehr als nur eine zu überwindende Entfernung.

Wer sich Zeit lässt, vielleicht sogar das Fernziel Nordkap aufgibt und sich von der Einzigartigkeit der Tundra fesseln lässt, entdeckt mehr: undurchdringliche Sümpfe, klare Seen, saubere Luft, unberührte Wälder und eine noch relativ intakte Tier- und Pflanzenwelt.

Wir haben den Norden Skandinaviens lieben gelernt und wollen mit diesem Buch unsere Erfahrungen weitergeben. Wir wissen, dass Lappland nicht nur im Sommer erlebenswert ist, sondern in den anderen Jahreszeiten vielleicht noch anziehender: Im Herbst verwandelt sich das Land in ein unbeschreibliches Farbenmeer, im Winter liegt es schneeüberzogen und still dem Reisenden zu Füßen.

Es war eine Wintertour, die uns veranlasste, dieses Reisehandbuch zu schreiben. Alle von uns seinerzeit mitgenommenen Reiseführer entpuppten sich nämlich als nutzlos, da sie sich nur mit der Hauptreisesaison, dem Sommer, beschäftigten.

Unser Reisehandbuch bietet nun komplette Informationen fürs Reisen im Sommer, im Herbst und im Winter. Es behandelt das Gebiet vom Polarkreis bis zum Nordkap und enthält zusätzlich Hintergrundinformationen über die skandinavischen Länder. Und da wir wissen, dass man nach längerer Zeit in der Einsamkeit des hohen Nordens das quirlige Leben in der Großstadt vermissen kann, haben wir Oslo, Stockholm und Helsinki ebenfalls ausführlich beschrieben.

Einen besonderen Schwerpunkt bieten die Kapitel über die Samen (so nennen sich die „Lappen" selbst), die ihre Probleme mit Tourismus und Regierungen haben.

Die Tipps zu den Themen Reisevorbereitung, Autoausbau und Ausrüstung helfen, eine komplikationslose Reise von drei Wochen oder auch drei Monaten durchzuführen, ob man per Anhalter oder mit dem eigenen Auto reist, im Wohnmobil übernachtet oder auf Campingplätzen zeltet.

Wir wünschen eine gute Reise und genug Zeit, die letzte Wildnis Europas kennen zu lernen.

Frank-Peter Herbst,
Peter Rump

Inhalt

Exkurse

Routenbeschreibungen

Orte in Lappland von A bis Z

Anhang

Zum Begriff „Lappland"

Einen Staat „Lappland“ wird man auf keiner Karte finden. Das Wort bezeichnet nämlich den hauptsächlich nördlich des Polarkreises liegenden Teil Skandinaviens, der unter Schweden, Norwegen und Finnland aufgeteilt ist.

Diese durch den Golfstrom erwärmte Region Europas fasziniert durch unberührte Sümpfe, weite Ebenen, endlose Tundra und schroffe Berge, die eine natürliche Einheit bilden, wie sie in Europa selten geworden ist. Sie ist genau das Richtige für Leute, die die Einsamkeit genießen wollen.

Das Wort „Lappland“ entstand aus der finnischen Bezeichnung für die nomadischen Ureinwohner dieser Region. Dieser Name wurde von den Schweden übernommen, die ihre nördliche Provinz Lappland nannten, Norweger nannten die Lappen „Finner“ (= Finnen), und aus diesem Grunde heißt der nördlichste Teil Norwegens „Finnmark“. Der finnische Teil Lapplands heißt wiederum „Lappi“.

Auch in Teile der südlicheren Provinz Trøndelag und in Røros leben Samen, die zur Minderheit der Südsamen gehören.

Die Lappen selbst nennen sich „Sameh“ (Samen) und halten die Bezeichnung „Lappen“ für eine Beleidigung, da dieses Wort übersetzt so etwas wie „Ausgestoßene“ bedeutet. Das Land, in dem sie leben, heißt demnach auch nicht Lappland, sondern „Sameodnäm“ oder „sápmi“.

Früher lebten ausschließlich Samen in dem Gebiet nördlich des Polarkreises. Sie wurden dann allerdings von den einwandernden Skandinaviern immer weiter zurückgedrängt. Das war recht einfach, da die Samen ein unkriegerisches Volk waren, später zwang man sie sogar zur Entrichtung von Steuern.

Heute sind fast alle dieser ehemaligen Nomaden sesshaft geworden und betreiben ihre frühere Lebensgrundlage, das Fischen und die Rentierzucht, nur noch nebenberuflich.

Wir haben uns in diesem Buch bemüht, dem Anliegen der Samen gerecht zu werden, und nennen sie bei ihrem eigenen Namen. Von der Bezeichnung „Lappland“ wollten wir uns allerdings nicht trennen, da sie doch relativ fest im deutschen Sprachgebrauch verankert ist. Heute ist Lappland auf drei Nationen verteilt (wenn man den russischen Teil mitrechnet, sogar auf vier). In Norwegen gehören drei Bezirke dazu: *Nordland, Troms* und *Finnmarken,* allerdings leben auch noch weiter südlich Samen. In Schweden gehören zwei Provinzen dazu: *Norrbotten* und *Västerbotten;* in Finnland nur einer: *Lappi.*

Wenn wir im Text von Lappland sprechen, meinen wir stets das gesamte Gebiet Skandinaviens, das nördlich des Polarkreises liegt.

LAP_012 Foto: fh

Praktische Reisetipps von A bis Z

LAP_013A Foto: ws

LAP_043 Foto: fh

Bei Alta sind wasserdichte Schuhe praktisch

Häufige Stopps bei der Hurtigrute

Nach der Landung in Harstad muss man zu Fuß laufen

Anreise und Verkehrsmittel

Mit oder ohne Auto?

Das ist die Frage, die man möglichst früh entscheiden sollte. Wir sind der Meinung, dass man mit dem eigenen Fahrzeug am besten vorankommt und auch am meisten sieht. Allerdings sind wir nicht der Meinung, dass unsere Einstellung die einzig richtige ist, und darum haben wir in diesem Reisebuch auch alle möglichen Informationen verarbeitet, die speziell für Rucksackreisende interessant sind. Wir selbst sind über zwei Monate durch Lappland getrampt (wir sprechen also aus Erfahrung). In den folgenden Abschnitten wird einiges zu den Transportproblemen in diesem sehr spärlich besiedelten Gebiet gesagt; wir hoffen, es wird die Entscheidung erleichtern.

Auto fahren

Wahl der Strecke

Wichtige Grundüberlegung bei der Streckenwahl ist natürlich die zur Verfügung stehende Zeit, auch die Finanzen spielen eine Rolle. Ob einem nun die Berge Norwegens, die Wälder Schwedens oder die Seen Finnlands mehr zusagen, muss jeder selbst wissen. Auch die Fährverbindungen nach Skandinavien spielen eine große Rolle. Ein Preis- und Leistungsvergleich in diesem Stadium der Reiseplanung ist ganz nützlich. Grundsätzlich kann man über Norwegen, über Schweden und über Finnland nach Lappland kommen. Im Einzelnen sieht das so aus:

- **Anreise über Norwegen:** Die erste Möglichkeit führt über die dänischen Inseln nach Schweden. In Malmö oder Helsingborg trifft man auf die E 6. Sie führt an der Küste entlang durch Göteborg und Udevalla zur norwegischen Grenze. Zwei Stunden später erreicht man Oslo und folgt weiter der E 6 nordwärts. Die nächsten Stationen sind dann Lillehammer, das Gudbrandsdal und das Dovrefjell. Nun geht's nach Trondheim, Steinkjer und Mosjöen. Kurz hinter Mo i Rana erreicht man den Polarkreis und ist in Lappland. Lappen, oder richtiger: Samen, leben allerdings auch südlicher in der Provinz Trøndelag.

Die andere Möglichkeit ist die Fahrt an die Spitze Jütlands und mit der Fähre über den Skagerrak nach Oslo, wo man sich auf die E 6 fädelt und dann wie oben beschrieben weiterfährt.

Diese beiden Wege führen an vielen Fjorden und schroffen Küsten entlang. Sie gehören zu den schönsten Anreisewegen. Allerdings machen sich nach einigen Tagen Ermüdungserscheinungen breit, da man von einem überwältigenden Anblick zum nächsten fährt. Außerdem ist er mit 3400 km (von Bielefeld zum Nordkap) der längste Weg. Es müssen einige Umwege gefahren werden, wenn wieder ein Fjord den Weg versperrt. Man sieht mitunter sein Ziel schon greifbar vor Augen, muss aber noch einen halben Tag fahren, um auf die andere Fjordseite zu kommen.

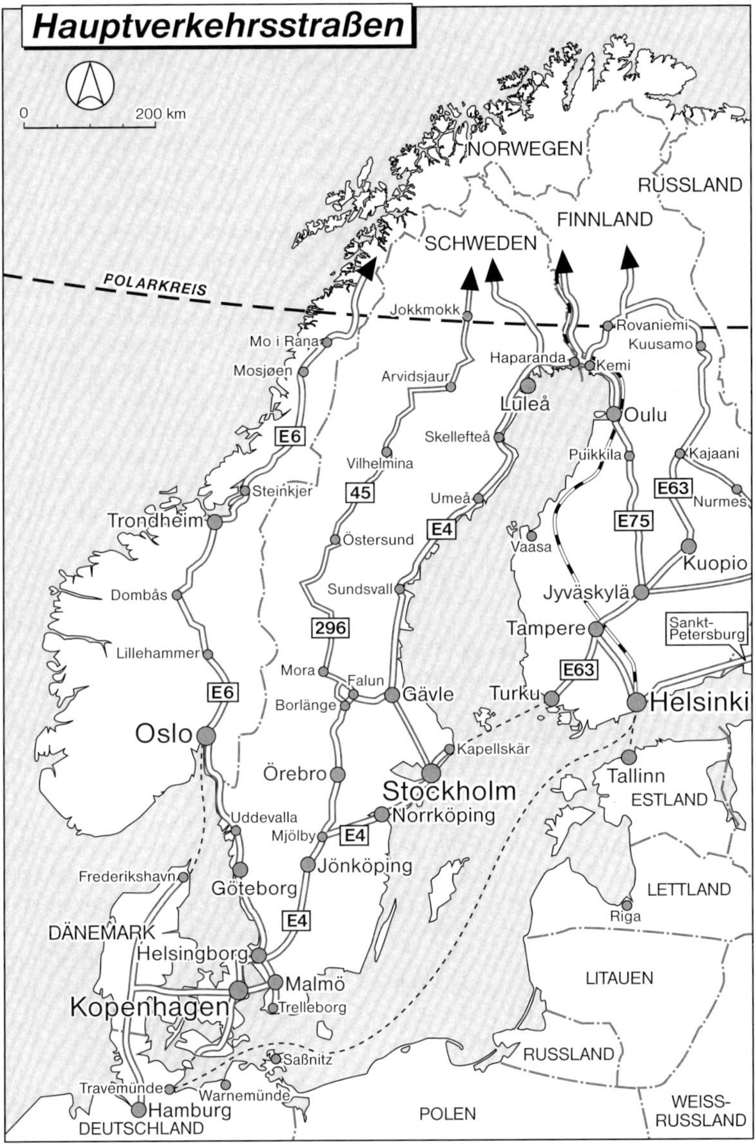
Hauptverkehrsstraßen
0
200 km
POLARKREIS
NORWEGEN
SCHWEDEN
FINNLAND
RUSSLAND
ESTLAND
LETTLAND
LITAUEN
RUSSLAND
POLEN
WEISS-
RUSSLAND
DÄNEMARK
DEUTSCHLAND
Jokkmokk
Mo i Rana
Mosjøen
Arvidsjaur
Haparanda
Rovaniemi
Kuusamo
Kemi
Luleå
Oulu
E6
Skellefteå
Vilhelmina
Puikkila
Kajaani
Steinkjer
45
Umeå
E63
Nurmes
E75
Trondheim
E4
Östersund
Vaasa
Kuopio
Sundsvall
Jyväskylä
Dombås
296
Tampere
Sankt-
Petersburg
Lillehammer
E63
Mora
Falun
Gävle
Turku
Helsinki
E6
Borlänge
Oslo
Kapellskär
Tallinn
Örebro
Stockholm
Uddevalla
Norrköping
Mjölby
E4
Jönköping
Frederikshavn
Göteborg
Riga
E4
Helsingborg
Malmö
Kopenhagen
Trelleborg
Saßnitz
Travemünde
Warnemünde
Hamburg

• **Anreise über Schweden:** Kommt man in Helsingborg oder Trelleborg von der Fähre oder in Malmö von der Öresundbrücke (ab 31 € pro Auto plus Kaution, bei Buchung in Deutschland, www.oeresund-bruecke.de), muss man auf die Schilder „E 4" und „Stockholm" achten. Am Ortsausgang zweigt diese Straße von der E 6 ab. Die E 4 führt durch Skåne (Schonen), Småland und Östergötland. Größere Städte sind Jönköping und Huskvarna. In Mjölby kann man weiter die E 4 nach Stockholm benutzen oder nordwärts in Richtung Örebro fahren. Hinter Börlänge kommt man nach Falun. Dort gibt es wieder zwei Möglichkeiten: Die eine führt an der Küste entlang über Gävle, Sundsvall, Umeå, Skellefteå und Luleå zum Polarkreis. Man kommt allerdings kaum durch abwechslungsreiche Landschaften, rechts das Meer, links Wald und Wiese.

Die andere Möglichkeit ist die Straße 45 (Innlandsvegen) über Mora, Östersund, Dorotea, Vilhelmina und Arvidsjaur. Dort fährt man dann in Richtung Jokkmokk, das schon jenseits des Polarkreises liegt. Auf diesem Weg passiert man die Provinzen Dalarna (bei uns bekannt durch die gleichnamigen roten Holzgäule), Härjedalen, Jämtland und Lappland. Dieser Anreiseweg ist wohl der abwechslungsreichste. Man hat stets die Möglichkeit, Ausflüge nach links ins Gebirge oder nach rechts in die Wälder zu machen. Einige interessante Orte und Naturschönheiten liegen direkt am Weg.

• **Anreise über Finnland:** Der Weg über Finnland lässt sich auf zwei Arten bewältigen. Die schnellste Anreise beginnt in Travemünde am Skandinavien-Kai. Mit einem schnellen Schiff ist man nach 27 Stunden in Helsinki. Dort besteigt man den Autoreisezug, der in rund 12½ Std. den Polarkreis bei Rovaniemi erreicht, das man wohl als Hauptstadt Lapplands bezeichnen kann, obwohl es noch unterhalb des Polarkreises liegt.

Preiswerter fährt man über Land durch Dänemark nach Schweden und dann auf der oben beschriebenen Strecke auf der E 4 nach Stockholm und von dort aus nach Kapellskär zum Fähranleger. Die Überfahrt nach Turku oder Naantali in Finnland ist recht preiswert. Der Straßenweg führt über Tampere auf der E 75 durch die Seenplatte bis zur Küste nach Oulu. Von dort geht der Weg durch Kemi und Tornio zum Polarkreis.

Von Südfinnland kann man auch nach Juensuu im Osten fahren und dann parallel zur russischen Grenze nach Norden vorstoßen. Der Weg führt über Lieksa, Nurmes, Sotkamo, Kajaani, Ämmänsaari, Kuusamo. Der Polarkreis wird unweit des Wintersportgebietes Suomutunturi überschritten. Dieser Weg liegt abseits der großen Straßen. Allerdings liegen in Grenznähe zu Russland die großen Holzeinschlaggebiete, so dass man tagelang durch gerodete Wälder fährt.

Auch der Norweger ist manchmal in der Heimat im Ausland

Dazu kommen Gebiete, in denen Feuer und der Birkenspanner (ein Schädling) gewütet haben. Nach Waldbränden ist alles kahl, nach Birkenspannerbefall bleiben nur die Stämme stehen.

Straßen

Die Straßen sind in Lappland im Laufe der Jahre ausgebaut worden. Abenteuerliche Sandpisten gibt es nicht mehr. Allerdings darf man auch nicht überall mit einem festen Belag rechnen. **Asphalt** neigt im Winter zu Frostaufbrüchen, er ist nicht elastisch genug; deshalb haben die nördlichen Straßen überwiegend Ölkiesbelag. Über die letzte Kiesschicht des Unterbaus kommt ein zähes Öl, das dem Asphalt ähnlich, jedoch wesentlich elastischer ist. Auf Ölkiesstraßen fehlen daher die **Schlaglöcher.**

In Norwegen gab es bis 1624 nur einen Pfad durchs Land, alles andere wurde per Schiff erledigt.

In Schweden erfolgte der Transport hauptsächlich im Winter mit Schlitten über die zugefrorenen Wasserwege.

In Finnland passierte der erste **Verkehrsunfall** lange vor unserer Zeit. In der *Kalevala* (siehe Sagen) ist beschrieben wie der junge Joukahainen mit seinem Schlitten dem Zauberer Väinämöinen die Vorfahrt nahm und dessen Fahrzeug rammte. Sofort ging der übliche Streit los: „Sag, von welcher Sippe bist Du, dass so dumm Du vor mich hinfuhrest, ohne Vorsicht mir entgegen (...) mir den Schlitten schlugst in Stücke, mir das Flechtwerk hast zerfleddert?“ Die Auseinandersetzung endete damit, dass der erboste Zauberer den Gegner in einen Sumpf

LAP_017 Foto: fh

Die große Umstellung – Der Weg zum Rechtsverkehr

LAP_018 Foto: fh

Volvo Amazone (1964) – auch vor der Verkehrswende hatten Autos das Steuer links

Bis 1967 herrschte in Schweden Linksverkehr, der durch die Tatsache erschwert wurde, dass die Lenksäulen in den Autos auch auf der linken Seite waren, also wie bei uns. Wer mal in Deutschland ein englisches Auto mit Rechtslenkung gefahren hat, kann sich das Problem gut vorstellen. Die Regierung ließ die Sache 1955 durch eine Kommission untersuchen. Diese veranschlagte die Summe von 2,7 Millionen Kronen für eine Umstellung auf Rechtsverkehr, 500.000 Kronen allein für Informationsmaterial. Dann ließ die Regierung das Volk entscheiden. Die Menschen aber waren zu 80 % dagegen. Besonders die Berufsfahrer wollten das bequeme Aus- und Einsteigen zum Bürgersteig hin nicht aufgeben.

Im Laufe der Zeit änderte sich die allgemeine Meinung, und so erlangte der Antrag 1963 im Riksdag die Mehrheit. Seit 1967 fährt man in Schweden rechts. Das Ausmaß solch einer Umstellung mag vielen nicht klar sein. Sämtliche Verkehrsschilder im Lande mussten quasi über Nacht umgeändert werden.

Deshalb wurde am 2. September 1967 der private Autoverkehr ab 10 Uhr verboten, damit auch alle auf die Straße gemalten Pfeile entfernt werden konnten. Am 3. September dann war die Stunde „H" (H wie *höger*, rechts). Kurz nach 4 Uhr mussten alle Fahrzeuge für 20 Minuten halten und dann die Fahrbahn wechseln. Anschließend herrschte drei Tage lang eine Geschwindigkeitsbegrenzung von 30 km/h in den Ortschaften. Alle Bushaltestellen mussten verlegt werden, und sämtliche Busse im Lande brauchten die Einstiege auf der anderen Seite. Was es allein für eine Planung erfordert, auf einen Schlag alle Verkehrsschilder in einer Großstadt umzuhängen, kann man nur ahnen. „Geisterfahrer sind sehr entgegenkommend", kann man auf Aufklebern lesen; wie viele es davon 1967 auf Schwedens Straßen gegeben hat, weiß keiner.

hexte. Für die heutige Sicherheit auf Finnlands Straßen haben wir im Anhang die Hinweisschilder übersetzt (siehe „Mini-Sprachführer").

Verkehrsregeln

Da Skandinavien zu Europa gehört, haben wir es mit den europäischen Verkehrsregeln zu tun. Man findet also in allen drei Ländern die üblichen **Warn- und Verbotsschilder,** nur die Farben sind etwas anders als bei uns: ein dunkleres Blau, gelb statt weiß etc.

Das Hinweisschild mit der schwarzen Rune auf weißem Grund mit blauem Rand ⌘ ist das Zeichen für **Sehenswürdigkeit.** Darunter findet man immer ein Schild mit dem Namen des „Sehenswerten" und die Entfernung von der Hauptstraße. Leider stehen dort meist nur die Eigennamen. In Schweden ist *Fornminne* etwas ganz altes, *Kulturminne* etwas kulturelles, und *Industrieminne* ist dann auch klar.

Dieses Beispiel zeigt schon das eigentliche Problem mit den Verkehrsschildern. Die Erklärungen sind nicht so schnell zu übersetzen. Wenn ein Schwede bei uns das Schild „Eingeschränktes Lichtraumprofil" sieht, wird er wohl genauso wenig weiterwissen. Einige **Aufschriften** sind im „Sprachführer" im Anhang erklärt.

In ganz Skandinavien herrscht **Anschnallpflicht!** Sonst wird eine Strafe fällig (in Norwegen z. B. 750 NOK). Die **Promillegrenze** liegt bei 0,2 ‰ (schwere Strafen!), Kontrollen sind auch bei Eintreffen der Fähren üblich.

In allen drei Ländern fährt man auch **tagsüber mit Abblendlicht** oder speziellen Tagscheinwerfern, egal ob die Sonne scheint oder nicht.

- In **Norwegen** hat immer der bergauffahrende Wagen die Vorfahrt an Engpässen. Meist gibt es an Bergstraßen Ausweichstellen, aber Vorsicht, oft fehlen Leitplanken. Übrigens gibt es in Norwegen mehr Schneemobile als Busse. Schnellfahrern drohen hohe Strafen, so kostet „60 km im Ort gefahren" bereits 700 NOK.

Europastraßen (E) sind durch weiße Nummern auf grünem Grund gekennzeichnet, **Reichsstraßen (Rv)** durch schwarze Nummern auf weißem Grund. Fylkesstraßen (Provinzstraßen) erkennt man an dreistelligen schwarzen Nummern auf weißem Grund, Lokalstraßen sind nicht nummeriert. Private Straßen kosten Mautgebühr (20-50 NOK). Infos im Internet unter: www.vegvesen.no.

- In **Schweden** dürfen Lastwagen über 3,5 Tonnen auf Autobahnen maximal 90 km/h schnell sein, auf Landstraßen dürfen sie 80 km/h fahren. Das gilt auch für Wohnmobile. Ansonsten darf auf Autobahnen 110 km/h gefahren werden.

Ein Schild mit einem weißen **„M"** auf blauem Grund bedeutet „Gegenverkehr beachten" und gegebenenfalls Ausweichstelle benutzen!

Die Meile

In den Weiten Skandinaviens haben Entfernungen eine andere Bedeutung. Das merkt man sehr bald selbst. Deshalb findet man des Öfteren als Entfernungsangabe auf dem Land noch die Meile. In genialer Einfachheit ist eine skandinavische Meile **10 km.** Angaben auf Verkehrsschildern werden jedoch stets in Kilometern angegeben.

Höchstgeschwindigkeiten

	N	S	FIN
• Außerhalb geschlossener Orte:	50	90	80
• Autobahn:	90	110	120
• Mit ungebremstem Anhänger:	60	40	80

Tanken

Wie die übrigen Einrichtungen, so sind auch die Tankstellen in Lappland nicht gerade dicht gesät, deshalb sollte man immer einen gefüllten **Benzinkanister** dabei haben.

Tankautomaten, bei denen man mit Scheinen bezahlt, findet man in Norwegen nicht oft. Am häufigsten stehen sie in Schweden, für 20- und 100-SEK-Scheine. Für 10 und 20 € kann man in

Finnland tanken, aber oft nur Normalbenzin. Hat man die Wahl, darauf achten, dass die Treibstoffart stimmt!

Oft wird nicht zwischen Normal und Super unterschieden, sondern es geht nach der Oktanzahl. Wer sich nicht sicher ist, suche in der Betriebsanleitung seines Wagens nach der richtigen Oktanzahl. Hier noch ein paar Hinweise:

- **Diesel-Wohnmobile** über 6 t müssen in Schweden 0,18 SEK Spritsteuer pro km zahlen.
- Die **Einfuhr von Reservetreibstoff** muss verzollt werden. Nur in Norwegen ist die Dieseleinfuhr frei.
- Wer in Finnland in sein Dieselfahrzeug **Heizöl** *(polttoöljy)* tanken will, muss für Pkw 168 €/Tag an den Zoll zahlen. Bei der Ausreise muss man die Zahlung nachweisen.
- Benzin ist in Finnland meist preiswerter, wenn **Tankautomaten** genutzt werden und nicht an der Kasse gezahlt wird.
- In vielen der angeschlossenen Baaris kann man zwischen 11 und 16 Uhr ein **preiswertes Menü** bekommen. Das heißt *Lounas* und kostet um 10 €.

Lastwagen (alter Holzschnitt)

Unfreiwillige Pause

Benzinpreise (Stand Mitte 2007)

- **Norwegen**

Diesel: 1,19 €
Bleifrei-Super: 1,36€
Bleifrei-Normalbenzin (95 Okt): 1,42€
(blyfritt kraftstoff)

- **Schweden**

Diesel: 1,12 €
Bleifrei-Super: 1,19 €
Bleifrei-Normalbenzin: 1,27 €
(blyfribensin)

- **Finnland**

Diesel: 0,98 €
Bleifrei-Super: 1,25 €
Bleifrei 95 Okt.: 1,31€
(Jyijyön)

Autogas (LPG)

- **Norwegen:** Oslo, Bergen, Trondheim, Stavanger, Tromsø
- **Schweden:** Helsingborg, Jönköping, Falun, Svartvik (Sundsval), Piteå
- **Finnland:** Keine

Erdgas (CNG)

- **Norwegen:** 4 Stationen, u. a. Bergen, Moellendalsvei 44
- **Schweden:** 51 Stationen, u. a. Stockholm, Jönköping
- **Finnland:** 2 Stationen, u. a. Helsinki, Gasum Hakamäentie 1

Spikesreifen-Vermieter

- **In Deutschland** können Spikes bei der Reederei *Color Line* bestellt werden.

In Schweden:

- **Göteborg:** *Majorn AS,* Femvägss Kälet 1, Västra Frölunda, Tel. 0046-31-690462. *Däkkimporten,* Walckesgatan 3.
- **Ödåkra:** *Däckmarkuaden,* Djurhagsvägen, Tel. 0046-42204860.

Rad fahren

Es gibt viele Straßen mit für Fahrradfahrern unangenehmen Belägen, jede Menge Hügel, in Norwegen regel-

LAP_021 Foto: fh

rechte Pässe, die man wohl nur schiebend bewältigt. Ganz abgesehen von den endlosen Fjordumrundungen, die an den Kräften zehren.

Trotzdem gibt es viele Leute, die dadurch nicht abzuschrecken sind. Zu ihnen zählt *Rudolf Schaarschmidt*, der das folgende Kapitel beisteuerte:

Mit dem Fahrrad durch Lappland

Die Reiseroute:

Bis Bodø (Bahn), dann nach Stamsund (Schiff), Harstad (Rad), Tromsø (Schiff), Skjervøy (Rad), Honningsvåg (Schiff), Nordkap, Honningsvåg (Rad), Kirkenes (Schiff), Inari, Kemijärvi (Rad) und zurück nach München mit Bahn und Schiff.

Richtig angestellt, braucht eine solche Unternehmung durchaus nicht mit „unsäglichen Strapazen" verbunden zu sein; sie hat vielmehr sogar hohen Erholungswert, vermittelt ein tiefes Landschafts- und Naturerlebnis, hautnah, wie es ein Autofahrer niemals haben kann, und wird schließlich in vorbildlicher Weise der Forderung nach „sanftem Tourismus" gerecht. Blutigen Anfängern, ausgerüstet mit Billigmaterial, ist von einer Lapplandreise per Fahrrad allerdings abzuraten.

Im Augenblick sind die Mehrzahl der Radler im hohen Norden noch Idealisten, auf dem Weg von Helsinki, Oslo oder gar Hamburg zum Nordkap (meist stur auf der E 6 Richtung Norden). Das ist sicherlich eine beachtliche sportliche Leistung, aber bestimmt nicht das „Gelbe vom Ei".

Ich möchte daher Anregung geben zu einer Lappland-Radtour, die jeder normal-sportliche, nur mit knappem

Arbeitnehmer-Urlaub gesegnete Radlfreund unternehmen kann.

Voraussetzung ist neben guter körperlicher Verfassung lediglich eine über alle Zweifel erhabene Ausrüstung (darauf komme ich später zu sprechen), etwas Touren-Erfahrung, ein Mindestmaß an Finanzkraft und vor allem Mut und Lust zum (kalkulierbaren) Abenteuer.

Die Grundidee lautet: **Kombination Bahn-Fahrrad-Schiff.** Ich machte so mit einem Freund und nur 23 Tagen Zeit eine meiner schönsten Ferien-Reisen von München über Bodø zum Nordkap und über Kirkenes und Kemijärvi wieder zurück. Gut 1300 km legte ich dabei mit dem Fahrrad zurück.

Die Bahnreise nach Bodø oder Narvik dauert von Süddeutschland etwa 48 Std. und ist an sich schon ein Erlebnis. Sie ist sehr bequem (im Vergleich zu manchen Langstrecken nach Südeuropa) und, gemessen an der gewaltigen Entfernung, auch relativ preiswert: Ein Schlafwagen-Platz in Skandinavien kostet nur knapp die Hälfte des DB-Fahrpreises, und für das Fahrrad bezahlte ich für 3000 km umgerechnet nur rund 10 €. Mittlerweile ist es etwas problematischer geworden, da z. B. die schwedische Bahn den Fahrradtransport einstellen will.

Allerdings war es damals, als ich die Tour machte, noch möglich, das Fahrrad als eingeschriebenes Reisegepäck an fast jeden Zielort ins Ausland vorauszuschicken. Das ist heute nicht mehr möglich, und das Rad im Zug selbst mitzunehmen, macht im internationalen Verkehr oft große Schwierigkeiten; so leider auch auf der Strecke Hamburg – Oslo bzw. – Stockholm. Dies lässt sich zwar mit einer Schiffsreise Kiel – Oslo bzw. Travemünde – Helsinki umgehen, die leider teurer und zeitaufwediger ist, aber dafür genussvoll und erlebnisreich. Der Radtransport innerhalb Norwegens und Finnlands ist jedoch mit Einschränkungen möglich.

Eine Lappland-Radtour erfordert das Mitführen von umfangreichem Gepäck, das dann auch mal über schlechte Straßen transportiert werden muss. In Norwegen kam dazu noch oft langanhaltender Regen. Klar, dass leichte Rennräder da absolut ungeeignet sind.

Mountainbikes sind jedoch nur dann sinnvoll, wenn wirklich öfters Abstecher ins Hinterland abseits der größeren Straßen gemacht werden sollen. Für die großen Entfernungen, die zurückzulegen sind, sind sie nicht vorteilhaft und vom Straßenzustand her auch nicht notwendig. Ein gutes Trekking-Rad, noch besser ein spezielles

LAP_022 Foto: ce

Rad und Bahn
(Foto: Carola Erhard)

„Reise-Rad" mit großem Übersetzungsbereich und Gepäckträgern vorne und hinten zwecks optimaler Lastverteilung ist das Mittel der Wahl. Die Bereifung sollte neu und wirklich vom Besten sein.

Eine **„Bord-Schlosserei"** sollte dabei sein. Das Aufsuchen eines guten Rad-Mechanikers kann u. U. eine mehrstündige Taxi-Fahrt erforderlich machen. Wichtig finde ich Öl in einem sicher verschließbaren Behälter. Das wird man brauchen, wenn nach langem Regen die Schmierung aus der Kette gewaschen und die nächste Tankstelle nicht in Sicht ist. Außerdem rate ich, **Reserveschlauch** und **-ventil** mitzunehmen.

Unverzichtbar ist eine gute **Regen-Ausrüstung,** insbesondere für Norwegen: Regen-Überschuhe (zur Not: Plastiktüten) und ein spezieller Radfahrer-Regenumhang, bei dem von unten Luft an den Körper heran kann. Beim herkömmlichen „Friesennerz" ist man nach kürzester Zeit von innen her (schweiß-)nass! Regenfest müssen natürlich auch die Packtaschen sein. Die Nähte gegebenenfalls mit „Naht-Abdichter" behandeln und zusätzlich alles in Plastiktüten verpacken.

Zum **Übernachten** optimal sind vor allem im regenreichen Norwegen die Camping-Hütten. Nach einem anstrengenden Tourentag bieten sie wesentlich mehr Komfort als ein Zelt. Außerdem sind sie heizbar, was besonders nach Regenfahrten wichtig ist. In Finnland sind die Hütten oft großzügiger ausgestattet, aber z. T. auch wesentlich teurer. Fast immer gibt es eine E-Kochplatte, auf der sich in eigenen Töpfen gemütlich köcheln lässt.

Trotzdem ist es nicht ratsam, ohne Zelt durch Lappland zu radeln. Unterkünfte können geschlossen, voll oder nicht vorhanden sein und bis zur nächsten ist es oft eine weitere Tagestour ...

Die besondere Note erhielt meine Nordland-Radtour dadurch, dass ich in Norwegen Teilstrecken mit den Küstenschiffen der **Hurtigruten** zurücklegte. Sie gehören wirklich zu den ganz großen Attraktionen und bieten sich in idealer Weise für einen Ruhetag an. Das üppige Wohlleben an Bord, besonders bei einem *norsk frokost* vom Büfett, bietet einen reizvollen Kontrast zu den Anstrengungen vorausgegangener Tourentage. Gerade im Norden Skandinaviens gibt es einige öde, und uninteressante Teilstrecken, die sich elegant überspringen lassen. Oder die Fjorde, um die man endlos herumradelt, um am Ende nur wenige Kilometer weiter nach Norden vorgedrungen zu sein. Auch lohnt der Abstecher auf die Lofoten (Bodø – Stamsund) mehr als manches Teilstück der E 6 (für Radler gesperrte Tunnel zwischen Fauske und Narvik!).

Auf alle Fälle lernt man das Land auch von See aus kennen und bekommt somit einen umfassenderen Eindruck als jemand, der auf der E 6 zum Nordkap „düst" oder einer, der nur mit dem Schiff fährt. Die Häfen liegen fast alle abseits der Rennstrecke E 6 und allein dadurch lernt man schon Nebenstrecken kennen. Man sollte sich vorher um die Abfahrtzeiten kümmern, denn die Schiffe fahren nur einmal am Tag und in manchen Häfen gerade mitten in der Nacht.

Als **Reisezeit** empfehle ich den August. Dann gibt es zwar schon keine Mitternachtssonne mehr, dafür aber weniger Touristen und damit bessere Chancen, eine freie Hütte u. Ä. zu finden. Und das Wichtigste: Die Mücken sind fast weg! Das Gebiet um den Inari-See war am 25.8. praktisch mückenfrei. Freilich ist es im August nachts auch schon lausig kalt, teilweise unter 0 °C. Mütze und Fingerhandschuhe sind dringend zu empfehlen.

Klug handelt, wer sich keine zu großen **Etappen** pro Tag vornimmt, 60 bis 100 km sind genug; in Finnland auf guten Straßen gegebenenfalls mehr. Die Strecke sollte notfalls auch im Dauerregen bewältigt werden können. Logisch, dass es sich am schönsten bei Sonnenschein radelt, aber ein Regentag braucht keine Katastrophe zu sein. Richtig ausgerüstet wird man auch als Radfahrer (fast) nicht nass. Der Autofahrer sieht auch nicht mehr, wenn die Berge wolkenverhangen sind, und man hat ihm wenigstens voraus, dass man mit dem Strampeln beschäftigt ist und nicht auf trübe Gedanken kommt, da man nicht in eine Blechkapsel gesperrt ist und sich auf eine warme Hütte und ein Essen freuen kann, das man sich „verdient" hat.

- **Informationen** bekommt man auch beim ADFC (Allgem. Deutscher Fahrrad Club) e.V., Postf. 107747, 28077 Bremen, www.adfc.de.
- In Norwegen sind einige **Tunnel** für Fahrräder gesperrt, dafür kann man es auf den Schiffen der **Hurtigruten** für etwa 10 % des Autopreises mitnehmen. In **Zügen** zahlt man eine Gebühr (ca. 8 €), unabhängig von der Entfernung. Selbst **Landbusse** haben Vorrichtungen, um Fahrräder zu transportieren. Norwegische Expresszüge nehmen keine Räder mit, bei Nahverkehrszügen kostet es bis zu 180 NOK. Informationen bei den Fremdenverkehrsämtern.
- In **Schweden** werden nur außerhalb der Hauptverkehrszeiten in **Nahverkehrszügen** Räder mitgenommen.
- In **Finnland** geht's nicht in Intercity- und EP-Zügen. Der Transport eines Fahrrades mit der finnischen Eisenbahn kostet pauschal 10 €.
- **Wasserdichte Packtaschen** aus imprägniertem Nylongewebe gibt es in den verschiedensten Ausführungen von *Ortlieb* und *VauDe*.

Busse

Da es nur wenige Eisenbahnstrecken in Lappland gibt, sind die Busverbindungen allgemein gut. Die Fahrzeuge sind meist sehr bequem. Das hintere Viertel wird oft als Gepäckabteil abgetrennt. Außerdem gibt es einen Dachgepäckträger und Aufnahmehaken für Fahrräder und Skier an Bug und Heck. Damit sich die Wagen auf den hügeligen Fjellstrecken beim Aufsetzen nicht beschädigen, sind unter den Wagen oft Gleitkufen montiert. Bushaltestellen, wie wir sie kennen, gibt's nur in den größeren Orten. In der Tundra wird der Bus durch Handzeichen gestoppt.

Viele Einheimische lassen sich durch den Bus mit Lebensmitteln und Ersatzteilen aus der Stadt beliefern. Dies verursacht natürlich hin und wieder Verzögerungen. Es dauert halt seine Zeit, bis zum Beispiel ein Traktorreifen aus dem Auto gequält ist. Es kommt auch vor, dass der Fahrer mitten in der Tundra anhält, weil er dort auf jemanden wartet, der irgendwie seine Mitfahrt angekündigt hat. Die Fahrpläne haben jedoch entsprechende Freiräume. Auf längeren Fahrten hält der Bus alle zwei Stunden an irgendeiner Kaffeebude und macht eine zehnminütige Pause. Wenn der Fahrer dann meint, die Zeit sei gekommen, trommelt er seine Fahrgäste wieder zusammen, und weiter geht's.

Die hinteren Plätze sind meist spärlich besetzt und das aus gutem Grund! Durch den großen Hecküberhang der Fahrzeuge wird man hinten auf den Waldstrecken durcheinandergeworfen wie ein Handball beim Länderspiel. Wenn sich nämlich die Hinterachse in ein 10 cm tiefes Schlagloch senkt, wippt das Heck schon 25 cm nach unten, um dann sofort wieder 25 cm nach oben zu schnellen.

Einmal am Tag wird die Post mit dem Bus ausgefahren. Trotzdem dauert diese Fahrt nicht länger. Während der Fahrt bindet der Beifahrer (der Postbote sozusagen) die Briefe der beieinander liegenden Häuser zusammen. Die so gebündelte Post schleudert er dann aus dem fahrenden Auto in die an der Straße stehenden „Wurfbriefkästen" oder in die entsprechenden Toreinfahrten. So ein Briefkasten ist ein Holzhäuschen, das auf 4 Pfählen steht und vorne offen ist. Der Boden ist ein Netz, damit Schnee durchfallen kann. Im Kasten ist ein Schild mit dem Bezirk und der Anschrift angenagelt. Meist haben zusammenliegende Häuser einen Kasten.

LAP_026 Foto: fh

Bus mit Gepäckabteil

Norwegen

Nor-Way-Busexpress ist eine Kette von 50 Busunternehmen, die die meisten der 80.000 km Straßen befahren. Im Norden ist der „Nordnorwegen-Bus" eine wichtige Verbindung. Er startet am Bahnhof in Fauske und fährt nach Kirkenes. Eine Reservierung ist nicht notwendig. Informationen erhält man über das Norwegische Touristenbüro in Hamburg, www.visitnorway.com. Manchmal bekommt man Ermäßigung, wenn man schon ein Stück mit einem anderen Bus dieser Gesellschaft gefahren ist.

In Städten und deren Umgebung ist es verboten, **Fahrräder** im Bus mitzuführen. In ländlichen Gebieten haben Busse meist eine spezielle Hängevorrichtung (außen). Der Transportpreis für Räder entspricht ungefähr dem einer Kinderkarte.

Die folgenden **Preisbeispiele** sollen einen Eindruck vermitteln (in NOK):

NOR-WAY-Bussekspress (Karl Johansgt. 2, 0154 Oslo, Tel. 85144444, Busterminal, Galleri Oslo, Tel. 23002440, www.nor-way.no):

	Bodø	Narvik	Honningsvåg
Narvik	497		1023
Alta	1052	656	367
Honningsvåg	1420	1023	
Nordkap	1505	1113	90

NOR-WAY BusPass

Dieser Pass gilt für unbegrenzte Fahrten auf 21 aufeinanderfolgenden Tagen auf allen Inlandrouten von NOR-WAY Bussekspress: 300 € für 21 Tage. Außerdem bekommt man 40 % Rabatt auf der Nord-Norwegen-Bahn. Der Pass ist das ganze Jahr gültig.

Skandinavien Express

Von vielen deutschen Städten nach Oslo, z. B. von Berlin tägliche Abfahrten 7.30 Uhr, Fahrzeit 15½ Stunden. Einfache Fahrt für 86 €, Buchung Tel. 030-86096299, www.berlinlinienbus.de.

Harstad Oppl. Rutebil/Saltens Bilruter:

Bodø	-	Fauske	106
Fauske	-	Harstadt	407

Finnmark Fylkesrederi:

Honningsvåg	-	Nordkap	90

Nord-Norge Bussen (Polarexpress):

Bodø	-	Fauske	112
Fauske	-	Narvik	586
Narvik	-	Bjerkvik	118
Narvik	-	Bardofoss	320
Narvik	-	Alta	656
Alta	-	Skaidi	225
Alta	-	Lakselv	498
Alta	-	Karasjok	920
Alta	-	Kirkenes	1375

Schweden

Das Busnetz ist engmaschig, und auf der Fahrt sieht man viel vom Land. Die Firma *Eurolines* fährt 1500 Haltestellen in Schweden an, sie ist aber nicht die einzige Buslinie. Die schwedische Staatsbahn unterhält ebenfalls Buslinien, und in Lappland gibt es noch die Postbusse, die ca. 8000 km Strecke bedienen.

- Das **Kursbuch** für alle öffentlichen Verkehrsmittel bekommt man bei *Nortra Marketing,* Christophstr. 18-20, 45130 Essen.
- **Fahrpläne** und **Preise bei:**

Eurolines, Ö-Larmgata 15-21, S-41104 Göteborg, www.eurolines.com.
Postverkets Diliganstrafik, Box 502, S-92100 Lycksele.
Linjebuss, Torsgatan 8, S-11423 Stockholm, (die Busse gibt's überall), www.linjebuss.com

Skandinavien Express

Von vielen größeren Städten nach Stockholm, z. B. von Berlin, täglich ab 7.30 Uhr, Fahrzeit 18½ Stunden. Einfache Fahrt für 86 €, Buchung Tel. 030-86096299, www.berlinlinienbus.de.

Finnland

Da es in Nordfinnland keine Eisenbahnverbindungen gibt, wird hier alles über Busse abgewickelt. Besitzer eines finnischen Jugendherbergsausweises (YLEE) erhalten 20 % Preisnachlass, ebenso Besitzer eines Studentenausweises. Haltestellen haben blaue Schilder, wenn Schnellbusse halten; gelbe Schilder stehen dort, wo man in Normalbusse einsteigt.

Es gibt die **Schnellbusse** der Firma *Oy Matkahuolto Ab,* die im Lande 470 Busbahnhöfe unterhält und täglich etwa 500 Fahrzeuge verkehren lässt. Für 100 km braucht ein Schnellbus zwei Stunden, und 400 km sind in der Rekordzeit von sieben Stunden geschafft.

- **Information:** *Oy Matkahuolta Ab,* Lauttasaarentie 8, 00200 Helsinki, Tel. 692701, www.matkahuolta.fi.

LAP_028 Foto: ws

Der **Normalbus** hält öfter, auch in abgelegenen Gebieten; man muss sich also auf eine längere Fahrzeit mit vielen Zwischenstopps einstellen. Dafür ist er preiswerter.

In ganz Finnland gelten einheitliche **Buspreise.** 100 Buskilometer kosten etwa 14,60 €. Kinder zwischen 4 und 11 Jahren zahlen nur die Hälfte. Ab 75 km sind Rückfahrkarten 10 % billiger, Schnellbusse kosten 17,30 €/ 100 km. Eine Platzreservierung ist nicht notwendig, wer aber eine für ca. 2 € erwirbt, hat das Recht, sich seinen Sitzplatz selbst auszusuchen. Die Fahrkarten kann man am Bus kaufen, spezielle Rundreise- oder Billigtickets gibt's jedoch nur an den Busbahnhöfen. Von Rovaniemi aus kann man z. B. mit einem Ticket bis nach Norwegen fahren. Solch ein Ticket hat Einzelkarten für die verschiedenen Streckenabschnitte in Finnland und Norwegen.

Diesen Bus gibt's nur im Winter (Foto: Wolfram Schwieder)

Seit einiger Zeit gibt's in Finnland ein ermäßigtes Busticket: Das 22 Tage gültige Ticket kostet für den Normalbus 273,10 €. Man bekommt es in finnischen Reisebüros.

Mit dem *Bus Holiday Ticket* fährt man für etwas über 60 € 14 Tage lang, wohin man will.

Langstrecken-Tickets gelten ab einer Distanz von 80 km für ein- bis zwei Bustransfers. Diese Karte ist preiswerter als die einzeln gekauften Tickets. Einzelfahrscheine sind einen Monat gültig. Im Bus gekauft, gelten sie nur für diese Route. Kinder unter 11 Jahren bekommen 50 % Rabatt, Jugendliche bis 16 Jahre erhalten 30 % Rabatt auf Langstreckenfahrten, Studenten 50 %. Grundsätzlich sind Rückfahrkarten 10 % preiswerter als die beiden Einzelfahrscheine.

Fähren

Wer nicht durch die baltischen Staaten und Russland fahren will, muss entweder die Brücke über den Öresund oder eine Fähre benutzen. 60 Millionen Menschen tun dies jährlich.

Das Angebot an Fähren und Strecken ist sehr groß. Wir versuchen hier ohne Anspruch auf Vollständigkeit einen Überblick zu geben.

Viele Reedereien bieten **preiswerte Pauschalen** z. B. für Pkw inkl. fünf Personen an. Als Tramper sollte man die Verladekais dieser Linien wählen, denn viele Leute haben ihr Auto nicht vollbesetzt und können dazu überredet werden, einen Tramper kostenlos mitzunehmen. Wenn die gewünschte Strecke von mehreren Reedereien befahren wird und man ein etwas größeres Auto hat, sollte man auf die angegebenen **Maximalgrößen des Pkw** beim Normaltarif achten. Die maximale Höhe schwankt je nach Reederei zwischen 1,85 und 2,25 m, die Länge zwischen 5 und 6 m. Überschreitet man diese Grenzen, sind Aufschläge fällig.

Für bestimmte Strecken gibt es **Kombitickets** für bis zu drei Fähren, z. B. für Puttgarden – Rødby, Helsingør – Helsingborg und Stockholm – Helsinki.

Bei den **Nachtfähren** ist es möglich, Kabinen oder Liegesessel zu buchen. Wer sich den Aufpreis dafür sparen möchte, kann sich natürlich auch ohne Kabine die Nacht auf Deck um die Ohren schlagen. Der Aufenthalt auf den Fahrzeugdecks ist während der Überfahrt verboten. Bei *Finnlines* kommt man um die Kabinenbuchung nicht herum.

Die Überfahrt in der **Hochsaison** ist immer erheblich teurer. Die Saisonzeiten sind bei jeder Linie unterschiedlich. Außerdem erhöht sich der Preis am Wochenende und bei nicht wenigen Linien auch in der Nacht. Jugendliche, Studenten und Rentner werden häufig billiger befördert. Umsonst ist's oft für Kinder unter sechs Jahren.

Der **Standard der Fähren** sowohl in Sachen Sicherheit als auch Komfort ist bei den Skandinavien-Fähren im Allgemeinen sehr hoch. Einige Schiffe wie z. B. bei *Color Line, Tallink Silja* oder *Viking Line* können es mit ihrer Ausstattung inzwischen auch mit Kreuzfahrtschiffen aufnehmen.

Strecken

Die folgenden Strecken sind mit Nummern in der Karte der Fährverbindungen eingezeichnet.

- **1: Hirtshals (DK) – Kristiansand (N)**

  Bis zu viermal täglich fährt die *Color Line*. Ab 24 € einfache Fahrt, Pkw inkl. fünf Personen 95-231 €. Dauer 2½-5 Std.

- **2: Hirtshals (DK) – Langesund (N)**

  Die Nachtfähre von *KystLink* geht um 1.30 Uhr in der Nebensaison und um 2 Uhr im Sommer (22.6.-12.8.) von Hirtshals und zurück jeweils 19 bzw. 19.30 Uhr. Dauer 5-6 Stunden, Pkw inkl. 5 Pers. ab 63 €, Wohnmobil ab 89 €, einfache Fahrt. In Hirtshals von der E 39 vor dem Skaga Hotel rechts ins Industriegebiet abbiegen.

• 3: Hirtshals (DK) – Larvik (N)

Color Line fährt von Norddänemark an die Südküste Norwegens. Ein bis zwei Abfahrten pro Tag Fahrtdauer: ca. 6 Std. am Tage bzw. ca. 13 Std. bei den Nachtfähren. Preise wie Hirtshals - Kristiansand.

• 4: Frederikshavn (DK) – Oslo (N)

Stena Line und *Color Line*, jeweils eine Abfahrt pro Tag, Dauer ca. 8-13 Std., *Stena Line* bietet für Frühbucher Preise ab 55 € für einen Pkw inkl. fünf Personen, einfache Fahrt in der Nebensaison.

• 5: Frederikshavn (DK) – Göteborg (S)

Stena Line, bis acht Abfahrten täglich, Dauer 2-3½ Stunden, Preis für Pkw und fünf Personen ab 55 €.

• 6: Grenå (DK) – Varberg (S)

Stena Line, bis zu drei Abfahrten pro Tag, Dauer 4-5½ Std., Pkw inkl. Fahrer einfache Fahrt ab 55 €.

• 7: Kiel (D) – Oslo (N)

Kreuzfahrtcharakter hat die Überfahrt von 19½ Std. mit *Color Line*. Auto-Spar-Paket: Pkw plus vier Personen mit 4-Bett-Innenkabine, ab 348 € (Nebensaison, So-Do), Schlafsessel nur im Sommer ab 98 €.

• 8: Kiel (D) – Göteborg (S)

Stena Line, Abfahrt täglich, Dauer 13½ Std., Auto bis 1,98 m Höhe inkl. fünf Personen einfache Fahrt ab 63 €.

• 9: Puttgarden (D) – Rødby (DK)

Die Vogelfluglinie wird von *Scandlines* alle 30 Minuten befahren, Dauer ca. 45 Min. Einfache Fahrt pro Person ab 4 €, Pkw bis 6 m Länge plus max. 9 Personen 56 €.

• 10: Helsingør (DK) – Helsingborg (S)

Scandlines, Abfahrten alle 20-30 Min., Fahrzeit 20 Min.

• 11: Brücke über den Øresund

In der Nähe des Kopenhagener Flughafens verschwindet die Autobahn in einem Tunnel, der etwa 3,5 km unter dem Sund entlangführt. Auf einer künstlich aufgeschütteten Insel, südlich von Saltholm, kommt die Straße wieder an die Oberfläche, um dann über eine 8 km lange Schrägseilbrücke nach Schweden zu führen. Das Mittelteil hängt fast einen halben km frei in 57 m Höhe. Die Strecke ist mautpflichtig, es gibt eine Zahlstation mit verschiedenen Fahrspuren, Vielnutzer haben einen Sender hinter der Windschutzscheibe, der die Durchfahrt automatisch registriert. Man kann einen Sender für 30 € Kaution leihen, den man dann per Post zurückschickt. Buchung in Deutschland über Reisebüro Knopf-Reisen, Meilskamp 8, 22159 Hamburg, www.oeresund-bruecke.de, Tel. 040-79143206. Preise: Pkw, Womo bis 6 m Länge einfache Fahrt 31 €, Wohnmobile über 6 m, Pkw mit Anhänger 63 €, Motorrad 17,50 €. Vor Ort und ohne Sender ist es teurer und kann außerdem zu Wartezeiten führen.

• 12: Kopenhagen (DK) – Oslo (N)

DFDS Seaways, täglich, Dauer ca. 16 Std., Pkw-Höhe 1,85 m, Wochenende teurer, einfache Fahrt mit Auto und 5 Pers. 52 €, plus Kabinenzuschlag von mind. 52 €. Zum Terminal vom Ring 02 bei Folke Bernadottes Allé in den Dampfaergevej einbiegen.

• 13: Travemünde (D) – Trelleborg (S)

Die Peter Pan und die Nils Holgersson der *TT-Line* fahren die Strecke 2-5 Mal täglich in 7-9 Std. Einfache Fahrt für Pkw bis 6 m Länge und 5 Pers. ab 99 €, Womo und 5 Pers. ab 112 €.

• 14: Travemünde (D) – Malmö (S)

NordöLink, bis vier Mal täglich, Dauer 9 Std., Auto bis 6 m inkl. Fahrer 100 €.

• 15: Rostock (D) – Gedser (DK)

Scandlines, bis 10 Überfahrten täglich, Dauer 1,45 Std. Einfache Fahrt pro Person ab 5 €, Pkw bis 6 m Länge, max. 9 Personen 76 €.

• 16: Rostock (D) – Trelleborg (S)

TT-Line und *Scandlines*, jede Reederei fährt bis 3 Mal täglich, Dauer ca. 6 Std., Pkw bis 6 m Länge plus fünf Pers. ab 99 €.

• 17: Saßnitz (D) – Trelleborg (S)

Scandlines, fünf Mal täglich, Die Überfahrt dauert ca. 4 Std., der Fährhafen Saßnitz befindet sich in Mukran südlich von Saßnitz. Einfache Fahrt pro Person ab 12 €, Pkw bis 6 m Länge plus max. 9 Personen ab 95 €.

• 18: Travemünde (D) – Helsinki (FIN)

Finnlines fährt mindestens ein Mal am Tag. Die Passage ist nur mit Kabine und Vollpension (inkl. nicht-alkohol. Getränke) buchbar. Weitere Annehmlichkeiten wie Sauna und Whirlpool sind ebenfalls im Preis inklusive.

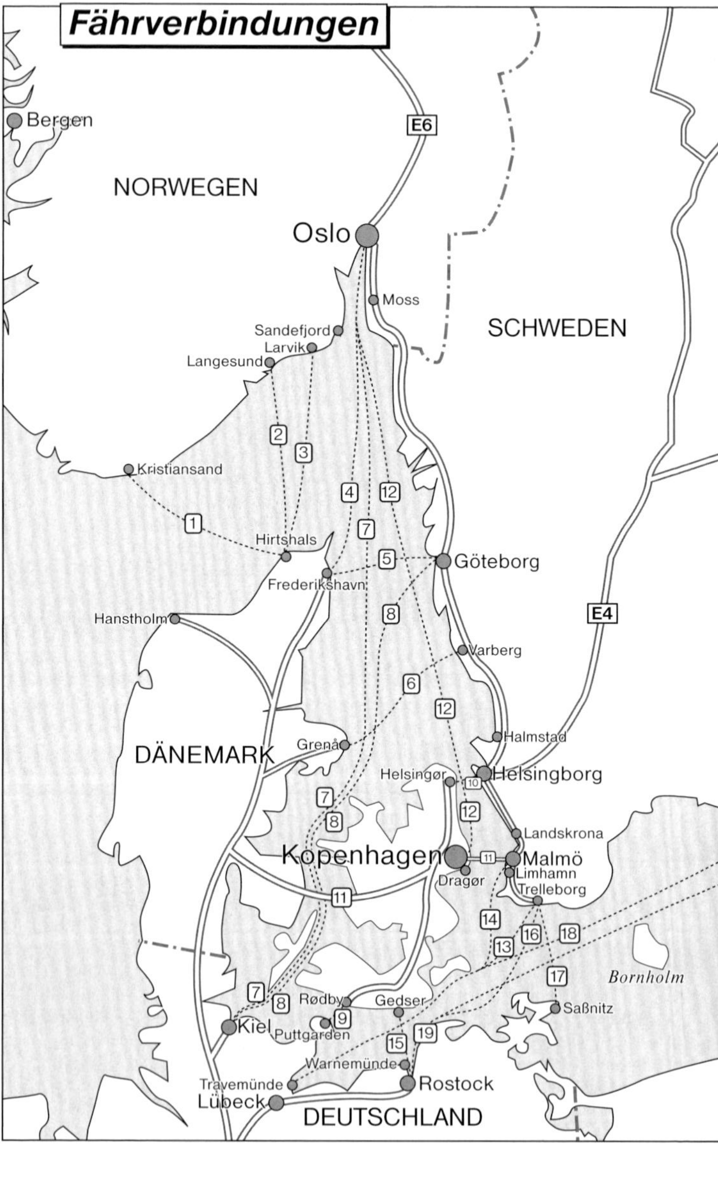
Fährverbindungen
Bergen
NORWEGEN
E6
Oslo
Moss
SCHWEDEN
Sandefjord
Larvik
Langesund
2
3
Kristiansand
4
12
1
7
Hirtshals
5
Göteborg
Frederikshavn
8
Hanstholm
E4
Varberg
6
12
Halmstad
Grenå
DÄNEMARK
Helsingør
10
Helsingborg
7
12
8
Landskrona
Kopenhagen
11
Malmö
Dragør
Limhamn
Trelleborg
11
14
16
18
13
17
Bornholm
7
8
Rødby
Gedser
Saßnitz
9
Kiel
Puttgarden
19
15
Warnemünde
Travemünde
Rostock
Lübeck
DEUTSCHLAND

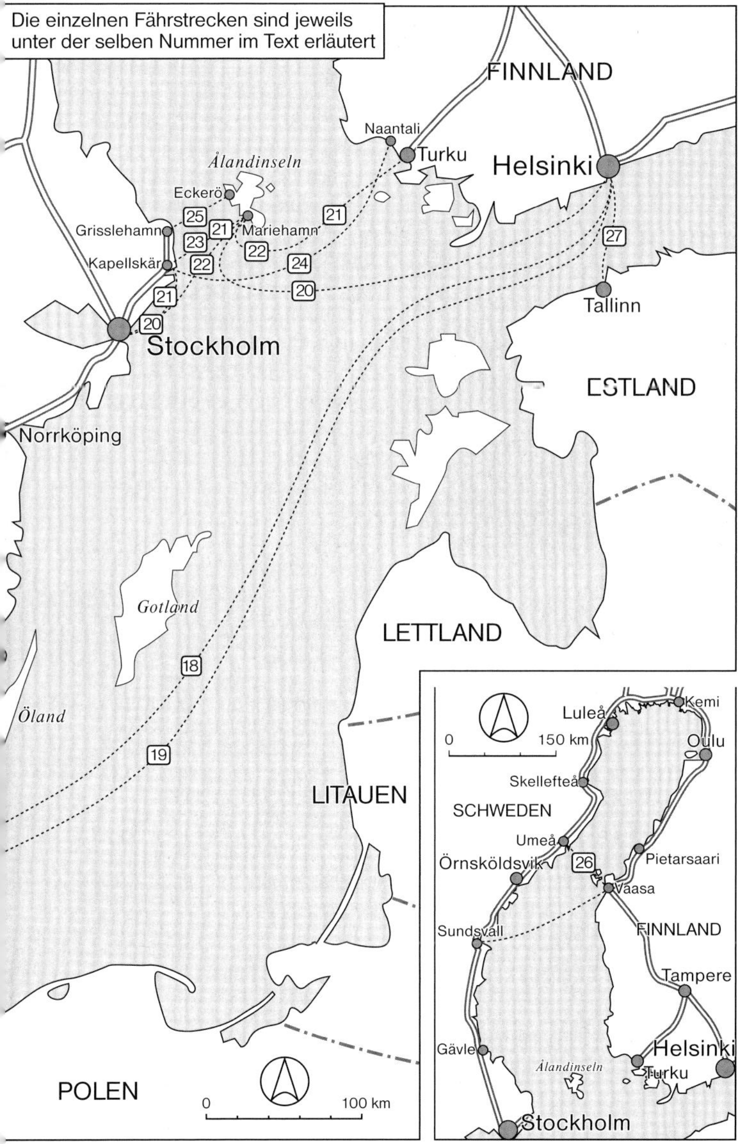
Die einzelnen Fährstrecken sind jeweils unter der selben Nummer im Text erläutert
FINNLAND
Naantali
Turku
Helsinki
Ålandinseln
Eckerö
Grisslehamn
Kapellskär
Mariehamn
25
23
21
22
24
20
27
Tallinn
Stockholm
ESTLAND
Norrköping
Gotland
LETTLAND
18
Öland
19
LITAUEN
POLEN
0
100 km
Luleå
Kemi
Oulu
0
150 km
Skellefteå
SCHWEDEN
Umeå
26
Pietarsaari
Örnsköldsvik
Vaasa
Sundsvall
FINNLAND
Tampere
Gävle
Helsinki
Ålandinseln
Turku
Stockholm

LAP_032 Foto: fh

Die etwas älteren Schiffe der Hansa-Klasse sind kombinierte Fracht/Passagierschiffe und befördern in 36 Std. nur max. 114 Passagiere. Es gibt nur Außenkabinen, die einfach Fahrt in 4-Bett-Außenkabine kostet 286 €. Die moderneren Schiffe der Star-Klasse fahren diese Strecke in nur 27 Std. und verfügen über eine größere Auswahl an Kabinen. Einfache Fahrt in 4-Bett-Innenkabine ab 236 € pro Person, Pkw ab 100 €.

●19: Rostock (D) – Helsinki (FIN)

Die *Tallink Silja Line* fährt diese Strecke in 24 Std., die Abfahrt in Rostock ist morgens 6 Uhr, es ist aber möglich, bereits am Abend vorher einzuchecken und seine Kabine zu beziehen. Preise: Ruhesessel ab 91 €, 4-Bett-Innenkabine ab 173 € pro Person. Pkw ab 110 €.

●Weitere Fähren gibt es von Dänemark mit *Fjordline* bzw. *Color Line* nach Bergen, Egersund, Haugesund u. Stavanger in Norwegen.

Wie eine Stadt auf dem Wasser

Zwischen Schweden und Finnland herrscht ebenfalls reger Schiffsverkehr. Außer den traditionsreichen Riesen *Viking Line* mit den roten Schiffen und *Tallink Silja Line* mit dem blauen Seehund im Logo befahren noch einige kleinere Linien die Strecke. Die meisten Schiffe machen einen Zwischenstopp in dem Nicht-EU-Staat Åland-Inseln, der weniger durch seine Inselromantik, sondern eher durch seine tollen Briefmarken ein Begriff ist. Es werden die drei Häfen Eckerö, Långnäs und Mariehamn (Hauptstadt) angelaufen. Nach einem Stopp von ein bis drei Stunden geht es dann weiter, man kann aber auch die Einzelstrecken buchen.

●20: Stockholm (S) – Mariehamn (Åland) – Helsinki (FIN)

Die Fahrt dauert sowohl mit *Tallink Silja Line* als auch mit *Viking* 17 Std. und kostet in der Hauptsaison einfache Fahrt pro Pers. ab 48 € 4-Bett-Innenkabine, Deckpassage 24 €, Pkw bis 1,80 m Höhe ab 48 €.

●21: Stockholm (S) – Kapellskär (S) – Mariehamn (Åland) – Turku (FIN)

Einmal täglich sammelt die *Tallink Silja Line* auf dem Weg nach Finnland noch Reisende in dem kleinen Hafen Kapellskär auf, Dauer 11 Stunden. Die einfache Fahrt mit einem Pkw bis 2,40 m Höhe kostet mit Kabine ab 100 €.

●22: Stockholm (S) – Långnäs/Mariehamn (Åland) – Turku (FIN)

Hauptsaison einfache Fahrt mit *SeaWind* pro Pers. ab ca. 25 € 4-Bett-Innenkabine, Pkw bis 1,80 m Höhe 29 €.

●23: Kapellskär (S) – Mariehamn (Åland)

Die Fähren der *Viking Line* und *Tallink Silja Line* befahren auch diese Kurzstrecke.

●24: Kapellskär (S) – Naantali (FIN)

FinnLink, eine Reederei die zu *Finnlines* gehört, fährt zum Hafen von Naantali, unweit von Turku. Auto und 2 Personen, Abfahrt morgens 95 €, abends 150 € inkl. Liege und zwei Mahlzeiten.

•25: Grisslehamn (S) – Eckerö (Åland)

Zu den Ålandinseln geht es täglich fünfmal mit *Eckerö Linjen,* außerhalb der Saison nur zweimal. Einfache Fahrt pro Personen oder Pkw ab 6,70 €, auch als Kombination mit Busfahrt ab/an Stockholm oder Uppsala buchbar.

•26: Umeå (S) – Vaasa (FIN)

Hier kann man in der Saison (6.5.-31.8.) täglich bis zu zweimal mit der *RG-Line* übersetzen. Fahrtdauer 4½ Stunden. Einfache Fahrt pro Person ab 55 €, Auto bis 1,80 m Höhe 55 €, Kombiticket Auto und 3-4 Pers. 190 €.

•27: Tallinn (EST) – Helsinki (FIN)

Wer sich für den Weg durch die Baltischen Staaten entscheidet, sollte rechtzeitig an Visa (Weißrussland) denken. Überfahrten z. B. mit *Tallink Silja Line* bis zu sechs Mal am Tag. Einfache Fahrt Pkw bis 1,80 m Höhe und vier Personen ab 70 €.

Reedereien

•Color Line GmbH, Norwegenkai, 24143 Kiel, Tel. 0431-7300300, www.colorline.de.

•DFDS Seaways (Deutschland) GmbH, Högerdamm 41, 20097 Hamburg, Tel. 01805-304350, www.dfdsseaways.de.

•Eckerö Linjen, Rederiaktiebolaget Eckerö, Tel. + 358 (0)18-28000 (Åland), + 46 (0)175-25800 (Schweden), www.eckerolinjen.fi.

•Finnlines, Skandinavienkai, 23570 Lübeck-Travemünde, Tel. 04502-80520, www.finnlines.com, www.ferrycenter.fi.

•FinnLink AB, Kapellskär, 760 15 Gräddö, Schweden, Tel. + 46 (0)176-207600, www.finnlink.se.

•Fjord Line, MVP travel, Postfach 1203, D-18302 Ribnitz-Damgarten, Tel. 03821-7094410, www.fjordline.com.

•KystLink, c/o Karl Geuther GmbH & Co. KG, Martinistr. 58, 28195 Bremen, Tel. 0421-1760362, www.kystlink.de.

•NordöLink, Skandinavienkai, 23570 Lübeck-Travemünde, Tel. 04502-80520, www.nordoe-link.com.

•RG-Line Oy Ab, Tel. + 358 (0)631-94510 (Vaasa, Finnland), + 46 (0)90-185210 (Umeå, Schweden), www.rgline.com.

•Scandlines, www.scandlines.de. Fährhafen, 23769 Puttgarden, Tel. 0180-5343441; Fährcenter Saßnitz, 18456 Saßnitz, Tel. 0180-5343443; Fährcenter Rostock, Tel. 0180-543445.

•SeaWind Line Oy Ab, Box 210, 20101 Turku, Finnland, Tel. +358 (0)600-18800, innerhalb Schwedens 020-795331, www.seawind.fi.

•Tallink Silja Line, Zeißstraße 6, 23560 Lübeck, Tel. 0451-5899222, www.tallinksilja.com.

•Stena Line, Schwedenkai 1, 24103 Kiel, Tel. 0431-9099, 01805-916666, www.stenaline.de.

•TT Line, 20457 Hamburg, Tel. 040-3601442, www.ttline.de.

•Viking Line, Beckergrube 07, 23552 Lübeck, Tel. Lübeck: 0451-384630; Tel. Kapellskär: +46 (0)11-7644069; Tel. Stockholm: +46 (0)8-4524200, www.vikingline.de.

Buchung

Wer sich nicht selbst durch den Dschungel der Angebote arbeiten will, kann sich an die Spezialisten von **Richtig Schiffen** im Internet unter www.richtig-schiffen.de oder per Telefon 01805-42484472443336 (0,12 €/Min.) wenden. Hier sind Informationen und Tickets von allen großen Fährlinien erhältlich.

Inlandfähren und sonstige Schiffe

Auf vielen Seen Lapplands gibt es Bootsverbindungen, die Wandersleute übersetzen oder Rundreisen durchführen. Ein Teil davon, soweit uns bekannt, steht in den entsprechenden Orts- oder Routenbeschreibungen.

Die regulären Straßenfähren sind, außer in Norwegen, gebührenfrei. In Norwegen gibt es eine unübersehba-

LAP_034 Foto: je

re Anzahl solcher kleinen **Straßenfähren**, die gebührenpflichtig sind. In der Hochsaison (1.6. bis 31.8.) ist die Überfahrt für Autos teurer. Im Autotarif ist der Fahrer enthalten. Die Strecke Bodø – Svolvær kostet z. B. pro Person 290 NOK.

Hurtigruten

Wer sich nicht mit dem Auto komplett auf die lange Reise durch Norwegen, Schweden oder Finnland zum Nordkap begeben will, hat noch eine andere Alternative: Die Fahrt mit einem Schiff der Hurtigruten von Bergen aus. Die Fahrt durch die **faszinierende Küstenlandschaft** Norwegens entlang steil abfallender Felsmassive, an schneebedeckten Hängen vorbei dauert eine Woche pro Strecke. Zwischendurch gibt es immer wieder Stopps an malerisch in die Täler gebauten kleinen Dörfern und verschwiegenen Häfen.

Die Geschichte der sagenhaften Linie

Die Hurtigrute ist seit 110 Jahren wohl die **bekannteste skandinavische Schiffslinie,** aus der Notwendigkeit heraus entstanden, Post und Waren in die entlegenen Gebiete des Landes zu transportieren. Bis zum Anfang des 20. Jh. gab es fast keine Straßen im Norden und der Flugver-

Manchmal kostenlos:
Straßenfähre in Norwegen
(Foto: Joachim Ehlers)

kehr steckte noch in der Aufbauphase, es blieb nur die Möglichkeit über das Meer. Sie wird heute von fünf Reedereien betrieben und umfasst die Strecke von Bergen bis Kirkenes ganz im Osten Norwegens. Täglich startet ein Schiff in Bergen und eins in Kirkenes. Unterwegs werden **35 Stationen** angelaufen, jeweils auf einer Strecke bei Tag und auf der anderen bei Nacht. Auf der gesamten Rundreise legt man in 12 Tagen **4630 spektakuläre Kilometer** zurück, oder 2500 Seemeilen (1 Seemeile entspricht 1,8652 Kilometern).

Die „hurtigen" Schiffe

Seit die **MS Vesterålen** unter Kapitän *Richard With* am 2. Juli 1893 als erstes Postschiff von Bergen in See stach, wurde die Flotte ständig vergrößert und modernisiert. In der Regel sind es keine echten Luxusliner, sondern sogar teilweise Frachter, die eine begrenzte Zahl von Passagierkabinen besitzen. „Abendkleid und Anzug kann man zu Hause lassen", steht im Hurtigruten-Prospekt. Diese nicht selten schon betagten Pötte laufen eine Vielzahl kleiner Häfen an, mitunter sieht man nur eine Steinmole am Anlegeplatz. Früher war die Ankunft des Postschiffes immer ein Ereignis, das die ganze Bevölkerung des Ortes zusammenströmen ließ. Es wird rund um die Uhr aus- und eingeladen. Man darf sich also nicht wundern, wenn nachts plötzlich Unruhe an Bord ist. In einigen Häfen besteht die Möglichkeit von Bord zu gehen und eine Sightseeing-Tour zu unternehmen.

Es gibt drei Generationen von Schiffen, die zurzeit in Benutzung sind. Hier kurz jeweils ein typischer Vertreter.

Das **MS Lofoten** von 1964 gehört zur ältesten Generation. Trotz Modernisierung 1985, 1995 und 2003 sind die ursprüngliche Atmosphäre und der traditionelle Stil erhalten geblieben. Wesentlich kleiner als ihre Geschwister, wird an Bord deutlich, dass eine Reise mit den Hurtigruten auch immer ein Stück weit eine **Reise in die Vergangenheit** darstellt. MS Lofoten wird nur noch zu bestimmten Saisonzeiten eingesetzt. Sie ist 87,5 m lang und dreizehneinhalb Meter breit. Insgesamt kann sie 410 Passagiere mitnehmen.

Das **MS Vesterålen** aus der mittleren Generation wurde im Jahr 1983 gebaut und 1988 und 1995 modernisiert und mit einem hellen, freundlichen Interieur noch einladender gestaltet. Auf die üblichen Bequemlichkeiten wie Aussichtssalon, Bar, Restaurant, Fahrstuhl und Shop braucht man auch an Bord dieses kleineren Hurtigruten-Schiffes nicht verzichten. Die MS Vesterålen kann 560 Passagiere und 35 Autos transportieren. Sie hat 314 Betten und ist über 100 Meter lang.

Das **MS Trollfjord** ist eines der größten Schiffe aus der neusten Generation und fährt seit Mai 2002 in der Hurtigruten. Mit komfortabler Ausstattung gehört sie zu den **Luxuslinern.** Hier kann man sogar Suiten mit Aussicht mieten. Sie ist 135 Meter lang, kann über 800 Passagiere und 45 Autos mitnehmen und hat 652 Betten.

Das Nordkap selbst wird nicht angelaufen, deshalb muss man vom Hafen

LAP_036 Foto: th

in Honningsvåg mit dem Bus zum Ziel.

Die **Einschiffung** erfolgt am Frieleneskaien in Bergen. Die Abfahrt variiert je nach Saison.

- **15.04.-14.09.07:** Abfahrt um 20 Uhr und Einschiffung ab 17 Uhr.
- **15.09.-31.12.07:** Abfahrt um 22.30 Uhr und Einschiffung ab 18 Uhr.
- Über die **aktuellen Abfahrtszeiten** kann man sich im Internet unter www.hurtigruten.de informieren.

Bei allen anderen Häfen erfolgt die Einschiffung direkt nach Anlegen des Schiffes, spätestens 30 Minuten vor der angegebenen Abfahrtszeit.

Man kann natürlich auch **Teilstrecken** befahren. Dazu begibt man sich einfach zum Anleger des entsprechenden Ortes. Tickets werden beim Einlaufen oder auch vorher in Deutschland verkauft. Informationen und Preise findet man unter www.hurtigruten.de.

Tickets für Einzelstrecken sowie komplette Reisen mit Hurtigruten erhält man auch bei **AUF UND DAVON,** Telefon 01805-42484472443336 (0,12 €/Min.), www.auf-und-davon.de.

Es gibt 15-tägige Arrangements mit An/Abreise per Sonderflug ab Frankfurt oder Hamburg nach Bergen und Rückflug ab Bergen ohne Umsteigen. Hier drei Beispiele:

- **Bergen – Kirkenes – Trondheim.** An- und Abreise mit der Fähre und Eisenbahn.

Fahrt mit der *Color Line* von Kiel nach Oslo. Fahrt mit der Bergen-Bahn nach Bergen. Abends Abfahrt des Hurtigruten Schiffes. Am 12. Tag der Rundreise kommt das Schiff morgens in Trondheim an. Fahrt mit der Dovre-Bahn nach Oslo. Hotelübernachtung. Am nächsten Morgen mit der *Color Line* nach Kiel. **Preise** ab 1640 € pro Person im März/April, oder 2125 € im August.

- **Flug von Frankfurt nach Bergen** und 11-tägige Seereise + 1 Nacht in Trondheim + 1 Nacht in Bergen + Bergen-Bahnfahrt + 2 Nächte in Oslo ab 2240 € p.P.

Ein Schiff der Hurtigrute am Kai

Mit dem Schnelldampfer unterwegs
(Foto: Wolfram Schwieder)

LA_038 Foto: ws

- **Flug von Frankfurt oder Hamburg nach Bergen,** 12-tägige Seereise + 3 Nächte in Bergen ab 1890 € p.P.
- Zu **Weihnachten** gibt es Fahrten mit dem historischen MS Lofoten mit Schneehotelübernachtung, Schlittenfahrt und Weihnachtsgottesdienst in Kirkenes.

Trotz der hohen Preise sind die Schiffe oft ausgebucht, also rechtzeitig anfragen!

Bahn

Das **Bahnnetz** in Nordskandinavien ist nicht gerade dicht. Nur die wichtigen Orte erreicht man per Bahn, in Norwegen kommt man bis Bodø; fährt man über Schweden, erreicht man auch Narvik. In Schweden fährt die Bahn bis zum Torneträsksee in Lappland und in Finnland bis Kolari und Kemijärvi. Das Fehlen der Bahnstrecken im Norden ist auch nicht verwunderlich, wenn man bedenkt, mit welchen Problemen damals die Schienenleger zu kämpfen hatten. So mussten und müssen die Gleise Temperaturschwankungen von 60 Grad überstehen, und im Winter muss der Schnee von den Strecken ferngehalten werden. Am Polarkreis in Norwegen hat man deshalb kilometerlange, hölzerne Tunnel über die Gleise gebaut.

Norwegen

Zuerst einige Zahlen: Das Bahnnetz ist 4600 km lang, dabei werden rund

770 Tunnel und 30.000 Brücken passiert. Nur 24 % der Strecke verlaufen horizontal, der Rest sind Steigungen und Gefälle. In Norwegen gibt es die Fernschnellzüge (ET), die Oslo/ Trondheim-Bergen-Kristiansand-Stavanger anfahren, dann die Schnellzüge (HT) und die Nahverkehrszüge (PT). Für die ET-Züge ist Reservierung Pflicht.

Die Nordlandbahn NSB fährt von Trondheim bis Bodø. Sie wurde, obwohl seit 1860 in der Planung, erst 1962 eingeweiht. Von Trondheim geht's nordwärts an Stjørdal, Levanger und Steinkjer vorbei. Danach wird die Landschaft allmählich karger, und nach Mosjøen wird die Streckenführung kompliziert. Durch viele Tunnel und über Streckenaufschüttungen erreicht der Zug Mo i Rana. Danach geht's durch das Dunderlandsdal auf das Saltfjell hinauf. Links nach hinten blickend, kann man den Svartisen-Gletscher erspähen. Kurze Zeit später, passiert die Bahn zwei 3 m hohe, steinerne Pyramiden. Das ist der Polarkreis! Die Strecke läuft nun, immer wieder durch Schneetunnel gesichert, in 680 m Höhe dahin. Bald geht's wieder abwärts ins Lønsdal und am Junkerdal vorbei. In Rognan sieht man das Meer wieder. Eine ganze Weile führt die Strecke nun am Saltfjord und am Skjærstadfjord entlang bis Bodø.

Die **Strecke nach Narvik** wird bei Schweden beschrieben.

Der **Transport eines Fahrrades** kostet 140 NOK, 2 Tage vorher aufgeben. Expresszüge nehmen keine Räder mit. Reservierung 20 NOK, Nachtzug-Bett 300-800 NOK, 1 oder 2-Bett-Abteile, keine Liegewagen. Für 1. Kl-Reisende gibt es einen Salonwagen (Aufpreis).

Schweden

Auch hier braucht man für Expresszüge eine Platzreservierung. Die Expressbahnen haben auf den Fahrplänen ein X vor der Zugnummer. Der X 2000 ist der modernste Zug auf den Hauptstrecken im Süden. Die Wagen neigen sich in den Kurven nach innen, es gibt wie im ICE Radioanschlüsse in den Sitzen. Die InterCity-Züge haben einen Bistrowagen, in dem man auch Reisebedarf kaufen kann.

Für den Nordreisenden in Schweden lohnt sich das **Lågpriskort,** das ist ein Ticket, mit dem man für etwa 45 % Ermäßigung unbegrenzt 12 Monate fahren kann. An Wochenenden und Feiertagen gilt diese Karte nicht, da die Züge dann voll sind. Aber auch ohne Vergünstigung ist das Bahnfahren in Schweden preiswert. Info: www.sj.se.

Die direkte Verbindung **zwischen Stockholm und Narvik** wird (wie auch viele andere Strecken in Schweden) öfters mal von wechselnde private Bahngesellschaften betrieben. Der Zug mit Liege-, Schlaf- und Abteilwagen startet am Nachmittag im Stockholmer Hauptbahnhof und erreicht am nächsten Morgen Lappland. Nach 19 Std. Fahrt ist man am nächsten Mittag in Narvik. Auf der Strecke Boden – Kiruna passiert man den Polarkreis ohne Aufenthalt.

Bei Gallivåre trifft die **„Inlandsbahn"** auf die Strecke. Diese Bahn ist ein „Bummelzug mit Kaffeepausen" in gemütlichem Tempo. Es gibt eine In-

Bahnlinien
0
200 km
POLARKREIS
Hurtigroute (Bergen-Kirkenes)
Inlandsbahn
NORWEGEN
SCHWEDEN
FINNLAND
RUSSLAND
ESTLAND
LETTLAND
LITAUEN
RUSSLAND
POLEN
WEISS-RUSSLAND
DÄNEMARK
DEUTSCHLAND
Mehamn
Berlevåg
Honningsvåg
Båtsfjord
Hammerfest
Vardø
Vadsø
Øksfjord
Alta
Lakselv
Kirkenes
Tromsø
Harstad
Narvik
Svolvær
Stamsund
Skutvik
Røst
Bodø
Kiruna
Gällivare
Kolari
Kemijärvi
Övertoneå
Rovaniemi
Nesna
Mo i Rana
Mosjøen
Arvidsjaur
Boden
Haparanda
Kemi
Luleå
Oulu
Storuman
Kontiomäki
Rørvik
Kajaani
Ylivieska
Grong
Steinkjer
Umeå
Kokkola
Lisalmi
Kristiansund
Trondheim
Storlien
Östersund
Kuopio
Vaasa
Ålesund
Åndalsnes
Røros
Måløy
Dombås
Ånge
Sundsvall
Jyväskylä
Mikkeli
Florø
Björneborg
Tampere
Lillehammer
Elverum
Orsa
Bollnäs
Kouvola
Rauma
Riihimäki
Mora
Kotka
Hamar
Malung
Gävle
Bergen
Gol
Turku
Helsinki
Hønefoss
Borlänge
Avesta
Oslo
Kongsvinger
Hanko
Karlstad
Örebro
Tallinn
Stavanger
Stockholm
Egersund
Motala
Norrköping
Arendal
Uddevalla
Kristiansand
Borås
Jönköping
Frederikshavn
Västervik
Göteborg
Riga
Kalmar
Helsingborg
Karlskrona
Kristianstad
Malmö
Kopenhagen
Travemünde
Hamburg

LAP_040 Foto: rh

landsbahn-Card für 1395 SEK mit der man 14 Tage lang unbegrenzt reisen kann. Zwischen Mora und Arvidsjaur wird auch ein Salonwagen aus den dreißiger Jahren eingesetzt. Zwischen Arvidsjaur und Gällivare gibt es zweimal pro Woche einen Dampfzug. Scanrailer haben Rabatt, Fahrräder kosten 90 und Platzkarten 95 SEK.

In Kiruna beginnt das Streckennetz der **Ofotbahn.** Sie ist heute eine vielbenutzte Strecke. Eine Autoverladung ist möglich. Von Kiruna geht die Fahrt am Torneträsk-See vorbei. Man passiert die berühmte Abisko Turiststation und Abisko Östra, wo sich der Zug schon in 300 m Höhe bewegt. Bald kommt der Jugendstilbahnhof Vassijaure in Sicht, und kurz dahinter erreicht man Riksgränsen am Vassijaure-See, 500 m. ü. M. Die Grenze nach Norwegen bildet ein Schneetunnel. Die erste norwegische Station ist Bjørnfjell. Danach geht's durch viele Tunnel abwärts. Bald kommt der Rombaksfjord in Sicht, und man hat für den Rest der Strecke ein herrliches Panorama. Da diese berühmte Zugverbindung sicherlich nicht jedermann bekannt ist, fügen wir in der Beschreibung der Route 16 eine kurze Erklärung ein.

Narvik, Endstation!

Huckepack:
Autoreisezug in Helsinki

LAP_042 Foto: fs

Von Kopenhagen über Stockholm nach Oslo verkehren der **Inter Nord** und der **Inter Nord Night,** der in den Schlafwagenabteilen der 1. Klasse sogar Duschen hat.

Bis 2010 investiert die Regierung ca. 100 Mrd. SEK in eine neue Schnellbahnverbindung entlang der Küste Nordschwedens, die sog. **Botniabahn.**

Finnland

Die finnische Bahn hat rund 6000 km Netz, ein Viertel davon elektrifiziert. Man kann bis nach Moskau und St. Petersburg fahren. Da Finnland mal zu Russland gehörte, haben die Züge eine breitere Spur von 152,4 cm. Die Wagen sind dadurch ebenfalls breiter. Züge in Finnland fahren bis 150 km schnell, das Bahnfahren ist wesentlich günstiger als bei uns. Die einfache Fahrt von Helsinki nach Rovaniemi kostet beispielsweise 60 €. Mittlerweile gibt es komfortable Doppeldeckerzüge, bei denen es sogar Doppelzimmer mit eigener Toilette und Dusche gibt. Ab 95 €; www.vr.fi.

EP-Expresszüge gehen nur mit **Reservierung,** die im Fahrpreis enthalten ist. In P-Zügen ist die Reservierung nicht notwendig, aber erwünscht. Fahrtunterbrechungen lässt man sich auf der Fahrkarte vermerken.

Der **Pendolino-Expresszug** braucht von Helsinki nach Turku 1½ Stunden.

Ein weiterer Superlativ: Die britische Firma *Steam Traction Ltd.* bestellte zur

LAP_041 Foto: fh

Zeit der **Dampflokomotiven** 14 gigantische Loks in Finnland. Zwei der Monster mit Namen HR 1 blieben aber in Finnland und rosteten jahrzehntelang auf Abstellgleisen vor sich hin. Bis eine davon, **Ukko – Pekka,** von zwei Bahn-begeisterten Engländern entdeckt und restauriert wurde. Heute zieht diese größte finnische Lok wieder Sonderzüge durch die Gegend. Ich weiß nur von der Strecke Pieksämäki – Joensu, es sollen aber weitere Strecken von *Ukko-Pekka* abgedampft werden.

Autoreisezüge (maximale Wagenhöhe: 2,60 m) gibt es auf den Strecken Helsinki – Oulu – Kolari – Rovaniemi. Pkw und 3 Personen bis Oulu 208 €, Kolari 242 €, Rovaniemi 274 €. Die neuen Wagen auf der Strecke Helsinki – Oulu (22.30 Uhr) sind vollständig geschlossen und mit Steckdosen für Motorheizer ausgestattet.

Buchung

Beschränkt man seinen Skandinavien-Aufenthalt auf ein einzelnes Land, ist das **One-Country-Interrail-Ticket** die beste Lösung. Es ist während eines Monats an einer bestimmten Anzahl von frei wählbaren Tagen gültig. Sollen mehrere Länder bereist werden, lohnt meist der **Scanrail-Pass.** Werden nur ein paar wenige Strecken mit der Bahn zurückgelegt, lohnen diverse **Frühbucher-Rabatte** der einzelnen Bahnen. Alle Tickets und Reservierungen können bequem schon zuhause bei einem der spezialisierten Bahn-Reisebüros (z. B. Gleisnost, siehe unten) gebucht werden.

Wie auch sonst wechseln die Angebote, deren Preise und Bedingungen ständig, weshalb es kaum möglich ist, einen einigermaßen zuverlässigen Überblick darüber zu geben. Es lohnt deshalb auch, die Beratung eines spezialisierten Reisebüros in Anspruch zu nehmen.

- **Gleisnost am Stadttheater,** Bertoldstr. 44, 79098 Freiburg, Tel. 0761-383031.
- **Gleisnost im Bahnhof Littenweiler,** Lindenmattenstr. 18, 79117 Freiburg, Tel. 0761-62037.
- **www.gleisnost.de**

Fliegen

Die von Mitteleuropa angeflogenen **Flughäfen im Norden Skandinaviens** sind Oslo in Norwegen, Stockholm in Schweden und Helsinki in Finnland. *Ryan Air* fliegt auch Tampere an, und je nach Saison steuern Chartergesellschaften auch weitere Ziele an. Diese werden am günstigsten von folgenden Fluggesellschaften angeflogen (siehe auch „Billigairlines"):

- **Austrian Airlines,** www.austrianairlines.de. Ab Wien direkt nach Oslo, Stockholm und Helsinki.

Kleines „Flug-Know-how"

Check-in

Nicht vergessen: Ohne einen **gültigen Reisepass oder Personalausweis** (Letzeres nur für EU-Staatsbürger) kommt man nicht an Bord.

Bei den innereuropäischen Flügen muss man mindestens **eine Stunde vor Abflug** am Schalter der Airline eingecheckt haben. Viele Airlines neigen zum Überbuchen, d. h., sie buchen mehr Passagiere ein, als Sitze im Flugzeug vorhanden sind, und wer zuletzt kommt, hat dann möglicherweise das Nachsehen.

Das Gepäck

In der Economy-Class darf man in der Regel nur **Gepäck bis zu 20 kg pro Person** einchecken (Ausnahme z. B. Ryanair mit nur 15 kg) und zusätzlich ein Handgepäck von 7 kg in die Kabine mitnehmen, welches eine bestimmte Größe von 55 x 40 x 23 cm nicht überschreiten darf. In der Business Class sind es meist 30 kg pro Person und zwei Handgepäckstücke, die insgesamt nicht mehr als 12 kg wiegen dürfen. Man sollte sich beim Kauf des Tickets über die Bestimmungen der Airline informieren. Dabei sollte man sich auch nach den neuen Regelungen zur Mitnahme von **Flüssigkeiten im Handgepäck** erkundigen, die Anfang November 2006 eingeführt wurden. Da sich diese Regelungen derzeit ständig ändern, wird hier nicht auf die Details eingegangen.

Aus Sicherheitsgründen dürfen **Taschenmesser, Nagelfeilen, Nagelscheren,** sonstige Scheren und Ähnliches nicht mehr im Handgepäck untergebracht werden. Diese sollte man unbedingt im aufzugebenden Gepäck verstauen, sonst werden diese Gegenstände bei der Sicherheitskontrolle einfach weggeworfen. Darüber hinaus gilt, dass Feuerwerke, leicht entzündliche Gase (in Sprühdosen, Campinggas), entflammbare Stoffe (in Benzinfeuerzeugen, Feuerzeugfüllung) etc. nichts im Passagiergepäck zu suchen haben.

- **British Airways,** www.britishairways.de. Ab vielen Flughäfen in Deutschland, Österreich und der Schweiz via London nach Oslo, Stockholm und Helsinki.
- **Finnair,** www.finnair.fi. Linienflüge von vielen deutschen Flughäfen, Wien und Zürich direkt nach Helsinki. Charterflüge nach Kuopio und Rovaniemi, im Winter nach Kittilä.
- **KLM,** www.klm.de. Von vielen Flughäfen in Deutschland, Österreich und der Schweiz via Amsterdam nach Oslo, Trondheim, Stockholm und Helsinki.
- **Lufthansa,** www.lufthansa.de. Von vielen Flughäfen in Deutschland direkt nach Oslo, Stockholm und Helsinki mit Anschlussflügen auch ab/bis Wien, Genf und Zürich.
- **SAS,** www.flysas.com. Von vielen Flughäfen in Deutschland, Österreich und der Schweiz direkt nach Oslo und Stockholm.
- **Swiss,** www.swiss.com. Linienflüge von Zürich nach Stockholm und im Sommer Charterflüge von Zürich nach Karlstad und Oestersund.

Flugpreise

Ein Economy-Ticket von Frankfurt nach Helsinki und zurück bekommt man je nach Jahreszeit und Aufenthaltsdauer ab knapp über 100 € (einschl. aller Steuern, Gebühren und Entgelte). Am teuersten ist es in der Hauptsaison im Sommerhalbjahr, in der die Preise für Flüge in den Sommerferien im Juli und August besonders hoch sind und über 300 € betragen können.

Wenn man mit *Lufthansa* oder *SAS* von Deutschland, Österreich oder der Schweiz nach Skandinavien fliegt, kann man von einem **Air Pass** Gebrauch machen, der für Flüge mit *SAS* und deren Tochtergesellschaften in Skandinavien gilt. Dann kostet jeder Inlandsflug in Norwegen, Schweden und Finnland 69 € (Ausnahmen Stockholm - Kiruna 122 €, Oslo - Bodö 133 €, Oslo - Kirkenes 165 € und Oslo - Spitzbergen 197 €). Für grenzüberschreitende Flüge in Skandinavien werden jeweils 80 € berechnet.

Der „Visit Skandinavia Air Pass" gilt das ganze Jahr über für maximal acht Flüge in längstens 3 Monaten.

Indirekt sparen kann man als Mitglied eines **Vielflieger-Programms** wie www.star-alliance.com (Mitglieder u. a. *Austrian Airlines, Lufthansa, SAS Scandinavian Airlines, Swiss),* www.skyteam.com (Mitglied u. a. *KLM)* sowie www.oneworld.com (Mitglieder u. a. *British Airways, Finnair).* Die Mitgliedschaft ist kostenlos und mit den gesammelten Meilen von Flügen bei Fluggesellschaften innerhalb eines Verbundes reichen die gesammelten Flugmeilen dann vielleicht schon für einen Freiflug bei einem der Partnergesellschaften beim nächsten Flugurlaub. Bei Einlösung eines Gratisfluges ist langfristige Vorausplanung nötig.

Buchtipp

- *Frank Littek:* **Fliegen ohne Angst,** Praxis-Reihe, Reise Know-How Verlag

Buchung

Die Preise für Tickets ein und derselben Airline können in den verschiedenen Reisebüros stark variieren. Folgende **zuverlässigen Reisebüros** haben meistens günstigere Preise als viele andere:

- **Jet-Travel,** Buchholzstr. 35, D-53127 Bonn, Tel. 0228-284315, Fax 284086, info@jet-travel.de, www.jet-travel.de. Sonderangebote auf der Website unter „Schnäppchenflüge".
- **Globetrotter Travel Service,** Löwenstr. 61, 8023 Zürich, Tel. 044 2286666, www.globetrotter.ch. Weitere Filialen, siehe Website.

Billigairlines

Preiswerter geht es mit etwas Glück nur, wenn man bei einer Billigairline **sehr früh online bucht.** Es werden keine Tickets ausgestellt, sondern man bekommt nur eine Buchungsnummer per E-Mail. Zur Bezahlung wird in der Regel eine Kreditkarte verlangt.

Im Flugzeug gibt es oft **keine festen Sitzplätze,** sondern man wird meist schubweise zum Boarden aufgerufen, um Gedränge weitgehend zu vermeiden. **Verpflegung** wird extra berechnet. Für die Region interessant sind:

- **Air Berlin,** www.airberlin.com. Von Düsseldorf nach Helsinki sowie von Berlin-Tegel nach Göteborg und Stockholm, von vielen anderen Städten in Deutschland, Österreich und der Schweiz mit Umsteigen in Düsseldorf oder Berlin-Tegel.
- **Blue 1,** www.blue1.com. Von Berlin, Hamburg, Zürich und Amsterdam nach Helsinki.
- **Germanwings,** www.germanwings.com. Von Köln/Bonn und Berlin-Schönefeld nach Stockholm sowie von Köln/Bonn nach Helsinki.
- **Norwegian.no,** www.norwegian.no. Von Berlin-Schönefeld nach Bergen, Oslo, Stavan-

ger, Tromsø und Trondheim, von Hamburg und München zusätzlich nach Bodø, von Salzburg nur nach Oslo und Bergen, ansonsten von Düsseldorf und Genf nur nach Oslo.

- **Ryan Air,** www.ryanair.com. Von Hahn im Hunsrück und Bremen nach Oslo-Torp (über 100 km von der City entfernt!) und Tampere, von Hahn im Hunsrück, Weeze am Niederrhein, Bremen und Hamburg nach Stockholm (Skavsta), von Weeze am Niederrhein nach Vaxjo, von Hahn im Hunsrück nach Göteborg.
- **Sterling.dk,** www.sterlingticket.com. Von Amsterdam, Dortmund und Salzburg nach Oslo und Stockholm.
- **TUIfly,** www.tuifly.com. Von Hamburg und Stuttgart nach Stockholm.

Last-Minute

Wer sich erst im letzten Augenblick für eine Reise nach Skandinavien entscheidet oder gern pokert, kann Ausschau nach Last-Minute-Flügen halten, die von einigen Airlines mit deutlicher Ermäßigung **ab etwa 14 Tage vor Abflug** angeboten werden, wenn noch Plätze zu füllen sind. Diese Last-Minute-Flüge lassen sich nur bei Spezialisten buchen:

- **L'Tur,** www.ltur.com, (D)-Tel. 01805 212121 (0,12 €/Min.), (A)-Tel. 0820 600800 (0,12 €/Min.), (CH)-Tel. 0848 808088 (0,12 SFr./ Min.); 140 Niederlassungen europaweit.
- **Lastminute.com,** www.de.lastminute.com, (D)-Tel. 01805 777257 (0,12 €/Min.).
- **5 vor Flug,** www.5vorflug.de, (D)-Tel. 01805 105105 (0,12 €/Min.).
- **www.restplatzboerse.at:** Schnäppchenflüge für Leser in Österreich.

Inlandsflüge

Innerhalb Skandinaviens setzt man Propellermaschinen ein. Sie haben den Vorteil, auch bei schlechtem Wetter und auf kurzen Pisten starten und landen zu können. Informationen erhält man bei den Büros der Fluggesellschaften (siehe Kapitel Hauptstädte) oder am besten bei den jeweiligen Flughäfen.

In Norwegen heißen die Gesellschaften *Braathen S.A.F.E., Widerøe* und *A/S Norving* aus Kirkenes. Stand-by-Tickets werden für den Tag ausgestellt. Man muss sich also vor dem entsprechenden Gate in Position stellen und warten, ob ein Platz frei bleibt. Dann sind die Flüge sehr preiswert.

Das Fliegen innerhalb Schwedens ist sehr preiswert, und man nimmt sogar Fahrräder mit. Die SAS unterhält eine Tochtergesellschaft mit Namen *Linje flyg,* mit der man innerschwedisch günstig reisen kann.

Ausrüstung

Neben den Dingen des täglichen Bedarfs gibt es einige Sachen, auf die man kaum verzichten kann. Dazu gehören für den Autoreisenden Schlafsack, für den Tramper und Wanderer zusätzlich Zelt, Rucksack und Kocher. Welche Qualität und Eigenschaft diese Dinge haben müssen, hängt ganz davon ab, was man damit machen will und zu welcher Jahreszeit man sich auf den Weg macht.

So sollte man beim Rucksackkauf überlegen, ob man weite Strecken durchs Land wandern will, oder ob man sich trampenderweise vorwärts bewegen will. Wer plant, häufig draußen zu schlafen, braucht einen wärmeren Schlafsack als derjenige, der mit dem Auto unterwegs ist oder von Herberge zu Herberge reist. Das gleiche gilt für das Zelt. Wer es hauptsächlich tragen will, muss neben der Haltbarkeit und Dichte auch aufs Gewicht achten. Wer draußen selbst kochen will, sich aber nicht darauf verlassen möchte, dass immer genügend Feuerholz vorhanden ist, der hat die Wahl der Qual zwischen einer Unmenge von transportablen Kochern.

Wir haben unsere Reisen durch Lappland bisher immer ohne Spezialausrüstung gemacht, und zwar durch alle Jahreszeiten. Wie man sieht, leben wir immer noch, was nicht heißen soll, dass wir mit besserer Ausrüstung nicht bequemer gereist wären. Wir können also nur einige grundsätzliche Ratschläge angeben, die aber nicht immer von uns sind, sondern aus **Tests** und **Berichten** stammen. Wer sich genauer informieren möchte, findet die detailliertesten Informationen in:

Buchtipp

- *Rainer Höh:* **Wildnis-Ausrüstung,** Praxis-Reihe, REISE KNOW-HOW Verlag

Rucksack

Grundsätzlich sollte das Gewicht des vollgepackten Rucksacks ein Fünftel des Körpergewichtes nicht übersteigen, wenn man sich auf längere Wanderungen macht. Man unterscheidet zwischen verschiedenen Konstruktionen, und zwar:

- **ohne Tragegestell,** wie man sie in der Stadt trägt – eignet sich nur für kurze Ausflüge, ist schwerbepackt sehr schlecht zu tragen.
- **mit außenliegendem Tragegestell,** speziell für Leute die sperrige Lasten tragen müssen.
- **mit innenliegendem Tragegestell,** eignen sich für normale bis schwere Lasten und haben häufig vielfältige Umbau- und Aufteilungsmöglichkeiten, die dem Tramper sehr nützlich sind. Von den Billigmodellen muss ich abraten, Qualität hat ihren Preis.

Noch einige Tipps:

- Auf jeden Fall muss der Rahmen **anatomisch geformt** sein, also dem Rücken entsprechend. Gerade Bretter sind eine Qual!
- Die **Rückenstützen** sollten so verstellbar sein, dass die eine auf den Schulterblättern, die andere auf dem Becken liegt.
- Die **Aufteilung der Fächer** sollte so variabel wie möglich sein.
- **Seitentaschen** kann man nie genug haben, da man nur aus ihnen Kleinigkeiten entnehmen kann, ohne größere Auspackaktionen zu starten. Man achte darauf, dass sie sich regendicht und diebstahlsicher verschließen lassen. Optimal sind hier Reißverschlüsse, die mit zwei Öffnern versehen sind. Durch die Ösen derselben kann man dann ein Vorhängeschloss ziehen.
- Die **Tragegurte** sollten gut gepolstert sein, ebenfalls der Hüftgurt, der ja die Schultern entlasten soll.

Zelt

Es gibt heute so genannte „Leichtzelte" in Iglu-, Pyramiden-, Tunnel-, Kugel- und sonstigen Formen, in tollen Farben und natürlich auch in allen Preislagen

Camperglück
(Foto: Wolfram Schwieder)

LAP_046 Foto: ws

von 50 bis 700 €. Die Auswahl wird einfacher, wenn man sich über die Anforderungen im Klaren ist, und sich dann einfach das Günstigste aussucht.

Wozu wird also ein Zelt gebraucht? Es soll Schutz bieten vor Wind, Regen, Schnee und Mücken. Das ist eigentlich schon alles. Außerdem soll es leicht und groß genug sein und auch den Geldbeutel nicht zu sehr belasten. Wenn es dann auch noch einen Orkan aushält, sollte man zugreifen. Wichtig ist folgendes:

Feuchtigkeit entsteht im Zelt durch Kochdampf und Körperausdünstungen. Sie schlägt sich an der Zeltplane nieder, tropft herunter, und nach kurzer Zeit ist alles im Zelt feucht und klamm. Das verhindert ein Zelt mit wasserdurchlässiger Dachplane. Wenn es nun aber regnet, kommt das Wasser auch von draußen nach drinnen. Dafür hat man das **Überzelt** erfunden. Eine wasserdichte Plane wird über das Schlafzelt gespannt, der Zwischenraum ermöglicht die Verdunstung des Schwitzwassers, ohne das Regenwasser eindringen zu lassen. Wichtig! Man sollte beim Kauf darauf achten, dass sich das Überzelt zuerst aufbauen lässt. Dies ist bei Regen von unschätzbarem Wert, so kann man das Innenzelt schon im Trocknen einhängen, oder umgekehrt das Innenzelt schon Wasserdicht im Trockenen verstauen. Leider bieten die wenigsten Zelte diese Möglichkeit. Meist ist es nur umgekehrt zu machen.

Außerdem ist wichtig, dass alle Fenster und andere Öffnungen durch **mückensichere Gaze** verschließbar sind.

Wer längere Zeit im Zelt verweilen will, sollte auf ausreichende **Höhe** achten – ist doch angenehmer.

Das **Gestänge** ist meist aus Aluminium, je dicker, desto stabiler! Der Härtegrad spielt auch eine Rolle, T 9 ist härter als T 6.

Das **Planenmaterial** kann Polyester sein, das leider immer ein wenig steif ist, oder Polyamid, das sich dehnt. Um die Gewebe wasserfest zu machen, sind sie beschichtet. Polyurethangewebe sind die besten, Billigzelte haben vinylbeschichtete Böden, die, besonders im Winter, spröde werden.

Kochen sollte man, nicht nur wegen der entstehenden Feuchtigkeit, immer vor dem Zelt.

Tipps zum Aufstellen

- **Windrichtung** prüfen, der Eingang sollte dem Wind abgewandt sein.
- Platz von **spitzen Steinen** säubern, sonst wird der Boden schnell leck.
- Wer in einer **Senke** zeltet, kriegt bei Regen schnell nasse Füße.
- Ist das Zelt **nass** geworden, möglichst schnell an einem trockenen Ort lüften.

Schlafsack

Beim Schlafsackkauf muss man zuerst eine grundsätzliche Entscheidung treffen: Daunen oder Kunststoff? Eine kleine Entscheidungshilfe:

- **Daunen:** Sie wärmen sehr gut, auch im Verhältnis zu ihrem Gewicht. Man kann Daunenschlafsäcke gut verpacken, weil sie sich gut zusammenpressen lassen und sehr leicht sind. Nachteil: Wenn sie nass werden, ist die Isolationswirkung dahin, und trocknen wollen sie ganz schlecht. Ein weiterer Nachteil ist der hohe Preis!
- **Kunststoff:** Es gibt Kunststofffüllungen, die genauso gut wärmen wie Daunen oder Wolle. Sie werden schnell wieder trocken und sind billiger als Daunen. Allerdings sind die Schlafsäcke etwas schwerer und lassen sich nicht so gut zusammenrollen.

Grundsätzlich kann man sagen, dass für einen Wanderer in Lappland von Frühling bis Herbst ein Schlafsack mit Kunststofffüllung ausreicht, ja sogar zu empfehlen ist, da die Regengefahr vor Ort ziemlich hoch ist. Im Winter sind allerdings die Daunen besser, wenn man draußen schlafen will. Im Auto wärmen zwei ineinandergeschobene dünne Schlafsäcke gut.

Die **Füllkonstruktion** ist neben der Füllung von ausschlaggebender Bedeutung. Ist der Schlafsack einfach gesteppt, wird die Füllung an den Stellen, wo die Naht läuft, bis auf wenige Millimeter zusammengedrückt. Hier geht dann Wärme verloren. Besser sind die Doppelsteppungen und am besten schrägversetzte Doppelsteppungen oder zwei Lagen mit Zwischenschicht.

Zur **Form** des Schlafsacks lässt sich sagen, dass die meisten Leute wohl wegen des geringeren Wärmeverlustes die Mumienform vorziehen.

Wer draußen schläft, sollte sich klarmachen: Am meisten Wärme verliert man durch Ableitung an den Boden, darum ist eine gute Bodenisolation wichtig. Dafür gibt's in jedem Kaufhaus **Isomatten** zu kaufen, das sind dünne Kunststoffmatratzen, die nicht viel wiegen, aber viel Platz wegnehmen. Trotzdem sollte man solch ein Teil unbedingt mitnehmen.

Kocher

Auf einen Kocher sollte kein Wanderer verzichten, denn nicht immer gelingt ein Feuer, es fehlt mal am Brennholz, oder das Feuermachen ist verboten.

Bei der Suche nach dem richtigen Modell für sein Vorhaben wird man auf eine Vielzahl verschiedener Systeme stoßen. Wer den Kocher im Rucksack mitschleppen will, wird einen leichten bevorzugen, was die Auswahl schon etwas eingrenzt. Außer dem Kocher braucht man noch den entsprechenden Brennstoff dazu. Hier nun einige Modelle zur Auswahl:

- **Esbitkocher:** In einem auseinanderklappbaren Gestell aus dünnem Blech werden Klötzchen aus Trockenspiritus verfeuert. Das Kochen mit diesem Brennstoff ist überdurchschnittlich teuer, jedoch ist dies Ding als Notkocher besser als gar nichts, da er zusammengeklappt kaum größer als eine Zigarettenschachtel ist und so überall verstaut werden kann. Das Anzünden geht problemlos, auch bei Wind, jedoch kann man schlecht größere Gerichte darauf kochen, da es zu lange dauert.
- **Wildniskocher:** Er sieht aus wie eine Büchse. In seinem unteren Teil ist ein batteriebetriebenes Gebläse. Dieses führt dem Brennmaterial Sauerstoff zu und erhöht dadurch die Brenntemperatur beträchtlich. Als Brennmaterial dienen Laub und kleine Holzstücke. Man braucht keinen Brennstoff mitzuschleppen, da sich überall irgendetwas Brennbares findet. Die Batterie soll laut Hersteller für acht Kochstunden ausreichen. Ersatzbatterien wird man auch in Lappland in jedem Supermarkt bekommen können.
- **Spiritus und Benzin:** Dies sind die Brennstoffe der meisten Kochermodelle. Es gibt aber auch Petroleum- und Dieselteile. Bei richtiger Bedienung und pfleglicher Behandlung explodieren sie auch nicht so schnell, wie man immer wieder in Schauergeschichten hört, man sollte nur einfach vorher mal die Betriebsanleitung lesen und nicht erst, wenn irgendwo Flammen herausschlagen. Aber zur Sache. Der Nachteil dieser ganzen Kocher ist der Brennstoff, der in Flaschen mitgeschleppt werden muss. Eine entsprechende Sicherheitsflasche kostet etwa 15 € und fasst 0,5-1,5 l. Sie ist gefüllt entsprechend schwer. Den Brennstoff bekommt man allerdings an jeder Tankstelle.

  Bei den meisten derartigen Kochern wird der flüssige Brennstoff zuerst vergast und dann in einem Brenner verfeuert, wie wir ihn vom einfachen Gasherd kennen. Die Gasgeneratoren unterscheidet Gewicht, Preis und Bedienung. Hersteller solcher Kocher sind: *Phoebus* (Australien), *Coleman* (USA), *Optimus* (Schweden) und *Trangia* (Schweden). Bei vielen ist der Kochtopf gleichzeitig die Verpackung, manche werden jedoch auch ohne Kochgeschirr geliefert.
- **Butangaskocher:** Auch das sind Flüssigkeitskocher, da Butan in den Kartuschen flüssig ist und erst beim Verlassen derselben zu Gas wird. Diese Kocher sind in der Anwendung problemlos, haben aber den Nachteil, dass die Kartuschen viel Platz brauchen. Sie sind mittlerweile in Skandinavien überall erhältlich. Man kann die unterschiedlichsten Marken in seinem Kocher verwenden. Im Winter kann es zu Problemen kommen, weil das Butan bei tiefen Temperaturen nicht mehr vergasen will, deshalb sollte man das Gas im Norden kaufen, wo es spezielle Mischungen gibt.

Autozubehör

Man kann sich einigen Ärger ersparen, wenn man sein Auto von vornherein auf die kommenden Strapazen vorbereitet. Um einen kleinen Überblick zu geben, an was man alles denken sollte, haben wir uns bemüht, im Folgenden einige Tipps zusammenzustellen.

Buchtipps

- *Bernd Büttner:* **Fernreisen mit dem eigenen Fahrzeug,** *Rainer Höh:* **Wohnmobil-Ausrüstung** und **GPS-Navigation für Auto, Motorrad, Wohnmobil** alle Praxis-Reihe, Reise Know-How Verlag

Reifen

Am besten sind solche mit Schlauch, da sie leichter zu flicken sind. Für die Schotterpisten im hohen Norden eignen sich auch im Sommer Winterreifen, besonders wenn man sich abseits der Straßen bewegt. Wer sicher gehen will und noch den Platz hat, kann 2 Reserveräder mitnehmen.

- **Reifenwechsel:** Die zum Auto gehörenden Wagenheber sind meist nur an bestimmten Stellen unterm Fahrzeug anzusetzen. Wenn der Wagen festgefahren ist oder auch nur schlecht steht, ist mit diesen Teilen wenig zu machen. Besser, man kaufe sich einen Scherenheber. Der kann überall untergesetzt werden und lässt sich außerdem sehr weit herunterdrehen. Ein hydraulischer Wagenheber ist genauso praktisch, man achte allerdings beim Kauf darauf, ob er das Auto auch hoch genug hebt. Damit der Heber in weichem Boden nicht versackt, lege man einen Holzklotz darunter. Wenn man mehrere, etwa 30 cm lange Dielenbretter kreuzweise übereinander schichtet und das Ganze verleimt und vernagelt, erhält man einen sehr brauchbaren Unterlegklotz. Zum Lösen der Radmuttern sollte man mindestens ein **Radkreuz** besitzen. Besser ist eine passende 6-Kantnuss (die 12-Kantnüsse rutschen leichter ab und leiern schneller aus), dazu den entsprechenden Knebel zum Drehen und einen Meter Eisenrohr zum Verlängern.
- **Zusatzausrüstung im Winter:** vier Spikesreifen, ein Paar Schneeketten (Aufziehen üben), Schneeschaufel mit möglichst großem Blatt und ein Besen zum Schneeabfegen.

Steinschlagschutz

Auf Schotter- und Sandpisten ist die Gefahr recht groß, dass durch fliegende Steine die Windschutzscheibe oder die Scheinwerfergläser zerschlagen werden.

Die Steine fliegen aber nicht wie Mücken in der Luft herum, sondern werden von anderen Autos hochgeschleudert. Am besten schützt man sich vor Glasbruch durch eine angepasste Fahrweise: niemals zu dicht auffahren.

Die Scheinwerfer kann man mit vormontierten Maschendrahtgittern vor Steinschlag schützen. Sie sollten einen Abstand von etwa 1 cm vom Glas haben und natürlich auch Steinschlag aushalten, ohne zu verbiegen. Zu kaufen gibt es solche Gitter, verchromt, in Standardgrößen beim Expeditionsausrüster oder in Skandinavien an der Tankstelle. In Deutschland ist das Fahren mit diesen Gittern verboten! Also erst im Ausland anbauen.

Endlose Weiten ...
auch mit dem Oldtimer zu fahren

LAP_052 Foto: fh

Dachgepäckträger

Ein solcher „Dachgarten" ist nützlich, man kann dadurch im Wagen kostbaren Platz freihalten. Schmutzige Dinge wie Reserveräder, Spaten und Abschleppseil finden dort ebenso Platz wie Kisten, Vordächer oder Ähnliches. Allerdings muss man bedenken, dass jeder Dachaufbau den Bremsweg verlängert und Treibstoff kostet, da der Luftwiderstand steigt. Ebenso erhöht sich die Seitenwindempfindlichkeit und natürlich die Gesamthöhe des Wagens; und die ist ausschlaggebend für die Fährpreise. Ein solcher Gepäckträger, auf einem VW-Bus montiert, bringt den Wagen auf gut 2,20 m. Da manche Fährlinien ihre Pkw-Klasse auf 2 m begrenzt haben, kann das teuer werden. Auf alle Fälle sollte man während der Überfahrt hohe Teile kurzfristig in den Innenraum umladen.

Zusätzlich sollte man auch eine Möglichkeit schaffen, aufs Dach zu kommen, also eine Leiter oder klappbare Trittstufen anbauen.

Lose Gegenstände werden mit Zurrgurten und Gummispinnen befestigt, oder man näht sich eine entsprechende Plane, die man dann auch noch als Vordach benutzen kann, wenn man eine Seite fest lässt und das andere Ende mit ein Paar Zeltstangen aufstellt.

Werkzeug und Ersatzteile

Wenn man schon mit einem großen Auto unterwegs ist, sollte vorsichtshalber Werkzeug und Ersatzteile mitnehmen, da man immerhin mit 5000 bis 7000 km Strecke rechnen muss. Da kann schon so manches verschleißen.

Ein paar Teile seien hier noch schnell aufgelistet:

- starkes Abschleppseil, am besten aus Nylon oder Hanf (Stahlseile sind zu unhandlich!), dazu zwei passende Schäkel.
- 20-Liter-Blechkanister (die halten die Hitze besser aus), dazu den passenden Einfüllstutzen (den Kanister beim Ausgießen waagerecht halten, dann spritzt es nicht so)
- Kanister mit Motoröl, Trichter, Feuerlöscher
- Taschenlampe
- Keilriemen, Scheinwerferglas mit Ersatzlampen; Sicherungen, Universalschalter, Lüsterklemmen; Benzinschlauch, Draht, eine Rolle Bindfaden, Autokabel, Kleinteile wie Schrauben, Muttern, Unterlegscheiben, Federn etc. Alles passt in einen kleinen Reisekoffer.
- Außerdem solltet man nicht den gleichen Fehler machen wie wir und den **Ersatz-Türschlüssel** zu Hause lassen!

Innenausbau

Zum Ausbau eines Campingwagens möchten wir nicht viel sagen, es gibt einfach zu viele Möglichkeiten. Außerdem hängt es natürlich von den Ansprüchen ab, vom Wagentyp und natürlich auch nicht zuletzt vom Geldbeutel. Das Reisen im Winter stellt natürlich besondere Ansprüche, auf die wir später eingehen.

Wer im Sommer reist, hat deutlich weniger Probleme, er sei nur auf einige Umstände allgemeiner Art hingewiesen:

- Das Auto sollte mückendicht sein! Näheres im Kapitel „Mücken".
- Wer bei Helligkeit nicht schlafen kann, rüste sein Auto mit dichten Vorhängen aus, denn es wird nachts nicht dunkel.
- Beim Verstauen der Habseligkeiten sollte man bedenken, dass auf Naturpisten alle ungesicherten Gegenstände durch den Wagen fliegen. Kleinkram lässt sich in vielen kleinen Taschen und Ablagen besser wiederfinden als in einer großen Kiste.

Gaskocher

Wird ein Gaskocher fest installiert, muss das vom TÜV abgenommen werden. Vorher muss die Anlage durch einen Sachverständigen geprüft werden. Die größeren Caravan-Händler haben solche Menschen. Gefordert ist: eine stehende und **unfallsichere Befestigung der Flasche.**

Ist diese vom Innenraum des Wagens zugänglich, muss an der tiefsten Stelle des Flaschenschrankes eine 100 cm^2 große **Entlüftungsöffnung** vorhanden sein.

Auf die Flasche kommt der dazugehörige **Sicherheitsregler** und kein anderer. Zwischen ihm und dem Kocher ist noch ein **Absperrventil** vorgeschrieben. Ist der Herd weiter weg als der Gummischlauch an selbigem lang ist, muss eine Leitung aus nahtlos gezogenem Rohr entsprechend sauber verlegt werden. Dass die ganze Konstruktion den Belastungen von Feldwegen gewachsen sein muss, wird jeder selbst wissen.

Buchtipp

- *Rainer Höh:* **Wildnis-Küche,** Praxis-Reihe, REISE KNOW-HOW Verlag

LAP_054 Foto: fh

Beim **Kochen im Wagen** muss für Belüftung gesorgt werden, deshalb sollte der Brenner in Tür- oder Schiebefensternähe untergebracht werden. Wenn er an der Tür steht, hat das im Sommer noch den Vorteil, dass man draußen stehend kochen kann.

Kochgas

Am praktischsten sind Propan- und Butangaskocher. **Butangas** wird z. B. unter dem Namen *Camping Gaz* in den blauen Flaschen verkauft. Bei dieser Gasart hat man mit zwei Schwierigkeiten zu kämpfen. Zum einen funktionieren sie im Winter nicht, weil das Flüssiggas bei niedrigen Temperaturen nicht mehr verdampft (siehe Ausrüstung, Winter), zum anderen muss man mit Nachschubproblemen rechnen, da es z. B. in Schweden diese Gasart nicht gibt. In Norwegen bekommt man es nur in den größeren Städten, und in Finnland findet man die Kartuschen nur in Kaufhäusern.

Häufiger wird das **Propan-System** verwendet, erkennbar an den graugrünen oder roten Flaschen. Es gibt 5,5- und 11-kg-Behälter (kaufen Sie zwei kleine, wenn einer leer ist, können Sie

Kochen mit Blick auf den Fjord

mit dem zweiten weiterkochen, bis die Nachfüllstation gefunden wurde). Nun gibt es aber in Europa mindestens 5 verschiedene Anschlusssysteme. In Skandinavien verwendet man ein anderes Anschlussgewinde als bei uns. Die Nachfüllstationen im Lande haben nur Einrichtungen für die landeseigenen Flaschensysteme. In Deutschland bekommt man ein Set mit Zwischenstücken für alle europäischen Systeme. Nun kann man das entsprechende Anschlussstück auf eine eigene Flasche schrauben. Diese kann dann bei einer skandinavischen Füllstation angeschlossen werden.

- **In Norwegen** kann man bei den AGA-Gasstationen deutsche Flaschen über einen Adapter befüllen lassen. Campinggas kann in einigen Orten getauscht werden. Info: www.aga.no, Tel. 23177200; ESSO, Tel. 22663030; Statoil, Tel. 22962000; Shell, Tel. 22665000.
- **In Schweden** bekommt man fast ausschließlich Propan-Gas (gasol). Auffüllen deutscher Flaschen ist schwierig. Auskunft: *Primus Svenska AB,* Oljehamnen, S-15138 Södertälje, Tel. 08-6472820, www.statoil.se und an den AGA-Gasstationen im Süden.
- **In Finnland** werden nur die Flaschen der Firma *Primus* gefüllt. Der Umtausch der deutschen Flaschen ist auch so gut wie unmöglich, da die Händler diese nicht weiterverwenden dürfen. (Ich habe gehört, dass es ein Abkommen gibt, wonach fremde Behälter vom Händler an den Eigentümer/Verleiher auf eigene Kosten zurückgeschickt werden müssen, damit er sein Geld von den Gasverkäufern bekommt.) Es empfiehlt sich also, genügend Gas mitzunehmen.
- **Achtung,** auf den meisten Fährlinien ist es verboten, gefüllte Reserve-Gasflaschen und Benzinkanister mitzunehmen. Wer also mit einer Gasflasche auf dem Dachgepäckträger zum Fähranleger kommt, muss damit rechnen, abgewiesen zu werden. Nie Propan in Butan-Flaschen füllen.

Weit verbreitet sind auch **Spirituskocher.** Diese Kocher stehen den Gaskochern in der Leistung in nichts nach, brauchen keine Schläuche und Flaschen, man schüttet den Spiritus einfach von oben in den Kocher, wo er durch eine Art Wolle auslaufsicher gehalten wird. Der Vorteil: Man kann jederzeit draußen kochen, indem man sich das Gerät einfach unter den Arm klemmt. Leider liegt der Preis für den zweiflammigen *Electrolux* bei 179 €.

Lebensmittel

Nun stellt sich für den Selbstverpfleger vor der Abreise die Frage, welche Lebensmittel er sich hier kaufen soll, und welche man im Lande vielleicht billiger bekommt. Da das Fahrzeug über Zollgrenzen bewegt wird, sollte man einen Blick auf die Bestimmungen werfen. Dabei stellt man fest, dass es unter anderem verboten ist, Frischfleisch, Eier, Milch und Kartoffeln nach Skandinavien einzuführen. Preiswerter als bei uns können Milchprodukte, Backwaren und Fisch sein. Hagebuttenmarmelade, die man von Skandinavien nach ganz Europa exportiert, wird sogar eimerweise verkauft.

Auch wenn Lebensmittel in Skandinavien teurer und Auswahl und Verfügbarkeit deutlich schlechter sind als zu Hause, sollte man sich überlegen, ob man wirklich sein ganzes Auto mit heimischen Lebensmitteln vollstopfen will; schließlich ist Einkaufen und Essen ein Teil der Kultur des Gastlandes.

Weiteres zur Verpflegung in den Kapiteln „Einkaufen" und „Essen".

Landkarten

Wenn einer eine Reise tut, dann braucht er eine Landkarte, damit er weiß, wo er ist. Für Skandinavien gibt es eine ganz gute Auswahl. Welche man sich zulegt, hängt von der Fortbewegungsart ab. Wer nur auf den Hauptstraßen direkt zum Nordkap will, kommt unseres Erachtens mit einem herkömmlichen Autoatlas aus. Wer aber auf Nebenstrecken und in einsameren Gegenden fährt, der wird natürlich eine genauere Karte benötigen, die mehr Detailinformationen gibt. Ganz besondere Ansprüche wird der Wanderer stellen, er braucht eine möglichst große Karte für ein entsprechend kleines Gebiet.

In den Ländern bekommt man die meisten der im Folgenden aufgeführten Karten, für eine bessere Planung lohnt es sich aber, die Karten schon hier zu kaufen, wenn man auch tiefer in die Tasche greifen muss. Besonders als Wanderer sollte man sich im Buchhandel über die lieferbaren Skandinavienkarten informieren. Bei der Bestellung achte man auf das Erscheinungsdatum, denn was nützt die beste Karte, wenn sie zehn Jahre alt ist.

Die folgende Liste bietet eine Auswahl der derzeit lieferbaren Karten, die wir für den jeweiligen Zweck am geeignetsten halten, sortiert nach Ländern und in der Reihenfolge der Maßstabgröße. Je höher die Zahl hinter der eins, desto kleiner ist die Abbildung des Landes. 1:200.000 bedeutet: 1 cm auf der Karte entspricht in der Realität 200.000 cm, also 2 km. Ein (A) hinter dem Maßstab bedeutet „Autokarte", (W) heißt „Wanderkarte".

Skandinavien

- **Finnland, Nordskandinavien** und **Südschweden, Südnorwegen,** beide 1:875.000, world mapping project, erschienen im Reise Know-How Verlag. Gute Übersichtskarten für die Routenplanung auf superreiß- und wasserfestem Papier.

Norwegen

- **Norwegen mit Dänemark und Schweden,** RV, Euro-Länderkarte 1:800.000 (A)
  Eine gute Autokarte für den Überblick, die – anders als viele andere Straßenkarten – auch den Norden im selben Maßstab zeigt.
- **Reisekarte Norwegen in fünf Blättern,** Freytag & Berndt 1:325.000-400.000 (A)
  Die beste und detaillierteste Autokarte, kann auch als Fahrradkarte verwendet werden; eine Lizenzausgabe der norwegischen Serie von *Cappelen,* die Blätter 4 und 5 decken Norwegisch-Lappland ab. Karten von *Cappelen* sind in Norwegen preiswert und überall erhältlich.
- **Turistkart Nordkapp,** 1:80.000 (A)
  Topografische Karte, z. B. an der Turistinfo in Honningsvåg erhältlich.
- **Topografische Karten,** 1:50.000 (W)
  Norwegen in 727 Blättern. Diese guten Wanderkarten sind nicht billig und zeigen jeweils nur einen kleinen Ausschnitt, unbedingt vorher genau den Blattschnitt studieren.
- **Veiatlas Norge,** Autoatlas 1:300.000
  230 Seiten, 50 Stadtpläne, über Nordis.

Schweden

- **Schweden, Norwegen und Dänemark,** RV, Euro-Länderkarte 1:800.000 (A)
  Siehe unter Norwegen
- **Straßenkarte Schweden in 8 Blättern,** Kümmerly + Frey 1:300.000 (A)
  Gute, detaillierte Straßenkarte, eine Übernahme des Schwedischen Landesvermessungsamtes; die Einzelblätter überschneiden sich stark (Lappland Blatt 8)
- **Fjällkartan,** 1:100.000 (W), 36 Blatt
  Wanderausgabe der topografischen Karte für alle Gebirgswandergebiete (lila Cover).

- **Topografisk Karta Över Sverige** (W)
  Blaue Serie 1:100.00, Grüne Serie 1:50.000; es gilt das bei den norwegischen Top-Karten Gesagte.
- **KAK-Autoatlas,** 31 Karten im großen Maßstab 1: 275.000, deutsche Legende, Stadtpläne (Stadtpläne sind übrigens auch in jedem Telefonbuch zu finden).

Finnland

In größeren Orten gibt es Kartenhandlungen, *Karttakeskus,* auf dem Land kauft man an der Tanksstelle oder am Kiosk. Alle Karten gibt's in *Helsinki-Karttakeskus,* in der Opsastinsilta 12 und in der Eteläesplanadi 4.

- Im **Internet** kann man sich gutes Material herunterladen: http://alk.tiehallinto.fi/www2/kartta/kartta.htm.
- **Finnland,** RV 1:800.000 (A)
  Gute Straßenkarte für den Überblick.
- **Suomen Tiekartta (GT),** 1:200.000 (A)
  Amtliche Straßenkarte in 19 Blättern (Lappland Blatt 6); sehr gute Karte, dreisprachig, auch für Radfahrer.
- **GT Ergänzungskarten,** 1:100.000-1:20.000 (W)
  Spezialkarten für die wichtigsten Wandergebiete.
- **Topografische Karten,** 1:50.000 (W)
  Finnland in 615 Blättern; es gilt das bei den norwegischen Top-Karten Gesagte.
- **Kasän Tietyöt**
  Karte der zu erwartenden Baustellen in Finnland; erscheint jährlich neu.

Wer sich für das Thema Karten interessiert, wie man sie liest, wie Karten entstehen, wie die Erde vermessen wurde und welche Karten es gibt, der sollte sich folgende Reiselektüre in sein Gepäck stecken:

Buchtipp

- *Wolfram Schwieder:* **Richtig Kartenlesen,** Praxis-Reihe, Reise Know-How Verlag

Ein- und Ausreisebestimmungen

Alle Personen aus Deutschland, der Schweiz und Österreich brauchen zur Einreise nur den gültigen **Personalausweis** oder Reisepass. Für längere Aufenthalte müssen Schweizer z. B. bei den entsprechenden skandinavischen Botschaften in Bern jeweils ein Visum beantragen. In Deutschland, Österreich oder der Schweiz lebende Staatsbürger von Nicht-EU-Staaten müssen grundsätzlich ein Visum bei der entsprechenden Botschaft beantragen:

- **In Deutschland:**
  Schwedische Botschaft, Rauchstr. 1, 10787 Berlin, Tel. 030-50506736, Fax 5050 1316, www.swedenabroad.com.
  Norwegische Botschaft, Adresse wie Schwedische Botschaft, jedoch Tel. 030-505 050, Fax 505055, www.norwegen.no.
  Finnische Botschaft, Adresse wie Schwedische Botschaft, jedoch Tel. 030-505030, Fax 50503333, www.finnland.de.
- **In Österreich:**
  Schwedische Botschaft, Obere Donaustraße 49-51, Postfach 18, 1025 Wien, Tel. 01-217530, Fax 21753370, www.swedenabroad.com.
  Norwegische Botschaft, Reisnerstr. 55-57, 1030 Wien, Tel. 01-7156692, Fax 7126552, www.norwegen.or.at.
  Finnische Botschaft, Gonzagagasse 16, 1010 Wien, Tel. 01-531590, Fax 5355703, www.finnland.at.

Wer was zu verzollen hat, muss erst mal 150 km fahren

• **In der Schweiz:**

Schwedische Botschaft, Bundesgasse 26, 3001 Bern, Tel. 031-3287000, Fax 3287001, www.swedenabroad.com.

Norwegische Botschaft, Bubenbergplatz 10, 3001 Bern, Tel. 031-3105555, Fax 3105550, www.amb-norvege.ch.

Finnische Botschaft, Weltpoststr. 4, 3000 Bern 15, Tel. 031-3504100, Fax 3504107, www.finlandia.ch.

Einfuhr

CB-Funkgeräte im Auto müssen eine CEPT-Genehmigung haben, sonst wird eine Gebühr fällig. **Haustiere** können mitgenommen werden, sie brauchen in EU-Ländern einen **Heimtierpass** mit Impfbescheinigung gegen Tollwut.

Norwegen

• **Verboten:** Gifte, Pflanzen (auch Kartoffeln), Säugetiere und Vögel, Fleisch (gilt nicht für Konserven), Milch, Eier, Wurst. Waffen nur mit Sondergenehmigung.

• **Zollfrei:** 27 l Bier, 4 l Spirituosen (bis 60 %) und 1 l Wein o. Ä. (bis 22 %). 400 Zigaretten oder 400 Zigarettenpapiere und 500 g Tabak. Man muss mindestens 20 Jahre alt sein, um Spirituosen und 18 Jahre, um Wein, Bier, Zigaretten oder Tabak einführen zu dürfen.

Übrigens ist das Rauchen in Norwegen in allen öffentlichen Gebäuden verboten!

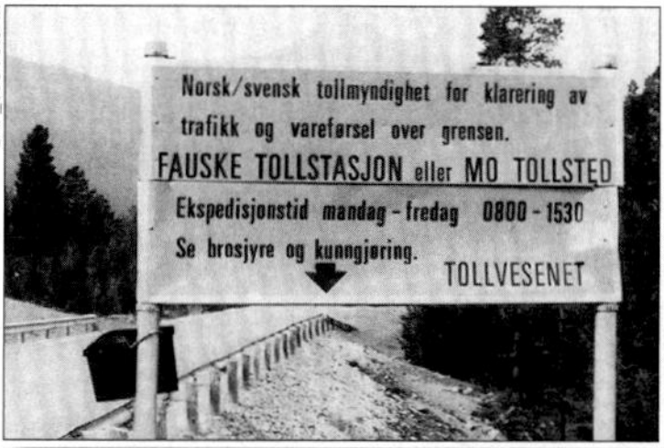

LAP_058 Foto: fh

Schweden

• **Zollfrei:** 10 l Spirituosen oder 20 l Starkwein (22 %) und 90 l Wein und 110 l Bier. 800 Zigaretten oder 1 Kg Tabak, 15 kg Proviant, Waren bis SEK 800. Bewohner von Nicht-EU-Ländern dürfen nur die Hälfte einführen, www.tullverket.se

Diesel-Wohnmobile ab 6 t müssen 18 Øre pro km Steuer zahlen. Bei der Einreise wird der Kilometer-Stand notiert, bei der Ausreise muss bezahlt werden. Ohne Kilometer-Stand wird geschätzt!

Finnland

• Für **Deutsche und Österreicher** gelten die Freigrenzen innerhalb der EU.

Alkohol: 90 Liter Wein (davon höchstens 60 Liter Schaumwein), 110 Liter Bier, 10 Liter Spirituosen über 22 % Vol. und 20 Liter unter 22 % Vol.

Tabakwaren: 800 Zigaretten, 400 Zigarillos, 200 Zigarren, 1 kg Tabak.

Anderes: 10 kg Kaffee, 20 Liter Kraftstoff in einem Benzinkanister

• Freigrenzen für z. B. **Flugreisende von der Schweiz.**

Alkohol: 1 l Spirituosen (über 22 % Vol.) oder 2 l Spirituosen, Aperitifs oder ähnliche Getränke (22 % oder weniger) oder 2 l Schaumweine oder Likörweine oder eine anteilige Zusammenstellung dieser Waren und 2 l nicht schäumende Weine.

Tabakwaren: 200 Zigaretten oder 100 Zigarillos oder 50 Zigarren oder 250 g Tabak oder eine anteilige Zusammenstellung dieser Waren.

Parfüms: 50 g, Eau de Toilette: 0,25 l.

Andere Waren: bis zu einem Warenwert von insgesamt 175 €, ausgenommen davon sind Goldlegierungen und Goldplattierungen in unbearbeitetem Zustand oder als Halbfabrikat.

Ausfuhr

1999 entfiel der Tax-free-Einkauf zwischen EU-Ländern. In Estland war preiswertes shoppen noch etwas länger möglich, bis das Land dann 2004 auch der EU beitrat.

Norwegen gehört nicht zur EU. Kauft man einen Monat vor der Ausreise für über 200 € Waren im Geschäft, frage man nach der Möglichkeit des Postversandes. Wird die Ware auf diesem Weg außer Landes gebracht, entfällt die **Mehrwertsteuer,** die 25 % beträgt. Allerdings muss dann in Deutschland Einfuhrumsatzsteuer (19 %) bezahlt werden. Das gilt nicht für Bücher.

In vielen Geschäften bekommt man Tax-free-Schecks, die an der Grenze ausgezahlt werden. Die Kontrolle und die Erstattung unterliegen nicht dem Zoll, sondern privaten Taxfree-Shopping-Gesellschaften. Sie unterhalten Schalter an allen großen Grenzübergängen, Flughäfen und auf manchen Fährlinien.

Bei der **Rückeinreise in die Schweiz** müssen Schweizer folgende Freimengen beachten:

- **Alkohol:** 2 Liter bis 15 % Vol. und 1 Liter über 15 % Vol.
- **Tabakwaren:** 200 Zigaretten oder 50 Zigarren oder 250 g Pfeifentabak.
- **Nahrungsmittel:** 3,5 kg Fleisch, 1 l/kg Butter/Rahm, 5 l/kg Käse und andere Milchprodukte.
- **Anderes:** neuangeschaffte Waren für den Privatgebrauch bis zu einem Gesamtwert von 300 SFr.

Trotz des vereinfachten Warenverkehrs zwischen den Schengen-Staaten gibt es in allen EU- und EFTA-Mitgliedstaaten weiterhin nationale Ein-, Aus- oder Durchfuhrbeschränkungen, z. B. für Tiere, Pflanzen, Waffen, starke Medikamente, Drogen und auch für Cannabis-Besitz und -handel. Außerdem gelten auch bei Rückkehr nach Deutschland und Österreich die oben genannten Freigrenzen innerhalb der EU.

Innerskandinavische Grenzen

Die innerskandinavischen Grenzen sind alle problemlos. Mitunter merkt man erst durch die Straßenbeschilderung, dass man in ein anderes Land gewechselt hat. Die Grenzsteine sind alle relativ unauffällig, und Schlagbäume gibt's nicht. Die Zöllner bekommt man auch selten zu Gesicht, aber täuschen Sie sich nicht, sie sind gegenwärtig!

Wenn man innerhalb Skandinaviens die Grenzen überschreitet, darf man bei der Rückreise nur die oben aufgeführten **Freimengen** mitbringen, wenn man mindestens 24 Std. im Ausland war.

Sonstige Dokumente

- **Internationaler Studentenausweis:** ganz nützlich, da es hin und wieder Ermäßigungen auf Fahrkarten, Eintrittspreise etc. gibt.
- **Internationaler Jugendherbergsausweis:** nicht notwendig, aber Übernachtungen werden billiger.
- **Internationaler Führerschein:** nicht erforderlich, aber beim Umgang mit der Polizei nützlich.
- **Grüne Versicherungskarte:** Sie ist nicht Pflicht, im Schadensfall aber äußerst hilfreich.
- **Automobilclub-Mitgliedskarte:** Skandinavische Automobilclubs helfen Mitgliedern von anderen Klubs. Wie, erfährt man bei seinem eigenen.

- **Camping-Carnet:** ist für Camper sinnvoll. Man erhält es bei den Automobilclubs. In Dänemark und Schweden ist es Pflicht; man kann es auch auf den Campingplätzen direkt kaufen. In Norwegen bekommt man damit öfters Ermäßigungen auf NAF-Plätzen.

Arbeitserlaubnis

Norwegen

Es gibt kaum eine Chance, außer vielleicht als Au-Pair-Mädchen. Wer's dennoch versuchen will, schreibt an die Botschaft oder an:

- **Info-Vermittlung-Ausländer,** Skippergatan 29, Oslo 1
- **Fylkesarbeitskontoret,** Holbergs Pl. 7, Oslo 1
- **Allantis Ungdoms utveksling,** Rolf Hofmolsgate 18, 0665 Oslo (vermittelt Erntehelfer für die Sommermonate; früh bewerben, Gebühr etwa 250 NOK)

Schweden und Finnland

Da beide Länder zur EU gehören, gelten bei der Arbeitssuche die üblichen Regeln. Studenten, die nach Finnland wollen, wenden sich an das:

- **Finnland-Institut in Deutschland,** Georgenstr. 24 (1. OG), 10117 Berlin-Mitte, Tel. 030-520026010, www.finnland-institut.de. Hier ist die Koordination für Studenten über die Finnische Zentrale für internationale Mobilität **(CIMO),** man kann ein fachbezogenes Praktikum bekommen oder über ein Familienprogramm eine Au-Pair-ähnliche Stelle in einer finnischen Familie. Broschüre über das Tyäministeriö, PL 34, 00023 Valtioneuvosto, www.mol.fi.

Besonders in Finnland reisen jedes Jahr viele Ukrainer und Russen zur Beerenernte ein. Diese landwirtschaftlichen Arbeitskräfte benötigen keine Arbeitserlaubnis, sie können bis zu 3 Monate mit einem Touristenvisum für 38 € Gebühr arbeiten. 25.000 solcher Visa werden jedes Jahr ausgestellt.

Einkaufen

Andenken

Mitbringsel gibt es in Skandinavien eine ganze Menge. Die wichtigsten sind unten aufgeführt.

Allerdings kann man auch skandinavische **Gebrauchsgegenstände,** etwa finnisches Geschirr, schwedisches Besteck, Norwegerpullover aus Dale oder Stoffe aus Finnland mit nach Hause bringen. Diese Dinge sind schön und haben neben dem Erinnerungswert noch einen anderen: Man kann sie benutzen.

Vorsicht bei **Antiquitäten:** Es darf aus Schweden z. B. nichts ausgeführt werden, was älter als 50 Jahre ist.

In Finnland bedeutet *Avoinna* Öffnungszeiten und *klo* Uhrzeit. *Suljettu* heißt geschlossen und *Auki* geöffnet. Die Wochentage auf Finnisch:

Ma = Maanantai = Montag
Ti = Tiistai = Dienstag
Ke = Keskivikko = Mittwoch
To = Torstai = Donnerstag
Per = Perjantai = Freitag
Lau = Lauantai = Samstag
Su = Sunnuuntai = Sonntag

Trophäen

Die Trophäen, die man in Lappland kaufen kann, reichen vom Renfuß über Geweihe bis zum ausgestopften Bären. Über den Wert des beliebten **Rentiergeweihes** lässt sich streiten, wir sehen keinen Sinn im Kauf solcher Dinge. Zu den **ausgestopften Tieren** wäre zu sagen, dass die Ausfuhr von Präparaten unter Naturschutz stehender Tiere verboten ist und man beim Ausrotten der Tierart hilft, wenn man sie ausgestopft aufs Bücherbrett stellt.

Dann gibt es noch die **Rentier-** und **Elchfelle.** Ein solches Teil kostet in Norwegen ab 300 NOK. Beim Kaufen achte man darauf, dass es gegerbt ist; ungegerbte Felle erkennt man daran, dass sie auf der Rückseite kein Wildleder aufweisen. Bei Winterfellen ist die Behaarung dichter. Wenn man mit der Hand das Fell „gegen den Strich" bürstet, dürfen keine Haare ausgehen! Die Preise richten sich nach Größe und Qualität. Hat das Fell im Rückenbereich viele Löcher – sie stammen von Parasiten – mindert das den Preis. Als „Bodenbelag" sind auch gut gegerbte Felle nicht empfehlenswert, da beim Begehen die Haare abbrechen.

Fundsachen

Fundsachen aus der Natur sind umsonst. Überall lassen sich schöne Hölzer, Wurzeln und Steine finden. Wir wollen nun allerdings nicht zum Abbau des Fenno-Skandinavischen Festlandsockels aufrufen, aber ein bemooster Kiesel aus der Tundra wird das empfindliche Gleichgewicht noch nicht zerstören. Ausgewaschene Wurzeln finden sich an ausgetrockneten Seen. An den Küsten liegen oft glattgeschliffene Steine mit weißen Ringen und Mustern zu Tausenden herum. Verboten ist allerdings, lebende Pflanzen auszuführen oder zu beschädigen.

Samische Handarbeiten

Das sind die wertvollsten Mitbringsel. Sie werden heute noch im alten Stil gefertigt, und viele Familien leben davon. In ganz Lappland stehen im Sommer Verkaufsstände an den Straßen, an denen solche Arbeiten feilgeboten werden. Allerdings sind die Sachen nicht zu Dumping-Preisen zu haben, und man muss die Preise vergleichen. In größeren Städten gibt es Spezialgeschäfte für samische Sachen.

Finnische Teppiche

Die berühmten Finnischen Wandteppiche heißen **Rya.** Die Blütezeit der Herstellung war das 18. Jh., sie werden aber auch heute noch traditionell gefertigt. Ursprünglich wurden sie von Webern gemacht, die von Ort zu Ort zogen. Sie entwarfen ihre Muster frei und führten sie nach simplen Skizzen aus. Die verwendete Wolle wurde mit Pflanzenfarbe gefärbt.

Essen und Trinken

Der Fischreichtum Skandinaviens ist bekannt, und auch vom **Smörrebröd, Koldtbord (N)** dem reichhaltigen Frühstück, hat sicher schon jeder was gehört. Die Lokale heißen auch in Skandinavien Hotel und Café, in Norwegen gibt es noch die **Fjellstue,** ein Berggasthaus und die **Kaffistova,** das ist eine Kaffeestube des Bauernverbandes. Ein Gasthaus mit Übernachtungsmöglichkeit nennt sich in Norwegen **Gjestgiveri** und in Schweden **Gästgivaregård.** In Finnland nennt sich das Café **Kahvila** und das Selbstbedienungsrestaurant **Itsepalvelubaari** oder meist nur **Baari.**

Das Erste, was man so mitkriegt, ist wohl das Kalte Büfett auf der Fähre. Man zahlt vorher einen bestimmten Festbetrag und kann dann eine Stunde lang am Büfett zulangen. Der Skandinavier geht dabei genau nach Plan vor: Zuerst kommt die Vorspeise mit Hering, danach Räucherlachs oder Krabben und Muscheln. Als Nächstes kommt das Fleischgericht mit Gemüse, danach Obst und Käse und zum Schluss der Pudding. Das Knäckebrot, von manchen Leuten auch „Panzerplatten" genannt, findet man bei jedem kalten Büfett.

Zur schwedischen Küche fanden wir bei *Reinhold Dey* folgende Anmerkung: „Wenn sie (die Schweden) etwas überhaupt Lösbares anpacken, dann wird gewöhnlich etwas Vernünftiges, Funktionierendes daraus: sauber, staub- und bakterienfrei. So ist es wohl kein Wunder, dass der Beitrag dieses Landes zur europäischen Küche sich in der rostfreien Spüle erschöpft."

LAP_061 Foto: fh

Gjestgiveri (Gasthaus), hier kann man auch übernachten

Seit 2005 gilt **in Schweden** ein allgemeines **Rauchverbot** in der Gastronomie und in öffentlichen Gebäuden.

Finnland sieht mit dem EU-Beitritt ein unscheinbares, aber doch unverzichtbares Produkt gefährdet: **Xylitol.** Das klingt wie ein Zweikomponenten-Kleber, die Klebeeigenschaften sind allerdings nur begrenzt. Es ist der finnische Kaugummi, auf der Basis von Xylit, einem Süßstoff, der aus Birkenrinde gewonnen wird. Die Finnen wollen ihn als gesundheitsfördernd von der Süßwarensteuer befreit sehen, was die EU-Behörden in Brüssel bisher noch nicht eingesehen haben, obwohl, wie ich hörte, eine karieshemmende Wirkung nachgewiesen wurde. Unverzichtbar sind dem Finnen außerdem:

Roggenbrot, Salmiakpastillen und *Fazers* Schokolade.

Zum Thema Essen in Finnland fanden wir einen Beitrag von *Dr. Outi Tuomi-Nikula,* den wir hier auszugsweise zitieren wollen:

„Das bäuerliche Mittagessen war noch vor hundert Jahren in Westfinnland sehr einfach. Auf dem Tisch fand man Sauermilch, getrocknetes Roggenbrot, Salzheringe und dazu einen Topf Brei oder Suppe. Butter wurde nicht jeden Tag gegessen, und wenn sie einmal auf dem Tisch stand, war sie so salzig, dass sie mehr nach Salz denn nach Butter schmeckte. Überhaupt war das Essen in Westfinnland salzig, sauer und trocken. Das Gemüse, außer Rüben, Kartoffeln und Erbsen, tauchte erst nach dem zweiten Weltkrieg auf. Bier war – im Gegensatz zu den mitteleuropäischen Sitten – ein Festtagsgetränk.

Der Geschmack der Speisen steht in Zusammenhang mit dem langen, strengen Winter, der eine Konservierung der im Sommer gewonnenen Lebensmittel erforderlich machte. Trotz moderner Lebensmitteltechnologie und interkontinentalen Handels mit Lebensmitteln haben die Westfinnen ihre traditionellen Essgewohnheiten bewahrt: noch immer essen sie salzigen Fisch, trinken gerne Sauermilch, ziehen Roggenbrot dem Weißbrot vor und würden nie auf die Idee kommen, ungesalzene Butter zu kaufen.

In Ostfinnland sah der Mittagstisch anders aus. Wie in Westfinnland findet man auch hier eine Kanne mit Sauermilch auf dem Tisch. Statt getrocknetem, flachem Brot ist hier der Korb mit frischem, weichem Brot gefüllt. Dazu gibt es Ofengerichte wie Aufläufe aus Rüben, Fleisch oder Fisch. Am Sonntag riecht man den Duft von frisch gebackenen Fischbroten und verschiedenen Pasteten, gefüllt mit Kartoffeln, Fleisch oder Gemüse. Alle als typisch finnisch bekannten Speisen wie Fisch- oder Rübenbrot, Piroggen und Pasteten und karelischer Braten sind rein ostfinnisch, haben ihren Ursprung in der slawischen Esskultur.

Während die Ostfinnen den zum Kochen ungeeigneten Ofen der slawischen Völker übernommen haben, kochten die Westfinnen ihre Speisen über dem offenen Feuer. Zwar besaßen auch die Westfinnen einen Ofen, doch der stand außerhalb des Hauses und diente nur zum Brotbacken."

LAP_062 Foto: fh

Vorspeisen

- **Gelbe Erbsensuppe,** *Gul ertesuppe med flesk* (N), *Aerter och flaesk* (S), *Hernerokka* (SF): Als Grundlage dient Schinken, Schweinefleisch oder Huhn. Dieser Eintopf wird im Winter viel gegessen, in Schweden meist donnerstags, ist dort so eine Art Nationalgericht.
- **Grünkohlsuppe,** *Grønnkålsuppe* (N), *Groenkalssoppa* (S): Der Kohl wird mit Lauch oder Zwiebeln und harten Eiern angelegt. Gehörte früher im Winter zur Hauptnahrung im Norden, da die Zutaten sich lange lagern ließen, ohne zu verderben.
- **Makkaroniauflauf,** *Makaroni med osters* (N): Hierbei werden in der Backform jeweils schichtweise Makkaroni und Austern gelegt und das Ganze dann „auflaufüblich" gebacken.
- **Köttbullar** (S): So nennen sich die kleinen schwedischen Frikadellen, ohne die dort nichts geht. In Deutschland bei *Ikea* erhältlich.

Fisch

Den gibt es überall geräuchert, gebraten oder gekocht. *Sill* heißt der schwedische Salzhering. Aus der Vielfalt einige Gerichte, die uns auffielen:

- **Barsch in Sahne,** *Stuet abbor* (N), *Stuvad abborre* (S), *Kermaahven* (SF): Der Fisch wird in einer Gewürzsoße gegart, die, wie der Name schon vermuten lässt, mit Sahne angemacht wird.
- **Bergensche Fischsuppe,** *Bergen's fiskesuppe* (N): Gewürzte Fischköpfe werden mit Kartoffeln und Gemüse gekocht. Der Sud wird passiert und eingekocht. Dazu kommen grätenloser Dorsch oder Heilbutt und Möhren, Porree, Eigelb und Sauerrahm.
- **Lutefisch,** *Lutefisk* (N), *Lutfisk* (S): Hierzu wird Kabeljau in eine Lauge gelegt, bis er aufweicht, und danach mit Gewürzen und Erbsen gekocht. Wird zu Weihnachten gegessen. Vom Verzehr muss ich allerdings abraten. Das Gleiche gilt auch für den schwedischen *Surströmming.* Dieser Hering gärt bereits. Wenn man eine der ausgebeulten Surströmming-Dosen öffnet, schlägt einem ein bestialischer Gestank entgegen. Kenner trinken Milch dazu.

Kaltes Büfett

LAP_063 Foto: ws

Stockfisch: getrocknet wie vor 100 Jahren (Fotos: Wolfram Schwieder)

- **Janssons Versuchung,** *Janson's frestelse* (S): Dieses traditionelle schwedische Fischgericht besteht aus Anchovis-Filets, die mit Kartoffeln, Sahne und Zwiebeln gekocht werden.
- **Norwegischer Fischpudding,** *Fiskepudding:* Durch den Wolf gedrehter, gewürzter Kabeljau oder Dorsch kommt mit Kartoffelmehl in eine Puddingform, die im Wasserbad gekocht wird. Darüber kommt eine Senfsoße.
- **Kalakukko** ist eine finnische Spezialität. Fischreste und Speck werden in einen Roggen-Weizenmischteig eingebacken. Das Ganze wird 15 Minuten stark oder 5 Std. schwach gebacken. Liegt schwer im Magen.
- **Stockfisch/Klippfisch:** An Norwegens Küsten sieht man überall Gestelle mit aufgehängten, kopf- und schwanzlosen Fischen. Schon zur Wikingerzeit wurde der Kabeljau so zum Trocknen aufgehängt. Dieser Stockfisch war lange Zeit Norwegens wichtigstes Exportgut. Wenn er mit Salz konserviert wird, heißt er Klippfisch. Der frisch gefangene Fisch wird ausgenommen, von Kopf und Schwanz getrennt und auseinandergeklappt. Nun kommt das Salz darüber, es verhindert den Fäul-

nisbakterienbefall und entzieht dem Fisch das Wasser, so dass er schrumpft und hart wird. Beim Kauf auf die Farbe achten, er muss weiß oder grau aussehen. Ein gelber Fisch ist übersalzen.

Vor dem Verzehr müssen diese Fischsorten mindestens 24 Std. **wässern,** damit sie wieder weich werden und den Salzgeschmack verlieren. Dann legt man den Fisch eine Minute in kochendes Wasser. Danach wird der Topf vom Feuer genommen und noch 15 Minuten stehen gelassen.

- **Krebse:** Im August gibt es überall in Schweden ein Krebsfest. Man isst ihn frisch mit Brot und Butter. Ganz wichtig ist der Schnaps dazu. So sieht man landauf, landab, gestandene Nordländer mit dämlichen Papierhütchen auf dem Kopf und albernen Lätzchen im Freien unter mondförmigen Papierlaternen sitzen und den alten Brauch – ein Krebs, ein Schnaps, ein Lied – zelebrieren. Da die Lieder im Laufe des Abends etwas aus der Fassung geraten, sind diese Feste doch etwas gewöhnungsbedürftig.
- **Sild:** So heißt der marinierte Hering in Schweden.

Fleisch

Die Fleischgerichte unterscheiden sich von unseren heimischen nicht, deswegen nur zwei Besonderheiten:

- **Rinderschmorbraten,** *Bankekjøtt* (N), *Kalops* (S), *Karjalanpaisti* (SF): Hierbei wird kleingeschnittenes Rindfleisch zuerst etwas angebräunt und dann in Brühe gekocht. Der Sud wird mit Sahne eingedickt und mit rotem Johannisbeergelee verrührt.

Man kann auch eine **Birkenknospensoße** dazu reichen: Die Knospen werden mit pürierten Möhren, Kartoffeln, Sellerie und gehackten Zwiebeln in Sahne, Wein, Fischfond, Butter und Dill gekocht.

- **Pytt y panne:** Diese „Pfütze in der Pfanne", wie die Übersetzung aus dem Norwegischen lautet, ist in unseren Studenten- und Wohngemeinschaftskreisen als Resteverwertung bestens bekannt. Gekochte Fleischreste werden kleingeschnitten und mit Zwiebeln und Kartoffelscheiben in der großen Pfanne gebraten. Darüber kann noch ein Ei geschlagen werden, oder man gibt noch eine Soße dazu.

Wild

Als Besonderheit der skandinavischen Wildküche haben wir den Elch und das Ren. Diese Tiere schmecken etwas herber als unsere Wildgerichte, man sollte sie auf jeden Fall probieren.

- **Elch** bekommt man zum Beispiel als Elchkeule mit Wacholderbeersoße oder auch luftgetrocknet in Scheiben. In Norwegen heißt er *Elg* und in Schweden *Aelg.* Die Finnen nennen ihn *Hirvi.* Der Hirsch heißt in Finnland *Saksaan Hirvi* (deutscher Elch).
- **Rentier** wird häufig mit heimischen Beeren serviert und ist auf jeden Fall empfehlenswert. In Finnland heißt Rentierfleisch *Poronliha,* also ist alles, was mit *„poron"* anfängt, vom Ren.
- **Schneehuhn mit Moltebeeren,** *Rype med Multer* (N): Dieses Huhn in Sahnesoße sollte man sich nicht entgehen lassen. Als Beilage werden oft Pilze serviert, die übrigens alle aus der

Natur, nicht aus Züchtungen stammen. Am häufigsten sieht man Gerichte mit Steinpilzen, Birkenpilzen, Pfifferlingen und Champignons. Meist werden sie in einer Sahnesoße serviert.

Süßes

Als Dessert können wir nur jedem
- **Moltebeeren in Schlagsahne** empfehlen. Außerdem gibt es noch die:
- **Rote Grütze mit Beeren,** *Saftgrøt* (N), *Saftkræm* (S), *Marjapuuro* (SF): Diese mit Molte-, Blau- oder Preiselbeeren vermischte Grütze wird mit Sago oder Maismehl angedickt.
- **Hagebuttensuppe,** *Nypesuppe* (N), *Nyponsoppa* (S): Diese süße Suppe kann getrunken, aber auch gegessen werden. Hinein kommen: Hagebutten natürlich, Zitrone, Zucker, Kartoffelmehl, obendrauf kommt Sahne mit Mandeln.
- **Sahnegrütze,** *Rømmegrøt,* aus Norwegen. Man erhitzt saure Sahne mit Gries, Mehl und Milch. Das ganze wird gesalzen, oben drauf kommen Zimt und Zucker.
- **Spettekaka** ist ein aus Eiern und Zucker bestehender Baumkuchen, der in Schweden auf einem Holzspieß gebacken wird.
- **„Verschleiertes Bauernmädchen“,** *Tilslørte Bondepike* (N): Natürlich nicht im Original, es handelt sich vielmehr um ein Schichtwerk aus Zwieback und Apfelmus mit Sahne, das in Norwegen als Dessert gegessen wird.
- **Bløtkake:** Norwegische Nationaltorte. Biskuit mit Obst und Sahne.
- **Pulla:** In Finnland sollte man unbedingt diesen mit Kardamom gewürzten Hefezopf probieren. Er dient sozusagen als „Kuchenvorspeise“. Man kann sich im Baari auch *kahvia leivaen kanssa* bestellen, das heißt Kaffee mit Brot, ist aber Kaffee mit Kuchen.

LAP_065 Foto: ws

Schokoladenreklame
(Foto: Wolfram Schwieder)

Käse

Zum Schluss noch einige Käsesorten. In Norwegen ist der **Brunost,** der Käse aus karamelisierter Kuh- oder Ziegenmolke, heimisch. Er wird als brauner, harter Klotz verkauft und hat einen eigenartigen Geschmack, der sich mit keinem anderen europäischen Käsegeschmack vergleichen lässt. Der gebräuchlichste ist der **Gudbrandsdalost,** nach gleichnamiger Region; er ist ein eher heller und mild schmeckender Klotz, der im Verhältnis 65:35 aus Kuh- und Ziegenmilch hergestellt wird, er wird daher auch kurz als **G 35** bezeichnet. **Gammelost** ist ein Schimmelkäse (sehr gewöhnungsbedürftig), **Mysost** bedeutet Molkenkäse, und **Geitost** ist Ziegenkäse. Je dunkler, desto klebriger.

Auf Finnisch heißt Käse *Juusto,* **Poronmaiti Juusto** ist der Rentiermilchkäse.

Lebensmittel einkaufen

Da man nicht alle Lebensmittel mitnehmen kann, muss man früher oder später einkaufen. In den größeren Städten kann man sich in gewohnter Weise im Supermarkt verproviantieren. Auf dem platten Land gibt es aber nicht an jeder Ecke einen Supermarkt, aber in jedem Ort ist irgendwo ein Laden, der sofort an den Reklameschildern erkennbar ist. Überhaupt findet man die Orte manchmal nur durch den Laden, da kleinere Ansiedlungen häufig kein Ortsschild haben. Trifft man auf einen Laden, befindet man sich mitten im Ort. Solche Läden führen alles, was man so braucht, von Lebensmitteln über Kleidung bis zum Werkzeug, in Norwegen auch noch Brennereizubehör (siehe Alkohol). Um die Suche zu erleichtern, haben wir einiges übersetzt.

● **Norwegen:** Schwarzbrot, wie bei uns, gibt es selten, das Vollkornbrot hat frappante Ähnlichkeit mit unserem Toastbrot, es sind lediglich ein paar Körner eingestreut. Dafür schmeckt es prima. In größeren Städten kann man importiertes Schwarzbrot kaufen.

Abbor/Åbor	Barsch
Brød	Brot
Dansk Rugbrød	Schwarzbrot
Flatbrød	Fladenbrot
Fløte	Sahne
Hvitting	Weißfisch
Knekkebrød	Knäckebrot
Kjernemelk	Buttermilch
Kolje	Schellfisch
Kveite	Heilbutt
Loff	Weißbrot
Ost	Käse
Ørret	Forelle
Rundstykke	Brötchen
Rømme	Saure Sahne
Surmelk	Sauermilch

● **Schweden:** Hier gibt es wohl keine größeren Probleme, aber trotzdem:

Bröd	Brot
Dansk filmjölk	Joghurt
Filmjölk	Sauermilch
Fläsk	Speck
Franska	Brötchen
Franskbröd	Weißbrot
Giffel	Hörnchen
Grädde	Sahne
Gräddfil	Saure Sahne
Lättfil	Sauermilch, dünn
Lättmjölk	Fettarme Milch
Långfil	Sauermilch, dick
Lingon	Preiselbeeren
Morkt bröd	Schwarzbrot
Mjölk	Milch
Rågbröd	Roggenbrot
Strömming	Ostseehering
Sylt	Marmelade
Vinbär	Johannisbeere

● **Finnland:** Man ahnt es schon, hier gibt's Probleme. Und zwar erstmal mit den Brotsorten. Die Finnen essen gerne Gewürzbrote; und wenn man nicht weiß, was Ingwer, Fenchel und Anis auf Finnisch heißt, ist man auf die Geschmacksprobe angewiesen. Manchmal stehen die Zutaten auf dem Etikett.

Die großen Knäckebrote mit dem Loch in der Mitte *(Reikaleipä)* wurden früher als eiserne Reserve auf den Bettpfosten gehängt.

Tomatenautomaten: Nach einer Meldung in der Deutsch-Finnischen Rundschau hat der Bauer *Krister Hansell* einen Automaten konstruiert, aus dem man zu jeder Tages- und Nachtzeit frische Tomaten und Gurken ziehen kann. Die telefonhausgroßen Kisten sollen dort aufgestellt werden, wo der nächste Supermarkt weit ist.

Ahven	Barsch
Anisruoho	Anis
Brollerl	Hähnchen
Fenkoli	Fenchel
Inkivääri	Ingwer
Kala	Fisch
Kerma	Sahne
Kermavaahto	Schlagsahne
Kuorimaito	Magermilch
Lahna	Brachs (Süßwasserfisch)
Leipä	Brot
Lihanpullat	Buletten
Lohi	Lachs
Makki	Würstchen
Maito	Milch
Mansikka	Erdbeere
Mustaleipä	Schwarzbrot
Mustikka	Blaubeere
Maustelimppu	Gewürzbrot
Näkkileipä	Knäckebrot
Paahtoleipä	Toast
Piimä	Buttermilch
Puolukka	Preiselbeere
Ranskanleipä	Weißbrot
Ruisleipä	Roggenbrot
Sämpylä	Brötchen
Sekaleipä	Mischbrot
Silli	Hering
Smetana	Saure Sahne
Turska	Kabeljau
Turunmaa	milder Sahnekäse
Viili	Dickmilch
Voi	Butter
Voisuolatonta	ungesalzene Butter
Voimakassuolaista	stark gesalzene Butter

Alkohol

In der Edda steht zum Thema Alkohol folgendes:

„Kleb nicht am Becher,
trinke Bier mit Maß
Sprich gut oder schweig
Niemand wird es ein Laster nennen,
wenn du früh zur Ruhe fährst"

Das Trinken hat in Skandinavien eine lange Tradition. Bei den Wikingern war das Trinken ein Ritus, mit dem man sich das Wohlwollen der Götter sichern konnte. Bei den Festgelagen wurde das große Trinkhorn zuerst dem Stammeshäuptling gereicht, dieser weihte es einem Gott, z. B. *Odin*. Nachdem der Häuptling getrunken hatte, wurde es neu gefüllt und dem linken Tischnachbarn weitergereicht. Dieser versicherte seinem Chef und dem Gott seine Ergebenheit und prostete auch seinen Mitzechern zu. Nach-

dem er das Horn geleert hatte, ging es an den nächsten in der Runde. Die Trinkhörner sind heute selten geworden, aber das gemeinsame Trinken ist geblieben.

Mittlerweile ist der Verkauf von alkoholfreiem Wein überall gestiegen. Mit Finnlands EU-Beitritt sind die strengen Einfuhrbeschränkungen für Alkohol gefallen.

Norwegen

Der Verkauf ist stark reglementiert, deshalb hat das **Schwarzbrennen** in Norwegen eine lange Tradition. Das gesetzlose Tun wurde durch die Unwegsamkeit des Landes erleichtert, da sich Steuerbeamte nur selten in die abgelegenen Täler verirrten. Auch heute noch ist das Hantieren mit den Destillierapparaten eine Art Volkssport. Nicht selten sind diese „Zeremonien" mit Privatfesten verbunden.

Dies wird sich auch so lange nicht ändern, wie eine Flasche Fusel im **Vinmonopolet** 100 NOK kostet. Der Staat kassiert dabei den größten Teil der Summe. Versuche, die Norweger von Schnaps auf Wein „umzustellen", hatten auch keinen durchschlagenden Erfolg.

Im Übrigen kostet der halbe Liter **Bier** mindestens 10 NOK, im Restaurant ist er noch teurer. Bier ist fast überall im Supermarkt erhältlich, außer in einigen wenigen Orten wie z. B. Tromsø, wo es auch für Bier eigene Verkaufsstellen *(ølutsalg)* gibt. Restaurants und Cafés benötigen eine Schankerlaubnis, um Alkohol anbieten zu können. (1186 soll König *Sverre* als erster seine Untertanen vor den Folgen des Schnapskonsums gewarnt haben.)

Trotzdem hat Norwegen eine berühmte Spirituose hervorgebracht: **Linie Aquavit.** Der Segelschoner Gymer hatte auf seiner Fahrt nach Australien ein Fass Kartoffel-Branntwein mit Kümmel an Bord. Es geschah etwas Unglaubliches: Das Fass wurde vergessen und erst nach der Heimkehr in Trondheim entdeckt! Der Geschmack dieses inzwischen gelb gewordenen Getränkes war derart mild und überwältigend, dass man den Linie noch heute zweimal über den Äquator schickt. Vermutlich war die ständige Bewegung im Schiffsrumpf Ursache für diese Verwandlung.

Schweden

Der Alkoholkonsum ist hier ähnlich stark reglementiert. Der Verkauf von „geistigen" Getränken, selbst Bier mit mehr als 2,8 %, läuft nur über die **Systembolaget-Läden,** und die haben dem Alkoholismus den Kampf angesagt. Um die Zahl der Wochenendtrinker zu verringern, schließen diese Läden schon am Freitagnachmittag, mit dem Erfolg, dass die Kunden halt am Freitag Schlange stehen. Diesen monopolisierten Verkauf gibt es in Schweden seit 1917. Man führte die *motbok* genannte Zuteilungskarte ein, Zuteilungshöhe je nach Einkommen, Frauen die halbe Ration, Ehefrauen bekamen nichts. Da dieses Zuteilungssystem jedoch immer listigere Umgehungsmethoden provozierte, wurde es 1955 durch die Systembolaget-Läden abgelöst, in denen jeder nüchterne Erwachsene so viel Schnaps kaufen kann, wie er will. Diese kahlen Läden mit dem Charme einer Bahnhofshalle wurden nun spärlich über das Land verstreut.

Noch ein paar Zahlen: Nach Schätzung der Abstinenz-Verbände gibt es 380.000 Alkoholiker im Lande (bei 9 Mio. Einwohnern). Der Schaden, welcher der schwedischen Wirtschaft durch den Suff ihrer Landsleute zugefügt wird, beträgt jährlich umgerechnet etwa 5,6 Milliarden €, das heißt, jeder Schwede zahlt jährlich über 700 € dafür. Seit Juni 2007 dürfen Schweden Alkohol über den Versandhandel bestellen.

Das gemeinsame Trinken hat eine lange Tradition und folgte früher genau festgelegten Regeln. Besonders in Schwedens Oberschicht bildeten sich die kompliziertesten **Trinkordnungen** heraus. Die Missachtung schadete dem Ansehen der entsprechenden Person ziemlich. Bevor der Gastgeber sein *Skål* ausgebracht hatte, durfte niemand mit dem Trinken anfangen. Danach musste jeder seiner Tischdame zutrinken. Nun konnte mit dem Zechen angefangen werden, wobei die Älteren den Jüngeren zuprosten können, nicht jedoch umgekehrt. Außerdem musste jeder Gast ein Glas mit dem Hausherrn trinken. Um die Dame des Hauses vor Alkoholvergiftungen zu schützen, war sie von diesen Pflichten ausgenommen. Da man selten wusste, welchen Rang sein Gegenüber gerade bekleidete, oder wer von beiden der Ältere war, verliefen solche Feste alles andere als locker.

Finnland

Schon **Olaus Magnus** erkannte: „Die Finnen brauen das stärkste Bier in Skandinavien. Dies härtet sie ab." Im Mittelalter gab es in Finnland schon Brennereien, allerdings wurden diese 1775 verstaatlicht. 1787 durften die Finnen für den Eigenbedarf wieder brennen, bis ihnen 1866 das Recht wieder entzogen wurde. Durch den hohen Konsum (10 l pro Kopf) mehrten sich im letzten Jahrhundert die Stimmen gegen den Alkohol. Zuerst in der Oberschicht – sogar Schriftsteller wie *Lönnroth* schrieben gegen den Schnaps – später ging die Ablehnung durch alle Gesellschaftsschichten. Juni 1919 war es dann soweit, es wurde ein Alkoholverbot ausgesprochen. Dadurch wurde es erst richtig ernst: Der Schmuggel blühte, die Schwarzbrenner im Schärengürtel waren kaum zu fassen und die Ärzte verkauften Alkohol „zu medizinischen Zwecken". Die Gewalttaten mehrten sich, alkoholfreier „Branntwein" setzte sich nicht durch. Während der Weltwirtschaftskrise brauchte der Staat Geld, und da kam das Alkoholproblem recht. Per Volksentscheid wurde die Prohibition im Dezember 1931 aufgehoben, und im Januar wurde die staatliche Gesellschaft gegründet, aus der dann **Alko** hervorging. Drei Monate später gab es über 50 spartanische Läden im Land, in denen erst bezahlt werden musste und dann der Alkohol ausgegeben wurde.

Im Zweiten Weltkrieg wurden die Rohstoffe knapp, Bier gab es nicht mehr, Schnaps wurde von Holz gebrannt. Der Versuch, mit einem Billigschnaps die Schwarzimporte zu bekämpfen, schlug fehl, 1943 wurden dann Alkoholkarten ausgegeben, die nach dem Krieg noch verschärft wurden. So konnte man nur in seinem Stammladen kaufen, in dem jede Flasche in die Karte eingetragen wurde. Zu große Käufe zogen eine Kontrolle nach sich, Alkoholikern wurde die Karte entzogen. Allmählich lockerten sich aber die Gesetzte, Bier gab es Ende der 50-er ohne Karte. Die Ladenbindung gab es noch bis 1969, die Karte mit Foto bis 1971.

Seit 1995 kontrolliert **Alko** nur noch den Einzelhandel, ein Tochterunternehmen beliefert die Restaurants, ein weiteres betreibt die Brennereien.

Eine Studie besagt, dass der Alkoholkonsum zurückging, aber die Sitte, zu trinken bis zum Umfallen, durch die Kampagnen noch nicht beseitigt werden konnte.

Zwei Likör-Spezialitäten seien noch genannt. **Mesimarja** wird unter Verwendung der *Åkerbär (Rubus arcticus)* hergestellt, und **Lakka** heißt das entsprechende Getränk aus Moltebeeren.

Durch die EU-Regelung dürfen Weinhändler heute ihre Produkte selbst im Einzelhandel anbieten. Der erste war der Saftproduzent *Joma Mäkelä* mit dem 12-prozentigen Johannisbeerwein *Haaroisten Paroni.*

Finnischer Stachelbeer-Sekt gehört zu den exotischen Getränken. Wer probieren will: **Kavaljeeri** und **Elysée.** Stärker ist der **Vodka:** *Koskenkorvao* (38 %) oder *Finlandia.*

Der **Marschall-Cocktail** *Marskin Ryyppy* oder *Ritarin Ryyppy* geht auf Marschall *Mannerheims* Spezialgetränk aus Aquavit, Gin und Wermut zurück. Das Rezept war verschollen und als Alko es 1990 nach langen Recherchen wiederfand und destillierte, hatte sich ein Traditionsclub schon den Namen schützen lassen und wollte für die Nutzungsrechte eine halbe Million von Alko. Die zahlten nicht und so gibt es zwei Varianten.

Mit dem Eintritt in die EG hat sich einiges geändert. Der **Untergang des Landes im Alkohol-Delirium** durch die Öffnung der Zollschranken 2004 blieb aus.

Feiertage und Veranstaltungen

In der folgenden Liste haben wir die wichtigsten Feste und Veranstaltungen in Lappland aufgeführt. Natürlich kann die Aufzählung nicht komplett sein, aber wir glauben, dass sie zumindest einen Überblick erlaubt. Oft finden zu bestimmten Terminen an mehreren Orten gleichzeitig Veranstaltungen statt. Wir haben jeweils den Ort aufgeführt, wo am meisten los ist.

Das wohl wichtigste Fest ist heute **Mittsommer,** die Sommer-Sonnenwende um den 21. Juni, der längste Tag und die kürzeste Nacht also. Beliebt ist die Hochzeit am Mittsommertag. Auf jeden Fall zieht es alle Skandinavier nach draußen. Es werden die

17. Mai-Feier in Norwegen
(Foto: Wolfram Schwieder)

Reste der überlieferten Bräuche zelebriert, und jede Menge getrunken.

Norwegen

- Ende März: Harstad, **Hinnøyloøpet,** Skilanglauf, 35 km
- Anfang April: Karasjok und Kautokeino, **Samenfeste** mit Rentierrennen
- 1. Mai: **Tag der Arbeit** *(Arbeidets dag)*
- 17. Mai: **Nationalfeiertag.** An diesem Tag wurde in Eidsvoll, einem kleinen Ort nördlich von Oslo, 1814 die Unabhängigkeit von Dänemark unterzeichnet. Heute ist dieser Tag Anlass zu ausgedehnten Feiern. Durch den Nationalstolz der Norweger ist es der wichtigste Feiertag geworden.
- Ende Mai: Mo i Rana, **Polarsirkelrennet,** Slalomrennen
- Mitte Juni: Honningsvåg, **Nordkapfestival,** Volksbelustigung mit Theater und Folklore
- Mitte Juni: Harstad, **Nordnorwegenfestival** mit Theater, Musik
- Ende Juni: Honningsvåg, **Nordkappmarsjen,** ein Marsch, der 68 km lang ist, einmal Honningsvåg – Nordkap und zurück
- Juli: Lakselv, **Mitternachtsrock**
- August: Vadsø/Varanger, **Jazzfestival**

Schweden

- Januar: Gällivare, **Schlittenhunderennen**
- Erstes Feb.-Wochenende: Jokkmokk, **Samenmarkt**
- Ende Feb.: Jokkmokk, **Samenmarkt**
- 30. April: **Geburtstag des Königs,** ein normaler Arbeitstag
- Mai-Juni: Stekenjokk, **Sommerskilaufen**
- 6. Juni: **Flaggentag,** nicht arbeitsfreier Nationalfeiertag.
- 20.-24. Juni: **Mittsommerfest,** überall in Schweden. Man errichtet eine Art Maibaum. Ausgelassene Stimmung im ganzen Land.
- Ende Juni: Jokkmokk, **Musikfestival**
- Ende Juni: Haparanda, **Kalottjazz Festival**
- Anfang Juli: Gällivare, **Motorradtreffen**
- Ende Juli: Gällivare, **Gällivare Festival**
- Ende Juli: Ammarnäs, **Ammarnäsmarschen** (Volkslauf)

LAP_072 Foto: ws

- Ende Aug.: Jokkmokk, **Herbstmarkt**
- Ende Aug.: Saltoluokta, **Musikwoche,** Volksmusik
- Ende Aug.: Nikkaluokta, **Fjällräven Klassik Trekking**
- Mitte Nov.: **Kiruna Superweek** – Kultur-, Wintermesse
- 13. Dezember: **St. Lucia,** wird in ganz Schweden mit Prozessionen gefeiert. Die „Luciabraut" geht im Hause um und weckt singend ihre Verwandten. Dabei hat sie sich brennende Kerzen ins Haar gesteckt.

Finnland

Das Jahr in Nordfinnland hat zwei Saisons für Feste, nämlich den Sommer mit bis zu 73 Tagen Mitternachtssonne und den Winter mit bis zu 51 sonnenlosen Tagen. Die Winterfeste begeht man im häuslichen Kreis und die Sommerfeste in der Öffentlichkeit im Freien.

- Ende Jan.: Rovaniemi, **Rentierschlitten-Rennen**
- Mitte März: Inari, **Rentierrennen & Samenmarkt**
- Mitte März: Rovaniemi, **Ski-Volkslauf** über 65 km
- Ende März: Rovaniemi, **Ounasvaara-Winterspiele**
- 22. März: Enontekiö, **Marientag,** Joiken & Rennen
- Ende März: Kuusamo, **Ruka-Winterspiele**
- April: Enontekiö, **Hetta Volks- und Kirchenmusiktage**
- Mitte April: Muonio, **Lapponia-Skiwoche**
- 30. April: **Mainacht**

- 1. Mai: **Vappu,** der 1. Mai kündigt das Ende des Winters an. Man begeht ihn mit Karneval-ähnlichen Umzügen auf den Straßen. Seit dem Anfang unseres Jahrhunderts ist Vappu auch das Fest der politischen Parteien.
- 1.-Ende Juni: Sodankylä, **Heimattage** und **Musikfestival**
- Mitte Juni: Sodankylä, **Midnight Sun Filmfestival**
- Ende Juni: **Juhannus,** die Mittsommernacht wird zwei Tage lang gefeiert, aber nicht am Mittsommertag, sondern das Wochenende danach. Es werden Feuer angezündet, die Fahnen bleiben die ganze Nacht gehisst, und Alkohol fließt in Strömen. Ein alter Aberglaube: Wenn der Auserwählte einer Dame nicht willig ist, kann ein Mädchen diesem Zustand abhelfen, indem sie sich zur Mittsommernacht nackt im Feld des Auserwählten rollt.
- Ende Juli: Kuusamo, **Musikfest**
- Anfang Aug.: Tankavaara, **Goldwasch-Weltmeisterschaft**

Geld

Währungen

Norwegen

Hier zahlt man mit **Norwegischen Kronen (NOK).** 1 Krone = 100 Øre, 1 € = ca. 8,11 NOK. In Norwegen verlieren die alten Münzen nicht ihren Wert oder werden aus dem Verkehr gezogen. Das hat zur Folge, dass man eine Vielzahl verschiedener Münzen in die Finger bekommt. Im Umlauf sind:

- Nickelmünzen: 50 Øre, 1, 5, 10, 20 Kroner
- Scheine: 50, 100, 500, 1000 Kroner

Schweden

Auch hier zahlt man mit Kronen, allerdings mit **Schwedischen (SEK),** die **Kronor** heißen. Eine Krone = 100 Öre, 1 € = ca. 9,3 SEK. Es sind im Umlauf:

- Nickelmünzen: 50 Öre, 1 Krona, 5, 10 Kronor
- Scheine: 20, 50, 100, 500, 1000 Kronor (der Hunderter wird auch „Hundralapp" genannt)

Finnland

Bis 1809 wurde nur in Schwedenkronen bezahlt, danach bis 1860 in Rubel, dann nach der Unabhängigkeit in Markka (FIM) und Penniä.

Seit 2002 gibt es auch in Finnland den **Euro.** Da jedes Land die Rückseiten selbst gestaltete, zeigen die finnischen Münzen fliegende Schwäne, eine Moltebeere und den finnischen „Staatslöwen".

Kleinbeträge werden grundsätzlich auf 5 Cent gerundet, da man wenig 1- und 2-Cent-Münzen prägen ließ. Wenn der Bon 2,03 € aufweist, muss man also 2,05 € zahlen.

Wechselkurse (Stand Mitte 2007)

1 €	=	8,08 NOK	1 NOK	=	0,12 €
1 €	=	9,42 SEK	1 SEK	=	0,11 €
1 SFr.	=	4,85 NOK	1 NOK	=	0,21 SFr.
1 SFr.	=	5,67 SEK	1 SEK	=	0,18 SFr.
1 SEK	=	0,86 NOK	1 NOK	=	1,17 SEK

Banken

Manche Bankennamen klingen etwas fremd, z. B. *„Kansallis-Osake-Pankki-KOP"* in Finnland. In ganz Skandinavien werden hohe **Wechselgebühren** (bis 5 €) unabhängig von der Summe verlangt.

Norwegen

In Norwegen heißen die Banken *Bank.* Öffnungszeiten: Mo-Fr 8.15-15.30 Uhr. Wechselautomaten gibt es an den

Flughäfen und an manchen Bahnhöfen. Internationale Geldautomaten findet man in allen größeren Orten.

Schweden

In Schweden nennt man die Institute ebenfalls *Bank*. Öffnungszeiten: Mo-Fr 9.30-15 Uhr, in Großstädten teilweise bis 18 Uhr. In Stockholm gibt es am Bahnhof und am Flughafen Wechselstuben, die von 8 bis 21 Uhr offen sind. Sie haben günstigere Kurse. Unter den Wechselstuben ist *Forex* die preiswerteste, es gibt sie an den Fährterminals von Trelleborg, Ystad und Helsingborg und am Terminal 2 im Arlanda-Airport.

Finnland

In Finnland ist es natürlich etwas schwieriger: Bank heißt *Pankki*, Schweizer Franken *Sveitsin Frangi*. Öffnungszeiten: Mo-Fr 9.30-16 Uhr.

Zahlungsmittel

Maestro-Karte

An vielen Orten kann man mit seiner Maestro-Karte (in Deutschland auch EC-Karte genannt) am **Automaten** Geld abheben. Je nach Hausbank wird dafür pro Abhebung eine Gebühr von ca. 1,30-4 € bzw. 4-6 SFr. berechnet. Es ist daher am günstigsten größere Geldbeträge auf einmal abzuheben.

Reiseschecks

Traveller-Schecks sind leider mit einer ziemlich hohen Provision beim Einlösen belastet und daher für Skandinavien allenfalls zu empfehlen, wenn man weder Maestro- noch Kreditkarte hat.

Kreditkarten

Die gängigen Kreditkarten, etwa *Visa-*, *American Express* und *Diners* werden auch an den meisten Tankstellen und in vielen Supermärkten akzeptiert.

Innerhalb der Euro-Länder sollte die Barauszahlung per Kreditkarte nach der EU-Preisverordnung nicht mehr kosten als im Inland, aber je nach ausgebender Bank können das bis zu 5,5 % der Abhebungssumme sein (am Schalter in der Regel teurer als am Geldautomaten). Für das bargeldlose Zahlen per Kreditkarte innerhalb der EU dürfen die ausgebenden Banken keine Gebühr für den Auslandseinsatz veranschlagen; für die Schweizer wird jedoch ein Entgelt von ca. 1-2 % des Umsatzes berechnet.

An vielen Tankstellen kann man mit der Kreditkarte tanken. Dazu benötigt man allerdings die **PIN-Nummer.**

Weit verbreitet ist in Finnland die **Avant-Karte.** An allen Ticket-Automaten in U-Bahnen, an Bus-Terminals und Flughäfen hat man die Möglichkeit, bargeldlos mit dieser Geldkarte zu zahlen. Die Karten können in den Bankfilialen der Nordea Bank, der Okobank und der Sampo Bank sowie übers Internet aufgeladen werden. Auch die Bahn akzeptiert diese elektronischen Karten. Das Bahnpersonal hat Avant-Lesegeräte. Die Buslinie *Matkahuolto* akzeptiert die elektronische Zahlung ebenso wie zahllose Cafés, Wäschereien und andere Serviceeinrichtungen.

Begonnen hatte es 1993 mit der Firma *Automatia* und ihren OTTO-Bargeldautomaten. Mittlerweile werden drei Billionen Euro jährlich über die Avant-Karten transferiert. Die aufladbare Geldkarte hat sich inzwischen flächendeckend durchgesetzt. Sie lassen sich mit maximal 400 € aufladen.

Postsparbuch

Postbankkunden bekommen in Skandinavien über die **Postbank SparCard** an Visa-Plus-Geldautomaten viermal im Jahr gebührenfrei Geld. **Schweizer** können die günstigen Postcheques benutzen. Pro Scheck können bis zu 300 SFr. in die Landeswährung getauscht werden. Auf jedem Postamt können bis zu zehn Postschecks gleichzeitig eingetauscht werden. Diese Schecks werden erst nachträglich in der Schweiz umgerechnet.

Information

- **Innovation Norway,** Postfach 113317, 20433 Hamburg, germany@invanor.no, www.visitnorway.com.
- **Visit Sweden GmbH,** www.visitsweden.com, in Deutschland Tel. 069-22223496, germany@visitsweden.com, in Österreich Tel. 0192-86702, austria@visitsweden.com, in der Schweiz Tel 044-5806294, switzerland@visitsweden.com.
- **Finnische Zentrale für Tourismus,** www.visitfinland.de, finnland.info@mek.fi, in Deutschland Tel. 069-50070157, in Österreich Tel. 01-79567161, in der Schweiz Tel. 044-6545133.
- **Deutsch-finnische Gesellschaft,** www.deutsch-finnische-gesellschaft.de, www.dfg-portal.de.
- **Reisebüro Norden,** Kleine Johannisstr. 10, 20457 Hamburg, Tel. 040-36090518.
- **Deutscher Kanuverband,** Bertaallee 8, 47055 Duisburg, Tel. 0203-997590, www.kanu.de.

In Norwegen

- **Automobilklub NAF,** für Campingplätze, www.nafcamp.no.
- **Innovasion Norge,** Besucheradresse: Akersgata 13, Oslo, Postanschrift: PO Box 448, Sentrum, 0104 Oslo, Tel. 22002500, Fax 22002501, www.invanor.no.
- **Norway.no,** Njøsavegen 2, 6863 Leikanger, Tel. 57655000, www.norway.no, Infos der Regierung.
- **Visit Norway** (Norwegisches Fremdenverkehrsamt), Reiseführer vom Wirtschaftsministerium, www.visitnorway.com.

In Schweden

- **Sverigehuset,** Schwedische Zentrale für Tourismus, Stockholm, Hamngatan 27, Tel. 08-7892495, www.stockholmtown.com.
- **Svenska Turistföreningen (STF),** Birger Jarlsgatan 18, 10394 Stockholm, Tel. 08-463 2100 (deutsche Telefonansage: 08-2218500), www.stfturist.se.
- **Kanuverein** (Svenska Kanotförbundet), Rosvalla, 61162 Nykøping, Tel. 0155-209080, www.kanot.com.
- **Seeschifffahrtsamt,** 60178 Norrköping, Tel. 11191000.

In Finnland

- **Fremdenverkehrsverein** (Suomen Matkailullitto), Atomitie 5 C, 00370 Helsinki, Tel. 09-6226280 www.matkailuliitto.org.
- **Finnisches Fremdenverkehrsamt,** Töölönkatu 11, PO Box 625, 00101 Helsinki, Tel. 09-4176911, Fax 09-41769333, www.mek.fi, www.finland-tourism.com.
- **Seeschifffahrtsamt** (Seekarten), Pf. 158, 00140 Helsinki, Tel. 09-18081.
- **Automobilklub Autoliito,** Lauttasaarentie 8, 00200 Helsinki, Notfall werktags: Tel. 09-682701, an Wochenenden und Feiertagen: 0200-8080, www.linja-autoliitto.fi.

Das Jedermannsrecht

In Skandinavien hat man das Leben in der freien Natur gesetzlich geregelt.

Norwegen

Jeder Bürger hat seit alters her das Recht, sich auf Grund des so genannten Jedermannsrechtes frei in der Natur zu bewegen. Dieses Recht auf den Aufenthalt in der freien Natur und eine Reihe von anderen Jedermannsrechten wurden am 28. Juli 1957 gesetzlich geregelt. Danach ist jedermann verpflichtet, sich auf fremdem Boden und Gewässer umweltfreundlich zu verhalten, damit dem Besitzer oder anderen kein Schaden entsteht.

Erlaubt ist ...

- Umsichtiges und umweltfreundliches Wandern in der Wildmark das ganze Jahr über.
- Das Fortbewegen zu Fuße auf Nutzflächen in der Zeit, in der das Land mit Eis oder Schnee bedeckt ist, nicht jedoch zwischen dem 30. April und 14. Oktober, zu Nutzflächen zählende Höfe und Grundstücke, bebaute Gebiete und Flächen, deren Betreten für andere eine unzumutbare Belästigung ist.
- Das Pflücken von wilden Nüssen, sofern sie an Ort und Stelle gegessen werden.
- Das Pflücken von wildwachsenden Beeren, Pilzen und Blumen außerhalb von eingezäunten Grundstücken.
- Das Schwimmen in Wildmarkseen oder Flüssen vom Ufer aus sowie vom Boot aus, sofern eine gebührliche Distanz zu bewohnten Häusern und Ferienhäuschen eingehalten wird und andere dadurch nicht unnötig gestört werden.
- Das Rasten, Sonnenbaden und Zelten in der Wildmark, sofern andere nicht unnötig gestört werden.
- Das Befahren von Flüssen und Seen mit Booten.

Verboten ist ...

- Das Pflücken und Mitnehmen von Moltebeeren in den Moltebeerbezirken Norrland, Troms und Finnmark ohne Erlaubnis des Landbesitzers.
- Das Rasten oder Zelten auf Nutzflächen ohne die Erlaubnis des Besitzers.
- Das Feuermachen vom 15.4. bis zum 15.9.
- Das Zelten in unmittelbarer Nähe eines bewohnten Hauses oder Ferienhäuschens, wodurch der Frieden der Bewohner gestört wird. Mindestdistanz 150 m.
- Das Zelten oder sonstige Biwakieren über einen Zeitraum von 2 Tagen ohne Erlaubnis des Landbesitzers. Ausgenommen sind die Fjällregionen und weit entfernt von Ansiedlungen liegende Gebiete.
- Das Angeln in Privatgewässern.

Schweden

Das schwedische Jedermannsrecht ist noch nicht in schriftlicher Gesetzesform niedergelegt, sondern existiert lediglich als praktisches Recht für Jedermann. (Der Vorschlag zur gesetzlichen Fassung des Jedermannsrechtes wurde im Herbst 1974 dem Reichstag unterbreitet.) Das Jedermannsrecht räumt dem Individuum weitläufige Rechte ein, verlangt aber auch als Gegenleistung Rücksichtnahme und Überlegung sowie Respekt vor der Natur. Jeder sollte sich seiner Verantwortung bewusst sein.

Erlaubt ist ...

- Der Aufenthalt in Wald und Flur, jedoch nicht auf Grundstücken, Anpflanzungen oder Äckern, die Schaden nehmen könnten. Als „Grundstück" gilt ein Gelände, das in Hör- oder Sichtweite eines Wohnhauses, landwirtschaftlichen oder entsprechenden Gebäudes liegt.
- Das Sammeln von Beeren und Pilzen sowie das Pflücken von Blumen, die nicht besonde-

LAP_078 Foto: fh

ren Bestimmungen unterliegen, das Sammeln von Reisig und trockenen Zweigen auf dem Boden, das Benutzen von ausgetretenen Pfaden und Gattertoren, wenn dabei kein Schaden angerichtet wird oder Tiere entweichen können, jedoch nicht auf Grundstücken.

- Das Mitführen eines Hundes, der jedoch keinen Schaden anrichten oder andere Tiere belästigen darf.
- Wasser schöpfen aus einer Quelle oder einem See.
- Das Benutzen privater Gewässer, ohne zu stören.
- Das Zelten für einzelne Nächte auf Privatgelände, ohne Schaden anzurichten. Es ist gleichwohl in jedem Fall zu empfehlen, den Landbesitzer um Erlaubnis zu fragen.

Verboten ist ...

- Das Anlandgehen auf einem fremden Grundstück oder Anlegen an einem Bootssteg, um hier zu baden.
- Das Angeln in einem fremden Fischgewässer.
- Das Sammeln von Beeren und Pilzen sowie Pflücken von Blumen auf einem „Grundstück".
- Das Betreten von Gelände, das dadurch Schaden nehmen könnte, z. B. Baumschulen.
- Das Anzünden von offenem Feuer ohne ausdrückliche Genehmigung.
- Das Ausheben oder Zerstören von Vogelnestern.
- Das Zelten auf Gelände, das Schaden nehmen könnte, oder das Zelten für mehr als nur eine Nacht auf fremdem Landbesitz.
- Das Befahren von Privatwegen oder Privatgelände mit dem Moped, Motorrad oder Auto.
- Das Offenlassen von Gattertoren oder dergleichen.
- Das Hinterlassen von Abfall in der Natur.

Finnland

Das finnische Jedermannsrecht umfasst das Recht auf den freien Aufenthalt in der Natur und auf das Sammeln von Naturprodukten und beruht größtenteils auf Gewohnheitsrecht. Bestimmte Rechte, wie z. B. die Benutzung von Gewässern, sind im finnischen Wasserrecht gesetzlich festgelegt. Das Jedermannsrecht enthält gleichwohl die Verpflichtung, in der Natur, bei den Land- und Gewässereigentümern sowie bei anderen Rechtsinhabern keine Schäden oder Störungen zu verursachen.

Erlaubt ist ...

- Das Wandern, Skilaufen oder Fahrradfahren in der Natur, jedoch nicht auf fremden Grundstücken sowie Äckern, Wiesen oder Anpflanzungen, die dadurch Schaden nehmen könnten.
- Der vorübergehende Aufenthalt, wie Zelten, in gebührender Entfernung von Anwesen überall dort, wo der Aufenthalt erlaubt ist und niemandem Schaden oder Störungen entstehen.
- Das Sammeln von wildwachsenden Beeren und Pilzen sowie das Pflücken von nicht unter Naturschutz stehenden Blumen an Orten, wo der Aufenthalt erlaubt ist.
- Das Waschen und Schwimmen in Gewässern sowie das Schöpfen von Haushaltswasser, falls der Aufenthalt auf dem betreffenden Gelände erlaubt ist und niemandem Schaden oder Störungen entstehen.
- Das gelegentliche Wasserschöpfen aus anderen Privatquellen, die nicht regelmäßig vom Besitzer oder einem von ihm Bevollmächtigten benutzt werden.
- Das Benutzen von offenen Gewässern und Eisflächen, ohne Störungen zu verursachen.

Verboten ist...

- Das Zelten in der Nähe von bewohnten oder für andere Zwecke vorgesehenen Anwesen sowie an Orten, wo Schäden oder Störungen verursacht werden.
- Das Aufscheuchen von Rentieren durch Erschrecken und Stören, das Verletzen von Rentieren durch Schusswaffen oder Hunde oder auf eine andere Weise.
- Das Anzünden von Lagerfeuern oder offenen Feuern ohne ausdrückliche Genehmigung, falls es nicht zwingend notwendig ist. Auch mit Genehmigung darf offenes Feuer nicht im Wald oder in Waldesnähe angezündet werden, wenn wegen Trockenheit oder aus einem anderen Grund die Gefahr eines Waldbrandes gegeben ist.
- Das Angeln in fremden Gewässern ohne ausdrückliche Genehmigung.
- Das Fällen oder Verletzen eines wachsenden Baumes, das Sammeln von trockenem oder auf der Erde liegendem Holz oder von anderen Gegenständen und Pflanzen auf fremdem Land.
- Das Ausheben von Vogelnestern sowie das Aufscheuchen, Stören und Verletzen von Vogelbrut.
- Das Sammeln von Beeren, insbesondere von Moltebeeren in den Gebieten Lapplands, die unter das in Kraft befindliche, vom Land- und Forstwirtschaftsminister erlassene Sammelverbot fallen.

Natur pur,
ein schützenswertes Gut!

Medien

Presse

Seit 1814 gibt es in **Norwegen** die Pressefreiheit. Alle Tageszeitungen sind in privater Hand. Die Zeitungen nach Auflagenhöhe: *Aftenposten, Verdens Gang, Dagbladet, Bergens Tidene.*

Schweden führte 1766 die Pressefreiheit ein. Um eine Konzentration zu verhindern, werden die Zeitungen vom Parlament subventioniert. Über allem wacht der Presse-Ombudsman.

Finnland leistet sich 66 Tageszeitungen, die es zusammen auf über 2,8 Mio. Exemplare bringen. Es gibt einige parteigebundene Zeitungen.

Radio

Im hohen Norden ist der Empfang unserer deutschen **UKW-Sender** nicht möglich, die Radiowellen scheitern an der Erdkrümmung. Für den **Langwellenempfang** benötigt man eine längere Antenne am Auto, so etwa bei 2 Metern. Die **Kurzwelle** wird durch das Tageslicht stark absorbiert, was bei der Mitternachtssonne zu schlechtem Empfang führt. Die Sendestärke der deutschen KW-Sender reicht am Tage kaum weiter als bis Stockholm. Im folgenden eine Aufzählung der deutschen Sender, die in Skandinavien zu hören sind, und deren Frequenzen.

Ein Leser machte uns darauf aufmerksam, dass die angegebenen Uhrzeiten natürlich die Ortszeit betreffen. Andernfalls bekommt man die Sendung eine Stunde vorher zu hören, und die kann in einer anderen Sprache sein.

- **Deutsche Welle:** 6075 kHz, 9545 kHz und die besser zu hörenden 21680, 21560 und 17860 kHz (am besten 2 Monate vorher Gesamtfrequenzplan schicken lassen)
- **Radio Bremen:**
KW - 6190 kHz, 48,5 m
- **Sender Freies Berlin:**
KW - 6190 kHz, 48,5 m
- **Radio Luxemburg:**
KW - 6090 kHz, 49,6 m
- **Süddeutscher Rundfunk:**
KW - 6030 kHz, 49,8 m
- **Bayrischer Rundfunk:**
KW - 6085 kHz, 49,3 m
- **Deutschlandfunk:** KW - 6090 kHz, 49,0 m; M - 557 kHz; M - 1421 kHz; L - 151 kHz; L - 254 kHz

Deutschsprachige Sendungen

Norwegen:

- Alta-Touristenradio (106,9 MHz)
- Nordkap-Radio (103,9 MHz)

Schweden:

- täglich 20-21 Uhr (M 1179 kHz, 254 m) Wochenende: 11.30-12.30 und 18.30-19.30 Uhr (6065 kHz, 9615 kHz und 9655 kHz in Stockholm auf UKW 89,6 MHz)

Finnland:

(MESZ Helsinki -1 Std.)

- um 7.30 und 21.30 Uhr Nachrichten in Deutsch auf folgenden Frequenzen: M - 558 kHz des Senders Helsinki, M - 963 kHz des Sender Turku (guter Empfang), KW - 6120 kHz

Wenn man nun unbedingt **Kurzwelle** hören will, aber keine im Autoradio hat, kann man beim Expeditionsausrüster ein Zusatzgerät kaufen. Dies wird an das Autoradio angeschlossen und lässt die Kurzwellensender per Tastendruck auf Mittelwelle ertönen (rund 150 €). Eine gute Teleskop-Antenne am Auto ist schon notwendig. Einfacher bedient man sich eines Taschen-Weltempfängers. Wer mehr wissen will, schreibe an:

- *Deutscher Dienst Funkhaus Pasila,* Helsinki PF 78, 00024 YLE, Finland.
- *Radio Sweden International,* S-10510 Stockholm, Sweden.

Nachtleben

Wie im entsprechenden Kapitel nachzulesen, ist Alkohol immer noch rar und teuer. Daraus leitet sich auch die Häufigkeit der damit verbundenen Betriebe ab. Die **„Kneipe um die Ecke"** gibt es in Skandinavien nicht, das Zusammensein spielt sich in den Kaffeebuden, Imbissständen und Landgaststätten ab.

Lizenzen für **Diskotheken** werden, zumindest in Schweden, nur in Orten ab einer bestimmten Einwohnerzahl ausgegeben. Deswegen braucht man in kleineren Orten erst gar nicht nach Discos zu suchen. Allerdings finden **Tanzabende** auf dem Land in Restaurants oder Hotels statt. Unserer Erfahrung nach ist die Kommunikation mit Einheimischen auf solchen Veranstaltungen nur in Ausnahmefällen möglich. Nach erstaunlich kurzer Zeit sind die Leute dermaßen betrunken, dass alles zwecklos ist. Zur „Sicherheit" ist in Discos oft Wachpersonal anzutreffen. Besonders im Winter ist es oft schwer, am Wochenende eine nüchterne Seele auf der Straße zu treffen.

Ein schwedischer Bekannter gab uns den Rat, als männlicher Besucher einer Disco bis 22 Uhr nüchtern zu bleiben, da dann die einheimischen Rivalen alle unter dem Tisch lägen. Allerdings trinken die Damen auch nicht gerade mäßig ...

Ähnliche Beobachtung kann man in Deutschland natürlich auch machen.

LAP_081 Foto: fh

Nationalparks

In Nationalparks versucht man, ein Stück ursprüngliche Landschaft mit seiner typischen Flora und Fauna zu erhalten. Sie sollen jedermann zugänglich gemacht werden, ohne dass sie ihren ursprünglichen Charakter verlieren. Es gibt dort so gut wie keine Straßen und Hotels. An den Besucher werden bestimmte Forderungen gestellt. Die entsprechenden Bestimmungen erfährt man aus einem Merkblatt, dass man an den Eingängen der Parks erhalten kann. Es muss an dieser Stelle allerdings gesagt werden, dass viele Parks im Sommer überlaufen sind und dadurch Schäden im Gleichgewicht der Natur zu erwarten sind.

So bekommt man z. B. beim Norwegischen Touristenbüro keine Informationen mehr über Anreisewege, Übernachtungsmöglichkeiten oder ähnliches. Es hat überhand genommen mit den Touristen, und der Sinn der Nationalparks scheint gefährdet. Auch wir möchten eigentlich davon abraten, in diese Gebiete zu reisen; vorsichtshalber aber trotzdem die allgemeinen Vorschriften:

Gestattet ist:

- Verwendung abgefallener Zweige für ein Lagerfeuer, wenn nicht gerade behördliches Verbot gegen Feuermachen besteht.
- Beerensammeln und Pilzepflücken zum unverzüglichen Genuss.

Verboten ist:

- Schädigung von Naturgegenständen oder Bodenfläche

Namen von Landschaftsformationen in den Landessprachen

deutsch	norwegisch	schwedisch	finnisch	samisch
Bach	bekk	bäck	oja/puro	johka
Berg	berg	berg	vuori	tjåkka/várri
Bergrücken	rygg	rygg	vaara/selkä	sealgi
Bucht	bukt	bukt/vik	lahti	luokta
Fluss	elv	älv	joki	johka/ätno
Gewässer	vatn	vatten	vesistö	jávri
Gipfel	tind/nut	spets/topp	vuorikero	gáisa/cohkka
Hochebene	vidda	platå	ylätasanko	duottar/kåbbå
Hof	gård	gård	autiotupa	dallu
Hügel	kolle	kulle	kukkula	borri/corru
Hütte	hytter	stuga	autiotupa	kåta/stophu
Insel	øy	holme/ö	saari	suolo
kahler Berg	fjell	fjäll	tunturi	duottar
Meer	hav	hav	meri	áhpi
Moor	myr	myr	räme	jeaggi/áhpi
Mündung	munning	mynning	suu	oaivvuš
See	sjø	sjö	järvi	jaure/jávri
Sumpf	sump	kärr, moras, sump	kärr suo	guoika/kvoika
Tal	dal	dal	laakso/kuru	vággi/kårså
Stromschnelle/ Wasserfall	foss	fors	koski/ vesiputous	gorzi/kårtje

- Schädigung wachsender oder toter Bäume
- Töten oder Jagen von Tieren
- Raub von Eiern oder Nestern
- Benutzung von Motorfahrzeugen oder Motorbooten

Norwegen

Hier gibt es insgesamt 16 staatseigene Nationalparks. Weitere sind geplant. In Lappland liegen davon acht. Durch diese Parks führen meist markierte Wege. Die Markierungen bestehen oft aus Steinhaufen, die mit einem roten T bemalt sind. An Kreuzungen, Brücken oder Furten sind zusätzlich hölzerne Wegweiser aufgestellt.

- **Saltfjell-Svartisen:** gibt es seit 1989. Der Park liegt am Polarkreis und ist 2000 km² groß, im westlichen Teil liegt der Svartisen-Gletscher.
- **Rago:** Die Größe des Gebietes beträgt 167 km². Man erreicht es von der E 6, indem man von Fauske nach Norden bis Torkeleng/Laksaga fährt und dann rechts abbiegt. Ein 30 km langer, mitunter elend steiler Pfad windet sich durch den Park. Es gibt einige Hütten, Campingplätze sind an der E 6. Am Ende des Weges kommt man über die Grenze und befindet sich dann im Padjelanta-Park in Schweden.
- **Øvre Dividal:** Diesen Park, der 743 km² groß ist, erreicht man von Bardufoss aus. Hier herrschen besonders strenge Vorschriften. Man sollte auch die dort lebenden Luchse, Vielfraße und Bären nicht aufscheuchen.
- **Reisa:** 803 km² groß; in Nord-Troms am oberen Lauf des Reisa-Flusses; ist bekannt durch seine Wasserfälle. Der größte, Mollesfossen, fällt 269 m tief. Der einfachste Weg ist mit dem Boot von Storslett, leider sehr teuer. Die Straße 865 von Storslett endet in Bilto, danach immer am Fluss lang. Im Park weiden mitunter Rentiere aus Kautokeino.
- **Anarjokka:** Dieser Park liegt an der norwegisch-finnischen Grenze, etwa zwischen Kautokeino und Karasjok. Er stößt in Finnland an den Lemmenjoki-Nationalpark. Es gibt keine Straßen durch dieses Gebiet, und in Norwegen führt auch keine in die Nähe. Von Finnland erreicht man das Gebiet, indem man von Inari nach Tirro fährt, es ist die gleiche Route, über die man auch den Lemmenjoki-Wanderweg erreicht. Von Tirro folgt man der Straße bis zur Grenze bei Angeli. Von dort muss man sich mit Karte und Kompass orientieren. Die Gegend ist ein Wintergebiet der Rentierherden. Hier gibt es etwa 100 km² Kiefernwald, 500 km² Birken und 350 km² Sumpf. Insgesamt hat der Park eine Fläche von 1400 km².
- **Stabbursdalen:** In ihm liegen der nördlichste Kiefernwald Norwegens und ein 618 m hoher Berg. Deutlich markierte Pfade für die Menschen; Luchs und Vielfraß halten sich nicht dran. Der Park selbst liegt auf der Finnmarksvidda auf einer Höhe von 400 Metern, er ist 15 km von Lakselv entfernt und 96 km² groß. In der Nähe der E 6 ist das *Stabbursnes Naturhus og museum* in Indre Billefjord. Übernachten kann man auf dem Campingplatz Stabbursnes.
- **Øvre Pasvik:** Dieser Nationalpark, den man von Kirkenes über die ehe-

Norwegen

1 Saltfjell-Svartisen
2 Rago
3 Øvre Dividal
4 Reisa
5 Øvre Anarjokka
6 Stabbursdalen
7 Øvre Pasvik

Schweden

8 Muddus
9 Peljekaise
10 Sarek
11 Padjelanta
12 Stora Sjøfallet
13 Abisko
14 Vadvetjåkka

Finnland

15 Oulanka
16 Pyhätunturi
17 Sompio
18 Urho Kekkonen
19 Lemmenjoki
20 Kevo
21 Pallas-Ylläs-Tunturi
22 Malla

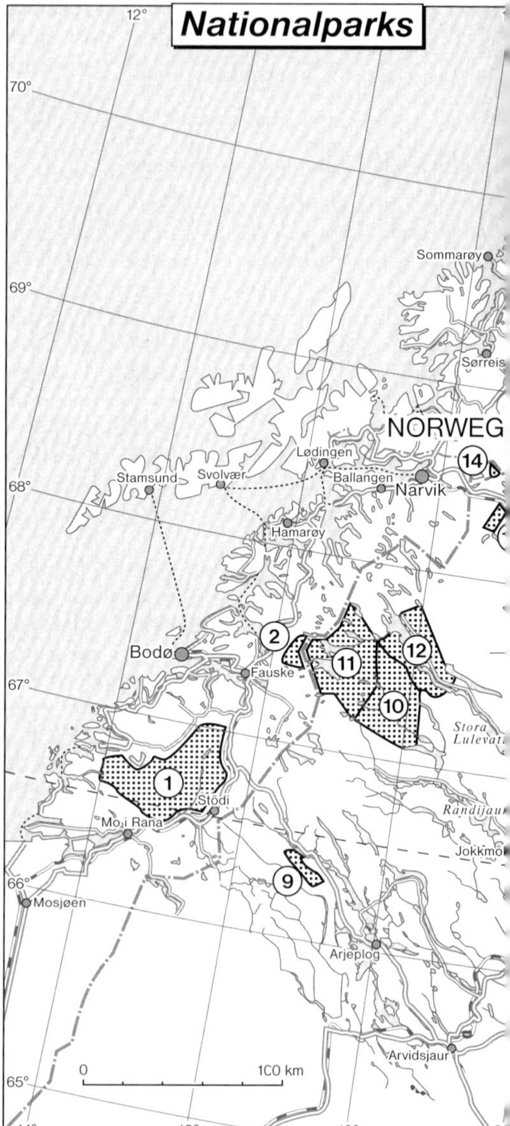

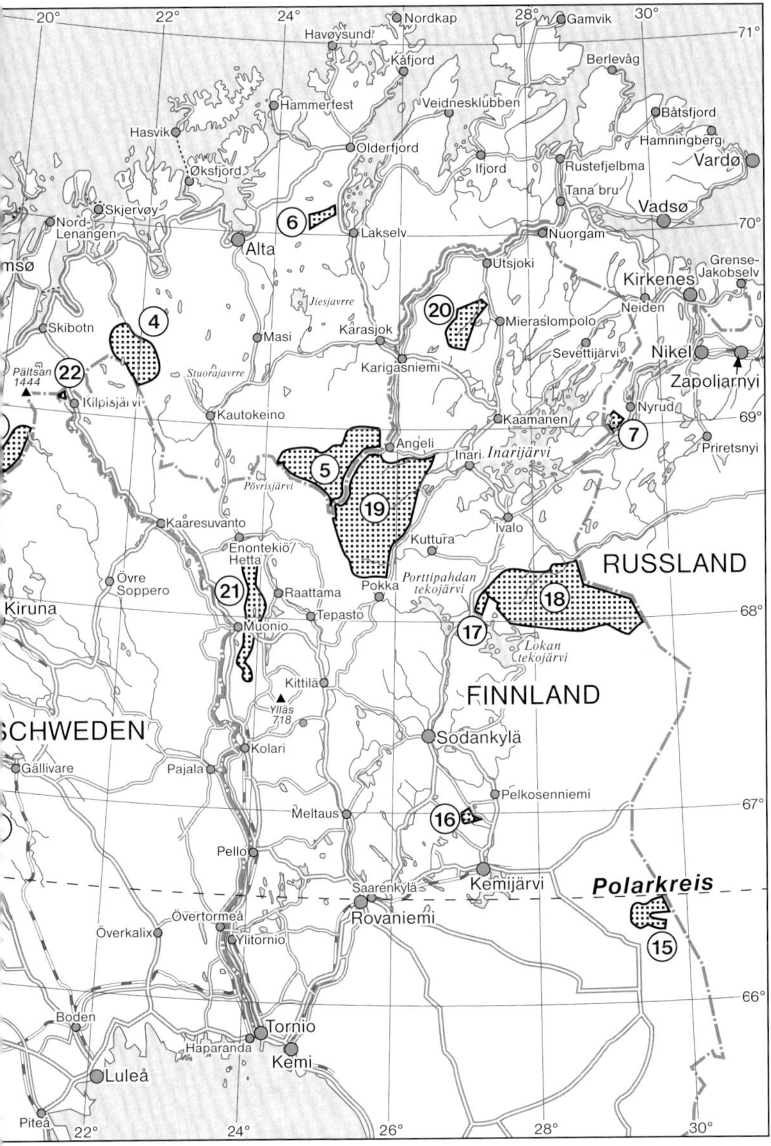
20°
22°
24°
26°
28°
30°
71°
70°
69°
68°
67°
66°
Nordkap
Gamvik
Havøysund
Kåfjord
Berlevåg
Hammerfest
Veidnesklubben
Båtsfjord
Hasvik
Hamningberg
Olderfjord
Vardø
Ifjord
Rustefjelbma
Øksfjord
Tana bru
Skjervøy
Vadsø
Nord-Lenangen
6
Lakselv
Nuorgam
Alta
Utsjoki
Grense-Jakobselv
msø
Kirkenes
Jiesjavrre
Neiden
20
4
Mieraslompolo
Skibotn
Karasjok
Masi
Sevettijärvi
Nikel
Karigasniemi
Pältsan 1444
22
Stuorajavrre
Zapoljarnyi
Kilpisjärvi
Nyrud
Kautokeino
Kaamanen
7
Angeli
Priretsnyi
Inari
Inarijärvi
5
Pövrisjärvi
19
Ivalo
Kaaresuvanto
Kuttura
Enontekiö/Hetta
RUSSLAND
Övre Soppero
Porttipahdan tekojärvi
21
Raattama
Pokka
18
Kiruna
Tepasto
Muonio
17
Lokan tekojärvi
Kittilä
FINNLAND
Ylläs 718
SCHWEDEN
Sodankylä
Kolari
Gällivare
Pajala
Pelkosenniemi
Meltaus
16
Pello
Kemijärvi
Saarenkylä
Polarkreis
Rovaniemi
Övertorneå
Överkalix
Ylitornio
15
Boden
Tornio
Haparanda
Kemi
Luleå
Piteå

LAP_086 Foto: fh

malige Iron-Courtain-Road erreicht, besteht seit 1970. Die Größe beträgt 63 km². Dort findet man den größten Urwald Nordnorwegens. Die Landschaft ist überwiegend flach. Die höchste Erhebung ist der 204 m hohe Steinfjellet. Der gesamte Park ist sehr niederschlagsarm. In dieser abgeschiedenen Gegend sollen sich die Vielfraße, Bären und Wölfe wieder vermehren. Sie wurden durch die dort lebenden Rens und Elche angelockt. Im Winter hat man auch Wölfe aus der Taiga gesehen, die auf Nahrungssuche ins Pasviktal kommen. Da das Tal von unfruchtbaren Gegenden eingeschlossen ist, müssen sich die Pflanzenfresser auf die dortigen Pflanzen beschränken, wodurch es früher oder später kahlgefressen sein wird. Es gibt ständig offene Hütten am Ellenvatnsee mit markiertem Pfad und zwei außerhalb des Parks. Infos erhält man auf dem Campingplatz von Vaggatem (siehe Karte bei der Ortsbeschreibung Kirkenes).

Schweden

Die schwedischen Parks liegen bis auf den Muddus-Park alle im Grenzgebirge zwischen Schweden und Norwegen. Dieses Gebirge gehört zur so genannten Kaledonischen Gebirgskette, die vor rund 300 Mio. Jahren durch Faltungen der Erdrinde entstand. Gewaltige Schichten verschiedener Gesteinsarten schoben sich damals übereinander. Die oberste Schicht in den höchsten Gipfeln besteht oft aus Hornblende, einem eisenreichen Gestein. Die Parks sind also ein Paradies für Geologen.

In der letzten Periode der Erdgeschichte erlebte Skandinavien vier Eiszeiten. Das Inlandeis verlieh dem Gebirge sein heutiges Profil. So schliffen Eismassen die Kare und großen Täler heraus. Zu dieser Zeit und später, als das Eis schmolz, entstanden viele verschiedene Gebilde, z. B. Sturzrinnen, Terrassen, Grate und Moränen.

Zurzeit gibt es in Schwedisch-Lappland sieben Nationalparks; insbesondere „Padjelanta", „Sarek" und „Stora Sjöfallet" liegen im *Same-Ältnam,* dem Land der Samen. In diesen drei Parks liegen Weidegründe der Rentiere, und zwar: *Tvorpon* und *Låkka* (Padjelanta und Sarek), *Sirkas* (in allen dreien) und *Sörkaitum* (Stora Sjöfallet). Im Frühjahr müssen die Rens ungestört kalben können. Dann sollte man ihnen unbedingt fern bleiben. Auch im Herbst, zur Zeit der Rentierscheide, kann der Arbeitsablauf durch Wanderer empfindlich gestört werden. Deshalb mache man einen Bogen um weidende Herden. Wer gerade in einer Hütte ist, begnüge sich damit, die Tiere durchs Fenster zu beobachten. Keine Hunde mit in die Rentiergebiete nehmen! Sie sind äußerst störend für die Rens. Im Sommer betreiben die Samen im Stora Sjöfallet hauptsächlich Fischfang und man kann ihnen günstig Räucherfisch abkaufen.

Auskünfte und ausführliche Broschüren über die schwedischen Parks bei:

- **Staatliche Forstverwaltung,** 17193 Solna, Tel. 08-850020.

Hier gibt es auch ein Buch mit Namen *Sveriges Nationalparker,* in dem 40 Wissenschaftler, Fotografen und Künstler eine genaue Darstellung der Parks geben.

- **Amt für Umweltschutz,** 17120 Solna 1, Tel. 08-981800.
- **Naturvårdsverket,** Blekholmsterrassen 36, 10648 Stockholm.

- **Muddus:** Dieser 1942 erschlossene Park umfasst eine von Menschen nahezu unberührte Landschaft. In den großen Wald- und Moorgebieten gibt es reichlich Tiere und Vögel, in der Mitte gibt es das Muddusjaure-Vogelschutzgebiet, das man vom 15.3. bis zum 31.7. nicht betreten darf. Eine Wanderung führt durch die Muddusjaureschlucht zu einem Wasserfall. Der gesamte Park umfasst eine Fläche von fast 50.000 ha. Es gibt keine Möglichkeit, Lebensmittel einzukaufen. Geführte Touren ab Hof Solberget in Nattavaara, www.solberget.com.
- **Peljekaise:** Um den Berg Peljekaise erstreckt sich der 14.600 ha große, gleichnamige Park. Man gründete ihn 1909, um die dort auf den Heideböden wachsenden Fjällbirken zu schützen. Das Gebiet, das bis zu den Seen Tjalasjaure und Luotaure reicht, ist von Wanderwegen durchzogen. Man erreicht sie von Jäkkvik, Adolfström und Hällbakken aus. Es gibt eine Übernachtungshütte.
- **Sarek:** Der 1940 km² große Park wurde 1909 gegründet, um das ausgeprägte Hochfjällgebiet der Nachwelt zu erhalten. Mächtige Berge und schmale Schluchten kennzeichnen den Sarek. Hier gibt es keine Wanderpfade, Brücken oder Hütten. Das Gelände ist u. a. wegen seines sumpfigen Bodens und dichten Weidengestrüpps außerordentlich schwer zu bewältigen, der Aufenthalt im Sarek erfordert große Bergerfahrung, Bergausrüstung und Proviant für mindestens eine Woche. Im Winter besteht ständig Lawinengefahr. In diesem Nationalpark hat man alle Möglichkeiten, sich dem Alpinismus zu widmen, aber erstklassige Ausrüstung, Übung und große Leistungsfähigkeit sind Voraussetzungen; es ist wirklich gefährlich!

Sareks zentraler Teil ist das für seine reiche Tierwelt bekannte Tal „Rapadalen". Der Fluss Rapaälven durchfließt es und mündet in den See Laidaure, wobei er eines der eigenartigsten Deltas des Landes bildet. Fischfang

Telefon 1 –
im Nationalpark gibt es wenige

und Jagd sind im Park untersagt; auch darf man nicht ohne besondere Genehmigung mit dem Flugzeug im Sarek landen. Zughunde können vom 1. Januar bis 31. April eingesetzt werden, im Übrigen ist es aber verboten, Hunde mitzuführen. Das öde Pastavaggetal wird übrigens von den Samen gemieden, weil es ein „Ort des Unglücks" sein soll.

• **Padjelanta:** Der 2010 km^2 umfassende Nationalpark schließt im Westen an den Sarek an und wurde 1962 gegründet, um eine weite, seenreiche Fjäll-Hochebene zu bewahren. In diesem botanisch besonders interessanten Gebiet gibt es Pflanzenarten, die nur hier vorkommen. Von alters her wird Padjelanta im Sommer als Rentierweide benutzt, und man findet daher vielerorts die Sommerwohnstätten der Samen.

Ein mit Steinen markierter Wanderpfad führt von Kvikkjokk über Staloluokta zur Akka-Hütte im Nationalpark Stora Sjöfallet. Dieser Pfad ist mit Brücken und Übernachtungshütten ausgestattet worden.

Ein anderer Wanderweg führt von Staloluokta über Sårjasjaure nach Norwegen. Staloluokta kann man zwar mit dem Flugzeug von Kvikkjokk, Stora Sjöfallet oder Miekak aus erreichen, aber im Übrigen herrscht im Park Landeverbot. Für diese Wanderungen im Padjelanta benötigt man keine große Bergerfahrung, aber einwandfreie Bergausrüstung mit Zelt und Proviant sowie gute körperliche Kondition. Wenn man sich eine Angelkarte besorgt, lassen sich die mitgebrachten Lebensmittel durch frischen Fisch ergänzen, allerdings dürfen die gefangenen Fische nicht aus dem Park mitgenommen werden.

• **Stora Sjöfallet:** Der Reichstag beschloss 1909, rund um die Quellseen des Flusses Stora Luleälv, an denen der mächtige Wasserfall Stora Sjöfallet liegt, einen 1500 km^2 großen Nationalpark zu gründen, um das Fjällgebiet im Norden des Sarek in natürlichem Zustand zu erhalten. Zehn Jahre später wurde aber das eigentliche Kernstück, ein 120 km^2 großes, das zentrale Seen-System umfassende Gebiet, vom Park abgetrennt und als Wasserreservoir für das neue Kraftwerk Porjus benutzt. Der Ausbau des Wassersystems wird fortgesetzt, u. a. bei Vietas. Zu diesem Ort führt eine Autostraße.

Auch hier gilt Landungsverbot für Flugzeuge. Durch den Park verläuft ein Teil der berühmten Wanderstrecke *Kungsleden,* des Königsweges. Von Vietas und der Akka-Hütte kann man Tagesausflüge unternehmen. Für längere Wanderungen braucht man gute Fjällausrüstung, Proviant und möglichst auch ein Zelt.

Der Wasserfall Stora Sjöfallet ist die größte Sehenswürdigkeit des Parks; bei Hochwasser ruft er Erinnerungen an frühere Zeiten wach. Allerdings funktioniert dieser Wasserfall nur noch, wenn das Kraftwerk seine Wehre öffnet. (Die Zeiten stehen in einem spezi-

Mitternachtssonne im Abisko-Park

ellen Prospekt, den man bei der Tourist-Info bekommt.) Weithin sichtbar ist *Nils Holgerssons* Berg Akka. Es gibt eine Busverbindung mehrmals täglich nach Gällivare.

• **Abisko:** Der 7500 ha große Park wurde 1909 erschlossen. Auf der Nordseite wird er von der Kiruna-Narvik-Eisenbahn und dem Torneträsk-See begrenzt. Dieser längliche Park um den Abisko-Bach hat eine reiche Vogelwelt. In den Tälern findet man Birkenwälder und auch vereinzelte Kiefern. Teilweise fließt der Abiskojokk durch tiefe Schluchten. Hier kann es auch im Sommer noch Eis und Schnee geben. Von der Abisko-Touriststation, die einen Bahnhof an der Erzbahn hat, führt eine Seilbahn auf den Berg Nuolja hinauf. Es darf nur an den ausgewiesenen Rastplätzen gezeltet werden. Eine Einkaufsmöglichkeit gibt es nicht.

• **Vadvetjåkka:** Dieser kleine Park liegt rings um dem gleichnamigen Berg nordwestlich von Torneträsk. Er gehört zur Gemeinde Kiruna. Im Süden gibt es eine seenreiche Ebene, außerdem ausgedehnte Moore und Weidendickichte. Der Park wird von den Rentierherden auf dem Weg zu den Sommerweiden passiert. Er wurde 1920 zum Schutz der Bergvegetation angelegt. Er hat eine Größe von 2450 ha und liegt auf 68,5 Grad nördlicher Breite.

Finnland

Hier werden die Nationalparks **Kansallis-puisto** genannt und sind alle für die Öffentlichkeit zugänglich. Insgesamt gibt es 22 Stück im Lande, davon fünf in Lappland. Weil viele Wandergebiete der Forstwirtschaft zum Opfer

LAP_089 Foto: fh

fielen, weichen die Wandersleute mehr und mehr in die Nationalparks aus, was der Flora und Fauna nicht gut bekommt. In finnischen Nationalparks gibt es auch Moore, die man durch Dammwege begehbar gemacht hat. An den Straßenzufahrten findet man Hinweistafeln, auf denen alle Wege und Straßen eingezeichnet sind.

Infos über die Nationalparks Finnlands gibt es im Internet unter: **www.luontoon.fi.**

In den **Totalreservaten** Sompio, Kevo und Malla gibt es öffentliche Wanderpfade, deren Verlassen verboten ist. Für ein freies Wandern muss schriftlich eine Erlaubnis eingeholt werden.

• **Oulanka** (2800 km²): Diesen Park, der noch südlich des Polarkreises liegt, erreicht man am besten vom Infocenter an der Straße Nr. 8693 Käylä – Liikansenvaara aus. Außerdem fahren Busse von Kuusamo und Hautajärvi aus. Es gibt mehrere Wege über Laufbohlen und Hängebrücken. Im Park liegen die tiefen Tobel (tiefe, schluchtartige Einschnitte) des Oulankajjoki. Im Norden wird das Gelände eher moorig, seine Bewohner sind die Moorvögel. Im Süden soll es Bären geben. Für 40 € kann man eine Rafting-Tour machen. Zu buchen beim Juuman-Camping.

• **Pyhätunturi** (42 km²): Finnlands südlichstes Fjellgebiet, das aus der flachen Wald- und Moorlandschaft von Süd-Waldlappland (Peräpohjola) aufragt. Bemerkenswert sind seine steilen Hänge mit fünf Gipfeln, die durch tiefe Schluchten voneinander getrennt sind, und karge Geröllhalden. Auch die Flora wird durch die Kargheit der Quarzitfelsen bestimmt. Eine eigentliche Fjellflora gibt es nur dem Namen nach. Am Fuß des Fjells liegen Kiefernwälder sowie ein Hapamoor. Die einsame, majestätische Größe des bekannten Pyhätunturi-Fjells mit seiner tollen Aussicht war den Samen in alter Zeit Anlass zu kultischer Verehrung. Übernachten kann man im Poromiehen Majatalo, Lehtovaara, 99540 Torvinen, Tel. 016-632201.

• **Sompio** (181 km²): Totalreservat rund um das Nattasetfjell inmitten von Palsamooren zwischen Sodankylä und Inari. Der alte „Finnmarken-Weg" (12½ km) darf begangen werden. Sompio grenzt im Norden an den Urho Kekkonen Park.

• **Urho Kekkonen** (2530 km²): Der Park mit seiner vielfältigen Flora und Fauna erstreckt sich vom Gebiet Rautunturit-Saarisälkä bis nach Ost-Lappland zum Nuurttijokimit mit seinen dichten Wäldern. Im Park gibt es mehrere Wanderwege und Hütten in dem Teil, der frei zugänglich ist, er ist nämlich in verschiedene Zonen eingeteilt. In der Nähe der Park-Grenze an der E 75 gibt es mehrere Hotels, z. B. in Kiilopää. Das liegt etwa auf der halben Strecke zwischen Tankavaara und Ivalo, 6 km von der Kreuzung bei Kakslauttanan. Sehr gute Ausschilderung.

• **Lemmenjoki** (2800 km²): Der Nationalpark gehört zu dem großen, unwegsamen Wildmarkgebiet, das sich weit bis auf die norwegische Seite er-

Pyhätunturi,
Ruhe am heiligen See der Samen

LAP_091 Foto: fh

streckt. Den Ostteil des Parks beherrschen die großen Berge Viibustuoddarak (599 m) und Marastaktuoddarak, den NW-Teil die markante und schmale Fjellkette Skiettsamtuoddarak und die SW-Ecke die ausgedehnten und niedrigen Skierreoaivi- und Peäldotuoddar-Fjelle. In der Mitte liegt ein weites Tiefland, in dem sich mit Fjellbirken und lichten Kiefernwäldern bewachsene Höhenrücken mit langgestreckten Palsamooren abwechseln. Hier entspringen die zum Inari-Seengebiet gehörenden Flüsse Fasku (auf Finnisch Vaskojok), Leämmi (Lemmenjoki), Riebanjohka (Repojoki) und Avvil (Ivalojoki) sowie der Zulauf des oberen Tenojokiflusses, der Skiehtssamjohka, die früher alle wichtige Verkehrsadern waren. (Wer sich jetzt noch nicht die Zunge gebrochen hat, hat schon den ersten Survival-Test in Finnland bestanden.)

Durch den Nationalpark verlaufen die nördliche Kiefernzone und die Fichten-Baumgrenze. In der Südhälfte des Parks gibt es noch einzelne Fichten. Schön ist das imposante Flusstal des Leämmi, dessen tiefe Schluchten und stellenweise hohe Steilwände Viibustuoddarak und Marastaktuoddarak voneinander trennen. Auf dem Talgrund staut sich der Leämmi zu zahlreichen schmalen Seen, in den Fluss münden, zu tiefen Flussbetten und Canyons ausgespülte Seitenarme, u. a. der Råvadasjohka mit seinen Wasserfällen. An den Ufern des Untertals wachsen alte Kiefernwälder (die ältesten Bäume sind über 600 Jahre alt). Schließlich folgen zur Höhe hin Kahlzonen, Fjellheideflächen und Geröllfelder.

An den Fang von wilden Rentieren in grauer Vorzeit erinnern mancherorts uralte Fallgrubenanlagen. Die Rentierhaltung ist in diesem Gebiet weiterhin wichtig und ein unübersehbarer Erwerbszweig.

Eine Besonderheit ist das Goldgebiet der Marastaktuoddarak-Fjelle. Hier waschen noch immer einige Goldgräber auf traditionelle Art Gold aus dem Kies der Bäche.

- **Kevo** (342 km²): Totalreservat in der Birkenzone Lapplands; gewaltige Flussschluchten mit 40 km langem Wanderpfad südlich von Utsjoki.
- **Pallas-Yllästunturi** (550 km²): Langgestreckte, mächtige, abgerundete, kahle Fjellkette, am Übergang vom südlichen (Peräpohjola) zum nördlichen Waldlappland, höchster Gipfel 807 m, durchschnittliche Höhe über 500 m. Die Fjellkette bildet die Wasserscheide zwischen den Flusssystemen von Torniojoki und Kemijoki. Innerhalb des Nationalparks liegen mehrere Dutzend kleine Teiche, die Fjellbäche fließen nach Westen in den Muoniojoki und nach Osten in den Ounasjoki.

Am Fuße der Fjellketten und in den Tälern erstrecken sich die für Lappland typischen, weiten Wald- und Palsamoorgebiete. In den Wäldern des Südteils, in der Gegend der Pallasfjelle, sind so genannte „Dickmoosfichtengehölze" vorherrschend, die zum Norden hin von Kiefernbeständen abgelöst werden. Die Fichten-Baumgrenze verläuft zwischen den Fjellgruppen Pallas und Ounas. Oberhalb der Waldgrenze gedeiht auf den Fjellheiden eine artenreiche Gebirgsflora, die im Herbst von malerisch verfärbten Zwergsträuchern bestimmt wird. Die Fauna: Moorschneehuhn, Schneehase, Ren und zahlreiche Nagetierarten.

Zugänge von Kittilä über Jerisjärvi oder Tepasto (Str. 79); von Kolari über Äkäslompolo (Str. 21), über Muonio und die E 8 und von Enontekiö via Raattama über die 956.

- **Malla** (30 km²): Totalreservat im Fjellgebiet an der norwegischen Grenze mit artenreicher Flora. Vor Beginn einer Wanderung auf dem 11 km langen Pfad sollte die Parkwacht, das Wanderzentrum in Kilpisjärvi oder das Touristenhotel verständigt werden.

Notfälle

Autopanne/-unfall

Hilfe ist z. B. für ADACPlus-Mitglieder oder ÖAMTC-Mitglieder teilweise kostenlos. Man kann sich auch direkt an seinen **Automobilclub** wenden. Hier die drei größten für Deutschland, Österreich und die Schweiz:

- **ADAC,** (D)-Tel. 089-222222, unter (D)-Tel. 089-767676 gibt es Adressen von deutschsprachigen Ärzten in der Nähe des Urlaubsortes (Liste auch vorab anforderbar).
- **ÖAMTC,** (A)-Tel. 01-2512000 oder (A)-Tel. 01-2512020 für medizinische Notfälle.
- **TCS,** (CH)-Tel. 022-4172220.

Verlust von „Plastikkarten"

Bei Verlust oder Diebstahl der Kredit- oder Maestro-(EC-)Karte sollte man diese umgehend sperren lassen. Für deutsche Maestro-(EC-) und Kreditkarten gibt es die einheitliche **Sperrnummer 0049-116116** und im Ausland zusätzlich 0049-30-40504050. Für österreicherische und schweizerische Karten gelten:

- **Maestro-(EC-)Karte,** (A)-Tel. 0043-1-20488 00; (CH)-Tel. 0041-44-2712230, UBS: 0041-800-888601, Credit Suisse: 0041-800-800488.
- **MasterCard/VISA,** (A)-Tel. 0043-1-71701 4500 (MasterCard) bzw. Tel. 0043-1-7111 1770 (VISA); (CH)-Tel. 0041-58 9588383 für alle Banken außer Credit Suisse, Corner Bank Lugano und UBS.
- **American Express,** (A)-Tel. 0049-69-9797 1000; (CH)-Tel. 0041-44-6596333.
- **Diners Club,** (A)-Tel. 0043-1-5013514; (CH)-Tel. 0041-44-8354545.

Ausweisverlust / dringender Notfall

Wird der Reisepass oder Personalausweis im Ausland gestohlen, muss man diesen bei der örtlichen Polizei melden. Darüber hinaus sollte man sich an die nächste diplomatische Auslandsvertretung seines Landes wenden, damit man einen Ersatz-Reiseausweis zur Rückkehr ausgestellt bekommt (ohne kommt man nicht an Bord eines Flugzeuges!).

Auch in **dringenden Notfällen,** z. B. medizinischer oder rechtlicher Art, Vermisstensuche, Hilfe bei Todesfällen, Häftlingsbetreuung o. Ä. sind die Auslandsvertretungen bemüht vermittelnd zu helfen.

Norwegen

- **Deutsche Botschaft:** Oscarsgate 45, Oslo, Tel. 23275400, www.oslo.diplo.de.
- **Deutsche Konsulate:** Sjøgata 21, Bodø, Tel. 75528855 oder 75520520.

Marcus Thranes Vei 7, Kirkenes, Tel. 9005 3170.

Advokatgården, Richard Withs Gate 7, Svolvær (Lofoten), Tel. 76073400 oder 7606 9130.

Advokatfirmaet Steenstrup Stordrange DA, Sjøgate 2, Tromsø, Tel. 77617800 oder 4801 6513.

- **Österreichische Botschaft:** Thomas Heftyes Gate 19-21, Oslo, Tel. 225523-48 oder -49.
- **Österreichisches Konsulat:** Storgaten 80/82, Tromsø, Tel. 77682663.
- **Schweizerische Botschaft:** Bygdøy Allé 78, Oslo, Tel. 022-542390.

Schweden

- **Deutsche Botschaft:** Artillerigatan 64, Stockholm, Tel. 08-6701500;
- **Österreichische Botschaft:** Kommendörsgatan 35/V, Stockholm, Tel. 08-6651770.
- **Schweizerische Botschaft:** Valhallavägen 64, Stockholm, Tel. 08-6767900.

Finnland

- **Deutsche Botschaft:** Krogiuksentie 4b, Helsinki, Tel. 09-458580.
- **Deutsches Konsulat:** Hotell Olos, Muonio, Tel. 016-536111 oder Handy 0400-636969.
- **Österreichische Botschaft:** Unioninkatu 22, Helsinki, Tel. 09-6818600.
- **Schweizerische Botschaft:** Uudenmaankatu 16 A, Helsinki, Tel. 09-6229500.

Reisezeit

Als Erstes muss mit dem Vorurteil aufgeräumt werden, in Lappland gäbe es nur Schnee und Eis. „Lappland, das ist doch da irgendwo am Nordpol?“ sagte ein Bekannter mal zu uns. Der lappländische Sommer kann einem schon zu schaffen machen, in Zentrallappland herrschen an manchen Sommertagen höhere Temperaturen als am Mittelmeer! Vor einigen Jahren wurde im finnischen Sevettijärvi im Juli 32,4° C gemessen.

In den schroffen Bergen auf der norwegischen Seite kann es sich dagegen schon mal einregnen. Wenn dann der penetrante Nieselregen, von unangenehm kühlem Westwind begleitet, tagelang auf einen herniederfällt, sollte man schon einen dicken Pullover dabei haben (siehe auch Kapitel Klima).

Winter (November-April)

Wer im Winter nach Lappland will, muss bedenken, dass dort teilweise ab November bis Januar die Polarnacht herrscht. Es kann dann 40 °C kalt werden und bei „Tage" gibt's keine Sonne, die die Landschaft etwas erwärmt. Die bessere Reisezeit ist ab Mitte Februar, dann wird es tagsüber wieder hell.

Noch ein paar Worte zur **Kälte:** –30 oder weniger Grad hört sich übel an, aber verglichen mit unseren Wintern ist diese wesentlich trockenere Kälte besser zu ertragen. Wenn bei uns ein nasskalter Wind mit –8 °C bläst oder sich die Straßendecke in eine salzgeschwängerte Matschsoße verwandelt und die Feuchtigkeit durch alle Knochen zieht, dann sehnen wir uns nach den klaren Wintertagen in Lappland mit den verschneiten Straßen. Das Holz im Wald ist dort so trocken, dass ein dünner Ast mühelos angesteckt werden kann.

Über das **Reisen im Winter** steht noch einiges im gleichnamigen Kapitel.

Frühling (Mai-Juni)

Mit Frühling bezeichnen wir hier die Zeit der **Schneeschmelze** und die Zeit, in der die Vegetation zu sprießen anfängt. In dieser Zeit sollte man möglichst nicht nach Lappland fahren. Die Mengen geschmolzenen Schnees verwandeln das Land in einen Morast, von dem man nicht weiß, ob er fest oder flüssig sein soll, die unbefestigten Wege werden vorübergehend unbefahrbar, und die Straßen mit fester Decke sind nicht selten von einer Schlammschicht überzogen – kurz, man suhlt sich durch die Gegend. Diese Zeit hält zum Glück nur kurz an.

Sommer (Juli-August)

Das Wetter lässt sich mit gutem Gewissen als warm bezeichnen. In Lappland sind alle Touristeninformationen und Restaurants geöffnet, die **Fremdenverkehrsindustrie** zeigt sich von ihrer besten Seite, nur dummerweise sind die **Preise** dann auch entsprechend hoch. Das gilt besonders für die Fähren. Normalerweise geht die Saison von Ende Mai bis Mitte September. Viele Leute werden eine andere Begleiterscheinung des Sommers noch unangenehmer finden: Die **Mücken** suchen das Gebiet zu Milliarden heim! Wie man sich dagegen schützen kann, erfährt man gleich nach „Raubtiere" im Kapitel Mücken.

Wer auch im Sommer nicht vom Ski-Langlauf lassen kann, der kann das in Finnland in Vuokatti in einem **Skitunnel** tun.

Herbst (September-November)

Diese Zeit ist unserer Meinung nach die **schönste Reisezeit.** *Ruska Aika,* die rote Zeit, wie sie die Finnen nennen. Die Nächte sind zwar schon erbärmlich kalt, aber man wird durch die Farbenpracht der Birkenwälder reichlich entschädigt. Auch die Moore und Büsche strahlen in allen Rot-, Gelb- und Brauntönen. Im Herbst verschwinden auch die Mücken. Zu dieser Zeit regnet es wenig, das Wetter bleibt meist stabil und die Sehenswürdigkeiten, wie z. B. die Nordkapanlage, das Wikingerzentrum Borg auf den Lofoten oder das Hurtigrutenmuseum in Stokmarknes, haben viel Platz und Zeit für Besucher.

Selbst im September steht die Sonne z. B. in Tromsø noch um die fünfzehn Std. am Himmel – so lange wie in Frankfurt im Juni. Außerdem ist das Preisniveau der Hotels, Gasthöfe und Ferienhäuser vor allem abseits der städtischen Zentren niedrig. Ein guter Grund, seinen Urlaub von August bis Anfang Oktober zu planen, aber Achtung: Von Oktober bis zur Wintersaison sind viele Übernachtungsmöglichkeiten geschlossen, dann fahren die Lappländer selbst in Urlaub. Der erste Schnee fällt in Zentrallappland für gewöhnlich Mitte Oktober. Die Wintersportsaison beginnt normalerweise Anfang November.

Telefonieren

Die **Landesvorwahlen:**

- Norwegen 0047
- Schweden 0046
- Finnland 00358
- Deutschland 0049
- Österreich 0043
- Schweiz 0041

Mobil telefonieren

In den skandinavischen Ländern nutzt man sowohl 900 als auch 1800 MHz GSM sowie 3G 2100. Alle deutschen, österreichischen und schweizerischen Mobilfunkprovider haben in Finnland, Norwegen und Schweden jeweils Roamingpartner, so dass man sein Mobiltelefon auch dort gebrauchen kann. Man muss bei Nutzung seines Gerätes im Ausland jedoch mit **hohen Roaming-Kosten** rechnen. Preiswerter geht es, wenn man bei seinem Provider nachfragt oder auf der Website nachschaut, welcher der Roamingpartner im jeweiligen Land am preiswertesten ist und diesen per **manueller Netzauswahl** bei den Telefonaten voreinstellt.

Nicht zu vergessen sind auch die **passiven Kosten,** wenn man von zu Hause angerufen wird. Ein in ihrem Heimatland befindlicher Anrufer, zahlt nur die Gebühr ins inländische Mobilnetz und die Rufweiterleitung ins Ausland findet man später auf der eigenen Mobilrechnung wieder.

Extrem ärgerlich sind diese Kosten vor allem, wenn man nur vergessen hat, die **Rufumleitung auf die Mailbox** zu deaktivieren. Wenn man dann nicht zu erreichen ist oder es besetzt ist, schlägt die Rufumleitung ins Ausland und dann zurück in Ihr Heimatland sich doppelt auf Ihrer Rechnung wieder (bzw. bei Prepaid-Verträgen ist das Guthaben schneller alle, als erwartet).

Buchtipps

- *Volker Heinrich:* **Handy global** und **Kommunikation von unterwegs,** beide Praxis-Reihe, REISE KNOW-HOW Verlag

Wesentlich preiswerter ist es, sich von vornherein auf das **Versenden von SMS** zu beschränken. Es ist in der Regel wesentlich preiswerter als zu telefonieren.

Der **Empfang von SMS** ist in der Regel kostenfrei, der von **Bildern per MMS** nicht nur relativ teuer, sondern je nach Roamingpartner auch gar nicht möglich. Die **Einwahl ins Internet** über das Mobiltelefon um Daten auf das Notebook zu laden ist noch kostspieliger – da ist in jedem Fall ein Gang in das nächste Internetcafé weitaus günstiger.

Falls das Mobiltelefon **SIM-lock-frei** ist (keine Sperrung anderer Provider vorhanden ist) und man viele Telefonate innerhalb der skandinavischen Länder führen möchte, kann man sich vor Ort jeweils eine **Prepaid-SIM-Karte** besorgen.

Norwegen

Norwegische Telefonzellen nehmen 1-, 5-, 10- und meist auch 20-Kronenstücke. Das Minimum sind 2 Kronen. **Telefonkarten** *(telekort)* kann man in den Narvesen-Kiosken und in Postämtern kaufen. VISA, American Express, Diners und Eurocard/Mastercard können in ca. 3000 Kartentelefonen verwendet werden. In Norwegen kann man außer von den roten Zellen und den Postämtern auch von besonders gekennzeichneten Privathäusern telefonieren. In Norwegen gibt es **keine Ortsvorwahlen,** sondern nur achtstellige Teilnehmernummern.

Eine Minute ins europäische Ausland telefonieren kostet 8 NOK.

Schweden

Fast alle **Telefonzellen** werden mit Telefonkarten betrieben, die in Telefonbüros *(Telebutik)* oder Tabak- und Zeitungsgeschäften erworben werden können. Mindesteinwurf bei Münztelefonen sind 2 Kronen, das Selbstwählen nach Deutschland kostet 5 Kronen pro Minute. Beim Nachwerfen können kurze Unterbrechungen auftreten. In den Zellen, die übrigens alle möglichen Farben haben, gibt's eine

LAP_094A Foto: fh

Telefon 2 und 3:
Links: Die erste im Sommer
Rechts: Die neueren im Winter

SOS-Taste. Im Notfall: Hörer abheben, Taste drücken, warten, bis es tutet, dann 90000 wählen und sich dann von der Vermittlung weiter verbinden lassen.

Finnland

Sechs Jahre, nachdem *A.G. Bell* 1876 das Telefon erfand, gab es in Finnland die ersten Telefonverbindungen und es wurde eine Telefongesellschaft gegründet.

Heute kann man in Finnland auch von Telegrafenbüros und gekennzeichneten Privathäusern telefonieren. Von Zellen kostet eine Deutschland-Verbindung 0,34-0,84 € pro Minute. **Telefonkarten** heißen *Tele-Puhelukorttit* und kosten 5 €.

LAP_094B Foto: fh

Übernachten

Umsonst und draußen

Wer mit dem eigenen Auto unterwegs ist, dem werden in Lappland mit der Übernachtung keine Probleme entstehen. Das Land ist so leer, dass man selten jemanden stört, sondern eher die Sorge hat, keinen Menschen zum Anschieben zu finden, falls das Auto nach einer Woche Pause nicht mehr will. Wer auf eine warme Dusche verzichten kann und Natur und Einsamkeit liebt, findet überall ein Plätzchen am See oder Fluss. Auch die Rastplätze an den Hauptstraßen sind in der Regel so schön gelegen, dass sie zum Verweilen einladen. Hier hat man meist noch den Luxus einer Toilette und eines Frühstückstisches. Zur Hauptreisesaison sind die schönsten Plätze auf der Route zum Nordkap stets belegt.

Wer die ganz einsamen Stellen abseits der Hauptstraßen sucht, muss sich darüber im Klaren sein, dass Seitenwege oft **Zufahrtswege zu Wohnhäusern** sind, die vielleicht 2-3 km entfernt liegen. Wenn man auf solchen Wegen parkt, muss man unter Umständen den Platz räumen, wenn ein Anlieger mit seinem Auto durch will. Ein ziemlich sicheres Zeichen für solche Zufahrtswege sind die Briefkästen oder Milchflaschenhäuschen am Abzweig.

In den letzten Jahren ist es in Mittel- und Südschweden vermehrt zu **Überfällen auf Wohnmobile** gekommen, die nachts auf Parkplätzen entlang der

Reisetipps A–Z

Autobahn standen. Die schwedische Polizei rät deshalb dringend, Campingplätze aufzusuchen.

In Finnland sind fast alle **Seeufer** bewohnt. Die Wege dorthin sind dann immer Zufahrtsstraßen. Auch Stege am See- oder Flussufer sind nicht für badefreudige Touristen aufgestellt, sondern dienen in der Regel dem Besitzer des Sees zum Angeln. Er wird sicher nicht erfreut sein, wenn ihm planschende Leute die Fische verjagen. Grundsätzlich wird aber kein Mensch etwas dagegen haben, wenn man sich an derartigen Stellen niederlässt, es kommt eben auf die Vorgehensweise an. Zuerst die Umgebung des auserkorenen Lagerplatzes zu Fuß allein oder zu zweit erkunden. Steht irgendwo ein Haus, frage man dort nach, ob jemand etwas dagegen hat, wenn man dort ein oder zwei Tage rastet. Dies kann man z. B. mit dem Holen von Frischwasser verbinden.

Danach überlege man, ob man mit dem Auto den Weg, den man herunterfahren will, auch wieder hinaufkommt (evtl. zu große Steigung, keine Wendemöglichkeit, zu wenig Anlauf, Schlamm etc.). Darf und will man sich nun ausbreiten, sollte man sich immer so benehmen, als würde der Besitzer jeden Moment auftauchen. Das kann nämlich wirklich passieren, und es macht einen schlechten Eindruck, wenn die Gegend voller Müll liegt, auch wenn man ihn vor der Abfahrt wieder aufgesammelt hätte. Niemals von Stegen Wäsche waschen.

Weiterhin ist zu beachten: niemals, besonders nicht an Seeufern, einen nicht ganz eindeutig von Autos befahrenen Weg ohne Vorprüfung benutzen! Das Gleiche gilt auch für den Seitenstreifen. Sonst kann es passieren, dass das Auto – schwupp – bis zur Achse im Boden versackt, da nur der Weg befestigt war; die Umgebung aber sumpfig ist. Im Zweifelsfalle den Wagen auf der Hauptstraße stehen lassen und die Gegend zu Fuß erkunden. Sitzt der Wagen erst mal fest, wird es problematisch, jemanden zu finden, der ihn wieder herauszieht.

Beim **Feuermachen** alle im Kapitel „Feuer" beschriebenen Sicherheitsvorkehrungen beachten. Ein Feuer ist erst aus, wenn man die Asche berühren kann.

Niemals davon ausgehen, dass ein **nichteingezäuntes Gelände** keinem gehört, man ist nicht in Deutschland, wo alles eingezäunt wird.

Wer **mit dem Rucksack** unterwegs ist, hat unseres Erachtens andere Probleme. Wenn man in einem Ort ist, will man wahrscheinlich nicht sehr weit laufen, um einen Zeltplatz zu finden. In letzter Zeit findet man allerdings auch schon abgesperrte Parkplätze oder für Wohnmobile gesperrte Plätze.

Campingplätze

Die folgende Liste enthält Campingplätze, die in der Umgebung der Orte liegen, die wir beschrieben haben. Wenn möglich, haben wir die Öffnungszeiten, die Telefonnummern, eine kurze Anfahrtsbeschreibung und den Preis angegeben. Es gibt noch einige Plätze mehr, ganz sicher stimmen auch die Preise nicht immer. Die angegebenen Preise nennen die Mindestgebühr für eine Person mit einem Zelt für eine Nacht. Unter Umständen muss für weitere Personen draufgezahlt werden. Darum extra betonen, wer allein reist. Die Campingplätze schließen manchmal auch früher als angegeben.

Norwegen

Es gibt mehr als 700 Plätze, von denen allerdings die meisten in Südnorwegen zu finden sind. Doch auch im Norden ist das Angebot nicht gerade knapp, obwohl, wie so oft in Lappland, die Öffnungszeiten nur kurz sind. Auf vielen Plätzen gibt es feste Hütten für Zeiten mit schlechter Witterung. Restaurants sind auf Campingplätzen recht selten, Kioske gibt es fast immer. Auf den so genannten „MA"-Campingplätzen darf kein Alkohol getrunken werden. Im Hauptferienmonat Juli sind zumindest die Küstenplätze im Süden von Einheimischen belegt, doch auch im Norden kann es zu Engpässen kommen.

Der Norwegische Automobilklub (NAF) führt eine Menge Plätze, deren Preisgestaltung geregelt ist. Es gibt drei Kategorien, man kann die aktuellen Preise bei der Hauptniederlassung in Oslo (siehe dort) oder bei www.naf.camp.com erfahren.

Campingplätze in Nord-Norwegen:

+	ca. 100 NOK
+ +	ca. 150 NOK
+ + +	ca. 200 NOK

LAP_099 Foto: fh

Zu manchen Plätzen gehört ein Boot ...

• Alta

Alta River Camping, 9500 Alta, Tel. 78434353, www.alta-river-camping.no, Stenfossveien 5, ca. 5 km auf der Str. 93 nach Kautokeino, ganzjährig (+ + +).

Wisløff Camping, Tel. 78434303, www.firmanett.no/wisloeffcamping, liegt genau zwischen den zwei Plätzen von Alta-River-Camping, ganzjährig.

NAF Alta Strand, Stenfossveien 29, Øvre-Alta, Tel. 78434240 (+ + +).

Naf-Kronstadt, 9510 Elvebakken, Tel. 7843 0360, 1.6.-31.8. (+ +).

Solvang Camping & Ungdomssenter, Normisjon, 9517 Alta (Transfarelv, 11 km nördlich von Alta), 24.6.-15.8. (+ + +).

Stenfossveien, Øvre-Alta, 9518 Alta, Tel. 78473377, am Fluss gelegen (+ +).

Alteidet, 9161 Burfjord, Tel. 778487559, 20 Hütten (+ +).

• Bardu

Bardu Camping, Idrettsveien 2, Setermoen an der E 6, Tel. 77181558, ganzjährig (+ + +).

• Berlevåg

Berlevåg Pensionat & Ca, Havnegata, Tel. 758981610, vor dem Tetrapoden-Monument am Ortsanfang rechts Richtung Museum, Zimmer und Wiese zum zelten, ganzjährig (+ + +).

• Bognelv

Camping Altafjord, 9545 Bogenelv, Tel. 78432824, an der E 6, 80 km von Alta, 4 km von der Provinzgrenze Troms in Langfjord-

Reisetipps A–Z

botn, mit angeschlossener Galerie, 15.5.-15.9. (+ + +).

● **Bodø**

Naf-Bodøsjøen, 8013 Bodø, Tel. 75563680, www.nafcamp.com/bodosjoen-camping, Rv. 80 nach Osten, ausgeschildert, ganzjährig (+ + +).

Ca Saltstraumen, Knaplund, Tel. 775587560, in der Nähe des Strudels, ganzjährig (+ + +).

● **Fauske**

NAF Fauske Camping & Motell, 8210 Fauske, Tel. 75648401, links der Straße nach Bodø auf einem Feld, es gibt eine Reihe von Häuschen, ganzjährig (+ + +).

NAF Lundhøgda, 8200 Fauske, Tel. 775 643966, Rasenplatz mit 16 Häuschen, 1.5.-1.10. (+ + +).

● **Graddis**

Graddis Fjellstue, 8255 Røkland, Tel. 7569 4341, Campen begrenzt möglich, 15.6.-1.9.

● **Hammerfest**

Naf-Storsvannet, 9600 Hammerfest, Tel. 78411010, ab Hammerfest beschildert, ca. 1 km, 1.6.-15.9. (+ +).

Repparfjord Ungdomssenter, 9620 Kvalsund, Tel. 78416165, an der 94, 6 km vom Ort und 7½ km von der Kvalsund-Brücke, 1.6.-1.9. (+ +).

● **Harstad**

Harstad Ca, Nesseveien 55, Tel. 77073662, 20.6.-20.8. (+ +).

Annamo Ca, 9446 Grovfjord, Tel. 77088 302, an der 829, 60 km vor Narvik, auf dem Weg nach Harstad (+ + +).

● **Ifjord**

Nilsen Gjestgiveri og Camping, 9780 Lebesby, Tel. 78499817, mit Café, 1.5.-1.11. (+ +).

● **Karasjok**

Naf-Karasjok (Ávjovárgeaidnu), 9730 Karasjok, Tel. 78466135 (1 km hinter dem Abzweig von der 96 nach Kautokeino), 1.6.-30.9. (+ + +).

Skoganvarre Turist & Camping, 9722 Skoganvarre Tel. 778464846, am Bach gelegen, ganzjährig (+ +).

● **Kautokeino**

Arctic Motell & Camping, Suomaluodda 16, 9520 Kautokeino, Tel. 784854400, links der Str. 93 Richtung Enontekiö, ganzjährig (+ +).

Hættas Camping, 9520 Kautokeino, Tel. 78486260, der große Platz liegt südlich des Zentrums, direkt neben dem Arctic Motell og Camping. Außer den Hütten werden auch Zimmer vermietet, 1.6.-31.8. (+ + +).

Fritidssenter & Camping, 9520 Kautokeino-Souphatjavri, Tel. 78485733, kleine Anlage 8 km südlich am Rv. 93, 30.5.-30.8. (+ +).

● **Kirkenes**

Maggadalen, 9910 Bjørnevatn, Tel. 8999 8028, an der E 6, 7 km westlich, 1.6.-15.9. (+ + +).

Neidenelven Camp/Motell, 9930 Neiden, Tel. 778996203, am Fluss gelegen, teilweise unter Bäumen, ganzjährig (+ +).

Svanvik Ca, 9925 Svanvik, Tel. 78995080, an der 885, mit 40 Hütten, 1.6.-15.10. (+ +).

● **Grense Jakobselv**

Grense Jakobselv Ca, 9948 Gr. Jakobselv, Tel. 78496510, 1.6.-30.9. (+).

● **Lakselv**

Naf-Stabbursdalen, 9710 Indre Billefjord, Tel. 78464760, 17 km nördlich von Lakselvauf einer Halbinsel zum Fjord gelegen, 1.6.-1.9. (+ + +).

Turist-og Sportsenter, 9722 Skoganvarre, Tel. 78464846, an der 96, 25 km in Richtung Karasjok), 15.3.-15.10. (+).

Sostadt Ca, 9700 Lakselv, Tel. 78461404, 30.5.-30.9.

● **Lofoten**

Knutmarka Feriesenter, Leirskoleveien 10, Svolvær, Tel. 776072164, am See, 3 km hinter dem Ort in den Bergen gelegen, 23.6.-30.8. (+ + +).

NAF-Sandsletta, 8315 Laukvik, Tel. 776075257, von Solvær ca. 13 km Richtung Fikebøl, dann nach Laukvik abbiegen, noch 9 km, 1.5.-30.9.

Sandvika, Ørsvågveien 45, 8309 Kabelvåg, Tel. 776078145, 3 km westlich an der E 10, 1.5.-31.8. (+ + +).

Ørsvågvær i Lofoten, 8309 Kabelvåg, Tel. 776078180, größerer Platz am Wasser, 1.5.-15.8. (+ + +).

Moskenesstraumen Ca, 8392 Sørvågen, Tel. 76091344 (+ +).

Ness Camping, 8290 Skutvik, Tel. 77571388, 4 km vom Ort und der Rv. 81, mit kleinem Sandstrand, 1.5.-1.9. (+ +).

Storfjord Camping, 8340 Stamsund auf Vestvågøy, Tel. 76086804 (+ +).

Lofoten Turistsenter, in Alstad, 8370 Leknes, Tel. 76086444, kleiner Platz an der Meerenge zu Flagstadøya (+ +).

Brustranda Sjøcamping, Rolvsfjord, 8370 Leknes, Tel. 76087100, im Rolfsfjord an der Rv. 815, zwischen Stamsund und Gimsøy, 1.6.-31.8. (+ + +).

●Mo i Rana

Es gibt etwa 15 Camping-Plätze in Mo und Umgebung, z. B.

NAF Krokstrand, 8630 Storforshei, Tel. 775166074, die E 6 nach Norden vor dem Polarkreis, 1.6.-20.9. (+ + +).

●Narvik

Hersletta Ca, Trældal, Rute 7050, Tel. 7695 5595, www.narvikherslettacamping.no, 19 km nördl. v. Narvik an der E 6, 20.5.-20.9. (+ + +).

NAF Narvik, Rombaksveien 75, Tel. 776915 810, unweit der E 6 am Meer, 1.3.-1.10. (+ +).

●Nordkap

NAF Nordkapp, 9750 Honningsvåg, Tel. 78473377, vom Ort 8 km in Richtung Nordkap, 20.5.-20.9. (+ +).

Repvåg Og Cafeteria, 9778 Repvåg, Tel. 78 475431, 300 m vom Hafen, 1.6.-31.8. (+ +).

Midnattsol Camping, 9763 Skarsvåg, Skarsvågkrys, Tel. 778475213, 1.6.-31.8. (+ +).

Kirkeporten Camping, 9763 Skarsvåg, Tel. 778475233, Rv. 171, beim Storvannet in Skarsvåg, 1.6.-31.8. (+ +).

●Nordkjosbotn

NAF-Bjørnebo, 9040 Nordkjosbotn, Tel. 77728161, am Südende des Ortes, an der Tankstelle, 1.6.-15.8. (+ + +).

●Russenes

Ca Russenes, 9713 Russenes, Tel. 7846 3711, an der Straße zum Kai, am Fjord, 16 Hütten und Hotel, 1.6.-31.8. (+ +).

●Skibotn

NAF-Skibotn, 9048 Skibotn, Tel. 77715277, nördlich des Ortes, 1.6.-31.8. (+ +).

Brenfjell Ca, Skibotndalen an der E 8, Tel. 777715258, 1.6.-20.8. (+ +).

●Tromsø

Tromsø Camping, 9020 Tromsdalen, Tel. 777638037, von Süden kommend die E 8 vor der Eismeerkathedrale meerwärts verlassen, 3 km Richtung Kroken, 1.6.-15.9. (+ + +).

Lauklines, 9100 Kvaløysletta, Tel. 777656080, im Kattfjord im Südwesten von Kvaløya, 6 Hütten am Wasser, 1.6.-31.9. (+ +).

●Tromsø-Umgebung

Ramfjord Camping, 9027 Ramfjordbotn, Tel. 777692130, 30 km südöstlich von Tromsø an der E 8, 1.6.-1.9. (+ + +).

Skittenelv Ca, 9022 Krokelvdalen, Tel. 77790027, ganzjährig (+ + +).

NAF-Tromsdalen, 9020 Tromsdalen, Tel. 77638037, in den Bergen, am Fluss.

Varanger Panorama, Tel. 40001878, hauptsächlich Hütten, ganzjährig (+ +).

Vestre Jakobselv, Lilledalsveien 6, 9810 Vestre Jakobselv, Tel. 78956064, von der E 75 nach Svartnes, im Ort an der Kirche: 500 m nördlich, 1.6.-30.8. (+ +).

●Vardø

Svartnes Motell & Camping, Svartnes/nahe E 75, 9950 Vardø, Tel. 778987160, ganzjährig (+ + +).

●Vesterålen

Andøy Friluftssenter, Buksnesfjorden, 8484 Risøyhamn, Tel. 776148804, ganzjährig (+ + +).

NAF-Sortland, 8400 Sortland, Tel. 7611 0300, von der 19 im Ort an der SAAB-Vertretung abbiegen, 1½ km von der Brücke entfernt, 1.5.-30.8. (+ ++).

Naf-Stokmarknes, 8451 Stokmarknes, Tel. 76152022, von der 19 im Südosten des Ortes abbiegen, noch 1 km, 1.6.-15.9. (+ +).

Schweden

Hier gibt es etwa 700 Plätze, auch hier zum großen Teil im Süden an den Badestränden. Wegen der kurzen Saison lohnen sich aufwendige Investitionen nicht, und so sind die meisten Einrichtungen ziemlich einfach. Allerdings gibt es meistens Kochhütten mit Herden, Dusch- und Waschgelegenheiten, Miethütten und Ferienhäuser.

Die Feriensaison endet nach dem 15. August, danach muss man mit der Schließung der meisten Plätze rechnen, zumindest die Kioske und Waschräume sind dann zu. Da es im Norden nicht so viele Plätze gibt, sind die wenigen entsprechend überlaufen;

⚠ Campingplatz
(JH) Jugendherberge
(JH) Jugendherberge (ganzjährig geöffnet)

Nicht alle Jugendherbergen sind Verbänden angeschlossen

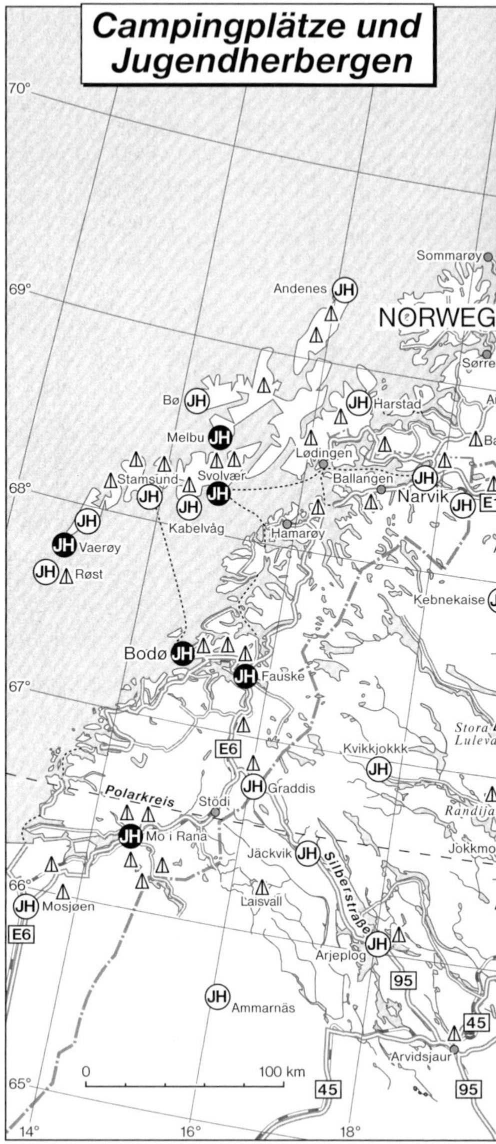

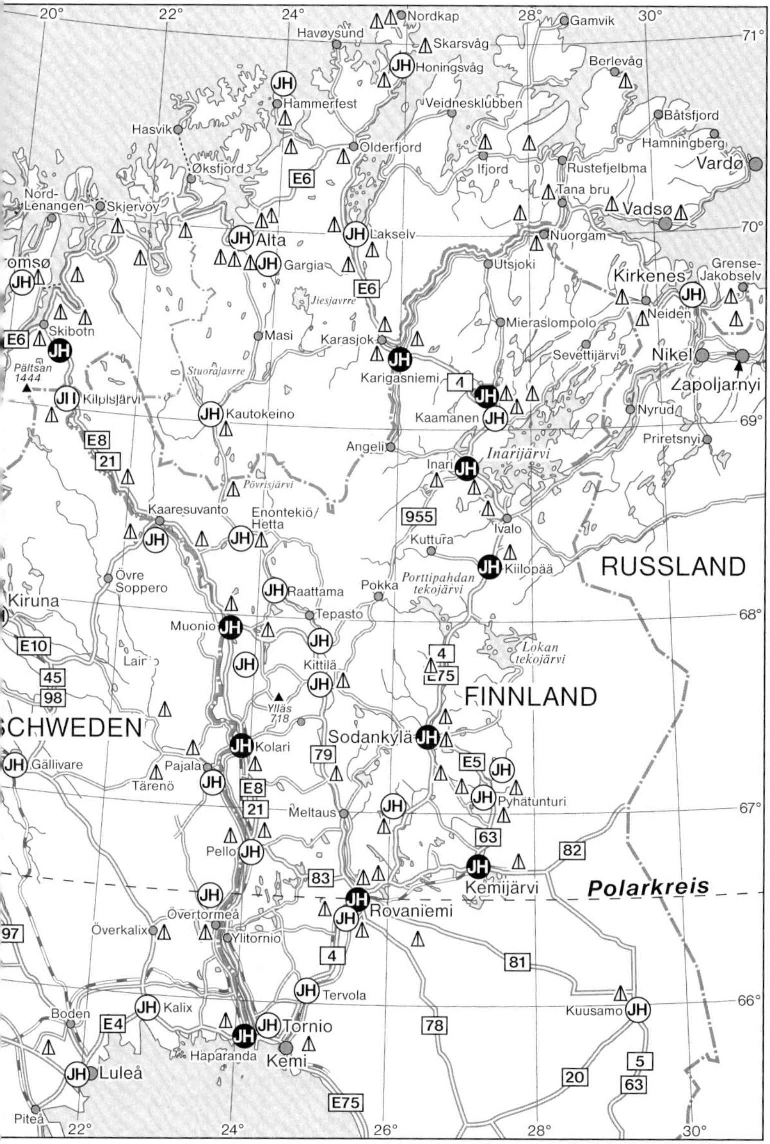

Nordkap
Havøysund
Skarsvåg
Gamvik
Honingsvåg
Berlevåg
Hammerfest
Veidnesklubben
Båtsfjord
Hasvik
Olderfjord
Hamningberg
Vardø
Øksfjord
Ifjord
Rustefjelbma
Nord-Lenangen
Skjervöy
Tana bru
Vadsø
Alta
Lakselv
Nuorgam
Gargia
Utsjoki
Kirkenes
Grense-Jakobselv
Neiden
Jiesjavrre
Mieraslompolo
Skibotn
Masi
Karasjok
Sevettijärvi
Nikel
Pältsan 1444
Karigasniemi
Zapoljarnyi
Kilpisjärvi
Stuorajavrre
Kautokeino
Kaamanen
Nyrud
Angeli
Priretsnyi
Inarijärvi
Inari
Pövrisjärvi
Kaaresuvanto
Enontekiö/ Hetta
Ivalo
Kuttura
Kiilopää
RUSSLAND
Övre Soppero
Raattama
Pokka
Porttipahdan tekojärvi
Kiruna
Tepasto
Muonio
Lokan tekojärvi
Lainio
Kittilä
FINNLAND
Ylläs 718
SCHWEDEN
Sodankylä
Kolari
Gällivare
Pajala
Tärenö
Pyhätunturi
Meltaus
Pello
Kemijärvi
Polarkreis
Övertorneå
Rovaniemi
Överkalix
Ylitornio
Tervola
Kuusamo
Boden
Kalix
Tornio
Haparanda
Kemi
Luleå
Piteå
E6
E8
E10
E4
E5
E75
4
21
45
98
955
79
63
82
83
97
81
78
20
5
20°
22°
24°
26°
28°
30°
71°
70°
69°
68°
67°
66°
JH

ganz besonders in der Zeit um Mittsommer, Infos: www.camping.se.

Wer nicht auf einem Platz campen will, aber trotzdem mal warm duschen möchte, sollte sich an den Platzwart wenden, in der Regel wird man nichts dagegen haben.

Mit der **Camping Card Scandinavia** (CCS) wird das Einchecken auf den schwedischen SCR-Campingplätzen *(Sveriges Camping- och Stugföretagares Riksorganisation)* einfacher, sie kostet 125 SEK. Man bekommt sie am schnellsten über die Organisation: www.scr.se. Mit der internationalen Campingkarte ICC dauert das Einchecken meist länger und die Übernachtung kann teurer sein.

Campingplätze in Nord-Schweden:

+	ca. 80 SEK
+ +	ca. 125 SEK
+ + +	ca. 170 SEK

●Arjeplog

Kraja Ca, 93090 Arjeplog (siehe auch Jäckvik), Tel. 0961-31500, an der Südseite des Hornavan-Sees, 1½ km vom Zentrum. Mit beheiztem Schwimmbecken und Restaurant, ganzjährig (+ + +).

●Arvidsjaur

Camp Gielas, 93334 Arvidsjaur, Järnvägsgatan 111, Tel. 0960-55600, am Südende des Ortes in einem Wäldchen, ganzjährig (+ + +).

●Björkliden

Björklidens Ca, 98026 Björkliden, Tel. 0980-64100, an der E 10 mitten im Ort am Golfplatz, 16.5.-15.9. im Winter vorbuchen. (+ + +).

●Gällivare

Gällivare Ca, 97200 Gällivare, Tel. 0970-10010, ab Ortsmitte 1 km auf der 97 nach Osten zum Vassarna-Fluss, 11.5.-16.9. (+ +).

Ritsem Ca, 97200 Gällivare, Tel. 0973-42034, auf der 97 Richtung Muddus, 20.6.-7.9. (+ + +).

Stora Sjöfallets Fjällanläggning, 98299 Gällivare, Tel. 0973-40070, 2.3.-21.9. (+ + +).

Törendö Ca, Tel. 0978-20380, von der 397 nördlich der Kalix-Brücke, ganzjährig (+ +).

●Haparanda

Revonsaari, Tel. 0922-60007, Revonsaari 409, Feb.-Dez. (+ +).

Kukkolaforsen, Tel. 0922-31000, auf der 400 15 km nördl., ganzjährig (+ +).

●Jokkmokk

Kuossinjarka, 96040 Jokkmokk, Tel. 0971-12370, auf der 87 7 km nördlich, zum Vaikijaur-See Richtung Kvikkjokk, 1.5.-1.9. (+).

Jokkmokk Campingcenter, 96222 Jokkmokk Notudden, Tel. 0971-12370, Fernseher in den Hütten, 3 km bis zum Bahnhof, mit Schwimmbad und Riesenspielplatz, 10.5.-10.9. (+ + +).

●Karesuando

Karesuando Ca, 98016 Karesuando, Tel. 0981-20139, 2 km südlich der Brücke nach Finnland an der 400, 1.6.-15.8. (+ +).

Råstojaure Vildmarkscamp, Tel. 0981-23085, am gleichnamigen Fluss, 1.6.-31.8. (+ +).

●Kiruna

Ripan, 98121 Kiruna, Campingvägen 5, Tel. 0980-63000, im Norden der Stadt (+ + +).

●Luleå

First Camp, Arcusvägen 110, Tel. 0920-60300, am Luleälv beim Arcusbad an der Messehalle, ganzjährig (+ +).

Rörbäcks Camping, 95592 Råneå, Tel. 0924-35047, 1.6.-31.8. (+).

●Överkalix

Laisvall Fjällcamp, Gruvvägen 14, 93093 Laisvall, Tel. 0961-20000, 1.6.-31.8. (+).

Överkalix Bränna Ca, Tel. 0926-78888, westlich an der Brücke nach Tallvik, 4.6.-31.8. (+).

Rolf Sundqvist, Adolfström 110, Laisvall, Tel. 0961-23016, mit Bootsverleih, 1.1.-30.9. (+).

●Övertorneå

Övertorneå Ca, Matarengivägen 56, Tel. 0927-10035, im Ort am Torneälv gelegen, ganzjährig (+ + +).

●Pajala

Pajala Ca, 97040 Pajala, Tel. 0978-74180, am Südende, 1½ km außerhalb, am Torneälv gelegen, 30 Hütten, bewaldet, ganzjährig (+ + +).

●Stora Sjöfallet

Stora Sjöfallet Fjällanläggning, Tel. 0973-40070, 140 km nordwestlich von Gällivare bei Vietas, hinter Porjus von der 88 abbiegen, 2.3.-30.9., Flugzeugcharter, Boot nach Saltoluokta, gutes Restaurant.

Finnland

Man hat etwa 600 Plätze eingerichtet, wovon die meisten an Seen oder Flüssen liegen, Übersicht: www.camping.fi. Vor dem 1. Juni ist kaum ein Platz offen. Läden gehören zur Ausnahme, dafür gibt es aber immer feste Hütten, in die man bei schlechtem Wetter umziehen kann. Obligatorisch ist die Sauna, häufig als Ersatz für eine Dusche. Leider muss das Saunen in der Regel extra bezahlt werden. Mit der *Camping Card Scandinavia* für ca. 6 € bekommt man eine Ermäßigung.

Campingplätze in Nord-Finnland:	
+	ca. 18 €
+ +	ca. 28 €
+ + +	ca. 34 €

• Enontekiö

Galdotieva, 99400 Palojärvi bei Enontekiö, Tel. 016-58604 (bei km 25-11 an der Str. nach Kautokeino am See), ganzjährig (+ + +).

Hetan Lomakylä, Hetta 99400 Enontekiö, Tel. 016-52152, 50 Stellplätze, ganzjährig (+ +).

• Inari

Uruniemi, 99870 Inari, Tel. 016-671331, auf der 4 nach Süden bei der Tankstelle, am Seeufer, 1.6.-20.9. und Ostern (+).

Peldojki, Tel. 016-64100, v. Kaamanen Richtung Sevettijärvi, am Inari-See, 1.4.-30.9. (+ +).

Lomakylä Inari, Inarintie, 99870 Inari, Tel. 016-671108, im Zentrum von Inari am See, 50 Stellplätze, 40 Hütten, 15.5.-30.9. (+ + +).

Hietajoen Leirintä, Tel. 016-673122, Inari Partakko am See, Hütten und Bootsvermietung, ganzjährig. (+ + +).

Jökitörmä, Kaamanen, Tel. 016-672725, an der 4 bei km 73-67, ganzjährig (+ +).

• Ivalo

Ukonjärven Lomakeskus, Tel. 016-667516, von Ivalo 10 km die 4 nach Norden, angenehmer Platz, deutscher Leiter, 1.4.-30.9. (+ + +).

Kerttuojan Lomamökit, Kerttuoja 99800 Ivalo, 20 Stellplätze, Tel. 016-661619, 1.6.-20.9. (+ +).

Näverniemi, 99800 Ivalo, Tel. 016-677601, 2 km südlich von Ivalo, etwa 500 m westlich der E 75, ganzjährig (+ + +).

• Karigasniemi

Tunturikylä Muotkan Ruoktu, 99950 Karigasniemi, Tel. 016-676900, an der Straße nach Rovansuvantoa, am Zollhaus rechts ab, 1.3.-30.9.

• Kemijärvi

Hietaniemen Leirintälue, 98100 Kemijärvi, Tel. 016-813640, im Ort gegenüber der ESSO von der 80 in Richtung Rauna abbiegen, 25.5.-31.8. (+ + +).

• Kilpisjärvi

Kilpisjärven Retkeilykeskus, 99490 Kilpisjärvi, Tel. 016-537771, an der 21 bei km 196-7, 26.2.-24.9. (+ + +).

• Kolari

Koivusaajo Holiday Cottages, 95900 Kolari, Kallioniemi, Tel. 016-216264, 1½ km südlich des Ortes am Torniofluss, 15.6.-15.8. (+).

• Muonio

Hotel-Camping Olostunturi, 99600 Muonio, Tel. 016-536111, an der 79 Richtung Rovaniemi zwischen km 6 und 7, ganzjährig (+).

• Pello

Ca Pello, 95700 Pello, Tel. 016-12494 (bei km 152-119 nach Nivanpää abbiegen, noch 1½ km), 15.6.-31.8. (+ +).

• Pyhätunturi

Pyhätunturin Kotakylä, Pyhäjärvi 55, 98530 Pyhätunturi, Tel. 016-852103, von Sodankylä nach Pelkoseniemi, 3 km südlich von P. nach Westen abbiegen, dann 16 km Sandweg, 18.6.-20.8. (+ + +).

• Rovaniemi

Ounasjoki, 96200 Rovaniemi, Jäämerentie 1, Tel. 016-345304, von Süden kommend, am Schild „Udasjärvi" auf die 78 abbiegen, 1.6.-31.8. (+ + +).

Ounasvaara, Tel. 016-369037, 3 km östlich von Rovaniemi, ganzjährig, im Winter Betrieb für Wohnwagen (+ + +).

Napapiirin Saarituvat, 96900 Saarenkylä, Tel. 016-3560045, 8 km nördlich, direkt am Polarkreis an der 79, 1.6.-31.8. (+ +).

Ca Korvala, 97540 Tiainen, Tel. 016-737211, www.korvala.fi, an der 4, 60 km nordöstlich von Rovaniemi), 1.6.-31.8. (+ + +).

Napapiirin Saari-Tuvat, Saarenkylä, Tel. 016-3560045, www.saarituvat.fi, auf der 87 7 km in Richtung Kuusamo am Kemijoki, ganzjährig (+ + +).

• Sodankylä

Nilimella, 99600 Sodankylä, Kelukoskentie 5, Tel. 016-612181, auf der 962 über den Fluss, dann links, 10.6.-25.8. (+ + +).

Orakosken Leirintäkeskus, Jäämerentie 26, 99600 Sodankylä, Tel. 016-11965, 10 km auf der 4 nach Süden, 26.5.-28.4. Hütten (+ + +).

Ca Vajusuvanto, Petkulantie 389, 99670 Petkula, Tel. 016-625212, 34 km nördlich von Sodankylä an der alten 4, 1.6.-30.8. (+ +).

• Tornio

Camping Tornio, Matkailijantie, 95420 Tornio, Tel. 016-445945, 170 Stellplätze, ganzjährig (+ +).

• Utsjoki

Tenorinne, Tel. 016-676113, 30 Stellplätze, 8 Hütten, 5.6.-20.9.

Nuorgamin Lomakeskus, Tel. 016-678312, kurz vor Nuorgam links, ganzjährig (+ +).

Jugendherbergen

Weltweit kann man in Jugendherbergen **Rabatt** bekommen, wenn man im Besitz eines internationalen **Jugendherbergsausweises** ist. Diesen sollte man allerdings schon zu Hause erworben haben (Tipp: kann man auch als Familie beantragen!). Gegen eine Gebühr kann man Bettwäsche leihen; einen Zimmerschlüssel bekommt man auch. Der schwedische STF ist stolz auf seine hundertjährige Tradition, die ihm einige spannende Häuser beschert hat, beispielsweise die alte Lotsenstation von Sävö, südlich von Stockholm (Preise ab 10 €). Der SVIF hat etwa 130 Häuser, die recht unterschiedlich sind.

Wie auch bei den Campingplätzen wird die Anzahl zum Norden hin geringer. Komplette Verzeichnisse gibt es bei den jeweiligen JH-Büros (siehe unten), den Touristeninfos und den Jugendherbergsverbänden. Im Buchhandel kann man ein Gesamtverzeichnis der europäischen Jugendherbergen kaufen.

• Deutsches Jugendherbergswerk, Bismarckstr. 8, 32756 Detmold, Tel. 05231-74010, Fax 740149, www.jugendherberge.de, Mitgliedschaft: 12-20 €.

• Österreichischer Jugendherbergsverband, Schottenring 28, 1010 Wien, Tel. 01-5335 3530, Fax 5350861, www.oejhv.or.at, Mitgliedschaft: 10-20 €.

• Schweizer Jugendherbergen, Schaffhauserstr. 14, 8042 Zürich, Tel. 044-3601414, Fax 3601460, www.youthhostel.ch, Mitgliedschaft: 22-55 SFr.

Rabatt mit Studentenausweis

Vergünstigungen kann man in Skandinavien auch bei vielen Restaurants, Geschäften, Museen, Unterkünften, Tourveranstaltern etc. z. B. mit der **ISIC-Mitgliedskarte** erhalten. Diese Karte, die man als Schüler (IYTC), Student (ISIC) oder Lehrer (ITIC) erhalten kann, muss man ebenfalls schon zu Hause besorgen. Zum Kauf (9,20 € bzw. 20 SFr) geht man zum AStA, in ein Reisebüro oder zum Studentenwerk und muss Immatrikulationsbescheinigung bzw. Schüler- oder Lehrerausweis, Personalausweis und Passbild vorlegen. Den nächsten Verkaufspunkt findet man auf der Website:

Wenn der erste Schnee fällt,
sind viele Herbergen gerade geschlossen

LAP_105 Foto: fh

www.isic.org oder www.isic.de. Hier kann man auch die konkreten Vergünstigungen im Zielgebiet nachsehen.

In der folgenden Liste stehen fast alle Herbergen Lapplands, eine Garantie auf Vollständigkeit können wir allerdings nicht übernehmen.

Die meisten Häuser haben nicht das ganze Jahr über geöffnet und sind im Sommer schon Wochen im Voraus ausgebucht. Es empfiehlt sich also eine frühzeitige **Anmeldung,** die in der Regel kostenlos ist.

Bleiben darf man in den Herbergen nur dann länger, wenn keine Interessenten Schlange stehen. In solchen Fällen ist die **maximale Aufenthaltsdauer** in Norwegen 5 Tage, in Schweden 3 Tage und in Finnland eine Woche. Geschlossen sind die Häuser in Norwegen über Mittag, in Schweden und Finnland zwischen 10 und 17 Uhr. Abends ist ab 23 Uhr dicht.

JH in Nord-Norwegen

- **Information:** *Norske Vandrerhjem,* Dronningsgate 26, 0154 Oslo, Mo-Fr 8.30-16 Uhr, Tel. 23124510, www.vandrerhjem.no.

Die genannten *Vandrerhjem* (Jugendherbergen) haben größtenteils 4- bis 6-Bett-Zimmer mit Warmwasser. Keine Altersgrenze. Im Winter unbedingt voranmelden. Falls keine neuen Interessenten auftauchen, kann man so lange bleiben, wie man will. Meist von 7 bis 23 Uhr geöffnet, aber mittags geschlossen. Preise 100-250 NOK pro Bett.

LAP_106 Foto: fh

Jugendherberge in Narvik

Die Häuser Alta, Gargia, Honningsvåg und Skarsvåg gehören nicht dem Verband an.

• Å
Å i Lofoten, 8392 Sørvågen, Tel. 76091121, ganzjährig (180 NOK). Traditionelle Hütten im alten Fischereihafen, wie im Museum.

• Alta
Alta Vandrerhjem, Kvenvikmoen, Alta, Tel. 48241169, 1.6.-1.9. (250 NOK).

• Andenes
Lankanholmen Tusenhjemmet (an der äußersten Spitze), 8480 Andenes, Tel. 76142850, 1.6.-1.9. (125 NOK).

• Bodø
Bodø Vandrerhjem, Sjøgata, 8006 Bodø, Tel. 75521122, ganzjährig (180 NOK). Zentral im Ort, 500 m vom Bahnhof.

• Fauske
Fauske Vandrerhjem, Nyveien 6, 8200 Fauske, Tel. 75646706, ganzjährig (125 NOK).

• Gargia
Gargia Fjellstua, 9500 Alta, 25 km Richtung Kautokeino, Tel. 78433351, 1.6.-15.9. (ab 750 NOK).

• Graddis
Graddis Uh, Junkerdalen, 8255 Røkland, Tel. 75694341, 15.6.-30.8. (120 NOK).

• Harstadt
Trondenes Sommarhotel, Trondenesveien 110, Tel. 77040077, 1.6.-15.8. (280 NOK).

• Honningsvåg
Nordkapp Camping Og Vandrerhjem, 9750 Honningsvåg, Tel. 78473377, 1.6.-20.9. (500 NOK).

• Kabelvåg
Folkehøgskole, Finnesveien 24, 8310 Kabelvåg, Tel. 76069880, 1.6.-10.8. (240 NOK). Neubau am Hafen.

• Karasjok
Engholm Husky, 9730 Karasjok, Tel. 7846 7166, ganzjährig (220 NOK). Skurrile Häuschen am Karasjohka. Rv. 92, 6 km in Richtung Kautokeino. Vom Hotel Karasjok kann man sich abholen lassen.

• Kirkenes
Hesseng Summerhotel, Hessengvn.4, 9912 Hesseng, Tel. 78998811, 20.6.-20.8. (150 NOK).

• Lakselv
Lakselv Vandrerhjem, 7 km außerhalb, 9700 Lakselv, Tel. 78461476, 1.6.-1.9. (200 NOK).

• Melbu
Melbu Turistheim, 8490 Melbu (Lofoten), Tel. 76157106, ganzjährig (160 NOK).

• Mo i Rana
Mo Vandrerhjem Fageråsen, 8600 Mo, Finsetv. 1, Tel. 75150963, 18.5.-31.8. (148 NOK).

• Narvik
Dronningensgate 58, 8514 Narvik, Tel. 76962200, 1.4.-31.12. (270 NOK). Viktoria Hotel steht außen dran.

• Nordkap
Mini price Motellet, Skarsvåg, Tel. 78475248, www.minimotellet.no, ganzjährig (500 NOK).

• Ringstad
Vandrerhjem og Sjøhus, 8475 Straumsjøn, Tel. 761374 80, 1.6.-31.8. (150 NOK).

• Røst
Fiskarheimen, 8024 Røst, Tel. 76096109.

• Skibotn
Hellingskogen Vandrerhjem, Uranusvn. 36, 9024 Tomasfjord (an der finnischen Grenze), Tel. 77715460, ganzjährig (172 NOK). In Skibotn auf die E 8, 30 km in Richtung Finnland.

• Stamsund
Justad Uh, 8341 Stamsund (Lofoten), Tel. 76089334 (120 NOK), in Rorbuer-Hütten.

• Tromsø
Tromsø Vandrerhjem, Åsgårdveien 9, 9016 Tromsø, Tel. 77657628, 19.6.-16.8. (200 NOK) mit Blick ins Tal.

- **Værøy**
  Værøy Vandrerhjem, Langodden, 8063 Værøy (Lofoten), Tel. 76095375, 15.5.-31.8. (142 NOK).
- **Vadsø**
  Varanger Panorama, am Hafen, 9811 Vadsø, Tel. 40001878 (750 NOK), im Sommer.

JH in Nord-Schweden

- **Information:** STF, Box 25, 10120 Stockholm, Tel. 08-4632100, www.stfturist.se, Mo und Mi-Fr 9-17 Uhr. SVIF, Makrillviken, 45043 Smögen, www.svif.se.

Jugendherbergen in Schweden sind, wenn nicht anders angegeben, ganzjährig geöffnet. Auch Erwachsene sind zugelassen (nicht länger als fünf Tage). Besonders in den Sommermonaten ist eine **Voranmeldung** unerlässlich, wenn man nicht riskieren will, vor belegten Betten zu stehen. Camping im Garten ist nicht erlaubt. Von 10 bis 17 Uhr sind die Herbergen in der Regel geschlossen. Ab Oktober werden die Übernachtungen teurer. Kochgelegenheiten stehen meist gratis zur Verfügung, fertige Mahlzeiten gibt's nicht immer. Die Übernachtungsgebühr beträgt zwischen 90 und 250 SEK.

- **Abisko**
  STF-Turiststation, 98024 Abisko, Tel. 0980-40200, www.abisko.nu, 23.2.-6.5. und 8.6.-23.9.
- **Alesjaure**
  Hüttenplatz am Kungsleden, vier Gästehütten Lokal, Miniladen, Tel. 0980-40200, 8.6.-16.9.
- **Ammarnäs**
  STF-Turiststation, 92075 Ammarnäs, Tel. 0952-60024, 1.3.-31.9.
- **Arjeplog**
  STF Arjeplog, Lungnetv. 4, 93090 Arjeplog, Tel. 0961-61210, 1.5.-30.11.
- **Arvidsjaur**
  Camp Gielas, 1 km vom Bahnhof, 93080 Arvidjaur, Tel. 0960-56600, 1.5.-30.11.
- **Björkliden**
  Davvi Dállu Vandrarhem, Gammelgårdsvägen 6, 98193 Björkliden, Tel. 0980-41084, 15.2.-30.9. An der E 10 nach Narvik, tolle Aussicht.
- **Gällivare**
  Andra Sidan, Barnhemsvägen 2, 98239 Gällivare, Tel. 0970-14380, ganzjährig.
  Håkstan-Hütten, 98239 Gällivare, Tel. 0970-18396, ganzjährig.
- **Haparanda**
  Youth Hostel Haparanda, Strandgt. 26, 95331 Haparanda, Tel. 0922-61171, ganzj.
- **Hedenäset**
  Skolbacken 25, 95795 Hedenaset, Tel. 0927-30268 (nördl. Haparanda), 1.6.-31.8.
- **Jäckvick**
  Kyrkans Fjällgard, 93095 Jäckvik, Tel. 0961-21039, 16.6.-22.8.
- **Jokkmokk**
  STF-Vandrarhem, Åsgård 20, Tel. 0971-55977, ganzjährig.
- **Kalix**
  Grytnäs Herrgård, Herrgårdsvägen, 95222 Kalix, gelbes altes Holzhaus, Tel. 0923-10733, ganzjährig.
- **Karesuando**
  Arctic Tours, 980 16 Karesuando, Tel. 0981-20330, 1.4.-15.9.
  Katterjåakk Fjällstation, Tel. 0980-43108.
- **Kiruna**
  Bergmästaregatan 7, 98133 Kiruna, Tel. 0980-17195, ganzjährig. Nicht so schönes Haus, aber zentral gelegen.
  Yellow House, Hantverkargatan 25, 98132 Kiruna, Tel. 0980-13750.
- **Kebnekaise**
  STF-Fjällstation, 98129 Kiruna, Tel. 0980-55000, 23.2.-5.5. und 18.6.-16.9. Bergstation 20 km von Nikkaluokta entfernt im Ladtjodalen-Tal.
- **Kvikkjokk**
  STF-Fjällstation, 96202 Kvikkjokk, Tel. 0971-21022, 16.6.-6.9.
  Nikkaluokta Fjällstation, Tel. 0980-55015.
- **Luleå**
  Kronan Youth Hostel, Kronan H7, 97442 Luleå, Tel. 0920-434050.

- **Övre Soppero**
  Sopperogården, 98014 Övre Soppero, Tel. 0981-30153, 1.4.-1.10.
- **Pajala**
  Tannaniemi 65, 8431 Pajala, Tel. 0978-741 80, ganzjährig.
- **Rantajärvi**
  Rantajärvi 78, 95794 Övertoneå, Tel. 0927-23123, ganzjährig.
- **Saltoluokta**
  STF-Fjällstation, 98299 Gällivare, Tel. 0973-41010, 23.2.-1.5. und 18.6.-6.9. Am Hang des Sarek, mit Kamin und Kerzenlicht, ab Gällivare, Bus 93 Richtung Ritsem. In Kebnats aussteigen und im Sommer mit dem Boot, im Winter zu Fuß dem markierten Weg folgen.

JH in Nord-Finnland

- **Information:** *Suomen Retkeilymajajärjestö,* (SRM, Jugendherbergswerk), Yrjönkatu 38 B 15, 00100 Helsinki 10, Tel. 09-5657150, www.srmnet.org.

In finnischen JH gibt es keine Alters- oder Aufenthaltsbeschränkungen. In der Regel sind die Herbergen von 5 bis 10 Uhr und 17 bis 23 Uhr geöffnet. Die Schlafsackmiete beträgt etwa 4 € pro Nacht. In fast allen JH gibt es was zu essen. Voranmeldung ist empfehlenswert. *Kesähotellit* heißen **Studentenwohnheime,** die vom 1.6. bis 31.8. als Unterkunft zur Verfügung stehen. **Preise:** 20 bis 40 €.

- **Enontekiö-Hetta**
  Peeran Retkeilykeskus, 99490 Enontekiö, Tel. 016-532659, 19.2.-2.10.
- **Inari-Ivalo**
  Hotelli Inari, Inarintie 40, Im Ortskern, 99870 Inari, Tel. 016-67026, ganzjährig.
- **Kaamanen**
  Hostel Jokitörmä, 99910 Kaamanen, Tel. 016-672725, ganzj. Am Flussufer des Kamanen.
  Kaamasen Kievari, 99910 Kaamanen, Tel. 016-672713, 1.1.-31.12. Auch am Flussufer, ganzjährig.
- **Kemijärvi**
  Hostel Kemijärvi, Lohelankatu 1, 98100 Kemijärvi, Tel. 016-813253, ganzjährig.
  Matkatupa Ret., Luusuantie 2661, 98230 Luusua, Tel. 016-888517, 11.6.-30.9.
- **Kiilopää**
  Ahopää Ret., 99800 Ivalo-Saariselkä (Tunturikeskus Kiilopää), Tel. 016-6700700, ganzjährig, am Urho-Kekkonen-Park.
- **Kilpisjärvi**
  Peeran Retkeilykeskus, Käsivarrentie, 99490 Kilpisjärvi, Tel. 016-532659, 20.2.-31.10.
- **Kittilä**
  RET, Valtatie 5, 99100 Kittilä, Tel. 016-648 508, 10.6.-5.8.
  Hostel Kittilä, Valtatie 220, 99100 Kittilä, Tel. 016-642002, 10.6.-17.8.
  Rakkavaarantie, 99130 Sirkka/Levi, im Skiresort, Tel. 016-6510100, 1.5.-30.11.
  Silankorva, 99140 Kögäs, Tel. 016-653428, ganzjährig.
- **Kolari**
  Vaattovaaran Ret., Kp 2, 95900 Kolari, Tel. 016-561086, ganzjährig.
  Lapean Loma, PPA 3, 95900 Kolari, Tel. 016-563155, ganzjährig.
- **Kuusamo**
  Kuusamo Kansanopisto, Kitkantie 35, 93600 Kuusamo, Tel. 08-8522132, ganzjährig.
- **Muonio**
  Lomamajat. Pekonen, Lahenrannatie, 99300 Muonio, Tel. 016-532237, ganzjährig.
- **Pelkosenniemi**
  Mettiäinen, 98550 Suvanto, Tel. 016-854112, ganzjährig.
  Saukkoaavan Ret., A758 Saukkoaapa 2, 89999 Kemijärvi, Tel. 016-853402, ganzj.
- **Raudanjoki** (bei Sodankylä)
  Visatupa, 99510 Raudanjoki, Tel. 016-634133, ganzjährig.
- **Rovaniemi**
  Rovaniemien Mlk., Kemintie 1956, 97130 Hirvas, Tel. 016-382017, ganzjährig.
  Aari Hostel, Pöykköllä 16, 96460 Rovaniemi, Tel. 016-362906, 1.6.-18.8.
  Hostel Rudolf, Korkalonkatu 29, 96200 Rovaniemi, Tel. 016-321321, ganzjährig.
- **Sodankylä**
  Ret. Lapin Opisto, Kansanopistontie 5, 99600 Sodankylä, Tel. 016-612 181, 5.6.-11.8.

Hostel Visatupa, Seipäjärventie 409, 99510 Raudanjoki, Tel. 016-634133, ganzj. 50 km südl. von Sodankylä. Bushaltestelle in Raudanjoki, man kann sich von dort abholen lassen.

- **Tervola**

Kätkävaara, 95300 Tervola, 20 km entfernt, Tel. 016-439148, 1.3.-30.9.

- **Tornio**

Rer. Suensaari, Kirkkokatu 1, 95400 Tornio, Tel. 016-461682, 5.6.-8.8.

Hütten

Die einfachsten Hütten stehen auf den **Campingplätzen** und sind mit Schlaf- und Kochgelegenheiten ausgerüstet.

Ansonsten steht eine riesige Anzahl von **Ferienhütten** in ganz Skandinavien herum. Es gibt dicke Verzeichnisse darüber, man bekommt sie über die hiesigen Reisebüros.

Viele derartige Ferienhütten sind auch **im Winter** zu mieten, ich rate jedoch dringend, sich vorher über eventuelle Brennstoffzuschläge zu informieren, sonst kann die Endabrechnung eine böse Überraschung werden. Die Wasserversorgung bei Hüttenferien im Winter ist mitunter mit Arbeit verbunden, es kann passieren, dass man in der Hütte nur den unangenehmen Eisbohrer findet. Mit selbigem stiefelt man dann zum nächsten See und arbeitet sich durch die Eisdecke, um an das Kaffeewasser zu kommen. Strom gibt's auch nicht in jeder Hütte, wer sich mit den petroleumvergasenden Lampen auskennt, hat aber keine Probleme mit dem „rechten Licht", denn Petromaxlampen gibt's fast immer.

Man braucht die Hütten nicht unbedingt schon **in Deutschland zu buchen,** meist ist auch über die örtlichen Touristeninfos so ein Dach über dem Kopf zu bekommen, allerdings zur Hauptsaison sowie über Feiertage kann man da Pech haben.

Auf Wanderungen kommt man auch in **unbewirtschaftete Hütten,** die keine Matratzen haben, die Isomatte also immer mitnehmen.

- Info: **Den Norske Hytteformiddeling,** Postbox 3404, 0406 Oslo, Tel. 22356710

Sauna

Wenn man in Finnland eine Hütte mietet, ist oft ein Saunahäuschen dabei oder es wird einem die Benutzung einer Sauna angeboten. Deswegen an dieser Stelle Erläuterungen zu diesem wichtigen (nicht nur) finnischen Kulturgut.

Die Sauna entstand vor etwa 2000 Jahren vermutlich im skandinavischen Raum. Ursprünglich saß man in einer Grube um einen Haufen erhitzter Steine herum. Erst später wurde ein festes Blockhaus daraus. Man weiß von ähnlichen Schwitzhäusern auch in anderen Völkern und Kulturen. Dort waren sie jedoch nur für die höheren Stände gedacht, während die finnische Sauna von allen Bevölkerungsschichten genutzt wurde. Man erholte sich darin nach der Feldarbeit, in ihr wurde Hanf getrocknet, Fleisch geräuchert und sogar Kinder zur Welt gebracht. Die (Rauch-) Sauna galt als der sauberste Raum des Hauses.

Jede Sauna hatte ihren **Schutzgeist,** man gab ihm immer eine eigene Benutzungszeit nach den Gängen für die

LAP_109A Foto: th

Männer und Frauen. Menschen durften ihm dabei keine Gesellschaft leisten. Auch durfte man in der Sauna weder fluchen noch weinen oder sich daneben benehmen.

Auch heute gibt's in der öffentlichen finnischen Sauna **Geschlechtertrennung,** bisweilen sogar verschiedene Wochentage für Männer und Frauen.

Statistisches: Offiziell gibt es etwa 880.000 Saunas in Finnland, wovon 300.000 in Form von Blockhütten an den Seen stehen.

Man badet in Finnland traditionell **vor dem Weihnachtsabend,** so dass wohl gleichzeitig fast 5 Millionen Menschen in den Saunas sitzen. Manchmal legt man Stroh auf die Pritschen.

Der ehemalige Staatspräsident *Kekkonen* soll sogar Verträge mit den Russen in der Sauna ausgehandelt haben, und *Radio helsinki* sendet live aus der Sauna, weswegen es schon saunaresistente Handys und Bildschirme gibt.

Wer an den Heiligen Drei Königen in die Sauna geht, der darf kein Wort sprechen, dann wird er im Sommer von den Mücken in Ruhe gelassen. Überhaupt hilft der Saunagang auch **gegen Mückenstiche,** dazu muss man sich die befallenen Stellen mit einer Bürste schrubben, um das Gift auszutreiben.

Selbst ist die Frau!
Vor der Sauna erst mal Holz hacken

Zur **Mittsommernacht** bindet man die ersten Birkenbüschel des Jahres. Verlässt man dann die Sauna, wirft man sie, ohne hinzusehen, hinter sich auf das Dach der Sauna. Je nach Lage zeigt es einem dann so allerhand an. Zur genauen Bestimmung frage man aber besser einen Kundigen.

Im finnischen Muurane gibt es ein **Saunamuseum.**

Saunatipp für Selbstheizer: Wenn man auf die Haut pustet und sie nicht brennt, ist die Luft trocken genug.

Buchempfehlung: *„Herr Wassermann und die finnische Sauna"* von *Arto Paasilinna,* in Finnland bei *Tietosanoma* erschienen, schildert die Annäherungen eines deutschen Geschäftsmannes an die Saunakultur. Reich illustriert.

Im Jahre 1804 schrieb der auf Rügen geborene *Ernst Moritz Arndt* in seinem Buch „Reise durch Schweden" über die finnischen Frauen:

„Ihre Mädchen haben den Ruhm bis gegen das 20ste Lebensjahr vorzüglich schön zu seyn; die vielen finnischen Stubenmädchen widersprechen dem nicht. Aber, wenn sie älter werden, wirkt doch der Rauch ihrer Pörten oder Dampfstuben, bei welchen sie eigensinnig bleiben, sie werden so lange eingeschmaucht, bis der Glanz der Farbe fast vergeht ..."

Hotels und Privatunterkünfte

Die Hotels sind meist die größten Betriebe am Ort. Das bedeutet, dass man hier in allen möglichen Fällen Auskunft und Rat bekommt, z. B. kann man hier Geld wechseln, telefonieren, Briefmarken kaufen und Post aufgeben, nach dem Weg fragen, Skier leihen oder Angelscheine kaufen. Oft befinden sich auch die Touristeninformationen in Hotels, bzw. bekommt man dort Prospektmaterial und Veranstaltungskalender. Im Sommer sind Hotels oft billiger, weil dann die großen Firmen Ferien haben und keine Seminare stattfinden, also fehlen zahlungskräftige Kunden.

Wer sich von Hotel zu Hotel fortbewegen will, kann **Hotelschecks** benutzen, die man in deutschen Reisebüros erhält. Die erste Buchung erfolgt noch von Deutschland aus, danach von Hotel zu Hotel. Die Kosten liegen zwischen 75 und 100 € pro Scheck für zwei Personen. Bei Vorbuchungen über 24 Std. hinaus gibt es einen Extrascheck. Übriggebliebene können nach der Reise zurückgegeben werden. In Schweden heißen sie einfach „Hotelschecks" und in Finnland „Finncheques".

Norwegen

Hier heißen die qualitativ besten Häuser „Touristhotel" oder „Gebirgshotel", was in der Landessprache *Høyfjellhotell* heißt. Die wenigsten Betriebe machen allerdings von diesen Bezeichnungen Gebrauch, sie nennen sich schlicht Hotel. Diese Betriebe sind übrigens berechtigt, zwischen 13 und 23.45 Uhr Wein und Branntwein auszuschenken. An Sonn- und Feiertagen gibt's allerdings keinen Schnaps. Billiger als die Hotelübernachtungen sind Privatunterkünfte. Die örtlichen

Touristenbüros können Adressen nennen.

Oft sieht man auch Schilder mit der Aufschrift „Rom" oder „Husrom" an der Straße stehen.

Schweden

Schweden nennen Hotels *Värdshuset* und *Gården*. Im Sommer gibt es bei den Unterkünften zwar Preisnachlässe, aber die Hotelpreise liegen in Schweden ohnehin höher als bei uns.

Besondere Unterkünfte

Wer das Besondere mag, dem wird in Norwegen eine besonders romantische Übernachtungsmöglichkeit geboten: Schlafen Sie doch mal in einem alten Leuchtturm! Nun gut, laut ist es schon, wenn die Wogen an die Fundamente donnern. Rund ein Dutzend **Leuchtturmwärterhäuschen** kann man mieten. Eine Woche kosten etwa 600 €, dafür hat man wenig Komfort, aber unbedingt seine Ruhe, da die Schlafstätten meist nur mit dem Boot zu erreichen sind. Es gibt schon Doppelzimmer für 600 NOK (45 €) pro Nacht, z. B. im Tranøy Fyr auf einer Insel vor Hamarøy, mit dem Festland über einen Holzsteg verbunden, oder, ähnlich teuer, Myken Fyr auf Myken, südöstlich von Bodø. Info über: **Innovation Norway,** Postfach 113317, 20433 Hamburg, germany@invanor.no, www.visitnorway.com.

Weitere skurrile Übernachtungen sind in der Ortsbeschreibung von Jukasjärvi in Schweden und in der Ortsbeschreibung Stockholm zu finden.

Uhrzeit

In **Norwegen** und **Schweden** gilt MEZ, Mitteleuropäische Zeit, also die gleiche Zeit wie bei uns.

In **Finnland** gilt OEZ, Osteuropäische Zeit, sie ist der unseren um eine Stunde voraus; wenn es in Finnland also 9 Uhr ist, ist es bei uns erst 8 Uhr.

Alle drei Länder haben **Sommerzeit** von Ende März bis Ende September.

Versicherungen

Egal welche Versicherungen man abschließt, hier ein Tipp: Für alle abgeschlossenen Versicherungen sollte man die **Notfallnummern** notieren und mit der **Policenummer** gut aufheben! Bei Eintreten eines Notfalles sollte die Versicherungsgesellschaft sofort telefonisch verständigt werden!

Auslandskrankenversicherung

Die gesetzlichen Krankenkassen von Deutschland und Österreich garantieren eine Behandlung im akuten Krankheitsfall auch in den skandinavischen Ländern, wenn die Versorgung nicht bis nach der Rückkehr warten kann. Als Anspruchsnachweis benötigt man die **Europäische Krankenversicherungskarte,** die man von seiner Krankenkasse erhält.

Im Krankheitsfall besteht ein Anspruch auf ambulante oder stationäre Behandlung bei jedem zugelassenen Arzt und in staatlichen Krankenhäusern. Da jedoch die Leistungen nach den gesetzlichen Vorschriften im Ausland abgerechnet werden, kann man auch gebeten werden, zunächst **die Kosten der Behandlung** selbst zu tragen. Obwohl bestimmte Beträge von der Krankenkasse hinterher erstattet werden, kann ein Teil der finanziellen Belastung beim Patienten bleiben und zu Kosten in kaum vorhersagbarem Umfang führen.

Deshalb wird der Abschluss einer **privaten Auslandskrankenversicherung** dringend empfohlen. Diese sollte eine zuverlässige Reiserückholversicherung enthalten, denn der Krankenrücktransport wird von den gesetzlichen Krankenkassen nicht übernommen.

Schweizer sollten bei ihrer Krankenversicherungsgesellschaft nachfragen, ob die Auslandsdeckung auch für die Zielregion inbegriffen ist. Sofern man keine Auslandsdeckung hat, kann man sich kostenlos bei Soliswiss (Gutenbergstr. 6, 3011 Bern, Tel. 031-3810 494, www.soliswiss.ch) über mögliche Krankenversicherer informieren.

Zur Erstattung der Kosten benötigt man ausführliche **Quittungen** (mit Datum, Namen, Bericht über Art und Umfang der Behandlung, Kosten der Behandlung und Medikamente).

Der Abschluss einer **Jahresversicherung** ist in der Regel kostengünstiger als mehrere Einzelversicherungen. Günstiger ist auch die **Versicherung als Familie** statt als Einzelpersonen. Hier sollte man nur die Definition von „Familie" genau prüfen.

Andere Versicherungen

Ist man mit einem Fahrzeug unterwegs ist der **Europaschutzbrief** eines Automobilclubs eine Überlegung wert. Wird man erst in der Notsituation in der Schweiz Mitglied, gilt diese Mitgliedschaft auch nur für dieses Land und man ist in der Regel verpflichtet fast einen Jahresbeitrag zu zahlen, obwohl die Mitgliedschaft nur für einen Monat gültig ist.

Ob es sich lohnt, weitere Versicherungen abzuschließen wie eine Reiserücktrittsversicherung, Reisegepäckversicherung, Reisehaftpflichtversicherung oder Reiseunfallversicherung, ist individuell abzuklären. Gerade diese Versicherungen enthalten viele **Ausschlussklauseln,** sodass sie nicht immer Sinn machen.

Die **Reiserücktrittsversicherung** für 35-80 € lohnt sich nur für teure Reisen und für den Fall, dass man vor der Abreise einen schweren Unfall hat, schwer erkrankt, schwanger wird, gekündigt wird oder nach Arbeitslosigkeit einen neuen Arbeitsplatz bekommt, die Wohnung abgebrannt ist u. Ä. Nicht gelten hingegen: Terroranschlag, Streik, Naturkatastrophe etc.

Wandern

Es gibt viele **markierte Wanderwege** in Lappland; viele davon mit Hütten oder anderen Übernachtungsmöglichkeiten.

Wer das Wandern nicht gewohnt ist, sollte frühzeitig mit dem **Training** beginnen und schon zu Hause einige Wanderungen oder Waldläufe machen. Sechs Std. mit einem 15 kg schweren Rucksack auf dem Kreuz durch einen Nationalpark zu laufen, verlangt schon etwas Kondition.

Die **Landschaften,** die einen in Lappland erwarten, reichen von sanften Hügeln bis zu Sümpfen, von dichten Wäldern bis zu Felsschluchten.

Durch die unterschiedlichen Höhenlagen der Wandergebiete treten auch verschiedene Wetterbedingungen auf, man muss also leichte **Kleidung** für heiße Tage, warme Wollsachen für kühle Stunden und etwas gegen Regen mitschleppen. Auch im Sommer kann es im Gebirge Schnee geben, dagegen sollte man gewappnet sein.

Wer größere Wanderungen unternehmen will, sollte sich vorher mit den nötigen **Unterlagen** über das gewählte Gebiet versorgen. Man bekommt sie von den Touristenbüros.

Bei längeren Gebirgstouren sollte man am besten eine **Nachricht hinterlassen:** im Hotel, beim Nachbarn oder am Scheibenwischer seines Autos. Darauf sollten die geplante Route mit dem Datum und vor allem die voraussichtliche Rückkehr stehen! So eine Information kann in Notfällen die Rettung bedeuten. Nach der Rückkehr muss dieser Zettel natürlich umgehend vernichtet werden, damit es keinen falschen Alarm gibt!

Die folgende **Checkliste** ist ein Ausrüstungsvorschlag des schwedischen Wandervereins.

Buchtipps

- *Gunter Schramm:* **Trekking Handbuch,**
- *Rainer Höh:* **Wildnis-Backpacking,** beide Praxis-Reihe, REISE KNOW-HOW Verlag

Ausrüstung zum Wandern

- Rucksack mit Schulterpolstern
- Regenschutz für den Rucksack
- 2 Paar Strümpfe für Kniebundhosen, 2 Paar Socken
- Unterhemd
- kurze Unterhosen/Slips, 2 Paar
- Oberhemden, 2 Stück
- Pullover, warm und leicht
- warmer Pullover oder wattierte Jacke
- Kniebundhosen oder lange Hosen (schnelltrocknend)
- Jacke/Anorak, lang mit Kapuze
- Regenschutz (Plastikumhang)
- Gummistiefel mit Profilsohle und Gelenkstütze
- Gymnastikschuhe, die auch zum Waten brauchbar sind
- Mütze, Halstuch, Handschuhe

Persönliche Hygiene

- Frotteehandtuch, Zahnbürste, Zahnpasta, Seife, Toilettenpapier, Lippenpomade, Sonnenschutzcreme, Mückenschutzmittel, elastische Binde, Pflaster, Zinkheftpflaster (gegen aufgescheuerte Fersen)

Essen/Kochen

In den unbewirtschafteten Hütten gibt es Kochtöpfe und Geschirr.

- Besteck, Thermosflasche für warme Getränke und Suppe, Becher, Plastikbeutel für Proviant, Küchentuch

Wohnen/Schlafen

Unbewirtschaftete Hütten sind mit Matratzen, Wolldecken und Kopfkissen ausgerüstet.

- Leinen-/Nesselschlafsack
- Trainingsanzug, der auch als Pyjama benutzt werden kann

Sonstiges

- Streichhölzer, Taschenlampe, Kerze, Nähzeug, Taschenmesser
- Signalpfeife, Karte mit Etui, Kompass, Sonnenbrille
- Beutel mit Süßigkeiten

Zusätzliches für Zelttouren

- Schlafsack, möglichst Daunen
- Isoliermatte als Unterlage
- Essgefäß

Proviant

Bei geführten Wanderungen liefert der STF meist den Proviant für drei Mahlzeiten. Selbst mitzubringen ist Folgendes (ungefähre Tagesmenge):

- 125 g Brot
- 50 g Butter (in Dose verpackt)
- 50 g Käse oder Aufschnitt
- 30-50 g Kaffee/Tee/Kakao

Orientierung

Die wichtigste Voraussetzung für das schnelle Zurechtfinden in der Landschaft ist die Kenntnis von **Karte** und **Kompass.** Man muss also nicht nur beides dabei haben, sondern sich damit auch auskennen; und das erreicht man nur durch Übung – mit der man nicht erst beginnen sollte, wenn man mitten in Lappland nicht mehr weiter weiß!

Seit die **Satellitennavigation** für Jedermann erschwinglich geworden ist, listet z. B. der schwedische STF die Koordinaten seiner Unterkünfte mit auf.

- Wer sich näher damit beschäftigen möchte, sei auf das Buch von Rainer Höh **„Orientierung mit Kompass und GPS"** verwiesen. Dort sind auch weitere Orientierungshilfen wie Höhenmesser oder Satelliten-Navigation beschrieben.

Kompass

Wir möchten hier nur eine kurze Einführung in die Kompasskunde geben. Dazu ist außer dem entsprechenden Kartenmaterial nicht mehr nötig als ein einfacher Linealkompass, der bereits ab 15 € zu bekommen ist (siehe Abb.).

- **Man hat ein bestimmtes Ziel auf der Karte und möchte wissen, in welcher Richtung das Ziel in der Natur ist.**

Der Kompass wird so auf die Karte gelegt, dass die Plastikkante mit der Zentimetereinteilung den Standort und das Ziel berührt; dabei muss der Kurspfeil auf der Plastikplatte in Richtung Ziel weisen.

Jetzt dreht man den Kompassring so weit, dass die Nord-Süd-Linien und der Nordpfeil zum oberen Kartenrand (Richtung Norden) zeigen.

Jetzt kann man den Kompass von der Karte nehmen und sich so lange mit ihm drehen, bis das Nordende der Kompassnadel genau mit dem Nordpfeil zusammenfällt. Jetzt zeigt der Kurspfeil auf der Plastikplatte genau in die Richtung des Ziels.

- **Umgekehrt geht es natürlich auch. Man sieht einen Punkt in der Natur, z. B. einen Berggipfel, und möchte wissen, in welcher Richtung er auf der Karte ist.**

Man hält den Kompass so, dass der Kurspfeil auf das Ziel zeigt, und dreht den Kompassring so lange, bis das Nordende der Kompassnadel mit den Nord-Süd-Linien und dem Nordpfeil zusammenfällt.

Jetzt legt man den Kompass auf die Karte mit der Plastikkante an den Standpunkt, der Nordpfeil muss zum oberen Blattrand zeigen. Der Kurspfeil zeigt jetzt in die Richtung des gesuchten Ziels.

- **Gradeinteilung** auf dem Kompassring: Jede Richtung lässt sich auch mit einer Zahl angeben. Dabei wird der Kreis in 360 Grad (360°) eingeteilt. Man zählt von Norden im Uhrzeigersinn.

Norden =	0°
Osten =	90°
Süden =	180°
Westen =	270°

Wer sich die oben beschriebenen Grundprinzipien der Kompassarbeit durch Ausprobieren und Üben zu ei-

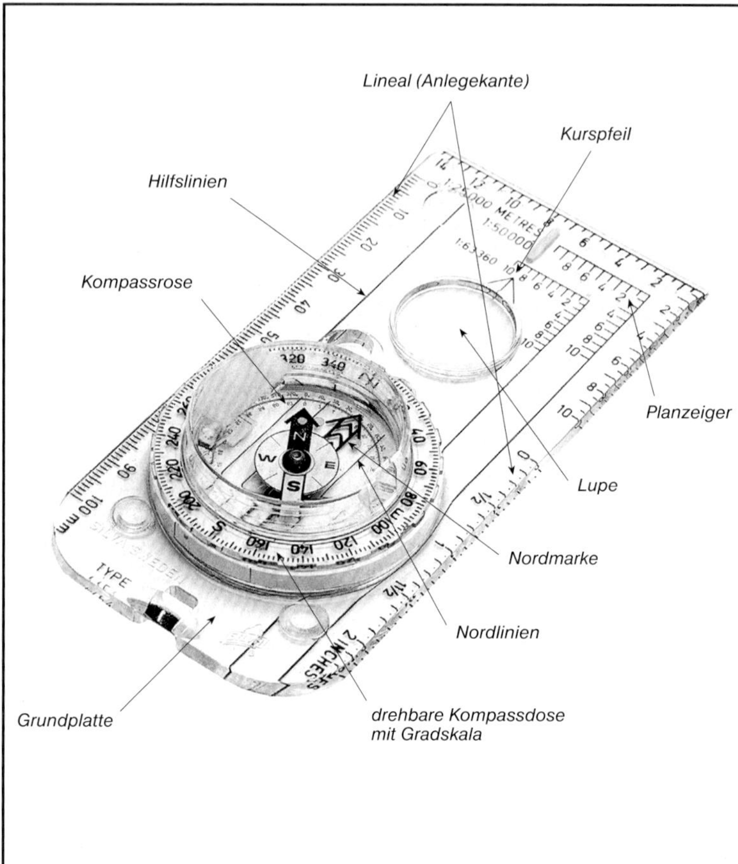

Linealkompass

gen gemacht hat, kann auch beurteilen, was für einen Kompass er braucht und ob er sich genauer mit der Materie befassen möchte.

Man sollte sich aber in diesem Stadium keinesfalls auf sein Können verlassen! Es gibt viele gravierende **Fehlerquellen** wie **Missweisung** (Differenz zwischen magnetisch und geografisch Nord bzw. Gitter-Nord), **Inklination**

(Abweichung der Magnetkräfte von der Horizontalen), oder **Deviation** (Ablenkung durch Eisen oder elektrische Felder), die man kennen muss, um sie zu berücksichtigen.

Offenes Feuer

Dass man im Sommer mit dem Feuermachen vorsichtig sein muss, versteht sich ja wohl von selbst, in bestimmten Zeiten kann es auch ganz untersagt sein. Diese Verbotsperioden sind in den regionalen Tourist-Büros angeschlagen, in Norwegen ist das Zündeln beispielsweise vom 15. April bis zum 15. September verboten. Weitere Informationen stehen in den Kapiteln „Kocher", „Jedermannsrecht" und „Problem Frost".

Anzünden

Hier einige Tipps für den Selbermacher: Als erstes suche man eine windgeschützte Ecke und befreie sie von Flechtenbewuchs und Holzresten, damit der Untergrund nicht anfängt zu kokeln. Danach lege man einen Ringwall aus Steinen, damit die Hitze besser konzentriert wird. Zur Windseite einen Stein für die Luftzufuhr weglassen. Zum Entfachen der Glut eignet sich abgebröselte Birkenrinde am besten; man kann den Bast mit den Fingern abziehen und mühelos anstecken (nicht von lebenden Bäumen!). Brennt die Rinde, kann man kleine Stöckchen und Äste darüberschichten. Feuchtes Holz kann man am Feuer trocknen, indem man es möglichst dicht am Feuer aufstapelt.

Kochen

Man legt die Holzscheite sternförmig zusammen und entfacht das Feuer in der Mitte. Jetzt kann man nämlich die Hitze durch Herausziehen oder Nachschieben einzelner Hölzer regulieren. Im Winter ist das Feuermachen durch die trockene Luft kein Problem, nur taut die Feuerstelle langsam den Boden auf, und die Glut versinkt in einem Schlammloch. Um das zu verhindern, muss man entsprechende Knüppel unterlegen. Schlimmstenfalls schwimmt die Sache dann wie ein Floß auf dem Schlamm.

Feuer löschen

Beim Verlassen des Platzes vergewissere man sich, ob das Feuer auch wirklich aus ist, die Asche muss so weit abgekühlt sein, dass man sie mit den bloßen Händen anfassen kann!

Angeln

Skandinavien gilt als Paradies für Angler. Die klaren Seen und sauberen Bäche Lapplands werden jedes Anglerherz höher schlagen lassen. Da wir jedoch keine Angler sind, können wir uns nur auf fremde Informationen berufen, „second hand" sozusagen.

Der bekannteste Fisch ist der Lachs. Er kommt in vielen Flüssen vor und wird vom 1. Mai bis zum 1. September geangelt. Die besten Reviere liegen, wie man schon vermuten kann, in schlecht zugänglichen Regionen.

Norwegen

Jeder, der in Norwegen Süßwasserfische angeln will, braucht eine **Ge-**

nehmigung. Der Erhalt ist einfach, auf allen Postämtern des Landes liegen Formulare aus, mit der man die Gebühr von umgerechnet ca. 10 € in die staatliche Fischereikasse einzahlen kann. Mit dieser Genehmigung kann man dann ein Jahr fischen.

Als nächstes braucht man einen **Angelschein** vom Pächter oder Besitzer des Gewässers, in dem man angeln will. In Norwegisch-Lappland sind fast alle Gewässer staatlich und werden vom *Jordsalgskontor* in Vadsø verwaltet, man bekommt seinen Angelschein jedoch auch bei den örtlichen Gemeindeämtern, die hier *Lensmanskontor* heißen. Den Wegweiser für den Angelsport in Norwegen kann man im Buchhandel kaufen. Er enthält alles Wissenswerte, Preise und Besonderheiten. Zum Beispiel darf in der Finnmark kein Ausländer weiter als 5 km von der Hauptstraße entfernt angeln. Ein Angelschein kostet pro Woche je nach Fischreichtum und Größe des Gebietes zwischen 15 und 40 NOK. Mitunter muss man als Ausländer mehr bezahlen als die Norweger. Im letzten Jahr wurden im Näätämöelv an der finnischen Grenze Lachse mit einem Gewicht von 15 kg gefangen.

Verboten ist, **gebrauchtes Angelgerät** ohne Desinfektion zu verwenden und lebende **Fische als Köder** zu benutzen. **Im Meer** ist das Fischen kostenlos.

Wichtige Angelgründe:

- Repparfjordelv bei Hammerfest
- Jakobselv bei Vadsø
- Komangelv bei Komagvær

Morgennebel in Rovaniemi

LAP_120 Foto: fh

- Tanaelv, größter Lachsfluss Norwegens, recht preiswert
- Altaelva, sehr teuer

Schweden

Auch hier braucht man **Schein** und **Genehmigung** für das Fischen in Binnengewässern. Man erhält beides in den regionalen Touristenbüros, in Hotels und Sportgeschäften oder bei der Forstverwaltung *(Domänverket)*. Sie verwaltet 75 Fischgründe im Lande und gibt Broschüren über das Angeln in Schweden heraus. Adresse: Domänverket, Abteilung Ke, S-79181 Falun. Kosten: zwischen 5 und 30 € pro Tag.

Das **Angeln im Meer** sowie in den Seen Vättern, Vänern und Mälaren ist kostenlos, wenn man sich bei der örtlichen Polizeibehörde eine Genehmigung geben lässt. Informationen auch beim schwedischen Touristenbüro in Deutschland.

Wichtige Angelgründe:
- Råstojaure-Gebiet, von Kiruna mit dem Lufttaxi zu erreichen.
- Von Arjeplog kommt man in das Miekakjaure-Gebiet, am besten auch mit dem Flugtaxi.

Verband: Sportfiskeförbundet, S-16321 Spånga, Tel. 08-7044480, www.sportfiskarna.se.
Info: Norrbottens Turistråd, Stadionsgatan 5, 97186 Luleå, Tel. 92096036.

Finnland

Auch hier gibt es ein reichhaltiges Angebot an Hecht, Zander, Barsch, Forelle und Lachs. Man muss, ähnlich wie in den anderen Ländern, zur Post laufen und einen **Jahresfischereischein** für rund 15 € kaufen.

Zusätzlich braucht man die **Lizenz** für das jeweilige Gebiet, sie kostet etwa noch 10 € pro Woche (bei der Tourist-Info oder Tankstelle erfragen).

Barsche gibt's überall, Forellen im Inari-See. Am Tenojoki wurden in einem Jahr über 28.000 **Lachs-Lizenzen** ausgegeben. Dort ist es verboten, mit dem eigenen Boot zu fischen. Boote sind nur mit Führer mietbar und dementsprechend teuer. Die Fangzeit ist vom 20.6. bis 31.8. Auch für Bachforellen gelten in manchen Gegenden Extraordnungen. Infos auf Deutsch finden sich bei: www.kalapaikka.net/keskisuomi/fischerei.

Kanu fahren

Die Flüsse Lapplands sind in sechs Schwierigkeitsgrade eingeteilt. Es gibt eine Reihe spezieller Reiseführer für die Fahrt mit dem Kanu. Da genaue Routenbeschreibungen den Rahmen des Buches sprengen würden, sollte man sich dort weiter informieren. Viele **Fährlinien** befördern Kanus umsonst. Das Fahren auf den lappländischen Gewässern mit eigenem Boot ist überall erlaubt; Ausnahme: Der Svartisvannet in Norwegen, wegen der Gletscher.

Unbedingt die wichtigsten Sachen in **wasserdichte Behälter** packen. Am einfachsten geht das mit leeren Wandfarben-Eimern, aber es gibt auch spezielle Behälter dafür. Wenn man diese Eimer noch mit einer Plastikschnur im

Buchtipp
- *Rainer Höh:* **Kanu-Handbuch,** Praxis-Reihe, Reise Know-How Verlag

Boot befestigt, geht beim unfreiwilligen Ausstieg nichts verloren.

Wer sich in Lappland ein **Boot leihen** will, sollte seine Ausrüstung mitbringen. Kentertonnen, Kniebretter, Treidelleinen sind nicht inbegriffen. In **Küstengewässern** müssen auch Ruderbootbesatzungen Schwimmwesten tragen!

Wichtig

Wer in Lappland wandert, wird hin und wieder in die Verlegenheit kommen, einen **Fluss überqueren** zu müssen. Falls aus diesem Grunde ein Paddelboot am Ufer bereitgestellt sein sollte, so ist folgendes zu beachten:

Man steige in das Boot und überquere den Fluss. Auf der anderen Seite wird sich auch ein Boot befinden. Nun muss man mit beiden Booten zurückpaddeln, eines wieder abstellen und dann den Fluss ein drittes Mal überqueren, damit zu guter Letzt wieder auf beiden (!) Seiten ein Boot zur Verfügung steht. Wenn man dann noch einen Wolf, einen Kohlkopf und eine Ziege dabei hat, wird's zur bekannten Denksportaufgabe.

Finnland

Leute, die keine Profis sind, sollten sich auf dem **Inari-See** versuchen. Auf den Karten sind die Schutzhütten auf den Inseln eingezeichnet, und wer mit dem Kompass umgehen kann, dürfte die Hütten wohl finden. Auf manchen Inseln gibt es sogar einen Telefonanschluss.

Eine empfehlenswerte Route: Der **Kaasmasjoki** ab Karigasniemi; Start von der Raststätte Kielajoki an der Straße Kaamanen – Karigasniemi (siehe auch Route 6), 80 km bis Kaamanen. Dort kann man auf dem **Kettujoki** und **Joenjoki** zum Inarisee fahren, 140 km weit. Der Joenjoki hat allerdings drei schwierige Stromschnellen, von denen man die am Jänisjoki besser vorher besichtigen sollte.

Schweden

Die beste Zeit fürs Paddeln in Schweden ist ab Juni, dann sind nämlich keine Flößer mehr auf dem Wasser, und man kann ungestört fahren. An manchen Ufern gibt es speziell gemauerte Feuerstellen. Der Schwedische Kanuverband bittet vor allem um die Rücksichtnahme auf die Vogelschutzgebiete und Brutplätze an den Gewässern.

Eine Besonderheit gibt es noch in Schweden bei Tärendö. Hier gibt's eine **Bifurkation,** eine sehr seltene natürliche Verbindung zwischen zwei Flüssen. Der Torneälv, der in Finnland später Tornionjoki heißt, schiebt fast die Hälfte seiner Wassermassen in den Kalixälv. Die Bifurkation befindet sich zwischen Junosuando und Tärendö.

Informationen

- **Norwegen:** Norges Kajakverbund; das Lapplandia-Hotel (vergleiche Route 16) organisiert Kanu-Touren.
- **Schweden:** Svenska Kanotförbundet, Kosvalla, 61162 Nyköping.
- **Finnland:** Suomen Kanoottiliitto, Topeliuksenkt. 41a, Helsinki 25; Segelschule „Santa Claus Sailors", 97520 Nampa: Diese Leute können das Segeln sogar im Winter nicht lassen! Es wird eine Eissegler-Regatta über die Tunturis veranstaltet (von Hütte zu Hütte).

Das Arctic Canoe Race findet alljährlich von Kilpisjärvi nach Tornio und von Jukkasjärvi nach Tornio statt, das sind immer über 400 km! Siehe auch Ortsbeschreibung Muonio.

Wanderwege in Lappland

Norwegen

Hier gibt es wenige ausgesprochene Wanderrouten. Die Hochebene, die Finnmarksvidda, lässt sich von der Landschaft her mit den finnischen Strecken vergleichen, hier sind die Routen überwiegend flach.

- Von **Riksgrensen** (vergleiche Route 16) kann man die schwedischen Wanderwege erreichen. Diese Strecke ist 95 km lang und in einer Woche zu schaffen. Man findet zwar Hütten vor, aber es ist doch besser, wenn man vorsichtshalber Schlafsack und Kocher mitnimmt. Der Start ist das Lapplandia Hotel in Riksgrensen, das vom 11.6. bis Anfang September geöffnet ist. Nach etwa drei Tagen erreicht man Alesjaure in Schweden, wo der Wanderweg *Kungsleden* kreuzt.
- Weitere Routen gibt es in den Provinzen **Troms** und **Nordland,** allesamt unwegsam mit unbewirtschafteten Hütten.
- Von **Skibotndalen** nach Altevatn/Lappjord oder Torneträsk in Schweden. Verschlossene Hütten von *Troms turlag* oder DNT gibt es in Abständen von einer Tagestour.

Schweden

Die Hauptwanderstrecken liegen zwischen dem Polarkreis und Kiruna. Auf den östlichen und südlichen Wegen herrscht Wald vor, während an der schwedisch-norwegischen Grenze das Hochgebirge überwiegt.

- **Kungsleden:** Der „Königsweg" verläuft von Abisko über Kvikkjokk, Jäckvik, Ammarnäs bis Hemevan an der E 12 nach Umeå. Die häufiger begangene Strecke führt von Abisko zur Kebnekaise und von dort nach Kvikkjokk, durch Täler, Hochebenen und Flüsse. Eine Bergausrüstung ist allerdings nicht nötig. In Abständen von höchstens 25 km hat man bewirtschaftete Hütten errichtet. Alle fünf Tage kommt man an einer bewirtschafteten Fjällstation vorbei. Hier kann man auch die Tour abbrechen und einen Bus erreichen. Außerdem können die Vorräte ergänzt werden.

Von der Abisko-Turiststation bis zur Kebnekaise Fjällstation, die von Anfang August bis Mitte September offen ist, sind es 86 km, die ganz gut zu bewältigen sind. Man muss Flüsse durchwaten (Gummistiefel), den Kamajå auf einer Hängebrücke überqueren und bewegt sich dann in 800 m Höhe auf der Hochebene Alestätno. Der höchste Punkt des Weges liegt beim Singitjåkka-Hang auf etwa 1000 m. Von dort aus geht es abwärts zur Fjällstation. Zeit: etwa eine Woche. Hütten gibt es bei Abiskojaure, Alesjaure, Tjäktja, Sälka und Singi. Alle 2 Tage erreicht man eine Hütte, in der man Proviant kaufen kann.

Von der Kebnekaise-Fjällstation nach Saltoluokta braucht man auch eine Woche. Die Strecke verläuft über das Fjällgebiet. Die Hütten der Reihe nach: Kaitumjaure, Teusajaure, Vakkotavare.

Die Strecke von Saltoluokta nach Kvikkjokk führt über den Sitojaure-See. Man benutzt ein Ruderboot oder lässt sich von einem Samen mit dem Motorboot übersetzen. Die Strecke ist rund 75 km lang und in vier bis fünf Tagen zu schaffen. Zwischendurch kommt man in die Nadelwaldzone. Hütten findet man in Sitojaure, Aktse (mit Laden), Pårte. Von Kvikkjokk aus fährt wieder ein Bus.

Der ungefähr 100 km lange Abschnitt von Kvikkjokk bis Ammarnäs wurde gut ausgebaut. Auch hier müssen Gewässer durchquert und Berge überwunden werden. Die letzte Etappe führt über die bewirtschafteten Hütten Aigert, um den gleichnamigen Berg herum zur Serve-Hütte. Von dort zur Tarnasjö-Hütte am See. Über dem See liegt dann am Fuße des Sytertoppen ebenfalls eine bewirtschaftete Hütte. Von dort über Viterskalet hinunter zum Wanderheim Hemevan, wo man die E 12 erreicht.

●**Nordkalottleden:** Der Nordkalottleden verläuft von Kvikkjokk zum Dreiländereck „Treriksröset" im Norden dabei werden zwei längere „Abstecher" nach Norwegen gemacht. In der Regel wird bei einer Wanderung von 5-10 Tagen Länge eine Teilstrecke zurückgelegt.

Start in Kvikkjokk, eine kurze Bootsfahrt, dann führt der Weg ein Stück auf dem Padjelantaleden. Bei Vaisaluokta, am Südufer des Akkajaure, knickt der Weg nach Westen ab und führt nach Norwegen. Boot nach Ritsem nehmen oder weiter über Hukkejaure, 20 km nach Sälka in Schweden. Dazwischen Seen mit Wasserfällen. Von Sälka zur Kebnekaise Fjällstation, oder auf dem Kungsleden über den Tjäktja-Pass 60 km nach Abisko. Von dort zum Dreiländereck.

●**Padjelanta-Rundweg:** Er kann in Saltoluokta oder Kvikkjokk begonnen werden. Es erwarten einen auf der 220 km langen Strecke Mischwald, einige Flussdurchquerungen und einige Hochebenen. Für den gut beschilderten Weg braucht man zwei Wochen, Proviant kann unterwegs ergänzt werden. Hütten in Staloluokta, Tuottar, Tarraluoppal, Såmmarlappa, Tarrekaise, Njunjes Kvikkjokk. Von hier kann man nach Staloluokta zurückfliegen.

●**Sarek:** Die „letzte Wildnis Europas" ist nicht einfach zu durchqueren. Auf dem 110 km langen Weg gibt es keine Hütten. Der erfahrene Wandersmann braucht für diese Route rund eine Woche. Die Vegetation ist an manchen Stellen dschungelartig. Man kommt an Gletschern vorbei und durchquert grüne Täler. Eine Bergausrüstung und Regenzeug sind zu empfehlen (vergleiche auch Nationalparks).

Finnland

Die finnischen Routen sind alle ebener als die vorher genannten und überwiegend bewaldet. Hütten gibt's wenig, und Gummistiefel sind wegen der sumpfigen Ufer sehr von Nutzen.

●**Bärenrunde:** Diese bekannte Wanderstrecke bei Kuusamo liegt zwar unterhalb des Polarkreises, kann aber durchaus als „lappländisch" bezeichnet werden. Für den 75 km langen, gut markierten Weg muss man eine Woche veranschlagen. Man startet von der Straße Kuusamo – Alla an der Bushaltestelle, die etwa 3 km nördlich von Ollia liegt, und läuft dann ostwärts. Der Weg führt durch Moore, Wälder und Flusstäler. Auch ein Hochland oberhalb der Baumgrenze ist dabei. Das Ende ist in Rukatunturi, wo man den Bus nehmen kann. Der Weg ist mit der entsprechenden Ausrüstung auch im Winter begehbar.

Der Karhunkierros-Weg hat alle 15 km eine bewirtschaftete Hütte, Info im Naturzentrum Kuusamo.

●**Saariselkä-Rundweg:** Er ist 130 km lang, und man braucht mindestens 8 Tage dazu. Der Start ist von der Straße Sodankylä-Ivalo, im Ort Saariselkä kurz hinter Vuotso. Der Weg ist zwar leicht zu begehen, setzt aber Kenntnisse im Umgang mit Karte und Kompass voraus, da es überwiegend durch baumlose Tunturi-Gebiete geht.

●**Lemmenjoki-Rundweg:** Er befindet sich im Nationalpark und führt ins Goldgräbergebiet. Auch für diesen 150 km langen Weg, für den man zehn Tage ansetzen sollte, braucht man Kenntnisse im Orientieren. Der Weg, der meistens gar keiner ist, führt über Heideflächen, vorbei an herrlichen Wasserfällen und Seen, durch Täler und über Berge. Diese Wanderung beginnt man am besten im Ort Njurgalahti, 46 km von Inari entfernt. Von dort mit dem Boot nach Kultasatama, dann zu Fuß nach Morganmöjankultala, Pellisenlaki, Jäkäläkuru, zur Hütte Ravadaasjärvi und mit dem Boot nach Njurgalahti zurück.

Lappland im Winter

Extreme Reisen, verrückte Touren, expeditionsartige Unternehmen, das ist es, was einen Teil der Leute reizt, die heutzutage in „Urlaub" fahren. Wir gehören zu dieser Sorte Mensch, und es ist eigentlich nicht verwunderlich, dass ein Lappland-Fahrer früher oder später auf die Idee kommt, in der Jahreszeit diese Landschaft zu durchqueren, der Lappland sein typisches Erscheinungsbild verdankt, dem Winter.

Wir haben uns diesen verrückten Wunsch erstmals Anfang 1976 erfüllt. Da hatten wir übrigens auch das erste Mal die Idee, ein Reisehandbuch zu machen. Wir haben nämlich festgestellt, dass sich alle auf dem Markt befindlichen Lappland-Reiseführer nur mit der üblichen Reisezeit, dem Sommer, beschäftigen. Dass im Winter in Lappland alles anders ist, fast alles geschlossen hat, das Land noch schöner und das Wetter fast immer strahlend sonnig ist, das erfuhren wir erst durch eigene Anschauung. Im Winter durch die verschneite Tundra zu fahren, mit Temperaturen und dem eigenen Fahrzeug „kämpfend", ist ein unvergessliches Abenteuer. Die Erlebnisse einer Sommerreise, so schön sie auch sind, verblassen da schnell. Da wir, wie gesagt, so gut wie keine Informationen bekommen konnten, haben wir die ganze Tour aufs Geratewohl geplant. Wir haben unser Auto so winterfest wie möglich gemacht und sind losgefahren. Nur eins war klar: Wir wollten auf jeden Fall stets im Bulli übernachten und das Nordkap erreichen.

Wir haben es dann auch geschafft und eine Menge Erfahrungen gemacht, die wir in diesem Kapitel weitergeben. Jedem, der einmal etwas wirklich Besonderes erleben möchte, sei diese Tour empfohlen. Neben den jetzt folgenden praktischen Tipps zur Vorbereitung und Durchführung der Winterreise haben wir uns entschlossen, eine tagebuchartige Zusammenfassung unserer Fahrt anzuhängen.

Auto winterfest machen

Der wichtigste „Ausrüstungsgegenstand" ist das Fahrzeug. Wer das winterliche Lappland hautnah erleben will, sollte einen Campingbus besitzen, der auf die klimatischen Verhältnisse vorbereit ist.

Das alles kann man natürlich von einer Werkstatt machen lassen, aber wir glauben: „Selbst ist der Mann/die Frau." Es folgen die wichtigsten Umrüstungen, dem persönlichen Erfindungsreichtum sind aber keine Grenzen gesetzt. Wer noch andere Tricks auf Lager hat und sie anderen Reisenden zugänglich machen will, möge uns schreiben. Neues wird in der nächsten Auflage abgedruckt.

Isolierung

Wer seinen Campingbus selbst ausgebaut hat, wird wohl schon alle Hohlräume mit Glaswolle und Styropor ausgestopft haben, sonst sollte es jetzt geschehen. Hier einige weiterführende Maßnahmen:

Buchtipp

- *Hans G. Scholz:* **Expeditionsmobil aufbauen und ausrüsten,** Praxis-Reihe, Reise Know-How Verlag

LAP_122 Foto: fh

●**Metall** ist bekanntlich ein guter Wärmeleiter, leitet also auch die Körpertemperatur blitzschnell ab, Ergebnis: Man friert daran fest! Abhilfe: Alle Metallteile, die man anfasst, also Türgriffe, die Stange des Schalthebels, der Griff der Handbremse und alle Möbelgriffe müssen isoliert werden. Man kann sie mit Stoff oder Klebeband umwickeln.

●Wenn der **„Himmel"** aus einem glatten Material besteht, muss er ebenfalls mit Stoff isoliert werden, denn die verdunstende Feuchtigkeit kondensiert an der Decke und würde sonst unangenehm heruntertropfen. Ein saugfähiger Belag nimmt dieses Wasser auf. Beim Verkleben wasserfesten Leim nehmen. Die Seitenwände werden besser auch ganz verkleidet.

●Bei der **Fensterisolation** gibt's drei Möglichkeiten. Die Teuerste: Man besorgt sich im Zubehörhandel Doppelfenster, die anstelle der Serienfenster installiert werden. Leider sind nicht für jedes Auto solche Teile erhältlich. Als ganz guten Behelf kann man sich innen Plexiglasscheiben davorbauen. Entweder schraubt man einen Rahmen aus Holzleisten um das Fenster und bringt die Plexischeibe mit Holzschrauben darauf an, oder man befestigt die Scheibe mit einer Tesamollzwischenlage direkt auf dem Blech. Wer's korrekt haben will, holt sich Acrylglas bei einer Spezialfirma, die man über das Branchenbuch finden kann. Dieses Glas ist optisch rein und in verschiedenen Stärken und Tönungen lieferbar. Das Wichtigste jedoch: Diese Firmen versehen die Scheiben nach dem Zuschnitt auf Wunsch mit dem Prüfstempel für den TÜV!

●Leider scheitern diese Methoden bei allen Autos am größten Fenster, der **Frontscheibe,** sie ist meist gebogen. Möglich ist also nur eine Nachtisolation von außen. Dazu gibt es Isolierplanen im Zubehörhandel, oder man näht Luftpolsterfolie zwischen zwei Bahnen Kunstleder. An die Eckpunkte nietet man dann Druck- oder Tennaxknöpfe; die entsprechenden Gegenstücke kommen ans Auto. Das macht zwar Arbeit, aber wenn man solche Isolationsmatten für alle Fenster baut, hat man eine ganz gute Isolation.

Vorwärts immer – rückwärts nimmer

- **Fahrerhaustrennwand:** Eine weitere Möglichkeit, die Wärmeabstrahlung über die Frontscheibe bei Nacht zu verhindern, ist der Einbau einer Trennwand hinter den Vordersitzen, falls diese nicht schon vorhanden ist. Diese Wand hat bei der Fahrt auch noch den Vorteil, dass die Heizungsluft nicht nach hinten abhauen kann. Man fertigt diese Wand am besten aus drei Teilen. Die beiden Seitenstücke werden fest mit der Seitenwand verschraubt, das mittlere Teil bleibt als Tür beweglich. Die Einzelteile werden aus einem Dachlattenrahmen gebaut, der von beiden Seiten mit Sperrholzplatten belegt wird. Der Hohlraum wird mit Styroporplatten ausgefüllt. Dem Geschick des Einzelnen sind keine Grenzen gesetzt. Nur mag der TÜV keine scharfen Kanten und Ecken!

Sonstiges: Gegen Rutschpartien im Führerhaus kann man eine **Fußabtret-Matte aus Gummi** auf den Boden legen, da fällt dann der Schnee von den Schuhen durch.

Anfällige **Gaszüge** sollten vor und während der Fahrt mit Öl und Rostlöser bearbeitet werden, sie könnten sonst festfrieren.

Die **Türdichtungen** bestreicht man mit einer „sämig" gerührten Mischung aus Talkum und Glycerin (beides Apotheke), dann frieren sie nicht fest.

Ein wichtiges Zubehör ist die **Schneeschaufel.** Es gibt schöne aus Aluminium, aber zur Not ist ein Kehrblech immer noch besser als ein Spaten.

Vereiste **Türschlösser** bekommt man mit den bekannten Sprays und Heizteilen auf. Die **Scheibenwaschanlage** wird mit mindestens 50 % Spiritus gefüllt. Gegen das Festfrieren der **Handbremse** über Nacht hilft am besten das Nichtanziehen. Die **Wischblätter** sollte man abends auch von der Scheibe abheben. Dafür eignen sich recht gut Wäscheklammern, die man auf die Wischerarme klemmt und zwischen diese und die Scheibe klemmt.

Autoheizung

Die einfachste Heizung ist der **Gasheizstrahler,** der per Schlauch und Regler an die Propangasflasche angeschlossen wird. Damit zu heizen, ist jedoch in geschlossenen Räumen **verboten!** Diese Heizer brauchen nämlich zur Verbrennung Sauerstoff, und den ziehen sie gnadenlos aus dem Innenraum des Wagens ab. Die Folge davon: Nach erstaunlich kurzer Zeit macht sich ein Schwindelgefühl bemerkbar (selbst getestet!). Danach droht Erstickung.

Aus dem gleichen Grund ist auch das Heizen durch umgestülpte Ton-Blumentöpfe auf dem Kocher verboten. Man muss also beim Kochen und Heizen mit offener Flamme stets für entsprechende Sauerstoffzufuhr sorgen. Auch im winterisolierten Auto müssen Lüftungsschlitze vorhanden sein. Außerdem ist es eine Tatsache, dass sich sauerstoffreiche Luft wesentlich schneller erwärmt. Also ab und zu Türen auf, wenn's auch schwer fällt. Das Mitnehmen eines Heizstrahlers ist empfehlenswert, da man damit eventuell den Motor anwärmen kann.

Bei den speziellen **Fahrzeugheizungen,** die über den Caravan-Zubehörhandel angeboten werden, wird die Verbrennungsluft von außen angesaugt. Solche Heizungen sind hervorragend, kosten ab 500 € und verbrennen Propangas.

LAP_124 Foto: fh

Mit der Standheizung tauen die Scheiben von selbst ab

Die **Kraftstoffheizungen** der Firmen *Eberspächer* und *Webasto* gibt es in zwei Arten: Luft- und Wasserheizungen. Bei der Luftheizung wird Frischluft angesaugt, durch einen Benzinbrenner erwärmt und dann mit einem Gebläse ins Innere gepustet. Der Brennstoff wird dem Tank entnommen. Bei voller Leistung verbraucht die Heizung dann ca. 0,7 Liter/Std. Die Heizung wird meist im Motorraum untergebracht und die Warmluft dann über Schläuche und Düsen an die günstigste Stelle im Auto geleitet. Die Wasserheizungen lassen sich nur in wassergekühlten Autos installieren. Hierbei erwärmt der Benzin- oder Dieselbrenner den Wasserkreislauf der normalen Wagenheizung. Es heizt also aus den üblichen Heizungsschlitzen und Düsen. Ist der Heizungskreislauf bis auf eine bestimmte Temperatur hochgeheizt, wird zusätzlich auch der normale Kühlwasserkreislauf angewärmt, was natürlich das Starten des Autos erleichtert, weil der Motor dann praktisch schon betriebswarm ist.

Noch ein Tipp: Bei wassergekühlten Autos kann man die Temperatur der Heizung erhöhen, indem man das Kühlwasserthermostat gegen ein bei 92 Grad öffnendes **„Winterthermostat"** ersetzt. Dadurch wird der Motor etwa 5 Grad heißer, was ihm nicht schadet, aber der Heizung nützt. Im Frühjahr sollte man es dann wieder auswechseln.

Als Zubehör gibt es für beide Heizungsarten **Schaltuhren,** die die Heizungen zu vorbestimmten Zeiten anwerfen. Der einzige Nachteil (außer dem Preis) ist der, dass diese Kraftstoffheizungen zumindest in der Startphase merklich Strom ziehen, und deshalb bei zu geringer Batteriespannung erst gar nicht anspringen (Sicherheitsschaltung zum Schutz der Batterie). Tipp: Zusatzschalter außen anbringen, falls die Türen zufrieren.

Kochgas

Butangas, das ist das in den blauen Flaschen, kann man im Winter absolut vergessen! Dieses Flüssiggas wird nämlich ab 0 Grad nicht mehr gasförmig. Das in den grauen oder roten Flaschen verkaufte Propangas dagegen vergast noch bei minus 35 Grad.

Um den **Regler** vor Vereisung zu schützen, kann man ein winziges elektrisches Heizelement anbringen (gibt es von *Truma*). Das Isolieren der Flasche ist übrigens nutzlos, da die Flaschen durch den Vergasungsprozess selber Kälte produzieren. Die Isolierung des Flaschenkastens nach innen reicht völlig aus. Nie die Entlüftungsöffnungen im Flaschenkasten verschließen! Das ist der Notausstieg für ausströmendes Gas! (Siehe dazu auch das Kapitel „Ausrüstung, Autozubehör, Gaskocher".)

Vereisung

Ein öfter auftretender Fall ist die Vereisung des Ansaugtraktes bei Benzinmotoren. Wenn der Wagen plötzlich anfängt zu stottern und stehen bleibt, aber nach einer kurzen Wartezeit wieder problemlos läuft, dann liegt oft Eisbildung vor. Die Ursache liegt entweder an Kondenswasser im Benzin, das dann im Vergaser oder Einspritztrakt gefriert, oder in dem Wärmeentzug durch Verdunstung. Dies kann der Fall sein, wenn bei älteren Vergasern Benzin an der Drosselklappenwelle nach außen gelangt und auf dem warmen Ansaugrohr verdunstet. Diese Verdunstung entzieht der Umgebung Wärme, und es bildet sich eine Eisschicht. Die Abhilfe ist einfach: abwarten. Wer den Luftfilter noch nie auf Winter umgestellt hat, sollte sich auch nicht wundern. Also vor der Reise besonders bei modernen Wagen die Betriebsanleitung lesen.

Diesel

Dieser Treibstoff hat die Angewohnheit, bei Kälte Paraffin auszuflocken, das dann den Filter verstopft und das Auto zum Stehen bringt. Um das zu verhindern, wird, sobald es kalt ist, **Winterdiesel** ausgegeben, der spezielle Zusätze gegen das Festwerden enthält. Man kann sein Winterdiesel aber auch selbst herstellen: Man mischt bis zu 50 % Normalbenzin oder 20 % Petroleum bei. Der Motor verliert allerdings durch diese Mischungen etwas an Leistung und gewinnt ersatzweise etwas an Lautstärke. Allerdings kann man dem Übel auch mit Wärme beikommen. Es gibt beheizte Leitungen oder von *Bosch* heizbare Filtersockel (mit Thermostat). Ist der Diesel erstmal fest geworden, hilft nur noch Erhitzen oder der Wechsel des Filters. Im Kraftstoff vorhandenes **Kondenswasser** sollte wöchentlich abgelassen werden (der Filter hat eine Ablassschraube), sonst kann es einfrieren.

Batterie

Den größten Ärger hat man mit der Batterie. Deshalb sollte man nur mit einer neuen losfahren. Aber auch mit einer nagelneuen wird der Wagen nach einer Nacht von –30 Grad nicht mehr anspringen. Der Grund liegt in der Physik! Die Batteriekapazität ist nämlich von der Außentemperatur abhängig. Bei –10 Grad hat sie noch 55 %, bei –20 Grad gar nur noch 40 % ihrer Kapazität. Eine 77-Ah-Batterie hat bei –27 Grad „Sodankylä-Kälte" noch runde 7 Ah, und das reicht zum Starten nicht aus.

Was tun? Am besten, man baut sie abends aus und nimmt sie mit ins Auto oder in die Hütte. Ist es im Auto aber zu kalt – kaum jemand lässt die Heizung die ganze Nacht laufen –, muss man sie vor dem Start anwärmen. Wegen der Gasentwicklung bei Hitze nicht den praktischen Heizstrahler einsetzen! Durch Hitze wird die chemische Reaktion in der Batterie forciert, es entsteht das aus dem Chemieunterricht bestens bekannte Knallgas, was sich an der Flamme des Heizstrahlers entzünden würde! Zum Anwärmen nimmt man einen alten Kochtopf mit, in den die Batterie dreiviertelhoch hineinpasst. Ein Alutopf lässt sich mit dem Hammer zur Not noch auf Format dengeln. Im Topf schmilzt man Schnee, gibt dann die Batterie hinzu und lässt das Ganze „bei kleiner Flamme 5-10 Minuten garen". Wie gesagt: nicht mit der Hitze übertreiben und das Rauchen einstellen!

Geschickte Bastler können auch die Batteriekabel verlängern. Dann kann man das Sorgenkind morgens vorübergehend in einen Topf mit heißem Wasser stellen, ohne die Aus- und Einbauprozedur. Wohl dem, der seine Batterie im Innenraum hat. Übrigens sollte bei großer Kälte die Batterie nie zu leergeorgelt werden, da sonst die Säure einfrieren kann. Hier noch einige **Sicherheitstipps:**

- Batterie immer waagerecht halten! Auslaufgefahr!
- Nie an die Kleidung kommen lassen, Finger nicht an der Hose abwischen! Die Sachen zerbröseln sonst nach dem Waschen.
- Vorsicht beim Lösen der Klemmen! Zuerst die Minusklemme lösen. Beim Anbau zuerst Plus anschrauben, sonst Kurzschlussgefahr!

Kühlwasser

Dass beim wassergekühlten Modell Frostschutz aufgefüllt sein muss, versteht sich von selbst. Man teste die Konzentration, die Mischung 1:1 ist das Maximum und reicht für den härtesten Winter.

Bei Startproblemen kann das Wasser abgelassen und auf dem Kocher auf 80 Grad erhitzt werden. Bei der Aktion wird ihnen wahrscheinlich bald wärmer werden als dem Kühlwasser. Bei Kühlern ohne Ablasshahn und bei versiegelten Systemen wird man auf Probleme stoßen. Wer's perfekt haben will, lässt sich vom Kühlerreparaturdienst einen Ablasshahn mit einem Schlauchanschluss an passender Stelle an den Kühler löten. Solche Hähne gibt's an Lkw-Kühlern. Ohne Hahn geht garantiert jede Menge kostbarer Frostschutz beim Ablassen daneben.

Bei skandinavischen Autos sieht man oft Stecker vorne aus dem Grill hängen. Das ist die Zuleitung zum Motorwärmer, einem tauchsiederähnlichen Instrument, das anstelle des Kühlerverschlusses oder in den oberen Wasserschlauch eingesetzt ist. Über Nacht wird ein Verlängerungskabel vom Haus zum Auto gelegt. Das Kühlwasser wird dann auf einer bestimmten Temperatur gehalten. Wer eine Hütte mieten will, sollte sich die Anschaffung überlegen, funktioniert natürlich auch in Deutschland (Vertrieb: *Waeco*). Zusätzlich kann auch ein Heizlüfter oder Batterielader angeschlossen werden.

Starthilfen

Da **Motoröl** bei Kälte dickflüssig wird, sollte man unbedingt Winteröl einfüllen lassen, das bei kaltem Motor dünnflüssiger ist als das normale. Im

Zweifel nach Öl für extreme Kälte fragen. Bei der Rückkehr schnell wieder wechseln, sonst geht bei warmem Motor in Deutschland der Öldruck zu stark runter! Die Methode, das Motoröl abzulassen und auf dem Kocher zu erhitzen, ist sehr umständlich und aus Umweltschutzgründen wenig ratsam. Als letztes Mittel zur Ölverdünnung kann man ¼ Liter Normalbenzin in den Öleinfüllstutzen gießen. Dies sorgt beim Start für eine zusätzliche Verdünnung. Wenn der Motor warm wird, verdampft das Benzin, und das Öl nimmt seine alte Viskosität wieder an.

Bei Benzinmotoren kann man dann noch die **Zündkerzen** ausbauen und am praktischen Heizstrahler erwärmen. Lohnt aber nur, wenn der Aus- und Einbau problemlos ist.

Eine sehr gute Hilfe ist **Start-Pilote** (Spray), das beim Anlassen entweder direkt von einer zweiten Person in den Luftfilter gesprüht wird oder von innen über einen Schlauch in den Ansaugstutzen injiziert wird. Kostet im Warenhaus mit Schlauch und Düse rund 10 €. *Start Pilote* hat auch noch Klemmhalter mit und ohne Fernbedienung zusätzlich im Programm.

- Früher gab es bei manchen Wagen noch eine **Anlasskurbel.** Die war ganz praktisch, um vor dem Startversuch das steife Motoröl durchzuquirlen. Zündung dabei auslassen! Für Nostalgiker: Gasgeben nach Betriebsanleitung, Zündung an, Motor drehen, bis Widerstand spürbar wird und dann schlagartig rumreißen. Kurbel dreht sich beim Anspringen raus. Achtung: Nie die Daumen um die Kurbel legen, beim eventuellen Zurückschlagen der Maschine führt das zu Verletzungen.

Rentierexpress
(alter Kupferstich aus Linnés „vollständigem Natursystem", 1773-1775)

Fremdstartkabel: Diese „Überspielkabel" sollte man auf alle Fälle dabei haben, besonders bei einem Dieselfahrzeug. Da beim Diesel viele Ampere vom Anlasser gebraucht werden, sind dünne Kabel nutzlos, da zu wenig Saft durchkommt. Sie werden sofort heiß. Sind keine dicken Kabel zu bekommen, kann man auch mit 2 Paar normalen denselben Effekt erreichen, Selbstbauern empfehle ich, Kabel für Elektroschweißgeräte (180 Amp.) zu verwenden.

Will der Motor nun gar nicht anspringen, kann man immer noch auf den **Schneepflug** warten, der mehrmals täglich kommt und den Wagen sicherlich anschleppen wird. Vorher schon mal das Seil am eigenen Auto festmachen.

Reifen

Spikesreifen sind nur noch über ausländische Firmen zu bekommen. Michelin etwa stellt noch Spikesreifen her, man muss aber rechtzeitig bestellen, da sie erst auf Bestellung geliefert werden. Außerdem kann man bei der Larvik-Line und über die Automobilklubs Spikesreifen leihen. Autofahrer, die in Oslo mit Spikesreifen fahren, müssen pro Tag 25 NOK zahlen (Fahrzeuge über 3,5 t: 50 NOK). Plaketten sind bei den Esso-Tankstellen und in Automaten auf den Haupteinfallstraßen erhältlich. In Oslo verleiht die begehrten Pneus:

- *Ullrich Gummiservice,* Bygdøy Allé 135 beim Messeveien, für 1200 NOK pro Woche
- *Auto Grip a/s,* Breivollvn. 27, Alnabru, für etwa 1000 NOK pro Woche.

Winterreifen sind nicht so gut wie Spikes, aber immer noch besser als Sommerreifen. Vier Winterreifen sind besser als zwei und zwei besser als gar keine.

Zwischen dem 1. Dezember und Ende Februar sind in **Finnland Winterreifen vorgeschrieben.** Dies gilt auch für Autos von Touristen.

Die **Haftfähigkeit** der Reifen kann man folgendermaßen verbessern: Man besorge sich Reifenreinigungsspray an der Tankstelle und eine Spraydose *Dekk Klister*, ebenfalls an der Tankstelle erhältlich. Dieser Kleister hilft einige Kilometer, die Griffigkeit zu erhöhen.

Schneeketten: Wer auf Spikes verzichtet, muss unbedingt Schneeketten mitnehmen. Die haben allerdings ihre Tücken. Jeder, der es schon mal versucht hat, kennt das Elend mit dem Aufziehen. Man stelle sich vor, man hängt mit dem Wagen irgendwo im Graben und muss dann die Dinger aufziehen. Einfache Abhilfe: Man legt sich zwei mit Ketten bestückte Sommerreifen auf den Dachgepäckträger und montiert dann nur die Räder um. Wer das Ausrüstungskapitel gelesen hat, wird damit kaum Probleme haben.

Wichtigstes Zubehör für Schneeketten sind die **Kettennotglieder,** die man in Eisenwarenhandlungen bekommt. Manche Hersteller liefern auch die Originalkettenteile als Notglieder. Zum Reparieren braucht man zwei Hämmer, einen zum Drunterlegen und einen zum Draufhauen. Wenn eine Kette reißt, sofort anhalten! Mir ist mal eine gerissene Kette durch das Radlaufblech gefetzt, weil ich erst einen Straßenabzweig gesucht habe. Zum Flicken muss man die Kette abnehmen und dann genau gucken, dass man sie nicht falsch zusammensetzt. Die gerissenen Enden werden auf das Notglied gefädelt und selbiges mit dem Hammer plattgehauen.

Billige Ketten sind aus billigem **Material,** man kann sie auf trockener Fahrbahn schnell zugrunde richten und am besten gleich vergessen. Es gibt auch Modelle aus Edelstahl, rostfrei. Die Spurkreuzkette hat sich am besten bewährt. Quintessenz: Nur die besten Ketten halten, was sie versprechen.

Manche Hersteller ändern die Ketten auch auf Wunsch in der Größe, wenn man sich ein anderes Auto kauft.

Straßenverhältnisse

Die meisten Straßen in Lappland sind bestens geräumt. Zweimal am Tage kommt der **Schneepflug** vorbei und wenn es heftig schneit auch öfter. Hat man sich festgefahren, kann man auf das Räumfahrzeug warten. Salz wird nirgends gestreut, das kommt nicht nur dem Auto zugute. Der Schneepflug schiebt den Schnee lediglich zur Seite, sodass links und rechts der Straße hohe Schneewälle entstehen. Man denkt, die Fahrt ginge durch eine Bobbahn. Hinter dem Räumfahrzeug hängt eine Noppenwalze. Mit dieser wird die feste Schneedecke sozusagen perforiert. Auf diesem Untergrund kommt man dann ganz gut vorwärts. Man hüte sich allerdings vor Stellen mit starker Sonneneinstrahlung, sie können schnell zu Eis gefrieren.

In Skandinavien werden die Straßen mit fast zwei Meter langen, roten **Holzpfählen** markiert, damit man den Straßenverlauf noch erkennen kann. Angeblich sollen diese Pfähle genau den Rand der Fahrbahn markieren, das ist allerdings Humbug, da Generationen von Pfähleverteilern rausfanden, dass die Dinger im Straßengraben viel leichter einzustecken sind. Also mindestens einen Meter Abstand von den Stecken bewahren.

Schneeräumen

In Nordnorwegen werden folgende Straßenabschnitte im Winter (ca. Nov.-Mai) nicht geräumt und sind daher unpassierbar bzw. gesperrt (von West nach Ost):

- **Rv. 882** (Abzweig von E 6 Richtung Øksfjord, nähe Alta): Im Winter startet daher die Fähre nach Hasvik auf Sørøya schon in Storvik.
- **Rv. 95** (letzte Festlandstrecke): kurz hinter Repvåg.
- **E 69:** das Stück auf Magerøya ab Skarsvåg zum Nordkap.
- **E 98:** das Ifjordfjell von Ifjord bis Vestertana; das ist die Verbindungsstrecke vom Laksefjord zum Tanafjord. (Nach Kirkenes kommt man also nur über Karasjok, Rv. 92.)
- **Rv. 888:** auf der Nordkyn-Halbinsel: ab Mehamn, das letzte Stück.
- **Rv. 886:** hinter Kirkenes: ab Vintervollen, das letzte Stück bis zur Russischen Grenze.

Information: Es gibt jeden Winter eine neue Karte, in der für ganz Norwegen alle gesperrten Streckenabschnitte eingezeichnet sind. (In Südnorwegen sind's übrigens mehr als im Norden.) Man bekommt sie beim Automobilklub in Oslo. Der Name der Karte ist: *Brøytekart, Riksveger i Norge.*

Problem Frost

Dass es ununterbrochen mehrere Grade unter Null ist, hat auf die Dauer verschiedene, zwar völlig logische, aber doch verblüffende Nebeneffekte. Einige davon seien hier aufgezählt, damit man sich schon eine Vorstellung davon machen kann, was so alles auf einen zukommt.

Kochen und Essen

Man stelle sich einfach vor, man lebe im Gefrierfach seines Kühlschranks, dann weiß man schon so ziemlich Bescheid. Alle Konserven sind gefroren, die Suppe will nicht aus der Dose, desgleichen die Leberwurst oder die Marmelade. Alles muss vor Genuss aufgetaut werden. Mit Margarine, Honig oder Butter kann man Scheiben einschlagen. Getränke wie Saft oder Bier lassen sich ebenfalls recht schwer genießen. Das Dauergefrieren hat allerdings auch nicht zu unterschätzende Vorteile: Hat man seinen Topf Erbsensuppe z. B. nicht leergegessen, so stellt man ihn halt für kurze Zeit nach Draußen und kann dann den Topf inklusive Suppe auf den Dachgepäckträger werfen. Abends taut man den „Block" halt wieder auf. Genauso geht's mit Fleisch oder Fisch. Große Fische muss man dann allerdings, damit man sie in die Pfanne bekommt, erst zersägen.

Trinkwasser macht überhaupt keine Probleme. Der Schnee ist in Lappland meist so sauber, dass man eigentlich überall einen Topf füllen kann. Es gibt auch kaum andere Möglichkeiten, da Flüsse, Seen und Quellen ja zugefroren sind und das Wasser im Kanister recht schlecht stückweise abzufüllen ist. Wichtig ist, dass man daran denkt, dass Schneewasser Ähnlichkeit mit destilliertem Wasser hat, also recht arm an Mineralien und Salzen ist. Also stets etwas Salz ins Kaffeewasser, das schmeckt dann auch viel besser!

Waschen und Hygiene

Was jetzt kommt, kann man sich nach der Lektüre des Kochkapitels schon denken: Natürlich ist wieder alles gefroren. Gilt besonders für Haarshampoo und Zahnpasta. Natürlich auch für das Waschwasser. Glücklicherweise ist es im Winter hier oben recht schwierig, wirklich schmutzig zu werden. Die Luft ist sauber, Staub gibt es nicht. Mit dem Erdboden kommt man kaum in Berührung, und schwitzen tut man eigentlich recht selten. Ganz von selber schraubt man, nicht zuletzt wegen der Außentemperaturen, das tägliche Waschprogramm ziemlich herunter. Wir haben immer, wenn wir die Gelegenheit hatten, **Hallenbäder** oder Ähnliches aufgesucht und ein „komplettes Reinigungsprogramm" abgezogen. Allerdings schauen die Leute schon etwas komisch, wenn man mit einer Zahnpastatube unter der heißen Dusche steht und darauf wartet, dass sie auftaut, macht aber nichts. Skandinavier sind recht tolerant. Nur als wir einmal unsere Ersatzbatterie mit ins Hallenbad nehmen wollten, weil laut Gebrauchsanweisung die Stromspeicherung erst zu arbeiten anfängt, wenn es eine halbe

Stunde in 20 Grad Zimmertemperatur gestanden hat, da machte man uns Schwierigkeiten. Wir sind dann mit der Batterie unter dem Arm in eine Cafeteria umgezogen.

Lagerfeuer machen

Im Gegensatz zu dem, was man jetzt erwartet, ist das überhaupt nicht schwierig und macht wirklich Spaß. Wir haben fast jeden Abend an einem Feuerchen gesessen und teilweise auch draußen gekocht. Wie im Klima-Kapitel genauer ausgeführt, ist es in Lappland extrem trocken. Das macht die Temperaturen so leicht erträglich. Man findet also stets knüppeltrockenes Feuerholz, und man kann auch relativ dicke Äste problemlos anzünden. Der einzige „Spezialeffekt", der auftritt, ist der, dass unter dem Feuer der Boden taut und sich dort eine Schlammgrube bildet, in der langsam, aber sicher das Feuerholz versinkt. Man macht am besten sein Feuer auf einigen dickeren Knüppeln, die das Wegsacken verhindern. Wer, wie wir, auf Lagerfeuer-Romantik nicht verzichten will, der sollte sich einen Campingstuhl o. Ä. mitnehmen und ein dickes Kissen zum Unterlegen. Auf Steinen oder Holzstümpfen wird's doch kalt.

Warm bleiben

Dazu können wir aus eigener Erfahrung berichten: Wir haben eigentlich kaum wirklich gefroren. Man muss in Zentrallappland mit Temperaturen rechnen, die tagsüber so zwischen –10 und –15 °C liegen. Abends und besonders frühmorgens können es aber auch schon mal –25 °C sein.

Wir haben immer lange Unterhosen und langärmelige Unterhemden getragen. Darüber dicke Stoffhosen und mehrere nicht zu dicke (je nach Temperatur) Wollpullover und ordentlich gefütterte Handschuhe (Fäustlinge, darin dünne Fingerhandschuhe); zwei paar Socken, hohe Schnürschuhe (Reißverschlüsse frieren schnell fest) und dicke Pudelmützen mit Ohrenschützern runden das Bild ab. Es ist wichtig, dass man mehrere dünne Sachen übereinander trägt, so ist es einfach, je nach Temperatur, schnell einen Pulli auszuziehen, bevor man anfängt zu schwitzen. Erstmal nassgeschwitzt, beginnt das echte Frieren.

Geschlafen haben wir jeweils in einem mitteldicken Schlafsack (T-Shirt und lange Unterhose angelassen) zu dritt nebeneinander und mit einer großen Decke über alle drei. So haben wir Nachttemperaturen von –35 °C ohne aufzuwachen ausgehalten. Dass es natürlich morgens recht unangenehm ist, das Bett zu verlassen, versteht sich von selbst.

Kamera

Der Leser des Kapitels „Auto im Winter" ahnt sicher schon, wo das Problem mit den Kameras liegt.

Es gibt rein mechanische Modelle, wobei die Zweiäugigen 6x6-Kameras durch ihren fest installierten Spiegel am winterfestesten sind. Dann gibt es Kameras mit elektronischer Belichtungsmessung, die Halbautomaten genannt werden. Diese können noch durch Batterieanwärmen betrieben werden. Bei vollautomatischen sowie den beliebten Digitalkameras wird's problematisch.

● **Batterie:** Die Spitzenprodukte funktionieren meist elektronisch. Der Strom dazu kommt aus einer winzigen Batterie, die bei +25 °C am besten funktioniert. Die Leistung fällt mit der Temperatur. Ganz genau gesagt: von 100 % bei +25 °C auf 0 % bei −30 °C. Natürlich ist es einfacher als beim Auto, sich eine Ersatzbatterie in die Tasche zu stecken, nur das Auswechseln ist eine ziemliche Fummelei.

Um das Batterieübel zu beseitigen, bieten zwei Kamerahersteller (*Ashahi* und *Yashika*) eine simple Lösung an: den Kälteschutzadapter. Batterie und Batteriefachdeckel werden entnommen und durch eine Art Stecker ersetzt. Von dem führt ein meterlanges Kabel zur Batterie, die man dann am Körper tragen kann. Geschickte Bastler können sich ein derartiges Zubehör auch für andere Kameras bauen. Wer Probleme hat, kann uns schreiben. Manchmal hilft auch schon ein warmer Daumendruck auf das Batteriefach.

● **Elektronik:** Nicht nur der Batterie, auch der Elektronik wird's schnell zu kalt. Im warmen Auto ist natürlich auch warme Luft in der Kamera, und die hat eine erhebliche **Luftfeuchtigkeit.** Steigt man jetzt zum Fotografieren aus, wird das Gehäuse schlagartig abgekühlt und – zack – bildet sich Raureif im Kamerainneren, der sich auf den Leiterbahnen niederschlägt und sich in die winzigen Relais schleicht. Die Elektronik fängt dann an zu spinnen und liefert falsche Belichtungen. Die einfachste Abhilfe ist, das gute Stück zuerst in der Tasche zu lassen, bis auch dieselbe abgekühlt ist.

● **Mechanik:** Ein anderes Problem hat man mit der Mechanik. Spiegelreflexkameras haben eine empfindliche Technik mit Hebelchen und Federn, die den Spiegel bewegen. Alle Achsen sind vom Hersteller sorgsam geschmiert worden. Dies Fett wird allerdings bei Kälte steif, genau wie das Motoröl im Auto. Das Ergebnis: Alles geht etwas schwerer.

LAP_134 Foto: ws

Die Scharfeinstellung lässt sich nur mit Mühe bewegen.

Nach Auskünften der großen Hersteller liegen die Kältegrenzen bei -10 °C (bei der elektronischen *Yashica*) bis -40 °C (bei der mechanischen *Canon F1*). Ob die Kameras wirklich bei -30 °C noch einwandfrei funktionieren, muss man selbst testen, auf die Herstellerangaben ist nicht immer Verlass. Dies gilt im Besonderen für Digitalkameras. Mit den Mittelformatmodellen *Mamiya RB 67* sowie der *Hasselblad* und der schon genannten Zweiäugigen *Mamiya* gibt es keine Probleme, da diese auch mechanisch gesteuert werden.

Der zu diesen Monstren benötigte **Belichtungsmesser** kann sehr gut in der Tasche warm gehalten werden. Zum Messen wird er dann kurz rausgehalten.

- **Filme:** Da bei Kälte auch der Film spröde wird, muss man sehr vorsichtig weiterspulen. Auf keinen Fall Winder zum Filmtransport benutzen.
- Man kann natürlich auch die ganze Kamera mit speziellen **Kälteschutztaschen** warmhalten (Hersteller *Göedeke*) oder sich selbst eine Tasche bauen. Heizen kann man solch eine Tasche mit einem Taschenofen, den man in Jagd- oder Angelgeschäften bekommt. Es ist ein Metalletui, in das ein Brennelement gelegt wird, das ohne Flamme und Abgase Wärme produziert. Mit diesen etwa 15 € teuren Geräten kann man aber nicht nur Kamerataschen heizen, sondern auch seine Finger oder Füße oder was sonst noch kalt zu werden droht.
- Mit **Flash- oder SD-Karten** gibt es keine ausgewiesenen Kälteprobleme, außer dem Wechseln der Winzlinge mit steifen Fingern.

Zu Fuß durch Eis und Schnee

Über das Wandern im Sommer wurde in diesem Buch schon gesprochen. Wer auch im Winter zu Fuß durch das Land will, sollte bedenken, dass die meisten Hütten und Übernachtungsmöglichkeiten geschlossen sind. Wer Genaueres wissen will, wende sich an die örtlichen Touristenbüros. Bei kurzen „Spaziergängen" sollte man daran denken, dass es im Winter schnell dunkel wird und man sich deshalb nicht soweit vom Auto entfernen sollte. Im Folgenden noch ein paar kurze Anmerkungen:

Kleidung

Trotz der Kälte schwitzt der Körper bei Wanderungen schon bei kurzen Anstrengungen. Die dabei produzierte Feuchtigkeit darf nicht sofort verdunsten, denn sonst würde dem Körper schnell die Wärme entzogen. Die Verdunstung wird durch die Kleidung beeinflusst. Diese sollte aber nicht völlig dicht sein, denn dann würde die gesamte Feuchtigkeit drin bleiben und die Sachen durchnässen. Nasse Kleidung isoliert nicht mehr genügend. Um diesem Übel abzuhelfen, zieht man zuerst saugfähige Unterwäsche aus Naturfasern an, am besten aus Wolle. Wollsachen haben die Eigenschaft, auch im nassen Zustand noch zu isolieren. Als Oberbekleidung zieht man dann Sachen aus dichtem Gewebe an, allerdings keine Sachen aus Gummi, da diese undurchlässig sind.

Auch im Winter sollte man weite Kleidung engen Sachen vorziehen. Da

Postkartenidylle
(Foto: Wolfram Schwieder)

Buchtipp

- *Rainer Höh:* **Winterwandern,** Praxis-Reihe, Reise Know-How Verlag viel Körperwärme über den Kopf verloren geht, schaffe man sich eine **Pelzmütze** an, am besten mit angenähten Ohrenschützern.

Gummistiefel können auch im Winter getragen werden, wenn sie weit genug sind, um darin zwei Paar Strümpfe anzuziehen. Stiefel mit Reißverschlüssen sind unpraktisch, da diese festfrieren können.

Ernährung

Ein wirksamer Schutz gegen die Kälte ist das Zuführen von Wärme. Dies geschieht u. a. beim Essen. Aus der Nahrung produziert unser Körper wieder Wärme. Um die Wärmeproduktion zu steigern, sollte man mehr Fette zu sich nehmen als im Sommer. Da Fett aber nur langsam umgesetzt wird, sollte man zur Energiesicherung fettreich frühstücken. Kohlehydrate und Proteine, etwa in zuckerhaltiger Nahrung, werden schneller umgesetzt, sind also gut für zwischendurch oder bei Anzeichen von Unterkühlung. Bei Erschöpfung kühlt man schneller aus, also hüte man sich vor Gewalttouren.

Skilaufen

Wer in Lappland vorwärts kommen will, benutzt dazu **Langlaufbretter.** Der Langlaufski ist schmal und hat eine hoch aufgebogene Spitze gegen das Festhaken. Die Unterseite hat nicht selten Rippen, damit man nicht zurückrutscht. Die **Bindung** soll dem Schuh Bewegungsfreiheit lassen. Es gibt zwei Arten von Bindungen. Die heute seltene Drahtzugbindung hatte den Vorteil, dass man mit normalen Wanderstiefeln laufen konnte. Bei Talfahrten wurde der Drahtzug über zwei seitliche Haken gelegt, wodurch die Ferse eine feste Verbindung mit dem Brett bekam. So konnte man den Ski besser lenken. Bei den neueren Bindungen benutzt man Skistiefel, die sich direkt am Brett beweglich befestigen lassen. Wie gesagt, benötigt man aber die entsprechenden Schuhe dazu. Zum Klettern kann man mitgelieferte Steigeisen unter den Ski schnallen; die Samen haben früher Rentierfelle unter ihre Bretter gebunden. Der Schnee oberhalb der Baumgrenze ist fester als in den Tälern und daher leichter zu befahren. Ach ja, **Schneebrille** nicht vergessen!

In Skandinavien gibt es unzählige **Loipen.** Das sind in den Schnee gewalzte Spuren, die den Läufern als Wege dienen. Meist sind sie beschildert, sodass man sich auf ihnen so sicher wie im Sommer auf den Wanderwegen fühlen kann. In großen Wintersportgebieten sind sie beleuchtet. In **Riksgrensen** in Schweden kann man sogar noch im Sommer Skilaufen.

● **Tipp:** Die Langlaufski sollten bei erhobenem Arm bis zum Handgelenk reichen, die Stöcke bis zu den Achseln. Übrigens, die erste metallene Skibindung baute *Fritz Huitfeld* aus Norwegen 1894.

Schneeschuhe

Sie sind selten geworden in Europa, die meisten Leser werden sie ohnehin nur aus Erzählungen kennen. Beim Laufen durch dichten Wald oder anderes unwegsames Gelände sind Schneeschuhe besser als Skibretter,

LAP_136 Foto: ws

man verhakt sich nicht dauernd an irgendwelchen Ästen und kann auch schneller die Richtung wechseln.

Schneeschuhe bestehen im Allgemeinen aus einem rund gebogenen Holzrahmen mit zwei bis drei Querstreben, unter die ein Netz aus Seilen oder Lederstreifen gespannt ist. Snobs verwenden natürlich nur Dur-Aluminium-Rahmen mit Polypropylen-Netzen! Der Stiefel wird im vorderen Drittel mit einer Langlaufski-ähnlichen Bindung befestigt. Hebt man nun seinen Fuß an, klappt der Schneeschuh durch seine Gewichtsverteilung hinten runter. Meist wird der Stiefel mit drei Lederriemen befestigt. Aber hier sind dem Selbstbauer keine Grenzen gesetzt.

Schneeschuhe bekommt man in guten Outdoor-Ausrüstungsläden.

- **Informationen zu den Schneeverhältnissen** in Norwegens Alpingebieten findet man unter www.schneehoehen.de. Ab Anfang November werden zudem auf www.visitnorway.com die aktuellen Schneehöhen in Norwegen bereitgestellt.

Schneeschuhe:
So sehen sie traditionell aus
(Foto: Wolfram Schwieder)

Schlittenhunde

Hunde sind nicht nur zum Bellen da, sondern sie können richtig arbeiten. Zum Beispiel Schlitten ziehen und Gepäck tragen. In allen Wintersportregionen sind Hundeschlittenfahrten buchbar. Man kann sich auf einen Ausflug von wenigen Stunden begeben oder einen Ganztagesausflug unternehmen. Auch mehrtägige Touren mit Übernachtung in der Wildnis stehen bei vielen Anbietern auf dem Programm. Erfahrung im Umgang mit Hundeschlitten ist nicht erforderlich, alle Teilnehmer erhalten eine gründliche Einweisung. Die Saisonzeiten variieren je nach Region, in der Regel reichen sie von Ende November bis April. Veranstalter sind unter anderem:

- *Sven Engholm* aus Karasjok in Norwegen. www.schwarzaufweiss.de/norwegen/engholm.htm, oder www.engholm.no/deutsch/index.htm.
- www.hundeschlitten-norwegen.de
- www.snowtraildogcamp.com

Gespann

Die gebräuchlichste Art in Skandinavien, Hunde einzuschirren, ist der **Nordisk-Style.** Der Vorläufer der Skandinavischen Pulka ist der *Akja,* der boot-förmige Rentierschlitten aus Holz. Die Pulkas sind entweder aus Holz oder aus Fiberglas. Holzschlitten

Buchtipp

- *Thomas Gut:* **Mushing – Hundeschlittenfahren,** Praxis-Reihe, Reise Know-How Verlag

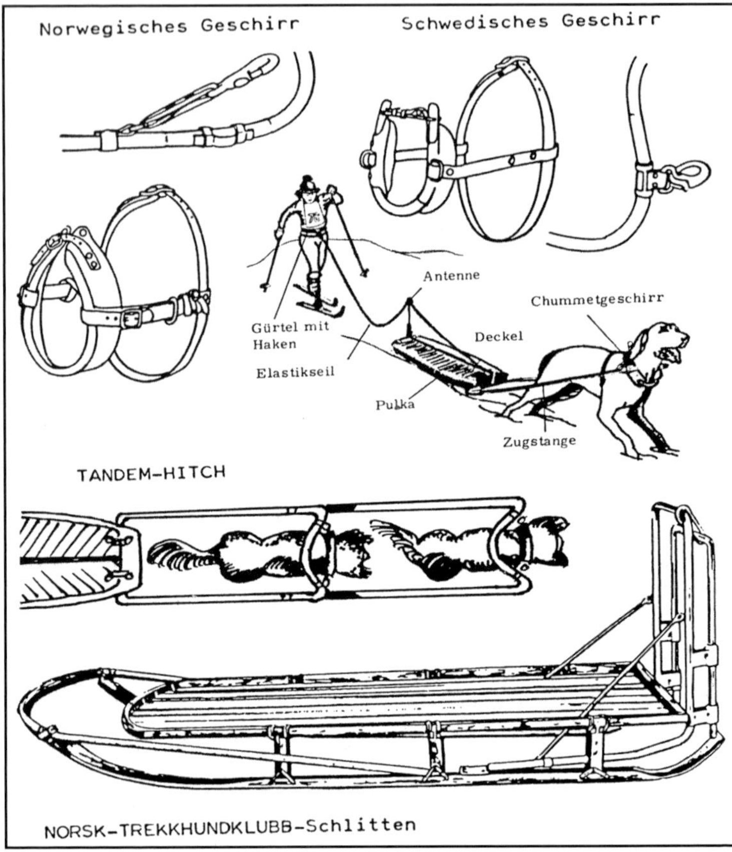

müssen häufig gewachst werden, um die Reibung der Wanne zu vermindern. Glasfiberschlitten gleiten auch ohne Wachs gut, aber sie verkratzen auch schneller und sind dann nicht so einfach zu flicken. Der *Trekkhundklubb-Schlitten* ist aus Eschen- oder Hikoryholz und hat zwei Kufen und eine eiserne Streckbremse.

Der Hundeführer begleitet sein Gespann auf Skiern. Im Gegensatz zu den Indianern und Eskimos haben die Samen schon sehr früh Skier gekannt. Der norwegische Polarforscher *Fridtjof Nansen* zog anfangs seinen Schlitten selbst, erst später setzte er Hunde ein.

Die normale Gespanngröße sind ein bis vier Hunde. Die Tiere laufen im so genannten Tandem-Hitch hintereinander. Sie sind in Chummets aus Leder eingeschirrt, ähnlich wie beim Pferde-Gespann. Die Verbindung zwischen Chummet und Schlitten bilden zwei Stangen aus Glasfiber oder Manila-Rohr.

Vorteile sind die geringe Breite des Gespanns und die bessere Eignung im Tiefschnee (die letzten Hunde benutzen den Pfad der ersten). Außerdem verhindert die relativ starre Verbindung (durch die Glasfiberstangen), dass bei Talfahrten der Schlitten den Hunden ins Kreuz fährt.

Der **Nachteil** bei der Sache ist die eingeschränkte Beweglichkeit der Hunde durch die starren Zugstangen. Auch für hohe Geschwindigkeiten soll diese Gespannart schlecht sein.

Wer gerade kein eigenes Gespann dabei hat, kann bei *Sven Engholm* in *Karasjok* (siehe Orte Norwegen) eins ausleihen. Im Sommer Touren mit Hunden und Packtaschen. Information: Touristinfo Karasjok oder *Bjørn Klauer,* Innset Bardu, Tel. 08984503. Er hat verschiedene Touren im Programm: Jukkasjärvi, Dividal, Altevatn und Dreiländereck.

Schneemobil

Der Motorschlitten, auch „Ski-Doo" oder „Snow-skooter" genannt, wird heute von den Samen benutzt, um im Winter die Herden zusammenzutreiben. Da er im Schnee das schnellste Fortbewegungsmittel ist, nehmen die Skandinavier ihn natürlich auch zum Einkaufen. Leider machen diese Geräte einen Höllenlärm. Es ist etwa so, als würde im Wald ein Motorrad an einem vorbeisausen.

Angetrieben werden die Fahrzeuge von einem luftgekühlten 2-Zylindermotor mit etwa 750 ccm und 30 bis 50 PS. Über eine Fliehkraftkupplung wird eine breite Raupenkette aus Gummi bewegt. Mit einem Motorradlenker bewegt man die beiden vorderen Kufen. Gestartet wird das Ding mit einem Seilzug wie ein Rasenmäher. Manche haben eine Heizung, die Luft vom Motor auf Hände und Füße bläst.

Norwegen hat die Raserei (Rennmobile sind 150 km/h schnell!) für Privatpersonen drastisch eingeschränkt, ein Ausleihen ist also nur in Schweden und Finnland möglich. Bei der Fahrt muss man sein Gesicht vor Austrocknen durch den Fahrtwind bewahren, indem man es dick eincremt. Schnee- oder Sonnenbrille nicht vergessen! Die beste Fahrposition ist mit einem Bein auf der Sitzbank kniend. In stark welli-

1 Zündschloss
2 Seilstarter
3 Gasgriff
4 Bremse
5 Notstopp
6 Lichtschalter
7 Tank
8 Tacho

gem Gelände hält man die Balance am besten stehend. Die abgelatschten Gummiketten sieht man häufig als Fußabtreter vor Haustüren. In Finnland sind Snow-Skooter nicht für den Straßenverkehr zugelassen. Gefahren werden darf nur auf markierten Routen und mit der Erlaubnis der Grundstückseigentümer.

Eisangeln

Dies spielt sich, wie der Name schon vermuten lässt, überwiegend im Winter ab. Natürlich angelt man Fisch, kein Eis. Wichtigstes Requisit ist der **Eisbohrer,** ein dem heimischen Korkenzieher von der Form her nicht unähnliches Instrument. Mit selbigem arbeitet man sich dann beispielsweise durch die einen halben Meter dicke Eisschicht des Sees. Durch das Loch lässt man dann den Haken an einer Schnur hinab und wartet ab.

Die beste Zeit zum Eisangeln ist in Lappland um Ostern, wenn die Sonne schon warm scheint und man auch sehen kann, was man fängt. Die Forellen werden dann durch das ins Bohrloch fallende Licht angelockt.

Wer Lust auf Wasser hat, aber nicht angeln will, der kann sich für das beliebte **Eisloch-Schwimmen** entscheiden. Ein Sport, der in Finnland eine Menge Anhänger hat. In Helsinki steigt man traditionell an Neujahr im Hafen ins eisige Nass. Selbst der alte Präsident tat dies. Das Geheimnis der großen Beliebtheit ist die Ausschüttung körpereigener Betaendorphine, die eine berauschende Wirkung haben können. Die meisten Leute benutzen außer der Badehose/-anzug noch eine Mütze, Gummilatschen und Handschuhe. Das Problem ist der Aus- und Einstieg. Es gibt spezielle Leitern, manche legen zusätzlich alte Teppiche aufs Eis und neuerdings werden geheizte Badematten verkauft. Alles in allem steigert man durch das kurze Eintauchen oder Schwimmen die Abwehrkräfte und man fühlt sich augenblicklich unbesiegbar.

LAP_141 Foto: fh

Im Winter zum Nordkap

Sechs Wochen im VW-Bus – ein Tagebuch

Den ersten Schnee gibt's in Schweden, ca. 100 km hinter Göteborg. Wir haben heute den 14. Februar und rödeln mit unserem VW-Bus Richtung Norden, dem Nordkap entgegen. Zwar sind wir alle schon einmal dort gewesen, aber halt nicht im Winter. Im Sommer, besonders zur Mitternachtssonne, tummeln sich am nördlichsten Punkt Europas Tausende von Touristen, um das Spektakel des immerwährenden Tages zu erleben. Jetzt, Mitte Februar, wird dort kein Mensch sein, es ist sogar fraglich, ob man überhaupt hinkommt.

Genau das wollen Frank-Peter, Ludger und ich herausbekommen. Wir haben den Matsch- und Regenwinter Norddeutschlands satt, einiges Geld gespart und unseren für südliche Temperaturen eingerichteten VW-Bus auf Kälte umgebaut. Jetzt sind wir auf dem Weg nach Lappland und hoffen auf das „echte Wintererlebnis". Draußen ist es –1 °C, im Wagen zwischen +7 °C und +10 °C. Seit kurzem liegt Schnee. Das wurde auch Zeit. Seitdem wir gestern gestartet sind, hat es nur geregnet. Nur Regen ... bis Frederikshaven. Ab Schweden ist es trocken.

27. Februar

Heute haben wir kurz vor Jokkmokk den Polarkreis überschritten. Hinter uns liegen ca. 600 km Schnee und Eis. Eine gigantische, abwechslungsreiche Landschaft, Wälder, deren Bäume so zugeschneit sind, dass sie urigen Gnomen ähneln, gefrorene Wasserfälle und Seen und Elche. Einer rannte so dicht vor unserem Wagen über die Straße, dass ich eine Vollbremsung machen musste, ins Schleudern geriet und prompt wieder im schneegefüllten Straßengraben landete. Viermal sind wir bisher derart im Graben gelandet. Anfänglich hat uns das noch geärgert, mittlerweile haben wir Routine, lachen nur noch, schaufeln uns frei und warten auf den nächsten Lkw oder Schneepflug, der uns wieder herauszieht. Andere Autofahrer sind hier wirklich freundlich. Jeder hält an und versucht zu helfen, wenn man in der Patsche sitzt. Nur so kann der Straßenverkehr bei derartigen Witterungsverhältnissen funktionieren.

Bis auf einen Schneesturm (Dauer: 1 Std.), der unser Auto aber total zuwehte, hatten wir bisher strahlend blauen Himmel, die Sonnenuntergänge übertrumpfen sich allabendlich durch wahre Farborgien. Die Durchschnittstemperatur beträgt tagsüber –2 bis –5 °C, nachts –10 bis –15 °C.

Wir haben uns daran gewöhnt. Bis auf das Schuhwerk ist unsere Bekleidung ausreichend. (Wir haben alle Gummistiefel mit, in die sofort der Schnee hineinfällt, uns helfen Einmachringe, mit denen wir die Hosen um die Stiefel binden. Die Kälte ist hier nicht so unangenehm wie in unseren Breiten. Es ist trocken, so trocken, dass man mit 2-3 Streichhölzern jedes Lagerfeuer anbekommt. (Wir sitzen übrigens fast jeden Abend an einem Feuerchen!) Die Luft ist klar und sauber, man hat einen tollen Fernblick. Wir sind über Strömsund nach Hoting, von hier am Ormsjön entlang bis Strömnäs gefahren. Von hier weiter bis Sorsele und Arvidsjaur. Dieser Ort trägt einen Rentierkopf im Wappen, und wir hoffen, nun endlich Rentiere zu sehen, aber bisher vergeblich. Fährt man von Arvidsjaur auf der 343 weiter nach Norden, überquert

LAP_142 Foto: pr

man nach ca. 150 km den Polarkreis, etwa 10 km vor Jokkmokk.

Hier befinden sich im Sommer zig Souvenirstände, hinter denen „Lappen" in Originaltracht zum Ablichten bereit stehen. Im Winter zeugt lediglich ein blaues Schild „Polcirkeln" von der „wichtigen" geografischen Grenze. Aber nicht nur die Tafel, auch die Landschaft zeigt, dass wir uns jetzt in polarem Gebiet befinden. Die Bäume wachsen nur noch vereinzelt und nicht sehr hoch. Krüppelkiefern und Birken trotzen hier der Natur. Weite, flache Ebenen, Sümpfe zur Sommerzeit, wechseln sich mit Hügeln ab. Schwer vorstellbar, dass hier im Sommer Blau- und Moltebeeren wachsen, dass Mückenschwärme den Aufenthalt außerhalb eines Moskitonetzes zum Spießroutenlauf machen.

28. Februar

Jokkmokk. Obwohl die Gemeinde Jokkmokk ungefähr so groß ist wie Rheinland-Pfalz, wohnen hier nur 7500 Menschen. Seit 1605 wird im Ort einer der größten Samenmärkte Schwedens abgehalten. Als wir kommen, ist er allerdings gerade vorbei, denn er findet jährlich in der ersten Februarwoche statt. Pech! Das bemerkenswerte Museum ist, wie auch die große Holzkirche, geschlossen. Aber wir sehen viele Samen in Tracht. Es gibt, wie in fast allen Orten, nur eine offene Bar (Schnellrestaurant), wo wir einen heißen Kaffee trinken. Hier trifft sich der ganze Ort, es gibt nicht viel zu tun. Die Menschen sind freundlich und wundern sich doch sehr, dass wir freiwillig zu dieser Zeit in den Norden kommen.

Nachts sinkt das Thermometer mittlerweile auf –25 °C, morgens ist unser Auto total zugefroren, in unseren Bärten Raureif.

1. März

Von Jokkmokk geht es weiter nach Porjus, wo wir einen gefrorenen Wasserfall aus blauem und gelbem Eis entdecken. Der Schnee liegt hüfthoch. Über **Gällivare** (von hier kann man mit der Eisenbahn über Kiruna nach Narvik fahren) geht es nach Vittangi. Von hier aus wollen wir einen Abstecher nach Kiruna machen.

2. März

Die Fahrt von Vittangi nach Kiruna ist weniger aufregend, als wir dachten. Kiruna selbst, eine für hiesige Verhältnisse große Stadt, hat immerhin 25.000 Einwohner. Das Stadtbild ist modern. Von hier wird das Erz per Bahn nach Narvik verfrachtet und von dort mit Schiffen exportiert.

Wir lernen einige Schweden kennen, junge Leute wie wir, die uns auf ihre Bude einladen. Wir trinken Bier, rauchen einige

Joints (Dope gibt es wohl überall) und wärmen uns am Kohleofen, dem zentralen Punkt der Wohnung. Draußen sind es −20 °C, es schneit fürchterlich. „Die Temperatur ist eigentlich sehr mild für die Jahreszeit", sagt man uns.

Kiruna besitzt neben einer besonders schönen Holzkirche aus dem Jahre 1912 (im Winter geschlossen) ein modernes Rathaus mit einem originellen Glockenturm. Das begeistert uns allerdings lange nicht so sehr wie das Hallenbad mit Dusche und Sauna. Stundenlang stehen wir unter der heißen Dusche, tauen unsere Zahnpasta und das Haarshampoo auf. Es geht hier etwas freizügiger zu als in deutschen Bädern. Im Duschraum trägt keiner eine Badehose.

3. März

Frisch gewaschen und „aufgeheizt" ging es zurück nach Vittangi und von dort wieder nach Norden, in Richtung finnische Grenze.

Es ist saukalt und schneit. Plötzlich fängt die Karre an zu rucken und steht schließlich. Der Fehler ist schnell gefunden: vereister Vergaser! Wir holen unseren Gasheizstrahler heraus, stellen ihn hinter den Motor und tauen den Vergaser wieder auf. Weiter geht's, aber nur 5 km, dann steht die Karre erneut. Soll einem übrigens bei VW auch in unseren Gefilden schon bei −2 °C und Nieselregen passieren. Wir haben alles Mögliche ausprobiert, ohne dieses Problem wirklich zu lösen. Im schlimmsten Falle muss man halt warten, bis der Vergaser wieder auftaut. Wenn es nicht schneite, gab es keine Probleme. Wir beschließen kurzerhand, einfach zu warten, bis es aufhört zu schneien.

4. März

Morgens um 7 Uhr sind es noch −20 °C, nachts war es schätzungsweise −35 °C. Unser Auto ist total eingeschneit und vereist. Aber der Himmel ist wieder blau, die Sonne scheint, und unser Auto springt nicht mehr an. Allmählich beginnt der Winter Probleme zu machen. Wir schauen nach dem Batteriewasser, es ist fast alle. Zum Nachfüllen müssen wir erst unser Aqua Destilata auftauen. Ein Lkw schleppt uns an, wir rollen wieder.

Bald sind wir in Karesuando, der schwedisch-finnischen Grenze. Sie verläuft parallel zu einem Fluss. Wir müssen auf die finnische Seite, nur dort gibt es eine Straße weiter nach Norden. Man fährt einfach über den zugefrorenen Fluss, im Sommer hätten wir eine Fähre benutzen müssen. Das Zollhäuschen steht in der Mitte des Flusses, wir werden oberflächlich gecheckt, weiter geht's, immer am Ufer des Flusses entlang. Wir sehen endlich die ersten Rentiere, ca. 100 Stück.

5. März

Bei herrlichem Sonnenschein folgen wir dem Fluss Richtung Kilpisjärvi, dem Grenzübergang nach Norwegen. Rechts und links Tundra, weiß und flach. Dann erweitert sich der Fluss fast zu einem See, und vor uns erhebt sich der Saanatunturi, der heilige Berg der Lappen. Im Sommer bin ich ihn mal hinaufgeklettert. Von oben hat man einen weiten Blick über drei Länder: Norwegen, Schweden und Finnland. Das Hotel am Fuß des Berges ist geöffnet. Wir trinken Kaffee, essen Kuchen, erzählen dem Kellner, dass wir zum Nordkap wollen; er hält uns für verrückt.

6. März

Die Fahrt von Kilpisjärvi bis Skibotn am Lyngenford war bisher die eindrucksvollste. Absolute Einöde, kein Baum, kein Strauch. Wir haben Schwierigkeiten, die Steigungen zu überwinden, müssen wieder Schneeketten montieren.

Ab Skibotn geht es bis Alta immer am Meer entlang. Die Landschaft ist grandios, verrückt geformte Berge, erodierte Felsblöcke. Allerdings halten wir den Blick krampfhaft auf die Straße gerichtet. Links geht es fast immer steil abwärts, und die Straße ist sauglatt.

7. März

Die Temperaturen steigen merklich. Wir kommen aus dem Staunen nicht heraus, bis

LAP_146 Foto: pr

uns der Golfstrom einfällt, der hier oben für „Milde" sorgt. Tagsüber sind durchschnittlich +5 °C. Die Straße ist teilweise vereist, teilweise schneefrei. Die Fahrt über den Asphalt tut unseren Schneeketten gar nicht gut. Nachdem die erste gerissen ist, gehen wir dazu über, je nach Straßenverhältnissen die Ketten auf- und abzubauen. Bestimmt 20 Mal am Tag. Das nervt ziemlich, wir hätten doch Spikes mitnehmen sollen.

8. März

Hammerfest ist ziemlich enttäuschend. Es sieht recht dreckig aus, nach all der schneebedeckten Sauberkeit der Landschaft. Also wieder zurück bis Olderfjord und hier, den Porsangerfjord zur Rechten, weiter nach Norden. Man sieht jetzt überhaupt keine Bäume und Sträucher mehr, die Struktur der Berge wird durch den Schnee hervorgehoben, dazwischen rotes Moos. Das Gestein ist durch Wind und Wetter abgewetzt und hat bizarre Formen angenommen.

Von Repvåg geht es mit einer Fähre nach Magerøy, der Nordkapinsel. Von Honningsvåg, dem Hafen, fahren wir weiter bis Skarsvåg, dem nördlichsten Dorf Europas. Von hier sind es noch 15 km bis zum Nordkap, allerdings werden wir die zu Fuß gehen müssen, da die Straße nicht geräumt wird und teilweise 3 m hohe Schneewehen ein Durchkommen mit dem Auto verhindern. In der Nacht fackelt am Himmel Nordlicht. Wir stehen lange draußen und sehen uns das Schauspiel an.

10. März

Ludger und ich machen uns um 6.30 Uhr auf den Weg. Frank-Peter bleibt beim Auto, um etwas zu unternehmen, wenn wir nicht spätestens um 22 Uhr wieder da sind. Wir stapfen die Straße entlang, die teilweise nur durch die links und rechts aufgestellten Wegmarkierungen auszumachen ist. Wenn möglich, kürzen wir Kurven ab, indem wir quer durch's Gelände gehen. Es ist recht warm (+2 °C), aber es pfeift ein ordentlicher Wind. Hier wächst kein Strauch und kein Baum, nur Moose und Flechten, die mit geradezu poppigen Farben für Abwechslung sorgen. Manchmal sind die Hänge schneefrei, manchmal liegen 2-3 m Schnee.

Aber wir kommen voran und haben um 11 Uhr das Nordkap erreicht. Wir haben Blasen an den Füßen und sind ziemlich erschöpft. Die „Nordkaphütte", im Sommer Tummelplatz für Besucher aus ganz Europa, ist verrammelt und verriegelt, ähnelt einem Bunker, bietet aber Schutz vor dem scharfen Wind. Wir machen 1½ Std. Rast, schauen uns die Gischtkronen des 370 m unter uns gegen die steile Felswand prallenden Eismeeres an. Dann machen wir uns wieder auf den Rückweg.

Da wir auf dem Hinweg, der Straße folgend, einen großen Halbkreis gewandert sind, glauben wir den Weg zurück abkürzen zu können, indem wir querfeldein, geradeaus laufen. Das stellt sich schnell als Fehler heraus, da die Straße um einen Fjord herum führt. Wir müssen nun ebenfalls um diese Schlucht herumklettern, aber nicht auf der Straße, sondern durchs Gelände, bergauf, bergab. Das zehrt an den Kräften, und als wir um 16.30 Uhr den Bulli wieder erreichen, sind wir total geschafft.

12. März

Vom Nordkap sind wir am Porsangerfjord entlang nach Süden gefahren. Einen bösen Unfall haben wir auch schon wieder hinter uns gebracht: als wir mit Schwung einen vereisten Hügel hinauffahren, oben eine Kurve ist, wir ins Schleudern kommen und links-rechts, links-rechts gegen die „Bande" knallen. Der Dachgepäckträger fliegt vom Dach, ein Scheinwerfer geht zu Bruch. Aber der Schrecken ist schlimmer.

Von Lakselv sind es noch 100 km durch verschneite Tundra, bis wir wieder die finnische Grenze erreichen. In Karigasniemi biegen wir links ab und folgen dem Grenzfluss nach Norden, bis Utsjoki. Wir dachten, in Utsjoki Samen zu treffen, aber wir werden enttäuscht. Der „Ort" besteht lediglich aus einer Kreuzung, einem Baari (Imbiss) und einer Tankstelle.

Also wieder nach Süden, Richtung Inari. Diese Straße ist so glatt, dass wir auch mit Schneeketten selten schneller als 20 km/h fahren können. Einziger Trost für den überflüssigen Abstecher ist ein riesiger, kaum vorstellbarer, gefrorener Wasserfall.

14. März

Heute haben wir ein Plakat entdeckt, das ein Samenfest in Inari ankündigt. Diesmal sind wir pünktlich gekommen. Es ist übrigens wieder recht kalt geworden, ca. −35 °C in der Nacht, am Tage −20 °C. Wir lernen den Golfstrom zu schätzen. Morgens in Inari traut sich keiner so recht aus dem Schlafsack, deshalb erreichen wir erst um 13 Uhr den „Festplatz" auf dem Inari-See, etwas außerhalb des Ortes. Hunderte von Menschen sind anwesend. Zu 90 % in Samentracht. An der Art der Mützen kann man erkennen, ob es norwegische, schwedische oder finnische Samen sind. Recht anachronistisch sieht es aus, wenn einer eine Spiegelglas-Sonnenbrille zur Tracht trägt.

Auf dem See sind Rentierrennen im Gange. Man läuft nicht gegeneinander, sondern einzeln auf Zeit, das macht das Rennen etwas uninteressant, wenn man von dem lustigen Anblick absieht: An langen Zügeln hängt ein Mann auf Skiern hinter dem Rentier. Besonders begeistert sind die Zuschauer, wenn der „Pilot" in einer Kurve auf die Nase fliegt. Es finden ebenfalls Wettbewerbe im Lassowerfen und Snowscooter-Rennen statt. Gegen Abend hat die ganze Gesellschaft reichlich Alkohol genossen, wir machen die Biege.

Durch verschneite Tundra und Wälder, an vereisten Seen entlang, geht es langsam wieder nach Süden. Man sollte glauben, dass es jetzt langsam wärmer wird, aber weit gefehlt: In Sodankylä erleben wir die kälteste Nacht (ca. −40 °C). Abends bauen wir mittlerweile immer die Batterie aus, morgens wärmen wir sie an, nur so ist das Auto noch zu starten.

16. März

Heute von Rovaniemi (Hallenbad) über Kemijärvi bis Ranua gefahren. Unser Geld geht zur Neige, und wir haben beschlossen, zügig nach Hause zu fahren.

17. März

Ab Oulu, einem Finnischen Hafen an der Ostseeküste, der besonders durch Rock- und Jazzkonzerte bekannt wurde, fahren wir auf der Europastraße 4. Hier an der Küste ist die Temperatur ca. 15 Grad höher als im Inland. Dafür schneit es.

19. März

Wir sind fast nur gefahren und erreichen abends in Turku pünktlich die Fähre nach Kapellskär bei Stockholm. Die Überfahrt durch die eisschollenbedeckte, graue Ostsee dauert 10 Std. Eine angenehme Nachtfahrt mit heißem Bad und Büfett.

20. März

Stockholm im Winter ist schön, zumindest zum Anschauen.

23. März

Wir sind wieder in Deutschland. Haben mit Frühling gerechnet, aber es ist nasskalt und regnet. Wir frieren.

LA_148 Foto: fh

Skandinavien – ein Überblick

LA_149A Foto: fh

LA_149B Foto: fh

Die Schwedenhäuser sind Falun-rot

Der Norweger reist auch heute noch viel mit dem Boot

Finnische Wälder wirken endlos

Überblick

Vor die Wahl gestellt, in diesem kurzen Überblickskapitel nur Namen und Fakten zu referieren oder aber das herauszusuchen, was uns besonders interessant erschien, haben wir uns für letzteres entschieden und dabei bewusst Lücken in Kauf genommen. Keiner der Abschnitte erhebt also den Anspruch auf Vollständigkeit.

Geografie

Norwegen

Norwegen, von den Einheimischen **Norge** genannt, ist etwa 324.000 km^2 groß, wovon rund 24.000 km^2 auf die etwa 150.000 der Küste vorgelagerten Inseln entfallen.

Zu Norwegen gehören neben den Küstennahen Inseln auch die Insel-

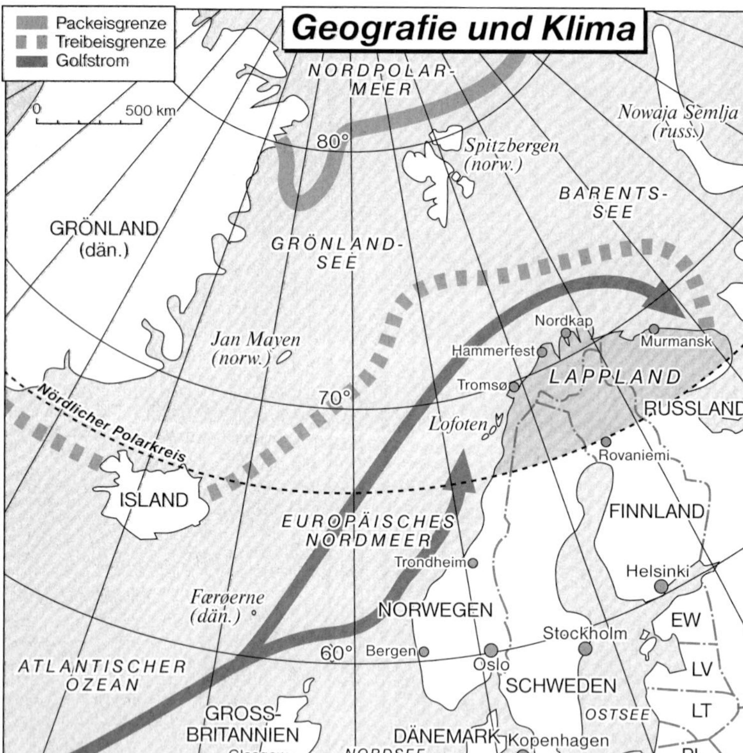

gruppe **Spitzbergen** *(Svalbard)* auf einer nördlichen Breite von rund 80° sowie die dazwischen liegende Insel **Jan Mayen.** Beide zusammen bedecken ein Gebiet von 63.080 km².

Das Land ist 1700 km lang, von 57° 57′ im Süden, bis 71° 11′ im Norden. An seiner schmalsten Stelle ist es nur 8 km breit! Der höchste Berg ist der *Galdhöpiggen* mit 2469 m.

Norwegen hat eine endlos verzweigte, von der Eiszeit geformte **Küstenlinie** auf der einen Seite und 2353 km **Grenze** auf der anderen, davon 1508 km zu Schweden, 729 km zu Finnland und 184 km zu Russland. Nach neuesten Computerberechnungen ist Norwegens Küste 83.300 km lang.

Schweden

Schweden, in der Landessprache **Sverige,** ist mit 450.000 km² das größte der drei skandinavischen Länder.

Das Land reicht von Trelleborg im Süden (55° 20′) bis zum Dreiländereck im Norden (69° 4′). Die **Kaledonische Faltung** bildet das Grenzgebirge nach Norwegen. Die Gletscher der Eiszeit lagerten anstelle des nach Süden geschobenen Bodens verwittertes und losgebröseltes Gestein in den Moränen ab. Diese Moränen sind über das ganze Land verstreut.

Heute sind 57 % des Landes von **Wald** bedeckt. Der höchste Berg ist die *Kebnekaise* mit 2123 Metern. Im Norden, in Lappland, ist das Land sumpfig und moorig.

LA_151 Foto: fh

Finnland

Finnland, das auf Finnisch *Suomen Tasavalta* oder kurz **Suomi** heißt, hat eine Fläche von 338.000 km². Der Küste sind laut Zählung 81.534 **Inseln** vorgelagert. 62.000 **Seen** machen 9,4 % der Gesamtfläche des Landes aus. 9,6 % wird landwirtschaftlich genutzt und 68,4 % sind mit **Wald** bedeckt. Finnland erstreckt sich zwischen dem 60. und dem 70. Breitengrad. Es ist 1160 km lang, 540 km breit und hat 2628 km **Grenze,** davon 729 nach Norwegen, 586 nach Schweden und 1313 km nach Russland.

Finnland ist seit 1997 in fünf **Provinzen** *(lääni)* eingeteilt: Süd-, Ost-, Westfinnland, Oulu und Lappland mit der Provinzhauptstadt Rovaniemi.

Finnland liegt in der **nördlichen Nadelwaldzone,** obwohl es im Südwesten noch einen Eichenwaldgürtel gibt. Geografisch teilt man Suomi in das Küstengebiet, die Seenplatte, das Nördliche Waldgebiet und das Fjellge-

In der nördlichen Nadelwaldzone

biet in Lappland. Der höchste Berg ist der *Haltitunturi* (1328 m). Die Finnen besitzen 6 Nationalsymbole: Das Maiglöckchen, den Barsch, den Singschwan, den Bären, die Birke und den Granit.

Klima

Norwegen

Der **Golfstrom,** der sich entlang der ganzen norwegischen Küste bemerkbar macht, verhilft dem Land zu einem günstigen Klima mit milden Wintern, allerdings auch nicht gerade trockenen Sommern. In Meeresnähe liegen die Niederschlagsmengen durchschnittlich bei 2200 mm im Jahr.

Im Landesinneren, auf den *Vidda* genannten Hochebenen, gibt es richtige „Trockenlöcher". Dort herrscht **Kontinentalklima** mit kalten Wintern und heißen Sommern. Auf der *Finnmarksvidda* fällt 30 cm Regen pro Jahr.

Der norwegische Teil Lapplands fällt überwiegend in die Zone mit kontinentalem Klima. Fährt man allerdings zur Nordkapinsel *Magerøya,* kommt man wieder in den **Seeklimabereich.** Im Winter können hier die Temperaturen um 0 °C liegen.

Die **Durchschnittstemperatur** liegt im Juli zwischen 12 und 15 °C und im Januar zwischen 2 und 0 °C. Im Norden fällt der erste Schnee im Oktober. Wenn es im Herbst in Norwegen langsam kalt wird, beginnt für den Ackerbauer eine bange Zeit. Wenn es nämlich vor den ersten Bodenfrösten anfängt zu schneien, bildet dieser Schnee eine Isolierschicht und der Boden kann nicht mehr frieren. Im Frühjahr taut der Schnee und versickert blitzschnell im porösen Boden. Die einfallende Hitze macht ihn dann knochentrocken, und mit der Aussaat gibt's Probleme. Kommt jedoch im Herbst zuerst Väterchen Frost, friert der Boden hart. Der nachfolgende Schnee bleibt liegen und schmilzt im Frühjahr zuerst. Durch den gefrorenen Unterboden kann das Wasser nicht so schnell absickern, und der Acker bleibt eine Weile weich, so dass der Landmann Zeit zum Herumfuhrwerken hat.

Schweden

Der Golfstrom und die Westwinde verursachen in **Südschweden** ein mildes Klima. Auf Breitengraden, wo es sonst nur Schnee und Eis gibt, können hier noch Getreide und Kartoffeln angebaut werden. Im Sommer liegt die Durchschnittstemperatur bei 22 °C. Im Winter kann es auch schon mal –30 °C kalt werden. Normalerweise fällt 600-1000 mm Niederschlag im Jahr.

Schwedisch-Lappland ist regenärmer als der Rest des Landes und hat ein ähnliches Klima wie Finnland.

Finnland

Suomi gehört zu den Schnee- und Waldzonen mit **kalten Wintern** und relativ **heißen Sommern.** Die Durchschnittstemperatur beträgt z. B. im Januar in *Sodankylä* – 14 °C und im Juli + 14 °C. Aufgrund der trockenen Luft wirken die Temperaturen höher als sie

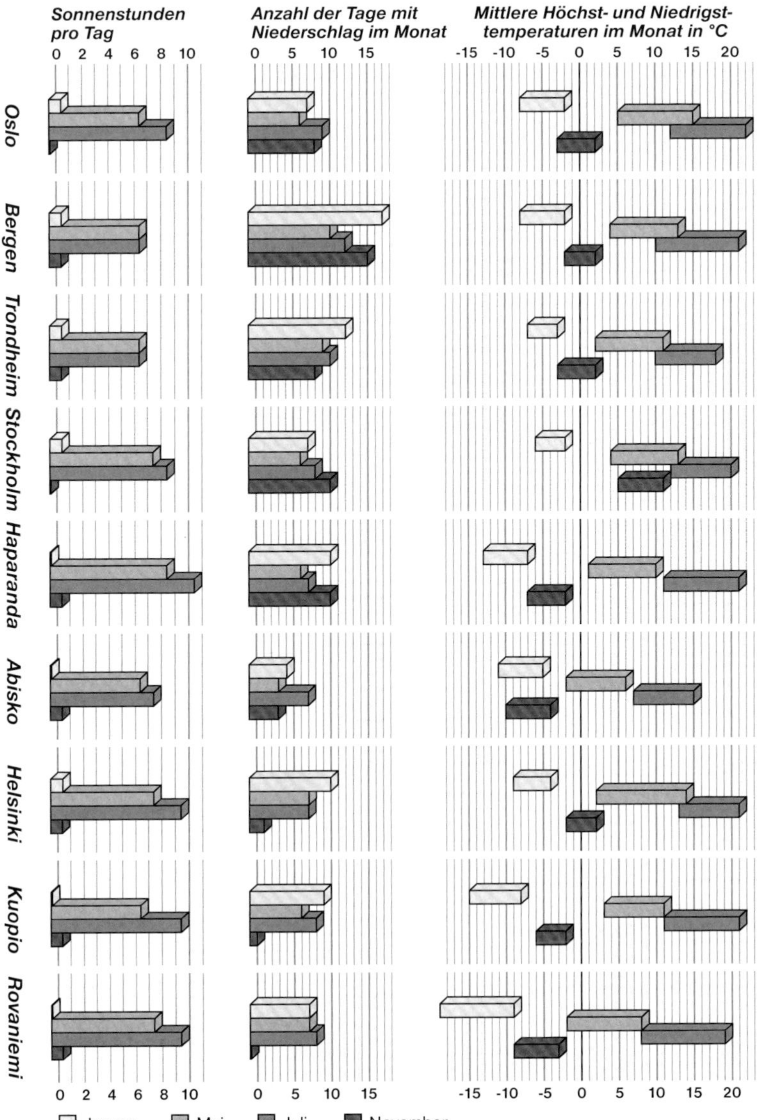
Sonnenstunden pro Tag
Anzahl der Tage mit Niederschlag im Monat
Mittlere Höchst- und Niedrigsttemperaturen im Monat in °C
0 2 4 6 8 10
0 5 10 15
-15 -10 -5 0 5 10 15 20
Oslo
Bergen
Trondheim
Stockholm
Haparanda
Abisko
Helsinki
Kuopio
Rovaniemi
Januar
Mai
Juli
November

in Wirklichkeit sind, allerdings sind sie trotzdem noch 6 Grad höher, als in vergleichbaren Regionen auf diesen Breitengraden. Der wärmste Monat ist der Juli mit einer Durchschnittstemperatur von 20 °C. Es können auch schon mal 30 °C werden.

Im Norden gibt es pro Sommer etwa **70 nachtlose Tage.** Ab Anfang Dezember bleibt der Schnee auch in Süd- und Mittelfinnland liegen, in Südfinnland hat der Tag dann nur noch sechs helle Stunden. Die Schneeschmelze ist in diesen Gegenden Anfang Mai.

Bevölkerung

Norwegen

In Norge leben nur knapp **4,7 Mio.** Menschen, knapp 500.000 davon allein in Oslo. 89 % der Norweger sind evangelisch-lutherisch.

Insgesamt hat es eine **Bevölkerungsdichte** von 14 Einwohnern pro km². (In Deutschland liegt die Dichte bei etwa 225 Menschen pro km².)

In *Siegfried Lenz'* Klangprobe las ich: „Einige allerdings meinen auch alles, was sie sagen, ... es sind die Norweger. Bei ihnen ist tatsächlich jedes Wort Barzahlung. Was ein Norweger sagt, daran kann man sich nicht nur, daran muss man sich halten."

Schweden

Da das Inlandeis erst 6000 v. Chr. abschmolz, konnten Menschen erst zu einer Zeit einwandern, als es in Südeuropa schon blühende Kulturen gab. Heute wohnen ca. **9,1 Mio.** Schweden in Sverige. Auf 1 km² leben im Durchschnitt 20 Menschen. Auch die Schweden sind zu über 75 % evangelisch.

Tucholsky behauptete, es gäbe zwei Völkerstämme in Schweden: „den gefälligen Schweden, einen freundlichen, stillen Mann – und den ungefälligen. Das ist ein stolzer Herr, man kann ihm seinen Eigensinn mit kleinen Hämmern in den Schädel schlagen: er merkt es gar nicht."

Finnland

Es leben hier **5,25 Mio.** Menschen. Die **Bevölkerungsdichte** beträgt 15,5 pro km². 93,3 % sprechen finnisch, 6,5 % schwedisch.

Seit 1923 gibt es die Religionsfreiheit. Heute sind 88 % lutherisch und 1,2 % griechisch-orthodox. Die 55.000 orthodoxen Finnen leben hauptsächlich in Karelien.

Brecht sagte, dass die Finnen in zwei Sprachen schweigen. Heute sprechen sie und zwar gewaltig, denn jeder zweite besitzt ein Handy – das ist die Weltspitze. Der Dirigent *Uhlenius* sagte, die Finnen seien die einzige Nation, die in Moll fröhlich ist.

Buchtipp

- *Ildiko Hamos, Sohlo Ilari:* **KulturSchock Finnland,** Reise Know-How Verlag

Geschichte

Norwegen

Seit der Bronzezeit lebten germanische Stämme in Norwegen. Sie wurden auch Nordmänner, Normannen oder **Wikinger** genannt. Diese Stämme lebten ziemlich verstreut an der Küste und gingen von hier aus auf ihre bekannten Raubzüge. Mehr darüber erfährt man im Wikingerschiff-Museum in Oslo.

Im 9. Jh. trat *Harald Schönhaar* zum Eroberungszug an und machte einen großen Teil der *Jarle,* so nannten sich die Häuptlinge, nieder. Einige flüchteten und siedelten sich in Grönland und Island neu an. Deren verwaistes Reich wurde dann von *Knut dem Großen* im 11. Jh. bezwungen. Dieser führte sich allerdings so übel auf, dass sich die ganzen *Jarle* verbündeten und ihm den Garaus machten. Der neue König hieß dann *Olav,* er war wohl ein angenehmerer Vertreter. Allerdings wurde auch er 1030 von einem heidnischen Bauern ermordet.

Das **Christentum** setzte sich übrigens auch schon Ende des 10. Jahrhunderts durch, allerdings wurden die Wikinger nicht durch Glauben christlich, vielmehr dachten sie bei sich: *„Wenn dieser neue Gott wirklich stärker sein sollte als Odin, ist es besser, sich mit ihm zu verbünden, sonst kann's uns übel ergehen."*

Nach länger dauernden Machtkämpfen zwischen dem Klerus und den *Jarlen,* schloss man sich schließlich unter *Magnus Erlingsson* 1163 zusammen. Eine Pestepidemie raffte allerdings in diesem Jahrhundert auch zwei Drittel der Bevölkerung dahin (1349).

Von 1380 bis 1814 folgte die „Union" mit **Dänemark.** Nach dem Napoleonischen Krieg, 1814, war Dänemark geschwächt, die Norweger nutzten die Gelegenheit, erklärten sich selbstständig und gaben sich eine Verfassung.

Zugleich ging Norge eine **Personalunion mit Schweden** ein, die 1905 friedlich aufgelöst wurde.

Im Ersten Weltkrieg war Norwegen neutral, was im **Zweiten Weltkrieg** nicht mehr gelang. Schon nach zwei Kriegsmonaten wurde es von Hitlers Armee besetzt: Am 9. April 1940 überreichte der deutsche Gesandte *Bräuer* dem norwegischen Außenminister *Koht* ein Ultimatum, das verlangte, den deutschen Truppen keinen Widerstand entgegenzusetzen. Nach der Ablehnung dieses Ultimatums flüchtete *König Haakon VII.* mit seiner Regierung und den gewählten Volksvertretern, dem *Storting,* nach Norden. Die deutsche Armee setzte nach, und *Bräuer* verlangte, den nazitreuen Norweger *Quisling,* (der Name sollte zum Synonym für Verräter werden), als Premierminister einzusetzen. *Haakon* antwortete, er müsse das mit seinem Kabinett beraten und verlas dort folgende Erklärung (hier ein Auszug):

„... Ich kann mich der deutschen Forderung nicht beugen. Das wäre Verrat an allem, was ich für meine Pflicht als norwegischer König halte ... Ich kann *Quisling* nicht zum Premierminister ernennen. Er ist ein Mann, von dem ich weiß, dass weder unser Volk noch seine gewählten Vertreter ihm Vertrauen entgegenbringen. Sollte sich jedoch die Regierung entschließen, dem deutschen Verlangen stattzugeben, und ich verstehe durchaus die Gründe, die einen solchen Schritt rechtfertigen würden – besonders die Gewissheit, dass viele junge Norweger im Krieg ihr Leben lassen müssten –, dann sehe ich für mich keine andere Möglichkeit offen, als abzudanken."

Die Regierung entschloss sich zum Widerstand, floh nach England und kehrte erst 1945 nach Norwegen zurück, wo *König Haakon* stürmisch begrüßt wurde als der Mann, der Norwegen in der größten Krise das Vertrauen zum Überleben gegeben hat.

1945 trat Norwegen der UNO bei, 1949 der NATO.

Schweden

Die bekannte Geschichte beginnt zur Zeit der **Völkerwanderung** im 9. Jh. Die *Wikinger* unternahmen Handelsfahrten bis zum Kaspischen Meer, die allerdings von vielen Handelspartnern auch Plünderungszüge genannt wurden. Eine objektive Geschichtsschreibung gibt es nicht, da damals die Aufzeichnungen von Mönchen gemacht wurden, und die hatten keine gute Meinung von den Nordmännern, da sie ebenfalls wegen ihrer Schätze zu deren „Handelspartnern" gehörten.

Seit dem 12. Jh. tritt Schweden als **geeinigtes Königreich** auf, zu dem auch Finnland gehörte. Mit dem Einzug des Christentums kamen die Bischöfe ins Land. Schon 1164 gab es in Upsala einen katholischen Erzbischof. 1397 wurden alle nordischen Länder in der **Kalmarer Union** vereinigt. Zu Beginn des 16. Jh. gab es kriegerische Auseinandersetzungen mit Dänemark, die sich bis 1815 hinzogen.

Gustav Vasa, der für ein selbstständiges Schweden kämpfte und die Dänen vertrieb, führte 1600 Reformen durch und führte auch den reformierten Glauben ein. Im 17. Jh. wurde Schweden zur **Großmacht.** Nachdem halb Dänemark, Ingermanland, Estland, Lettland und einige norddeutsche Gebiete besetzt waren, wurde die Ostsee praktisch zum Schwedischen Binnengewässer.

1700 gingen Russland, Polen, Dänemark und Norwegen gemeinsam zum Angriff über. Nach dem Tode *Karls XII.* kam es zum Friedensschluss. 1813 „tauschte" man Norwegen gegen Pommern ein und verlor noch Finnland an Russland. Es folgte die Personalunion, die auf norwegischen Wunsch 1905 aufgelöst wurde. Heute ist Schweden ein neutrales Land. Seit dem Ende des Ost-West-Konfliktes hat es seine Wehrausgaben erhöht. Seit 1995 ist Schweden **Mitglied der EU.**

2008 will man nochmal über die Einführung des Euro abstimmen.

Finnland

Zu Beginn unserer Zeitrechnung wanderten die Finnen in das heute als Finnland bekannte Gebiet ein; manche Wissenschaftler behaupten, aus dem Wolgaknie. Im Laufe der Zeit wurde der Kontakt der finnischen Volksstämme mit der Außenwelt immer enger.

Im 12. Jh. begann eine 600-jährige **Union mit Schweden,** die Finnland

Finnischer Krieger mit Speer
(aus: Century Magazine, Ausgabe 38)

unter anderem die skandinavische Gesellschaftsordnung brachte.

Während der **Napoleonischen Kriege** im Jahre 1809 wurde Finnland dem Russischen Reich zugeschrieben. Am 6.12.1917 erklärte es die **Unabhängigkeit** und wurde gleich in einen Bürgerkrieg verwickelt, der ein Jahr später mit der Niederlage der Linken endete. Es folgte eine Zeit des Aufbaus und des Fortschritts.

1939 scheiterten die Gebietsverhandlungen mit den UdSSR, was einen Krieg zur Folge hatte, der nach 100 Tagen mit der Niederlage der Finnen endete. Suomi musste nun größere Gebietsabtretungen hinnehmen. 1941 wurde das Land erneut in einen **Krieg mit Russland** verwickelt, was 1944 wiederum Gebietsabtretungen zur Folge hatte. Diesmal fiel auch *Petsamo* im Nordosten Lapplands mit seinem auch im Winter eisfreien Hafen an die Sowjetunion. Dafür war Finnland eins der wenigen Länder, die im Zweiten Weltkrieg nicht durch fremde Truppen besetzt waren. Allerdings hatte Finnland 1942 acht jüdische Flüchtlinge an die Nazis ausgeliefert. Deshalb bat Ministerpräsident *Lipponen* im Namen aller Finnen bei der jüdischen Gemeinde offiziell um Verzeihung.

Finnland ist seit 1995 **Mitglied der EU** und gehörte von Anfang an zu den **Euroländern.**

Sprachen

In Lappland wird **Norwegisch, Schwedisch, Finnisch und Samisch** gesprochen. Norwegisch und Schwedisch klingen ähnlich, da sie denselben germanischen Ursprung haben. Die Alphabete weisen einige Besonderheiten auf:

æ (nur norwegisch)	=	ä
ø (nur norwegisch)	=	ö
å	=	o (wie in offen)

Diese Buchstaben befinden sich im Alphabet ganz am Ende – wichtig, wenn man in skandinavischen Telefon- oder Wörterbüchern blättert.

Finnisch und **Samisch** wurden durch Einwanderung ins Land gebracht und gehören nicht zu den indogermanischen Sprachen.

Norwegisch

Die ursprüngliche Sprache Skandinaviens begann sich zur Zeit der Wikinger, um 1000, in die einzelnen Sprachen auseinander zu entwickeln.

Da ab 1400 Norwegen unter dänischer Herrschaft war, wurde natürlich als Amtssprache Dänisch befohlen. Selbst nach der Unabhängigkeit von Dänemark (1814), blieb die dänische Sprache in Norwegen. Da nun viele Norweger glühende Patrioten waren, sollte diese „Sprache der Knechtschaft", verschwinden. Dieses wollte der Bauernsohn *Ivar Aasen* erledigen. Er bastelte aus alten norwegischen Dialekten und ländlichen Idiomen das **„Landsmål"** zusammen, das keine dänischen Elemente mehr enthielt.

Nun hatte allerdings auch das verhasste Dänisch bereits eine Wandlung durchgemacht und war durch norwegische Sprachelemente schon derbe unterwandert. Diesem Mischmasch, den ein beträchtlicher Teil der Norweger sprach, wurde nach zähem Ringen auch die offizielle Anerkennung zuteil. Man nannte es fortan **„Riksmål"**, die Sprache des Reiches.

So weit, so gut. Oder besser gesagt, nicht gut. Denn nun entwickelte sich ein fürchterliches Tauziehen zwischen den Anhängern der beiden Sprachen; jeder hielt sein Idiom für das einzig wahre. Dieser Streit ließ beide Parteien nicht ruhen: Das *Landsmål* wurde als **Nynorsk,** das neue Norwegisch, bezeichnet, und auch die Riksmål-Anhänger werkelten weiter an ihrer Sprache herum, bis **Bokmål,** die Sprache der Bücher, draus wurde.

Heute sieht es so aus: Es gibt in Norwegen zum einen *Nynorsk,* zum anderen *Bokmål.* **In der Schule** werden beide Sprachen gelehrt, Hauptsprache ist jeweils die der lokalen Sprachmehrheit. Die Volkshochschulen, die vom dänischen Pfarrer *Grundvig* erfunden wurden, sind allerdings die Hochburgen des *Nynorsk,* das übrigens nur von jedem 10. Norweger gesprochen wird. Manche Zeitungen lassen ihre Artikel **zweisprachig** erscheinen und auch das Fernsehen sendet in beiden Sprachen. Selbst die Formulare der Post sind zweisprachig ausgeführt. Eine der beiden Gruppen fühlt sich aller-

Gievdneguoi'ka ist nur eine Wegekreuzung

LA_160 Foto: fh

dings immer benachteiligt; und so wogt der alte Streit weiter.

Bokmål kann übrigens von Dänen und Schweden gelesen und verstanden werden, *Nynorsk* jedoch kaum.

Schwedisch

Außer im Lande selbst spricht man diese Sprache noch auf den **Ålandinseln** und im **Südwesten von Finnland,** wo auch die Ortsbezeichnungen schwedisch und finnisch sind. Allerdings ist hier die Sprache dialektal gefärbt. Als Finnland noch zu Schweden gehörte, war Schwedisch die offizielle Amtssprache, doch nur die Bewohner der Küstengebiete hielten nach der Loslösung Finnlands an der schwedischen Sprache fest. Immerhin sprechen 300.000 Finnen schwedisch, das sind etwa 6 % der Bevölkerung.

Den ersten Nachweis dieser Sprache fand man auf alten Runensteinen. Dieses **Runenschwedisch,** gegen Ende des 9. Jh. bis Mitte des 13. Jh. gesprochen, entwickelte sich zum **Altschwedisch.**

Lateinische Einflüsse und das durch die deutschen Händler ins Land gebrachte Norddeutsch färbten die Sprache ab 1500 so sehr, dass man sie seit 1531 **Neuschwedisch** nannte. Die erste schriftliche Anwendung war *Olaus Petris* Bibelübersetzung. Zum Schwedischlernen fand ich folgenden Hinweis in *Kurt Tucholskys „Schloss Gripsholm“:*

„Die Schweden sprechen anders deutsch als die Dänen: die Dänen hauchen es, es klingt bei ihnen federleicht, und die Konsonanten liegen etwa einen halben Meter vor dem Mund und vergehen in der Luft, wie ein Gezirp. Bei den Schweden wohnt die Sprache weiter hinten, und dann singen sie so schön dabei ... Ich protzte furchtbar mit meinen zehn schwedischen Wörtern, aber sie wurden nicht verstanden. Die Leute hielten mich sicherlich für einen besonders vertrackten Ausländer.“

Finnisch

Das Finnische gehört zur **Finnisch-Ugrischen Sprachfamilie.** Insgesamt werden diese Sprachen, zu denen auch Samisch und Ungarisch gehören, von etwa 23 Millionen Menschen be-

Uralische Sprachfamilie (vereinfacht)

Finnisch-ugrisch

- Finnisch
- Karelisch
- Samisch
- Estnisch
- Mordwinisch

- Ungarisch
- Wolugisch
- Ostjakisch

Samojedisch

- Permisch
- Syränisch
- Wotjakisch

nutzt. Was wir heute als finnische Sprache bezeichnen, ist eine Mischung aus zahlreichen südfinnischen Dialekten. 6,4 % der Finnen sprechen noch Schwedisch.

Wer mit seinem Sprachführer in Finnland steht und versucht, sich in der Landessprache verständlich zu machen, wird feststellen, dass einen trotzdem keiner versteht; ein Schulterzucken wird die Reaktion sein.

Wie uns berichtet wurde, liegt der Grund in der Erziehung. Dem Finnen wird als Kind beigebracht, seine Muttersprache sei für Ausländer nicht erlernbar. Wenn sie dann doch jemand spricht, ist man zuerst misstrauisch und fühlt sich in seiner Privatsphäre bedrängt. Lernt man einander jedoch näher kennen, schwindet dieses Misstrauen schnell.

Ganz kurz zur **Aussprache** des Finnischen. Die Betonung liegt immer auf der ersten Silbe. Doppelvokale bedeuten lediglich, dass der Vokal gedehnt gesprochen wird.

ie	=	i-e,	wie in Vietkong
ei	=	e-i,	wie in Reinkarnation
eu	=	e-u,	wie in Reunion
ht	=	cht,	wie in Achtung

Wer **Finnisch lernen** will, muss sich auf einiges gefasst machen. „Ausweis" heißt z. B.: *henkilöllisyystodistus. Tuli* heißt Feuer, *tuuli* Wind und *Tulli* ist der Zoll.

Übrigens: V und W werden z. B. im Telefonbuch gleich behandelt.

Samisch

Dies ist die Sprache der Samen. Sie gehört zur Finnisch-Ugrischen Sprachfamilie und umfasst hauptsächlich Begriffe aus der Sprache der Jäger und Fischer. Sie ist sehr alt und entwickelt sich heute nicht mehr weiter. Es gibt darin keine Ausdrücke für technische Dinge, selbst die Teile von Holzbooten sind schon Lehnwörter aus dem Norwegischen, ursprünglich hatten die Samen nur Fellboote.

Die Sprache differiert regional sehr stark. In manchen Gegenden findet man auch die Ortsnamen in der Landessprache und in Samisch. Auch auf Landkarten findet man oft die samischen Bezeichnungen der Berge, Flüsse usw. Einige Orte tragen samische Beschreibungen der Gegend im Namen:

Pastavagge	*Vagge*	= Tal
Arvidsjaur	*Jaure*	= See
Jokkmokk	*Jokk*	= Bach
Saltoluokta	*Luokta*	= Bucht
Lulleelv	*Lulle*	= östlich
Padjelanta	*Padje*	= hoch

Sprachführer

Wer die skandinavischen Sprachen auf leicht verständliche Art lernen möchte, sei auf die Bände der Reihe Kauderwelsch verwiesen, alle erschienen im REISE KNOW-HOW Verlag. Sie sind speziell auf den Reisealltag zugeschnitten (begleitende Tonträger erhältlich):

- **Samisch – Wort für Wort**
- **Schwedisch – Wort für Wort**
- **Norwegisch – Wort für Wort**
- **Finnisch – Wort für Wort**

Literatur und Film

Norwegen

Norwegens bedeutende Dichter sind *Henrik Ibsen, Jonas Lie, Asbjörnson* und später *Knut Hamsun.*

Knut Hamsun

Zu ihm haben die Norweger ein gespaltenes Verhältnis. 1859 wurde *Knut Pedersen* in Lom als Sohn eines Schneiders geboren. Die Familie zog dann nach Hamarøy auf den Hof Hamsund. Knut hielt es dort nicht lange aus, und zog durch die Welt. Schulbildung hatte er keine, aber er konnte lesen, hatte also die besten Voraussetzungen, um die Welt zu erkunden. Zurückgekehrt fing er an zu schreiben: *„Aus dem Geistesleben Amerikas"* war die Abrechnung mit Politik und Kultur dort; in *„Mysterien"*, wird mit dem norwegischen Kleinstadtleben hart ins Gericht gegangen. *„Hunger"* und *„Mysterien"* brachten ihm den Ruf ein, eine völlig neue Erzählform geschaffen zu haben. 1917 erschien *„Markens Grøde"* der Segen der Erde, das *Hamsun* den Segen des Nobelpreises (1920) brachte. Alle Werke zeichnen sich durch analytische Menschenbeobachtung und Heimatverbundenheit aus. Doch dann geschah das, was die Norweger ihm bis heute nicht verziehen haben: 1935 schlug er sich auf die Seite der Nazis. Unter anderem beschimpfte er *Tucholsky* und bezichtigte ihn der niedrigsten, dumpfsten Dummheit. Außerdem begrüßte er den Überfall der Nazis auf Norwegen und schrieb antisemitische Schriften. Man reagierte fassungslos. Er wurde in Norwegen zur Unperson erklärt, später interniert und in eine Heilanstalt zwangseingewiesen. Im Alter von 80 Jahren verließ er seine Frau, söhnte sich allerdings mit 91 Jahren wieder mit ihr aus.

Seine Romane sind allerdings frei von Volkshetze. 1992, 40 Jahre nach *Hamsuns* Tod, versuchte der *König Harald V.* in Hamaröy eine Rehabilitation des großartigen Schreibers. Der Stammverlag *Norsk Gyldendal* brachte vor einigen Jahren wieder eine Gesamtausgabe heraus.

In der heutigen Zeit ist im deutschsprachigen Raum **Jostein Gaarder** bekannt geworden, der 1993 mit *„Sofies Welt"* erfolgreich versucht hat, Philosophie vom Elfenbeinturm-Image zu befreien. Der Star in Norwegen jedoch ist **Ingvar Ambjørnsen,** ein Vielschreiber. Lesetipp: *„Ententanz"*.

Film

1988 gelang dem Samen *Nils Gaup* ein überraschender Erfolg mit der Verfilmung einer Sage. In *„Die Rache des Fährtensuchers"* wird geschildert, wie ein junger Same sich gegen die Übergriffe finnischer Banden erfolgreich zur Wehr setzt.

Schweden

Carl-Michael Bellmann

Der Dichter und Volkssänger ist in Schweden allgegenwärtig; er ist so eine Art Volksheld. Geboren wurde er 1740, seinen Lebensunterhalt verdiente er als Sekretär am Hofe des Königs, sein Geld gab er in den Wirtshäusern der Stockholmer Altstadt aus. Hier holte er sich die Inspirationen für seine Dichtung. Das bekannteste Werk ist *„Fredmans Episteln"*, das den Kampf der Armen mit dem Dasein beschreibt, weniger moralisierend, eher frisch, hoffnungsvoll. Alljährlich feiert Schweden seinen berühmten Sohn am 26. Juli.

August Strindberg

1849 geboren und in ärmlichen Verhältnissen aufgewachsen, war *Strindberg* zeitlebens seelisch gefährdet und litt unter einer Psychose. Dadurch sind seine Erzählungen auch so eruptiv, so unmittelbar, dass er auch heute noch von der schwedischen Jugend gelesen wird. Sein erstes autobiografisches Werk war *„Sohn einer Magd"*. 1879 erschien der kritische Gegenwartsroman *„Das rote Zimmer"*. Seinen Lebensunterhalt verdiente er als Journalist. Obwohl der Geschlechterkampf, wie beispielsweise in *„Fräulein Julie"*, sein Hauptthema war, gab er selbst nicht auf, er war dreimal verheiratet. Sein bestes Schaffen lag zwischen 1870 und dem ersten Weltkrieg. Der Mensch in seinen Dramen ringt hauptsächlich mit sich selbst. Strindberg reiste viel, wandte sich zeitweise von der Schriftstellerei ab und fiel in Paris in eine Krise, in deren Folge das *„Inferno"* entstand. Ende des Jahrhunderts aber schrieb er wieder, und zwar dramatischer als zuvor (36 Dramen, z. B. *„Nach Damaskus"*). Der Mensch ringt nun noch mit höheren Mächten. Im **Traumspiel** von 1902 verdoppeln und spalten sich Personen, alles ist möglich, nur der Träumer ist auf die Rolle des Berichterstatters festgelegt. Strindbergs Bühnenwerke waren Wegbereiter der Moderne, variationsreich, intensiv und schwer zu spielen. Er starb 1912 in Stockholm.

Astrid Lindgren

Wer, wie ich noch die Schwarzweißfilme im Fernsehen erlebte, wird die Atmosphäre nie vergessen. *„Die Kinder von Bullerbü"* und *„Kalle Blomquist"* verkörpern einfach Schweden. *„Pippi Langstrumpf"*, *„Karlsson vom Dach"* und *„Ronja Räubertochter"* waren es dann für die nächste Generation, allesamt ins Deutsche übersetzt.

Astrid Lindgren arbeitete als Sekretärin und Übersetzerin. Während ihre Tochter krank war, dachte sie sich 1944 „Pippi Langstrumpf" aus. Das Buch wurde wegen seines subversiven Inhalts zunächst abgelehnt. Später wurde Astrid Lindgren vermehrt politisch tätig. Die Pfarrerstochter, geboren 1907 in Vimmerby, starb 2002 in Stockholm.

Finnland

Aleksis Kivi

Wer etwas über den Alltag der Landbevölkerung lesen will, dem rate ich zu *Aleksis Kivis* Roman *„Die Sieben Brüder"*. Dieses Werk markiert 1870 den Anfang der finnischen Prosa.

Dazu muss man bedenken, dass Finnland über 600 Jahre von den Schweden beherrscht wurde. Schwedisch wurde die Amtssprache und verdrängte das Finnische fast völlig. Wer nicht als ungebildet dastehen wollte, musste Schwedisch lernen. Da dies die Bauern, Handwerker und Landarbeiter nicht konnten, wurde die Kluft zwischen oben und unten immer größer. Die gesamte finnische Kultur war auf dem absteigenden Ast, weil jeder, der dazu gehören wollte, sich an Schweden orientieren musste. Dann kam 1809 der russische Feldzug, nach dem das Land an die Russen fiel. Das war die Stunde der Fennomanen, die nun plötzlich ihre Wurzeln in Finnland zu finden glaubten. Man gründete 1831 die finnische Literaturgesellschaft. Als *Lönnrot* seine *Kalevala* herausbrachte, (siehe Mythologie) witterte man in der Oberschicht sofort Demagogie und erließ 1850 eine Zensur. Die wichtigsten Dichter aus dieser Epoche waren *Runeberg* (1805-1877) und *Topelius* (1818-1898). Diese beiden Herren schrieben jedoch schwedisch.

Nun tritt *Aleksis Kivi* auf die Bühne. Der schrieb nämlich finnisch! 1834 wurde der Schneidersohn *Aleksis Stenvall* in einem Dorf des Kirchspiels Nurmijärvi in der Nähe Helsinkis geboren. Die *Stenvalls* waren keine Schweden, aber zu der Zeit waren schwedische Namen in Mode. Den finnischen Namen für Stein. *Kivi* nahm er später als Pseudonym an. Schulbildung erhielt er durch einen Wanderlehrer, danach ging er nach Helsinki um Schwedisch zu lernen. Die Schule machte ihm keinen Spaß, er war unterernährt, unwillig und hatte Heimweh. Dennoch schaffte er das Examen und las nun die Werke der klassischen Literatur, sofern sie ins Schwedische übersetzt waren. Finnische Bücher gab es so gut wie keine. 1859 schrieb er sich an der Sprachwissenschaftlichen Fakultät der Uni Helsinki ein. Hier begann er auch zu schreiben, immer wieder von Fluchtversuchen aufs Land unterbrochen. Seine Erstlingswerke erweckten die Aufmerksamkeit von *Lönnrot.* Auch die national gesinnte Elite protegierte ihn und versuchte sogar, ihn in die Gesellschaft einzuführen, was aber misslang.

„Die Sieben Brüder“ entstand durch die Hilfe der Gönnerin *Charlotta Lönnqvist,* die ihm das Schreiben in Ruhe ermöglichte. Die Geschichte handelt von Brüdern, die entdecken, dass der geradlinige Lebensweg am Ende doch der einzig gangbare ist, und durch Außenseitertum kein erfülltes Leben möglich ist. Das Vorwärtsstreben gelingt nur durch die Sicherung der materiellen Existenz, wenn etwa das ererbte Haus über dem Kopf abbrennt, dann hilft es auch nicht, wenn man eigentlich nie ein eigenes bauen will, der finnische Winter verlangt einfach ein Dach über dem Kopf.

Durch Tratsch, Frau *Lönnqvist* war 20 Jahre älter als *Kivi,* wurde ihm der Aufenthalt jedoch bald verleidet, ständig von wirtschaftlicher Not getrieben, hochneurotisch, typhuskrank, hatte er 1870 den Lebenswillen aufgegeben. Man brachte ihn zu seinem Bruder aufs Land, wo er 1872 verwirrt starb. Buchempfehlung: *Pertti Lassila, „Geschichte der finnischen Literatur“,* Francke Verlag, Tübingen.

Tove Jansson

Jeder Finne kennt die Kinderbuchautorin, die mit ihren *„Mumins"* die Kinder und Erwachsenen begeistert. Sie starb 2001, aber ihre Figuren, die an Nilpferde erinnern, führen ein Eigenleben. Sie haben es sogar auf finnische Briefmarken geschafft.

Aki Kaurismäki

Ein bekannter Vertreter der Finnischen Kultur ist der **Filmemacher** *Aki Kaurismäki,* der mit seinen melancholischen Filmen, z. B. *„Leningrad Cowboys go America"*, *„Das Leben der Boheme"*, *„I hired a contract killer"* bei uns viel zum Finnlandbild der Kinogänger beitrug. Die skurrilen Gestalten tummeln sich auch in *Jim Jarmuschs „Night on earth"*. Der neue Film von ihm soll ein Stummfilm sein, der auf einem finnischen Klassiker basiert. *Kaurusmäkis* Bruder, *Mika,* ebenfalls Filmemacher, nähert sich seinen Landsleuten eher von der heiteren Seite: 1987 mit *„Helsinki-Napoli, all Night long"* und später mit *„Zombie and the ghost Train"*.

Mythologie

Die Trolle

Die nordische Mythologie ist reich an Fabelwesen. Die bekanntesten sind die Trolle. Ein Troll ist ein übermütiger Unhold, der im Wald oder in den Bergen leben soll. Mal ist er Freund, mal Feind des Menschen. Trolle haben einen großen Appetit, nachts feiern sie in abgelegenen Tälern üppige Gelage. Am Tage treiben sie üble Scherze mit den Menschen. Ihre Stehlsucht ist groß, Gold und Silber besitzen sie reichlich, aber es bedeutet ihnen nicht viel. Trolle können jede Gestalt annehmen, meist tauchen sie in Menschengestalt auf, zuweilen mit Kuhschwänzen. Norwegens Trolle sollen eine öde Insel hinter den Lofoten bewohnen.

Peer Gynt

Norwegens bekannteste Sage ist *Peer Gynt,* nach ihr hat *Henrik Ibsen* 1896 sein gleichnamiges Schauspiel geschrieben.

Der *Peer Gynt* der Sage ist ein Jäger, der in den Bergen Norwegens umherzieht. Dort streitet er sich unter anderem ständig mit den Bergtrollen herum, die ihm die Jagd vermiesen wollen und ihm sogar den Zutritt zur Sennhütte versperren. *Peer* kann sie aber jedes Mal vertreiben. (Kunststück, mit der Waffe in der Hand!) Als ein Troll seine riesige Nase zum Hüttenfenster hereinsteckt, bekommt er von *Peer* sofort einen Kessel heißer Suppe darüber gegossen.

In einer anderen Hütte kommt er gerade hinzu, als vier Trolle die dort nächtigenden Sennerinnen vergewaltigen wollen. Unser Held fackelt auch hier nicht lange, erschießt den einen, erschlägt den nächsten. Während sein Hund den dritten ins Herdfeuer wirft, entkommt der letzte durch den Kamin.

Plakat zur Aufführung von „Peer Gynt";
der Künstler war Edvard Munch

Die nächste Episode spielt zur Weihnachtszeit, wo er zu einem Hof zieht, der jedes Jahr um diese Zeit von Trollen heimgesucht wird. Mit Hilfe seines zahmen, weißen Bären, der schrecklich unter der trollischen Festgesellschaft wütet, gelingt ihm auch hier der Sieg. Im nächsten Frühjahr lässt der Bauer um seinen Hof weiße Fohlen laufen, wodurch die Trolle, die diese Tiere für Ableger von *Peers* Bären halten, in Panik geraten. Dieser Hof soll nie wieder von Trollen heimgesucht worden sein.

Die Edda

Zu Skandinaviens wichtigsten Werken zählt die Edda. Der Name stammt von einer um 1225 verfassten Isländischen Handschrift. Es handelte sich um eine Art Lehrbuch für angehende Dichter und Liederschreiber. Der Verfasser dieser **Prosa-Edda** war ein gewisser *Snorri Sturluson.* Diese Handschrift wurde lange Zeit in Kopenhagen aufbewahrt, wohin sie um 1700 ein Gelehrter namens *Magnússon* in Sicherheit gebracht hatte, bis die Isländische Regierung sie nach ihrer Unabhängigkeit (von Dänemark) zurückforderte. Nach langem hin und her gingen die kostbaren Teile an Island zurück, die letzte Sendung Anfang 1997 mit einem Kriegsschiff. Heute liegen sie in Reykjavik im Schriftinstitut.

Der Name *Edda* wurde später auch für die so genannte **Lieder-Edda** benutzt, eine Handschrift, die man im 17. Jahrhundert wiederentdeckte. Es waren alte Götter- und Heldenlieder.

Vermutlich ist der größere Teil davon im 10. Jahrhundert entstanden. Einige Verse sind von Unbekannten nachträglich eingefügt worden, teils als Ergänzung oder Erklärung. Da man nicht weiß, wer an den Versen manipuliert hat, und warum, ist das Erforschen der Schriften sehr schwierig.

1851 wurden sie von *Karl Simrock* ins Deutsche übertragen. Die Bezeichnung „Lieder" ist etwas irreführend, denn gesungen wurde nicht und Musik gab's auch nicht dazu. (Im Gegensatz zum finnischen Epos, das ursprünglich nur mit Musikbegleitung vorgesungen wurde). *Tolkien* benutzte für seine Helden im *„Herr der Ringe"* Namen aus der Liederedda, nämlich *Gandalf* und die Namen der Zwerge.

Hauptsächlich geht es in der Edda um die Aufzählung der nordischen Götter, ihrer Welten und ihrer Heldentaten. Die Erde, *Midgard* genannt, ist eine Scheibe, die, von der *Midgardschlange* umspannt, auf dem Weltenmeer schwimmt. Außerhalb befindet sich *Utgard,* wo die Riesen wohnen. Das Totenreich *Niflhel,* das von der Göttin *Hel* beherrscht wird, liegt unter der Weltenesche *Yggdrasil.* Im Himmel befindet sich die Burg *Asgard,* die Verbindung ist die die Regenbogenbrücke *Bilförst,* die am Fuße vom Wächter *Heimdall* mit seinem großen Horn bewacht wird.

In *Asgard* wohnen die *Asen,* das Göttergeschlecht. (In Deutschland wohnen sie in jedem Kreuzworträtsel.) An der Spitze steht der Göttervater *Odin* mit seinem achtfüßigen grauen Schimmel *Sleipnir.* Dann haben wir dort den Donnergott *Thor* mit dem Wurfhammer *Mjölnir.* Mit den beiden Raben *Hugin* und *Munin* und den Wölfen *Geri* und *Freki,* die zu *Odin* gehören, sind die Berühmtesten der Sippschaft genannt. Außerdem treibt sich dort der Zwietrachtsäer *Loki* herum.

Am Rande des Himmels haust der Riese *Hymir* und bewacht den ganz großen Metkessel, den er bisweilen für „Göttliche Gelage" ausleiht. Zum Schluss wären noch die *Walküren* zu nennen. Sie standen den von ihnen erwählten Helden im Kampfe bei und führten die gefallenen Krieger nach *Walhall,* wo sie als *Einherier* dem ewigen Kampf frönen dürfen.

In vielen Liedern wird von den Abenteuern *Odins* berichtet, z. B. wie er einmal auf der Erde unerkannt vom finsteren König *Geirröd* zwischen zwei Feuern gefangengesetzt wird. Nach Wochen wird er vom gutherzigen Sohn *Geirröds* befreit und erkannt. Der Vater bemerkt seinen peinlichen Fehlgriff, doch die Reue kommt zu spät. Er stolpert „aus Versehen" in sein eigenes Schwert und stirbt. *Odin* entschwindet, der Sohn wird König, und alle leben glücklich, und wenn sie nicht gestorben sind ...

Ein Teil der Edda wird von den so genannten **Sittengedichten** eingenommen, die ein ganzes Bündel Verhaltensmaßregeln für den Umgang mit Nachbarn, Fremden, Freunden, Frauen, Essen und Alkohol geben.

2002 erschien im Eichborn-Verlag in der Reihe „Die andere Bibliothek" eine neue Übersetzung der Lieder-Edda: „Von Göttern und Helden". Hier hat man versucht, die ganzen nationalistisch gefärbten früheren Übersetzungen zu korrigieren.

Die Kalevala

Die *Kalevala* ist das **finnische Nationalepos.** Der Arzt *Elias Lönnrot* schrieb 1833 bis 1845 in Kajaani auf der Grundlage alter, hauptsächlich karelischer Lieder ein 800 Verse umfassendes Epos, das dem Finnischen Volk nachträglich seine Entwicklungsgeschichte präsentierte und somit zum Aufbau eines Nationalgefühls wesentlich beitrug.

Das Rohmaterial hatte sich *Lönnrot* auf seinen Reisen durch die entlegenen Gebiete Kareliens von den **Skalden** vortragen lassen. Diese berühmten Liedersänger, die früher sozusagen die Zeitung darstellten, hatte er mühselig ausfindig gemacht.

Seine Veröffentlichung erregte auch außerhalb Finnlands viel Aufsehen. In der darauffolgenden Zeit trieben seine Schüler weitere Skalden auf, so dass sich *Lönnrot* an eine Neufassung machte, die 1849 erschien.

In der *Kalevala* wird, wie in der *Edda,* zuerst die Schöpfung der Welt und der Menschen geschildert. *Kalevala* nennt sich der südliche Teil Finnlands, der nördliche, in dem *Louhi* herrscht, Pohjola. Drei Helden *Kalevelas,* der Schmied *Ilmarinen, Lemminkäinen* und der etwas ältliche Zauberer *Väinämöinen* werben um die Tochter *Louhis.* Da *Väinämöinen* schon eine erfolglose

Die abgebildeten Holzschnitte entstammen der finnischen Originalausgabe von 1941

Kahdeskolmatta Runo.

Brautwerbung hinter sich hat, lässt er die anderen vor. *Ilmarinen* schmiedet für das Nordland als Brautgeschenk den *Sampo.* Dies ist nach *Lönnrot's* Darstellung eine Art Wundermühle mit „bunten Deckeln", die Salz, Korn und Münzen mahlt, und damit dem Nordland Wohlstand und Fruchtbarkeit bringt. Nach der Meinung anderer Experten ist der *Sampo* jedoch eine Kultsäule, die mit Fruchtbarkeitssymbolen (bunten Deckeln) geschmückt ist. Auf jeden Fall bringt *Ilmarinen* den Wohlstand, bekommt jedoch die begehrte Tochter erst viel später, nachdem er noch weitere, übermenschliche Aufgaben bewältigt hat. *Lemminkäinen* stirbt bei der von ihm als Brautpreis geforderten Mutprobe und *Väinämöinen* wird wegen seines ho-

Kolmasneljättä Runo.

hen Alters disqualifiziert. Nun bekommt *Ilmarinen* die junge Dame zugesprochen. Bei der Hochzeitsfeier taucht auch unser Freund *Väinämöinen* als Spielmann auf, und plötzlich erscheint auch *Lemminkäinen* (von seiner Mutter wieder zum Leben erweckt) rachsüchtig auf der Szene und tötet den Vater der Braut. Bei der anschließenden Flucht gerät er auf eine einsame Insel, die von schönen Frauen bewohnt wird, und ist verständlicherweise erst mal außer Gefecht gesetzt. Dummerweise gab es auch noch Ehemänner zu diesen Frauen, die von seinem Treiben wenig begeistert waren, so dass er auch von dort wieder flüchten muss.

Bald darauf wird *Ilmarinens* schwer erkämpfte, aber boshafte Frau von ihrem Hirten *Kullervo* ermordet und *Ilmarinen* geht erneut auf Brautsuche.

Eines Tages treffen sich die drei wieder und beschließen, nach Pohjola zu reisen, um den *Sampo* zu stehlen, damit er zur Abwechslung mal ihrem eigenen Land den Wohlstand bringt. Die kühne Tat gelingt, jedoch verwandelt sich *Louhi* in einen Vogel und verfolgt die Diebe.

Bei dem anschließenden Gemetzel geht der *Sampo* zu Bruch, und unsere Helden können nur noch ein paar Scherben nach *Kalevala* retten. Daraufhin sendet *Louhi* Plagen über das Land, die von *Väinämöinen* jedoch bekämpft werden können. Aber auch Zauberer sind nicht unsterblich. Er unterliegt dem christlichen Sohn der *Marjatta* (Jesus) und hinterlässt nur seine **Kantele** (Musikinstrument).

Einen optischen Eindruck der Sage bekommt man durch das Werk *Akseli Gallen-Kalellas*. Er gehörte zu den bedeutendsten Künstlern der Finnischen Nationalromantik. Er wurde 1865 in Pori geboren und starb 1931.

Musik

Klassik

Die wichtigsten Komponisten der Klassik waren *Grieg* und *Sibelius*. **Edvard Grieg** wurde am 15. Juni 1843 in Bergen geboren. Bekanntestes Werk: Bühnenmusik zu *Ibsens „Peer Gynt"*.

Der Finne **Jean Sibelius** wagte sich an die Umsetzung der *Kalevala*. Heraus kam ein gewaltiges, wehmütiges Werk. Später wurde *Sibelius* wegen seiner nationalistischen Grundgesinnung heftig angegriffen, was dazu führte, dass viele Musikfreunde sein Werk ablehnten.

Ein moderner „Klassiker" ist der Finne **Einojuhani Rautavaara.** Er komponiert ungewöhnliche Werke, etwa: „Vögel & Orchester in Cantus Arcticus". In Finnland hat die klassische Musik einen sehr hohen Stellenwert, und es gibt überall Sommerkonzerte mit klassischen Orchestern.

Volksmusik

Für Freunde skandinavischer Volksmusik einige Platten kleinerer Firmen:

- **„Folkeviser"**, Agnes Buen Garnas. *ECM Records.*
- **„Norwegian Fiddling"**, Sven Nyhus. *Shananchie Records (SHA 21003).*

- **„Three Swedish Fiddle“,** Herwin. *Shananchie Records (SHA 21001).*
- **„Finnland, Karelien und Osterbotten“,** *Autogramm (ALLP 229).*
- **„Sami Eatman Duoddariid“,** *Indigenous Records.*
- **„The Art of the Finnish Kantele“,** M. Kontio, E. Sariola, M. Pokela. *ARC Musik (EUCD 1342).*
- **„Springdans Jenta Går På Gulved“,** Lief Sørbye. *ARC Musik (EUCD 1056).*

Samische Musik machen außer der Jazzerin *Mari Boine* die Finnische Gruppe *Angelin Tytöt. Ursula* und *Tuuni Lönsman* beschreiten seit 1992 den Weg zwischen samischer Kultur, politischem Engagement und der puren Lust an der Musik. Anhören kann man sich ihr Erstlingswerk *„Dolla“* oder besser noch *„Giitu“ (MipuCD 204).* Die letzte CD *„Skeaikit“* ist mehr dem Rap verpflichtet. *Ulla Pirttijärvi* führt den Joik zu traditionellem Gesang zurück. Die CD *„Ruossaeanan“* erschien unter der Nummer 0630-19717-2 bei Atrium. Die spezielle Liedform des Joik wird im Kapitel „Die Samen“ näher beschrieben.

Die Kantele

„In jedem (nordkarelischen) Haus an der Wand eine Kantele“, schrieb *E. Lönnrot* 1828 in sein Tagebuch. Dies Instrument, auch **Finnenharfe** genannt, gleicht im Aufbau der Zither. Es hatte ursprünglich 5 Saiten aus Pferdehaar, in der *Kalevala* heißt es dazu: „Mächtig rief des Rosses Mähne“. Diese Saiten wurden über einen Resonanzkörper gespannt, der aus einem ausgehöhlten Birkenast bestand. Später wurde die Kantele vervollkommnet. Man baute einen flachen Kasten aus Birken- oder Fichtenholz mit einer abgeschrägten Seite. Die Bespannung bestand dann aus bis zu 17 Kupfer- oder Stahlsaiten. *Väinämöinen* baute sich in der *Kalevala* eine Kantele aus einem Hechtkiefer und spannte die Haare vom Kieferende zu den Zähnen. Ob man aus solchen kühnen Konstruktionen überhaupt einen Ton herauskriegt ohne „Zauberwisser“ zu sein, konnte ich in Ermangelung eines Hechtkiefers noch nicht testen.

Zum Spielen wird die Kantele auf den Tisch oder die Knie gelegt und mit der rechten Hand gezupft. Mit der Linken können die Saiten gedämpft werden. Gestimmt sind die Saiten: g-a-b-c-d. Die Stimmung liegt zwischen Dur und Moll die Liedbegleitung erfolgt meist in Moll, es gibt Modelle, bei denen sich die Mittelsaite umschalten lässt.

Das Buch zum Instrument: *„Kaneletar, alte finnische Volkslyrik“,* Diederichs Verlag. Bekannte „Kantelisten“ sind das Duo *Eija Kankaanranta* und *Mervi Yli-Vaino* (www.kantele.de).

Tango

Während die Tangobegeisterung in den Jahren nach dem zweiten Weltkrieg in Europa abflaute, blieb der Tango in Finnland immer aktuell. Die argentinischen Stilelemente wurden mit denen der finnischen Volksmusik gemischt. Anstelle des Bandoneons wird das Akkordeon gespielt, und die Texte handeln von der Sehnsucht nach den Wäldern, von Verlust und dem Streben nach Glück in den dunklen Winternächten. Bekannte Komponis-

LA_170 Foto: fh

ten: *Tovio Kärki* (1915-92), *Arvo Koskima*. Man sagt, das Schöne am finnischen Tango sei, dass man ihn auch bei völliger Trunkenheit noch tanzen kann, das geht beim argentinischen Tango mit seinen komplizierten und präzise getanzten Figuren überhaupt nicht.

In Seinäjoki findet alljährlich im Juli ein **Tangofestival** statt, bei dem Tausende auf einer 500 Meter langen Straße tanzen. Der Höhepunkt ist der Wettbewerb zur Tangokönigin und Tangokönig (www.tangomarkkinat.fi).

„Ich mit meiner Braut im Parlamentspark" von *M.A. Nummien* und andere absolute Highlights des Finnentangos gibt es auf dem Sampler *„Tule Tassimaan"* (Komm tanzen) zu genießen. Die CD „Schicksalstango" mit aktuellen Tango-Ohrwürmern kommt mit deutscher Textübersetzung auf den Markt, Direktvertrieb ABLE musik, Berlin, Tel. 030-85727819.

- **„Tule Tanssimaan"**,
  Trikont US-0250.
- **„Tango"**,
  Pedro's Heavy Gentlemen,
  Fazer Musükki, Helsinki (200352).

Pop und Jazz

Zur Popmusik nenne ich nur ein paar ältere Namen: *Terje Rypdal* und *Pekka Pohjola* kommen beide aus dem Jazz. *Rebekka Bakken* ist Norwegens Blues-Hoffnung, die zwar immer mehr zum Pop tendiert, dennoch mit ihren Arrangements und ihrer Band enormes leistet. Die Finnische Gruppe *Piirpauke* spielt Jazz, der durch starken Weltmusik-Einfluss geprägt ist. Auch die norwegisch/schwedische Gruppe *Ruphus* spielt eine charakteristische, skandinavische Musik. *Dave Lindholm* wurde der finnische Hendrix genannt, aber das ist nur eine Legende und passt dem Bluesmusiker nicht. Bei jüngeren Fans beliebt sind *Sagittarius* aus Masi in Norwegen und *Trine Rein,* ebenfalls aus Norwegen. Letztere hatte ihren Durchbruch zuerst in Japan. 1994 sahen japanische Promoter sie bei den Olympischen Winterspielen in Lillehammer auftreten. Seit *Kaurismäkis* Film *„Leningrad Cowboys go America"* hat die Band eine steile Karriere gemacht. Tourneen mit dem Orchester der roten Armee fürten nach New York und Tokio. *Lene Marlin* aus Tromsø ist noch relativ neu im Geschäft. „Playing my game" (Virgin Records) war der Aufsteiger 1999 und „Unforgivable Sinner" die erfolgreichste nor-

Zum Tango braucht man in Finnland ein Akkordeon

wegische Single aller Zeiten. In letzter Zeit machten in Deutschland die Finnen *22 Pisepirkko* nicht nur durch Tourneen, sondern auch als Filmmusiker von sich reden. Die vier finnischen Rocker von *Rasmus* sind ebenfalls schon europaweit aufgetreten. 2006 gewannen die Rocker von *Lordi* den Eurovision Song Contest.

Das größte **Jazzfestival** ist Ende Juni in Stockholm auf Skeppsholmen, Info: www.stockholmjazz.com. Allen Jazzfans empfohlen sei: *Mari Boin* der samische Superstar. Nicht nur seit ihrer Platte mit *Jan Garbarek,* sondern auch solo spannend:

- **„Goaskinviellja"** (Verve/Polydor).
- **„Leahkastin"** (Verve 523889-2).

Sport

Speziell in Finnland haben sich einige skurrile Sportarten etabliert.

- **Päsepallo:** Hat die meisten Anhänger und wird auch in Deutschland gespielt. Es ist die finnische Variante des Baseball, die *Lauri Pihkala* 1907 mit in die Heimat brachte. Die komplizierten Regeln liest man am besten auf der Website www.pesis.de in Deutsch nach.
- Das **Gummistiefel-Weitwerfen** *(Saappaanheitto)* gibt es nun auch bei uns. In Berlin finden Wettkämpfe statt. Der Stiefel wird mit zwei Fingern angefasst und geworfen. Eine ähnliche Disziplin ist der **Handy-Weitwurf.** Manchmal möchte man es selbst auch in der U-Bahn ausprobieren – mit ständig klingelnden fremden Handys!
- **Sumpflaufen,** mit und ohne Stock ist auch eher eine bizarre Volksbelustigung als ernst gemeinte Leibesertüchtigung.
- Die Steigerung ist der **Sumpffußball,** der zumindest wesentlich mehr Anhänger in die Schlammgruben lockt. Die Regeln sind ähnlich, aber technisch wird auf kurze Distanzen gespielt.

Die Wintersportarten sind im Winterkapitel aufgeführt.

Architektur

Häuser

Das Aussehen der Bauten richtet sich von je her nach den vorhandenen Baumaterialien. Und da es Holz in Skandinavien genug gab, wurde natürlich mit Holz gebaut, was allerdings auch Nachteile hatte. Oslo ist z. B. öfter abgebrannt und wurde 1624 nach einer Feuersbrunst an anderer Stelle wiederaufgebaut.

Zum **Hausbau** werden die Stämme eingekerbt und aufeinandergelegt. Dazwischen stopft man Moos zur Isolation. Es gibt auch doppelwandige Konstruktionen mit Sägemehl dazwischen. Die Dächer sind im Norden auch aus Holz, darauf legt man zur Isolation Grasboden. Nicht selten sieht man auf solchen Dächern ganze Bäume wachsen. Im Süden benagelt man die Dächer mit Blech oder legt Teerpappe darauf, wobei man offensichtlich noch nicht geklärt hat, ob es günstiger ist,

LA_171 Foto: ws

die Bahnen längs oder quer zu nageln. Dachpfannen aus Ton, wie bei uns, verwendet man hier nicht, sie halten der Witterung wahrscheinlich nicht stand.

Norwegen

Eine norwegische Spezialität ist der **Stabbur,** ein Holzhaus, das man auf norwegischen Höfen noch oft sieht. Der Stabbur ist ein Speicher, der auf vier oder sechs Felsbrocken ruht, heute oft auf Betonklötzen. Durch diese Bauweise hält man die kleinen Nager und Wühler von den Vorräten ab.

Das obere Stockwerk ist größer als das untere, dadurch kann man auch außen Gegenstände regensicher unterstellen. Außerdem konnten Feinde wegen des Überhangs außen nicht hochklettern. Im Verteidigungsfalle zogen sich die Hofbewohner in den Stabbur zurück. Die quadratische Eingangstür war sehr klein und erleichterte die Verteidigung ebenfalls.

Der erste Stock hat durch den Überhang eine Galerie, auf der im Sommer die Mägde und oft auch die Töchter der Landmänner schliefen. Am Samstagabend wurden sie dann dort zur **„Sonnabend-Freite“** von den Burschen der umliegenden Höfe besucht.

Heute stehen die Stabbur mitunter voll mit alten Sachen, da sich die traditionsbewussten Norweger von keinem Stück trennen, das schon seit Generationen dort liegt.

Schweden

Speziell in Schweden, fallen einem sofort die roten Häuser auf. Dieses **„Ochsenblut-Rot“** ist ein Schutzanstrich, der durch seinen hohen Anteil an Kieselsäure das Holz vor Fäulnis schützt. Anfang des 17. Jh. wurde er in der Bergwerksstadt Falun erfunden. Die gelbliche Abraumerde aus den Kupfergruben wurde bei 800 °C gebrannt. Durch den Eisenanteil färbte sie sich rot. Das entstandene Pulver wurde mit Leinöl und weiteren Bestandteilen gemischt. Die entstandene Farbe ließ die gestrichenen Holzbauten wie Steinhäuser aussehen, was man schick fand. Allerdings schützte dieser Anstrich auch nur etwa 10 Jahre, und so entstanden früher ziemliche Schäden durch Vergammeln. Ein

Stabbur
(Foto: Wolfram Schwieder)

Stabkirche in Hopperstadt
(Foto: Wolfram Schwieder)

Schwede sagte uns, dass dieser Anstrich früher Pflicht war, andernfalls musste der Besitzer eine hohe Steuer zahlen. Das 1866 erlassene Verbot, dass Holzhäuser nicht mehr als zwei Etagen haben dürften, umging man, indem zu unterst eins aus Stein, darauf zwei aus Holz gebaut wurden. In der damaligen Zeit galten weiß-gestrichene Häuser als Zeichen von Reichtum, weil zusätzlich zur Steuer die Farbe aus England importiert werden musste.

Finnland

In der Wikingerzeit lernten die Finnen die **Blockbautechnik,** die mit Kiefernholz als Baumaterial die volkstümliche Baukunst vereinfachte.

Auch hatte das bäuerliche **Wohngebäude** in Finnland einen einheitlichen Grundriss: das Haus war ein Zweistuben- oder Doppelstubengebäude. Zwischen den Stuben war der Flur.

Während in mitteleuropäischen Bauernhäusern – z. B. im deutschen Hallenhaus – Mensch und Vieh unter einem Dach lebten, erhielt in Finnland jede Tierart einen eigenen, separaten Stall. Ferner baute man viele kleine Speicher, u. a. für Fleisch, Getreide, Milchprodukte und Kleider. In den süd- und westfinnischen Dörfern bildeten die Bauernhöfe **viereckige Hofformen.** Außerhalb des Hofes befanden sich wegen der Brandgefahr die Sauna und die Darre. (Diese Beschreibung stammt von *Outi Tuomi-Nikula.*)

Der Hof ist sozusagen eine Stadt für sich. Für den Holzvorrat und die Sauna baute man extra Hütten. Letztere wurde meist sogar als Erstes errichtet.

LA_173 Foto: ws

Dann fallen einem bei den Höfen noch die kleinen **Erdhügel** mit der Tür drin auf. Hinter der Tür liegt ein unterirdischer Stollen, in dem Vorräte gelagert werden. Diese Stollen sind ein natürliches Kühlhaus. Auch heute, wo viele Familien Stromanschluss haben, benutzen noch Leute diese „Keller", da sie billiger als ein Kühlschrank sind.

Stabkirchen/Holzkirchen

Die exotisch aussehenden Holzkirchen findet man in ganz Lappland und in ganz Norwegen. Beim Bau wurden zuerst lange Pfähle in die Erde gerammt, und diese verband man dann mit Querhölzern. Die Anzahl der Pfähle, auch *staver* (Masten) genannt, bestimmte die Form und Größe der Kirche. Auffällig sind auch die Dachkonstruktionen mit ihren vielen, ineinander geschachtelten Gauben. Die **Glocken** hängen meist in separaten Türmen. Dies hat einen technischen Grund. Durch die Schwingungen der Glocken beim Läuten würde nämlich das Holz Schaden nehmen.

Viele Kirchen besitzen **Aufenthaltsräume,** damit sich Besucher von weit her dort aufwärmen können. Im Inneren präsentieren sich die skandinavischen Kirchen alle schlicht. Durch die großen Fenster fällt bei den neueren Kirchen viel Licht ins Innere und macht es irgendwie gemütlich. Ursprünglich gab es allerdings nur wenige, runde Lichtöffnungen in diesen Kirchen. Die Einrichtung ist ebenfalls aus Holz, obwohl sich einige Gemeinden das „Aufpeppen" nicht nehmen ließen. Da tritt man ins Innere und findet sich von marmorner Pracht umgeben. Bei genauerem Hinsehen entpuppt sich dann allerdings alles als aufgemalt.

Seit 2001 gibt es ein staatliches Restaurierungsprogramm mit 398.000 €, das die zum **Weltkulturerbe** gehörenden Kirchen schützen soll. Die Kirchen von Urnes, Nore und Uvdal wurden als Erste restauriert. Hier hatte man erhebliche Schäden an den Fundamenten und Fäulnis in den Balken festgestellt.

Alvar Aalto

Finnlands berühmter Architekt (1898-1976) war nach dem Krieg maßgeblich am Aufbau des Landes beteiligt. Heute zählt man ihn zu den wichtigsten Architekten des 20. Jahrhunderts. Obwohl er stark unter dem Einfluss des Bauhaus-Stils stand, vertrat er später das **Organische Bauen.** Hierbei präsentiert sich die Gesamtform in einem harmonischen Verhältnis zur Natur und bestimmt gleichzeitig alle Unterformen. Die Struktur der Außenfassade z. B. setzt sich im Inneren beim Treppenhaus fort.

Die Bauten zeichnen sich durch eigenwillige Räume aus, die durch senkrechte Linienraster und den Lichteinfall geprägt werden. Diese „Humanisierung der Architektur" hat heute noch Gültigkeit.

Seine wichtigsten Werke, die man sich in Deutschland und Finnland ansehen kann, seien hier kurz aufgezählt:

1944-45	Stadtgestaltung von Rovaniemi
1950-57	Universität in Jyväskylä
1955-57	Häuser im Hansaviertel in Berlin
1958-63	Hochhaus „Neue Vahr" in Bremen
1963-67	Kulturzentrum in Rovaniemi
1968	Bibliothek in Rovaniemi
1967-75	Finnlandia-Haus in Helsinki
1984	Opernhaus in Essen

Das 22-stöckige Hochhaus „Neue Vahr" war mit seinen 61 Metern lange das höchste Gebäude Bremens. Es erinnert in seinem Grundriss an einen Fächer, der sich zum Westen hin öffnet, damit die Bewohner die Abendsonne genießen können, deshalb wurde es auch „Feierabendhaus" genannt. Die jeweils neun Wohnungen pro Etage unterschieden sich alle im Grundriss. Gedacht waren sie für allein lebende Arbeiter. Auf der Rückseite des Gebäudes befinden sich die Fahrstüh-

Der Nobelpreis – eine bedeutende Auszeichnung

Alfred Nobel, 1833 in Stockholm geboren und in Petersburg aufgewachsen, war ein begnadeter Naturwissenschaftler, was ihm Hunderte von Patenten einbrachte. Er selbst war ein Pazifist, konfliktscheu und verachtete Kriege. Das hat ihn jedoch nicht davon abgehalten, das Dynamit zu erfinden. Die Öffentlichkeit zwang ihn nach dem ersten gescheiterten Nitroglycerin-Versuch, seine Manufaktur auf ein Schiff im Mälarsee zu verlegen. 1864 gründete er die *Nitroglycerin AB.* Als er erkannte, dass der Sprengstoff in Verbindung mit Kieselgur gegen Erschütterungen unempfindlich wurde, war die Stunde des Dynamits gekommen, das jedoch, wie er bald feststellte, eine Menge Leid über die Menschheit brachte. Mit dem Gedanken das wiedergutzumachen, bestimmte er 1895, ein Jahr vor seinem Tod, testamentarisch, sein Vermögen aus der Verarbeitung von Explosivstoffen in eine Stiftung zu überschreiben. Diese sollte denjenigen jedes Jahr Geldpreise verleihen, die sich um den Frieden verdient gemacht und der Menschheit den größten Nutzen erwiesen hatten. 1896 starb er in San Remo. In besagtem Testament bestimmte er seinen 26-jährigen Assistenten *Ragnar Solman* zum Testamentsvollstrecker. Ihm verdanken wir letztendlich, dass es den Preis gibt.

Nobels Vermögen war über ganz Europa verstreut, und die Tochtergesellschaften dachten nicht daran, das Geld herauszurücken. Hier wurde *Solman* zum Rächer der Enterbten. Innerhalb von fünf Jahren gelang es ihm, den größten Teil des Geldes, umgerechnet etwa 150 Millionen US Dollar, zu sichern. Wie ich gelesen habe, soll er zuweilen auch unangemeldet in den Büros der Tochterfirmen mit einer Waffe in der Hand aufgetaucht sein und die Herausgabe wichtiger Akten erzwungen haben.

Es vergingen weitere fünf Jahre bis zur ersten Preisverleihung. Nobels Verwandte versuchten, das Testament anzufechten, selbst der König wollte nicht, dass das Geld außer Landes floss. Man hielt Nobel für unpatriotisch und unschwedisch. Norwegen als Verleiher des Preises, galt als ein unzuverlässiger Verbündeter, und schließlich schienen vielen die Kriterien zu schwammig gefasst.

Am Ende aber passierte doch alles so, wie Nobel es wollte. Die Verleihung findet alljährlich am 10.12. in Stockholm und in Oslo statt. Überreicht werden die Preise vom schwedischen König und vom Vorsitzenden des norwegischen Nobel-Komitees. Verliehen werden Preise für Physik, Chemie, Medizin und Literatur. Dazu stiftet das Norwegische Parlament einen Friedenspreis. Außerdem gibt es noch einen von der Schwedischen Reichsbank gestifteten Wirtschaftswissenschaftspreis.

Die Preisverleihung verlief nicht immer ohne Pannen: Der Sizilianer *Quasimodo* erfuhr durch eine undichte Stelle schon einen Tag vorher von seiner Wahl; *Boris Pasternak* sagte ab oder wurde abgesagt; *Knut Hamsun,* der für seinen Alkoholkonsum berüchtigt war, benahm sich unschicklich *Selma Lagerlöf* gegenüber und das, obwohl man ihm den trinkfesten Satiriker *Engström* zur Begleitung mitgegeben hatte.

Ein paar deutsche Preisträger der Literatur zum Schluss: *Theodor Mommsen, Gerhard Hauptmann, Thomas Mann, Heinrich Böll.*

le, zwei Wirtschaftsbalkone und ein Gemeinschaftsraum. Heute steht *Aaltos* höchstes Haus nach einer Sanierung unter Denkmalsschutz.

Wer mehr wissen möchte, wende sich an die **Alvar Aalto Gesellschaft,** Thomas Hammer, Hochvogelplatz 1, 81547 München.

Design

Finnlands großer Architekt *Alvar Aalto* tat sich auch als Designer hervor. Seinen Teewagen aus Buchenholz mit den zwei großen Rädern kann man heute noch kaufen, ebenso seinen Hocker.

Die Finnen **Tapio Wirkkala** und **Eero Aarnio** sind in der Design-Szene ebenso bekannt. *Aarnio* entwarf 1968 den Sessel Bubble Chair, der wie eine gläserne Kugel an einer Kette von der Decke baumelt. Im Sessel kann man sich wie im Mutterleib fühlen oder wie in einer Seifenblase entschweben.

Wie ein Krake aus stoffbezogenen, beindicken Installationsrohren sieht der Sessel *Ekstrem* von *Terje Ekstrøm* aus.

Die **Gestaltung von Glas** spielt eine wichtige Rolle im Design Skandinaviens. Anfang des 20. Jahrhunderts kam man in Südschweden darauf, Künstler zum Entwerfen der Gläser und Vasen einzustellen. Vorher stammten die Formen von den Glasbläsern selbst. Mit diesem Schritt hoben sich die Glasartikel der Glasbläserei *Kosta Boda* von den üblichen Waren ab und wurden ein Erfolg. Viele folgten dann dem Beispiel. Bekannt: Die Vasen mit den naiven Malereien von *Ulrica Hydman-Vallien.* Zum Schmelzen von Glas benötigt man viel Energie. Als 1973 die Ölkrise ausbrach, traf es die Glasindustrie mit voller Wucht, und viele Fabriken schlossen. Später begünstigte dies die kleinen Manufakturen, die man heute an vielen Orten besichtigen kann.

Politik

Schweden, Finnland und Dänemark sind mit den baltischen Staaten in Kontakt getreten. **Drei plus Drei** nennt sich die Koalition, die sich zum Ziel gesetzt hat, innerhalb der EU die gemeinsamen Interessen der Ostsee-Anrainerstaaten besser durchzusetzen. Die ersten informellen Treffen gab es in Vilnius. Nach außen dringt nicht viel, vermutlich hängt man das Ganze nicht an die große Glocke, um sich nicht mit Vorwürfen des Separatismus und der Blockbildung konfrontiert zu sehen.

In den vergangenen Jahren haben die drei Staaten Überlegungen angestellt, ihre Botschaften zusammen zu legen und so nur noch eine gemeinsame skandinavische Botschaft zu etablieren. So ist in Berlin erstmals ein gemeinsames Gebäude entstanden.

Norwegen

Das Land ist in 19 **„Fylker“** eingeteilt, die etwa unseren Regierungsbezirken entsprechen. Diese sind weiter in **„Herreder“** (Verwaltungsbezirke) unterteilt. Dann gibt es noch die **„Bygd“.** Das ist die Dorf- oder Talgemeinschaft, keine künstlich geschaffene Verwaltungseinheit, sondern ein im Laufe der Zeit entstandenes Gefüge.

Norwegen hat eine **konstitutionelle Monarchie. König Harald V.** regiert das Land seit 1991. Die Exekutive wird von der Regierung ausgeübt. Der König erteilt den Auftrag zur Regierungsbildung und bestätigt die Ministerliste des zukünftigen Ministerpräsidenten. Der Monarch muss alle Gesetze sanktionieren, was aber nur ein formaler Akt ist. Ansonsten repräsentiert er nur. Das wichtigste Gremium ist die Nationalversammlung *(Storting)* mit 165 Mitgliedern, die alle vier Jahre vom Volk gewählt wird. Das Parlament darf sich nicht auflösen und es gibt dazwischen auch keine Neuwahlen. Also müssen Koalitionen gebildet werden, was in der Vergangenheit zu Verwirrungen geführt hat und auch zum Verfall des Kabinetts der weltweit geachteten *Gro Harlem Brundtland* (Arbeiter, Konservative, Zentrum).

Ministerpräsident ist Jens Stoltenberg (seit 17.10.2005) von der Norwegischen Arbeiterpartei (AP), Parlamentspräsident ist seit Oktober 2005 *Thorbjørn Jagland* ebenfalls von der AP.

Die aktuelle Parteienlandschaft:

- **Det Norske Arbeiderparti** (AP), sozialdemokratisch - 61 Sitze,
- **Høyre** (H), konservativ - 23 Sitze,
- **Fremskrittspartiet** (FrP), nationalistisch - 38 Sitze,
- **Sosialistisk Venstreparti,** (SV) sozialistisch - 15 Sitze,
- **Kristelig Folkeparti** (KrF), christdemokratisch - 11 Sitze,
- **Senterpartiet** (SP), Landwirte - 11 Sitze,
- **Venstre** (V), liberal - 10 Sitze.

Mehrheitsregierung (87 von 169 Mandaten) aus Arbeiterpartei, Sozialistischer Linkspartei und Zentrumspartei.

Derzeit nicht im Parlament vertreten sind die Grünen und die Kommunisten.

2001 feierte Norwegen die Traumhochzeit des **Kronprinzen Haakon** mit seiner *Mette-Marit*. Von den Royalisten wurde dies mit Argwohn betrachtet, da die zukünftige Königin nicht nur bürgerlich ist, sondern auch ein uneheliches Kind und eine „unschickliche" Vergangenheit hat. Als sie sich in der Öffentlichkeit entschuldigte, legte sich die Aufregung. Spätestens mit der Geburt ihrer gemeinsamen Tochter *Ingrid Alexandra* verzieh ihr die norwegische Bevölkerung.

Norwegen und die EU

Lange Zeit wollten die Norweger von der Europäischen Union nichts wissen. 1972 und 1994 hatte die Bevölkerung gegen einen EU-Beitritt ihres Landes gestimmt. Der Hauptgrund war die Angst, die wirtschaftliche Unabhängigkeit zu verlieren. Norwegen ist eines der reichsten Länder der Welt. Erst nach der Osterweiterung kippte die Stimmung innerhalb der Bevölkerung zugunsten eines EU-Beitritts. Ministerpräsident *Bondevik* rechnet mit einer neuen Volksabstimmung innerhalb der nächsten Jahre.

Schweden

Auch Schweden ist eine **Erbmonarchie** mit **parlamentarischer Regierungsform.** Der König ist Staatsoberhaupt mit ausschließlich repräsentativer Funktion.

Einen König gibt es in Sverige seit dem 15. Jahrhundert. *Gustaf II. Adolf* war ein Hauptakteur des Dreißigjährigen Krieges, *Christian II.* ließ im 16. Jh.

unfolgsame Adelige enthaupten. Ende desselben Jahrhunderts regierte *König Johan III.* mit seiner Frau, die durch ungebührlichen Weinkonsum auffielen. *Carl VI.* soll im 17. Jh. von seiner Frau, *Königin Ulrike* gefordert haben, sie solle ihm Kinder und keine Ratschläge geben. Im 18. Jh. schließlich, wurde *Gustaf III.* in seinem eigenen Opernhaus ermordet.

Soweit die zugegebenermaßen verkürzte und gewiss nicht objektive Geschichte der Könige. Heute regiert **König Carl XVI. Gustaf** das Land, und das tut er gut. Der Herr über rund zehn Schlösser verirrt sich selten in die Klatschspalten der Zeitungen.

Der **Riksdag,** das Einkammerparlament, wird über das Verhältniswahlrecht für vier Jahre vom Volk gewählt. Es hat 349 Mitglieder. Die **Sozialdemokratische Arbeiterpartei (SAP)** stellt seit dem Krieg mit Ausnahme der Zeit von 1976 bis 1982 und 1991 bis 1994 alle Regierungen.

Ministerpräsident *(statsminister)* ist *Fredrik Reinfeldt* (seit 6.10.2006), Reichstagspräsident *(talman)* ist *Per Westerberg* (seit 2.10.2006).

Die Parteienlandschaft

Die schwedischen Parteien werden traditionell in links und rechts eingeteilt: Die Kommunisten und die Sozialdemokraten gehören dem linken Block an, die Moderate Sammlungspartei, die aus dem Bauernbund hervorgegangene Zentrumspartei und die Liberale Volkspartei gehört zum bürgerlichen (rechten) Block. 1988 wurde dieses stabile Kräfteverhältnis durch das Parlament verändert und 1991 zogen erstmals die Christlich-Demokratische Partei und die rechtsradikale Neue Demokratie in den Reichstag ein. Trotzdem lebt das Blockdenken weiter

Zurzeit regiert eine Koalition aus Moderater Sammlungspartei, Centerparti, Liberalen (Folkparti) und Christdemokraten. Die Sozialdemokratische Partei, Linkspartei und die Umweltpartei (Grüne) sind in der Opposition.

Schweden ist seit 1995 **EU-Mitglied.** 2002 wurde eine Kommission einberufen, die sich mit dem **Beitritt zur Eurozone** befasst.

Finnland

Der Staatsmann **Urho Kekkonen** (1900 geboren), wurde 1959 zum Staatspräsidenten Finnlands gewählt, und blieb nach viermaliger Wiederwahl bis zu seinem Rücktritt 1982 im Amt. Er festigte die politische Stellung Finnlands nach dem Zweiten Weltkrieg und schaffte es, gute Beziehungen sowohl zur Sowjetunion als auch zu Westeuropa zu knüpfen. Den sowjetischen Vorschlag, die Finnisch-Russische Grenze zu öffnen, lehnte er allerdings ab. So ein großes Land könne er nicht mehr regieren, war seine Antwort. Unter anderem machte er den Vorschlag einer kernwaffenfreien Zone in Europa und regte die KSZE-Konferenz an.

Suomen Tasavalta – Das demokratische Finnland ist laut Verfassung seit 1917 eine **parlamentarische Republik.** Eine „echte" Verfassung gibt es für die Finnen erst seit 2000, die alte war ein in die Jahre gekommenes Flickwerk. Das Parlament *(Eduskunta)* mit seinen 200 Abgeordneten wird für vier Jahre gewählt. Staatsoberhaupt Finnlands ist der **Präsident,** der in direkter Wahl für 6 Jahre vom Volk gewählt wird. Er ernennt den Premierminister und sein Kabinett, er hat das Recht, Gesetzesinitiativen einzubringen oder sein Veto einzulegen.

Die Regierung wird vom Präsidenten ernannt und entlassen. An ihrer Spitze steht der **Premierminister,** der gleichzeitig Vize-Präsident ist. Seit 2003 ist *Matti Vanhanen* von der Zentrumspartei der Regierungschef. Die Regierung bereitet die Gesetze vor, die der Präsident dann an das Parlament weiterleitet.

Die amtierende Staatspräsidentin *Tarja Halonen* ist die erste Frau, die dieses Amt bekleidet. Die Präsidentschaftswahlen 2000, an der anfänglich sieben Kandidaten teilnahmen, endeten in einer Stichwahl, bei der *Tarja Halonen* ihren Konkurrenten *Esko Aho* mit 51,6 % schlug. Frau *Halonen* wurde 2006 für eine weitere Amtsperiode gewählt. In den letzten Jahrzehnten trugen zwei der drei großen Parteien die Regierungsverantwortung, meist unterstützt von der kleineren Schwedischen Volkspartei RKP. Die Sozialdemokraten (SDP) blieben auch diesmal an der Regierung, während der frühere Koalitionspartner, die konservative Nationale Sammlungspartei (Kok) den Platz für die Zentrumspartei räumen musste. Die Grünen gingen in die Opposition.

Der 2003 gewählte **Ministerpräsident** *Matti Vanhanen* löste *Anneli Jäätteenmaki* ab, die bereits zwei Monate nach den Parlamentswahlen zurücktreten musste, nachdem ihr unlautere Handlungen nachgewiesen wurden. Präsident des Parlaments ist der vorherige Regierungschef *Paavo Lipponen* (SDP).

Eine wichtige Rolle spielen in Finnland die **Gewerkschaften,** denen die Mehrheit der Arbeiter angehört.

1997 unterzeichnete Finnland das **Schengener Abkommen,** das unter anderem die Passfreiheit in den EU-Staaten regelt. Auch das Nicht-EU-Land Norwegen trat bei, so dass es beim innerskandinavischen Grenzübertritt keine Probleme mehr gibt.

Seit 1995 ist Finnland Mitglied der **EU,** der **Euro** wurde 2002 eingeführt. Außenminister *Tuomioja* versicherte mir jedoch beim Gesprächskreis internationaler Politik, dass die Finnen auch weiterhin nach Skandinavien ausgerichtet bleiben werden.

Wirtschaft

Spitzenreiter in Europa sind die skandinavischen Länder, was den **Internetbereich** betrifft. Finnland liegt an der Spitze der Anzahl der Anschlüsse pro Kopf, gefolgt von Norwegen und Schweden. In Schweden bildet die Telefongesellschaft *Telia* auf eigene Kosten die Lehrer aus, die an den Schulen Kindern den Umgang mit dem Netz beibringen sollen.

LA_178A Foto: fh

Norwegen

Das Land gehört weltweit zu den Ländern mit dem höchsten **Lebensstandard.** Die **Arbeitslosenquote** lag 2003 bei 4,7 %, die **Inflationsrate** bei 2,3 %. Das **Wachstum des BIP** erreichte 2005 ein Wachstum von 2,3 %. Das Bruttoinlandsprodukt betrug im selben Jahr rd. 51.500 Euro je Einwohner, die Einfuhren: ca. 54,2 Mrd., Ausfuhren: ca. 99,1 Mrd.

Nur 3 % der Gesamtfläche wird durch **Landwirtschaft** genutzt; angesichts der vielen schroffen und kahlen Felsen ist das aber leicht zu verstehen.

Wald nimmt 26 % der Fläche ein. Damit kommt der **Forstwirtschaft** eine große Bedeutung zu. Da jedoch das meiste Holz zu Zellulose und Papier weiterverarbeitet wird, ist der Exportanteil gering.

Eine wichtige Einnahmequelle ist seit jeher der **Fischfang.** Fisch wurde schon in früheren Jahrhunderten durch Trocknen oder Pökeln haltbar gemacht und exportiert. In den letzten Jahren litt die Fischereiwirtschaft stark unter der Umweltzerstörung.

Norwegens **Handelsflotte** steht in Bezug auf die Größe weltweit an drit-

An bestimmten Tagen werden die Wasserfälle von Trollhättan in Schweden für kurze Zeit nicht durch die Turbinen geleitet. Dann zieht es Scharen von Menschen zu diesem Naturschauspiel

ter Stelle. Die wichtigsten Handelspartner sind die EU-Länder.

Mitte der siebziger Jahre wurde vor der norwegischen Küste **Erdöl** entdeckt, das Ölvorkommen ist seither der eigentliche Motor der Wirtschaft. **Exportiert** werden hauptsächlich Schiffe, Ölplattformen, Öl, Gas, Aluminium und 10 % der überwiegend aus Wasserkraft gewonnenen Elektrizität.

Seit 1995 hat Norwegen keine **Auslandsverschuldung** mehr.

Zurzeit entstehen neue Probleme durch den Schiffsverkehr zu den immer weiter draußen an der Schelfkante liegenden **Ölbohrplattformen,** die eine erhebliche Belastung des fast unberührten Ökosystems darstellen. Außerdem wächst die **Gefahr von Atomunfällen in Nordrussland** und von Schiffsunglücken. Aber auch durch Meeresströmungen angeschwemmte Giftstoffe aus Nordamerika, Europa und Nordasien belasten die Region und gefährden die reichen Fischbestände, die der Bevölkerung Nordnorwegens als Nahrungsgrundlage dienen.

Schweden

Der größte Reichtum Schwedens sind seine **Wälder.** Früher kam dazu noch das **Streichholzmonopol,** das *Ivar Kreuger* fast zum Weltmonopol ausgebaut hätte (Staatskredite gegen Streichholzmonopol).

Heute gehören zu den wichtigsten **Exportartikeln** Schwedens Automobile von *Volvo* und die Flugzeuge der Firma *Saab,* die auch Autos produziert. Dann gibt es noch die *Svenska Kullager Fabriken (SKF),* der weltgrößte Exporteur von Kugellagern. Außerdem sind die Elektrokonzerne um *ASEA (ABB)* und *Electrolux* stark im Export vertreten. Insgesamt ist die schwedische Wirtschaft durch eine geringe Zahl von großen, weltweit tätigen Unternehmen und eine sehr große Zahl von Kleinstunternehmen gekennzeichnet. Deutschland ist seit langem Schwedens größter Handelspartner, gefolgt von den USA und Großbritannien.

Schweden steht als **IT-Nation** an dritter Stelle hinter den USA. Die schwedische Wirtschaft investiert etwa 8 % ihres Umsatzes in die IT und liegt damit in Europa auf dem ersten Platz.

Die starke **Machtkonzentration in der Industrie** wird durch Mehrfachstimmrechtspaketen in den Händen weniger Investorengruppen ermöglicht. Schweden versucht mit aller Kraft, diese Besonderheit auch in der EU beizubehalten.

Die **Landwirtschaft** benutzt etwa 8 % der Gesamtfläche des Landes, allerdings reicht das nur zu einer 80-prozentigen Deckung des Nahrungsmittelbedarfes, der Rest muss importiert werden.

Es gibt erhebliche **Strukturprobleme** im dünn besiedelten Norden des Landes. Trotz umfangreicher Fördermaßnahmen der Regierung gehen dort weiterhin Arbeitsplätze verloren; die Abwanderung in den Süden und in die größeren Städte hält an.

Die **Inflationsrate** lag 2005 bei 0,7 %, das **Wachstum des BIP** bei 3,6 %. Das **BIP** lag 2005 bei 255 Mrd. Euro.

Die **Staatsschulden** werden weiter abgebaut und sanken von 71 % des BIP im Jahr 1998 auf rd. 53 % in 2003.

Energieversorgung

1997 beschloss man den **Ausstieg aus der Kernenergie.** Grundlage hierfür war ein Referendum aus dem Jahre 1980, in welchem sich eine Mehrheit für einen Ausstieg entschieden hatte. Bis dahin wurden 50 % des gesamten Strombedarfs durch 12 Kernkraftwerke abgedeckt. 1999 wurde der erste Kernreaktors bei Malmö stillgelegt, der zweite Reaktor wurde bisher jedoch nicht vom Netz genommen, da eine Unterversorgung befürchtet wurde. Das hat zu Differenzen mit den Kernkraftgegnern geführt.

Finnland

Suomi ist seit 1995 Mitglied der EU. Die übrigen EU-Länder sowie die USA und Russland sind die wichtigsten **Handelspartner,** Deutschland liegt an erster Stelle. Die größten Konzerne sind *Neste* (Chemie), *Kesko* (Handel), *Metsä-Serla* (Papier) und *Nokia* (Elektronik).

Wichtigster Sektor der finnischen Wirtschaft ist der Dienstleistungsbereich, in dem 2006 42 % der Erwerbstätigen beschäftigt waren; in Industrie und Baugewerbe waren es 28 % und in Land- und Forstwirtschaft 8 %. Der traditionelle Schwerpunkt der finnischen Wirtschaft, die Forstindustrie (Papier, Zellstoff, Holz), wird inzwischen deutlich von den verschiedenen Zweigen der Metall-, Maschinenbau- und Elektroindustrie übertroffen.

34 % der gesamten **Waldfläche** sind staatlich, 54 % in Privatbesitz. Der Holzeinschlag ist fast zur Hälfte Kiefer, gefolgt von Fichte. Die **Landwirtschaft** mit etwa 2,5 Mio. Hektar Anbaufläche hat heute auch mit Überproduktion zu kämpfen, obwohl er auf die Küstengegenden beschränkt ist. Wichtige Produkte sind Getreide, Zuckerrüben und Kartoffeln.

Besonderes Gewicht hat immer noch der **Mobiltelefonhersteller Nokia,** obwohl seine früheren hohen Zuwachsraten seit Beginn des neuen Jahrtausends stark gefallen sind. Er trägt jedoch immer noch etwa ein Viertel zu den finnischen Exporten bei.

In den letzten Jahren machte **Tulikivi** von sich reden. Dieser Naturstein, bei uns als **Speckstein** bekannt, speichert sehr lange Wärme. Finnland exportiert 50 % der Jahresproduktion an Kaminen und Öfen, etwa 8000 Stück.

Nach dem Zerfall der UdSSR ging der Export Finnlands dorthin um 60 % zurück, gleichzeitig verbilligten sich auf dem Weltmarkt die Zellulose-Produkte. Dadurch nahmen die **Arbeitslosigkeit** und die Staatsverschuldung zu. In den letzten Jahren steigt der **Handel mit Russland** wieder, der Export nach Schweden ist jedoch mit 11,2 % der Spitzenreiter.

Das Bruttoinlandsprodukt lag 2005 bei 157,4 Mrd. Euro. Die **Arbeitslosenquote** liegt derzeit bei ca. 9 %.

Die Abhängigkeit von Energie-Importen aus Polen und Russland führte zu einer Verstärkung der Nutzung erneuerbarer Energien, so dass Finnland weltweit an der Spitze der **Bioenergienutzer** liegt. Man verfeuert in den Kraftwerken vor allem die Abfälle der Holzindustrie, aber auch Torf.

Der Ausstieg aus der **Kernenergie** gestaltet sich schwierig, da die Regierung sich verpflichtete, den CO_2-Ausstoß auf den Stand von 1990 zu verringern, was durch die Umstellung auf Erdgaskraftwerke nicht machbar ist. Finnland besitzt immer noch vier AKW, die etwa 27 % des Energiebedarfs decken. 2002 wurde mit 107 zu 92 Stimmen der Bau eines weiteren Atommeilers in Eurajoki beschlossen. Das Land hat einen überdurchschnittlich hohen Energieverbrauch, bedingt durch das Klima, die geringe Bevölkerungsdichte und energieintensive Industrien.

Detaillierte Informationen zu allen länderspezifischen Themen findet man beim **Auswärtigen Amt** unter dem Link „Länderinformationen", www.auswaertiges-amt.de.

LA_182 Foto: th

Die Hauptstädte

LA_183A Foto: fh

LA_200A Foto: fh

Konsumtempel

Musikerinnen in Helsinki

Historisches Stockholm: der Cirkus in Djurgården

Überblick

Stockholm und Oslo stehen etwa gleich hoch in der Beliebtheitsskala von Rucksack- und Individualreisenden. Helsinki dagegen erscheint gelassener, von einer bisweilen heiteren Melancholie geprägt, wie man sie heute noch in St. Petersburg findet. Außerdem liegt es nicht direkt auf den wichtigen Reiserouten.

Wir haben die Ortsbeschreibungen der Hauptstädte in diesen Reiseführer aufgenommen (obwohl sie nichts mit Lappland zu tun haben), da es sich wirklich lohnt, eine dieser Metropolen zu besuchen. Wenn man über Land fährt, liegen diese Städte am Weg, und nach zwei Monaten Tundra ist man recht „großstadtlüstern". Außerdem sind die Kunstsammlungen der Hauptstädte echte Publikumslieblinge geworden.

Oslo

Oslo, mit rund 508.000 Einwohnern die größte Stadt des Landes, ist Start- bzw. Endpunkt vieler Nordlandreisen über Norwegen, da hier die großen Autofähren von Dänemark und Deutschland ankommen. Wer Oslo umgehen will, kann von Frederikshavn (DK) nach Göteborg (S) oder Larvik (N) fahren. Ein Besuch Oslos lohnt auf jeden Fall. Im Sommer stellt sich die Stadt „swinging" vor; an jeder Straßenecke, besonders aber entlang der Haupteinkaufsstraße (Karl-Johans-Gate) stehen junge und ältere Musikanten aus aller Welt. Hunderte von Rucksackreisenden bevölkern dann die Stadt. Bis etwa 20 Uhr könnte man Oslo im Sommer mit Amsterdam oder

LA_184 Foto: fh

Kaffistova, ein Platz zum Ausruhen

London vergleichen. Abends entvölkert sich die Stadt allerdings zusehends, das Nachtleben-Angebot ist eher kleinstädtisch, besonders zur Winterzeit. Von März bis Mai treffen sich hier dafür die Sportler. Die berühmte Holmenkollen-Sprungschanze gibt Oslo einen ganz besonders sportlichen Touch.

Zu sehen gibt es vieles, weltberühmt sind die Museen auf der Bygdøy-Halbinsel, der Vigeland-Park und die Munch-Gemälde-Sammlung, aus der im Sommer 2004 zwei Werke des Künstlers gestohlen wurden. Wer kein Museums-Typ ist, findet in den reichlich vorhandenen Grünanlagen ausreichend Gelegenheit, sich zu entspannen (Botanischer Garten in Tøyen).

Stadtgeschichte

Erstmalig wurde, so berichten die Legenden, vom *König Hårdråde* im Jahre 1047 östlich des heutigen Oslo eine Stadt errichtet. Sie entwickelte sich zu einem florierenden **Handelsplatz,** und 1066-93 wurde eine Kirche erbaut (St. Hallvardskirche), deren Ruinen noch heute besichtigt werden können.

Unter *König Håkon V.* (1300) wurde Oslo zur wichtigsten Residenz des Landes, obwohl hier nur 3000 Menschen wohnten. Allerdings war die Stadt nicht einfach zu verteidigen. Aus diesem Grunde legte man gegen Ende des 13. Jh. eine Festung auf dem Akersneset an. 550 Jahre blieb diese Festung **Akershus** intakt. Der Verteidigungswert für die Stadt selbst war aber recht gering, da der Ort sozusagen vor der Festung lag. Im Jahre 1624 löste sich dieses Problem durch einen Großbrand, der das ganze alte Oslo vernichtete, von selbst.

Die neue Stadt wurde nach Plänen des Dänisch-Norwegischen *Königs Christian IV.* an strategisch günstigerer Stelle hinter der Festung gebaut (der Standort des heutigen Oslos). Man gab der neuen Stadt den Namen **Christiania.** Zur Hauptstadt wurde Christiania aber nicht, da durch die Union mit Dänemark der Königssitz in Kopenhagen lag.

1814 wurde diese Verbindung aufgelöst. An ihre Stelle trat die Union mit Schweden. Nun wurde Christiania zur **Hauptstadt.** In dieser Zeit entstanden die meisten repräsentativen Gebäude, wie das Schloss, die Universität, die Börse, das Parlamentsgebäude, mehrere Theater und Museen.

1854 gab es in Oslo die erste **Eisenbahn** und ab 1894 die erste elektrische Strecke.

1917 hatte sich die Stadt zum größten **Schifffahrtszentrum** Norwegens entwickelt.

1924 feierte man das 300-jährige Stadtjubiläum und beschloss, ihr wieder den Namen **Oslo** zu geben (1.1.1925).

1948 wird die Nachbargemeinde Aker eingegliedert, seitdem beträgt das **Stadtgebiet,** von dem nur 20 % bebaut sind (3 % Industrie), 45.344 km². Drei Viertel aller Wohnhäuser wurden nach 1945 erbaut, die meisten davon in den zahlreichen Vororten.

1990 wird der **Friedensnobelpreis** erstmalig im Osloer Rathaus unter den großen Anti-Kriegsbildern verliehen. Das 1950 aus rotem Backstein erbaute Gebäude war wegen seinem funktionalen Stil zuerst umstritten, wurde aber zum Wahrzeichen der Stadt.

Sehenswertes

Es gibt in Oslo ein Überangebot an guten Museen. Einige davon sollte man sich unbedingt ansehen. In der folgenden Auswahl steht in Klammern jeweils der Eintrittspreis, gegebenenfalls für Sommer/Winter. Die Öffnungszeiten ändern sich ständig und variieren an den einzelnen Wochentagen. Auch die Ruhetage sind unterschiedlich. Am besten, man besorgt sich das Infoheft *What's on.* Da stehen die aktuellen Zeiten drin.

Oslo
0
1 km
Sørkedalsveien
Gardeveien
Fagerborggata
Jacob Aalls gate
Majorstua
3
Sorgenfrigata
Schultz gate
Suhms gate
Middelthuns gate
1
Vibes gate
Rosenborggata
Industrigata
Majorstuveien
Sporveisgata
Kirkeveien
Bogstadveien
Gustav Vigelands vei
Madserud allé
Eilert Sunds gate
Josefines gate
Halvdan Svartes gate
2
Nordraaks gate
Tidemands gate
Eckersbergs gate
Løvenskiolds gate
Uranienborgveien
Drammensveien
Frognerveien
Nobels gate
Gyldenløves gate
Skovv. Cam. Coll. vei
Oscars gate
Inkognitogata
Thomas Heftyes gate
Elis. vn.
Parkveien
Bygdøy allé
Colbjørnsens gate
Frederik Stangs gate
Gabels gate
Niels Juels gate
Drammensveien
Wedels vei
Drammensveien
Dr. Mauds gate
E18
Munkedamsveien
10
11
16
15
Dronninghavnvn.
17
18
Huk aveny
Langviksveien
20
21
19

Hauptstädte

Die Wikinger im Museum: Osebergschiff (Foto: Wolfram Schwieder)

Museums-Insel Bygdøy

Das ist eine Halbinsel, die direkt gegenüber vom Hafen liegt und zum Stadtkern Oslos gehört. Hier hat man sechs Museen gebaut, die alle zu empfehlen sind. Am besten erreicht man die Insel mit der Fähre, die im Sommer alle 40 Min vom Hafen (Rathuskai 3) aus verkehren (im Winter Bus 30). Auf der Insel selbst sind alle Gebäude einfach zu Fuß zu erreichen.

• **Norwegisches Volksmuseum,** Museumsvn. 10, www.norskfolke.museum.no, kunst- und kulturhistorische Abteilung, große Lapplandsammlung, 170 Gebäude im Freilichtpark mit kompletter Stabkirche, *Ibsens* Arbeitszimmer (90 NOK).

• **Kon-Tiki-Museum,** direkt am Fährhafen, www.kon-tiki.no, zeigt Floß und andere Gegenstände der Expedition, die *Thor Heyerdahl* 1947 durchführte. Damals segelten er und fünf Freunde von Südamerika über den Pazifik nach Polynesien (50 NOK).

• **Fram-Museum,** direkt am Fährhafen, www.fram.museum.no; die *Fram* ist das Schiff, mit dem *Fridtjof Nansen* 1893-96 zum Nordpol und *Roald Amundsen* 1910-12 zum Südpol reisten. Das Museum wurde um das Schiff herumgebaut. Das Boot ist von *Colin Archer,* der seinerzeit die sichersten Lotsenboote und Yachten überhaupt baute (50 NOK).

• **Wikingerschiffe,** Huk Aveny 35, drei komplette Wikingerschiffe, die vor 100 Jahren in Norwegen ausgegraben wurden; unter anderem das weltberühmte Oseberg-Schiff (50 NOK).

• **Norw. Seefahrtsmuseum,** direkt am Fährhafen, www.norsk-sjofartsmuseum.no, einmalige Auswahl an traditionellen Kleinbooten und Schiffsmodellen (40 NOK).

Sehenswürdigkeiten

Die restlichen Museen sind im ganzen Stadtgebiet verteilt; außer den unten beschriebenen auch noch: Architektur-, Kinderkunst-, Post-, Schlittschuh-, Ski-, Straßenbahn-, Theater-, Widerstands- und Zoll-Museum.

• **Akershus Festung,** Die Burg am Hafen aus dem 14. Jh. wurde 1637-1648 zum Renaissance-Schloss modernisiert.

Hier sind Säle, das Arbeitszimmer des Reichsarchivars Wergeland, die Schlosskirche und das königliche Mausoleum zu sehen. 10-16 Uhr, So 12.30-16 Uhr (50 NOK).

● **Museum Für Moderne Kunst** *(Henie Onstad Kunstsenter),* Høvikodden, www.hok.no, 15 km von Oslo, mit Bus 151 ab Zentrum nach Høvikodden, Malerei des 20. Jh. (80 NOK).

● **Kunstgewerbe-Museum,** St. Olavs Gate 1, norwegisches und ausländisches Kunstgewerbe vom Mittelalter bis heute (25 NOK).

● **Munchmuseum,** Tøyengatan 53, www.munch.museum.no, Bus 29 bis Sørligatan, Bus 20 bis Museum oder U-Bahn bis Tøyen, ein Muss für Expressionismusliebhaber. 10-16 Uhr, Wochenende 11-17 Uhr (65 NOK).

● **Nationaltheater,** vor dem Nationaltheater stehen die Statuen des Dramatikers *Henrik Ibsen* und des Nobelpreisträger *Björnstierne Björnson.*

● **Nationalgalerie,** Universitetsgata 13, www.nationalmuseum.no, das größte Museum Norwegens, hinter der Universität. Sie besitzt eine der größten Sammlungen nationaler und internationaler Kunst, hauptsächlich norwegische Malerei des 17. und 18. Jh. Hier hängt auch das wohl bekannteste Werk *Munchs* „Der Schrei", Di-Fr 10-18, Do bis 19 Uhr, Sa/So 10-17 Uhr, Eintritt frei.

● **Naturhistorisches Museum,** Sarsgate 1, www.nhm.uio.no, zoologische, mineralogische, geologische und paläontologische Abteilung, Di-So 11-16 Uhr, (40 NOK). **Botanischer Garten** ist angeschlossen (Apr.-Sept. bis 20 Uhr geöffnet, sonst bis 17 Uhr, Eintritt frei).

● **Technisches Museum,** Kjelsåsveien 143, www.tekniskmuseum.no, die Entwicklung der Technik in Norwegen von der industriellen Revolution bis heute (80 NOK).

● **Vigeland-Museum und -Anlage (Frogner Park),** eine ganze Skulpturenwelt aus Stein, alles von einem Mann geschaffen. Unbedingt ansehen, einfach überwältigend! Im Vige-

★	1	Vigeland Obelisk (Frogner Park)
Ⓜ	2	Vigeland-Museum
★	3	Majorstua
♜	4	Schloss
ⓘ	5	Touristinformation
Ⓣ	6	Nationaltheater
●	7	Uni
★	8	Nationalgalerie
Ⓜ	9	Kunstgewerbemuseum
●	10	Westbahnhof
★	11	Aker Brygge
●	12	Rathaus
★	13	Fähre nach Bygdøy
Ⓡ	14	D.S. Louise, Tante Olivia
Ⓡ	15	Bord Brasserie
Ⓡ	16	Lofoten Restaurant
Ⓜ	17	Norwegisches Volksmuseum
★	18	Wikingerschiffe
Ⓜ	19	Norw. Schifffahrts-Museum
Ⓜ	20	Kon-Tiki-Museum
Ⓜ	21	Fram-Museum
★	22	Akershus Festung
★	23	Parlament
✉	24	Hauptpost
⛪	25	Domkirche
●ⓘ	26	Hauptbahnhof & Touristinformation
Ⓜ	27	Botanischer Garten / Naturhistorisches Museum
Ⓜ	28	Munchmuseum
Ⓜ	29	Technisches Museum
··Ⓤ··		U-Bahn

land-Museum, gleich neben dem Park, gibt's weitere 1650 Plastiken vom selben Künstler zu sehen. Das Museum war früher das Atelier des Meisters. Im Park steht unter anderem ein 17 m hoher Obelisk aus einem Stück, in den 121 Figuren gemeißelt wurden. Der Park ist das ganze Jahr rund um die Uhr geöffnet (frei). Museum: Nobelsgt. 32, 0268 Oslo Tel. 23493700, www.vigeland.museum.no. Bus 20 und 45, Tram 12 zum Frognerplatz. U-Bahn: Alle westlichen Linien nach Majorstua, Auto: Ring 2 zum Nobelsgate-Parkplatz. Erwachsene: 45 NOK. Oslo card frei. 1.9.-30.5. Di-So: 12-16 Uhr, 1.6.- 31.8. Di-So: 11-17 Uhr.

Holmenkollen-Gebiet

An den Hügeln im Norden der Innenstadt liegt das berühmte Skigebiet Holmenkollen.

● Die **Holmenkollen-Sprungschanze** erreicht man mit der S-Bahn. Auf dem 371 m hohen Berg im Norden Oslos hat man Sommers wie Winters eine herrliche Aussicht auf die Stadt. Die Sprungschanze wurde nicht erst zu den Olympischen Winterspielen 1952 gebaut, sondern schon 60 Jahre vorher. Rund 50 m hoch erhebt sich das berühmte Bauwerk auf dem Berg. Für die nordische Ski-WM 2011 wird eine neue Sprungschanze gebaut, www.holmenkollen.com.

Für die Rast empfiehlt sich das **Holmenkollen-Hotel,** ein verschachtelter Holzbau, der an eine Stabkirche erinnert. Wer dort wohnen will, sollte allerdings mindestens 1500 NOK für das DZ in der Tasche haben.

Daneben liegt das **Skimuseum,** in dem man die erste feste Skibindung von *Sondre Norheim* sehen kann (70 NOK).

Man kann auch mit der U-Bahn bis **Frognerseteren** fahren und dann zur Schanze hinauf wandern.

Unterhaltung

Was in Oslo los ist, steht in **What's on Oslo,** das man in der Touristinformation bekommt.

● **Kinos:** Es gibt in Oslo rund 20 Kinos, die vorwiegend englische Filme in Originalsprache vorführen, mit norwegischen Untertiteln.

LA_190 Foto: fh

Gustav Vigeland: Mädchen mit Rentier

●**Theater:** Es gibt neun Theater in Oslo. Vorstellungen starten normalerweise um 20 Uhr, Karten gibt's an der Kasse.
●**Oper:** *Den Norske Opera* (Storgatan 23, Tel. 23315000). Vorstellungen um 19.30 Uhr.
●**Nationaltheater:** (Stortingsgt. 15, Tel. 220 01400).
●**Diskotheken:** Es gibt einige. Alle sind recht teuer, Altersgrenze 20 Jahre, meist bis 24 Uhr geöffnet. Liste in der Touristinfo. Viele Kneipen haben jedoch die ganze Nacht auf.
●**Tango:** Die Tangofans von Oslo, das sind nicht wenige, treffen sich jeden Dienstag ab 20 Uhr im *Kosmopolite* in der Møllergata 26, Tel. 22113308. Im Sommer soll es im Garten des königlichen Sommerschlosses Tangonächte geben. Stadtauswärts, auf halben Weg zum Flughafen.
●**Bootstouren:** ab 2 Std., 185 NOK am Hafen.
●**Tusenfryd:** Freizeitpark 20 km südöstlich vom Zentrum. E 6, E 18 bis Vinterbro, Bus vom Busbahnhof, 30 NOK.
●**Schwimmhallen:** „Tøyenbadet", Helgesengate 90; „Torgata-Bad", Torgata 16; „Veskantbadet", Sommerogate 1; geöffnet Mo-Fr 7.30-19.30 Uhr, Sa 10-14.30 Uhr.
●**Baden:** Wer im Sommer im Freien baden will, gehe zur **Paradisbukta** auf Bygdøy. Hier kommt man sich vor wie auf dem Lande.

Essen und Trinken

Auf der **Stranden** am Wasser gibt es einige Restaurants: **D.S. Louise,** maritim dekoriert, hochpreisig, **Tante Olivia,** preiswerter, beide Hausnummer 3; **Bord Brasserie,** Nr. 63, **Lofoten Fiskerestaurant,** Nr. 65.
●Bei Bygdøy liegt **Lille Herbern,** ein winziges Eiland auf dem es ein wunderschönes **Gartencafé** gibt. Um dorthin zu kommen, muss man erst auf der linken Seite von Bygdøy vom Seefahrtsmuseum einen schmalen Weg bis zum Ufer zurücklegen. Dort gibt es einen Fährmann, der einen überholt, wenn man eine Messingglocke betätigt, die dort hängt. 25 NOK die Fahrt.
●Das **Håndverkeren Restaurant** gibt es in der Rosenkrantz gate 7 seit 1880. Hier wird traditionell norwegisch gekocht. In der gleichen Straße (Nr. 8) im *Hotel Bondeheimen* findet man die **Kaffistova.** Hier gibt es exzellentes Frühstück mit selbstgebackenem Brot.
●**Enzo Bar and Restaurant,** Holbergsgate 30, im *Radisson SAS Hotel.* Mediterrane Küche. Die Illustrationen schuf *Bjørn Wiiblad* nach einem Märchen von *Ludvig Holberg.*
●Wer Spitzenküche sucht, bekommt sie im **Statholdergaarden** in der Rådhusgata 11. Hier ist auch das Ambiente statthaltermäßig.
●**Ekebergrestauranten** im Kongsveien 15 ist ein edles Terrassenrestaurant im Bauhausstil.

Wem *Aker Brygge* am Hafen zu glatt und zu touristisch (!) ist, der gehe zum **Bogstadveien** im Viertel Majorstua. Dort finden sich die Insiderkneipen, z. B. das:
●**Cafe M,** Valkyriegata 9, beliebtes Café mit Außenterrasse in Majorstua.
●**Infos** kann man auch dem Heft *Streetwise Use It* entnehmen, das es kostenlos in der Touristinfo und im Bahnhof gibt. Es wird vom Norwegischen Familienministerium herausgegeben und richtet sich an Jugendliche.

Cafés

●**D/S Louise,** kein Schiff! Stranden 3, Aker Brygge, Tel. 22830060.
●**Grand Café,** Karl-Johans-Gate 31 (im Grand Hotel), Tel. 23312000, der Name sagt alles! Hier waren schon der Maler *Edvard Munch* und der Dramatiker *Henrik Ibsen* Stammgäste.
●**Café Norrøna,** preiswerter! Grensen 19.
●**3 Brødere,** Kellerrestaurant und Straßenbar, auf drei Etagen tobt das Nachtleben. Øvere Slottsgate 14, Tel. 23100670.
●**Tostrup Friluftsservering,** 330 Sitzplätze immer voller wichtiger Leute. Hier hat man den ganzen Tag Sonne, wenn sie scheint. April bis September, Karl-Johans-Gate 25, Tel. 22417827.
●**Café Frölich,** Henrik Ibsens Gate 60A. Am Parlamentsgebäude, Tel. 22550047.

Einkaufen

Die Haupteinkaufsstraße Oslos, die **Karl-Johans-Gate,** beginnt am Hauptbahnhof und endet im Park des königlichen Schlosses. Hier ist, besonders im Sommer, wirklich was los. Eine Unzahl von Straßenkünstlern gibt sich ein Stelldichein. Besonders empfehlen möchten wir folgende Läden:

- **Kunstgewerbe:** *Brukskunstcenteret,* Basarhallerna, Karl-Johans-Gate 11 (hinter der Domkirche). Viele einzelne Boutiquen verkaufen norwegisches Kunstgewerbe, recht teuer. Zumindest ansehen. *Glasmagasinet,* Stortorvet (Kaufhaus).
- **Lebensmittel:** Die Geschäfte der *T-Bahn Arkade/Grønland* sind täglich bis 22.30 Uhr geöffnet (Bus 17/71/72). Im Bahnhof kann man auch sonntags einkaufen.
- **Märkte:** *Stortorvet* (Blumen), bei der Osloer Domkirche; *Youngstorvet* (Gemüse, Früchte, Blumen, Kunstgewerbe), zwischen Oper und Polizei; *Grønlands Torvet,* Grønland (Gemüse, Früchte, Blumen), Öffnungszeiten: Mo-Sa 7-14 Uhr (15.3.-15.10.), Mo-Fr 7-15 Uhr, Sa 7-14 Uhr (17.-23.12.); *Bogstadveien,* Majorstua (Skurriles).
- **Samischer Silberschmuck:** *Juhls Silvergallery,* Roald Amundsengt. 6 (Näheres in der Ortsbeschreibung von Kautokeino).
- **Shopping-Zentren: Aker Brygge,** am Kai beim Rathaus. In den Arkaden mit viel Glas gibt's alles: Einkaufen und Essen; sehr gut, wenn's draußen kalt ist. 60 Shops, 35 Restaurants. Hier findet auch, nicht gerade billig, das Nachtleben statt. **Galerie Oslo,** die längste überdachte Fußgängerzone Europas, Stenersgate 1 (am Bahnhof), geöffnet 9-21 Uhr. **GlasMagasinet** ist das berühmteste Kaufhaus Oslos, seit 1739 am Stortorvet 9. **Steen & Strøm,** der größte Kaufpalast, Kongens Gate. **Oslo City** hat über 80 Läden in der Nähe des Bahnhofs, Stenersgate 1. **Byporten Shopping,** der neueste Konsumpalast am Bahnhof mit mehr als 70 Läden, 10 Restaurants etc.
- **Kunst: Oslo Kunstforening,** die Galerie des Kunstvereins, zeigt eine wilde Mischung, Rådhusgata 19. **Kaare Berntsen AS** zeigt die norwegische Moderne, Universitetsgaten 12. **Hammerlunds Kunsthandel,** Drucke norwegischer Künstler und Skulpturen, Tordenskiolds gate 3. **David-Andersen AS,** Juwelier mit Reproduktionen aus der Wikingerzeit, Egertorget, hinter dem Parlament, Karl-Johans-Gate 20.
- Das trendigste Viertel ist zurzeit wohl das ehemalige Arbeiterviertel **Grünerløkka.**

LA_192 Foto: fh

Nordische Postmoderne, renovierter Altbau am Hafen

Information

- **Oslo Promotion AS,** Fridtjof Nansens plass 5 (Stadtinformation, gegenüber vom Rathaus), Tel. 81530555, www.visitoslo.com; geöffnet: Okt.-Mai, Mo-Fr 9-16 Uhr, Juni/August zusätzlich Sa 9-12, So 9-15 Uhr.
- **Information gegenüber vom Hauptbahnhof im „Trafikanten Service Center":** Mo-Fr 7-20 Uhr, Sa-So 8-18 Uhr geöffnet. Tel. 815 30555.
- **Hotels buchen,** kann man unter Tel. 81530 555, booking@visitoslo.com.
- **Norwegischer Touristenverein,** Stortingsgata 28, Oslo 1.
- **Schwedischer Touristenverein,** Fr. Nansen Plass 8, Oslo 1.
- **Finnischer Touristenverein,** Lille Grensen 7, Oslo 1.

Botschaften

- **Deutsche Botschaft,** Oscarsgate 45, Tel. 23275400, www.oslo.diplo.de.
- **Österreichische Botschaft,** Thomas Heftyes Gate 19-21, Tel. 225523-48 oder -49.
- **Swiss Embassy,** Bygdøy Allé 78, Tel. 2254 2390.

Ämter

- **Polizei,** Grønlandsleiret 44, Oslo 1; Tel. 226 69050.
- **Arbeitsvermittlung für Ausländer,** Trondheimvn. 2, Oslo 2; Tel. 204090, www.norwegen.no/arbeit/Adressen.
- **Hauptpost,** Dronningsgata 15, geöffnet Mo-Fr 8-18.30 Uhr, Sa 9-15 Uhr. Poste-restante-Schalter 37-41.
- **Telefon/Telegramm,** Kongensgt. 12, (8.30-21 Uhr); Kongensgt. 21 (22-8 Uhr).
- **Fundbüros,** Grønlandsleiret 44, Tel. 2266 9055; Dronningsgate 27, Tel. 426181; Westbahnhof, Tel. 414320.

Unterkunft

- **Hotel munch,** Munchsgate 5, Tel. 232196 00, www.thonhotels.no/munch; preiswert.
- **Hotel Gabelhus,** Gabelsgate 16, Tel. 2327 6500, www.choicehotels.no/hotels; grün umrankt und ruhig.
- **Rica Oslo Hotel,** Europarådets Plass 1, Tel. 23104200, www.rica.no. Mit einer Etage nur für Frauen.
- **Gyldenløve,** Bogstadtveien 20, Tel. 2333 2300, www.thonhotels.no/gyldenlove; preiswert, im Szeneviertel.
- **Perminalen Hotel,** Ovre Slottsgt 2, Tel. 23093081, www.perminalen.no. Nahe der Karl Johansgata und dem Bahnhof. 2-4 Bettzimmer.
- **Anker hostel,** Storgata 55, Tel. 22997200, www.ankerhostel.no; zentral und günstig.

Jugendherbergen/Pensionen

- **Jugendherbergsverband,** Dronningsgate 26, Oslo 1, Tel. 23124510, www.vandrerhjem.no.
- **Haraldsheim UH,** Haraldsheimvn. 4, Grefsen, Oslo 5, 5 km vom Stadtzentrum, Tel. 22222965, www.hostels.com. 2.1.-22.12., 120 NOK inkl. Frühstück.
- **Holtekilen UH,** Micheletsv. 55, 1320 Sabekk, Tel. 67518040.
- **Rønningen UH,** Myrerskogveien 54, im Norden. Ring 3 bis Storo, dann bis Grefsen/Kjelsås. Bahn 10, 12, bis Storo Bus 56, Tel. 21023600.
- **Anker Hostel,** Storgata 55, Tel. 22997200, www.anker.oslo.no. 115 2-6-Bettzimmer, 10 Minuten zur Karl Johansgata, Bushaltestelle vor dem Haus, Juni bis August.
- **Sentrum Pensjonat,** Tollbugata 8, Tel. 223 35580, www.sentrumpensjonat.no. In einem 4-stöckigen Altbau gelegen, der Eingang ist in der Skippergata.
- **Ekeberg Vandrerhjem,** Kongsveien 82, Tel. 22741890, keine Online-Buchungen.
- **Cochs Pensjonat,** Parkveien 25, Tel. 2333 2400, www.cochs.no. 90 Jahre alte Pension am Schlosspark, günstig, aber eher spartanisch eingerichtet. Laute Zimmer zur Straße.
- **Ellingsen Pensjonat,** Holtegt. 25, Straßenbahn 1 bis Uranienborg skole, Tel. 22600359, ep@tiscali.no. In einer großen, alten Villa, nordöstlich vom Schlosspark ruhig gelegen. Deutschsprachige Wirtin.

Privatzimmer-Vermittlung

- In der **Info gegenüber vom Hauptbahnhof** (Mo-Fr 7-20 Uhr, Sa/So 8-18 Uhr).

Campingplätze

Preise jeweils 100-200 NOK

- **NAF-Bogstad:** Tel. 22510800. 10 km vom Zentrum nach Nordwesten; Drammens-, Park-, Hedgehaugs-, Bogstadt-, und schließlich Sørkedalsveien. Vom Hafen kostenloser „Lotsendienst". Ganzjährig, 1000 Plätze (etwas heruntergekommen).
- **NAF-Ekeberg,** Tel. 22198568. Über die Kanowsgats-Brücke n. Ekeberg. Gute Busverbindung vom Zentrum. Tolle Aussicht auf Oslo, Hafen und Berge. 20.6.-20.8.
- **Oslo Fjordcamping,** Tel. 22752055, liegt am Oslofjord, 10 km südlich der Stadt, Nähe E 6. 1.6.-30.8.

●**NAF-Hersjøen,** Tel. 63976036. 50 km nördl. in Dal-Ullensacker an der E 6. Ganzjährig.

Oslo-Karte

Mit der Oslo-Karte aus der Tourist-Info (1 Tag 210 NOK, 2 Tage 300 NOK, 3 Tage 390 NOK), darf man in den **öffentlichen Nahverkehrsmitteln** umsonst fahren (Ausnahme: Nachtbusse und Bus zum Vergnügungspark Tusenfryd) und **Boots- und Busrundfahrten** zum halben Preis unternehmen. Außerdem ist bei allen wichtigen **Museen** der Eintritt frei. Zur Karte kann man einen **Haltestellenplan** der Linien bekommen. Auch für Autofahrer ist gesorgt, es gibt **Rabatt beim Tanken** (!), und man **parkt** ohne weitere Kosten, wenn man die Karte hinter die Windschutzscheibe legt. Die Karte gibt es in vielen touristischen Einrichtungen, den Narvesen-Kiosken und Hotels.

Internet-Cafés

●**Networld** betreibt Cafés am Busbahnhof neben dem Hauptbahnhof mit je 25 Rechnern, Mo-Fr 10-22 Uhr, Sa 12-18 Uhr, So 14-18 Uhr, Schweigaardsgate 6.

●**Deichmanske Bibliotek,** die öffentliche Bücherei bietet Internetzugang eine halbe Stunde gratis. Henrik Ibsens gate 1, Bus 37 Apotekergata, Mo-Fr 10-22 Uhr.

Verkehr

Man muss 20 NOK bezahlen, wenn man **mit dem Auto in die City** will (18 Stationen). Die größte Verkehrsberuhigung erfuhr Oslo allerdings mit der Eröffnung des **Rathaustunnels** (kostenlos). Seitdem rauscht der Verkehr in Ost-West-Richtung unter der Innenstadt durch, umgekehrt natürlich auch.

Ist man dann drinnen, hat man **Parkprobleme:** Oslo ist in eine innere und eine äußere Parkzone aufgeteilt. Die innere umfasst das Zentrum vom Schlosspark bis zum Akerselv. Grundsätzlich gilt an Werktagen zwischen 8 und 17 Uhr: An den roten Uhren kann man eine Viertelstunde, an den gelben 1, an den grauen 2 und an den braunen 3 Std. parken.

Es gibt auch **private Parkhäuser** und Parkplätze, wo man seinen Pkw gegen Gebühr für einen längeren Zeitraum abstellen kann. Wenn man in die äußere Parkzone fährt, kann man statt ½ Stunde 2 Std. parken. An Bus- und Straßenbahnlinien gelten die selben Bestimmungen wie in der inneren Zone.

Falls der Pkw wirklich einmal **abgeschleppt** werden sollte, erfährt man bei der Polizei unter der Rufnummer 22669050, was zu tun ist.

Gebührenpflichtig sind die Strecken Oslo-Drammen und Oslo-Hønefoss, hier muss man ca. 10 NOK *bompenger* (Maut) zahlen.

Automobilclubs

●**Norwegischer Automobilklub (NAF),** Øskensjøveien 14, Tel. 22341400, www.naf.no.

●**Kongelik Norsk Automobilklub (KNA),** Adelensgt 16, Tel. 21604900, www.kna.no.

Nahverkehr

Oslo hat ein gut ausgebautes Nahverkehrssystem, mit dem man meistens sein Ziel schneller erreicht als mit seinem eigenen Auto. Straßenbahnen, Busse und die Fähren zur Insel Bygdøy kosten pro Fahrt ca. 17 NOK. Man kann innerhalb einer Stunde einmal umsteigen. Es gibt keine Studentenermäßigung. Wer zehn Karten kauft, bekommt eine gratis.

Die wichtigste Endstation in Oslo ist **Grønlands Torget.** Die meisten Autobusse, die die Innenstadt passieren, halten aber auch am Wesselsplass (gleich neben dem Parlament). Ein Ticket gilt eine Stunde für Bus, Tram, U-Bahn und Fähren. Die Flexikort gilt für acht Fahrten und das Tourist Ticket einen Tag. Genaue **Auskünfte** erhält man in der „Auskunftsstelle für den Lokalverkehr" am Hauptbahnhof.

Bahnhöfe

●Vom **Hauptbahnhof S** (*S = sentral,* also zentral) am Jernbanstorget fahren die Züge nach Mitteleuropa (über Kopenhagen), nach Westen bis Bergen und nach Norden bis Bo-

Stockholm, die Wasserstadt – Blick auf Södermalm (Foto: Wolfram Schwieder) dø. Außerdem kann man von hier zum Westbahnhof fahren, Info: www.nsb.no.

- Vom **Westbahnhof V** fahren Züge nach Südwesten, also nach Drammen, Tønsberg, Kristiansand, Stavanger und Rjukan.

Fähren

- **Color Line,** Hjortneskaia, 0250 Oslo, Tel. 81000811.
- **Stena Line,** Utsikker 2, Vippetangen, Tel. 23179100.
- **DFDS,** Utsikker 2, Vippetangen, Tel. 2162 1200.

Fluggesellschaften

- **SAS,** Stenersgt. 1A, Tel. 22170020, www.sas.no. Snaröyveien 57, 1330 Oslo Lufthavn, Tel. 64816050.
- **Finnair,** Jernbanetorget 4A, 0154 Oslo, Tel. 81001100, www.finnair.fi.
- **Widerøe,** Sigrid Undseths Plass, 2060 Gardermoen, Tel. 64817200, www.wideroe.no.
- **Braathens S.A.F.E.,** Haakon VII's gt 2, Tel. 67586000, www.sasbraathens.no.

Ausflüge

- **Skibladner,** der älteste europäische Raddampfer fährt über den Mjøsa-See bei Gjøvik. Infobüro: Jernbanegata 1, 2821 Gjøvik, Tel. 61144080.
- **Bærums Verk,** in der von Wald umgebenen alten Fabrik von 1614 sind 65 Geschäfte, Kunsthandwerksläden, Buchläden und ein Museum für Eisenhandwerk untergebracht. Verksgata, 1317 Bærums Verk.

Stockholm

Kommt man aus der waldreichen Provinz werden die Straßen plötzlich beängstigend breit, und links und rechts reihen sich Vorstadtsiedlungen aneinander. Kurze Zeit später kann man endlich erste Blicke auf die „Perle im Mälarsee" erhaschen und ehe man

Hauptstädte

LA_195 Foto: ws

sich versieht, erreicht man **Slussen,** den Verteilerring für die Innenstadt. *Slussen* heißt Schleuse. Von hier wurde früher die Hafeneinfahrt kontrolliert.

Die **Innenstadt** Stockholms wird täglich von 500.000 Fahrzeugen passiert. Um die Menschen in Bus und Bahn zu locken, führte man zunächst ein ausgeklügeltes Einbahnstraßensystem ein - ohne Erfolg. Man überlegte auch, die Autobesitzer Stockholms zum Kauf einer Bus-Monatskarte zu verpflichten, die dann als Parkausweis gelten sollte - auch daraus ist nichts geworden.

Von Slussen kommt man auf die Insel **Riddarholmen.** Hier liegt die inzwischen sanierte Altstadt. Sie ist zum Glück durchweg Fußgängerzone.

Direkt daneben erhebt sich das **königliche Schloss,** ein schmuckloses Viereck. Es wurde Mitte des 18. Jh. gebaut. Der Architekt war *Nicodemus Tessin.* Er schuf es für *Karl den XII.,* der damals ein militärisches Genie zu werden versprach. Als er jedoch auf einem seiner vielen Feldzüge umkam, waren die Pläne für ein schwedisches Weltreich dahin, das Monstrum von Schloss jedoch ist erhalten geblieben.

Stadtgeschichte

Entstanden ist die Stadt etwa gegen 800 um eine Festungsanlage herum, die auf der Insel **Björkö** im Mälarsee stand, errichtet von *Birger Jarl.* Dieser Süßwassersee liegt etwa 40 km von der Ostsee entfernt, jedoch reichen Meerwasserarme bis an den See heran.

Die Festung zog **Kaufleute** an, die sich dort niederließen, und so vergrößerte sich die Ansiedlung schnell. Gegen Ende des 16. Jh. trieben dort ca. 6000 Kaufleute ihr Handwerk, ein Drittel davon waren Deutsche, die sich, wie in Bergen zur Zeit der *Hanse,* die Geschäfte unter den Nagel rissen.

Im 16. Jh. expandierte die Stadt auf's Festland und wurde **Sitz des Königs.** Als Flottenstützpunkt war sie allerdings ungünstig, da die Ostsee in dieser Gegend im Winter zufror. Deshalb wurde die königliche Flotte in Karlskrona in Südschweden stationiert. Der auf den Resten der alten Festung gebaute Königshof blieb natürlich in Stockholm.

Heute hat sich der Stadtkern auf 14 Inseln ausgedehnt und hat knapp 700.000, mit den ganzen Vorstädten fast 1,7 Mio. Einwohner. Die „Alte Insel" mit der deutschen Kirche, dem Reichstag und dem königlichen Schloss ist nur ein Teil der vielen Sehenswürdigkeiten der Stadt. In den städtischen Gewässern werden sogar Lachse gefangen, was die Stadtväter gern als Sauberkeitsbeweis sehen.

LA_196 Foto: fh

Gamla Stan:
alte Architektur, heute Schmuckstück

Sehenswertes

Gamla Stan

Die historische Altstadt, die *Le Corbusier* wegsanieren wollte, was aus Kostengründen scheiterte, gehört zu den großen Sehenswürdigkeiten der Hauptstadt. Weil die Gassen dort so eng sind, ist das Viertel autofrei und lädt ein zum Bummel, vorbei an vielen teuren Läden und Boutiquen. Das **königliche Schloss** und das **Parlament** liegen ebenfalls in diesem Bezirk.

Die **Insel Djurgården** beherbergt eine Reihe von **Museen:** Das nordische Museum, das Vasawerft, das Biologische Museum, den alten hölzernen Cirkus und den beliebten Freiluft-Museumspark Skansen mit Häusern aus ganz Schweden.

LA_197 Foto: fh

World-Trade-Center:
neue Architektur, früher kühn

Museen

- **Nordisches Museum,** Djurgården-Park, hier findet man die abwechslungsreichste Sammlung Stockholms. Sie zeigt skandinavische Kulturgeschichte seit dem 16. Jh. Es gibt auch eine Abteilung „Samen", in der sehr detailliert verschiedene Tierfangmethoden gezeigt werden. Juni-Aug.: 10-16, Sa/So 11-17 Uhr, 60 SEK.
- **Stadtmuseum,** genauere Auskunft über die Geschichte Stockholms findet man im Stadtmuseum bei Slussen, Södermalmstorg. Di-So 11-17 Uhr, Do 11-20 Uhr geöffnet, Eintritt frei.
- **Seehistorisches Museum,** eine Sammlung aus der Seegeschichte Schwedens. Sie liegt im nördlichsten Teil des Djurgårdens und ist Di-So 10-17 Uhr geöffnet, 50 SEK.
- **Vasa-Museum** (Skansen), die *Vasa* sollte 1628 das Flaggschiff der schwedischen Kriegsflotte werden. Sie war 170 Fuß lang und 40 Fuß breit. Es war ein Schiff vom Typ „Regal" mit 48 schweren und 16 leichten Kanonen. Dummerweise hatte man sich mit der Berechnung der Breite vertan, so dass es auf der Jungfernfahrt noch im Stockholmer Hafen kenterte und versank. 40 Jahre später konnte man aus dem 30 m tief liegenden Wrack die kostbaren Kanonen bergen, dann wurde das Schiff vergessen.

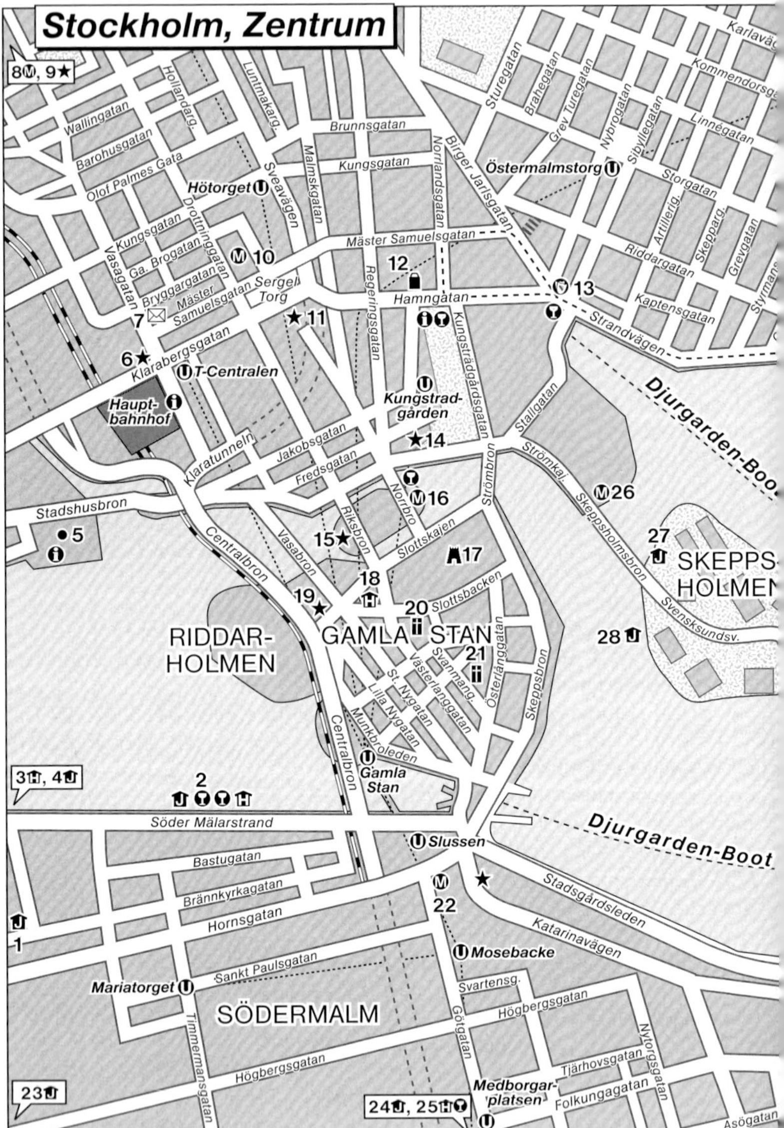

Stockholm, Zentrum
8, 9
Hollandarg.
Luntmakarg.
Wallingatan
Barohusgatan
Olof Palmes Gata
Brunnsgatan
Kungsgatan
Hötorget
Sveavägen
Malmskgatan
Norrlandsgatan
Birger Jarlsgatan
Sturegatan
Brahegatan
Grev Turegatan
Nybrogatan
Sibyllegatan
Karlavägen
Kommendorsgatan
Linnégatan
Östermalmstorg
Storgatan
Artillerig.
Skepparg.
Grevgatan
Riddargatan
Styrmansgatan
Kaptensgatan
Strandvägen
Kungsgatan
Drottninggatan
Vasagatan
Ga. Brogatan
Bryggargatan
Mäster Samuelsgatan
Sergel Torg
Mäster Samuelsgatan
10
12
13
Regeringsgatan
Hamngatan
7
11
6
Klarabergsgatan
T-Centralen
Haupt-bahnhof
Kungsträdgårdsgatan
Kungstradgården
Djurgarden-Boot
Stallgatan
14
Jakobsgatan
Klaratunneln
Fredsgatan
Strömbron
Strömkaj.
26
Stadshusbron
5
Norrbro
16
Skeppsholmsbron
Centralbron
Vasabron
Riksbron
15
Slottskajen
17
27
SKEPPSHOLMEN
18
19
20
Slottsbacken
Svensksundsv.
RIDDARHOLMEN
GAMLA STAN
21
28
Svartmang.
Västerlånggatan
Österlånggatan
St. Nygatan
Lilla Nygatan
Skeppsbron
Munkbroleden
Centralbron
Gamla Stan
3, 4
2
Söder Mälarstrand
Djurgarden-Boot
Slussen
Bastugatan
Stadsgårdsleden
Brännkyrkagatan
22
Hornsgatan
Katarinavägen
1
Mosebacke
Sankt Paulsgatan
Mariatorget
Svartensg.
Högbergsgatan
SÖDERMALM
Timmermansgatan
Götgatan
Nytorgsgatan
Tjärhovsgatan
Högbergsgatan
23
Medborgarplatsen
Folkungagatan
24, 25
Asögatan

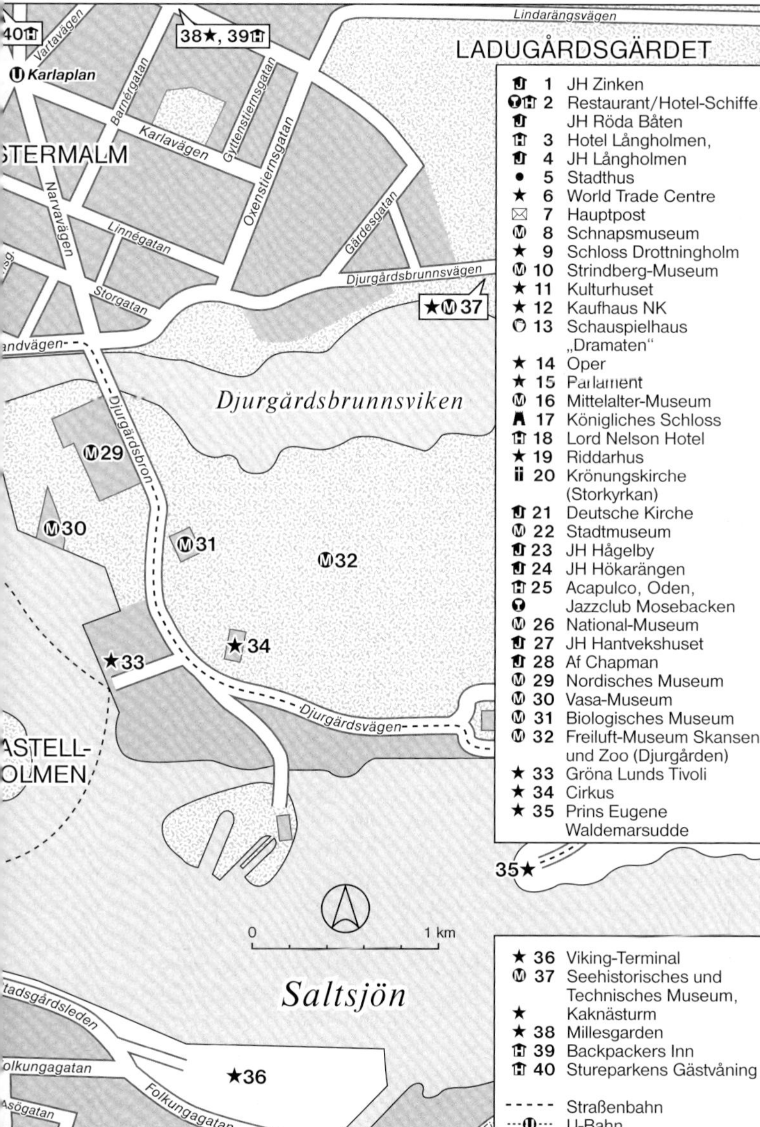

40
38★, 39
Karlaplan
Vartavägen
Barnérgatan
Karlavägen
Gyttenstiernsgatan
Oxenstiernsgatan
Lindarängsvägen
LADUGÅRDSGÄRDET
STERMALM
Narvavägen
Linnégatan
Storgatan
Gärdesgatan
Djurgårdsbrunnsvägen
★37
andvägen
Djurgårdsbrunnsviken
Djurgårdsbron
29
30
31
32
★34
★33
Djurgårdsvägen
ASTELL-
OLMEN
35★
0
1 km
Saltsjön
tadsgårdsleden
olkungagatan
Folkungagatan
Åsögatan
★36
1 JH Zinken
2 Restaurant/Hotel-Schiffe,
JH Röda Båten
3 Hotel Långholmen,
4 JH Långholmen
5 Stadthus
★ 6 World Trade Centre
7 Hauptpost
8 Schnapsmuseum
★ 9 Schloss Drottningholm
10 Strindberg-Museum
★ 11 Kulturhuset
★ 12 Kaufhaus NK
13 Schauspielhaus „Dramaten“
★ 14 Oper
★ 15 Parlament
16 Mittelalter-Museum
17 Königliches Schloss
18 Lord Nelson Hotel
★ 19 Riddarhus
20 Krönungskirche (Storkyrkan)
21 Deutsche Kirche
22 Stadtmuseum
23 JH Hågelby
24 JH Hökarängen
25 Acapulco, Oden,
Jazzclub Mosebacken
26 National-Museum
27 JH Hantvekshuset
28 Af Chapman
29 Nordisches Museum
30 Vasa-Museum
31 Biologisches Museum
32 Freiluft-Museum Skansen und Zoo (Djurgården)
★ 33 Gröna Lunds Tivoli
★ 34 Cirkus
★ 35 Prins Eugene Waldemarsudde
★ 36 Viking-Terminal
37 Seehistorisches und Technisches Museum,
★ Kaknästurm
★ 38 Millesgarden
39 Backpackers Inn
40 Stureparkens Gästvåning
Straßenbahn
U-Bahn

LA_2008 Foto: fh

Bis *Anders Franzen* in unserem Jahrhundert dieses Schiff wieder aufspürte und feststellte, dass es noch nicht verfault war. Man entschloss sich zur Bergung. Mit Hilfe der Marineschule und einer Bergungsfirma wurden unter dem inzwischen 3 m tief im Schlamm versackten Rumpf Stahltrossen durchgezogen und das Schiff dann 1961 Stück für Stück angehoben und in immer flachere Gewässer gezogen. Als der Rumpf nur noch wenige Zentimeter unter Wasser lag, befestigte man Schwimmblasen daran. Wegen des hohen Gewichtes des mit Wasser gefüllten Schiffes konnte man es nicht über die Wasseroberfläche heben, deshalb dichtete man unter Wasser alle Lecks und Öffnungen ab. Das Deck war durch unzählige Anker inzwischen durchlöchert worden. Nachdem alles dicht verschlossen war, begann man, das Wasser und den Schlamm aus dem Inneren abzusaugen, bis der Rumpf, von 2 Pontons in der Waage gehalten, wieder von selbst schwamm. Nun schleppte man das Schiff ans Ufer der Skansen-Insel und begann mit der Restaurierung. Da die Eichenbalken an der Luft zu zerfallen drohten, ließ man sie ständig mit Wasser berieseln. Um das ganze Schiff herum baute man eine 20 m hohe, 60 m lange schwimmende Aluminiumhalle, die das Museum bildete. 1989 wurde eine neue Halle gebaut, und die Vasa bekam hier ihren endgültigen Liegeplatz. Die Eröffnung war 1990. Geöffnet täglich 10-17 Uhr, Juni-Aug. 8.30-18 Uhr, 80 SEK, www.vasamuseet.se.

Skansen im Djurgården-Park, Schweden im Kleinen

- **Mittelalter-Museum,** unter der Norrbro (Brücke) neben einem Café, Strömparterren. unterirdisches Museum, das die Entstehung und die mittelalterliche Entwicklung Stockholms schildert. Kern des Museums sind Funde von archäologischen Ausgrabungen aus den Jahren 1978-80. Juni-August Di-So 11-16, Mi 11-20 Uhr, frei.
- **Nationalmuseum,** Strömkai. Hier ist die Kunstsammlung des Staates zu besichtigen, außerdem wechselnde Ausstellungen. Infotel. 851954300, Eintritt 80 SEK.
- **Technisches Museum,** das *Tekniska Museet* liegt im nördlichen Djurgården. Viele Modelle erläutern die technische Entwicklung. Museivägen 7, Mo-Fr 12-16 Uhr, Eintritt 60 SEK.
- **Wein-&-Schnaps-Museum,** Dalagatan 100. Interessante Schau mit „Schnüffelkabinett“. Di-Fr 10-16 Uhr, Eintritt 40 SEK.
- **Strindberg-Museum,** Drottninggatan 85, hier verbrachte der Schriftstel-

ler *August Strindberg* seine 4 letzten Lebensjahre, Di-So 11-16 Uhr, 40 SEK.

- **Freilicht-Museum** und **Zoologischer Garten Skansen** im Djurgården-Park. Hier kann man schwedische Häuser und Höfe aus verschiedenen Jahrhunderten sehen. Im Winter sind einige Gebäude des Museums geschlossen. Man erreicht das Gelände z. B. über eine Seilbahn vom Haselius-Eingang aus. Der Tierpark ist von Mitte Mai bis Oktober 9-21 Uhr geöffnet. Er zeigt nordische und andere Tiere. Bus Richtung Djurgården (Linie 44 oder 47). Eintritt 60-100 SEK, Seilbahn 18 SEK. **Solliden,** Skansens höchster Punkt, bietet eine der besten Aussichten über Stockholm.
- Die **Schatzkammer** im königlichen Schloss beherbergt die Kron-Insignien. Man kann sie besichtigen. Der Eingang befindet sich im Südflügel. Die **Königskrone** soll sich aber im Tresor der Nationalbank befinden. Zu offiziellen Anlässen wird sie nicht getragen, da sich die letzten Könige weigerten, sich krönen zu lassen (wohl aus Furcht, sie könnte ihnen vom Kopfe fallen, wie *Karl XII.,* dem dieses Missgeschick nach der Krönung passiert sein soll), Juni-August: Täglich 11-17 Uhr.
- **Königliches Opernhaus,** Gustav Adolfs torg, Renaissancegebäude von 1898. Beherbergt ein modernes Museum mit Sammlungen schwedischer und internationaler Kunst.
- **Prins Eugens Waldemarsudde,** das Wohnhaus des Malers *Prinz Eugen,* auf Djurgården, jetzt Kunstmuseum, mit wechselnden Ausstellungen, Prins Eugensväg 6, Bus 47. Eintritt 100 SEK.

Sonstige Sehenswürdigkeiten

- **Kaknästurm,** mit 155 m das höchste Gebäude Skandinaviens. Man kann ihn besteigen und hat dann aus 128 m Höhe einen Blick über die Stadt (Öffnungszeiten: Mai-Aug. 9-22 Uhr, sonst 10-21 Uhr. Bus 69 von Sergels Torg nach Ladugårdsgärdet.
- **Katarinahissen,** 1881-1883 gebauter Freiluftaufzug, der den Slussplan mit dem höhergelegenen Mosebacken verbindet. Ursprünglich dampfbetrieben, wurde das Gerät sofort eine Attraktion. 1933 entstand der heutige. 10 SEK.
- **Dramaten,** Königliches Schauspielhaus am Nybroplan.
- **Olympiastadion** von 1912 am Valhallavåg.
- **Riddarhus,** im niederländischen Klassizismus errichteter Bau. Rittersaal mit Wappen aller schwedischen Adelsfamilien.
- **Stadthus** von 1923, mit Aussichtsturm, Glockenspiel und einem Mosaik aus 19 Mio. (!) vergoldeten Steinchen, an dem 2 Jahre gearbeitet wurde. Hier wird der Nobelpreis verliehen. Besteigung des Turms: ganzjährig für 20 SEK.
- **Kulturhuset,** das Haus der Kultur am Sergels Torg – seit 1974 Zentrum der Schönen Künste – hier sind Ausstellungen von Fotografien, Malerei, Design, Multimedia und Mode zu sehen.
- **Schloss Drottningholm,** liebevoll „Klein-Versailles“ genannt, mit chinesischem Pavillon und sehenswertem Theater, gehört zum Weltkulturerbe. Anfahrt mit Dampfschiff vom Stadthus (Mai-Sept.).

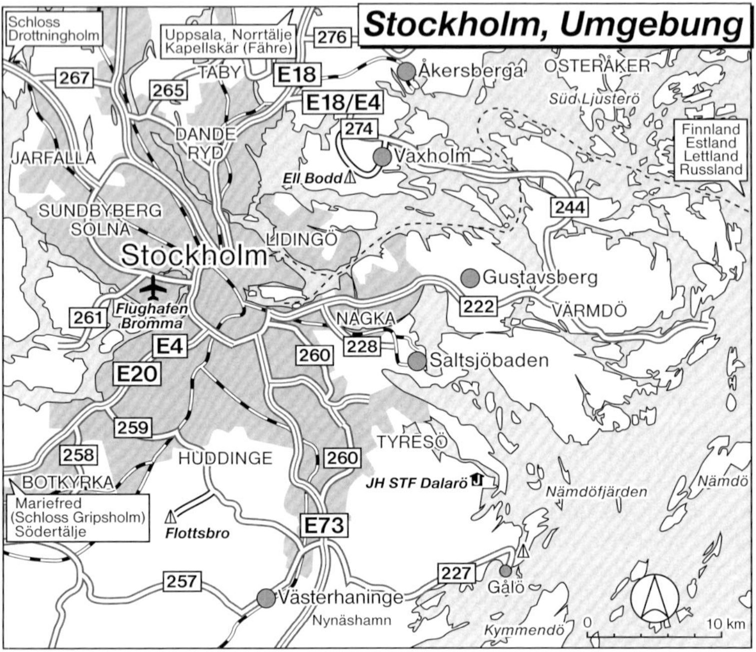

•Millesgarden, Herserudsvägen 32. Terrassenförmig angelegter Skulpturenpark mit tollem Blick auf Stockholm. Zu besichtigen sind ein Garten voller Statuen, das Atelier mit der Kunstsammlung des Bildhauers *Carl Milles* und die Räume seiner Frau *Olga* und seiner Schwester *Ruth,* beide Malerinnen. Wechselnde Ausstellungen, geöffnet 10-17 Uhr. U-Bahn bis Ropsten, Straßenbahn eine Station bis Torsvik, dann den Berg hoch.

•Gröna Lunds Tivoli, dieser Vergnügungspark liegt ganz im Südwesten der Halbinsel Skansen. Anfangs war es ein grüner Garten; deswegen nannte man es *Gröna Lund* („grünes Wäldchen"). Seit 1883 ist es ein Vergnügungspark, 100 SEK.

•Insel Södermalm, hier kann man z. B. im Jazzclub *Mosebacken* handgemachte Musik erleben.

•Krönungskirche (Storkyrkan), große Kirche aus dem 13. Jh., Noske-Standbild: „Der heilige Georg".

•Deutsche Kirche aus dem 16. Jh. Der Innenraum wurde durch Geschenke und Spenden deutscher Kaufleute ausgestattet.

Ausflüge

Schären, Schlösser und Herrenhöfe

Für die **Schären** kann man kaum Tipps geben, ohne sich zu verzetteln, am besten in das nächste Boot gesprungen und ab die Post.

Mit dem Wagen kann man auf der 228 nach **Nacka** fahren und dort die alten Herrenhöfe aus dem 18. Jh. besichtigen. Fährt man weiter, erreicht man den Badeort **Saltsjöbaden,** der von einem alten Grandhotel überragt wird, in dem 1938 schwedische Politiker über die Zukunft beraten haben. Von Slussen fährt auch ein Zug hierher.

Mit dem Schiff nach Nordosten kommt man nach **Värmdö** und dem Ort **Gustavsberg,** der durch die gleichnamige Porzellanmanufaktur bekannt ist. Sie kann besichtigt werden. Auf der Nordroute kann man Die Festung **Vaxholm** auf der gleichnamigen Insel anfahren. Südlich von Stockholm schließlich gibt es in **Tyresö** ein Schloss aus dem 17. Jh. zu sehen. Schlafen kann man in der STF-Jugendherberge **Lilla Tyresö,** Kyrkvägen 3, Tel. 08-7700304, www.lillatyreso.se.

Schloss Gripsholm

Auf den Spuren *Tucholskys* zum Schloss Gripsholm: Man fahre auf der E 3 über Södertälje nach **Mariefred.**

Das heutige Schloss wurde auf den Resten eines 1380 entstandenen erbaut. Der Auftraggeber war *Gustav Vasa*. „Das Schloss, aus roten Ziegeln erbaut, stand leuchtend da, seine runden Kuppeln knallten in den blauen Himmel", schrieb *Kurt Tucholsky* 1929 in seinem Büchlein über Gripsholm. Das Schloss beherbergt die staatlich-schwedische **Portraitsammlung** mit 2000 Porträts bis Anfang des 19. Jh. Alle späteren Damen und Herren, *Strindberg, Lagerlöf, Myrdal, Nobel* und wie sie alle heißen, sind im Exil in der ehemaligen königlichen **Schnapsbrennerei** in Mariefred untergebracht, eine illustre Gesellschaft. Auf dem **Friedhof** liegt *Kurt Tucholsky* begraben, der sich 1935 im schwedischen Exil das Leben nahm.

Trosa

Dieses schöne Städtchen am Fluss ist von Stockholm mit dem Boot zu erreichen; gut, wenn man sich nach Beschaulichkeit sehnt. Tolles Gasthaus.

Veranstaltungen

- **Tag des Schärenschiffes:** Am 1. Junimittwoch gibt es die Parade alter Schärenboote.
- **Bellman-Festival:** Der Volksdichter wird im Hagapark Ende Juni geehrt.
- **Stockholm Jazz Festival:** Jazz, Blues, Soul, Funk und Latin Ende Juli. www.stockholmjazz.com.

Aktivitäten

- **Baden:** In der Stadt gibt es Badestellen auf Långholmen, bei Smedsudden und im Rålambshovspark. Hallenbäder sind das Art-Nouveau-Bad Sturebadet, Sturegallerian 36, oder das Centralbadet, Drottninggt. 88.
- **Tango:** Die Tänzer treffen sich im Restaurant *Pelé*, Upplandsgatan 18, Tel. 08-319700, Infos bei Michèle, Tel. 08-329305, Practica ist jeden Tag 21-23 Uhr, am Samstag kostenlose Einführung um 19 Uhr, danach wird Milonga bis zum Umfallen getanzt.
- **Ballonfahren:** Das Ungewöhnliche an einer Ballonfahrt über die Hauptstadt ist die

LA_203B Foto: ws

Tatsache, dass das Überfliegen gestattet ist. Das gibt es sonst nirgends auf der Welt.

Essen und Trinken

Der Gesetzgeber, der Alkoholausschanklizenzen nur an Restaurants mit Menüs auf der Speisekate vergab, hat einen bemerkenswerten Wandel in der Gastronomieszene der Hauptstadt hervorgebracht. Seit einigen Jahren boomt die besondere Küche, und kreative schwedische Köche feiern verdiente Triumphe. Ein paar Adressen, von preiswerter Küche bis First Class:

- **Söder Malärstrand,** hier liegen einige Restaurantschiffe, man kann mit einem herrlichen Blick auf Gamla Stan essen.
- **Mariahissen,** im Kopfgebäude befindet sich ein Café mit fantastischer Aussicht über die Stadt (nur tagsüber offen).
- **Pelikan,** altes bürgerliches Lokal auf Södermalm, Blekingegt. 36
- **SALT,** Hantverkargatan 34, preiswert einheimisch essen.
- **Örtagården,** berühmtes vegetarisches Restaurant in der Östermalmshalle, Nybrogatan 31. Tagsüber gibt es ein tolles Büfett zum Festpreis.
- **Berns,** Berzelii Park, vom Stardesigner *Conran* gestaltet, internationale Bistroküche.
- **Rolfs Kök** im Industriestil wurde schon zum Kulturerbe erklärt, Tegnérgatan 41, moderne Küche.
- **Halv Grek Plus Turk,** Jungfrugatan 33, wie der Name sagt – orientalisch modern.
- **Tranan,** Karlbergsvägen 14, moderne Küche, nach dem Bummel um die Odengatan.
- **Dramaten,** Im königlichen Schauspielhaus gibt es ebenfalls ein Café. Im Sommer mit Terrasse über dem Theatereingang.
- **Operakällaren,** Karl XIIs torg, seit der Renovierung Schwedens beste Adresse.
- **Rosendal-Café:** Man sitzt im Gewächshaus im Grünen. Rosendalsterrassen 12, Djurgården, 11-16 Uhr.

- **Panorama-Café im Kulturhaus,** Blick über die Stadt, Sergels Torg, 11-17 Uhr, Mo geschlossen.
- **Ice Bar im Nordic Sea Hotel:** Alles aus Eis, Winterkleidung wird gestellt. Vasaplan.

Einkaufen

- **Düfte:** *Aeter- & Essencefabrik AB,* Wallingatan 14, 9.30-18 Uhr geöffnet. In diesem alten Laden können Sie alles kaufen, was riecht. Liköressenzen ebenso wie ätherische Öle, Duft- und Haarwasser, Kräuter und Gewürze.
- **Kaufhäuser:** *Åhléns, NK, Galleria* und *Sturegallerian* sind sogar sonntags für ein paar Stunden geöffnet. Ausverkäufe *(utsalg)* gibt es zwischen Weihnachten und Neujahr, Ende Januar und Ende Juni.
- **Trödel** kann man in Södermalm kaufen, es gibt einige Läden, z. B. am Ringvägen. Exklusiver ist er rund um den Odenplan im Bezirk Vasastaden, Hötorget neben der Konzerthalle So Flohmarkt.
- **Östermalmshalle:** In dieser 100 Jahre alten Markthalle gibt es viele schwedische Spezialitäten.
- **Skärsholmen:** Die größte Shopping-Mall überhaupt. Im Parkhaus im Untergeschoss der größte Flohmarkt Schwedens (tägl. 11-18 Uhr). Storholmsgatan 16.
- **Östermalms Fyndmarknad,** Karlavägen 89.

Information

- **Sverige Huset,** Hamngt. 27, 10384 Stockholm, www.visit-stockholm.com.
- **Kulturhuset,** Sergels Torg 1, Tel. 08-5083 1508, www.kulturhuset.stockholm.se.
- **Svenska Turistföreningen (STF),** Birger Jarlsgatan 18, 10394 Stockholm, Tel. 08-463 2100 (deutsche Telefonansage: 08-2218500), www.stfturist.se.

Botschaften

- **Deutsche Botschaft:** Artillerigatan 64 (ab Mitte 2008 wieder in der Skarpögatan 9), Tel. 6701500, german-embassy.se.
- **Österreichische Botschaft:** Kommendörsgatan 35/V, Tel. 08-6651770.
- **Schweizerische Botschaft:** Valhallavägen 64, Tel. 08-6767900.

Ämter

- **Telegrafendienst,** Hauptamt, Skeppsbron 2, 8-24; im Hbf 8-20 Uhr.
- **Hauptpost,** Wasagatan 28/34, Mo-Fr 8-20 Uhr, Sa 9-15 Uhr.
- **Post im Hbf,** Mo-Fr 7-22 Uhr, Sa 7-18 Uhr.

Unterkunft

Jugendherbergen

SEK 200-400 im 2-Bettzimmer, wenn nicht anders angegeben

- **Af Chapman** (altes Segelschiff, morgens anstellen, da überlaufen), Skeppsholmen, 11149 Stockholm, Tel. 08-4632266, www.stfchapman.com; ganzjährig, SEK 245 pro Person im DZ.
- **Backpackers Inn,** Banergatan 56, 10372 Stockholm, Tel. 08-6607515, www.backpackersinn.se, 25.6.-12.8.
- **Jugendherberge Hantvekshuset,** Skeppsholmen, Västra Brobänken, 11149 Stockholm, Tel. 08-6795017, 30 m nördl. der Av Chapmann 152 Betten, 15.6.-15.9.
- **Zinken,** (auch Hotel) Zinkensväg 20, 11741 Stockh., Tel. 08-6168110 (ganzjährig)

Mariefred: „Niemand aber hätte von diesem Ort Notiz genommen, wenn hier nicht eines der ältesten Schlösser Schwedens ...“ (Foto: Wolfram Schwieder)

Buchtipp

- *Stefan Krull, Lars Dörenmeier:* **Stockholm mit Schärengarten und Mälarsee,** City-Guide, Reise Know-How Verlag

- **Jugendherberge Hågelby Gård,** im Süden vor der City, 14743 Tumba, Tel. 08-5306 2400, ganzjährig.
- **Jugendherberge Hökarängen,** Mundstycksvägen 18, 12357 Farsta, Tel. 08-7246504, 24.6.-12.8., keine Onlinebuchungen.
- **STF Långholmen,** Kronohäktet, Långholmsmuren 20, 11733 Stockholm, Tel. 08-7208500, ganzjährig.
- **STF Dalarö,** Tullbacken 4, 13054 Dalarö. Tel. 08-50151636. Modernes Haus mit Blick über den Fluss.

Hotels

- **Hotelzentralen** im Hbf, ganzjährig geöffnet Mo-Fr 9-11.30 Uhr und 13-17 Uhr, im Sommer bis 23 Uhr, Tel. 08-50828508.
- Für den ausgefallenen Geschmack: **250 Jahre altes Gefängnis Hotel Långholmen,** Kronohäktet Str., Långholmen (zwischen Södermalm und Kungsholmen), Tel. 08-7208 500, 100 luxuriöse „Einzelzellen". ab 210 SEK pro Person, früh buchen, da überlaufen.
- Wem die *Af Chapman* zu überlaufen ist, dem seien die **Röda Båten** empfohlen, die am Södermälarstrand unweit von Slussen dümpeln. Mehrbettkajüten ab 185 SEK bis zur Kapitänskajüte für 1150 SEK. Vom Bahnhof bis zur Haltestelle Gamla Stan, rechter Ausgang, links über die Brücke sieht man die Boote. Abends herrlicher Blick auf die Altstadt. Tel. 08-6444385, www.theredboat.com.
- Am Sturegatan 58 liegt das freundliche **Stureparkens Gästvåning,** Tel. 08-6627230, DZ ab 800 SEK.
- In der Altstadt liegt das **Lord Nelson Hotel,** Västerlånggatan 22, Tel. 08-50640120, www.lord-nelson.se.
- Wer im Szeneviertel Södermalm wohnen will, findet im **Hotel Acapulco** am schattigen Bjurholmsplan 23 ein ruhiges Zimmer. Tel. 08-7023300, für Selbstverpfleger, www.acapulco-hotell.se.
- Ebenfalls im Viertel liegt das **Oden,** Hornsgatan 66b, Tel. 08-4579700, www.hoteloden.se, DZ ab 800 SEK.

Campingplätze

Kategorien (+ +) siehe Kap. Reisetipps A–Z, Übernachten.

- **Bromma** (+ +), Ängby (westlich von Stockholm auf der E 4 Richtung Uppsala-Nord bis Angby, dann beschildert), Tel. 08-370420, 15.6.-31.8., Hütte ab 400 SEK.
- **Sollentuna** (+ +), Rösjöbadens Camping, Lomvägen 100, Tel. 08-962184, auf der E 4 nach Norden, Richtung Norriken abbiegen, dann Richtung Edsberg, Schilder ab Verkehrskreisel, beim Rösjö-Freizeitgebiet, Badegelegenheit, 1.5.-15.9.
- **Skärholmen** (+ + +), Bredäng (10 km südwestl. vom Zentrum, von Süden kommend an der Einmündung E 3/E 4 links ab, 20 km weiter fahren, kurz vor der Tankstelle abbiegen, dann Schilder, von der T-Bahn 5 Min. Weg), Tel. 08-977071, 2.4.-26.8. (Zelt 200 SEK).
- **Ellboda** (+ +), 6 km von Vaxholm, das von Stockholm mit dem Boot zu erreichen ist. Tel. 08-54131530, 15.5.-15.9.
- **Långholm** (+ +), im Zentrum nur für Womos. E 4 Richtung Södermalm, n. d. Liljeholmsbron Richtung Zentrum. An der Västerbron rechts ab.
- **Östermalms Citycamping** (+ +), Fiskartorpsvägen 2, Tel. 08-102903, www.camping.se, der zentralste Patz in Stockholm.

Stockholm-Karte

Das ist eine kleine Plastikkarte, die man in den Touristenbüros bekommt. Sie kostet 290 SEK pro Tag, damit kann man die **öffentlichen Verkehrsmittel** unbegrenzt benutzen und viele der **Sehenswürdigkeiten ohne Eintritt** besuchen und außerdem kostenlos parken. Im Touristenbüro bekommt man eine Liste aller Leistungen und die dazugehörigen **Freiparkscheine.** 48-Stundenkarte 420 SEK, 72-Stundenkarte 540 SEK.

Verkehr

Automobilklubs

- **Motormännens Riksförbund,** Sveav 32, Tel. 08-6903800.
- **Kungliga Automobilklubben (KAK),** Stockholm 16 (Södra), S. Blasieholmshamnen, Tel. 08-6780055.
- **Straßenhilfsdienst/Notfälle:** Tel. 08-24100.

Auto fahren

Die Autozufahrt zum südlichen Djurgården (beim Biologischen Museum) ist jedes Wochenende von Ende März bis Mitte September geschlossen.

- **Maut:** Stockholm führte 2007 die „Trängselskatt" (Gedrängesteuer) ein. Schweden müssen in der Hauptstadt nun werktags von 6.30 bis 18.30 Uhr umgerechnet 1-2 € Gebühren für Fahrten in und aus der Innenstadt zahlen. An 18 Mautstationen werden die Transponder registriert und automatisch ein Überweisungsauftrag ausgeführt.
- **Parken:** In der Innenstadt bieten die Parkhäuser sehr günstige Preise an (25 SEK für den ganzen Abend). Wer sein Auto für längere Zeit abstellen will, kann dies bei der Silja Line oder bei der Viking Line an den Fährterminals tun. Bei Ropsten (Glasverksvägen/Ropstensslingan) kann man ein Monatsticket für 125 SEK kaufen.

Nahverkehrssystem

Der Nahverkehr ist in **Zonen** eingeteilt. Man kann Hefte mit 18 Abschnitten kaufen, für die erste Zone benötigt man zwei Abschnitte, danach je einen Abschnitt.

Für Touristen gibt es das ganze Jahr hindurch die **Touristenkarte,** die 1 oder 3 Tage gültig ist und für beliebig viele Fahrten gilt. In den Zeitschriftenläden *(Presbyro)* kann man auch Tageskarten für 80 SEK erstehen, die *24-timmarskort.*

Es gibt auch **Touristentaxis,** deren Fahrer sprachkundig sind. Tel. 150000.

U-Bahn: Die Stockholmer U-Bahn ist fast 110 km lang, und besteht aus drei Linien, der grünen, der roten und der blauen. Die Stationen sind mit einem blauen T gekennzeichnet. Die Stockholmer U-Bahn wird auch als längste Kunstgalerie der Welt bezeichnet, 56 der **U-Bahnhöfe** sind künstlerisch gestaltet worden, z. B. T-Centralen mit steinernen Sofas, Kungsträdgarden mit griechischen Malereien, Solna Centrum mit Gucklöchern auf Kunstwerke, Vällingby mit Bäumen, Hässelby Strand mit Mosaiken und Gubbängen mit Skulpturen.

Busse: Zwei sehr beliebte Buslinien sind die 47 (nach Gröna Lund, Skansen und zum Vasamuseum) und die 69 (zum Kaknästurm).

Djurgårds Linjen, die historische Straßenbahn fährt im Sommer Touristen von Djurgården zum Norrmalmstorg.

Fähren

- **Silja Line,** Kungsgatan 2, Tel. 08-222140.
- **Viking Line,** Centralstation, Tel. 08-222480.
- **Finnlines,** Kapellskär, 76015 Gräddö, Tel. 0176-207600, www.finnlines.com.
- **SeaWind,** Hamnvägen 50, Tel. 020-225050.
- **Nach Finnland** (Turku) kann man zwar auch direkt von Stockholm fahren, aber es ist günstiger, noch ein Stück nordwärts nach Kapellskär zu fahren.
- Für **Ausflüge** gibt es Fähren zu den Ålandinseln und die unzähligen innerörtlichen Ausflugs- und Rundfahrtschiffe.
- Stockholm ist der Endhafen des **Göta-Kanals,** der bei Söderköping in die Ostsee mündet. Man kann von hier aus mit dem Schiff nach Göteborg fahren, was allerdings ziemlich teuer ist. Eine Bekannte hat es aber geschafft, diese Strecke zu trampen, was allerdings ein Glücksfall war. Wer es dennoch versuchen will, baue sich an einer der zahllosen Schleusen auf. Die Reedereiadressen:
- **AB Göta Kanalbolag,** Box 3, 59121 Motala.
- **AB Götakanal Lejon,** Box 2734, 60104 Norrköping.

Bahnhof

- Der **Hauptbahnhof** mit der Post und dem Touristenbüro ist oft Ausgangspunkt für eine Stadttour. Die Hauptbahnlinie kommt von Trelleborg aus dem Süden und führt nach Kiruna in Lappland, von wo man auf der Erzbahnstrecke auch nach Narvik in Norwegen fahren kann. In der Bahnhofshalle ein Geländer mit afrikanischen Figuren (von 1956), toll! Gegenüber vom Hbf das **World Trade Centre** mit Cafés und Bahnverbindung zum Airport.

Flüge

Es gibt in Stockholm zwei Flughäfen: 10 km westlich vom Stadtkern liegt **Bromma,** hier starten die meisten Inlandsflüge. Von der Wasagatan 6-14, gegenüber dem Hbf, fahren Zubringerbusse nach Bromma. Der Internationale **Arlanda-Airport** liegt etwa 40 km nördlich der Stadt. Vom Keller des World Trade Center fährt zwischen 5 Uhr früh und 23.30 Uhr alle Viertelstunde der Airportexpress nach Arlanda. Vom Bahnhof kommt man auch unterirdisch auf diesen Bahnsteig. Manche Flüge lassen sich schon hier einchecken. Der Zug braucht 20 Minuten nach Arlanda und hält dort am Terminal 2/3/4 Süd und 3 Minuten Später in der Nähe von Terminal 5 Nord. Die Fahrt kostet 150 SEK, Studenten mit Ausweis zahlen die Hälfte. Im Zug gekaufte Tickets sind 30 SEK teurer.

- **Finnair,** Normalmstorg 1, Tel. 08-2444330.
- **SAS,** Frösundaviks Allé 1, Solna, 19587 Stockholm, Tel. 08-7970000.
- **Icelandair,** Standvägen 7 B, Tel. 08-671320.

Helsinki

Da Helsinki etwas abseits von den allgemein üblichen Reiserouten Richtung Norden liegt, fehlen hier die Touristenscharen wie z. B. in Stockholm oder Oslo. Also ist Helsinki keine quirlige Großstadt, sondern fest in finnischer Hand. Da zur Sommerzeit jeder Bürger Helsinkis versucht, die Stadt zu verlassen, um zu seinem Sommerhaus im Norden zu reisen, ist das „Unterhaltungsprogramm" während dieser Zeit spärlicher. Seit 1989 finden sich hier Touristen ein, die weiter nach St. Petersburg wollen.

Im Winter ist in jeder Hinsicht mehr los, da sich hier dann nicht nur die Bewohner Helsinkis, sondern auch all jene Nordfinnen aufhalten, die der Polarnacht entfliehen wollen.

Helsinki ist mit 540.000 Einwohnern das Zentrum der finnischen Kultur, Sitz der größten Universität des Landes und vieler anderer Institutionen. Der Hafen ist Hauptumschlagplatz für Importgüter und wird das ganze Jahr hindurch von Eisbrechern freigehalten. Nach einer amerikanischen Studie ist Helsinki die **sauberste Stadt Europas,** was sich auf die Luft- und Wasserqualität bezieht. In der Lebensqualitätsstudie belegt es den europäischen Platz 3 und weltweit Platz 6.

Heute bemüht man sich verstärkt darum, den Bevölkerungszuwachs zu vermindern, Grünflächen (heute 30 % des Stadtgebiets) zu erhalten und Vororte mit hoher Lebensqualität zu schaffen. Stadtplaner sollten sich den Vorort „Tapiola Garden City" ansehen. Neue Wege gab es im „Journalisten-Aquarium" an der Postdirektion. Der gläserne Kubus des **Helsigin Sanomat** ist von Fußgängerwegen durchschnitten, die zwischen dem Bahnhof und dem Kiasma-Museum verlaufen.

Stadtgeschichte

Helsinki ist als Stadt über 400 Jahre alt und seit 1812 die Hauptstadt Finnlands. Sie wurde 1550 von **König Gustav Wasa** gegründet, da Schweden (Finnland war seinerzeit schwedisch) einen Hafen am Finnischen Meerbusen brauchte. Die Konkurrenz von Reval (heute Tallinn) war zu groß. Am 12.6.1550 ließ der König verfügen, dass alle Bürger eines höheren Standes aus den umliegenden Städten nach Helsinki umziehen mussten. Dieses Datum gilt als Gründungstag.

Mehrere Generationen lang entwickelte sich Helsinki nur langsam, der Fluss Vantaa war eher ein Flüsschen, und Reval war sowieso von Schweden erobert. Im Jahre 1808 zerstörte eine Feuersbrunst fast die ganze Stadt, da fast alle Gebäude, wie auch heute noch in weiten Teilen des Landes, aus Holz gebaut waren.

Die ausgedehnte Zerstörung bot die Chance, die Stadt zu einem in der finnischen Geschichte besonders günstigen Zeitpunkt neu zu planen und wieder aufzubauen, gerade als die Verbindung zu Schweden abgerissen und Finnland ein autonomes Großfürstentum unter dem russischen Zaren geworden war. 1812 wurde der Regierungssitz von Turku nach Helsinki verlegt.

Der berühmte Architekt **Carl Ludwig Engel** hatte großen Anteil an dem Neuerstehen der Stadt. Von ihm wurde unter anderem das Stadtzentrum um den Senatsplatz geplant, das bis heute nahezu komplett erhalten ist. 1840 war der Wiederaufbau vollendet. Nun wuchs die Stadt ständig und bedeckte nach und nach die ganze zerklüftete Halbinsel, um sich dann weiter nach Norden auszubreiten.

In dieser Zeit war man eng mit dem russischen Zarenhaus verbunden. Dies kann man bei einem Spaziergang über die Halbinsel **Katajanokka** feststellen (zwischen Finnjet-Anleger und Uspenski-Kathedrale).

Wer sich für den **Jugendstil** interessiert, findet ein Paradies vor. *Eliel Saarinens* Hauptbahnhof von 1904 führt weg von der nationalen Romantik hin zum Kubismus, *Lars Sonck's* Börsenhaus in der Fabianinkatu und das Telefongesellschaftshaus in der Korkeavu-orenkatu oder *Lindqvists* Markthalle in Hietalahti sind nur Beispiele.

Ein Beispiel für den **nordischen Klassizismus** der 1920er Jahre ist das Parlamentsgebäude von *J. S. Sirén.*

Der 1919 an den Bahnhof angefügte Expressgut-Bereich ist in eine besuchenswerte Einkaufspassage verwandelt worden.

Sehenswertes

•**Das alte Zentrum** um den Senatsplatz (erste Hälfte des 19. Jh.). Das Ensemble um den Senatsplatz umfasst den Dom im Norden, das Ritterhaus im Osten, das Rathaus im Süden und die Universität im Westen.

LA_208 Foto: fh

Der Schiffspassagier sieht zuerst den Leuchtturm

•**Dom** (frühere Senatskirche), egal aus welcher Richtung man sich Helsinki nähert, der weiße Dom ist immer auszumachen. Er thront erhaben über dem Senatsplatz, ein Meisterwerk *Carl Ludwig Engels,* obwohl er mit den Beamten des Zaren ständig stritt, denen der Bau zu westlich war. Er musste sich einige Veränderungen gefallen lassen, die größte jedoch erst nach seinem Tod 1840; man setzte an jede Ecke schnell noch ein Türmchen und aufs Dach wurden Apostelfiguren gestellt. Das Zarendenkmal davor ist übrigens das einzige in der westlichen Welt, die Zahl 1863 im Sockelgesims bedeutet das Jahr, in dem Finnisch zur Amtssprache erhoben wurde. Geöffnet: tägl. 9-18 Uhr, Juni-Aug. 9-24 Uhr.

•**Uspenski-Kathedrale** (1868), bedeutendste Orthodoxe Kirche Finn-

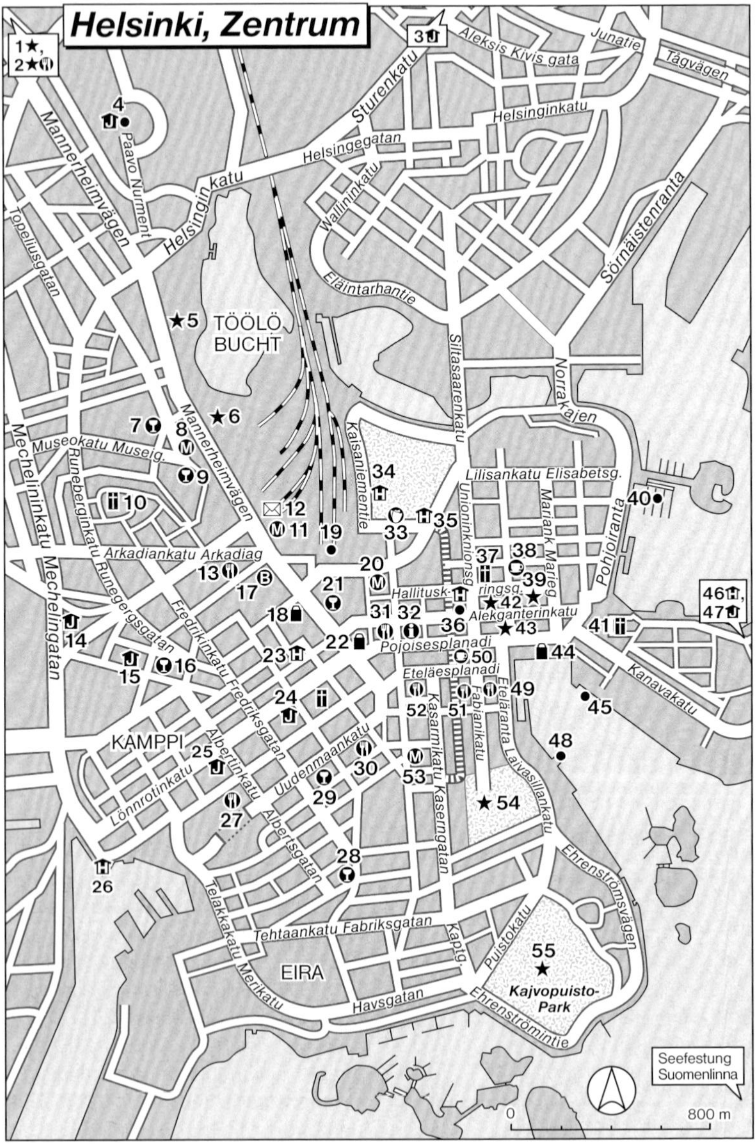
Helsinki, Zentrum
TÖÖLÖ BUCHT
KAMPPI
EIRA
Kajvopuisto-Park
Seefestung Suomenlinna
Mannerheimvägen
Paavo Nurment
Helsinginkatu
Helsingegatan
Sturenkatu
Aleksis Kivis gata
Junatie
Tågvägen
Helsinginkatu
Wallininkatu
Eläintarhantie
Sörnäistenranta
Topeliusgatan
Siltasaarenkatu
Norrakajen
Mannerheimvägen
Museokatu Museig.
Mechelininkatu
Runeberginkatu
Kaisaniementie
Lilisankatu Elisabetsg.
Unioninkniongs
Mariank. Marieg.
Pohjoiranta
Arkadiankatu Arkadiag
Hallitusk.
ringsg.
Alekganterinkatu
Runegergsgatan
Fredrikinkatu
Fredriksgatan
Mechelingatan
Pojoisesplanadi
Eteläesplanadi
Kanavakatu
Kasarmikatu Kaserngatan
Fabianikatu
Eteläranta
Laivasillankatu
Albertinkatu
Uudenmaankatu
Lönnrotinkatu
Albertsgatan
Ehrenströmsvägen
Telakkakatu
Merikatu
Tehtaankatu Fabriksgatan
Kaptg.
Puistokatu
Havsgatan
Ehrenströmintie
0
800 m

lands mit sehr farbenprächtigen Gottesdiensten. Sie befindet sich auf dem Katajonokka-Hügel. Architekt war ein Herr *Gornastacheff.* Kanavakatu 1, Geöffnet: 1.10.-30.4. Di-Fr 9.30-16 Uhr, Sa 9.30-15 Uhr, So 12-15 Uhr, 1.5.-30.9. Mo-Fr 9.30-16 Uhr, Sa 9.30-16, So 12-15 Uhr; www.ort.fi/helsinki.

•**Temppeliaukio-Kirche,** einmalige, sehenswerte Kirche, die 1969 in den Felsen hineingesprengt wurde. Lutherinkatu 3. Architekten waren die Gebrüder *Timo* und *Tuomo Suomalainen.* Wegen der guten Akustik häufig für Konzerte genutzt. Geöffnet: im Sommer 10-18 Uhr, So 11.45-13.45 und 15.30-18 Uhr, www.kirkkohelsinki.fi.

•**Nationalmuseum** *(Kansallismuseo),* das burgähnliche Gebäude mit dem markanten Turm vom Architektentrio *Gesellius, Lindgren* und *Saarinen* gestaltet zeigt prähistorische, ethnografi-

★ 1 Sibeliusmonument
★ 2 Kabelfabrik Kapapeli,
Restaurant Piekka
3 Heo Hostel
4 Stadionin Ret,
• Olympiastadion
★ 5 Opernhaus
★ 6 Finlandia-Halle
7 Storyville
8 Nationalmuseum
9 Berlin
10 Temppeliaukio-Kirche
11 Museum Kiasma
12 Hauptpost
13 Pikku Satama
14 Academica Ret
15 Satakuntaolo
16 Highlight Café
17 Busbahnhof
18 Einkaufszentrum „Forum“
• 19 Hauptbahnhof
20 Kunstmuseum Atheneum
21 Zetor
22 Warenhaus Stockmann
23 Hotel Torni
24 Erottajanpuisto
25 Hostel Lönnrot
26 SAS Seaside
27 Saaga
28 Umo Jazz House
29 Lost & Found
30 William
31 König
32 Information
33 Nationaltheater
34 Gasthaus Omapohja
35 Arthur
• 36 Universität,
Kämp
37 Dom
38 Café Engel
★ 39 Ritterhaus
• 40 Nordhafen
41 Uspenski-Kathedrale
★ 42 Senatsplatz
★ 43 Rathaus
44 Marktplatz und Markthalle
Kauppahalli
• 45 Passagierhafen Viking Line
46 Hotel Katajanokka
47 Eurhostel Oy
• 48 Südhafen Silja Line
49 Palace Hotel
50 Café Kapeli
51 Kellarikrouvi
52 Savoy
53 Designmuseum
★ 54 Observatoriumsberg
★ 55 Aussichtsberg

sche und historische Funde. Mannerheimintie 34, geöffnet: Di-Mi 11-20 Uhr, Do-So 11-18 Uhr, im Sommer (1.6.-31.8.) bis 17 Uhr, Eintritt: 6 € (Di 17.30-20 Uhr frei); www.nba.fi.

• **Finnisches Seefahrts-Museum** *(Suomen Merimuseo)*, Seehistorisches, Leben an Bord, etc. Auf der Insel „Hylksaari" (im Sommer Fähre vom Südhafen, im Winter zu Fuß über die Inseln Mustikkamaa und Korkeasaari). Geöffnet: im Sommer täglich 10-15 Uhr, im Winter Sa/So 10-15 Uhr.

• **Freilicht-Museum** *(Seurasaari)*, Bauernhäuser und Gutshöfe aus allen Teilen Finnlands aus den letzten vier Jahrhunderten. Im Naherholungsgebiet auf der Insel Seurasaari (Bus 24 vom Erottaja-Platz). Geöffnet: 1.6.-31.8. tgl. 11-17 Uhr, 1.9.-31.5. Mo-Fr 9-15 Uhr, Sa/So 11-17 Uhr, Eintritt: 5 €.

• Kurz vor der Brücke nach Seurasaari findet man das **Urho-Kekkonen-Museum** *(Tamminiemi)*.

• **Sibelius-Monument,** Eine beliebte Sehenswürdigkeit, im Stadtteil Taka-Töölö im Sibeliuspark nahe der Merikannontie.

• **Kunstmuseum Atheneum,** größte Sammlung an Gemälden, Zeichnungen und Plastiken, hauptsächlich moderne, finnische Kunst. Kaivokatu 2, Tel. 09-17336401, geöffnet: Di, Fr 9-18 Uhr, Mi, Do 9-20 Uhr, Sa, So 11-17 Uhr, Eintritt: 6 €. Mi 17-20 Uhr freier Eintritt; www.ateneum.fi.

• **Markthalle Kauppahalli,** 1888 von *Nyström* als wetterfeste Bereicherung des Wochenmarktes gebaut, findet in den Backsteinhallen auch heute noch der Feinschmecker-Markt statt. Eteläranta, geöffnet: werktags 8-18 Uhr, Sa 8-16 Uhr.

• **Stadtviertel „Eira",** eines der besterhaltenen Jugendstilviertel, ursprünglich Industriegebiet, heute das teuerste Viertel Helsinkis.

• **Kiasma,** Museum für zeitgenössische Kunst. Direkt hinter dem Mannerheimdenkmal. Der Entwurf des Kiasma (Elemente-Überschneidung) stammt von dem Amerikaner *Steven Holl.* Es ist ein wellenförmiges Gebäude, das von einem keilförmigen durchdrungen wird. Die Fassade ist mit Titanzink und künstlich oxidierten Messingelementen belegt. Sandgestrahlte Glasblöcke lassen das Licht diffus eintreten. Ein Wasserbecken wird von einem Zufluss versorgt, der durch das Gebäude verläuft. Viele Helsinkier waren zuerst gegen den Bau, da sie Angst hatten, dass das Denkmal deswegen verlegt wird, aber *Mannerheim* reitet weiter auf seiner Stute *Kate* für Freiheit und Vaterland. Mannerheiminaukio 2; Tel. 09-17336501, www.kiasma.fi. Geöffnet: Di 10-17 Uhr, Mi-So 10-20.30 Uhr. Eintritt: Erwachsene 6 €, Fr 17-20.30 Uhr freier Eintritt.

• **Museum für Angewandte Kunst** *(Taideteollisuusmuseo)*, Entwicklung des Finnisches Designs vom 19. Jh. bis heute, Korkeavuorenkatu 23. Geöffnet: Di-Fr 11-17 Uhr, Sa/So 11-17 Uhr. Eintritt: 4 €.

• **Finlandia Halle,** diese Konzerthalle wurde 1971 von *Alvar Aalto* entworfen, der Kongressflügel wurde 1975 dazugebaut. Für 6 € gibt es eine Führung; Mannerheimintie 13 e. Geöffnet: Info Shop Mo-Fr 9-16 Uhr.

LA_700 Foto: as

Museum Kiasma
(Foto: Andrea Schumacher)

• **Opernhaus,** Helsinginkatu 58 an der Töölö-Bucht. Ein weiterer architektonischer Höhepunkt, 1992 von 3 Finnen geplant, die jüngste Oper Europas. Führungen: Mo-Fr 9-16, Kartenverkauf: Mo-Fr 9–18 Uhr, Sa 15–18 Uhr, Tel. 40302211, www.operafin.fi.

• **Olympiastadion,** Paavo Nurmentie, www.stadion.fi. Sehenswerte Architektur. Der **Stadionturm** ist außerhalb der Veranstaltungen für 2 € zu besteigen.

• Das **Nordostufer der Töölö-Bucht,** *(Linnunlaulu)* ist für seine dekorativen Holzvillen bekannt, unter anderem das Haus *Alexis Kivis;* www.kulttuuri.hel.fi.

• **Finnisches Nationaltheater,** zur 100-Jahrfeier wurde das Haus im Stil der finnischen Nationalromantik frisch renoviert. Es zeigt in seinem Inneren finnischen Jugendstil, u. a. Bleiglasmalereien von *Eliel Saarinen* im Theaterrestaurant. Neben dem Hauptbahnhof.

• **Botanischer Garten** im Park Eläintarha (Kaupunginpuutaha). Geöffnet: Mo-Sa 9-15 Uhr, So 12-15 Uhr. Eintritt frei.

• **Designmuseum,** Korkevavuorenkatu 23, Tel. 6220540, www.designmuseum.fi. Bus 17, Tram 10. Eintitt 7 €. Geöffnet 1.6.-31.8. tgl. 11-18 Uhr, sonst Mo geschlossen.

• **Zoo,** hier sieht man alle nordischen Tierarten. Befindet sich auf der Insel Korkeasaari (Anfahrt im Sommer: stündlich mit Fähre vom Nordhafen.

Im Winter und Herbst geht man zu Fuß über die Brücke von der Insel Mustikkamaa). Geöffnet: täglich ab 10 Uhr, Mai-Aug. bis 20 Uhr, Eintritt: 5 €, www.korkeasaari.fi.

•**Wissenschaftszentrum Heureka,** Anfahrt mit den Nahverkehrszügen K, P, R, I, H vom Hauptbahnhof, Richtung Vantaa bis Tikkurila. Ein interessantes Ausstellungszentrum, in dem der Besucher selbst Versuche durchführen kann. Ganzjährig täglich geöffnet von 10-17 Uhr, Eintritt bis 23 €.

Ausflüge

Hvitträsk-Haus

Das Atelier-Heim der drei Jugendstil-Architekten *Armas Lindgren, Eliel Saarinen* und *Hermann Gesellias* in Luoma Kirkkoniemi, 30 km außerhalb Helsinkis, ist heute ein Museum. Bus 166 vom Bussteig 62 im Busbahnhof, 3 €, im Sommer 10-18 Uhr geöffnet.

Seefestung Suomenlinna

1748 auf den Inseln vor Helsinki gegründet (ursprünglich Viaborg) und unter der Leitung von *Augustin Ehrensvärd* gebaut, ist Suomenlinna die größte Seefestung der Welt. Die Festungsinsel ist seit 1991 **Weltkulturerbe.** Sie verfügt über eine Vielzahl interessanter Museen (geöffnet Mai bis September täglich 10-17 Uhr). Die Überfahrt dauert nur wenige Minuten, die Fähren fahren vom Marktplatz alle 20-30 Minuten. In einer ehemaligen Inventarkammer der Marine befinden sich die **Touristeninformation** und das **Besucherzentrum,** Mai-Sept. tgl. 10-18 Uhr, Okt.-Apr. bis 16 Uhr. Eintritt Museum: Erwachsene 5 €, Info: www.suomenlinna.fi.

Ehrensvärd-Museum, eines der ältesten Gebäude auf Suomenlinna und Wohnhaus des Festungskommandanten in der Mitte des 19. Jh. Es zeigt u. a. Portraits und Schiffsmodelle.

Manege, in der Artilleriehalle von 1881 wird schweres Material vor allem aus dem Zweiten Weltkrieg gezeigt.

Küstenartilleriemuseum, Ausrüstung zur Küstenverteidigung aus den letzten 300 Jahren.

U-Boot Vesikko, das einzige finnische U-Boot aus dem Zweiten Weltkrieg, 250 Tonnen schwer. Geöffnet: 12.5.-31.8., tgl. 10-18 Uhr, Erwachsene 5,50 €.

Suomenlinna-Museum, Geschichte Suomenlinnas in einer Inventarkammer von 1780.

Ainola, Jean-Sibelius-Haus

Heim des Musikers, jetzt Museum (Järvenpää 10-18). Wunderschöne Jugendstileinrichtung. Bus vom Busbahnhof, Bahnsteig 9, 11, 12, oder Zug zum Bahnhof Järvenpää und Fußweg von 2 km. 5 €.

Gallen-Kallela-Museum

Der Künstler *Akseli Gallen-Kallela* schuf 1911-1914 in Tarvaspää ein Atelier im Jugendstil. Die Museumssammlung umfasst Werke (z. B. die berühmten Kalevala-Illustrationen) sowie persönliche Gegenstände des Künstlers. Ein Café und der Skulpturenpark „Leppävaara" sind angeschlossen (Straßenbahn 4 oder Bus 52 nach Munkki-

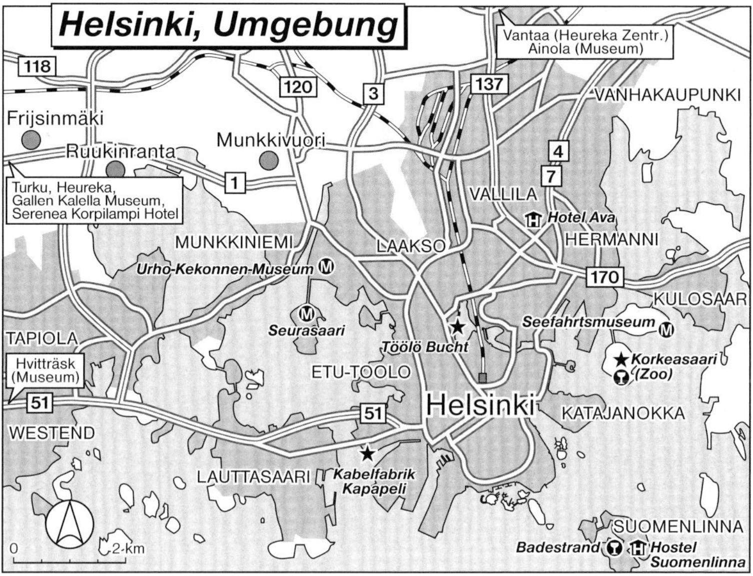

niemi, dann ca. 2 km zu Fuß, Gallen-Kallelantie 27, Espoo). 15.5.-31.8. täglich 10-18 Uhr, 1.9.-14.5. Di-Sa 10-16 Uhr, So 10-17 Uhr. Preis: Erwachsene 8 €, www.gallen-kallela.fi.

Bootsfahrten

Sich mit einem **Raddampfer** durch die Schären schaufeln lassen und dabei was essen kann man auf dem Nachbau der *Finlandia Princess,* der täglich dreimal vom Marktplatz nach Hakaniemie und retour fährt. Für 10 € wird auch eine Abendfahrt angeboten.

Die **Wasserbusse der JT-Linie** fahren vom Marktplatz nach Suomenlinna (Tykistölahti und Königspforte). Erwachsene hin und zurück 5,50 €.

Seit 1912 fährt die *MS J. L. Runeberg* pünktlich um 10 Uhr vom Südhafen nach **Porvoo.**

Unterhaltung

- **Sparakoff Mikonkatu:** Eine originelle Art, Helsinki kennen zu lernen, ist der rote Straßenbahnpub Sparakoff. In einer Tram von 1959 geht es quer durch Helsinkis City, vorbei an fast allen wichtigen Sehenswürdigkeiten. Abfahrt Ende Mai bis Mitte August, Mi-Sa von 14-20 Uhr zur vollen Stunde, 7 €.
- **Konzerte, Oper, Theater:** „Helsinki Festwoche" (Ende Aug./Anfang Sept). Aufführungen der Freilichtbühnen auf den Inseln Suomenlinna und Mustikkamanaa, im Park Keskuspuisto und an der Bucht Töölölathi (Juni bis August). Im Vergnügungspark Linnanmäki gibt es im Sommer Varieté, sonst Ballett, Konzerte und Theater.

LA_210 Foto: ph

Kabelfabrik Kapapeli, Tallberginkatu 1 G (Metro nach Westen bis Ende Ruoholahti). Die Veranstaltungen der Alten Kabelfabrik von Nokia ziehen jährlich über 250.000 Besucher an. Geboten werden drei Museen und acht Galerien, Tanz, Theater, Sport, Musik sowie alle denkbaren Formen von Kunst. Beliebtes Café-Restaurant.

● **Kinos:** Es gibt 47 Kinos, die alle Filme in Originalsprache vorführen (Beginn: 19 Uhr).

● **Discos:** Es gibt zwar über 50 „Tanz-Restaurants", aber man muss ziemlich hohe Eintrittspreise bezahlen.

● Die meisten **Lokale** machen um 1 Uhr dicht, Nachtklubs sind bis 3 Uhr geöffnet, z. B. das **Lux,** Urho Kekkosenkatu 1 A.

Das Gallen-Kallela-Museum in Espoo (Foto: Pentti Harala)

Umo Jazz House ist der aktivste Jazzclub, Pursimiehenkatu 6, mit Restaurant, ab 20 Uhr, www.umo.fi.

Vanha Maestro, Fredrikinkatu 51-53. Hier ist das Mekka der Tangotänzer, aber aufgepasst: Was bis 3 Uhr früh getanzt wird, ist finnischer Tango!

Als **Rock-Café** bieten sich das *Berlin* in der Töölönkatu 3, das *On the Rocks,* Mikonkatu 15, www.ontherocks.fi und das *Nosturi,* Telakkakatu 8, www.elmu.fi an. Angesagt ist bei Rockliebhabern auch die *Bar Loose in der* Fredrikinkatu 34.

Zetor, Mannerheimintie 3-5, vor der Passage zum Hauptbahnhof am Denkmal „Drei Schmiede", Wodka und Rock'n'Roll. Eigentlich eine tschechische Traktorenmarke, hier die abgedrehteste Kneipe. Vier Zetoren stehen auch im Saal, www.ravintolazetor.fi.

Highlight Café, Frederikinkatu 42, 15-4 Uhr. In einer ehemaligen Kirche: mehrere Bars und ein Restaurant, am Wochenende Disco.

Das **Storyville** ist in die Top 100 der weltweit besten Jazzclubs gewählt worden. Museokatu 8. Essen aus der Cajun- und Kreolenküche, www.storyville.fi.

Beliebt sind das **Erottaja,** Erottajankatu 15-17, die **Bar Åbo** und das **Ou Jee** in der Uudenmaankatu. Im Haus Nr. 9 liegt die Bar **NRO 9.**

Lost & found, Annankatu 6, Schwulenbar. Geöffnet: Mo-Fr 16-4, Sa/So 15-4 Uhr.

Wem das ganze zu heiß wird, geht in die **Ice Bar** des Club Uniq, Yliopistonkatu 5, die stets auf -5 °C gekühlt ist.

● **Schwimmhallen:** Helsingkatu 25 (im Sommer geschlossen), *Kontula* Einkaufszentrum (ganzjährig), *Pirkkola* Sportzentrum (im Sommer geschlossen), *Yrjönkatu 21* (getrennt-geschlechtliches Nacktbad, im Sommer geschlossen). Alle Bäder mit Sauna, Eintritt ab 4,50 €.

● **Freibäder:** „Schwimmstadion am Olympiastadion" und Freibad *Kumpula,* geöffnet Juni-Aug.

● **Badestrände:** Zu Helsinki gehören 315 Inseln und fast 100 Kilometer Uferlinie, mit zahlreichen guten Badestränden: Laajasolo, Pihlajasaari, Uunisaari, Seurasaari, Hietaranta, Lauttasaari, Mustikkamaa, Kaunissaari, Munkkiniemi, Suomenlinna, Vartiokylä, Vuosaari. Im Sommer täglicher Fährverkehr: Vom Platz Merisatamantori (Kompassilaituri).

● **Kaivopuisto-Park** an der Ehrenströmitie mit Aussichtsberg und Promenade zum Flanieren. Hier kann man den Stadtbewohnern beim Teppichwaschen zuschauen, denn eine der vielen Waschstellen liegt an der Promenade. In Finnland ist es Tradition, einmal im Jahr seine Teppiche in der Ostsee zu waschen, mit umweltverträglicher Teerseife. Die Waschungen sind ein Ereignis zwischen Jahrmarkt und Nachbarschaftsklatsch. Wer nicht so weit laufen will, kann die Aussicht auf den Südhafen vom Observatoriumsberg genießen.

● Den **Esplanadenpark** bevölkert im Sommer eine bunte Mischung aus Städtern und Touristen. Er wird für unterschiedliche Veranstaltungen genutzt. Darin befindet sich der Brunnen **„Heavy Amanda"** *(Havis Amanda),* mit der Statue von *Ville Vallgren,* die 1908 bei der Einweihung die Moralisten der Stadt auf den Plan rief. Die dralle Bronzeschöne wird alljährlich am Vorabend des 1. Mai mit großem Spektakel von Studenten gewaschen und gekränzt.

Essen und Trinken

● Ansehen sollte man sich das **Café Engel** aus dem 18. Jh. am Senatsplatz (Aleksanterinkatu 26). Hier ist alles stilvoll, und die Kuchenkreationen schmecken himmlisch. Wer in Eira unterwegs ist, kann schauen, ob er Erfolg im *Succes* hat. Meist ist die Schlange der Genießer aber zu lang, die hier einen kalorienvollen *Korvapuusti* (*Pulla* mit Zimt) erstehen will.

● **Palace Hotel Terrasse,** Eteläranta 10. Im 11. Stock, gegenüber der alten Markthalle, liegt eine kleine Hotelbar mit großer Außenterrasse, von der man einen herrlichen Blick über Helsinki hat.

● **Sommercafé** auf den Terrassen des Domes. Der Domprobst selbst kam auf diese weltliche Idee, und so gibt es im Sommer auf der der Uni zugewandten Seite eine zusätzliche Möglichkeit sich zu erholen.

● Im Kaivopuisto-Park liegt das Gartenrestaurant **Café Ursula.**

● Ein schöner Ort ist das **Café Kapeli** im Esplanadenpark, ein Pavillon aus dem 19. Jh. unweit des Brunnens „Heavy Amanda".

● **Café Strindberg** liegt in der Pohjoisesplanadi 33, Mo-Sa 9-22 Uhr.

● Auf *Alvar Aaltos* Spuren gelangt man ins **Savoy** in der Eteläesplanadi 14, 8. Stock. Hier gestaltete der Meister 1937.

● In der Abteilung **Kellerrestaurant** gibt es seit 1892 das **König,** vom Vizedirektor *König* des Hotels *Kämp* gegründet; Mikonkatu 4.

● Finnisch essen kann man bei **Kellarikrouvi** in der Pohjoinen Makasiinikatu 6, der sich nicht nur nach Keller anhört, sondern auch im Keller ist, oder bei **Piekka** in der Sibeliuksenkatu 2.

● **William K.,** Fleminginkatu 6, Tennispalatsi, Annankatu 3, Mannheiminkatu 72. Das Bierzimmer im Zentrum von Helsinki. Alle Filialen sind gemütlich und haben eine große Bierauswahl.

● **Saaga,** Bulevardi 34 B, verspricht lappländische Spezialitäten, Tel. 74255544.

LA_212 Foto: fh

●**Inselrestaurants** haben von Mai-Sept. geöffnet, z. B. das *NJK*, Valkosaari, Tel. 639 261. Fähre hinter dem Olympia-Terminal.

Das **Restaurant Saari,** Sirpalesaari, und das **Boathouse HSS Restaurant,** Sirpalesaari, erreicht man mit der Fähre von Merisatamanaranta.

●Am Viking-Terminal, Pikku Satamakatu 3, liegt das alte Hafen-Warenhaus. Darin gibt es das schöne **Pikku Satama.**

Einkaufen

●**Aleksanderinkatu,** die Einkaufsmeile der Innenstadt verfügt im Winter über geheizte Gehwege. Die Wärme kommt aus dem Fernwärmenetz und bietet mehr Sicherheit und

Traditioneller Konsumpalast

Moderner Konsumpalast

Sauberkeit. Die Keskuskatu ist Fußgängerzone und 3-stöckig untertunnelt worden.

●**Kalevala koru,** Unioninkt. 25. Hier gibt's Schmuck nach historischen Vorbildern aus Bronze, Gold und Silber.

●**Forum,** Mannerheimintie 20, das größte Shoppingcenter im Zentrum. Über 120 Geschäfte aller Art sowie im Untergeschoss verschiedene Schnellimbissstände.

●**Stockmann,** Aleksanderinkatu 52. Das größte und bekannteste Kaufhaus Helsinkis ist etwas teurer.

●Das **Kiseleffin Talu,** Unionin Ecke Aleksanterinkatu am Senatsplatz, ist ein renoviertes Warenhaus aus dem 19. Jh. in dem man heute gut und teuer einkauft, im Sommer auch sonntags geöffnet.

●Die **Einkaufsstraßen** sind die Federikinkatu, die Fußgängerzone, der Iso Roobertinkatu, die Esplanadi und die Aleksanderinkatu. An der Metrostation Itäkeskus liegt das gleichnamige Einkaufszentrum mit gigantischen Ausmaßen und etwa 240 Geschäften.

●Spannend auch der **Markt am Südhafen.** Hier kann man frühmorgens frische Piroggen essen, einen Espresso trinken und sich wohlfühlen. Um 14 Uhr wird der Markt geschlossen. In den Sommermonaten gibt es zusätzlich ab 16 Uhr einen Abendmarkt.

●**Antiquitätengeschäfte** finden sich in ansehnlicher Zahl u. a. in den Stadtteilen Kruununhaka und Ullanlinna.

●**Flohmärkte** gibt es Montag bis Freitag in der Tehtaankatu 40d ab 11 Uhr, sonntags ab 10 Uhr auf Hakaniemi und am Wochenende im Sommer in der Laukkasaarenkatu 4. Der Flohmarkt *Hietalahti* ist Helsinkis beliebtester Trödelmarkt. In der Hietalahti-Halle nebenan werden Antiquitäten verkauft. Geöffnet: Mo-Fr 8-14 Uhr, Sa 8-15 Uhr. Abendflohmarkt Juni-August Mo-Fr 15.30-20 Uhr und Sonntagsflohmarkt Mai-September 10-16 Uhr.

●In der ersten Oktoberwoche findet seit 1743 der alljährliche **Baltische Heringsmarkt** statt. Die Heringsfischer kamen aus ganz Südfinnland nach Helsinki, um ihre Salzheringe hier zu verkaufen; fassweise wurde dann der Wintervorrat eingekauft. Jeder Fischer hatte sein eigenes Rezept. So ist es auch heute noch, und so kann man sich durch die Sorten probieren.

- Derzeit ist in Kamppi eine neue **Einkaufsmeile** in Planung.

Information

- **Städtisches Fremdenverkehrsamt,** Pohjoesplanadi 19 (am Markt, am Anfang des Esplanadi-Parks), 00099 Helsinki, Tel. 3101 3300, 174088, www.visithelsinki.fi. Geöffnet: Mai-Sept. Mo-Fr 9-20 Uhr, Sa, So 9-18 Uhr; Okt.-Apr. Mo-Fr 9-18 Uhr, Sa, So 10-16 Uhr.

Botschaften

- **Deutsche Botschaft:** Krogiuksentie 4b, Tel. 458580.
- **Österreichische Botschaft:** Unioninkatu 22, Tel. 6818600.
- **Schweizerische Botschaft:** Uudenmaankatu 16 A, Tel. 6229500.

Ämter

- **Hauptpost** mit Poste Restante, Elielinaukio 2 F, geöffnet: Mo-Fr 7-21 Uhr, Sa, So 10-18 Uhr.
- **Fundbüro,** Suomen Löytötavarapalvelu Mäkelänkatu 56, Tel. 060041006 geöffnet Mo-Fr 9-18 Uhr, www.loytotavarat.net.
- Das **Sportamt** vergibt Angelkarten, Paavo Nurmen kuja 1 C, ebenso die **Info** im Jugendsaal, Pohjoisesplanadi 19.

Unterkunft

Telefon-Vorwahl: 09

Jugendherbergen

(Preise jeweils 7-16 €)

- **Finnischer Jugendherbergsverband,** Yrjönkt. 38b, Tel. 602377, www.srmnet.org.
- **Stadionin Ret.,** Pohj. Stadiontie 3b, (in der Nordkurve des Olympiastadions, 2 km vom Zentrum), Tel. 4778480, www.stadionhostel.com, ganzjährig.
- **Academica Ret.,** Hietaniemenkt. 14, (1 km vom Bahnhof), Tel. 13114334, www.hostelacademica.fi, 1.6.-1.9.

LA_213 Foto: fh

- **Satakuntatalo,** Lapinrinne 1a, im Stadtteil Kamppi, Tel. 69585233, Juni-August.
- **Eurohostel Oy,** Linnaukatu 9, auf der Halbinsel Katajannoka unweit dem Viking-Terminal, Tel. 6220470, www.eurohostel.fi.
- **Erottajanpuisto,** Uudenmaankatu 9, Tel. 64 2169, www.erottajanpuisto.com, ganzjährig.
- **Heo Hostel,** Kirstinkatu 1, Tel. 7742420, keine Online-Buchung möglich, 21.5.-26.8.
- **Hostel Lönnrot,** Lönnrotinkatu 16 D, im Stadtteil Kamppi, Tel. 6932590, www.hostellonnrot.com, 1.1.-31.12.
- **Hostel Suomenlinna,** Suomenlinna C 9, bei Iso Mustasaari auf der Festungsinsel, Tel. 6847471, www.leirikoulut.com, 11.1.-31.12.

Hotels

- **Zimmervermittlung** *(Hotellikeskus),* im Hbf, Tel. 171133, www.helsinkiexpert.fi/majoitus.
- **FSTS** (Studentendienst Finnland), Kampinkatu 4b, Tel. 605035.

LA_701 Foto: th

●**Hotel Torni,** Yrjönkat u 26, Tel. 131131, www.sokoshotels.fi. Das traditionsreiche Hotel ist Helsinkis einziger Wolkenkratzer. Zimmer in zwei Gebäuden - das eine wurde im Art Deco der 1930er Jahre und das andere im Jugendstil renoviert. Aussichtskabinett im 12. Stock.

●Das legendäre **Luxushotel Kämp** hat wieder seinen Platz an der Pohjoisesplanadi 29 eingenommen. Das Gebäude steht unter Denkmalschutz und beherbergte lange Jahre eine Bank. Ende des 19. Jahrhunderts war der deutsche *Karl König* der Vizedirektor, dann eröffnete er sein eigenes Restaurant (siehe Essen und Trinken). Tel. 576111, www.hotelkamp.fi.

●**Hotel Katajanokka,** Vyökatu 1, Tel 686 450, www.hotellikatajanokka.fi, in einem kleinen Park gelegenes ehemaliges Gefängnis.

Armleuchter:
Bahnhof und Leuchten von Eliel Saarinen

●**Ava,** Kastulantie 6, Tel. 774751, www.ava.fi. 15 Min. vom Zentrum, Flughafennähe, Tram 7, ab 63 €.

●**Arthur,** Vuorikatu 19, Tel. 173441, www.hotelarthur.fi, seit 1907 am Hauptbahnhof, 95 € am Wochenende, in der Woche ab 115 €.

●**Erottajanpuisto,** Uudenmaankatu 9, Tel. 642169, www.erottajanpuisto.com, in altem Gemäuer im Nightlife-Viertel, DZ ab 65 €.

●**Radisson SAS Seaside,** Ruoholahdenranta 3, Tel. 020-1234705, www.radissonsas.com; nett gestaltet, DZ ab 205 €.

●**Serena Korpilampi,** Korpilammentie, 02970 Espoo, Tel. 6138411, inmitten der Natur.

●**Gasthaus Omapohja,** Itäinen Teatterikuja 3A, Tel. 666211, DZ ab 60 €. Die älteste Pension Finnlands in einer ehemaligen Bank in der Nähe des Bahnhofs, www.gasthausomapohja.com.

Campingplatz

●**Rastilla,** etwa 13 km vom Zentrum an der 617, über Ringstraße erreichbar, Karavaanikatu 4, Tel. 3216551, 15.5.-15.9. (etwa 9 €), Hier kann man im Winter im Eiswasser schwimmen.

Helsinki Card

Am besten, man kauft sich bei der Tourist-Info oder im Hotel die Helsinki Card für einen Tag (33 €) oder für drei Tage (53 €, vom 1.1. bis 31.5. preiswerter). Mit der hat man bei 48 Museen freien Eintritt und eine Ermäßigung bei Bus und Bahn.

Verkehr

Parken

Die Innenstadt ist voll, es gibt **Automaten,** die das Parken, je nach Farbe, zwischen 1 und 4 Std. erlauben.

Seit 1995 gibt es auch die **Rubbelscheine,** die für alle gebührenpflichtigen Parkflächen gelten. Man kann sie an Kiosken kaufen. Hat man den letzten freien Parkplatz der Hauptstadt tatsächlich unter die Räder bekommen, rubbelt man auf dem Schein Jahr, Monat, Tag Stunde und Minute ab und klemmt den

Schein hinter die Frontscheibe. Parkzeit solange der Schein gilt.

Für Langzeitparker gibt es das **In-Car Parking Meter** für rund 90 € beim Parküberwachungsamt zu kaufen, die preiswerteste Methode für Leute, die oft in der Stadt parken, da man nur die Zeit bezahlt, die man verparkt und das Ding obendrein noch 20 % Rabatt gewährt.

Wer selbst suchen will, kann sich den **Parkplatzführer** (deutsch/engl.) bei der Tourist-Info besorgen.

Man kann auch im **Autohotelli** an der Ehrenströmintie (am Olympiaterminal) parken und dann mit der Bahn weiter.

Automobilclub

- **Autoliito** Kansakoulukta 10, Helsinki 10, Tel. 09-6940022.

Nahverkehrssystem

Helsinki hat ein gut ausgebautes Bus-, Straßenbahn-, Metro und Fährsystem. Mit der **Touristenfahrkarte** der Verkehrsbetriebe (HKL) reist man 1, 3 oder 5 Tage ohne Einschränkung mit allen Verkehrsmitteln im Stadtgebiet. Die Karte ist im Automatenverkauf und beim Fremdenverkehrsamt erhältlich. Preise: Erwachsene 6 € (1 Tag), 12 € (3 Tage) und 18 € (5 Tage), Kinder 3/6/9 €. Einzelfahrschein: Erwachsene 2,20 €, Straßenbahnkarte: beim Fahrer 2 €, Automatenverkauf 1,80 €.

Metro

Die Metro hat 18 Stationen, an weiteren wird gebaut. Karten kauft man in der Simonkatu 1, oder an den Bahnhöfen Rautateientori und Hakaniemi.

Straßenbahn

Ein preisgünstiger Weg zahlreiche Sehenswürdigkeiten Helsinkis zu sehen, ist eine Fahrt mit der **Straßenbahnlinie 3T.** Sie führt vorbei an Objekten wie Finlandia-Halle, Parlament, Nationaloper und Senatsplatz. Fahrgäste können an jeder beliebigen Haltestelle zusteigen. Die komplette Rundtour dauert ca. 1 Stunde. Bei den Verkaufsstellen gibt es einen eigenen Prospekt für die 3T. Erwachsene 2 €, Abfahrt: beliebig, z. B. Marktplatz, Stockmann oder Hauptbahnhof.

Bus-Fernverkehr

- **Busbahnhof Simonkatu 3,** im Stadtteil Kamppi, beim riesigen Einkaufszentrum Kampinkeskus.
- **Oy Matkahuolto AB,** das größte Busunternehmen hat die Hauptverwaltung in der Pohjoenen Rautatien Katu 19c, Tel. 0200 4010, www.matkahuolto.fi.

Eisenbahn

Bahnhof: Architekturdenkmal im Art Déco-Stil, im Jahr 2000 hat man die Bahnsteige überdacht.

- **Finnische Staatsbahnen,** Vilhonkatu 13, Helsinki 10, Tel. 09-23192902, www.vr.fi.

Russland: täglich gibt es drei Bahnverbindungen mit Russland – eine nach Moskau und zwei nach St. Petersburg.

Fähren

- **Eckerö Line,** Mannerheimintie 10, Tel. 2288544, www.eckeroline.fi.
- **Nordic Jet Line,** (nach Tallin) Kanava-Terminal K5, Tel. 060001655, www.njl.info.
- **Silja Line,** Olympia-Terminal Südhafen, Tel. 0600174552, www.silja.fi.
- **Tallink,** Erottajankatu 19, Tel. 09-228311, www.tallink.fi.
- **Viking Line,** Lönnrotinkatu 2, Tel. 123577, www.vikingline.fi.

Flüge

Den **Flughafen Vantaa,** 30 km außerhalb, gibt es erst seit 1936, www.finavia.fi. Vorher waren die Junkers F 13 mit Schwimmern ausgerüstet und landeten im Hafen. Die vier Passagiere wurden dann an Land gerudert. Im Winter montierte man statt der Schwimmer Kufen unter die Flugzeuge und landete auf dem Eis. Sehr begehrt waren die Flüge zum Betrinken nach Tallinn.

- **Finnair,** Vantaa-Airport, Tel. 09-81881.
- **SAS,** Pohjojoisesplanadi 23, Tel. 09-177443.
- **Airport Sammeltaxis** in der City (preiswert).
- Vom Busbahnhof, Bahnsteig 12, fährt zwei- bis viermal stündlich für 5,20 € ein **Bus zum Flughafen.**

LA_218 Foto: fh

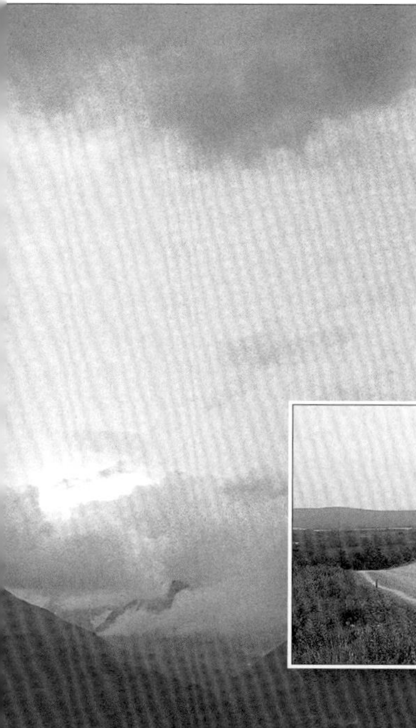

Lappland – ein Einblick

LA_219A Foto: fh

LA_219B Foto: fh

Am Lyngenfjord

Von Kilpisjärvi nach Skibotn

Der Polarkreis wird vor Gällivare überschritten

Geografie

In Lappland wehen die Winde aus vier Richtungen, und das Jahr hat acht Jahreszeiten. Hier liegen die größten Einöden Europas. Bewohnt wird Lappland von etwa 200.000 Menschen, die sich von Forst-, Landwirtschaft und Viehzucht ernähren. Industrie gibt es wenig.

Alle Gebiete, die nördlich des Polarkreises liegen, rechnet man zur **Nordpolarzone.** Diese wird zum größten Teil vom arktischen Eismeer eingenommen, welches wiederum vom eurasischen und nordamerikanischen Kontinent eingeschlossen wird. Das Festland ist (mit Ausnahme von Grönland), nicht von ewigem Eis und Schnee bedeckt, sondern zumindest jährlich zwei bis drei Monate eisfrei. Insgesamt erstrecken sich diese zeitweise eisfreien Landflächen über 4 Mio. km^2. Dazu gehören große Teile Alaskas, Kanadas, Sibiriens und Nordskandinaviens. Besonders hier in Lappland wird die Kühlwirkung des Ozeans durch warme Strömungen aus dem Atlantik gemildert, darum ist das Klima nicht so streng wie in den übrigen arktischen Gebieten, geschweige denn wie am Südpol. Diese Tatsache, in Verbindung mit einer besseren Einwanderungsmöglichkeit von Süden her, findet u. a. ihren Ausdruck in einer mannigfaltigen Tier- und Pflanzenwelt. So gibt es in diesen Breiten über tausend verschiedene Arten von Blütenpflanzen, mehrere Tausend Insektenarten, reichlich Fische und Vögel, aber auch eine stattliche Anzahl von Landsäugetieren, die sich den extremen Bedingungen des Klimas angepasst haben. Der Lebensraum, der diesen Pflanzen und Tieren zur Verfügung steht, wird Tundra genannt. Dieses ist ursprünglich ein samisches Wort, das aber mittlerweile in den Wortschatz fast aller Sprachen eingegangen ist.

Tundra

Mit Tundra bezeichnet man die **baumlose Kältesteppe** (die Taiga hingegen ist die russische Nadelwaldzone). Der Boden in der Tundra ist seit der Eiszeit ab etwa 2 m Tiefe ganzjährig gefroren. In solchen **Permafrostzonen** kann das Schmelzwasser im Frühjahr nicht abfließen. Es dringt nur bis zur Eisgrenze in den Boden ein und führt dann zur langsamen Versumpfung des Gebietes. Torf bildet sich allerdings kaum, da es zu wenige verrottende Pflanzen gibt. Einige wenige Gegenden Lapplands gehören zu diesem Landschaftstyp. So gibt es den Permafrostboden auf der Nordkynn-Halbinsel und am Nord- und Nordoststrand der Halbinsel Varanger. Die Tundra ist hier überwiegend durch Abholzung entstanden, da sich die Natur nicht davon erholte, trat eine Versteppung der Landschaft ein.

Grundsätzlich werden die Tundra und das in ihr vorkommende Leben von drei Hauptfaktoren geprägt:

- Lange, kalte Winter, relativ warme aber kurze Sommer (Dauer nur 2-4 Monate).
- Dauerfrostboden (bedeutet, dass der Boden, bis auf einige Dezimeter an der Oberfläche, das ganze Jahr hin-

LA_221 Foto: fh

durch gefroren bleibt), Baumwurzeln können nicht tief genug eindringen, außerdem sind sie in der eisigen Winterluft zu stark gefährdet. Büsche und andere niedrige Pflanzen werden dagegen im Winter unter einer isolierenden Schneeschicht begraben. Hier hat sich die flach wurzelnde, anspruchslose Moorbirke und nicht die Tanne als beherrschender Baum durchgesetzt. Diese Spezies blüht schon, bevor sie ausschlägt.

- Die erstaunlich starke Trockenheit.

Der **Dauerfrostboden** gibt der Tundra ihr charakteristisches Aussehen. Zum einen können, wie gesagt, keine Pflanzen mit tiefen Wurzeln hier Fuß fassen, zum anderen verhindert er auch, dass nach der Schneeschmelze das Wasser versickern kann. Dieses sammelt sich also an der Oberfläche und bildet so die abertausend Seen und Sümpfe. Das extreme Klima ist aber auch noch für eine Reihe spezieller Landschaftserscheinungen verantwortlich, z. B. für:

- **Palsamoore.** Typisch sind die durch Bodeneis hervorgerufenen Torfhügel, 3-7 m hoch, länglich. Vergleichbar mit Frostaufbrüchen. Das Innere besteht aus Eis. Nördlich von Inari und bei Enontekiö kann man welche finden.
- Eine andere Tundra-Erscheinung sind **runde Hügel,** die von Steinringen umgeben sind. Diese scheinbar so sorgsam in die Runde gelegten Steine sind jedoch kein Werk von Touristen, sondern eine Naturerscheinung. Das

Die Tundra ist oft von Seen bedeckt

Wasser im Boden dehnt sich beim Gefrieren aus, und es bilden sich runde Hügel. Die im Boden steckenden Steine werden durch das Frieren und Auftauen nach oben gedrückt. Oben auf dem Hügel angekommen, rollen sie dann nach allen Seiten herunter und bleiben am Fuß liegen.

- Die seltenen, **sechseckigen Muster** im Boden entstehen durch Zusammenziehen der oberen Bodenschicht. Die dann entstehenden Risse bilden dieses Muster.
- Die relativ **dünne Bodendecke** auf dem gefrorenen Boden verursacht ein langsames Zuschütten der Täler. Beim Einsetzen des Tauwetters gerät die Schicht auf dem vereisten Untergrund an den Hängen ins Rutschen und gleitet dann stetig talwärts.
- Die jährlichen **Niederschläge** liegen in Zentral-Lappland bei durchschnittlich 27,5 cm, das ist weniger als in manchen Wüstengebieten der Welt. Das kann man sich bei all dem Sumpf und den Seen kaum vorstellen.
- Da heutzutage die **Durchschnittstemperaturen** auf der Welt allgemein steigen, wird es, wenn auch nicht spürbar, ebenfalls in der Tundra wärmer. Wissenschaftler wollen festgestellt haben, dass der Bereich des Dauerfrostbodens jährlich um etwa 50 m zurückgeht. Eines Tages könnte es sein, dass die Tundra zur größten Wüste der Welt wird (immerhin bestehen weltweit ca. 20 % der Festlandoberfläche aus Tundra). Würde es hingegen in Lappland mehr regnen oder schneien, würde sich die Tundra im Sommer in einen undurchdringlichen Sumpf verwandeln. In Lappland ist mir von einer gemessenen Erwärmung noch nichts bekannt.

LA_222 Foto: fh

Besonders die Pflanzen mussten sich dieser Trockenheit anpassen. Über 9 Monate ist das Wasser als Eis blockiert, außerdem hindern der hohe Säuregehalt des mangelhaft entwässerten Bodens und die Kälte die Wurzeltätigkeit. So kommt es, dass viele **Pflanzen der Tundra** einen ähnlichen Verdunstungsschutz besitzen wie die Pflanzen der Wüste. Sie sind niedrig und gedrungen, die Wurzeln flach ausgebreitet, die Blätter klein, zäh und behaart. Eine ähnliche Art in heimischen Gefilden ist das Heidekraut, welches in regenarmen, trockenen Gebieten genauso gut gedeiht, wie in den wasserreichen Hochmooren. Das Wachstum aller Polarpflanzen geht nur sehr langsam voran.

Umso erstaunlicher ist es, dass nach der langen Winterruhe nur 3-4 Wochen Sonnenbestrahlung ausreichen, um die Pflanzen in voller Blüte stehen zu lassen. Dann ist die Tundra bunt wie nie, nur noch vergleichbar mit der Farbenpracht im Herbst, wenn sich die Blätter in leuchtendes rot und gelb verwandeln.

Eiszeit

Nirgends kann man die Auswirkungen der Eiszeit auf die Landschaft so genau erkennen wie in Skandinavien. Die letzte bekannte Eiszeit begann vor etwa 15.000 Jahren und endete vor rund 10.000 Jahren. Während dieser Periode war es allerdings nicht immer gleich kalt, vielmehr gab es 3 bis 5 Kälteperioden. Damals bedeckte das Eis rund 55 Mio. km²; heute sind es nur 1,5 Mio. km². Eine Eiszeit soll alle 260 Mio. Jahre wiederkommen. Nach neuesten Theorien hängt das mit unserer Galaxis zusammen, die langsam um ihre eigene Achse rotiert. Unser Planetensystem, das ziemlich am Rand liegt, braucht exakt 260 Mio. Jahre für einen Umlauf. Folglich müssten beim Passieren einer bestimmten Stelle so ungünstige Einwirkungen auf das Sonnensystem stattfinden, dass die Oberflächentemperatur abnimmt.

In Skandinavien hat die Eisdecke bei ihrem langsamen Ausbreiten den lockeren Boden vor sich hergeschoben und dabei die Berge rundgeschliffen und die Täler ausgehobelt. Deutlich sichtbar ist dies u. a. bei **Lapporten** in der Nähe von Abisko. Der wegtransportierte Boden hat sich teilweise als **Moräne** (z. B. in der Holsteinischen Schweiz in Deutschland) abgesetzt. Durch diesen Transport blieb wenig Verwitterungsboden in Skandinavien.

Durch den ungeheuren Druck der Eismassen wurde das Land darunter in die Erdkruste eingedrückt. Nach dem Abschmelzen des Eises fing der skandinavische Festlandsockel langsam an, wieder aufzusteigen. Diese **Landhebung** ist auch heute noch nicht abgeschlossen, nach Messungen in Norwegen steigt das Land jährlich rund 1 cm.

Die Eisdecke erreichte zwar in der Mitte eine Dicke von 3000 Metern, war jedoch zum Rand hin dünner. Deshalb war der Druck am Rand auch nicht mehr so stark, und es blieben

Lapporten,
vorn der Torneträsk-See

LA_224 Foto: fh

viele flache Hügel in der Gegend des heutigen Finnland stehen. Die nach dem Abschmelzen des Eises entstehenden Wassermassen wurden durch diese Hügel am Abfließen gehindert, und es bildeten sich die bekannten **Finnischen Seen.**

Die tiefsten Seen der Welt (im Verhältnis zu ihrer Größe) finden sich auf den Lofoten. Hier hat das abschmelzende Eis ganze Arbeit geleistet. Der Stundsdalvatn und der Selbjørnvatn auf Moskenesøya und der Rørhopvatn auf Austvågøy weisen zusätzlich noch weitere Besonderheiten auf. Hier gibt es das klarste Wasser überhaupt. Dies hat mit der Kalkarmut der Gegend zu tun. Der Kalk ist der Nährstoff für viele Kleinlebewesen, die dann das Wasser trüben. Kein Kalk, kein Mikroorganismus, keine Wassertrübung. Wissenschaftler entdeckten bei der Untersuchung weitere Phänomene. Ein Teil der Seen enthält in den unteren Schichten Meerwasser, und zwar seit der Eiszeit! Da diese Seen nicht groß sind und ziemlich geschützt in den Bergen liegen, kann der Wind das Wasser nicht aufwühlen, und es fand seit Jahrtausenden keine Vermischung des Gletscherwassers mit dem Salzwasser statt. Die Seen sind daher ein Mekka der Biologen und Geografen geworden.

Bei genauerer Betrachtung der norwegischen Berge wird auffallen, dass es nicht nur völlig rundgeschliffene Berge gibt. Manchmal entdeckt man auf diesen runden Buckeln noch schroffe Felsspitzen. Diese, in der Fachsprache **Nunatakker** genannten Spitzen, ragten während der Vereisung durch die geschlossene Eisdecke. Sie konnten folglich nicht abgehobelt werden. Die beiden Lofoteninseln **Værøy** und **Røst** sind offensichtlich nicht unter der Eisdecke gewesen. Diese Nunatakker blieben während der Eiszeit die Rückzugsgebiete der vorher in ganz Skandinavien lebenden Tiere und Pflanzen. Als es dann wieder wärmer wurde, breitete sich das Leben von dort erneut aus. Allerdings konnten sich hier nur die Pflanzen behaupten, die den nährstoffarmen Boden verkraften konnten. Die Tiere wanderten, genau wie die Menschen, später von Süden wieder ein.

Von der Eiszeit gehobelt:
Rapadalen im Sarek-Nationalpark

Gletscher

Was ein Gletscher ist, sollte man eigentlich in der Schule gelernt haben, trotzdem kann hier etwas Nachhilfe nicht schaden: In bestimmten Berggegenden fällt im Winter mehr Schnee, als im Sommer abtauen kann. In geschützten Lagen bilden sich Schneemulden. Scheint tagsüber die Sonne darauf, schmilzt die oberste Lage, die dann nachts wieder gefriert. Dieser kontinuierliche Wechsel zwischen Tauen und Gefrieren lässt den Schnee hart und grobkörnig werden. Er wird zum **Firn.** Wird die Sache auch noch durch neue Schneemassen von oben unter Druck gesetzt, verwandelt sich der Firn in milchiges, bläuliches Gletschereis. Wenn oben ständig neues Eis nachproduziert wird, drängen sich die Eismassen bald ins Tal, und zwar genau bis an die Stelle wo mehr Eis durch die Sonne schmilzt, als von oben nachgeschoben wird. Diese Gegend nennt man das **Zehrgebiet** des Gletschers.

Taut in heißen Sommern mehr Eis ab als im **Nährgebiet** produziert wird, geht der Gletscher zurück, in Kälteperioden ist es genau umgekehrt. Die norwegischen Gletscher tauen seit der Jahrhundertwende ab. Schuld daran ist hauptsächlich die Industrie. Feine Rußpartikel aus den Schloten des Ruhrgebietes und Mittelenglands fliegen bis Norwegen, legen sich unter anderem auch auf das Gletschereis und vermindern dadurch dessen Reflektionsvermögen. Das Eis taut schneller ab.

Die Täler, in denen sich Gletscher bewegen, werden langsam ausgerundet und abgehobelt. Das passiert durch an der Unterseite eingefrorene Felsbrocken. Der entstehende Gesteinsschutt ist die **Moräne,** die zum Teil durch das Schmelzwasser im Gletscherbach abtransportiert wird, aber auch am Ende als **Endmoräne** liegenbleibt.

Als schönster skandinavischer Gletscher gilt der **Svartisen** in Norwegen. Er kommt von insgesamt 4 Gipfeln, die zwischen 1577 m und 1640 m hoch sind. Er liegt zwischen Mo i Rana (siehe auch Ortsbeschreibung) und Salten. Der westliche Teil wird **Vestisen** genannt, der östliche **Østisen.** Insgesamt bedeckt der Svartisen eine Fläche von 370 km². Um ihn aus der Nähe zu sehen, muss man zum Svartisvannet und sich dort mit dem Boot übersetzen lassen. Der Vestisengipfel kann auch von **Glomfjord** aus mit einer Seilbahn „bezwungen" werden.

Weitere Gletscher in und um Lappland findet man in den teilweise vergletscherten **Lyngenalpen** am gleichnamigen Fjord sowie am **Kebnekaise** und im **Sarek** in Schweden.

Fjorde

Die Fjorde sind tief ins Landesinnere reichende Meeresarme. Sie entstanden nach der Eiszeit. Die Täler waren tief eingedrückt worden und füllten sich nun mit Meerwasser. Fjorde liegen folglich auf ganzer Länge in Meereshöhe. Befindet man sich nun in, sagen wir, 500 m Höhe, und auf der Karte liegt 10 km voraus ein Fjordarm, muss es folglich bald 500 m abwärts gehen. Ein Fjord kann bis zu 1200 m Wassertiefe haben, an der Mündung wird er allerdings flacher. Vielfach gibt es Süßwasseranteile im Fjordwasser, die zur Mündung hin abnehmen.

LA_226 Foto: fh

Grotten

Die norwegischen Grotten entstanden nach der Eiszeit. Die harten Gesteinsschichten aus Pyrit, Quarz und Glimmer waren mit weicheren Schichten aus silurischem Kalkstein durchzogen. Diese Kalkschichten wurden in einem Tausende von Jahren dauernden Prozess ausgewaschen, und es entstanden Hohlräume. In der Umgebung von Mo i Rana gibt es eine ganze Reihe solcher Grotten: **Glomdal, Dunderlandsdal** und **Lagvatn.** Vor dreißig Jahren wurden die Höhlengebiete **Larshullet** und **Hammernesgrotten** von englischen Höhlenforschern untersucht. Es gelang ihnen, bis in Tiefen von 2000 Metern vorzudringen. Durch die schönste, die **Grønli-Grotte,** und die spannendere **Seter-Grotte** gibt es im Sommer Führungen. Auskunft erteilt:

- **Rana Turistkontor,** Postboks 1254, 8601 Mo i Rana, www.ranaturistforening.no.

Polarkreis

Wer nun denkt, am nördlichen Polarkreis etwas Besonderes zu sehen, der hat sich geirrt. Die Landschaft ändert sich durch das Überschreiten in keiner Weise; und plötzlich kälter wird's auch nicht. Dieser Polarkreis ist nur eine gedachte Linie, die im Abstand von ca. 23° 26,5′ vom Nordpol den Globus umspannt. *Peter Kemm* machte uns darauf aufmerksam, dass sich die genaue Lage des Polarkreises ständig ändert, was durch eine Störung (Nutation) des „Taumelns“ (Präzession) der Erdachse hervorgerufen wird. Der Polarkreis markiert die südlichste Breite, auf der die Sonne am 21. Juni (Mittsommernacht) **nicht untergeht.** Dafür geht sie hier am 21. Dezember auch nicht auf (siehe auch Exkurs).

Für die Souvenir-Industrie ist der Polarkreis sehr wichtig. Es gibt kaum eine den Kreis überschreitende Straße, an der nicht ein **Andenkenladen** steht. Oft gibt es große, Hinweisschilder und mitunter eine Linie quer über die Straße. Man kann eine Urkunde kaufen, auf der die Überquerung bescheinigt wird. Post, die dort eingeworfen wird, bekommt einen Sonderstempel. Dass der Polarkreis seine Lage ständig verändert, ist der Touristenindustrie egal, und so bleiben die Schilder, wo sie seit 40 Jahren stehen ...

Mitternachtssonne

Im Sommer steht die Sonne in Orten, die nördlicher als 66,5 Grad Breite liegen, mindestens 24 Stunden über dem Horizont. Auf Deutsch: In Lappland geht sie dann im Sommer nicht unter. Diese Erscheinung nennt man Mitternachtssonne. Am besten ist sie an der Küste zu sehen oder von Bergen aus,

Hier fließt Salzwasser!
Fjorde sind Meeresarme

die eine gute Rundsicht haben. Verfolgt man am Abend den Lauf der Sonne, sieht man sie in einer sanften, immer flacher werdenden Kurve untergehen. Das Abendrot breitet sich aus, aber kurz über dem Horizont beginnt sie wieder zu steigen, umgeben vom Morgenrot. Ohne Uhr kann man sich schnell in der Zeit vertun (vergleiche Exkurs und Abb. in der Ortsbeschreibung „Nordkap").

Polarnacht

Das Gegenteil der Mitternachtssonne ist die im Winter herrschende **Polarnacht.** Regional unterschiedlich je ach Breitengrad von November bis Januar steigt die Sonne gar nicht über den Horizont. Es ist dann 24 Stunden lang dunkel bzw. dämmrig, am Nordkap weit über zwei Monate lang (siehe den nebenstehenden Exkurs). Aus diesem Grunde führte Hammerfest, wo die Polarnacht vom 21. Nov. bis 23. Jan. dauert, auch als erste Stadt Norwegens die öffentliche Straßenbeleuchtung ein.

Die Finnen nennen diese Finsternis *Kaamos*. Dies ist die Zeit, in der die Selbstmordrate stark ansteigt.

Nordlicht

In der Polarnacht ist das Nordlicht mitunter die einzige natürliche Beleuchtung. Bis heute ist es nicht gelungen, dieses Phänomen völlig zu enträtseln. In Kiruna und in Tromsø gibt es Institute, die seit Jahrzehnten Nordlichtforschung betreiben.

Polarkreis, Polarnacht und Mitternachtssonne – lappländische Phänomene?

„Wir fahren durch bis zum Nordkap, wir wollen schließlich die Mitternachtssonne sehen" – eine solche oder ähnliche Antwort ist keine Seltenheit, wenn man die eiligen Nordlandfahrer auf der E 6 in Norwegen zu ihrem Reiseziel befragt.

Andererseits erhält man erstaunte Rückfragen, wenn man von Reiseplänen Ende März ins winterliche Nordnorwegen erzählt. „Ja, dort ist doch dann Polarnacht und alles stockdunkel, oder?!"

Um es vorwegzunehmen, die Mitternachtssonne ist weder von Lappland gepachtet, noch vom Nordkap, und zum Frühlingsanfang um den 21. März sind die Tage überall gleich lang, in Deutschland, am Polarkreis oder am Nordkap.

Die allgemeine Erklärung für beide Phänomene sowie für die Lage und Bedeutung der Polarkreise liegt in der **Stellung der (gedachten) Erdachse** zur Ebene der Umlaufbahn der Erde um die Sonne:

Man stelle sich die Erde als ein Grillhähnchen vor, aufgespießt auf die eigene mehr oder weniger senkrechte Achse und sich in 24 Stunden einmal um sich selbst drehend. Dabei wird sie von der seitlich stehenden Sonne gegrillt.

Nun ist der Grillspieß leider unachtsam schräg montiert, so dass ein Ende des Hähnchens trotz ständigen Drehens keine Wärme abbekommt, während das andere Ende ständig der Sonne ausgesetzt ist.

Zum Glück sitzt der ganze schräg montierte Grill auf einer riesigen Drehvorrichtung, die einmal im Jahr um die Sonne herumfährt, so dass jedes Ende nur ein halbes Jahr der ständigen Sonne ausgesetzt ist, während die Mitte mehr oder weniger gleich bräunt.

Nun hat die Erde nicht die Form eines Hähnchens, sondern nahezu die einer Kugel, und daher lässt sich eine ziemlich genaue Linie festlegen, über der zu den Enden

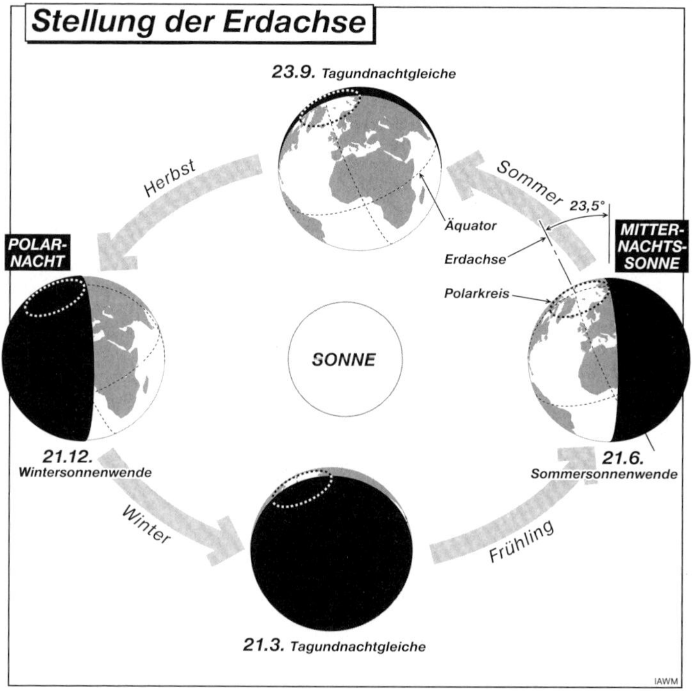

(Polen) hin mindestens einmal im Jahr trotz der Drehbewegung der Schein der Sonne nicht hinreicht, bzw. über der ein halbes Jahr später der Schein der Sonne nicht verschwindet.

Diese Linie, der **Polarkreis,** ist genau um denselben (Winkel-)Abstand vom Pol entfernt, wie die „schräg montierte" Erdachse von der Senkrechten zur Umlaufbahn, nämlich knapp 23,5°. Daraus ergibt sich die geografische Breite des Polarkreises mit 90° (Pol) minus 23,5° gleich 66,5°. Zum Vergleich: Wien und München liegen auf ca. 48°, Hamburg auf ca. 54°, Oslo auf ca. 60° und das Nordkap auf ca. 71° nördlicher Breite.

Oberhalb dieser Breite gibt es, je näher man dem Pol kommt, mehr und mehr Tage im Sommer, an denen die Sonne nicht untergeht („Mitternachtssonne"), und Tage im Winter, an denen sie nicht aufgeht (Polarnacht). Das gilt natürlich für **alle Gebiete nördlich von 66,5°,** also auch für Teile Grönlands, Alaskas und Sibiriens (und, ein halbes Jahr versetzt, für die Region um den Südpol). Die Dauer der Tage, an denen man die **Sonne um Mitternacht** (bei gutem Wetter und freiem Horizont) sehen kann, ist für jeden Ort Lapplands der umseitigen Grafik zu entnehmen, wenn man die geografische Breite des Ortes kennt (aus guten Straßenkarten abzulesen.)

Die Schiefe der Erdachse, die durch Unterschiedliche Tageslängen auch unsere Jahreszeiten verursacht, ist also in ihrer extremen Form der Grund für Mitternachtssonne und Polarnacht. Die Grenze für das Auftreten dieser Extremformen ist der Polarkreis.

Wer sich nicht mit der Vorstellung der Erdbewegungen plagen möchte, kann sich an folgendem **Jahreslauf** orientieren:

Am Frühlingsanfang, um den 21. März, ist weltweit Tag- und Nachtgleiche und daher der Tag überall zwölf Stunden lang (Außer direkt am Nordpol, dort beginnt der Polartag). Im **Frühling** werden die Tage schneller länger, je weiter man nach Norden kommt. Am Nordkap (71,2°) hat die Tageslänge bereits um den 12. Mai 24 Stunden erreicht, in Svolvær (Lofoten, 68,2°) ist es um den 26. Mai soweit.

Zum Sommeranfang um den 21. Juni erreicht diese Bewegung ihren Höhepunkt; am Polarkreis, also so weit südlich wie möglich, ist der Tag 24 Stunden lang. Im **Sommer** werden die Tage wieder kürzer, die Grenze des 24-Stunden-Tages und damit der Mitternachtssonne verschiebt sich rasch nach Norden, und bereits um den 30. Juli ist die Sonne auch am Nordkap zum letzten Mal um Mitternacht zu sehen. Trotzdem wird es nachts noch lange nicht dunkel, da auch die Dämmerung länger dauert als in Mitteleuropa.

Zum Herbstanfang um den 23. Sept. herrscht wieder Tag- und Nachtgleiche, am Nordpol beginnt die Polarnacht. Im **Herbst** verschiebt sich nun umgekehrt die Grenze der 24-Stunden-Nacht vom Nordpol nach Süden bis zum Polarkreis. Die Polarnacht beginnt am Nordkap um den 18. November, in Svolvær um den 5. Dezember, wobei man sich, wiederum wegen der langen Dämmerungszeiten, diese Nacht nicht als wochenlange absolute Finsternis vorstellen darf.

Am Winteranfang um den 21. Dez. erreicht die Polarnacht den Polarkreis, es gibt also einen Tag, an dem die Sonne dort nicht aufgeht. Im **Winter** werden die Tage wieder länger, in Svolvær geht die Sonne um den 7. Januar zum ersten Mal wieder auf, am Nordkap scheint sie um den 24. Januar erstmals wieder, und bis zum Frühlingsanfang im März sind zwar die Temperaturen absolut winterlich, die Tage aber in ganz Lappland schon wieder so lang wie in Mitteleuropa.

Wolfram Schwieder

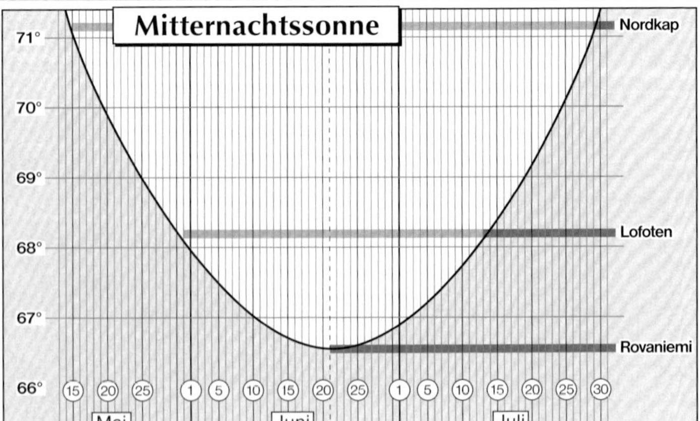

Das Nord- oder Polarlicht ist eine nächtliche Leuchterscheinung, die ausschließlich in Polnähe zu sehen ist. Die Formen sind unterschiedlich, mal sind es gebündelte Strahlen, mal Bögen oder flatternde Bänder. Mitunter stehen sie bewegungslos am Himmel, meist bewegen sie sich jedoch. Es kommen grüne, rote und weiße Spektralfarben vor, überwiegend allerdings grün. Es spielt sich in durchschnittlich 100 km Höhe ab, aber man hat auch Nordlichter in 1000 km Höhe festgestellt.

Die Ursache der Lichter ist die Sonne. Sie sendet Teilchen zur Erde, die von den magnetischen Polen angezogen werden. Treffen diese Teilchen nun auf die Atmosphäre, werden sie elektrisch geladen und abgelenkt. Da der größte Teil der Lufthülle aus Sauerstoff besteht, leuchten sie dann meist grün (wegen der grünen Absorptionslinie des Sauerstoffspektrums).

Bei diesem Schauspiel werden pro Stunde etwa 1000 Millionen Kilowattstunden Energie umgesetzt, soviel wie weltweit im selben Zeitraum erzeugt wird. Diese Energie ist wirtschaftlich leider nicht nutzbar. Gelegentlich auftretende Geräusche stammen nicht vom Nordlicht selbst, sondern von begleitenden elektrischen Entladungen **(Elmsfeuern)** auf der Erde. Die Nordlichthäufigkeit steigt mit der Ausbreitung der Sonnenflecken, schwankt also in einem elfjährigen Rhythmus. Wir hoffen, unser Experte ist uns jetzt nicht gram, wegen unserer oberflächlichen Beschreibung dieses weitaus komplizierteren Vorgangs.

Klima

In Lappland befindet man sich auf gleicher Breite wie Mittelgrönland und nördlicher als in Island. Der Sommer dort ist die Zeit der unablässig am Himmel stehenden Sonne. Über dem Polarkreis scheint sie vom 21.6. bis zum 23.6. und am Nordkap vom 17.5. bis zum 26.7. ununterbrochen. Die **Durchschnittstemperaturen** liegen dann bei +10 °C bis +15 °C, wobei es am Tage auch 30 °C warm werden kann. Der Herbst beginnt Anfang August, die ersten Schneefälle gibt's im Oktober.

Die ewige Nacht *(Kaamos)* herrscht am Polarkreis vom 21.-24. Dezember und am Nordkap vom 27.11. bis zum 15.1. Bei einer Durchschnittstemperatur von –10 bis –15 °C kann es in der Nacht aber auch unter –30 °C kalt werden.

Anders Celsius und die Temperatur

Dieser schwedische Astronom (27.11.1701 -25.4.1744), der unter anderem die Abplattung der Erde an den Polen vermaß, ist jedem durch die gleichnamige Thermometerskala bekannt. *Celsius* teilte einfach die Temperaturspanne zwischen Gefrieren und Sieden des Wassers in 100 Teile, entsprechend 100 Grad. Allerdings, anders als heute, bestimmte *Celsius* 0 Grad zum Siedepunkt und 100 Grad als Gefrierpunkt.

Das war 1742. Kurze Zeit später drehte er auf Anraten eines Freundes, des schwedischen Botanikers *Carl von Linné,* seine Skala um, und es entstand die heute bekannte Einteilung.

LA_232 Foto: fh

Mitternachtssonne – auch hier gibt es Nächte!

Golfstrom

Diese warme Meeresströmung hat seinen Ursprung im Golf von Mexiko. Er wird genährt vom Südäquatorialstrom, der seine Wassermassen vom Kap San Roque an der Ostspitze Südamerikas mit einer Geschwindigkeit von acht Stundenkilometern in den Golf von Mexiko drückt. Unterstützt durch das Wasser des Nordäquatorialstromes wird dann warmes Golfwasser mit einer Geschwindigkeit von 7,2 km pro Stunde zur Nordküste Norwegens gedrückt. Dadurch erhöht sich auch die Temperatur des Westwindes.

Das Wasser des Golfstromes, das rund 1000 m tief reichen kann, hat bei England noch eine Temperatur von 27 °C und wird nie kälter als 10 °C. An der Küste Norwegens ist es deshalb meist wärmer als im Landesinneren.

Die Westwinde erreichen die Grenzgebirge zwischen Norwegen und Schweden und regnen dort ab, bevor sie die steilen Felswände erklimmen. Auf der anderen Seite dieser Gebirge, also in Schweden und Nordfinnland, herrschen trockene Winde vor. Sie verursachen dort das **Kontinentalklima** und begünstigen heiße Sommer und kalte Winter. Die norwegischen Tiefdruckgebiete kommen einfach nicht in die anhaltenden Hochs der finnischen Hochebene hinein. Außerdem gewähren die Gebirge nach Norden einen zusätzlichen Schutz vor ungünstigen Einflüssen.

Der nordnorwegische Winter an der Küste ist durch den Golfstrom so mild, dass man auf der Überfahrt zur Nordkapinsel Margerøya bereits im März mit Temperaturen über dem Gefrierpunkt rechnen kann. Auf der Finnmarksvidda dagegen, die weiter im Landesinneren liegt, hat man auch schon Temperaturen von -50 °C gemessen.

Die acht Jahreszeiten – der Jahreslauf bei den Samen

Die Samen teilten das Jahr nicht in vier, sondern in acht Jahreszeiten ein, da es bei ihnen auch acht jahreszeitspezifische Tätigkeiten gab. Außerdem gab es auch acht **„Landschaftszustände"**, bei uns hingegen eben nur vier oder nach *Kurt Tucholsky:* fünf. In manchen Gegenden Lapplands rechnet man sogar mit 12 Jahreszeiten. Nachfolgend die einzelnen Zeitabschnitte:

Früh-Frühling (März-April)

Der Schnee liegt noch einen halben Meter hoch über den für die Rentiere lebenswichtigen Flechten. Die Tiere müssen tief buddeln, um an sie heranzukommen. Im hohen Norden ist es

noch **überwiegend dunkel.** Tagsüber taut es, und der nächste Nachtfrost lässt die oberste Schneeschicht verharschen. Die Rentiere brechen beim Gehen mit den Füßen durch diese Harsch-Schicht und bleiben dann stecken. Leichtere Tiere, wie etwa der Vielfraß, laufen auf der Harsch-Schicht ohne einzubrechen. Das verschafft ihnen einen großen Vorteil.

Frühling (Mai-Juni)

Die Samengemeinschaft, die *Siida,* zieht in ihr Übergangslager ein, das etwa auf der Mitte der jährlichen Wanderung liegt. Hier gibt es feste Hütten und frische Vorräte. Die Rentiere kalben jetzt. Der Schnee liegt noch bis Mitte Mai, aber in den **Vorratshäusern,** die *Njallas* genannt werden, lagern Fleisch und andere Lebensmittel vom letzten Jahr, falls der Vielfraß es nicht geschafft hat, dort einzudringen. Die *Njalla* ist eine allseitig geschlossene Holzhütte, die auf einem 3 m hohen, glatten Pfahl steht, woran unser „Allesfresser" nicht hochklettern kann.

LA_234 Foto: ws

Im Frühling werden auch die Torfhütten repariert, die durch den Winter beschädigt wurden. Anfang Juni schmilzt der Schnee.

Frühsommer (Juni)

Die Jungrens können schon laufen und die *Siida* rüstet sich zum Aufbruch zu den **Sommerweiden.** Die Winterausrüstung bleibt im Lager zurück. Alles, was man so braucht, wird nun auf dem Rücken der Rentiere befördert. Die ersten **Mückenschwärme** fallen über Mensch und Tier her, und man bricht nach Norden auf. Der Weg durchs Gebirge ist beschwerlich. Die Tiere werden mit Stricken hintereinander gebunden, dadurch ist der Zug schmal genug, die engen Schluchten zu passieren. Oft versperren Flüsse den Weg. Die Furten wurden von den Samen am Ufer mit Steinhaufen markiert. Inzwischen scheint die Sonne warm, und der letzte Schnee ist geschmolzen.

Sommer (Juli-August)

Die *Siida* erreicht ihr **Sommerlager** zwischen den Gebirgsgipfeln. Hier ist es weitestgehend mückenfrei. Das Sommerweideland liegt oberhalb der Baumgrenze, und die umliegenden Berge haben schneebedeckte Spitzen. Die Jungtiere der Herde werden nun mit den Zeichen ihres Besitzers versehen. Dies sind Ohrmarkierungen oder geschnitzte Plättchen. Da sich die Tiere inzwischen über das ganze Fjellgebiet verstreut haben, ist das Markieren eine harte Arbeit.

Auch Wasserfälle können gefrieren!
(Foto: Wolfram Schwieder)

Spätsommer (August)

Die ersten dichten Nebel steigen auf und verkünden das nahe Ende des kurzen Sommers. Die Samen brechen ihre Zelte ab und ziehen mit den Tieren nach Süden. Die Rens haben inzwischen ein großes Geweih entwickelt, und ihr Fell ist dicht gewachsen. Die Nächte in den Bergen werden schon erbärmlich kalt. Nachdem man die **Wasserscheide** im Grenzgebirge passiert hat und sich in Schweden und Finnland nach Süden bewegt, wird das Wetter noch einmal besser. In dieser Gegend hält der Herbst schon Einzug und färbt die Blätter der Birken langsam rot. Die ersten Regenstürme fegen über das Land.

Herbst (September-Oktober)

Die *Siida* erreicht wieder ihr Übergangslager. Hier wird die **Rentierscheide** abgehalten. Die Schlachttiere werden aussortiert. Das Fleisch wird fürs nächste Frühjahr präpariert und in den *Njallas* eingelagert, die Häute werden getrocknet und die Geweihe verarbeitet. Die größte Zahl der Bullen wird kastriert. Zur Scheide werden alle Tiere in ein Gatter getrieben und von ihren Besitzern anhand der Ohrmarken auseinandersortiert. Am Abend sitzen die Samen zusammen und feiern. Auch heute noch werden Rentierscheiden abgehalten. Sie haben von Ort zu Ort unterschiedliche Termine:

- **Rovaniemi Tourist Information,** Rovakatu 21, Tel. 016-346270, http://tourism.rovaniemi.fi.

Mittlerweile sind alle Birken rot gefärbt, der Himmel jedoch noch klar. Anfang Oktober beginnt im Norden die Polarnacht, doch auch im Süden wird es früher dunkel, und die ersten Schneefälle kündigen sich an.

Spätherbst (November)

Vor der Abreise aus dem Lager werden die Vorräte ergänzt, damit Mensch und Tier Nahrung haben, wenn sie im Frühjahr erschöpft dort eintreffen. Die Sommersachen werden gegen die Wintersachen ausgetauscht und für die letzte Reiseetappe auf **Schlitten** verladen. In der Nacht flackert gelegentlich das Polarlicht am Himmel, und die Flüsse sind dick zugefroren. Die Feuer in den Zelten werden während der ganzen Rast am Brennen gehalten. Die ausgehungerten Wölfe und Vielfraße machen den Rentieren immer öfter zu schaffen. Gegen Ende November wird das Winterland erreicht. Hier finden die Kirchenfeste und Samenmärkte statt.

Winter (Dezember-März)

Alles ist tief verschneit. Die Temperaturen im Sommerland können bis auf -50 °C fallen. Im Winterland werden es „höchstens" -30 °C. Das Wetter lässt die Menschen an den Feuern zusammenrücken, den Rentieren macht es jedoch nichts aus; man sagt, dass es kein Wetter unter dem Polarstern gibt, welches ein Ren umbringen kann. Allerdings liegt der **Vielfraß** in dieser Zeit auf der Lauer. Wenn ein unvorsichtiges Ren im Schnee nach Nahrung wühlt, schleicht er sich heran und stürzt sich auf diese Beute. Der Bär hält zu dieser Zeit seinen Winterschlaf.

Im Februar wird meist noch mal geschlachtet und weitere Samenmärkte mit Festen veranstaltet.

Tiere

Anders als in der Antarktis ist die Arktis nur teilweise von ewigem Eis bedeckt. Mehr als vier Millionen Quadratkilometer Landfläche sind zeitweise eisfrei. Da der an Lappland angrenzende Kontinent bis an die tropischen Gebiete reicht und die Kühlwirkung des Ozeans durch den warmen Golfstrom gemildert wird, ist das Klima dieser Region nicht so streng.

Trotzdem können nicht alle Tiere dem sehr langen und kalten Winter widerstehen. Sie wandern im Winter nach Süden ab und halten sich in angenehmeren Temperaturen auf. Dazu gehören sehr viele Vögel, wie Gänse, Enten, Schwäne und viele Singvögel; besonders letztere kommen im Sommer wieder zurück, da dann ein riesiges Überangebot an Beeren und Insekten herrscht. Da außerdem die Zeit zur Nahrungssuche wegen der extrem langen Helligkeitsphasen schier unbegrenzt ist, ist es möglich, dass die Brutzeiten kürzer sind als in gemäßigteren Breiten.

Ab Mitte Juni steht die Tundra in voller Blüte, die Zeit während der die Insekten die Blütenbestäubung vornehmen können ist sehr kurz, und so muss sich alles beeilen. Schon Ende August, Anfang September wird es zu kalt für die ohnehin wenigen bestäubenden Insekten, wie Hummeln und Schmetterlinge. Deshalb verlassen sich die meisten Pflanzen auch nicht auf diese Art der Fortpflanzung, sondern bilden zusätzlich unterirdische Ableger.

Besonders die warmblütigen Tiere wie Ren, Polarfuchs, Schnee-Hase, Wolf und Lemming benötigen dicke Winterfelle, um zu überleben. Diese haben dann oft weiße Tarnfarbe (z. B. bei Schnee-Hase und Polarfuchs); ein Schutz, den auch Vögel annehmen (z. B. Schnee-Huhn). Die Schnee-Eule bleibt das ganze Jahr über weiß.

Tiere, die die Farbe wechseln

Einige Tiere, die das ganze Jahr über in der Tundra leben, haben ein ziemlich auffälliges Merkmal gemeinsam: Sie wechseln im Winter ihre Farbe und werden, wie der Rest Lapplands auch, weiß. Vertreter dieser Tarnkünstler sind der **Schnee-Hase,** der **Polarfuchs,** das **Schnee-Huhn** und das auch in unseren Breiten vorkommende **Hermelin.** Der Farbwechsel gibt ihnen einen besonderen Schutz vor Verfolgern und den Räubern eine bessere Tarnung beim Beutefang.

Wie geht das nun vor sich? Wenn die Tage kürzer werden und die Temperaturen sinken, verändern sich dadurch die im Körper ablaufenden chemischen Prozesse. Es wird kaum noch Melanin gebildet, das für die Dunkelfärbung von Haaren und Federn zuständig ist. So werden die nachwachsenden Haare also immer heller, bis die Tiere weiß geworden sind. Im Frühjahr läuft der gleiche Prozess rückwärts ab. Das Wegbleiben des Melanins hat aber noch einen zweiten Effekt, es bilden sich nämlich in den Haaren mikroskopisch kleine Lufttaschen, die wie bei Isolierglasfenstern, eine zusätzliche Wärmeisolierung gewährleisten. Gleichzeitig wächst ein weiches, dichtes Unterfell, bei Vögeln Daunen, und so sind diese Tiere in der Lage, auch bei Temperaturen bis zu -50 °C zu überleben.

Das weiße Fell des Hermelins war bei Fürsten und Königen sehr beliebt. Die schwarzen Schwanzspitzen, die man über die verarbeiteten Bälge hängen lässt, gelten als besonders dekorativ. Wenn man sich so einen Pelzkragen oder -mantel einmal ansieht, kann man an den schwarzen Flecken sehen, wie viele Tiere ihre Haut dafür hergeben mussten.

Das Rentier

Jeder, der nach Lappland fährt, hat schon mal was von Rentieren gehört oder, wenn nicht, hört er was davon, sobald er den Polarkreis überquert. Das Rentier ist das **Wahrzeichen Lapplands,** die Haupttouristenattraktion, die Spezialität im Restaurant, das Ein-und-Alles eines echten Samen. Es

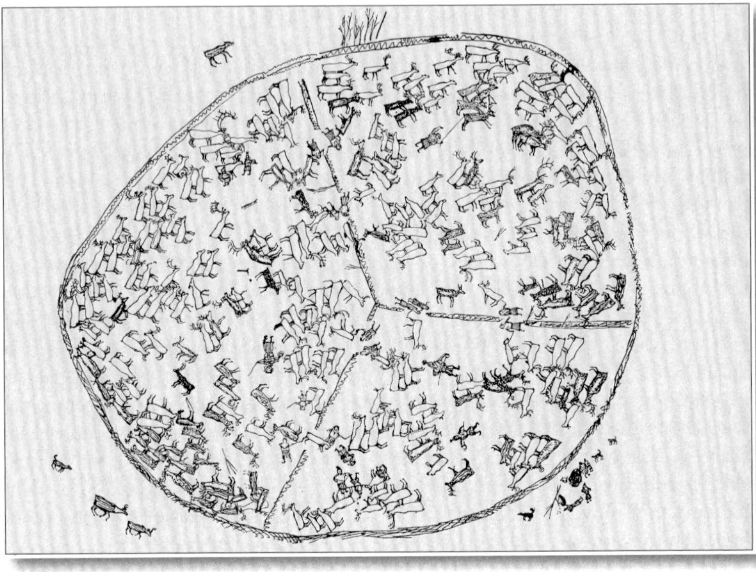

Rentierscheide
(Zeichnung: Johan Turi, Abbildung aus „Das Buch des Lappen Johan Turi“, Rütten & Löning, Frankfurt 1912)

taucht in unzähligen Wappen, Signets und Wahrzeichen auf, ist allgegenwärtig, zumindest auf Verkehrsschildern und als Fell, Schädel, Trophäe oder ausgestopft in Souvenirläden.

Das Rentier (finn. *Poro),* übrigens das gleiche Tier, das in Alaska **Karibu** (indianisch) genannt wird, hat den lateinischen Namen *„Rangifer tarandus“*. Es gibt Unterarten, die in Sibirien und Spitzbergen vorkommen.

Das amerikanische bzw. kanadische oder grönländische Karibu ist größer und schwerer als das europäische Rentier. Ein ausgewachsenes Karibu erreicht 127 cm Schulterhöhe, ein Rentier maximal 114 cm.

Als einzige Hirschart tragen auch die Rentierweibchen (Kühe) **Geweihe,** obwohl diese kleiner sind als bei den männlichen Tieren. Früher glaubte man, dass das ziemlich aufwendige Geweih zum Aufwühlen des Schnees bei der Nahrungssuche im Winter diene, allerdings weiß man heute, dass das nicht stimmen kann, da die Rentiere im Winter das Geweih abwerfen. Heute ist man der Meinung, dass die Größe des Geweihes etwas mit der Rangfolge in der Herde zu tun hat. Die Größe wechselt allerdings stetig; während der Brunft hat das Männchen mit dem größten Geweih die besten Chancen. Danach werfen die Bullen zuerst die Geweihe ab. Also steigen die Weibchen, je nach Geweihgröße, in der Rangordnung und mit ihnen die jeweiligen Kälber. Das ist im Winter wichtig, da das Kalb in der vom Muttertier gegrabenen Schneekuhle äst. Ohne Geweih würde eine Mutter und damit das Kalb von der Futterstelle vertrieben werden und müsste verhungern. Ein gutes skandinavisches Geweih misst 130 cm, das eines Karibus aus Alaska ist sogar noch bis zu 30 cm länger.

Rentiere leben normalerweise in kleineren Gemeinschaften, schließen sich allerdings zu den Wanderungen im Frühling und Spätherbst zu großen **Herden** zusammen.

Für die skandinavischen Samen und die Völker im Norden Russlands ist das Rentier unentbehrlich, indem es ihnen Nahrung und Bekleidung liefert und als Transportmittel und Souvenirlieferant dient.

Das Karibu Nordamerikas wurde niemals domestiziert, doch wurden zahme **Rentiere aus Skandinavien nach Alaska und Kanada** gebracht.

„1890 wurde eine Herde von 171 Rens von Sibirien nach Alaska gebracht, um Eskimos vor dem Hungertod zu retten. Die Herde wuchs stark an; doch dann wurden allerlei Fehler gemacht; die Weidegründe waren zu mager. Mitte 1940 war der Bestand von ehemals fast 1 Millionen Tiere auf 120.000 gesunken.

1929 startete der Lappe *Bahr* vom Kotzebue-Sund mit 3400 Tieren, um den Bestand in Kanada aufzufrischen. Er lieferte 5 Jahre später 2370 Tiere an der Mündung des Mackenzie ab. Die Reise war abenteuerlich, sie führte durch unbekanntes Gebiet, über Gebirge, Seen und Flüsse, Wölfe griffen an, und im Sommer forderten Stechmücken ihren Tribut, im Winter Schneestürme. Bei der Ankunft waren lediglich 20 % der ursprünglichen Herde am Leben, der Rest wurde während der Reise geboren." (Zitat aus: „Das Königreich der Tiere", Buch und Zeit Verlag, Köln)

Das skandinavische bzw. sibirische Ren ist wohl das zahmste **Haustier** überhaupt, obwohl es eigentlich wenig mit dem Menschen zu tun hat. Ein kleines Kind soll eine ganze Herde alleine führen können. Begonnen hat die Gewöhnung des Rens an den Menschen im 5. Jh. als man begann, gezähmte Kälber als Köder bei der Jagd auf Wildrens zu benutzen. Die Jäger hatten 4 oder 5 gezähmte Tiere an der Leine und konnten sich so unbemerkt in eine ganze Herde einschleichen und wilde Tiere aus nächster Nähe erlegen. Mit der Zeit brachten die gezähmten Kühe so viel Nachwuchs, dass sich daraus Herden entwickelten.

Bald war der Mensch soweit, dass er das Rentier nicht mehr jagen musste, da es sich an ihn gewöhnt hatte. Da das Rentier allerdings **ein wanderndes Tier** ist, muss sich der Mensch, wenn er die Nutzung dieses Tieres das ganze Jahr über betreiben will, mit auf die Wanderschaft begeben. So wurden die Samen zu Nomaden. Sie laufen prinzipiell den Rentieren hinterher, die, um Nahrung zu finden, mit den Jahreszeiten im Herbst von Norden nach Süden und im Frühjahr von Süden nach Norden ziehen.

Dabei hat der Mensch von dieser **Symbiose** entschieden mehr Vorteile als das Tier. Der Mensch gibt dem Tier kaum mehr als oberflächlichen Schutz. Das wird allerdings mehr als wettgemacht durch das Töten von Tieren aus der Herde zur Nahrungsgewinnung. Das Rentier dient dem Menschen darüber hinaus als Trag- und Zugtier, als Richtungsweiser im Schneesturm (da es niemals vom Weg abkommt) und als Fell-, Sehnen-, Horn- und Milchlieferant.

Die Leistungen des Rentieres sind in verschneitem, nicht ebenem Gelände größer als die eines Pferdes oder Schlittenhundes. Es zieht bis 150 kg mit einer Geschwindigkeit von 12-13 km/h durchschnittlich 40-50 km pro Tag.

Der Elch

Der Elch (norweg. *elg,* schwed. *älg,* finn. *hirvi)* ist der größte Hirsch der Welt. Die größten Elche wiederum kommen in Alaska, Kanada und Sibirien vor. Dort erreicht er eine Schulterhöhe bis zu 2,35 m, wird bis zu 800 kg schwer und trägt auf dem Kopf Geweihe, die 2 m Spannweite erreichen (wie bei allen Hirschen, abgesehen vom Rentier, besitzt nur das Männchen ein Geweih). Europäische Elche sind nur unwesentlich kleiner.

Der Elch kommt in der ganzen nördlichen Welt vor, nach Süden reicht sein **Verbreitungsgebiet** bis zum 50. Breitengrad, also etwa bis auf die Höhe von Frankfurt. Dort wurde er aber schon vor einiger Zeit ausgerottet, und zwar nicht erst durch den Bau der Startbahn-West. In Westeuropa gibt es Elche nur noch in Skandinavien. Hier leben diese Tiere vorzugsweise in sumpfigen Wäldern. Dieser Landschaft haben sie sich gut angepasst: Weit spreizbare Hufe verhindern das Einsinken im Morast. Elche schwimmen gut und ausdauernd und ernähren sich gerne von Sumpf- oder Wasserpflanzen, die sie auch mit völlig untergetauchtem Kopf abäsen.

Elche sind **Einzelgänger,** die sich nur zur Paarungszeit zu kleinen Verbänden zusammenschließen, sonst aber alleine umherstreifen. Im Winter, wenn die Nahrung knapp ist, treten sie in kleineren Rudeln auf.

Die gigantischen **Geweihe** sind begehrte Trophäen, die auch Touristen zum Kauf angeboten werden. Das Männchen wirft seine Schaufeln im Dezember ab. Im April/Mai wachsen dann neue, die bis zum August ausgewachsen sind. Einjährige Tiere haben lediglich 15-20 cm lange Spieße, im zweiten Jahr wachsen dann Gabeln. Erst im fünften Jahr bilden sich kleine Schaufeln aus. Wirklich kapitale Geweihe haben Elche im Alter von 10-15 Jahren. Maximal erreichen Elche ein Alter von 20 Jahren.

Im September ist die **Brunftzeit,** während der sich die Männchen Kämpfe liefern, die allerdings selten mit Verletzungen enden. Das Weibchen *(Elen)* wirft nach 9 Monaten in der Regel Zwillinge, die etwa 2 Jahre bei der Mutter bleiben. Neugeborene sehen mit den überlangen Beinen, dem kurzen Hals und dem viel zu großen Kopf recht lustig und tollpatschig aus, obwohl sie schon nach 10 Tagen der Mutter folgen können.

LA_Elch Foto: ll

Da sich der Elch dem Menschen gut anpassen kann, ist er nicht vom Aussterben bedroht. Im Gegenteil, er hat sich in Teilen Sibiriens aber auch Skandinaviens so stark vermehrt, dass man die **Abschusszahlen** in den letzten Jahren erhöht hat. Das liegt nicht zuletzt daran, dass die natürlichen Feinde, wie Wolf, Bär und Vielfraß arg dezimiert wurden. Zum Beispiel zählen Elche zu den häufigsten Wildarten der Wälder innerhalb Oslos.

In Russland hat man eine eigene **Elchforschungsstation** errichtet, in der man versucht, Elche zu züchten und, ähnlich dem Rentier, zu Haustieren zu machen. Man macht, allen Unkenrufen zum Trotz, ziemliche Fortschritte und hat bereits bewiesen, dass sich Elche zum Schlittenziehen, Lastentragen und sogar zum Reiten abrichten lassen. Man will in Russland Elche zur Erschließung sumpfiger Gebiete benutzen, in denen man mit Fahrzeugen oder Pferden nicht weiterkommt.

Beim Kauf von **Ren-** oder **Elchfellen** sollte man bedenken, dass diese Tiere wegen der kalten Witterung eine besondere Art von Haaren besitzen. Es sind Röhrenhaare, die durch den Hohlraum in jedem Haar eine bessere Kälteisolation gewährleisten. Als Bettvorleger eignen sich diese Felle nicht, da die Röhrenhaare sehr leicht knicken bzw. brechen, wenn man darauf herumläuft oder sitzt. Man muss die Felle also an die Wand hängen.

Elche bekommt man selten vors Objektiv (Foto: Lisa Lieneweg)

Ein letzter Tipp: Wer keinen lebendigen Elch gesehen hat, wenn er wieder nach Hause fahren muss, kann z. B. im Zoo von Höör in Schonen (Südschweden) vorbeifahren, da kann man dann wenigstens einige Exemplare im Gehege bewundern.

Lemminge

Diese Nagetiere stehen den Wühlmäusen nahe. Sie haben sich derart an die Lebensbedingungen der Tundra angepasst, dass sie sogar noch an der Nordküste Grönlands (80 Grad nördliche Breite) vorkommen. Die Tiere sind nur 8-15 cm lang, und es gibt eine Reihe von Arten. Drei Gruppen leben in Lappland:

Der **Halsbandlemming** ist im Sommer graubraun und bekommt im Winter als einziger Vertreter der Gattung ein weißliches Fell.

Den **Waldlemming** findet man dagegen viel weiter südlich, nämlich in den riesigen Nadelwäldern Skandinaviens und Asiens. Er ist schiefergrau mit rötlichem Rückenstreifen.

Und schließlich gibt's noch den berühmten *Lemmus lemmus,* den **Berglemming.** Er hat einen schwarzen Kopf und ein schwarzbraun geflecktes Fell. Er ist so bekannt wegen der besonders bei ihm vorkommenden Massenwanderungen.

Lemminge verbringen den Winter nicht im Winterschlaf, sondern sind bei jedem Wetter aktiv. Sie leben in unterirdischen Gängen und haben dafür recht starke Vorderfüße mit kräftig entwickelten Grabhänden.

Lemminge können zu jeder Jahreszeit **Junge** bekommen und aufziehen. Selbst mitten im tiefsten Winter werfen die Weibchen bis zu acht Junge. Diese wachsen innerhalb von drei Wochen heran und sind dann bereits selbstständig. Es gibt Berichte, wonach sechswöchige Weibchen bereits wieder Junge gebären, und das bei einer dreiwöchigen Tragezeit.

Dass ein derartiges Vermehrungsvermögen zu gewaltigen Populationsanstiegen führen kann, ist einleuchtend. Die sagenhaften **Bevölkerungsexplosionen** passieren dann auch regelmäßig, und zwar so ziemlich genau alle vier Jahre. Warum das so ist, wurde bisher nicht genau erforscht.

Auch die Lemminge machen sich ja in riesigen Zügen auf die **Wanderschaft.** Viele Mythen und Legenden haben sich um dieses Ereignis gerankt. Das meiste davon stimmt nicht, vieles kann aber auch heute noch nicht erklärt werden. Man vermutet Folgendes: Steigt die Population über ein bestimmtes Maß an, weichen die einzelnen Tiere dem Bevölkerungsdruck aus und wandern los. Die Züge sind besonders auffällig beim skandinavischen Berglemming, da er nur bergab wandert und sich so ein brodelndes Meer aus Leibern in den engen Tälern sammelt. In Gebieten Kanadas oder Sibiriens soll es zu gleichen Wanderungen kommen. Wenn man von der Abwärtsbewegung absieht, verläuft die Wanderung aber völlig ziellos. Kommen die Tiere an ein Ufer, gehen sie allen Gerüchten zum Trotz überhaupt nicht gerne ins Wasser, es wird behauptet, dass sie das nur tun, wenn das Wasser absolut ruhig ist und das andere Ufer sehen können.

Katastrophen, wie Massenabstürze von Klippen oder **massenhaftes Ertrinken** in Flüssen, kommen aber trotzdem regelmäßig vor: Die ersten Tiere werden von der nachdrängenden Herde über den Rand des Ufers geschoben, wodurch dann Tausende ertrinken.

Die Züge werden von vielen Raubtieren, wie Bussard, Vielfraß, Fuchs und Eule begleitet, die sich nach Herzenslust vollfressen können. Bemerkenswert ist, dass sich diese Raubtiere zu „Lemmingjahren" hin, ebenfalls sprunghaft vermehren.

Flughörnchen (Sciuropterus volans)

Das Flughörnchen gehört zu den Nagetieren. Es kommt in Skandinavien und Sibirien vor.

Die Tierchen sind nahe Verwandte unseres Eichhörnchens. Sie werden, mit Schwanz etwa 25 cm lang. Das braune Fell färbt sich im Winter grau. Die Besonderheit der Flughörnchen ist ihre Flughaut, die sich beim Flug zwischen Vorder- und Hinterpfoten aufspannt. Damit kann das Hörnchen aus einer Höhe von 30 Metern ins Leere springen und im Gleitflug zu Boden gehen. Es lenkt mit dem buschigen Schwanz. Nach der Landung wird die Flughaut wieder zusammengerollt. Dann sieht es aus, als hätte es einen Pelzmantel an.

Die Nahrung der Flughörnchen besteht aus Pilzen und Beeren, aber auch aus Insekten. Wie unsere Eichhörnchen, legen sie immer einen Vorrat an. Sein Nest baut es aus kleinen Zweigen normalerweise in Astgabeln. In der letzten Zeit fand man sie zunehmend in Finnland in leerstehenden Häusern. Da die Tiere in der EU unter Artenschutz stehen, fühlen sie sich hier ganz wohl.

Vögel

Um den Umfang des Buches nicht zu sprengen, hier nur ein paar seltene Vertreter (der Seeadler steht unter Bodø).

Die Raubseeschwalbe

Die Raubseeschwalbe weist eine Flügelspannweite von bis zu 145 Zentimetern und eine Länge von bis über 50 Zentimetern auf und ist damit das größte Mitglied der ungefähr 50 Arten umfassenden Familie der Seeschwalben *(Sternidae)*. Sie ist ein Zugvogel, der die Winter am Mittelmeer verbringt.

Die Nahrung der Raubseeschwalbe besteht aus Fischen, wobei die Fischgründe bis dreißig Kilometer von den Brutkolonien entfernt sein können. Man findet sie im gesamten Ostseebereich. Ihr größter Feind sind die aus den Zuchtfarmen geflohenen Nerze, die mittlerweile die ganze Ostseeregion unsicher machen.

Der Singschwan (Cygnus cygnus)

Jousten nennen ihn die Finnen. Er ist einer der Nationalsymbole geworden. Der Tierarzt *Kokko* aus Enontekiö trug durch seine Bücher wesentlich zur Rettung der vom Aussterben bedrohten Tiere bei. Die Schwäne tun sich mit 2 Jahren zusammen und mit 4 gibt es Nachwuchs. Die Nester werden auf Inseln angelegt. Wenn die Seen zufrieren, fliegen sie gen Süden. Bis zum Abflug müssen die Jungschwäne flügge geworden sein, sonst sieht es schlecht aus für sie. Der Rückflug erfolgt schon Mitte März.

Die Zwergblessgans

Die Zwergblessgans, eines von rund 150 Mitgliedern der Familie der Entenartigen *(Anatidae)*, ist mit einer Flügelspannweite von 120 cm eine verhältnismäßig kleine Gans. Sie ernährt sich vorwiegend von niedrigwüchsigen Pflanzen. Die sommerlichen Brutgebiete der Zwergblessgans befinden sich in den hochnordischen Tundragebieten Skandinaviens und Sibiriens. Die hübschen Gänse sind Zugvögel und treffen erst gegen Ende Mai in Lappland ein. Im September geht es dann schon wieder zurück zu den Küsten des Schwarzen Meers, des Kaspischen Meers und des östlichen Mittelmeers. Leider werden sie dort in so großer Zahl abgeschossen, dass ihre Population um 95 Prozent zurückging. Naturschützer versuchen nun, die Tiere in sichere Länder umzuleiten. Dazu lässt man Blessganseier in Stockholm von Weißwangengänsen ausbrüten, nach dem Schlüpfen werden Eltern und Blessgänsekinder nach Lappland gebracht. Wenn die neuen Eltern die Kinder mit nach Holland nehmen, hofft man, so den inneren Kompass umzustellen.

Der Weißrückenspecht

Der Weißrückenspecht ist mit einer Flügelspannweite von 40 Zentimetern und einer Länge von 25 Zentimetern ein recht großer Vertreter der Familie Specht *(Picidae)*.

Durch die intensive Forstwirtschaft in Skandinavien fehlen ihm die morschen

Wölfe greifen Rentierherde an
(Zeichnung Johan Turi)

Bäume zum Nisten, sie wurden alle zu Spanplatten und Papier verarbeitet und die Sümpfe darum herum trocken gelegt, um besser durchfahren zu können. Deswegen ist der Weißrückenspecht leider sehr selten geworden.

Raubtiere

Neben pflanzenfressenden Tieren gibt es in Lappland eine ganze Reihe von Raubtieren, die im Rest Europas größtenteils ausgerottet wurden.

Nun ist es aber nicht so, dass der Lapplandfahrer hinter jedem Busch einem Luchs oder Vielfraß begegnet, fraglich ist auch, ob das überhaupt wünschenswert wäre.

Alle Raubtiere Skandinaviens sind sehr scheu und hüten sich, einem über den Weg zu laufen. Das liegt daran, dass sie von den Samen erbarmungslos gejagt wurden, deren Rentiere zur bevorzugten Beute der größeren Fleischfresser gehören. Es bestehen aber gute Chancen, im Winter eines dieser Tiere zu Gesicht zu bekommen. In einem der Nationalparks, die ja Rückzugsgebiete für Bär und Luchs, Wolf und Vielfraß sind, kann es dem vorsichtigen Wanderer passieren, dass er unvermutet einem Bären gegenübersteht.

Mit all diesen Tieren ist nicht zu spaßen, wie man aber Meister Petz klarmacht, dass man in friedlicher Absicht, quasi nur zu Besuch ist, wissen wir auch nicht. Eine Schusswaffe ist jedenfalls in der Hand des Ungeübten eher gefährlich. Nun denn, es folgen

einige Angaben über die wichtigsten Vertreter, damit man wenigstens weiß, von wem man gefressen wurde.

Der Wolf

Der Wolf (norweg *ulv,* schwed. *varg,* finn. *susi,* lateinisch *lupus lupus;* jetzt wissen wir also auch, warum der Gegenspieler von Fix & Foxi „Lupo" heißt), hinlänglich bekannt aus Horrorfilmen und anderen Schauergeschichten, wird allgemein als der Urvater aller Haushunde angesehen. Er wird zwischen 27 und 55 kg schwer und lebt rund um den Globus in den nördlichen Gefilden. Obwohl die meisten Wölfe grau bis hellbraun sind, gibt es in der Arktis auch ganz weiße und in Kanada schwarze Tiere.

Berühmt ist das Jagdverhalten der Tiere, die in **Rudeln** regelrechte Hetzjagden veranstalten. Im Winter kann so ein Rudel aus mehr als 30 Wölfen bestehen. Die Gruppen müssen so groß sein, da im Winter kleinere Beutetiere wie Lemminge, Hasen oder Jungtiere nicht zahlreich sind und die Wölfe darauf angewiesen sind, Rentiere, Rehe oder sogar Elche zu schlagen. Zwar werden schwache und kranke Tiere bevorzugt, trotzdem betrachtet der Mensch ihn nun als Konkurrenten.

In einem solchen Rudel, egal wie groß es ist, herrscht eine strenge **Rangordnung,** an deren Spitze ein Wolfspaar steht. Dieses Paar ist verantwortlich für das Wachelaufen entlang der Reviergrenzen, das Schlichten von Streitigkeiten innerhalb des Rudels und gibt das Kommando für einen eventuellen Ortswechsel des ganzen Rudels. Häufig pflanzt sich nur dieses Paar fort. Es herrscht also eine strikte Zuchtauswahl.

In der Tundra Lapplands ist der Wolf fast ausgerottet, allerdings leben in der Finnmarksvidda Norwegens noch ca. 10 sich fortpflanzende Paare. Im Pasviktal südlich von Kirkenes sollen sich Wölfe in letzter Zeit sogar sehr stark vermehren. Das liegt vermutlich an dem Überangebot an Beutetieren wie Wildrens etc., die sich, da keine natürlichen Feinde da waren, sehr stark vermehrt haben.

Wenn in Sibirien besonders harte Winter herrschen, wandern ganze Wolfsrudel in das klimatisch günstigere Lappland aus, allerdings kehren diese Rudel im Frühjahr wieder in ihre eigenen Reviere zurück.

Wer in Vollmondnächten auf der lappländischen Tundra einen großen, schwarzen Wolf sieht, sollte daran denken, dass schwarze Wölfe nur in Kanada vorkommen. Es muss sich also um einen **Werwolf** handeln. Die sind noch gefährlicher als normale Wölfe, treten in Lappland aber nur im Winter auf, da ja im Sommer die Sonne oftmals gar nicht untergeht, also kein Vollmond scheint ...

Der Vielfraß

Der Vielfraß, **Järv** (englisch *Wolverine*) gehört zu den sagenumwobensten Tieren der Tundra und der sich südlich anschließenden Gebiete. Schon der Name ist recht vielversprechend, wird aber von den Geschichten, die über Klugheit, Kraft und Blutgier dieses Tieres im Umlauf sind, noch übertroffen.

Der Vielfraß ist ein **Marder,** der auf dem Boden lebt, obwohl er sehr gut klettert. Er kann bis zu 30 kg schwer und einen Meter lang werden (mit Schwanz). Sein Fell ist dunkelbraun mit einem hellen Streifen an beiden Körperseiten. Abgesehen davon, dass das Fell sehr dick und warm ist, hat er sich den eisigen Wintertemperaturen auch sonst gut angepasst. Wie Eisbären besitzt er behaarte Fußsohlen. Sehr kurze Ohren, die kaum aus dem Fell herausschauen und eine kurze, gedrungene Schnauze reduzieren den Wärmeverlust auf ein Minimum.

Vielfraß –
gut, wenn man im Auto sitzt …

Obwohl die Paarung schon im Juli stattfindet, bekommt das Weibchen erst im darauffolgenden Frühling Junge. Das ist möglich durch eine so genannte „verzögerte Einnistung" (Keimruhe), die die Tragezeit soweit verlängert, bis optimale Temperaturen für die Geburt des Nachwuchses herrschen.

Die Nahrung des Järv zeigt jahreszeitliche Abwechslung. So begnügt er sich im Sommer mit Insekten, Beeren, Fischen, Vögeln und deren Eiern, frisst aber auch Lemminge und Aas. Im Winter aber wird er im wahrsten Sinne des Wortes zum Tier. Nun da die kleinen Tiere nicht mehr zur Verfügung stehen, zögert er nicht, Tiere zu erlegen, die um ein Vielfaches größer sind als er selbst. Zu seiner Beute gehören jetzt Rentiere und Elche (!) genauso wie Schafe oder andere Haustiere. Ren und Elch soll er so erlegen: Auf einem Ast liegend wartet er bis ein Ren unter seinem Baum vorbeigeht, springt auf dessen Rücken und beißt das Rückgrat durch. Elche verfolgt er kilometerweit, bis sie erschöpft zusammenbrechen. Er kann mit seinen breiten Tatzen bequem auf der Oberfläche verharschten Schnees laufen, während seine viel schwerere Beute permanent einbricht und viel eher erschöpft ist. Es wird berichtet, dass sich in Fangeisen gefangene Vielfraße selbst einen Fuß abbeißen, um sich zu befreien.

Wegen seines Pelzes und als Schädling gejagt, ist der Vielfraß südlich des Polarkreises selten, nördlich davon konnte er sich aber behaupten. Heute steht er unter Naturschutz. Wer hofft, einen Vielfraß in freier Wildbahn zu sehen, kann sich seine Chancen anhand der Tatsache ausrechnen, dass ein Männchen mit 2-3 Weibchen normalerweise ein Revier von 250 km^2 besetzt. Sehr dichte Tierbestände kommen also schon aus natürlichen Gründen nicht vor.

Mücken

Wer im Sommer nach Lappland fährt, wird sie bestimmt kennen lernen, die Mückenschwärme, die, wie die Legende berichtet, „so dicht sein können, dass man seinen Hut in die Luft hängen kann, ohne dass er zu Boden fällt". Gestochen wird man nur von weiblichen Tieren, es ist nur so schwierig herauszubekommen, ob es sich um Herrn oder Frau Mücke handelt. Dass die Biester mit der Dämmerung verschwinden, wie die Lehrbücher berichten, darauf würde ich mich auch nicht verlassen. Weil die kleinen Blutsauger Windstille bevorzugen, wird man an der Küste nicht so sehr gepeinigt wie im Landesinneren. Da den Mücken Kälte zu schaffen macht, hat man im Frühjahr und im Herbst weniger Last mit ihnen. *Frank Juhls* sagte uns, „die Mücken kommen und gehen mit den Touristen".

Mückenschutz

Die erste Schutzmöglichkeit bietet die **Kleidung.** Sie sollte wegen der besseren Wärmereflektion hell sein, aber da kommen wir noch drauf zurück. Geschlossene Schuhe und Strümpfe sind gut, da die Tiere bloße Füße lieben. Die Kleidung sollte möglichst nicht eng anliegen, die Stacheln dringen auch durch Jeansstoff und sind lang genug, um darunter noch in die Haut zu kommen. Jeansblau lieben sie, denn die Mücken erkennen ihre Opfer an erhöhter Kohlendioxid-Konzentration, Wärmeanstieg und Luftfeuchtigkeit und dunkle Farben strahlen mehr Wärme ab als helle. In ausgesprochenen Mückenlöchern sind auch noch Halstuch und Hut oder Mütze zu empfehlen.

Eine andere Schutzmöglichkeit bietet die **Chemie.** Bei den meisten Menschen hilft *Autan* zum Einreiben oder Einsprühen, ebenso das schwedische *US 622*. Guten Erfolg bringt *Ciba-Geigys Eurax,* das nicht so stark riecht und recht preiswert ist. In manchen Apotheken gibt es das *Zedan,* das völlig ungefährlich sein soll, und auch gegen Zecken hilft. In Schweden bekommt man *Antibrum* oder *Wilmas Nordic Summer,* es ist aus Holzteer destilliert und riecht auch so.

Die Insektenschlacht
(Aus Olaus Magnus' Buch, das im 16. Jh. in lateinischer Sprache erschien und einer der ersten Berichte über Lappland ist)

De Scarabeis, Crabronibus, & duplicibus Veſpis.

CAP. III.

ETSI cerui volantes de genere ſcarabeorum habere originem exiſtimantur, tamen eorum natura purior, & audacior eſt in pugna, & virtute medicinali: ſyluaticusq́ ſcarabeus dicitur, non ſtercora comedens, ſed folia arborum: cornua ceruorum cornibus in figura ſimilia habet, quæ ſunt mobilia in capite ſuo: etiam per ipſa apprehendit & tenet, vti Albertus lib. XII. tractatu tertio cap. VII. diffuſius atteſtatur. Cornua igitur illa ſyluaticorum ſcarabeorum prælonga ſunt, biſulcis dentata forcipibus, in

All diese Mittel sind Kontaktstoffe, d. h.: Wenn die Mücken auf der eingeriebenen Haut landen, verbrennen sie sich die Füße und flüchten. Daher ist es falsch, sich einzureiben und danach ein Hemd überzuziehen, denn der Stoff ist ja wieder zum Landen geeignet.

Dann gibt es noch **batteriebetriebene Mückenvertreiber,** die in Jagdgeschäften und bei Expeditionsausrüstern zu erstehen sind. Der Erfolg mit diesen Geräten ist aber nicht festzustellen.

Die **Vitamin-B1**-Präparate zeigen nicht die gewünschte Wirkung, da sie, um wirksam zu schützen, in gesundheitsschädlichen Mengen eingenommen werden müssen.

Ansonsten eignen sich die sattsam bekannten **Räucherstäbchen,** die es in

Über den Walfang

Der kommerzielle Walfang hat bisher fast zur Vernichtung oder zumindest starken Gefährdung der großen Wale geführt. Trotzdem setzt sich die Walfangindustrie immer noch über die Proteste von Meeresforschern, Zoologen, Ökologen und Umweltschützern hinweg.

Alles vom Wal kann verwendet oder weiterverarbeitet werden: Walöl wird zur Herstellung von Fetten, Ölen, Farben und Waschmitteln verwendet, Walrat (eine Substanz aus dem Kopf) zu kosmetischen und pharmazeutischen Cremes und Salben gemixt. Aus den Barten macht man Bürsten, aus dem Knochenmehl Leime und Gelatine. Aus den Eingeweiden werden Hormone und Vitamine gewonnen. Das Fleisch wird überwiegend zu Tierfutter oder Düngemitteln verarbeitet, aus dem Bindegewebe schließlich Bespannungen für Tennisschläger hergestellt.

Trotzdem ist auch aus wirtschaftlichen Gründen der Walfang nicht mehr zu rechtfertigen. Keines dieser Produkte kann nicht auch aus anderen Materialien hergestellt werden oder ist sonst unersetzbar oder etwa lebensnotwendig für uns.

Wahrscheinlich haben die Menschen schon in der Jungsteinzeit Wale gejagt. In Europa waren vermutlich die Norweger die ersten, die auch große Wale erbeuteten. Auch die Normannen und Basken haben schon im 9. Jahrhundert Wale gefangen. Damals wurde hauptsächlich der vor den Küsten vorbeiziehenden Nordkaper gejagt, der ein sehr langsamer Schwimmer und überdies nicht gefährlich ist. Ihn konnte man auch mit primitiven Fangmethoden erbeuten. Die dicke Speckschicht hielt den getöteten Wal über Wasser, so dass er an Land geschleppt werden konnte.

Später, als der Nordkaper vor allem in Küstennähe schon sehr selten geworden war, entdeckten Walfänger auf ihren Streitzügen auch den Grönlandwal, der ebenfalls langsam schwimmt und eine dicke Speckschicht besitzt.

Inzwischen waren die Walfänger dazu übergegangen, die erlegten Wale an ihren Segelschiffen zu vertäuen, abzuspecken und noch auf See Tran zu kochen.

Im 19. Jahrhundert waren die Nordkaper und Grönlandwale so stark dezimiert, dass sich der Fang nicht mehr lohnte. Heute sind beide Arten fast ausgerottet.

Im 16. Jahrhundert entwickelte sich in vielen Küstenländern der Erde eine gewinnbringende Walfangindustrie, die zu immer besseren Fang- und Verwertungsmethoden führte. Man fing hauptsächlich Grauwale, Glattwale, Buckelwale und auch Pottwale.

Der Walfang erlebte zwischen dem 16. und 18. Jahrhundert einen ersten Höhepunkt. Man jagte nicht mehr nur mit Seglern, die mit einem oder zwei Fangbooten (damals etwa 9 Meter lange Ruderboote) ausgerüstet waren, sondern regelrechte Walfangflotten liefen aus, die das ganze Jahr die Meere durchstreiften; eine Schonzeit gab es natürlich nicht. Während in Japan die Wale mit Netzen eingekreist und dann mit Lanzen getötet wurden, griffen die europäischen und amerikanischen Walfänger ihre Beute mit Ruderbooten an, die zu Wasser gelassen wurden, sobald man vom Mastkorb des Walfangschiffes die Blaswolken gesichtet hatte. Der Harpunier stand am Bug des Ruderbootes und schleuderte eine Harpune, an der die Fangleine befestigt war, in den Leib des Wales. Das verwundete Tier konnte nicht mehr wegtauchen und musste das Boot hinter sich herschleppen. Im Boot ließ man je nachdem, welche Manöver der Wal ausführte, die Leine nach oder holte sie wieder ein, bis man dem Wal so nahe kam, dass man mit Lanzen nach ihm stechen und ihn töten konnte.

Im 19. Jahrhundert erreichte der Walfang eine neue Dimension: 1868 wurde die Harpunenkanone erfunden, bei der eine Granate im Körper des Tieres explodiert und dadurch Widerhaken verankerte. Außerdem wurden jetzt zunehmend Dampfschiffe eingesetzt, mit denen man auch den schnelleren Furchenwalarten folgen konnte, die bisher den Segelschiffen entkommen waren. Diese neuen Fangmethoden führten in allen Fanggebieten zu einem erneuten starken Rückgang der Bestände. Schon zu Beginn des 20. Jahrhunderts war die ernste Bedrohung für diese Meeresbewohner abzusehen. Trotzdem wurde der Walfang immer weiter intensiviert und modernisiert.

Weniger zum Schutz der Wale, sondern um ihre wirtschaftliche Grundlage nicht zu schnell zu ruinieren, einigten sich die Walfänger in den 30er Jahren auf eine Reduzierung der Fangquoten und auf bestimmte Jagdzeiten. Aus diesen Abmachungen entwickelte sich schließlich die Internationale Walfang-Kommission *(International Whaling Commission-IWC)*, die 1946 von den am Walfang beteiligten Ländern gegründet wurde. Die Kommission legte die Mindestgröße der zu fangenden Tiere, Schonzeiten, Schutzgebiete sowie Fangquoten fest. Die Fangquoten wurden in so genannten Blauwaleinheiten (BWU – entspricht der Ölmenge, die von einem Blauwal gewonnen wird) festgelegt. Diese willkürliche Festlegung war jedoch für die am meisten bedrohten Arten sehr ungünstig, so dass man sich 1971 endlich entschloss, für jede Walart gesonderte Fangquoten festzulegen. Trotzdem sind diese Maßnahmen zum Schutz der Wale völlig ungenügend. Wissenschaftler und Umweltschützer fordern deshalb ein grundsätzliches Verbot des kommerziellen Walfangs, wenigstens aber eine sofortige 10-jährige Einstellung der Jagd.

Die meisten Walfangnationen haben inzwischen den Walfang aufgegeben. Trotzdem ist der endgültige Untergang der meisten großen Walarten doch nicht mehr aufzuhalten.

- Abdruck aus dem Buch: *„Rettet die Wale, Die Fahrten von Greenpeace“* von *B. Hunter* und *R. Weyler*, erschienen im Kübler Verlag, Lampertheim.

Heute stehen auf der Abschussliste in Norwegen 1052 Zwergwale pro Saison. Diese Genehmigung hat das Fischereiministerium erteilt, obwohl es seit 1986 verboten ist.

allen „Geschmacksrichtungen" in Asien-Shops zu kaufen gibt, recht gut. In Campingläden gibt es auch spezielle **Antimosquito-Räucherspiralen,** die jedoch ziemlich teuer sind. Draußen tut's auch ein Feuer, in das man ab und zu ein paar grüne Zweige wirft, um die Rauchentwicklung zu steigern. (Leider dreht sich der Wind in der Tundra grundsätzlich beim Essen ...)

Haben die Biester doch noch zugestochen, hilft **Soventol-Salbe** oder **Fenistil-Gel,** die den Juckreiz schnell abklingen lassen. Es wirkt auch gewöhnlicher Salmiakgeist, der den Juckreiz ebenfalls neutralisiert. Die Finnen schwören auf den Saunagang unter Zuhilfenahme einer Bürste, mit der man die betroffenen Stellen dann abrubbelt.

Mückensicheres Auto

Als erstes sollte man sein Auto von außen und innen nach Öffnungen absuchen, durch die die ungebetenen Gäste eindringen können. Mitunter müssen die Lufteinlassschlitze für Heizung und Lüftung mit Fliegengitter verschlossen werden. Wer nachts nicht auf offene Fenster verzichten will, benähe ein passendes Stück Moskitonetz am Rand mit Klettenband. Das Gegenstück des Bandes klebt man am Scheibenrahmen fest, so kann man das Netz wieder entfernen, wenn man in mückenlose Gebiete kommt.

Pflanzen

In Skandinavien wachsen die Nadelwälder der kaltgemäßigten oder borealen Zone. Zum Norden hin gehen sie in Laubwald über. Die nördliche **Nadelwaldzone** entspricht etwa der Südgrenze der Polargebiete. Dort gedeihen nur noch Birken. Infolge der langen Winter und kurzen Sommer wachsen sie sehr langsam. Die Schneelast im Winter und die schneidenden Winde verbiegen die Stämme. Selbst in der Kiefernzone findet man schon u-förmig gewachsene Stämme oder korkenzieherartig verdrehte Bäume. Der **Birkengürtel** ist je nach Höhenlage mit Farn- und Grasvegetation durchzogen. In trockeneren Gebieten ist der Boden mit Moos und Flechten bewachsen. Birken findet man z. B. in Finnland bis zum 70. Breitengrad. Am Porsangerfjord gibt es den nördlichsten Kiefernwald der Welt und im Pasviktal gibt es sogar sibirische Tannen *(Picea abies,* subspecies *obovata).*

Die **Baumgrenze** geht in Nordskandinavien bis auf 300 Meter herunter, in den südlichen Gebieten liegt sie bei 1000 Metern.

Wenn man sich die kargen Berghänge Lapplands ansieht, wundert man sich, dass dort überhaupt etwas wächst. Die Temperatur des Bodens ist auch im Sommer niedrig, auch wenn sich die Luft darüber durch die Sonne erwärmt. Vorherrschend in Lappland sind alpine und subarktische Pflanzen, die die Eiszeit auf den aus dem Eis herausragenden Berggipfeln, den Nunatakkern, überlebt haben.

LA_252 Foto: fh

Häufig wachsen die Pflanzen zu Teppichen zusammen, um sich so vor Wind und Kälte schützen. Die Blüten sind immer klein, sonst würden sie von den rauen Windböen zerlegt

Die Wurzeln reichen nicht tief in den Boden, sind aber weit verzweigt, damit sie viel Wasser aufnehmen und speichern können. Um die Verdunstung gering zu halten, haben die lederartigen Blätter meist dichte Behaarung. Wegen der kurzen Sommer müssen sich die Früchte schnell entwickeln, bei manchen Arten innerhalb von Wochen. Da es wenig Insekten in diesen Regionen gibt, ist die **Windbestäubung,** wie bei Birke und Wacholder vorherrschend oder die Selbstbestäubung, wie bei der Heidelbeere oder der Heide.

Zusammenfassend kann man sagen, dass die Arten, die die Eiszeit überlebten, zu den widerstandsfähigsten Pflanzen in Europa zählen.

Flechten

Die typische Pflanze der Tundra ist die Flechte, die auch noch viel weiter nördlich in der Arktis vorkommt, dort, wo überhaupt keine anderen Pflanzen mehr überleben können. Erst dort, wo ewiger Schnee liegt, ist die Grenze ihrer Verbreitung. Für das Klima im ho-

Die Baumgrenze:
Hier ist sie deutlich zu sehen

LA_253 Foto: fh

Wollgras: Hier ist es sumpfig!

Carl von Linné

Carl Linnaeus wurde am 23.5.1707 in Råshult in Schweden geboren und wurde einer der berühmtesten Naturwissenschaftler. Sein Vater war Pastor. 1727 studierte Carl in Lund und wechselte ein Jahr später nach Upsala. 1732 unternahm er eine Reise nach Lappland, die ihm von der Universität finanziert wurde. Heraus kam das leicht zu lesende Werk „Eine Lappländische Reise", eine genaue Schilderungen vom Leben der Samen in der damaligen Zeit. Er gründete die „Stockholmer Akademie der Wissenschaften" und das „Naturhistorische Museum". Neben Reisen nach Deutschland, England, Dänemark, Holland und Frankreich hatte er auch noch Zeit, Medizin zu studieren. 1739 wurde er praktischer Arzt. Durch Protegierung von *Graf Tessin* dann Admiralitäts-Medicus. Dabei fand er auch noch Zeit, im Juni *Sara Lisa Moraeus* zu heiraten. 1741 ernannte man ihn zum Anatomie-Professor in Upsala. Hier legte er dann ein Jahr später den botanischen Garten neu an. Die *Curiositate naturali* erschien 1748. Außerdem erfand er die botanische Fachsprache und ist somit für das System der lateinischen Pflanzen- und Tiernamen verantwortlich. 1753 erschien *Species plantarum*. 1758 kaufte er Gut Hammarby, wurde geadelt und nannte sich fortan Carl von Linné. Sogar der König war auf Gut Hammarby zu Gast. Linné starb am 10. Januar 1778 in Upsala, wo er in der Domkirche beigesetzt ist.

hen Norden ist sie wie geschaffen, ohne Wurzeln lebt sie sogar auf nacktem Gestein und ist widerstandsfähig gegen Kälte und Trockenheit.

Diese Eigenschaften verdankt sie ihrer Doppelnatur: Es handelt sich bei Flechten nicht um einheitliche Pflanzengebilde, sondern um einen Zusammenschluss von zwei völlig verschiedenen Pflanzenformen: eines Pilzes und einer Alge. Beide können nicht einzeln existieren. Der Pilz liefert Säuren, die sich in das Gestein fressen, um die nötigen Salze herauszulösen, mit denen die Algen aus Licht, Luft und Wasser ihre organischen Substanzen aufbaut.

Flechten sind es, die der Tundra zu ihren typischen, geschlossenen Pflanzendecken verhelfen, die eine Erosion verhindern. Das Schmelzwasser, das im Frühjahr die noch gefrorenen Hänge herabfließt, würde sonst viel mehr Erosionsschäden anrichten.

Flechten gibt es in allen Farben, sie bilden auf Steinen die tollsten Muster. Besonders an der Küste in Nordnorwegen gibt es ganze Felder, die mit buntem Flechtenmuster überzogene Steine aufweisen; kostenlose und dekorative Souvenirs.

Besonders erwähnenswert ist die essbare Flechte **Cladonia,** auch Isländisches Moos oder Rentierflechte genannt. Wie ihr Name schon sagt, fressen Rentiere diese in den mageren Zeiten des Jahres. In Deutschland findet man diese Pflanze ebenfalls auf trockenen Heide- und Sandböden. Bei uns erfüllt sie mangels Rentiere einen anderen Zweck: Man verwendet sie zur Dekoration auf Grabkränzen.

Trollblume

(Trollius europaeus): Sie findet man in ganz Nordskandinavien auf kalkhaltigen oder feuchten Böden. Die Blüten sind gelb. Die ganze Pflanze wird etwa 50 cm groß.

Wollgras

(Eriophorum scheuchzeri), „Arktische Baumwolle“ genannt, kommt ebenfalls in ganz Nordskandinavien vor. Sie wird etwa 30 cm hoch und bevorzugt Seeufer, oder sumpfige Stellen. Tritt immer in „Rudeln“ auf. Auffallendes Erkennungsmerkmal ist der weiße Puschel (die Samenhaare) auf dem langen Stiel. Die Wurzeln breiten sich kriechend aus.

Herkulesstaude

Die Herkulesstaude (auch unter dem Namen Riesenbärenklau bekannt, lat. *Heracleum mantegazzianum),* ein Doldengewächs (Höhe: bis 2,5 m), hat weiße strahlenförmige Blüten und einen kräftigen Stengel. Als man 1850 versuchte, sie in Tromsø als Zierstaude einzuführen, holte man sich damit eine unausrottbare, stark wuchernde, giftige Riesenpflanze ins Land. Die Gartenpest wurde daraufhin Tromsøpalme getauft, wodurch der Ort eine traurige Berühmtheit erlangte. Mittlerweile gibt es sie überall. In ihrer Nähe wachsen andere Pflanzen nicht

LA_255A Foto: fh

Vorsicht!
Der Fliegenpilz sollte nicht in den Topf

mehr, der Saft ist giftig und verursacht schwere Hautreizungen. Nicht berühren!

Engelwurz

(Angelica archangelica): Diese aromatisch duftende Pflanze gibt's in Europa, Sibirien und Grönland. Sie hat 20 cm große Dolden Die Samen (in diesem Fall sind die „Lappen" gemeint!) schälen die Stengel und essen das Mark roh oder als Gemüse. Es wird im Frühling geerntet und soll ähnlich wie Spargel schmecken. Auch als Tabakersatz kann es dienen.

Roter Steinbrech

(Saxifraga oppositifolia): Er findet sich in der unteralpinen Zone an steilen Hängen. Er blüht kurz nach der Schneeschmelze und hat fünfblättrige, sternförmige Blüten.

Alpen-Arnika

(Arnica alpina): Die Pflanze kommt in den Nordregionen Norwegens, Schwedens, Finnlands und der Halbinsel Kola nur oberhalb der Baumgrenze vor. Der Stengel ist behaart und hat meist nur eine einzige, 3 cm durchmessende, gelbe Blüte. Sie ist sehr selten und bevorzugt Kiesufer und kalkhaltigen Untergrund.

Behaartes Läusekraut

(Pedicularis hirsuta): Man findet es an Nordhängen in Gesellschaft von Zwergbirken, deren Wurzeln es in schmarotzerischer Weise anzapft. Die Wurzeln des Läusekrautes haben saugnapfähnliche Enden. Die Pflanze mit staudenartig gebündelten, rosaweißen Blüten ist selten.

Pilze

Pilze findet man in Lappland reichlich, und wer sucht, bekommt bestimmt schnell eine Mahlzeit zusammen.

Am verbreitetsten sind der Stein- und der Butterpilz. Letzterer findet sich auf den Böden trockener Nadelwälder. In Schweden gibt es sogar wild wachsende Champignons. Natürlich gibt es auch giftige Exemplare, wie beispielsweise den Fliegenpilz.

Wer sich mit Pilzen genauso wenig auskennt wie wir, sollte sich aus gesundheitlichen Gründen an folgende **Regeln** halten:

- Keine Pilze mit Lamellen auf der Unterseite essen.
- Alle Pilze sind essbar, wenn die Röhren **nicht!** rot sind. Es gibt nur eine Ausnahme: Der Gallenröhrling hat weiße Röhren, ist aber ungenießbar (allerdings nicht giftig). Er schmeckt bitter und verdirbt jedes Pilzgericht. Als Test kann man den rohen Pilz anknabbern und eventuelle Gallenröhrlinge sofort orten.
- Pilzbuch mitnehmen, z. B. „Der große BLV Pilzführer für unterwegs" oder „Eßbare Pilze und ihre giftigen Doppelgänger" vom Kosmos Verlag.

Zum Thema Pilze stand in der Deutsch-Finnischen Rundschau Nr. 61 folgender Artikel:

Man kann die Finnen in zwei Kategorien einteilen: in Pilznarren und Pilzmuffel. Die Letzteren finden die Ersteren im Herbst unausstehlich, denn das einzige Gesprächsthema, auf das die sich verstehen, sind Pilze. An Wochenenden parken sie ihre Autos in langen Reihen an den Straßenrändern und entschwinden, ausgerüstet mit Stiefeln, Körben und Butterbroten, in den Wald. Sie streunen durch den Forst, bücken sich unentwegt und stoßen gelegentlich gutturale Laute des Entzückens aus, wenn sie, wieder einmal, ein unbezahlbares Exemplar erspäht haben.

Das Interesse an Pilzen breitete sich in Finnland vom Osten nach Westen aus, denn es waren Russen, die den Finnen die Zubereitung dieser Naturgaben beigebracht haben; die russische Küche ist zu Recht für ihre Pilzgerichte bekannt. Die Ostfinnen gaben ihre Pilzkenntnisse an ihre Landsleute im Westen weiter. Laut einer Studie, die vor 40 Jahren erstellt wurde, sind Pilze ein wichtiges Nahrungsmittel in ost- und südfinnischen Haushalten, während in Westfinnland nur in einem von fünf Haushalten Pilze verzehrt werden - und nur in jedem zehnten auf den Åtlandinseln. Nach und nach halten Pilze auch Einzug in die Küchen der westlichen Landesteile, obwohl man die meisten Pilze noch immer am Boden verrotten lässt.

... In feuchten Sommern schießen die ersten Pilze Ende Juli aus dem Boden und vermehren sich rapide, bis der Schnee den Boden bedeckt. Streng genommen sind die ersten Pilze (die nur darauf warten, dass der Schnee schmilzt) die **Morcheln,** oder richtiger die Falschen Morcheln *(Gyromitra),* die im Frühjahr auf sandigen Böden gedeihen. Dieser Pilz gilt als sehr delikat, muss aber sorgfältig gekocht oder getrocknet werden, um ihm sein Gift zu entziehen.

Finnland kann mit drei Arten von Pfifferlingen aufwarten, und jede von ihnen ist essbar. Da ist der vielgepriesene eigentliche **Pfifferling** *(Cantharellus cibarius),* der in trockenen Mischwäldern und an Wegrainen in ganz Finnland zu Hause ist und in guten Pilzjahren schon Mitte des Sommers in großen Mengen auftritt. Er ist leicht zuzubereiten, weil er nicht gekocht werden muss, sondern als solcher gleich in die Pfanne wandern kann. Seine nahen Verwandten, die **Herbsttrompete** bzw. **Totentrompete** *(Craterellus cornucopioides)* sowie der *(Cantharellus tubaeformis)* sind herbstliche Köstlichkeiten, die ebenfalls leicht angerichtet werden können. Die letzteren sind Spätnachzügler und können noch nach dem ersten Schnee gesammelt werden.

Ein weiterer vorzüglicher Pilz ist der **Schirmpilz** *(Lepiota),* der ebenfalls landesweit anzutreffen ist. Die verschiedenen Varianten des **Röhrlings** *(Boletus)* sind besonders beliebt, weil sie leicht zu finden, schmackhaft und gänzlich ungefährlich sind; keiner von ihnen ist giftig. Dasselbe gilt für die **Täublinge** *(Russula).* Manche Röhrlinge und Täublinge riechen unappetitlich und sollten nicht verspeist werden, obwohl sie nicht giftig sind.

Beeren

Heidelbeere

(Vaccinium myrtillus): Wird auch **Blaubeere** genannt. Sie wächst im Norden reichlich, und ihre Früchte werden größer als bei uns. Zu finden ist sie auf den Böden von Kiefernwäldern. Leider tritt sie immer im Zusammenhang mit elenden Mückenschwärmen auf! Die Beeren selbst sind innen blau, im Gegensatz zu den säuerlich schmeckenden Früchten der **Sumpfheidelbeere** *(Vaccinium uliginosum),* die zwar äußerlich ähnlich aussehen, aber innen weiß sind.

Preiselbeere

(Vaccinium vitisidaea): Die kleinen, roten Beeren wachsen auch in Kiefernwäldern. Der niedrige Strauch hat immergrüne, behaarte Blätter. Er ist ein Heidegewächs. Die Früchte schmecken roh ziemlich herb, normalerweise verzehrt man sie gekocht. Frische Beeren, zu Mus gedrückt, halten sich bis zum nächsten Sommer.

LA_257 Foto: fh

Wegen der Moltebeere soll es angeblich schon ernsthafte Auseinandersetzungen gegeben haben. Die Schweden sollen in Finnland eingefallen sein, um Moltebeerenfelder abzuräumen und die Beeren dann im eigenen Lande zu Marmelade und Konserven zu verarbeiten. Das hat die Finnen auf die Palme gebracht, aber vielleicht war's auch umgekehrt; erzählt hat uns die Geschichte ein Norweger. Wenn man von der Straße aus Einheimische erblickt, die vornübergebeugt durch den Morast stiefeln, kann man sicher sein: Hier gibt's Moltebeeren. Aber Vorsicht, in einigen Gebieten Nordfinnlands und in Norwegen ist das Pflücken für Fremde verboten! Seit Jahrzehnten ist das Pflückrecht zwischen den Familien aufgeteilt.

Moltebeere

(Rubus chamaemorus): Diese wohlschmeckenden Beeren sind eine ganz besondere Spezialität Lapplands. Sie wachsen in sumpfigen Gebieten, werden bis 30 cm hoch und haben weiße Blüten. Um ihrer habhaft zu werden, muss man schon nasse Füße riskieren. Sie besitzen Brombeer-Form, allerdings mit weniger „Kügelchen". Zuerst sind sie grünlich-dunkel, mit zunehmender Reife werden sie rot und zum Schluss hellgelb. Es ist also genau umgekehrt als üblich, nicht die roten, sondern die gelben Früchte sind reif.

Die Moltebeere,
eine Delikatesse Lapplands

Hagebutte

(Rosa kanina), auch **Hundsrose** genannt ist keine Beere im engeren Sinne. Sie wächst an Waldrändern in stacheligen Hecken oder Büschen, nur bei älteren Sträuchern fehlen vielfach die Stacheln. Sie kommen bis zu einer Höhe von 1300 Metern über Normalnull vor. Die scharlachroten Früchte wurden früher als Heilmittel benutzt. Die Hagebutte ist reich an Vitamin C, 100 g Früchte enthalten 400-500 mg Vitamin C, die Zitrone vergleichsweise nur 40-100 mg. Gesammelt wird im Herbst. Der Genuss steigert also die körperlichen Abwehrkräfte.

• **Hagebuttentee:** 2 Teelöffel zerkleinerte Hagebuttenschalen mit 1/4 l Wasser 10 Min. kochen. Durch diese Kochzeit behält der Tee den höchsten Vitamingehalt, den er auch durch längeres Stehen nicht verliert. Die Kerne sollten allerdings vorher entfernt werden, denn: 1 Teelöffel eingeweichte Kerne mit einer Tasse Wasser überbrüht, 2 Min. ziehengelassen und abgegossen ergeben einen milden Abführtee.

- **Hagebuttenwein:** 1 l gequetschte, reife Früchte mit 500 g Kandis und 3 l Weißwein 8 Tage lang zusammen ziehen lassen und anschließend filtern. Flaschen auf keinen Fall verschließen! Explosionsgefahr!
- **Buttenmost:** Reife Hagebutten von Haaren und Kernen säubern und durch den Wolf drehen, anschließend süßen und – zack – fertig ist der Brotaufstrich.
- **Hagebuttensuppe:** siehe Kapitel Essen.

Pilze und Beeren sammeln

Speziell im Spätsommer kann man seine Zwischenmahlzeiten von „Mutter Natur" bekommen: Beeren und Pilze gibt es genug. Allerdings sollte man sich an die Beschränkungen der einzelnen Länder halten (s. Kapitel Reisetipps A–Z, Jedermannsrecht). Außerdem ist es ja klar, dass man nicht auf fremde Grundstücke steigt, um Blaubeeren zu ernten.

Moosbeere

Die Moosbeere *(Vaccinium oxycoccus)* ist eine **Sumpfbeere.** In Geschmack und Verwendungsmöglichkeiten ähnelt sie der Preiselbeere. In Lappland wächst nicht die als *Cranberry* bekannte Art *(Vaccinium macrocarpon),* sondern eine Zwergversion *(microcarpus).*

Die bodennahen kriechenden Zweige tragen kleine winterharte ovale Blätter, die auf der Unterseite bläulich bereift und feinhaarig sind. Sie blühen erst Ende Juni, ihre Beeren reifen nicht vor dem Spätherbst. Am besten schmecken sie nach ein paar Frostnächten, weil sie dann weicher sind und süßer schmecken. Die Ernte kann auch erst im nächsten Frühling stattfinden. Die Früchte eignen sich zur Herstellung von Konfitüre und zur Gewinnung von Saft, der später dann zu Schnaps vergärt werden kann.

Krähenbeere

Die Krähenbeere *(Empetrum nigrum, E. hermaphroditum)* wächst in ganz Finnland. Die hellgrünen Stiele mit den schwarzen Beeren gedeihen auf Heiden, Mooren und sogar auf den kargen Torfflächen. Die Wachstumsperiode der Krähenbeere beginnt im Juli und dauert bis zum ersten Schnee. Die Beeren können sogar im Frühjahr nach der Schneeschmelze gesammelt werden.

Die Krähenbeere wird für Gelees und Suppen verwendet. Die Beere enthält praktisch keine natürlichen Säuren, weshalb Krähenbeerensaft oder -gelee ausgezeichnet zu anderen, saureren Beeren passt.

Vogelbeere

(Sorbus aucupari). In Finnland galt die Eberesche als heiligen Baum. Alle 2 Jahre gibt es im August bis September eine gute Beerenernte. Die Beeren wachsen in großen Ständen und verfärben sich beim Reifen von grün in knallrot. Sie sind reich an Zucker, Karotin und Vitamin C. Meist werden sie mit anderen Früchten zusammen als Saft oder Gelee verarbeitet.

Die Samen

In ihrem Wesen ähneln die Lappen ein wenig dem Rentier; beide wandern von Süden nach Norden und umgekehrt, und beide sind sie etwas scheu.
(*Johan Turi:* Turi's Book of Lappland)

Erste Quellen

Sie selbst nennen sich die **Sameh,** was soviel heißt wie: „die Sumpfleute". Einer allein ist ein **Sabme;** ihr Land nennen sie **Sameoednâm.**

Die ersten Quellen, die vom Auftreten der Samen berichten, stammen von *Tacitus*. Er beschrieb 98 n. Chr. in der „Germania" die Menschen im hohen Norden als ein rohes Volk, das in Familienverbänden *(Siida)* lebt. Man geht heute davon aus, dass sie früher viel weiter östlich lebten. Wegen den verstreuten Ansiedlungen – die ältesten Funde stammen aus der **Bronzezeit –** ist eine genaue Feststellung aber nicht möglich. Gemeinsamkeiten zwischen Samen und **Samojeden** führt zu dem Schluss, es handle sich um Ausgewanderte oder Vertriebene.

Dazu einen Kommentar des Samen *Johan Turi:* „Wer hat denn jemals gehört, dass Samen von anderswo in dieses Land gezogen seien? Sie siedeln seit Urzeiten in Lappland, und als sie einst an der Meeresküste lebten, gab es dort keinen Menschen außer ihnen." Na also, geschrieben wurde dies 1927. Was sie zu ihrer **Wanderung** in die heutigen Gebiete veranlasst haben soll, ist ebenfalls unklar.

Sicher ist jedoch, dass sie früher ausschließlich **Jäger und Sammler** waren und Fischfang betrieben. Die wichtigste Beute war das Rentier, welches ihnen alles lieferte, was sie zum Leben brauchten. Ackerwirtschaft und Bootsbau mit Holz wurden ihnen erst von den Norwegern beigebracht. Vorher benutzten die Samen Boote, die aus Gestellen bestanden, die mit Tierhäuten bespannt waren.

Das **Nomadentum** entwickelte sich aus der Notwendigkeit, den halbzahmen Rentierherden zu folgen. Im Sommer dörrte die Sonne die Flechten aus, die den Tieren als Nahrung diente. Da diese dann dem Ren nicht schmeckten, zogen sie in die Berggegenden nach Norden. Unterstützt wurde das noch durch die Mückenschwärme, die auf den zugigen Fjells weniger häufig anzutreffen waren. Im Winter flüchteten die Tiere wieder vor Schnee und Kälte nach Süden, wo sich die Flechten inzwischen erholt hatten.

Samengruppen

Man findet Samen in Norwegen, in der Gegend von Karasjok, Kautokeino, Polmak. In Schweden sind sie um Jokkmokk und Karesuando ansässig. In Finnland leben sie in der Gegend von Utsjoki, Enontekiö, Inari und in Sevettijärvi.

Samenfamilie
(Alter Kupferstich)

Die einzigen echten Nomaden sind die **Kautokeino-Samen.** Der Rest in Norwegen und Schweden sind **Berg-Samen,** bei denen ein Großteil der Familie zu Hause bleibt. Sie leben vom Bergren *(Rangifer montanus).* In Finnland leben die **Wald-Samen** mit dem Waldren *(Rangifer silvanicus).* Eine Gruppe in Norwegen wird **See-Samen** genannt. Diese betreiben im Sommer Fischfang an den Küsten der Finnmark. Im Winter ziehen sie sich ins bewaldete Landesinnere zurück.

Die **Skolten** lebten bis 1947 im Finnischen Petsamo-Gebiet. Das liegt ganz in der Nähe von Kirkenes am nordischen Eismeer. Skolten haben den russisch-orthodoxen Glauben und auch russische Vornamen. 1947 wurde das Petsamo-Gebiet an die Sowjetunion abgetreten, und man stellte den Skolten frei, zu gehen oder zu bleiben. Dadurch verstreuten sie sich sehr weit.

Der in Petersburg geborene Schweizer *Robert Crottet* setzte sich sehr für die Skolten ein und brachte durch Spendenaufrufe in der BBC eine erstaunliche Summe zusammen. Mit diesem Geld siedelten diese Samen dann nach *Sevettijärvi* in der Nähe des Inarisees nach Finnland über. Die finnische Regierung ließ jeder Familie ein Haus am See bauen, und die Skolten konnten sich Rentiere anschaffen. Diese moderne Siedlung hat eine Schule, ein Spital und eine orthodoxe Kirche.

Wer weitere Infos will, sollte nach Neiden fahren und sich dort beim orthodoxen Kirchenvorsteher erkundigen, der sich gut auskennt und gegen ein Entgelt Auskunft gibt.

Traditionelles Samenleben

Tracht

Carl von Linné schrieb 1732: *„Das Wort Lappe kommt von der Kleidung, da ihre Kleider gewöhnlich aus Lappen bestehen."*

Die Tracht, die auch heute noch getragen wird, besteht aus Hosen, Röcken und langen Jacken aus meist blauem Wollstoff oder Flanell. Die Ränder sind mit bunten Borten verziert. Die Samen lieben Schmuck und Verzierungen. Die Borten werden gewebt, und oft noch mit Zinndrahtstickereien kombiniert.

Die **Schuhe** sind vorne nach oben gebogen, damit sie in den Schlaufen der Skier den richtigen Halt hatten. Als Wärmeisolierung kamen Bündel vom **„Schuhgras"** hinein. Abgeschnittenes Riedgras wurde weichgeklopft, getrocknet und zusammengerollt. Dann verteilte man es geschickt im Inneren des Schuhes, was nicht einfach ist. Dies Gras wärmt wesentlich besser als normale Strümpfe.

Siida

Die **Samengemeinschaft** bestand aus mehreren Familien, die gemeinsam wanderten. In den Ebenen hatte sie feste Häuser als Winterquartier. Auf der Hälfte des jährlichen Weges gab es zusätzlich noch feste Unterkünfte für die Rast im Frühjahr und im Herbst. Den Rest der Zeit verbrachte die Siida in ihren Zelten.

Regiert wurde diese Gemeinschaft von der **Norraz,** dem Rat. Jede Familie war durch ein Mitglied in der Norraz vertreten. Hier wurde gemeinsam über Neuaufnahme, Fischregionen, Grundbesitz und Gesetze beraten. Die Siida stellt ein gut funktionierendes Sozialsystem dar. Die einzelnen Arbeiten waren genau aufgeteilt. Die Männer jagten, die Frauen bearbeiteten die Felle. Fischfang und Tiere hüten wurde von Männern und Frauen gleichermaßen erledigt. Die Frau genoss ein höheres Ansehen als in anderen europäischen Kulturen. Sie nahm auch an Beratungen teil.

Jedes Mitglied der Gemeinschaft hatte ein Amt. Es gab den „Hausvater", die „Hausmutter", den „Knecht" und die „Magd". Auch Kinder hatten Ämter wie „Holzhauer" oder „Feuerhüter".

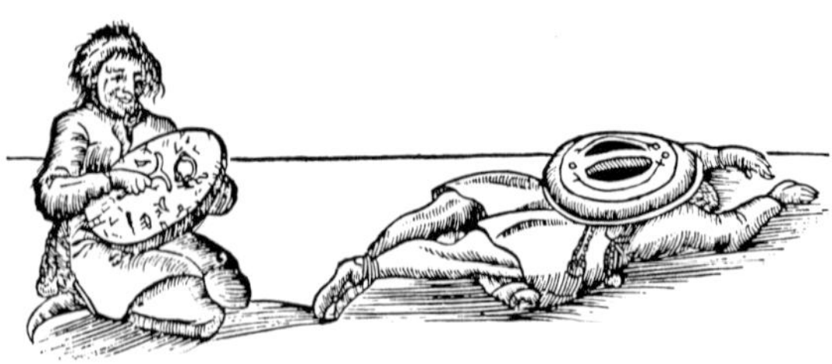

Eheschließungen

Hatte ein junger Same sich eine Braut ausgeguckt, konnte er sein Ansinnen dem zukünftigen Schwiegervater nicht selbst klar machen. Er hatte einen Vertrauten zu schicken. Dieser **Brautwerber** sprach dann bei der Mutter der Auserwählten vor. Er lobte den Auftraggeber in den höchsten Tönen und die zukünftige Schwiegermutter machte ihn nach Kräften schlecht. So ging es dann eine Weile hin und her, bis man sich einig war.

Nun tauchte der Bräutigam auf und brachte den Brauteltern die ausgehandelten **Geschenke.** Heute werden diese übrigens der Braut und nicht mehr ihren Eltern überreicht.

Danach wurde die **Hochzeit** gefeiert. Nach der Christianisierung musste man damit bis zum Herbst warten, wenn die Siida den Kirchort passierte. Aus diesem Grund entstanden auch an solchen Stellen die Kirchen und Marktplätze. Nach der Eheschließung musste der frischgebackene Ehemann ein Jahr bei den Schwiegereltern als Knecht arbeiten.

LA_261 Foto: fh

Kautokeino-Same in Tracht: nur noch zu Festlichkeiten

Noaiden (nach Scheffer, 1673)

Religion

In Lappland gab es nie eine einheitliche Mythologie. Allerdings gab es überall die Dreiteilung: den Himmel den Göttern, die Erde den Menschen und die unterste Ebene den Geistern. Angebetet wurden so genannte **Seiden,** das waren Gegenstände, die auf Grund ihrer besonderen Form als verehrungswürdig angesehen wurden. Meist waren es alleinstehende Felsen oder z. B. ein See. Jede Familie hatte ihren „Privatseiden“ und zusammen mit den anderen Siida-Angehörigen noch einen gemeinsamen. Dieser war natürlich auch größer, weil die Geister, die darin wohnten, größere Bereiche abzudecken hatten. Geopfert wurde den Seiden in Form von Essbarem, das dort abgelegt wurde, wenn man zum Beispiel Jagdglück nötig hatte.

Es gab Samen, die die Seiden um eine größere Rentierherde baten. Der Legende nach soll das auch geklappt haben, nur vermehrte sich diese Herde nach dem Tode des Samen nicht weiter, so dass die Kinder wieder arm wurden (so genannte Opferherden).

Der Vermittler zwischen den außerirdischen Mächten und den Menschen war der **Noaide,** eine Art Schamane. Wichtigstes Instrument für seine Tätigkeit war eine **Zaubertrommel.** Diese bestand aus einer eiförmigen, flachen Schale aus Wurzelholz. In den Boden war ein Griff eingelassen. Daran wurde die Trommel mit der linken Hand festgehalten. Das Trommelfell bestand aus Rentierleder. Am Rande des Felles wurden kleine Schnitzereien angebunden: Rentiere, Fische, Skier, Schlitten.

Auf dieser Trommel spielte sich der Noaide selbst in Ekstase. Dabei sang und tanzte er, von den Siidamitgliedern umringt, bis er bewusstlos umfiel. Es wurden auch Drogen wie Fliegenpilzgifte verwendet. Während dieser Bewusstlosigkeit trat er mit den hohen Mächten in Verbindung. Man sagt, dass während der Ekstase eine Seelenwanderung stattfindet, im Körper bleibt nur der Teil zurück, der die motorischen Funktionen aufrecht erhält. Die an die Trommel gebundenen Miniaturen sollten ihm bei seiner Reise als Schutz und Hilfe dienlich sein. Dies war keine leichte Aufgabe, und Noaide zu sein, bedeutete immense Anstrengungen.

In späterer Zeit wurden die Trommelfelle mit allerlei Symbolen bemalt. Man legte dann Metallstücke darauf und spielte auf der Trommel. Je nachdem ob die Stücke beim Spielen dann durch die Vibration auf die „guten" oder die „bösen" Felder hüpften, bedeutete das Glück oder Unglück.

Die Stallo-Braut

Einmal wollte ein Stallo die Tochter eines Fjell-Lappen heiraten, und der Lappe wusste nicht, wie er den Stallo loswerden sollte. Da holte er sich einen Birkenstubben, bekleidete ihn, gab ihn dem Stallo und obendrein noch eine Rentierherde als Mitgift und sagte: „Drei Tage ist sie schüchtern." – Der Stallo nahm sie entgegen und schlachtete die Rentiere. Und der Lappe zog drei Tagesreisen weit fort. Als der Abend des dritten Tages gekommen war, kochte der Stallo das Fleisch und die Markknochen. Da sagte der Stallo: „Steh auf, Njannja!" Aber sie rührte sich nicht. Da sagte er: „Sie ist schüchtern; ich muss die Markknochen wohl selbst zerspalten." Als es nun spät geworden war, wollte er sie ja beschlafen. Nachdem er sich ausgezogen hatte und völlig nackt war, machte er sich daran, auch Njannja zu entkleiden. Aber da war sie nur ein Birkenstubben, den der Lappe für den Stallo ja wie seine Tochter angezogen hatte. Der Stubben fiel ihm an den Hals. Da griff der Stallo nach einer Deichsel und begann den Lappen zu verfolgen und setzte ihm solange nach, bis er zu Tode fror. Und noch im Sterben rief er: „Vater, Mutter, kommt und macht Feuer, der jüngste Sohn friert sich kaputt!"

Die Geschichte stammt aus „Skandinavische Märchen" von *Heinz Barüske,* 1972, Abdruck mit freundlicher Genehmigung des Fischer-Verlages, Frankfurt.

Zwischen dem 13. und 14. Jahrhundert fanden die ersten Bekehrungen zum **Christentum** statt. Da jedoch die Samen in den öden Regionen auch für die Kirchenfürsten ziemlich uninteressant waren, blieb es bei vereinzelten Versuchen. Außerdem war der Gedanke eines einzigen Gottes anstelle der vielen Götter mit ihren Einzelbereichen den Sami fremd.

Der richtige Durchbruch erfolgte erst im 19. Jahrhundert durch den **Læstadianismus.** *Lars Levi Læstadius* wurde auch der „Samenprobst" genannt. Er lebte von 1800 bis 1861 in Lappland und wurde bald nach seiner Ernennung zum Pfarrer in Kvikkjokk (siehe auch dort) durch seine glühenden Reden bei den Samen schnell beliebt, weil er in der Sprache des Volkes redete. Bei seinen Kirchenherren erntete er dadurch aber nur Missfallen. Das Hauptthema seiner Predigten war der Alkohol. In Karesuando richteten sich seine Angriffe auch noch gegen das Rauchen und gegen die Hurerei, und auch Musik und Tanz wollte er nicht dulden, sofern sie nicht der Predigt dienten. Die Samen gerieten bei seinen donnernden Predigten regelrecht in Ekstase und vergaben sich dann ihre Sünden gegenseitig.

Später verliebte er sich in eine Samin und soll im Alter sehr tolerant geworden sein. Sein Schüler *Johan Raattama* führte dann die Bewegung weiter.

Sagen

Aus den Sagen lässt sich einiges von der Vorstellungswelt der Samen herauslesen. Das Hauptmotiv der meisten Sagen ist die Beziehung zwischen Mensch und Natur. Die wichtigste Gestalt ist der **Stallo,** ein menschenfressender Riese (s. Exkurs vorige Seite). Professor *Nesheim,* der an der Uni Oslo „Lappologie" lehrt, vermutet in dem Buch „Über die Samen und ihre Kultur", dass der Stallo mit der Furcht der Samen vor den Steuereintreibern zu tun hat. Mit Stallo-Drohungen wurden auch unartige Kinder eingeschüchtert.

Das Joiken

Dies ist ein eigenartiger Brauch der Samen. Ein Joik besteht aus einem kurzen Text, der Naturerscheinungen, Tiere oder Gegenstände beschreibt. Dieser Text wird mehrmals wiederholt. Es wurde oft in Gesellschaft gejoikt. Da dies aber meist in angetrunkenem Zustand geschah, kamen ähnlich peinliche Sachen dabei heraus wie bei uns, wenn die Zecher in der Kneipe anfangen zu singen. Deshalb war das Joiken lange in Verruf geraten. Ursprünglich war es eine Art religiöser Lobgesang, über die Jahrhunderte der Schriftlosigkeit auch eine Form der Überlieferung. Am ehesten vergleicht man ihn mit dem Jodler – der Mensch geht, sein Joik bleibt, sagte man. Man joikt nicht über einen Menschen oder Gegenstand, sondern man identifiziert sich dabei mit ihm, versetzt sich in ihn hinein. Man wandelt dabei sein Gefühl in die Tonsprache um. So gibt es den Joik, den man selbst besitzt, meist von jemand anderen gejoikt. Dazu kennt man den Joik über die Lieblingslandschaft und den Joik, der die augenblickliche Stimmung beschreibt. Musikalisch ist die an- und abschwellende Grundmelodie wichtig, die in der Wiederholung Verzierungen erfährt.

Wer hören will, was aus der Tradition geworden ist, höre sich *Mari Boine* auf der CD *Leahkastin* an.

Ein traditioneller Joik von *Johan Turi* (1912):

Der Junge:
Voia, voia, nana, nana
sehr sanft und anmutsvoll ist meine Liebste.
Das Mädchen:
Voia, voia, nana, nana
große Schöne und große Tüchtige,
voia, voia, nana, nana
sie fahren wie fliegende Vögel,
den springenden Rentieren folgen sie,
voia, voia, nana, nana.

Handarbeit: am Gürtelring zwei Messer mit Geweihschnitzereien, ein Lederbeutel und ein Nadelbehälter aus Rentiergeweih

Kunsthandwerk

Das Kunsthandwerk teilt sich in drei Bereiche, Fellarbeiten aus Norwegen, schwedische Rentiergeweih-Schnitzereien und finnische Holzarbeiten.

Weben

Felltaschen und -mützen sind meist aus kleinen Resten in dekorativen Mustern zusammengefügt und mit Bändern und Zinndrahtstickereien verziert. Diese Bänder werden ohne Webstuhl gefertigt, die Kettfäden werden durch einen Kamm aus Rentierhorn gefädelt und auf der einen Seite an einem Baum oder dem Fensterkreuz befestigt. Das andere Ende knotet man sich an den Gürtel. Die Schussfäden sind auf ein langes nadelförmiges Schiffchen gewickelt, es wird mit der einen Hand bewegt, während der Kamm in der anderen gehalten wird.

Zinndrahtsticken

Hierbei handelt es sich um eine der ganz alten samischen Fertigkeiten. Das Zinn wird in Streifen geschnitten, gerollt und dann durch immer kleiner werdende Öffnungen in ein Eisenstück gezwängt, bis ein dünner Draht daraus wird. Dieser wird dann in den Bändern zu Mustern verstickt oder mit eingewebt.

Holzarbeiten

Die Samen in Finnland beschäftigen sich viel mit Holzschnitzerei. Hierzu werden bestimmte Holzknubbel verwendet, die wie ein „Geschwür“ an manchen Bäumen wachsen. Diese Kugelformen werden dicht am Stamm mit der Bügelsäge angeschnitten und anschließend mit ein oder zwei Keilen vom Baum abgespalten. Dies ist eine schweißtreibende Arbeit, besonders wenn sich das Teil in 10 m Höhe befindet. Danach wird der Knubbel entrindet und getrocknet.

Daraus machen die Samen allerlei schöne Dosen und Kästchen und die berühmte Zaubertrommel, indem sie diese Holzknubbel kunstvoll aushöhlen. Oft werden die Gegenstände mit Einlegearbeiten aus Rentierhorn verziert. Gutes hat seinen Preis: Derartige Schnitzarbeiten kosten, je nach Größe, bis zu 300 €. Kleine Behälter für Nadeln oder Streichhölzer sind natürlich billiger.

Geweihschnitzen

Die Messer mit den Griffen und Scheiden aus verziertem Rentierhorn bekommt man am besten in Schweden, weil die schwedischen Samen überwiegend Geweiharbeiten machen. So ein Messer, das mitunter sogar vom Künstler signiert ist, ist unter 120 € nicht zu haben.

Ursprünglich wurden viele Gebrauchsgegenstände wie Löffel, kleine Behälter und Schmuck aus Rentiergeweihen geschnitzt, sie wurden dann von Metall- und Plastikgegenständen verdrängt.

Der Puukko

Dies berühmte **Finnenmesser** mit Birkenholzgriff kostet, je nach Ausführung, 30-60 €. Man unterscheidet zwischen zwei Klingensorten: zum einen die handgeschmiedeten, die etwas gröber ausfallen und zum anderen die Fabrikklingen, die man an der Aufschrift des Herstellers erkennen kann. Die größten Messerfabriken sind: *Marttiinin Puukootehdas OY* in Rovaniemi, die mit 100 Angestellten 40 verschiedene Modelle herstellt. *Iisakki Järvenpää OY* ist der zweite große Hersteller. Diese Messer mit Klingen aus erstklassigem Stahl sind gute Gebrauchsgegenstände. Man bekommt sie auch in Deutschland in Jagdgeschäften.

Silberschmuck

Dieser Schmuck, den die Samen auch heute noch tragen, wurde nicht von ihnen hergestellt, sondern ist durch Händler aus dem Süden über die Samenmärkte in ihre Hände geraten. Da die Samen das glänzende Silber liebten und zu ihren Festen gerne trugen, konnten diese Händler natürlich auch größere Mengen absetzen und richteten sich dann auch nach den Wünschen ihrer Kunden. Ursprünglich wurde das lappländische Zinn zu Schmuck verarbeitet.

Sehr verbreitet sind Broschen mit daran befestigten, kleinen laubartigen Klunkern. Manche samischen Mädchen tragen ganze Batterien davon an ihren Gewändern.

Vielfach hat man die Formen von samischen Gebrauchsgegenständen, wie

Nadelbehälter, Trinkbecher und Löffel in Silber nachempfunden. Diese Sachen waren bei den Nomaden an einem Gürtelring angebunden, der an den Gürtel genäht war. In manchen Läden für samische Handarbeit findet man solche Gürtelringe versilbert als Schmuckstücke, in Form von Anhängern oder als Brosche umgearbeitet.

Im samischen Schmuck findet man auch römisch-katholische Symbole wie Kreuze und den Buchstaben „A" (für Ave Maria) als Anhängsel mitverarbeitet, obwohl die Samen, wie schon erwähnt, evangelisch waren. Dies führt zu dem Schluss, dass Händler aus den südlichen Ländern wohl ihren katholischen Schmuck mit Kreuzen und Ave-Maria-Zeichen auch den Samen angedreht haben. Diese fanden die schimmernden und klimpernden Teile schön und kauften sie, ohne von ihrer Bedeutung zu wissen.

Verwendet wurden diese Stücke auch als Amulett, das mit dem Geklimper der vielen Ösen und Anhängsel böse Geister verscheuchen sollte. Auch band man kleine, silberne Kugeln an die Wiegen der Kinder, damit sie nicht mit den Kindern der **„Unterirdischen"** vertauscht wurden. Diese Wesen hatten es, einem alten Glauben nach, nämlich auf die Kinder der Samen abgesehen, weil ihre eigenen ihnen nicht so schön vorkamen. Die Broschen und Ringe findet man zum Teil auch vergoldet in vielfältigen Variationen.

Samenmärkte

Auf ihrer Wanderung kamen die Samen immer an den selben Orten vorbei. Ihre Handelsgüter, wie Felle und Fleisch, führten sie mit sich. Im Herbst und im Frühling erreichten sie ihr Lager und hatten genügend Zeit zum Ausruhen. Das zog natürlich Händler an, und so entstanden die Samenmärkte. Die Händler brachten auch Alkohol mit, und da wurden die Märkte schnell zu ausgelassenen Festen. Durch ihre Geschäfte bekamen die Samen auch Geld in die Hände, was weitere Leute anlockte, die versuchten, es ihnen wieder abzujagen. Auch heute noch gibt es Samenmärkte, die zu den traditionellen Zeiten stattfinden. Die Art der Vergnügungen hat sich zum Teil geändert. Statt Rentierrennen gibt es Schneemobilrennen.

Termine

Norwegen:

• Kautokeino	Ostersonntag

Schweden:

• Jokkmokk	1. Sa/So, Febr.
• Arjeplog	2. So, Febr.
• Gällivare	2. Sa/So, März
• Jukkasjärvi	Ende Juli
• Jokkmokk	26.-28. August
• Arjeplog	letzter So, Sept.
• Jukkasjärvi	letzter So, Nov.

Finnland:

• Inari	Mitte März
• Kemijärvi	Anfang April und Ende Sept.

Rentierrennen:
Highlight auf dem Samenmarkt

Die Samen heute

Der folgende Bericht stammt aus dem Buch: „World Minorities", das von der Minority Rights Group herausgegeben wurde. Diese Gruppe setzt sich für bedrohte Völker auf der ganzen Welt ein: Insgesamt gibt es 54 **Rentierdistrikte,** die durch Zäune voneinander getrennt sind. Die Distrikte gehören Genossenschaften, 85 % der Tiere sind Eigentum von Samen. 800 Familien betreiben hauptberuflich die Rentierzucht, 1500 nebenberuflich.

Viele Samen haben mit dem Ackerbau angefangen, die **Vorzüge der heutigen Zivilisation,** wie Fernseher, Konserven und Motorschlitten werden von ihnen genauso selbstverständlich genutzt wie von anderen Skandinaviern. Deshalb mussten auch die Versuche, Samen als lebendes Museumsinventar anzusehen, scheitern.

Der Samische Musiker *Nils-Aslak Valkeapää* machte als Mitglied des *World Council of Indigenous People* die Weltöffentlichkeit auf die **Probleme der Samen** aufmerksam. Der Norweger *Ole Henrik Magga* forderte die Ausarbeitung der samischen Grundrechte gegenüber der norwegischen Regierung. Inzwischen gibt es in Finnland das „Samenparlament", ein 20-köpfiges Gremium für Samenfragen.

„Die Samen leben in Nordskandinavien und der Halbinsel Kola in Russland. Wie lange sie schon in dieser Gegend ansässig sind, konnte kein archäologischer Fund beweisen, aber man weiß, dass ihre Wanderung von Osten her denen der Schweden, Finnen, Norwegern und Russen vorausging".

Es ist schwierig, die genaue Zahl der heute lebenden Samen anzugeben. Es haben seit Generationen keine **Volkszählungen** mehr stattgefunden, aber eine alte Zählung kam auf annähernd 35-40.000, wovon wohl 4000 in Finnland leben, 2000 in der Sowjetunion, 10.000 in Schweden und 20.000 in Norwegen.

Ihre **Sprache,** die in ungefähr 50 Dialekte mit zum Teil sehr unterschiedlichen Varianten zerfällt, gehört auch zum Finnisch-Ugrischen-Sprachstamm, der dem Baltisch-Finnischen nahe verwandt ist. Ein Kauderwelsch-Sprechführer, der eine Einführung in die samische Sprache gibt sowie das wichtigste Vokabular für Reisende auflistet, ist im Reise Know-How Verlag erschienen.

Die **Kolonialisierung Lapplands** wurde von den Norwegern begonnen, bald folgten die Finnen und die Russen. In den früheren Zeiten vergrößerten die Siedler ihre Gebiete, indem sie ihre Marktflecken so dicht wie möglich an die samischen Areale legten und allmählich immer weiter in das Samengebiet vordrangen. Dies hielt die Nachbarstaaten von der Vereinnahmung dieser Gebiete ab. Die Besteuerung der Samen nach ihren fellliefernden Tieren war der Hauptkommunikationsfaktor zwischen den Samen und ihren Nachbarn.

Früher führten die Samen ein halbnomadisches Leben. Sie hatten eine zentrale Heimstatt, aber sie bewegten sich zwischen einer Anzahl von verschiedenen Plätzen, die zum Fischen und Jagen geeignet waren. Nach 1500 wurden die Samen zur Steuerzahlung in Form von Schlachttieren gezwungen. Die Rentierbestände, die die Basis der samischen Ökonomie geworden waren, gingen zur Neige, und die Samen änderten ihre Lebensart. Einige blieben im Landesinneren und wurden totale Nomaden, während die Mehrzahl zu den Küsten zog. Heute halten nur ca. 20 % der Samen Rentiere. Die restlichen 80 % sind sesshaft geworden und hauptsächlich im ursprünglichen Gebiet beschäftigt.

1751 fand die formelle Aufteilung der Samengebiete in Gemeindedistrikte statt. Als das Gesetz entstand, waren Norwegen-Dänemark und Schweden-Finnland verbunden; es ist heute noch in Kraft. Dieses Gesetz, **Lappen Magna Carta** genannt, rettete die samische Volksgruppe in Nordskandinavien. Erstens wurde bestimmt, dass die Rechte der schwedischen Samen in Norwegen und die der norwegischen in Schweden gleich waren. Zweitens wurde den Samen lokale Autonomie eingeräumt, und schließlich verpflichteten sich die skandinavischen Länder, die Inbesitznahme von Lappland durch jedwede ausländische Macht zu verhindern.

1826 wurden die gemeinsamen Distrikte zwischen Russland und Norwegen formal aufgeteilt und die Grenzen festgelegt. 1852 besaß Russland die Herrschaft über Finnland und schloss die Grenzen zu Norwegen, so dass eine Rentierüberschreitung der Grenze verhindert wurde. Das Samenrecht, die Weidegründe grenzüber-

schreitend zu nutzen, wurde ihnen verwehrt.

Ökonomische Schätze gibt es reichlich in Lappland: Mineralien, Fisch, Erz, Weideland für Rentiere, Öl und eisfreie Häfen. Reichtümer wurden und werden durch die skandinavischen und sogar durch ausländische Gesellschaften gestern wie heute ausgebeutet. Trotz des Überflusses an Bodenschätzen stagniert aber die Entwicklung dieser Region. Die größte Armut Skandinaviens herrscht in Lappland. 1960 war das Pro-Kopf-Einkommen in Kautokeino, wo 90 % der Bevölkerung Samen sind, um 75 % geringer als das durchschnittliche Pro-Kopf-Einkommen in Norwegen.

Die Entwicklung von Industrieunternehmen, Minen- und Fischindustrie, die Expansion von Wasserkraftwerken und die Ausbreitung der Kommunikationssysteme haben negative Auswirkungen auf die Ureinwohner gehabt. Die meisten der in Norwegen und Schweden ausgebeuteten Erzvorkommen gehörten zum samischen Gebiet. Wo die Minenausbeutung im Weideland vorgenommen wurde, zerstörte es die Lebensgrundlage der dort lebenden Familien. Lapplands Erz wird

Das Samenparlament in Karasjok (Zeichnung des Architekten Stein Halvorsen)

nach Mitteleuropa exportiert und dort verhüttet, nicht im Abbauland. Dies verhindert ein Zurückfließen der Gelder und ein Ausgleichswachstum.

Den Samen, die die Naturvorkommen in Eigenregie nutzbar gemacht haben, z. B. in der Finnmark, brachte der Ausbau der Infrastruktur in den abgelegenen Gebieten wahre Touristeninvasionen. Damit begann der Umsturz der natürlichen Balance, die zum Überleben notwendig ist. Offiziell dürfen Naturvorkommen nur durch die lokalen Einwohner ausgebeutet werden, aber Ausnahmen gibt es häufig. Den Samen wird kein Ausgleich für die Zerstörungen ihres Landes angeboten, da 98 % des Landes vom Staat ausgebeutet werden. In Schweden waren die Nutzungsrechte für Weide-, Wasser- und Landeigentum im Parlament seit 1966 im Gespräch, und über Gesetze zu ihrem Schutz wird auch heute beraten.

Mit der Kolonialisierung Lapplands wurde selbstverständlich auch die skandinavische Kultur eingeführt. Samische Normen und Regeln wurden als rückständig und primitiv angesehen. Aus diesem Grund rechtfertigten die Skandinavier die Durchsetzung ihrer eigenen Kultur und missbilligten die samische Religion. Bildungs- und Kulturpolitik variierten von einer strikt anti-samischen Politik, wobei alle samische Literatur konfisziert wurde und den Samen das Sprechen ihrer Sprache in Gegenwart von Lehrern und Priestern verboten wurde, bis zu einer liberaleren Spielart, die es sogar erlaubte, Samisch zu lehren.

1948 wurde im norwegischen Teil Lapplands eine neue Politik eingeführt. Es wurde ein Komitee zur Feststellung der Probleme, insbesondere denen der samischen Bildung, benannt. Auf dessen Initiative wurde ein samisches Alphabet erstellt und 1951 veröffentlicht. Weitere Aufgaben wurden dem Komitee 1956 übergeben: die wesentlichen Samenprobleme zu untersuchen und ökonomische und kulturelle Maßnahmen vorzuschlagen, um die Samen darauf vorzubereiten, „vollwertige" Mitglieder der norwegischen Gesellschaft zu werden.

Bisher haben alle Vorhaben darauf abgezielt, die Samen in ein ihnen fremdes System zu integrieren. Heute sehen die Samen ihre Aufgabe im Kampf gegen diese Integration, um den Verlust ihrer ethnischen Identität zu verhindern.

Heute leben rund 70.000 Samen in Nordeuropa. 40-45.000 in Norwegen, davon allein 25.000 in Finnmark, in Schweden sind es 17.000, in Finnland etwa 5700 und in Russland eine Minderheit von 2000 Samen. Nur etwa sieben Prozent leben heute noch von der traditionellen Rentierzucht.

1989 wurde in Norwegen von König *Olav V.* das Samische Parlament *(Samething)* eröffnet. Es befasst sich mit allen für die samische Bevölkerung in Norwegen wichtigen Fragen. Zurzeit hat der Samenrat seinen Sitz in Utsjoki. Er hat 15 Mitglieder. Der Vorsitzende *Pekka Aikio* führt einen bereits Jahre andauernden Kampf mit den Regierungen um Weideland, Forst- und Besitzrechte.

In Schweden sind die Samen im *Svenska Samernas Riksförbund (SSR,* Samenrat) organisiert, für die Kultur ist *Sameätnam* zuständig, *Sáminuorra* ist die Organisation für die Jugend.

1999 promovierte die Samin *Vuokko Hirvonen* aus Utsjoki zum Doktor der Philosophie. Damit liegt die **erste Dissertation in samischer Sprache** vor. Sie ist zurzeit als Lehrerin an der samischen Hochschule in Kautokeino tätig. Die samische Sprache hatte sie auch erst an der Volkshochschule gelernt.

Seit 2002 sendet Yleisradio Fernsehnachrichten in samischer Sprache.

Infos im Internet u. a. unter www.galdu.no und www.samitour.no.

Samen in Russisch-Lappland

Auch in Russland sind die etwa 2000 dort lebenden Samen eine Minderheit Besonders in der Gegend um Murmansk, Lovozero und den Lumbowka-Fluss kämpfen sie um ihr Überleben. Die ausländischen Touristenkonzerne sind nach dem Fall des eisernen Vorhangs sofort zur Stelle gewesen, um sich ein Stück von dem neuen Kuchen zu sichern. Dabei hatten wieder einmal die Samen das Nachsehen, nur der Lumbowka ist ihnen geblieben. Der Imandrasee ist biologisch tot; die Gegend um Nikel ist verseucht, und an der Küste vergammeln immer noch Schiffswracks aus dem zweiten Weltkrieg und verschmutzen das Wasser. Außerdem liegt die russische Atomflotte in Murmansk.

In der Vergangenheit hat es Zwangsumsiedelungen gegeben. 1937 mussten die Samen die kyrillische Schrift lernen, und ab 1950 wurde ihnen auch ihre Sprache verboten. Dieses Verbot wurde 1970 aber wieder abgeschafft, es ließ sich in dem abgelegenen Gebiet auf die Dauer nicht durchsetzen.

Flagge

Seit 1986 besitzen die Samen eine eigene Flagge. Sie wurde erstmals auf der 13. Samen-Konferenz vorgestellt. Entworfen hatte sie *Astrid Behl* aus Ivgubahta (Skibotn) in Norwegen. Die Idee stammt von einer Zaubertrommel. Sie besteht aus einer Reihe senkrechter Streifen und einem schmalen Kreis, der die rote Sonne und den blauen Mond symbolisiert.

rot grün gelb **blau**
Ring: blau rot

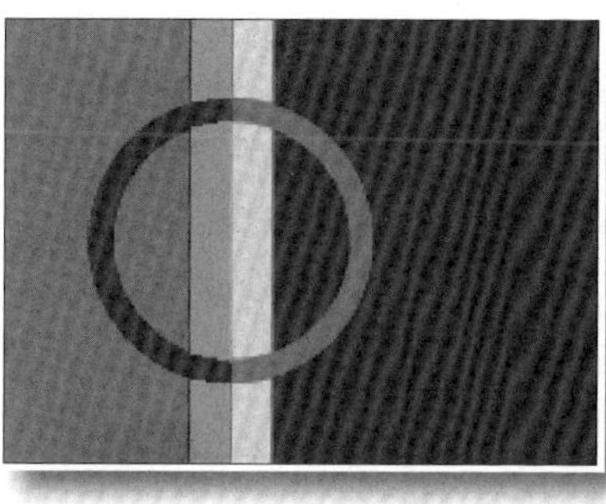

Die Kata – das Zelt der Lappen

Dem Lappenzelt haftet in keiner Weise der Beigeschmack des Primitiven oder Improvisierten an. Wenn wir uns vergegenwärtigen, welchen Erfordernissen eine solche transportable Behausung genügen muss, werden wir dies besser verstehen. Das Lappenzelt sollte erstens leicht zu transportieren sein; kein Bauelement sollte so schwer oder sperrig sein, dass es mehr als die Hälfte einer Rentierlast oder achtzehn Kilogramm ausmacht. Jedes auf der Reise beschädigte oder verlorengegangene Teil sollte leicht zu reparieren oder zu ersetzen sein. Ferner sollte es einer großen Familie Platz zum Essen und Schlafen bieten und ein wenig zusätzlichen Raum, so dass auch Gäste beherbergt werden können. Es ist zu bezweifeln, ob die Logistiker der modernen Armeen diese Probleme ähnlich elegant und zufriedenstellend lösen könnten wie die skandinavischen Lappen es seit Jahrhunderten getan haben.

(*Björn Collinder:* The Lapps)

Die Lappen nennen ihr kegelförmiges Heim Kata. Drei verschiedene Katatypen sind gebräuchlich: die Grassoden-Kata, die Gabelstangen-Kata und die Bogenstangen-Kata. Davon ist die Grassoden-Kata nicht transportabel. Zwar beruht die Rahmenkonstruktion auf denselben Bauprinzipien wie bei der Bogenstangen-Kata, doch sind alle Bauteile wesentlich schwerer und werden zudem mit Baumstämmen und Grassoden abgedeckt. Die Gabelstangen-Kata ist mit anderen halbtransportablen Zelten der Taiga vergleichbar. Der Rahmen aus mit Astgabeln versehenen Stangen wird an Ort und Stelle zurückgelassen und nur die Hülle mitgenommen. Die Bogenstangen-Kata ist die eigentliche Nomadenbehausung und zudem die einzige, die das ganze Jahr über verwandt wird.

Die Bogenstangen-Kata ist eine Erfindung der Lappen. Kein anderes Kegelzelt stützt sich auf vergleichbar gebogene Dachträger. Dieser Rahmen schenkt dem Zelt einen Innenraum von größerem Durchmesser, ohne dass deswegen längere Stangen verwandt werden müssten. Andere Kegelzelte benötigen längere Stangen, wenn der Durchmesser des Innenraums vergrößert werden soll. Damit wird der Rahmen natürlich schwerer. Die Prärieindianer Nordamerikas zum Beispiel konnten erst größere Tipis bauen, als sie sich die Pferde zähmten, die den schweren Zeltrahmen auch tragen konnten. Die Bogenstangen-Kata hat jedoch einen großen Nachteil. Durch ihre Konstruktion bedingt, fällt das Loch für den Rauchabzug recht weit aus. So schneit es im Winter manchmal ins Zelt, und der Schnee muss herausgeschaufelt werden. Die Lappen meinen jedoch, dies sei in Ordnung, denn schließlich würden sie große Feuer vorziehen. Das Feuer hält gewöhnlich jeden Regen oder Schnee fern.

Die Bogenstangen des Katarahmens werden aus zwei Paaren natürlich in Bogenform gewachsener Kiefern oder Birken hergestellt. Die Seiten werden abgeflacht, und in der Mitte sowie an beiden Enden werden Löcher gebohrt. Die beiden Bogenpaare werden an ihrem höchsten Punkt durch die so genannte „Rauchstange" miteinander verbunden; in der Mitte der seitlichen Biegung werden sie zusätzlich von je einem Querriegel fest zusammengehalten. Zwei Türpfosten in der Form überdimensionaler Hockeystöcke werden an der Vorderseite in die Rauchstange eingehangen. Im Zenit jedes Bogens und jedes Türpfostens sind zwei Löcher, so dass das Zelt je nach Bedarf größer oder kleiner gemacht werden kann. Dieser Rahmen, bestehend aus zehn Stangen, ist recht kräftig, und man kann leicht auf ihm stehen. Gegen diese Grundstruktur werden dünne Stangen von drei bis fünf Meter Länge gelehnt. Einige davon werden durch Schlaufen am Rahmen gehalten. Bei stürmischem Wetter werden alle Stangen an den Rahmen gebunden.

Die Zelthülle wird in zwei Hälften gefertigt; die Hälften werden beim Aufbau am

GRASSODEN–KATA

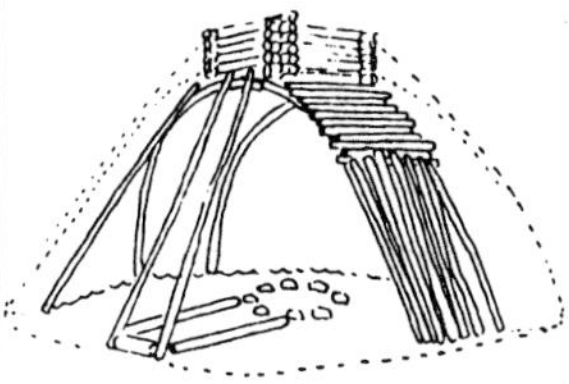

Die Grassoden-Kata beruht auf demselben Rahmensystem wie die Bogenstangen-Kata. Den Waldlappen dient sie im Winter als Heim. Die Küstenlappen wohnen ganzjährig in einer Grassoden-Kata.

Grassoden-Kata mit Ziegen

GABELSTANGEN–KATA

3 Stangen bilden die Grundlage…

…20 – 30 weitere Stangen werden hinzugefügt.

Halbnomadische Waldlappen leben während des Sommers in einer Gabelstangen-Kata Der Rahmen wird zurückgelassen und nur die Hülle mitgenommen.

zentralen Pfosten der Rückwand miteinander verbunden. Die beiden anderen Enden werden um das Zelt gewickelt und an den Türpfosten festgebunden. Früher bestand die Hülle der Sommerzelte aus Birkenrinden, die mit Sehnen zusammengenäht waren; Rentierhäute wurden im Winter als Zeltdach verwandt. Heute haben Zeltplanen die Birkenrinde und eine doppelte Schicht von Wolldecken die Rentierhäute ersetzt. Manchmal wird auf der Rückseite ein Stock Leinen eingesetzt, damit Tageslicht in das Zeltinnere fallen kann. Die Zelthülle wird an dieser Stelle aufgezogen und von einer Astgabel gehalten.

Stoff oder Fell, auf Querlatten genagelt, bildet die Tür, die dadurch eng mit dem Türpfosten abschließen kann. Ein mit Stricken an den beiden unteren Enden befestigtes Brett erfüllt die Funktion einer Schwelle. Manchmal wird der untere Rand der Zelthülle mit Steinen beschwert. Diese schweren Steine zeugen von ehemaligen Lagerplätzen; man kann sie überall in Lappland finden. Bei Sturm werden die Akjas von außen gegen das Zelt gelehnt, eine Vorsichtsmaßnahme, die nicht immer verhindern kann, dass ein Zeltdach weggeweht wird und die Bewohner in der Kälte zurückbleiben.

Die Zelte werden gewöhnlich an geschützten Stellen am Waldrand nahe bei einem Wasserlauf errichtet. Die Lappen bevorzugen Gegenden, die sie schon kennen und suchen oft ihre alten Lagerplätze auf, wo die Steine für den Herd und zum Beschweren des Zeltdaches bereitliegen. Jeder eilt sich, damit das Zelt nach der Ankunft auf dem Lagerplatz noch vor Einbruch der Dunkelheit steht. Die Frauen schneiden Zweige und breiten sie als Unterlage auf dem Zeltplatz auf; das Zelt wird darüber errichtet. Bettzeug und Gerätekästen werden ins Zeltinnere getragen. Im Herd wird das Feuer entzündet, und nach einer Stunde macht es sich jedermann in seinem Zelt gemütlich.

Das Zeltinnere

Das Lappenzelt ist ein kleiner Kosmos für sich. Alle Haushalts- und Gebrauchsgegenstände werden nach der Benutzung wieder an ihren Platz gestellt. Nichts geht verloren, wird beschädigt oder vernachlässigt. Pflichten und Aufgaben aller Mitglieder eines Lappenhaushaltes sind nach altem Brauch geregelt und aufgeteilt; In gleicher Weise gebühren den Bewohnern oder den unterschiedlichen Gästen ihnen zugeordnete Plätze, näher zur Rückseite hin oder näher beim Eingang.

(*Björn Collinder:* The Lapps)

Im Zentrum des Zeltes befindet sich der Herd. Er besteht aus einem Ring flacher Steine. Darüber hängt von der „Rauchstange" eine Eisenkette mit einem Haken. Kochkessel werden daran befestigt oder Rentierfleisch in den Rauch gehangen. Der Boden des Zeltes ist in verschiedene Räume geteilt. Zwei parallel ausgerichtete Baumstämme verlaufen von den Türpfosten zum Herd und bilden den **Uksa,** den Vorratsraum für Feuerholz. Auf der anderen Seite des Herdes umschließen zwei weitere Baumstämme den **Boasso,** die Küche; dort werden die Mahlzeiten zubereitet. Gleichzeitig ist dies der Ort, an dem die Schamanentrommel aufbewahrt wird. Die Lappen glauben, dass nach dem Tod eines Zeltbewohners seine sterblichen Überreste auf der Boasso-Seite aus dem Zelt getragen werden müssen; andernfalls droht ein weiterer Zeltbewohner zu sterben.

Herd, Uksa und Boasso teilen die Kata in zwei Hälften. Sie sind der so genannte **Laido,** zugleich Wohn- und Schlafraum. Der Boden wird dort mit einer dicken Schicht Kiefern- oder Birkenzweigen ausgelegt und anschließend mit Rentierhäuten bedeckt. An den Seitenwänden liegen zusammengerollte Mäntel. Sie dienen als Kissen. Die Schlafsäcke werden aus Rentierfell hergestellt. Die Lappen der nördlicheren Gebiete

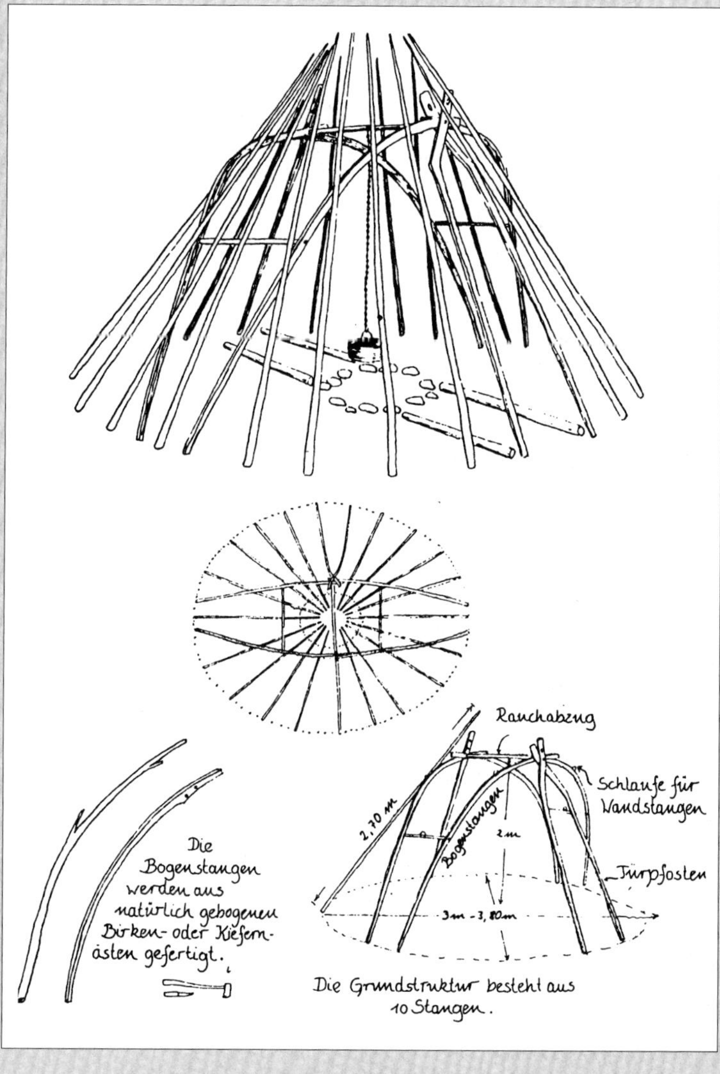
Rauchabzug
Schlaufe für Wandstangen
2,70 m
Bogenstangen
2 m
Türpfosten
3 m - 3,80 m
Die Bogenstangen werden aus natürlich gebogenen Birken- oder Kiefernästen gefertigt.
Die Grundstruktur besteht aus 10 Stangen.

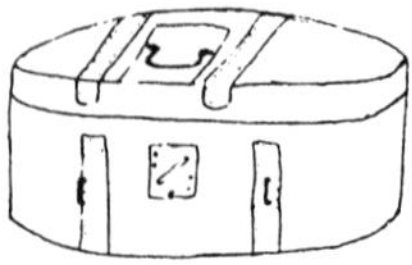

Eine Holzkiste ist das einzige Möbelstück, was in einem Lappenzelt zu finden ist. Alle lebensnotwendigen Gerätschaften sind in ein oder zwei solcher Kisten verstaut.

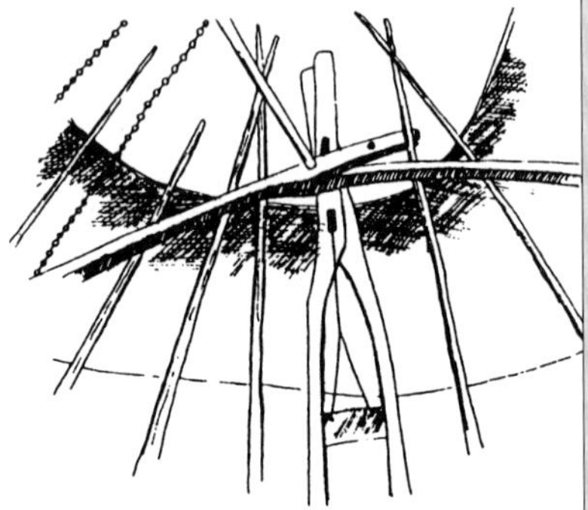

Gelenkstelle zwischen Rauchstange, Bogenstangen und Türpfosten

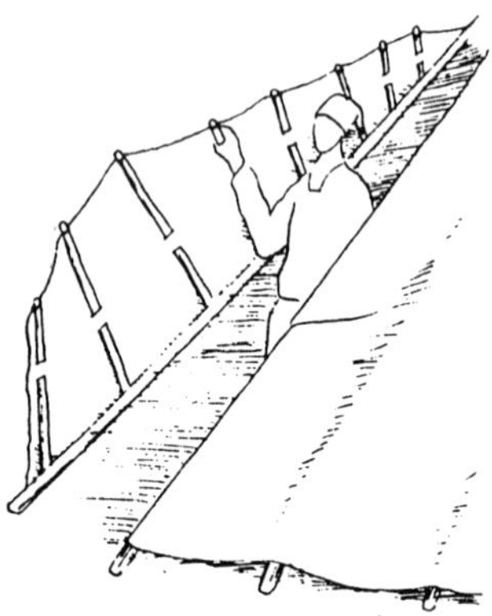

Die Tür
erinnert mit ihrem Lattenbeschlag an ein Segel. Sie ist an einem Türpfosten befestigt und läßt sich öffnen, als hinge sie in Angeln.

Der Boden einer Kata ist mit Zweigen ausgelegt. Felle oder Decken werden darüber ausgebreitet und dienen als Bettstelle.

spannen über jeder Schlafstelle ein Moskitonetz aus. Einige verwenden im Winter außerdem ein Schlafzelt aus Leinen, das von den Zeltstangen herabhängt und die Wärme hält.

Das Feuer wird Tag und Nacht unterhalten. Einige Fuß über dem Boden ist das Zeltinnere ständig raucherfüllt. Auf diese Weise werden zwar die Moskitos ferngehalten, bei schlechtem Wetter wird der Rauch jedoch bis auf den Boden gedrückt, so dass er allen in den Augen brennt. Bei extremer Kälte – vierzig Grad unter Null – wird ein besonders großes Feuer mit Flammen, die bis zur „Rauchstange" reichen, in Gang gehalten. Ein Großteil der Hitze entweicht jedoch mit den Flammen, so dass man mit der dem Feuer zugekehrten Körperseite fast verbrennt, wohingegen man am Rücken Erfrierungen davontragen könnte. Atem und der Dampf vom Kochen kondensieren an den Zeltwänden zu einem Eisnebel, so dass die Zeltbewohner manchmal nicht von einer Seite ihrer Behausung bis zur anderen sehen können. Aber die Lappen sind ein abgehärtetes Volk. Sie wünschen es nicht anders. Die Kata ist ihr Heim.

Abdruck mit freundlicher Genehmigung des Papyrus-Verlag, Hamburg, aus: Torvald Fægre, „Zelte, die Architektur der Nomaden".

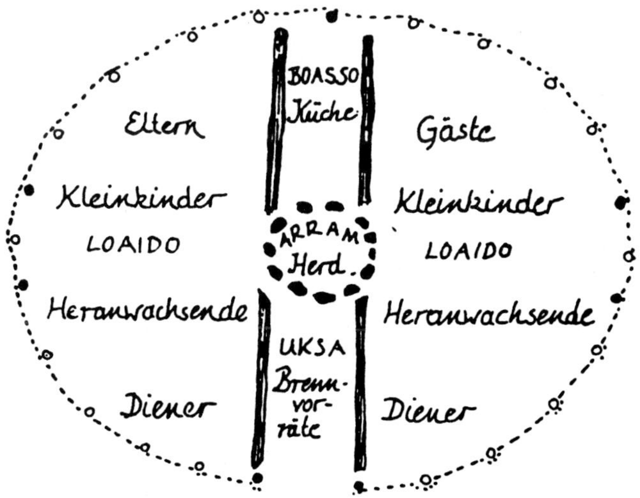

LAP_280 Foto: fh

Routen-beschreibungen

LAP_281 Foto: fh

LAP_299 Foto: fh

Waldroute in Finnland

Alte Häuser in Schweden

Fjorde in Norwegen

Überblick

Um die Qual der Wahl zu erleichtern, folgen nun Streckenbeschreibungen, die wir bewusst kurz gehalten haben. Vieles, was an Sehenswürdigkeiten am Rande der Straße liegt, ist im Kapitel „Orte von A bis Z" beschrieben. Es lohnt sich also grundsätzlich, diese Beschreibungen zu lesen, auch wenn man einen Ort lediglich passiert oder an ihm vorbeifährt.

Wir haben uns darauf beschränkt, Grundsätzliches über eine Strecke zu sagen, etwa hauptsächliche Landschaftstypen, Camping- und Tanksituation, Entfernungen und Besonderheiten, die in den Ortsbeschreibungen keinen Platz gefunden haben. Querverbindungen (z. B. „Anschluss an Route 3") ermöglichen es, die Beschreibungen einer individuellen Route möglichst gut anzupassen.

Es folgt ein Überblick über alle Routen. Wie man sieht, sind die meisten Strecken in Süd-Nord-Richtung beschrieben. Die Klammern hinter den Routenbeschreibungen enthalten die Nummern der möglichen **Anschlussrouten.** Alle Routen auf einen Blick sieht man auf der **Karte in der vorderen Umschlagklappe.**

Die 16 Routen mit Anschlüssen

- **Route 1:** Mo i Rana - Narvik - Nordkap (2, 3, 4, 5, 8, 13, 16)
- **Route 2:** Nordkjosbotn - Tromsø (1)
- **Route 3:** Haparanda/Tornio - Skibotn (1, 4, 12, 14)
- **Route 4:** Hetta/Enontekiö - Alta (1, 3, 7, 12)
- **Route 5:** Skaidi - Hammerfest (1)
- **Route 6:** Lakselv - Inari (7, 8, 9, 10, 11)
- **Route 7:** Kautokeino - Karasjok - Utsjoki - Vardø (4, 6, 8, 10)
- **Route 8:** Russenes - Lakselv - Tana - Kirkenes (1, 6, 7, 9, 10)
- **Route 9:** Kittilä - Inari- Kirkenes (6, 8, 10, 11, 12)
- **Route 10:** Inari - Utsjoki - Båtsfjord (6, 7, 8, 9, 11)
- **Route 11:** Rovaniemi - Inari (6, 9, 10, 12)
- **Route 12:** Rovaniemi - Muonio (3, 9, 11)
- **Route 13:** Arvidsjaur - Storjord (1, 14)
- **Route 14:** Arvidsjaur - Jokkmokk - Gällivare - Karesuando (3, 4, 13, 15, 16)
- **Route 15:** Jokkmokk - Kvikkjokk (14)
- **Route 16:** Narvik - Kiruna (Erzbahn oder Auto) (1, 14)

> **Buchtipp**
>
> - *Frank-Peter Herbst:* **Routenbuch Nordkap,** Praxis-Reihe, REISE KNOW-HOW Verlag

Route 1: Mo i Rana - Narvik - Nordkap

Wer sich für diese Route zum Nordkap entscheidet, erlebt die grandiose Fjordlandschaft Norwegens hautnah. Die Straße ist durchgängig gut ausgebaut. Sie schlängelt sich parallel der Küste nach Norden. Rechts steigen die Berge des Küstengebirges auf, links schäumt das Eismeer.

Der Polarkreis wird hinter Mo überquert. Wer **entlang der Küste** fahren will, nimmt die **Rv. 17** nach Bodø. Unterwegs gibt es herrliche Aussichten. Man passiert den **Gletscher Svartisen** durch einen 7½ km langen Tunnel (Rad fahren verboten). Hier gibt es ein Infozentrum für den Gletscher und ei-

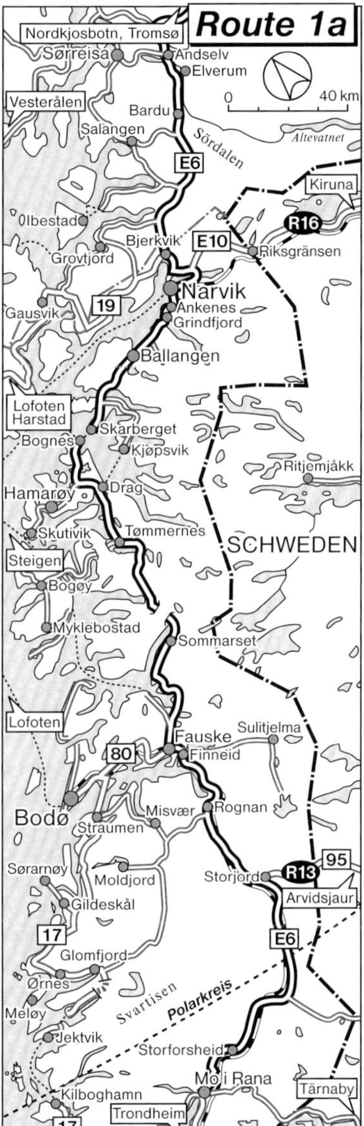

nige Rastplätze, z. B. an der Gemeindegrenze zwischen Meløy und Gildeskål. Die Skulptur mit dem Sägefisch heißt übrigens „Keine Angst".

Die **E 6** macht einen ziemlichen Bogen ins Landesinnere und führt auf die Hochebene **Saltfjellet.** Parallel zur Straße verläuft die Eisenbahnstrecke von Mo i Rana. Das ist die *Nordlandsbanen,* die, wie auch die Straße, ihren höchsten Punkt am Polarkreis erreicht (750 m). Bei **Stødi** sind mehrere Seitasteine der Samen zu finden.

Hier oben weht auch im Sommer ein lausiger Wind. Es gibt daher eine **Polarkreis-Station,** in der man einen Kaffee trinken und einen Blick auf den im Westen liegenden Svartisen-Gletscher werfen kann. Dem Café ist eine Ausstellung angeschlossen, kostet allerdings 30 Kronen Eintritt.

Etwa auf halber Strecke zwischen Polarkreis und Fauske, in **Storjord,** liegt das Naturschutzgebiet Junkerdalsura mit dem Solvågtind, Gletschermühlen und einem Wasserfall. Hier zweigt die Passstraße nach Arvidsjaur (Schweden) ab. Eine Strecke mit tollen Aussichten, die Gegend heißt *Junkerdal*

Mo i Rana - Nordkap	***1218 km***
Mo i Rana - Narvik	***416 km***
Mo i Rana - Storjord	113 km
Storjord - Fauske	69 km
Fauske - Bodø	63 km
Fauske - Bognes	154 km
Bognes - Narvik	80 km
Narvik - Nordkap	***802 km***
Narvik - Bardu	97 km
Bardu - Altevatn	36 km
Bardu - Nordkjosbotn	95 km

(Route 13). Kurz vor **Fauske** kommt man ans Meer, es ist der Skjerstadfjord, an dessen Öffnung zum Meer **Bodø,** am anderen Ende Fauske liegt.

Vor Fauske geht es rechts nach **Sulitjelma** zum Bergwerksmuseum. Von Fauske bis Narvik schlängelt sich die Straße von Fjord zu Fjord. Zwischen Varghiet und **Sommarset** liegt ein Rastplatz mit herrlicher Aussicht auf die überwältigende Fjordlandschaft. In **Tømmernes** gibt es in der Sagelva-Felswand 5000 Jahre alte Felszeichnungen zu bestaunen.

Ein 70 km langer, reizvoller Abstecher führt in Tømmernes links ab, die 81, die gleich durch einen Tunnel führt. Dahinter kommt der schöne Rastplatz **Forsan** mit toller Aussicht. Von hier kann man an den Fjorden entlang zur 3000-Einwohnerstadt **Steigen** fahren. Auf der vorgelagerten Insel **Engeløya** liegen alte Gerichtsstätten, Gräber aus der Wikingerzeit und Nordnorwegens höchster Bautastein. Außerdem befindet sich hier die deutsche **Batterie Dietl,** eine der größten Küstenfestungen Europas. Sie hatte u. a. drei Kanonen mit einem Kaliber von mehr als 40 cm! Führung in Deutsch 35 NOK, Bø auf der Insel Engeløya vor Steigen, Rv. 835.

Eine weitere schöne Tour ergibt sich, wenn man von der E 6 in **Ulvsvåg** nach Norden abbiegt. An der Kreuzung ein kleiner Campingplatz, mit Lokal und Bushaltestelle. Von hier fährt man dann über Hammarøy nach **Skutvig.**

In Skutvik geht 8x täglich eine beliebte **Fähre zu den Lofoten,** Dauer zwei Std. In **Hamsund** kann man die Stätten des Dichters *Hamsun* besichtigen, der in seinem Namen das „d" wegließ, nachdem ein Verlag diesen Druckfehler produziert hatte. Der alte Hof steht im Ort Oppeid. Ein Abstecher zur Küste führt zum Leuchtturm Tranøy, wo es Kaffee gibt. Illustrationen zu Hamsun zeigt eine Galerie. Tranøy ist für seine Fischerei bekannt, hier wird sowohl Salz- als auch Süßwasserfisch gefangen.

Bei **Bognes** gibt es die einzige Fähre der E 6 über den Tysfjord nach **Skarberget,** ab 80 NOK (25 Min, 22 x tägl.). Alternativ dazu kann man vorher auf die 827 nach **Drag** abbiegen und von dort die Fähre nach **Kjøpsvik** nehmen. In Drag an der 827 liegt das Samenzentrum Arran (Unterkunft im Gjetegård, Tel. 757-73520). In dieser Gegend liegen mehrere Seen nah beieinander; die Samen zogen ihre Boote auf Stämmen über die Landenge. Die 827 kommt am Efjord vor den 850 m langen Brücken wieder auf die E 6.

Wer übernachten will, findet bei Bognes in **Storjord** das Tysfjord Turistsenter, Tel. 757-75370. Hier kann man auch Walsafaris buchen. Bei **Skjomen** führt eine Brücke auf 100 m hohen Pfeilern über den Fjord. Gleich in Grindfjord kann man einen Abstecher zum Kraftwerk Skjomen machen. In Ankenes gibt es eine tolle Aussicht über Berge und den Hafen.

Zwischen **Narvik** und Tromsø bauen im Sommer „Touristenlappen" ihre Zelte auf und verkaufen Souvenirs.

Erst hinter Narvik gibt es eine Möglichkeit, mit dem Auto nach Schweden zu fahren: Hinter der Brücke über den

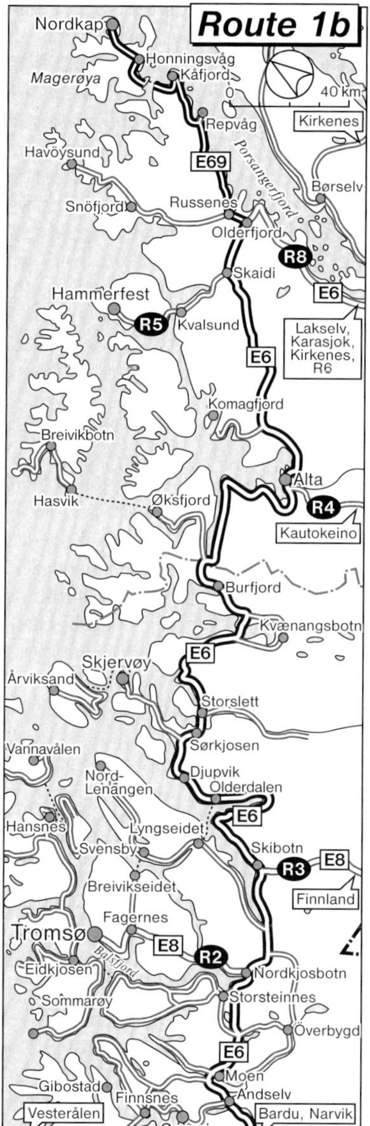

Rombak-Fjord beim Hersletta-Camping führt die E 10 nach Kiruna. Man kann auch mit der Bahn fahren, das ist allerdings nicht billig (Bahnfahrt Narvik – Kiruna, siehe Route 16).

Wer die **Lofoten** besuchen will, muss in **Bjerkvik** auf die 19 nach **Harstad** abbiegen. An der Brücke über den **Tjeldsund** steht ein Rasthaus mit toller Aussicht. Hier fängt die Straße 83 an. An der Kreuzung E 10/E 6 gibt es ein Hotel, Tel. 76958300. Oder man fährt in Richtung Harstad. In **Sandtorg** kann man in einem 250 Jahre alten Häuser-Ensemble am Wasser wohnen.

Hinter Narvik führt die Straße wieder durchs Landesinnere, die Berge erreichen rechts bis zu 1500 m Höhe. Die Straße steigt stetig an, bis maximal 400 m. In dieser Höhe etwa folgt man der E 6 immer nach Norden. Einige Plätze an Seen und Wasserfällen eignen sich zum Übernachten.

Bei **Bardu** gibt es den Polarzoo, in dem die Vertreter aus dem Tierkapitel zu sehen sind. Angler können in Bardu rechts Richtung Sordalen fahren. Die Seen **Altevatn** und **Leinavatn** sind für Fischreichtum bekannt. Wer sich nicht für Fisch interessiert, fährt weiter nach

Bardu - Nordkjosbotn	95 km
Nordkjosbotn - Lyngseidet	60 km
Nordkjosbotn - Skibotn	46 km
Skibotn - Olderdalen	70 km
Olderdalen - Alta	261 km
Alta - Skaidi	87 km
Skaidi - Russenes	23 km
Russenes - Kåfjord	71 km
Honningsvåg - Nordkap	34 km
Breivikseidet - Svensby	30 Min.
Lyngseidet - Olderdalen	40 Min.

Norden. Bald ist **Bardufoss** erreicht (Info in Finsnes, Ringveien). Bardufoss selbst wird mit dem Ort **Andselv** oft zu **Målselv** zusammengefasst, was zu einiger Verwirrung führt. Der Målselv-Wasserfall liegt 10 km östlich und ist sehenswert.

Bis **Nordkjosbotn** gibt es schöne Ausblicke, hohe Berge, kleine Seen. Die letzten 15 km fährt man am **Balsfjord** entlang, dem größten Fjord der Provinz Troms.

Hinter Nordkjosbotn muss man sich entscheiden, ob man einen Abstecher nach **Tromsø** machen will (immerhin ca. 75 km, Route 2), oder ob es weiter Richtung Nordkap gehen soll.

Auf der E 6 erreicht man nach 20 km den **Lyngenfjord** und fährt dann am westlichen Ufer auf der 868 bis **Lyngseidet.** Im Sommer gibt's viele Rentiere in der Umgebung von Lyngseidet, das selbst nur ca. 800 Einwohner hat. Von hier fährt man ca. 40 Minuten mit der Fähre nach **Olderdalen** (11 x pro Tag).

Wer auf die E 8 nach Finnland will, sollte den Fjord rechts umfahren und in **Skibotn** abbiegen (Route 3).

Auch für Liebhaber wilder Landschaften offenbart sich hier eine herrliche Küstenstrecke, die ebenfalls nach Olderdalen führt. Gegenüber sieht man die schneebedeckten **Lyngsalpen** liegen, dieser Blick ist einem auf der gegenüberliegenden Seite versagt.

Ab Olderdalen geht's immer an der Küste entlang. Bis Alta (ca. 260 km) eine der landschaftlich schönsten Strecken in Norwegen, obwohl das Umfahren der Fjorde Zeit und vor allem Sprit kostet. Man wird aber durch grandiose Aussichten entschädigt.

Bei **Storslett** liegt das **Kvængsfjell,** das eine Pause wert ist. Die Straße führt auf dem Gipfel an einem Restaurant vorbei, von dem man einen grandiosen Fjordblick hat. Eine Information gibt es dort auch. Zelten kann man am **Straumfjord** und am **Øksfjord.** An der E 6 liegt das *Nordreisa Hotel* mit 95 Zimmern.

In Alta zweigt die Straße nach Kautokeino ab (Route 4). Nun trifft man auf der Straße Leute, die es von Finnland zum Nordkap zieht.

In Alta, das 18.000 Einwohner hat, findet jedes Jahr zwischen dem 1. und 25. August ein großes Lachsangeln im **Altaelv** statt. Das ändert sich wohl, wenn die Regierung in Oslo den Fluss zwecks Stromgewinnung kanalisiert.

Von Alta fährt man nach **Skaidi** und kann entweder nach **Hammerfest,** der „nördlichsten Stadt der Welt" (Route 5) oder weiter zum Nordkap.

Von Skaidi zum **Porsangerfjord** sind es knapp 25 km. Hier geht's rechts nach Süden über Lakselv in Richtung Karasjok (Route 6) oder nach Kirkenes (Route 8) und links nach Norden.

Die E 69 zum Kap zweigt in **Olderfjord** von der E 6 ab. Gleich danach sind wir in **Russenes,** 63 km von Lakselv, 129 km bis zum Nordkap, wo es wieder Unterkunft gibt. Das *Olderfjord Hotel Russenes Camping,* Tel. 7846 3711 liegt, von Büschen umgeben, an der E 69, einen halben km nach dem Abbiegen von der E 6. Der Platz hat auch eine Bushaltestelle. In dem langgestreckten roten Gebäude gibt es einen Shop, eine Post und ein kleines Restaurant mit Bar. Man kann sich ein Ruderboot ausleihen um sich körperlich zu betätigen. Das Doppelzimmer im Hotel kostet mit Frühstück 610 NOK. Auf dem Gelände liegt eine Reihe von Campinghütten verstreut. Der Campingbereich liegt direkt am Wasser.

20 km nach Russenens kommt der **Skarvberg-Tunnel,** der 3 km lang ist und früher keine Beleuchtung hatte. Das herabtropfende Wasser verursachte im Winter lange Eiszapfen, die beim Durchfahren abbrachen. Nach weiteren 7 km kommt der 500 m lange **Sortvig-Tunnel.** Die Straße wurde weiter an die Küste gelegt um Schneeverwehungen zu entgehen.

Von der E 6 sind es 49 km bis **Repvåg.** Um die Siedlung zu besuchen, muss man von der E 69 auf eine Stichstraße abbiegen. Hier fuhren ganz früher die Nordkapfähren ab. Mitten im Ort gibt es das *Repvåg Fjordhotel & Rorbusenter,* Tel. 78475440, www.repvag-fjordhotell.no und einen Campingplatz, Tel. 78475431. Hier kann man auch Boote mieten.

Nach weiteren 25 km sind wir am Ende des Festlandes und *Magerøya,* die Nordkapinsel liegt vor uns. Man erreicht sie nicht schwimmend, wie die Rentiere, sondern durch den Tunnel.

Nordkap-Tunnel

Er ist fast 7 km lang und führt uns 200 Meter unter das Eismeer. Die Baukosten lagen bei rd. 200 Mio. NOK. Deshalb kostet die Benutzung eine **Mautgebühr:**

- Fahrzeuge bis 6 m und 3,5 t, 135 NOK
- Fahrzeuge bis 12,4 m und 3,5 t, 430 NOK
- Motorräder 68 NOK

Kurz vor dem Tunnel geht die Straße geradeaus nach **Kåfjord.** Von hier ging früher einmal die Fähre nach Honningsvåg auf Magerøya, die heute wegen des Tunnels nicht mehr benötigt wird.

Honningsvåg ist das „nördlichste Fischerdorf Europas", wird auf einem mehrsprachigen Schild berichtet, aber mit der Zeit stumpft man ab, weil alles hier irgendwie „das Nördlichste" ist. Das Denkmal im Ort, das von den Einheimischen bezeichnenderweise „Angelhaken" genannt wird, heißt in Wirklichkeit „Nordwind". Alles weitere in den Ortsbeschreibungen unter „Magarøya" und **Nordkap.**

Ohne eigenes Auto

- **Bahn:** Mo i Rana – Fauske, Schweden – Narvik
- **Bus:** Fauske – Narvik – Tromsø – Hammerfest – Russenes
- **Schiff:** Bodø – Honningsvåg (Hurtigrute)
- **Flug:** Oslo – Tromsø – Narvik
- **Trampen:** alle Strecken einigermaßen

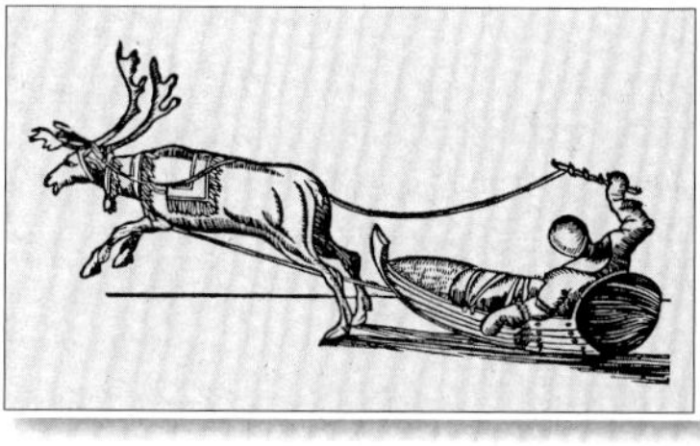

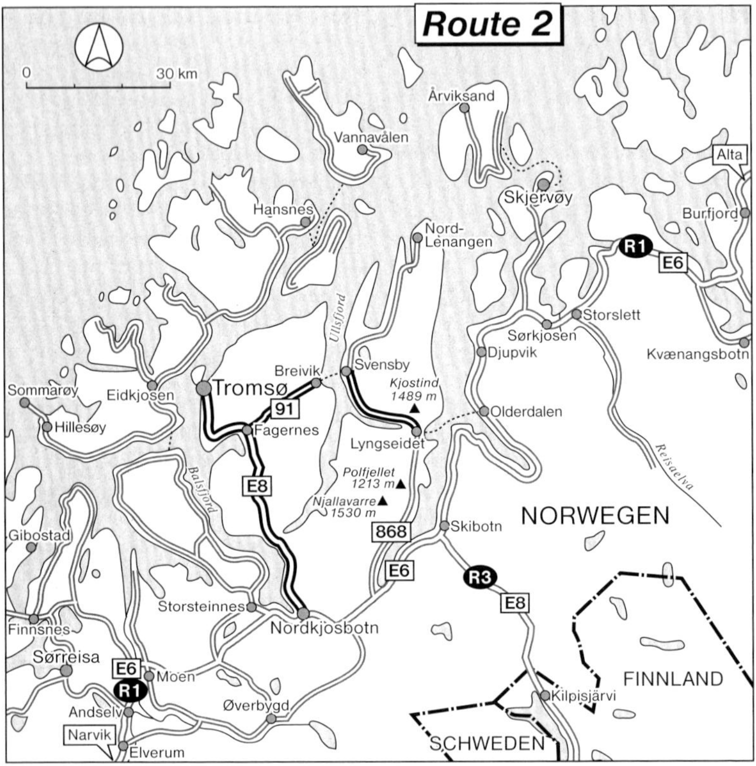

Route 2: Nordkjosbotn – Tromsø

Nordkjosbotn - Tromsø	73 km
Tromsø - Breivik	45 km
Svensby - Lyngseidet	22 km
Nordkjosbotn - Lyngseidet	60 km
Nordkjosbotn - Olderdalen	116 km

Von **Nordkjosbotn** sind es bis Tromsø ca. 73 km auf ausgesprochen schöner Strecke, meist am **Balsfjord** entlang.

Wer von Tromsø weiter **nach Norden** will, kann, wenn er nicht zweimal die gleiche Strecke fahren möchte, auf der 91 nach **Breivik** fahren.

Von hier mit einer Fähre über den **Ullsfjord** nach **Svensby,** dort weiter nach **Lyngseidet** und mit einer anderen Fähre nach **Olderdalen.** Hier ist man jetzt wieder auf Route 1.

Von Tromsø nach Olderdalen sind es über Breivik nur knapp 70 km, die Alternative über Nordkjosbotn ist 60 km länger, aber besser ausgebaut, und man zahlt eine Fähre weniger.

Route 3: Haparanda/Tornio – Skibotn

Tornio in Finnland wurde schon im 17. Jh. gegründet und ist heute mit der schwedischen Stadt **Haparanda** verwachsen. Nach dem EU-Beitritt beider Länder verstärkt sich dies Zusammenwachsen noch. Tornio hat etwa 22.300 Einwohner, Haparanda 4.800. Die beiden Städte haben eine 500 m lange Brückenverbindung.

Der **Grenzfluss** in Haparanda ist der **Tornioälven,** in Tornio nennt man ihn **Tornionjoki.** Wer sich von hier nach Norden aufmacht, wird ihm eine ganze Zeit folgen. Er entspringt dem Torneträsk, einem langgestreckten See, der nördlich von Kiruna liegt.

Das Flusstal ist äußerst fruchtbar und wird besonders dort, wo es die Grenze zwischen Schweden und Finnland bildet, landwirtschaftlich stark genutzt (hier wachsen im Sommer viele Erdbeeren). Früher gab es im Fluss Lach-

Haparanda - Karesuando	***362 km***
Haparanda - Övertoneå	73 km
Övertoneå - Pello (S)	46 km
Pello (S) - Pajala	59 km
Pajala - Muodoslompolo	104 km
Muodoslompolo - Karesuando	80 km
Tornio - Kaaresuvanto	***351 km***
Tornio - Aavasaksa	76 km
Aavasaksa - Pello (FIN)	47 km
Pello (FIN) - Kolari	69 km
Kolari - Muonio	73 km
Muonio - Kaaresuvanto	86 km
Kaaresuvanto - Skibotn	***155 km***
Kaaresuvanto - Kilpisjärvi	106 km
Kilpisjärvi - Skibotn	49 km

se, aber seitdem man in den 60er Jahren Staudämme zur Stromerzeugung gebaut hat, fehlt den Fischen die Möglichkeit, den Fluss aufwärts zu wandern. So sind sie verschwunden, genau wie die Holzflößer, die 1971 ihr Handwerk einstellen mussten.

Neuerdings wird auch die zunehmende industrielle Verschmutzung des Flusses beklagt. Allerdings ist sie noch nicht mit Zuständen in Mitteleuropa zu vergleichen, der Fischreichtum ist immer noch sehr groß. In **Kukkola** (FIN), 16 km nördlich von Tornio, wird sogar jährlich im Juli ein „Fellchen-Festival" (Fischart) gefeiert, mit Wettkämpfen zu Wasser und zu Land.

Im Juli sollte man also auf der Finnischen Seite gen Norden reisen. Das gleiche gilt für die Mittsommernacht, zu der sich alle Leute der Umgebung zu einem Fest auf dem 222 m hohen **Aavasaksa** (FIN) treffen, der auf der Höhe von **Övertorneå** (S) auf finnischer Seite liegt. Man erreicht den Berg auch von Schweden, in Overtoneå führt eine Brücke über den Fluss.

Obwohl die Landschaft auf beiden Seiten des Flusses gleich schön ist, stört auf der schwedischen Seite die **Eisenbahnlinie,** die auf bis Pello teilweise zwischen Straße und Fluss angelegt wurde. Auf der finnischen verläuft eine Bahnlinie bis 20 km hinter Kolari ebenfalls zwischen Fluss und Straße.

Von Tornio bis **Juoksenki** sind es 96 km, hier überschreitet man den **Polarkreis.** Es gibt den obligatorischen Kiosk mit Urkunde und Sonderstempel.

Wer auf der finnischen Seite fährt und Zeit hat, sollte in **Pello** (FIN) die

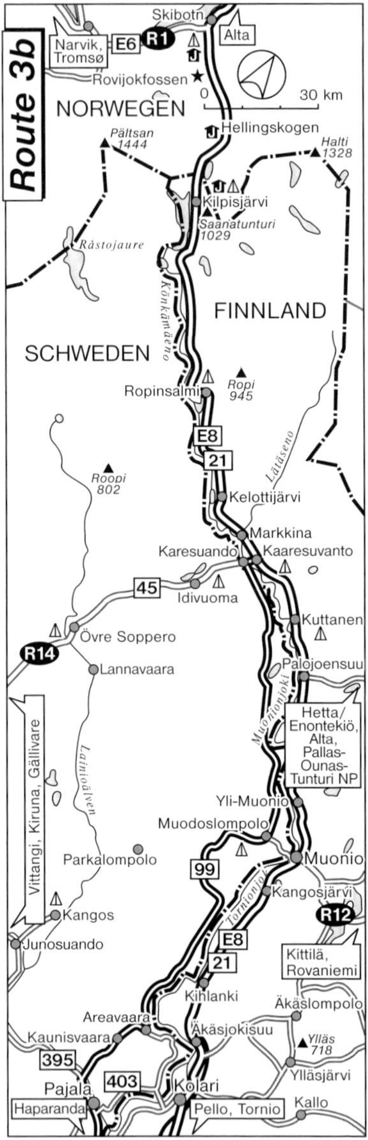

Hauptstraße verlassen und der landschaftlich sehr schönen Uferstraße weiter flussaufwärts folgen. Auf ihr kommt man auch nach **Kolari,** es dauert etwas länger, ist aber schöner.

Auf schwedischer Seite verläuft die Straße bis **Pajala** genau am Flussufer, jetzt ohne Eisenbahn. Ab Pajala (S) führt die Straße entlang des Flusses weiter nach Kiruna, geradeaus geht's nach **Muodoslompolo,** dem schwedischen Gegenstück zu Muonio.

Bei **Kolari** ist die letzte Flussüberquerung vor Muonio. Man erreicht von hier ostwärts das Wintersport- und Wandergebiet **Äkäslompolo.**

Von Kolari bis **Muonio** sind's noch 81 km. In Muonio trifft die Straße von Rovaniemi (Route 12) auf unsere E 8. Wer sich auf der schwedischen Seite nordwärts bewegt, hat von Muadoslompolo aus die vorletzte Möglichkeit, nach Finnland zu wechseln. Die letzte ist dann in Kaaresuvanto, da die Straße auf schwedischer Seite von hier nicht weiter nach Norden führt, sondern nach Süden, Richtung Gällivare abbiegt (Route 14).

Seit Tornio/Haparanda hat die Straße jetzt 230 m an Höhe gewonnen. Der Bewuchs wird spärlicher, aber es gibt immer noch Wälder (mit Blaubeerfeldern). Dass wir uns mittlerweile tief in Lappland befinden, merkt man daran,

LAP_291 Foto: fh

Fischerboote liegen besser in geschützten Anlegestellen

dass häufiger Menschen mit **Trachten** zu sehen sind. Besonders in Hetta (bzw. Enontekiö, siehe Route 4) kann man viele des Sonntags beim Kirchgang sehen.

Zwischen Muonio und Hetta liegt der **Pallas-Yllästunturi-Nationalpark** (Mitternachtssonne: 27.5.-16.7., Zufahrt von der Straße nach Rovaniemi). Wer auf dem schnellsten Wege zum Nordkap will, muss die E 8 ca. 50 km hinter Muonio in Richtung Enontekiö/Hetta verlassen (Route 4) und fährt dann ziemlich genau nach Norden auf Alta (N) zu.

Wer weiter der E 8 folgt, die jetzt nach Nordwesten abbiegt, gelangt als nächstes nach **Kaaresuvanto,** das auf schwedischer Seite **Karesuando** heißt. Eine Brücke verbindet die binationale

Ortschaft (hier trifft Route 14 von Jokkmokk auf unsere E 8).

Die Landschaft wird mit jedem Kilometer tundraartiger. Birken werden kaum mehr als 1½ m hoch. Das Land ist wellig und eintönig. Wer diese Landschaft nicht faszinierend findet, braucht sich hier nicht weiter herumzutreiben, so sieht es überall aus. Im Herbst ist die Fahrt ein einziger Farbrausch. Die Blätter der Bäume haben Farben von leuchtendem Grün über Goldgelb, Grellorange bis Knallrot.

Der nächste Höhepunkt ist erst wieder der **Saanatunturi** am Dreiländereck bei Kilpisjärvi, wenn man von den ca. 20 m langen Torfblüten (vergleiche Kapitel „Tundra") absieht. Das Dreiländereck erreicht man vom *Hotel Kilpis* aus nach einer Wanderung durch den **Nationalpark Malla.** Wer dies beabsichtigt, muss das Kilpisjärvi Erholungscenter oder das Touristen-Hotel informieren. Bald hinter Kilpisjärvi überschreitet man die **Grenze nach Norwegen.** Es wird felsig, windig und öde. Nach etwa 10 km bei **Hellingskogen** kann man übernachten und nach weiteren 10 km bei Rovijokfossen gibt es einen Aussichtspunkt. Die Strecke geht bergab. Im Winter merkt man, wie es zum Meer hin wärmer wird. Im Sommer wird es auch feuchter. In **Skibotn** erreichen wir die E 6, rechts geht's zum Nordkap, links nach Narvik (Route 1).

Busverbindungen

- Tornio – Muonio
- Muonio – Kaaresuvanto
- Kaaresuvanto – Hotel Kilpis
- Hotel Kilpis – Tromsø

●**Tipp:** Wer im Bus nach Norwegen will, muss darauf achten, dass der letzte Anschluss 18.30 Uhr ist. Letzte Möglichkeit zu übernachten ist das *Hotel Kilpis* am Saana. Von Skibotn sollte man ebenfalls früh los.

Route 4: Hetta – Alta

Von **Hetta (Enontekiö)** fährt man auf der 93 ziemlich exakt nach Norden. Man erreicht diesen Ort von Arvidsjaur (Route 14), von Tornio oder Skibotn (Route 3) und von Kittilä (Route 12).

Wer von Hetta **zum Nordkap** will, kann die gut 450 km, wenn er sich überhaupt keine Zeit lässt, in einem Tag schaffen. Wer aber unterwegs etwas sehen will, sollte sich ein wenig mehr Zeit nehmen. Allerdings gehört diese Strecke zu den einsamsten und eintönigsten in ganz Lappland. Kaum Menschen, wenig Verkehr, Tundra, Hügel, sonst nichts.

Bis Kautokeino, dem Samenzentrum Nordnorwegens sind es 79 km. Unterwegs hat man, sehr wahrscheinlich unbemerkt, die **Grenze zwischen FIN und N** überschritten. Bis Alta sind es ab Hetta ca. 210 km. Der höchste Punkt liegt bei 641 m ü. d. M.

Dass wir uns hier wirklich im Lande der Samen befinden, lässt sich ab **Kautokeino** nicht mehr leugnen. Besonders im Winter sieht man überall die bunten Trachten. Kautokeino ist stolz darauf, mehr Rentiere als Menschen zu beherbergen, und es gibt sogar eine Berufsschule, die nur von Samen besucht werden kann (Berufsziel: Ren-

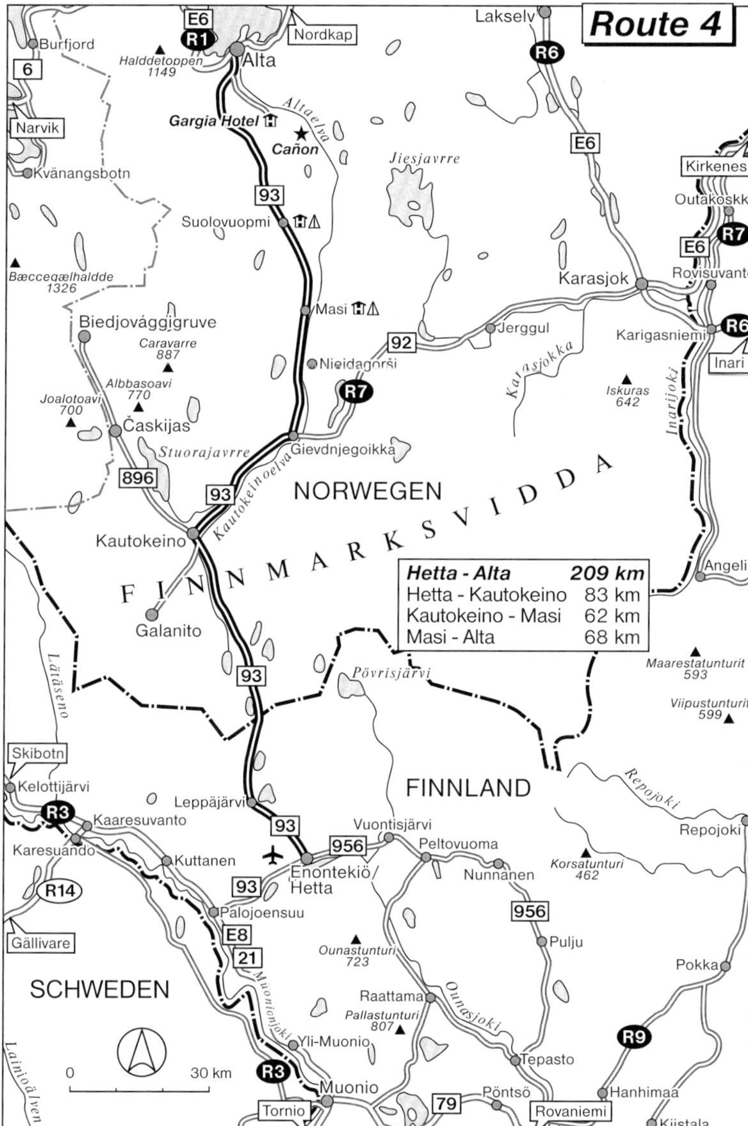
Route 4
Hetta - Alta 209 km
Hetta - Kautokeino 83 km
Kautokeino - Masi 62 km
Masi - Alta 68 km
NORWEGEN
FINNMARKSVIDDA
FINNLAND
SCHWEDEN
Alta
Altaelva
Gargia Hotel
Cañon
Halddetoppen 1149
Burfjord
Narvik
Nordkap
Lakselv
Kvänangsbotn
Jiesjavrre
Suolovuopmi
Bæcceqælhaldde 1326
Biedjovággigruve
Caravarre 887
Masi
Nieidagorši
Jerggul
Karasjok
Karasjokka
Kirkenes
Outakoskki
Rovisuvanto
Karigasniemi
Inari
Inarijoki
Iskuras 642
Albbasoavi 770
Joalotoavi 700
Časkijas
Stuorajavrre
Gievdnjegoikka
Kautokeinoelva
Kautokeino
Galanito
Angeli
Pövrisjärvi
Maarestatunturit 593
Viipustunturit 599
Lätäseno
Skibotn
Kelottijärvi
Leppäjärvi
Kaaresuvanto
Karesuando
Kuttanen
Vuontisjärvi
Peltovuoma
Nunnanen
Korsatunturi 462
Repojoki
Enontekiö/ Hetta
Palojoensuu
Gällivare
Pulju
Ounastunturi 723
Pokka
Raattama
Ounasjoki
Muonionjoki
Pallastunturi 807
Yli-Muonio
Tepasto
Hanhimaa
Muonio
Pöntsö
Kiistala
Tornio
Rovaniemi
Lainioälven
0 30 km
E6 R1 R6 R7 R3 R14 R9 6 93 92 896 956 E8 21 79

Routen

tierzüchter etc.). Unbedingt bei *Juhls* Silberschmiede vorbeischauen. Kaum ist man aus Kautokeino wieder heraus, geht's weiter mit der Einsamkeit. Bis zum Altafjord wird sich nichts Aufregendes mehr ereignen, es sei denn, es geht Ihnen das Benzin aus. Die Landschaft ist aber toll, es geht immer durch Flusstäler, die reinsten Angelparadiese. Im Sommer gibt es allerdings auch zahllose Mückenschwärme.

30 km hinter Kautokeino zweigt rechts die Straße 92 nach Karasjok ab (Route 7). Nach 10 km rechts der Wasserfall *Nieidagorši* und nach weiteren 20 km das **Samendorf Masi,** das für den Alta-Stausee überflutet werden sollte. Hier kann man übernachten. Oder man versucht es nach weiteren 20 km bei Suolovuopmi.

Die Straße, die 50 km vor Alta nach Südosten abzweigt, ist für Autos gesperrt. Von der **Gargia-Fjellstue** kann man den **Sautso-Canyon,** den größten Canyon Europas, erreichen. Es sind 12 km, von denen nur 5 mit dem Pkw befahren werden können. Das „Loch" ist übrigens über 350 m tief (siehe Ortsbeschreibung Alta). In Alta hat man Anschluss an die Route 1 zum Nordkap.

Ohne eigenes Auto

- **Trampen:** ganz schlecht, mangels Masse an Verkehr
- **Bus:** Kautokeino – Alta

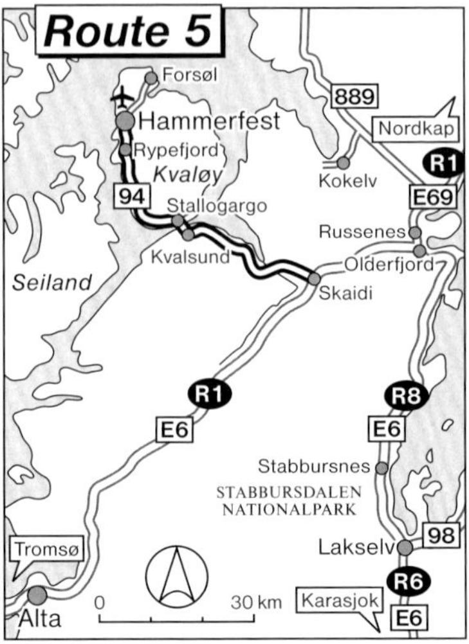

Skaidi - Kvalsund	26 km
Kvalsund - Hammerfest	31 km
Hammerfest - Forsøl	9 km

Route 5: Skaidi – Hammerfest

Auf der 94 sind es von **Skaidi** (Route 1) 58 km bis Hammerfest. Die Straße führt am Reppardfluss und -fjord entlang, an der Straße stehen Birkenwäldchen. Nach 26 km erreicht man **Kvalsund.** Hier führt eine gewaltige Hängebrücke (525 m) zur Insel Kvaløy, auf der Hammerfest liegt, natürlich die nördlichste Hängebrücke der Welt, aber allemal die erste in Norwegen. Kvalsund hat 1300 Einwohner. Die Kirche war das einzige Gebäude, das nach dem Krieg noch stand. Im Ort sind etwa 2500 Jahre alte **Felszeichnungen** zu sehen, und es gibt einen Gedenkstein für die Opfer des 2. Weltkrieges. Mit dem Schiff (Rutebåt 039) kann man über Refsneshamn weiter nach **Hammerfest** fahren.

Etwa 1 km nach der Brücke in Stallogargo steht rechts neben der Straße eine hohe **Felszacke.** Dies soll ein *Stallo,* ein samischer Riese sein, der zu Stein und von den Samen verehrt wurde.

In **Kokelv** gibt es ein **Seesamenmuseum** *(Sjøsamiske Museum)* an der Straße 889, im Sommer Mo-Fr 10-16 Uhr, Sa, So 12-15 Uhr, 30 NOK.

Die meisten Leute kommen hier hin, weil sie im **Repparfjord** fischen oder in den **Stabbursdalen-Nationalpark** wandern wollen. *Den Lille Kro* verkauft Angellizenzen für Seeforelle. Angeln von der Brücke ist verboten. Repparfjord-Lizenzen zum Lachsangeln gibt es in Hammerfest bei *Intersport* oder bei der Info in Skaidi.

Hinter der Brücke führt die Straße an der kahlen Süd- und Westküste entlang. Man sieht von hier die Gletscher auf der Insel **Seiland** aufragen.

Kurz vor Hammerfest steht der nördlichste Birkenwald am See **Lansvannet.** Danach wird die Vegetation spärlicher.

Route 6: Lakselv – Inari

Von Lakselv folgt man dem gleichnamigen Fluss in Serpentinen steil bergauf. Oben angelangt, hat man einen herrlichen Ausblick auf den Porsangerfjord und die in der Nähe liegenden, über 1000 m hohen Berge. Man befindet sich hier etwa 300 m hoch am 70. Breitengrad und begibt sich auf die fast baumlose **Finnmarksvidda,** ein Hochplateau. Die Landschaft sieht aus, als hätte Thor mit dem Hammer draufgeschlagen: Felsbrocken überall, kaum Erhebungen, die den Fernblick behindern, Sturm im Winter, Mücken im Sommer.

Etwas „lieblicher" wird es, wenn man sich **Karasjok** nähert. Hier, auf 135 m gibt es sogar Birkenwäldchen. 95 % der Einwohner sind Samen. Man verlässt die E 6 im Ort und trifft auf die 92 die von Kautokeino kommt, die E 6 führt weiter nach Tana Bru (Route 7).

Weiter auf der 92: Bis **Finnland** sind es noch 15 km. Die Grenze liegt wieder mal auf einem Fluss: Tanaelv bzw. Tenojoki. Der Grenzort heißt **Karigasniemi,** hier gibt es Läden etc.

Wer rustikale Straßen mag: hinter der Grenze südlich nach **Angeli** und von dort nach Inari. In Angeli kann man im Sommer auf einem Campingplatz übernachten (Tel. 016-672409). Von hier sind es noch knapp 100 km bis Inari. Die Strecke ist bergiger als in Norwegen, es wachsen wieder Bäume.

LAP_288 Foto: fh

Schwimmen oder nicht schwimmen?

Lakselv - Inari	193 km
Lakselv - Karasjok	78 km
Karasjok - Karigasniemi	15 km
Karigasniemi - Kaamanen	75 km
Kaamanen - Inari	24 km

In **Kaamanen** muss man nach rechts abbiegen, noch 32 km bis ans Ufer des größten Sees Finnlands.

Wer noch nicht auf dem Heimweg Richtung Süden ist, also diese Kreuzung auf dem Hinweg erreicht, hat bei

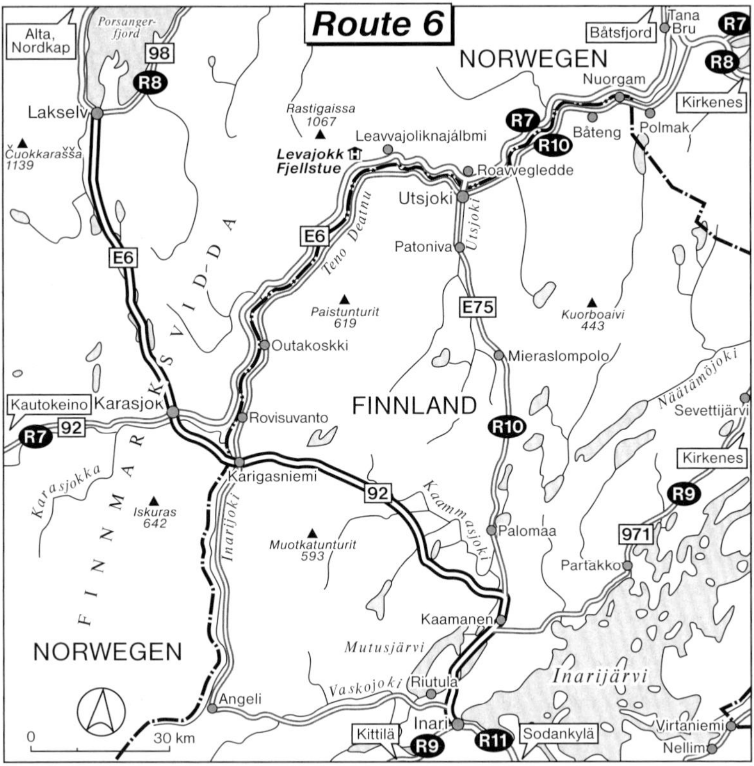

Kaamanen die Möglichkeit, über Utsjoki nach Tana (Route 10) oder über Neiden nach Kirkenes (Route 9) zu fahren. Unterkunft für Naturfreunde gibt es im Feriendorf **Jokitörmä,** 99910 Kaamanen, Tel. 016-672725.

Ohne eigenes Auto

- Lakselv – Karasjok: Bus, Trampen möglich
- Karasjok – Karigasniemi: Bus, Trampen möglich
- Karigasniemi – Inari: Bus, Trampen möglich

Route 7: Kautokeino – Karasjok – Utsjoki – Tana – Vardø

Ca. 30 km nördlich von Kautokeino (Route 4) zweigt in Gievdnjegoikka die 92 nach Karasjok ab. Sie schlängelt sich rund 100 km fast durchgängig an Flussufern entlang, zuerst am Lesjohka, später am Karasjok. Die Landschaft heißt **Finnmarksvidda,** und die Strecke gehört, ähnlich der von Hetta nach Alta (Route 4), zu den ruhigeren, aber der Verkehr nimmt zu.

In **Karasjok** muss man sich entscheiden, welche Orte man sehen will.

Die E 6 führt nach Norden ans Eismeer, nach Süden führt die 92 (später als 4) über **Karigasniemi** zum Inarisee (Route 6). Geradeaus geht's auf der E 6 immer am nördlichen Ufer des Tanaelvs entlang. Die Gemeindegrenze erreicht man am Berg **Fjelbmajokskáidi,** der 452 Meter hoch ist. Danach läuft die Straße ein wenig vom Tana weg, aber immer noch parallel. **Leavvajohka** ist ein kleiner Ort rechts der E 6. Bald ist der See **Mihkkaljávri** mit der **Levajokk Fjellstue** erreicht. Kurz danach, in **Leavvajohknjálbmi** kann man Hütten mieten. Beliebt bei Leuten, die auf den 1067 m hohen **Rastigaissa** steigen möchten. Nach einer Flussbrücke geht's entlang des Tana. Die Strecke wird flacher und bei **Roavvegiedde** stößt die E 75 dazu, die von **Utsjoki** über eine Brücke kommt. Die nächste Brücke ist erst in **Skipagurra.**

LAP_296 Foto: fh

In **Luossanjárga** *(Laksnes)* gibt es einen Campingplatz. Der nächste richtige Ort ist **Sirbmá** mit einem Sägewerk. Es wird ländlicher und in **Fanasgieddi** *(Båteng)* gibt es Werkstätten für samisches Handwerk. Bald ist die Kirche von **Polmak** auf der finnischen Seite zu erkennen. Durch Felder und sumpfige Gebiete gelangt man bis nach **Tana Bru** *(Deanusaldi).* Dieser Ort hat 4000 Einwohner und liegt am drittlängsten Fluss Norwegens, samisch *Deatnu,* in dem man 1920 einen 36 kg schweren Lachs gefangen hat.

Es gibt ab Karigasniemi parallel dazu eine finnische Straße, die 970. Sie wird

Nicht hinter jedem Ortsschild liegt ein „Ort“

auf der einen Seite durch den Fluss und auf der anderen Seite durch Rentierzäune begrenzt und ist ziemlich schmal. **Utsjoki,** eine Samensiedlung, die wie ein Prärienest aussieht, erreicht man nach 100 km. Hier gibt es eine Brücke, über die man wieder Norwegen und die E 6 erreicht.

Wer auf der norwegischen Seite geblieben ist, erspart sich einen erneuten **Grenzübergang** und zweigt in Tana Bru Richtung Kirkenes ab. Direkt hinter der Brücke ist die Kreuzung, wo die E 75/E 6 rechts Richtung Kirkenes abbiegt. Diese Strecke ist 200 km lang. Vor der Brücke geht es auf der Rv. 98 nach Lakselv (Route 8) und über die Brücke links gelangt man über die 890 weiter nach Norden bis Berlevåg (Route 10). Man fährt weiter auf der E 6.

In **Varangerbotn** (Vuonnabahta) teilt sich die Straße: Rechts führt die E 6 weiter nach Kirkenes (Route 9), links zweigt die Straße nach Vardø (ca. 140 km) ab. Das **Várjjat Sámi Musea** (Varanger Samiske Museum) ist sehr sehenswert. Es liegt an der E 4, etwa 200 Meter südlich des Abzweigs zur E 75. Hier wird das Leben der Einwohner in der Vergangenheit anschaulich dargestellt (www.varjjat.org).

Kautokeino - Vardø	***434 km***
Kautokeino - Karasjok	114 km
Karasjok - Tana Bru	180 km
(Karigasniemi - Polmak	180 km)
Tana Bru - Vardø	140 km
Vardø - Hamningberg	36 km

Die Straße führt am Nordufer des Varangerfjordes entlang, an dessen Küste sich immer wieder malerische Felsen finden, die mit Moos und Flechten bewachsen sind und langsam Stück für Stück von Meer und Wind abgetragen werden. Die abgebrochenen Felsschichten werden dann von der Brandung abgeschliffen und geglättet. Die Varanger-Halbinsel war vom 18. Jh. bis zur russischen Revolution ein wichtiger Handelsort mit den Russen, die immer zahlreicher die Orte Vardø und Vadsø bevölkerten. Es entstand sogar eine eigene Sprache, der Pomor-Dialekt.

Vadsø ist ein nettes Städtchen, besonders bei Sonnenschein. Wenn man weiterfährt, kann man nach ca. 13 km einen Abstecher auf die Halbinsel Ekkerøya machen. Dort sind große Vogelkolonien in den Felsen.

Kurz vor **Vardø** muss man durch einen 2,8-km-Tunnel, um auf die Insel zu kommen. Die Festung dort wurde nie angegriffen, was eigentlich in dieser Einöde auch nicht weiter verwunderlich ist.

Wenn man am Tunnel vorbei weiter nach Norden fährt, erreicht man nach 43 km die Siedlung **Hamningberg.** Sie wird im Sommer von Leuten bewohnt, die dem Fischfang nachgehen (nur für den Eigenbedarf). Eine Tankstelle gibt es nicht, wohl aber eine Poststelle und einen Laden. Der Besitzer ist ein freundlicher Mann, der deutsch spricht und gern Auskunft gibt. Diese Gegend ist mückenfrei und lädt zum längeren Verweilen ein. Im Winter ist das Dorf unbewohnt, die Menschen flüchten dann alle nach Vardø.

Hier ist nun die Straße zu Ende, und man muss wohl oder übel die ganze Strecke zurückfahren. Zu Fuß kann man, eine gute Kondition und Erfahrung mit schlechtem Wetter vorausgesetzt, die 30 Kilometer ab Syltevika über die 29 von Sandfjord bis **Nordfjord** auf die andere Seite des **Syltefjords** gelangen und von dort auf der Straße (891/890) zurück nach Tana reisen. In **Syltevika** gibt es Reste alter Besiedlung und ein paar Sommerhäuschen. Der Weg ist an manchen Stellen sumpfig.

Ohne eigenes Auto

- Leute, die zu Fuß unterwegs sind, haben da mehrere Möglichkeiten, von Vardø zur Rv. 891 zu gelangen: zu Fuß oder mit dem Schiff: Hurtig von Vardø nach Båtsfjord.
- Kautokeino – Karasjok, Trampen schlecht
- Karasjok – Varangerbotn, Bus, Trampen schlecht
- Varangerbotn – Vardø, Trampen gut

Route 8: Russenes – Lakselv – Tana – Kirkenes

Wer vom Nordkap kommt, trifft in **Olderfjord** wieder auf die E 6, die Oslo mit Narvik und Kirkenes verbindet. Von hier sind es 64 km bis **Lakselv,** immer am Porsangerfjord entlang, der übrigens der größte Norwegens ist (120 km lang, bis 20 km breit). Es gibt einzelne Gehöfte, Birken und schöne Aussichten.

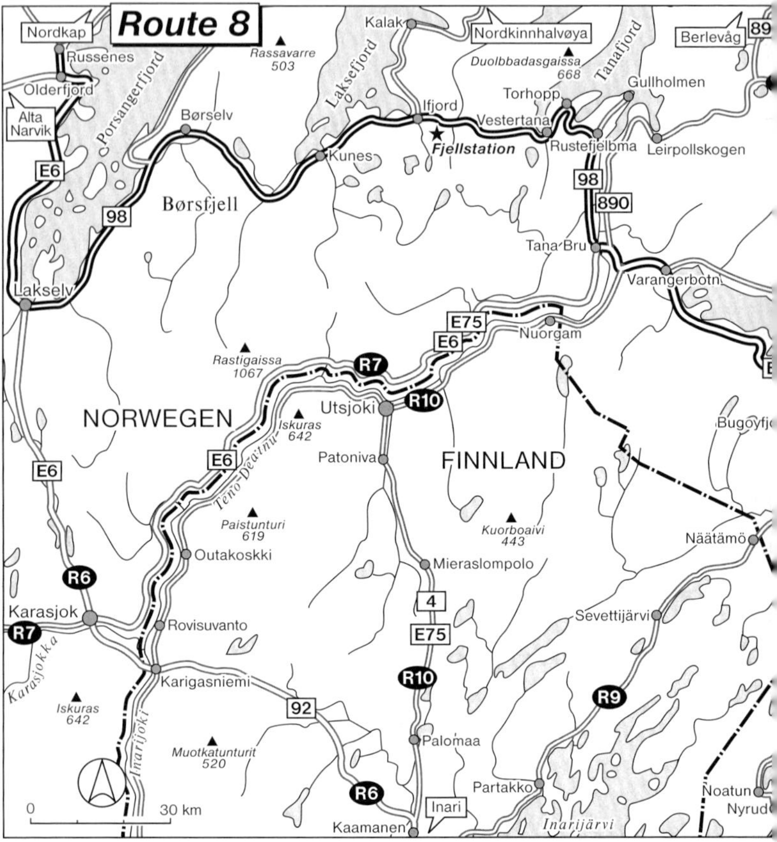

Von Lakselv führt die E 6 weiter nach Süden (Route 6), die 98 führt um den Fjord herum und windet sich fast bis auf die Höhe von Russenes auf 285 m hinauf, ehe sie vor Børselv nach Osten abbiegt. Das waren insgesamt ca. 100 km Porsangerfjord.

Børselv wird nur von Finnen bewohnt und bildet das „Tor" zum Børsfjell, einer Hochebene, die durchschnittlich um die 200 m hoch ist. Es ist öde, aber auf eigenartige Weise faszinierend. Es lässt sich gut zu Fuß erwandern, wenn man 40 km weiterfährt.

Bis zum **Laksefjord** sind es ca. 50 km. Jetzt folgt man wieder der Meeresküste, aber nicht lange. Nach **Kunes** kommt man zum Adamsfossen. Der Wasserfall stürzt aus über 30 Metern Höhe herab. Die Straße, die in die

Russenes - Kirkenes	411 km
Russenes - Lakselv	64 km
Lakselv - Tana Bru	211 km
Tana Bru - Kirkenes	136 km
Kirkenes - Nyrud	106 km

Berge abbiegt, geht nicht nach Finnland durch. Die 98 windet sich zwischen unzähligen Seen und aufragenden Hügeln gen Osten. Nach 35 km ist man in **Ifjord** (Museum). Wer hier nach Norden abbiegt, kann auf der 888 auf die **Nordkinnhalvøya** fahren. Hier ist das Leben rau und der einzige Reichtum sind die Fischbestände der Barentssee. Gäbe es nicht die 300 m breite Landverbindung zwischen Eidsfjord und Hopsfjord, wäre es eine Insel.

Der erste Ort nach 17 km ist **Lebesby.** Vor der Kirche steht das Monument von *Anton Johanson,* der den Zweiten Weltkrieg vorhergesagt haben soll. Die Børselvfjellet-Kapelle wurde als Krankenstation gebaut und erst 1962 von der samischen Mission zur Kapelle gemacht.

24 km nach Ifjord erreicht man über eine kleine Stichstraße **Kalak,** von dem früher die Fähre nach Kifjord startete, als es die Straße über das Fjell noch nicht gab. Auf halbem Wege, am Südostufer des Reinoksevatn in 300 m Höhe gibt es einen Halteplatz. Von hier aus kann man zur alten, unbewohnten Telegrafenhütte laufen, die in einer Mulde ca. eine halbe Stunde östlich liegt. Von **Hopseidet** sind es noch 30 km bis Mehamn, 10 km vorher ein Abzweig zum Hafen **Kifjord** und dem Ort **Kjøllefjord,** wo es ein Hostel gibt. Der in manchen Autokarten eingezeichnete Campingplatz existiert schon lange nicht mehr.

Von **Mehamn** (Tankstelle ab 17 Uhr geschlossen) kann man bis **Gamvik** fahren. Dort ins Museum gehen (10 NOK), oder zu Fuß alte deutsche Bunker ansehen (Richtung Leuchtfeuer Slettnesfyr), oder man läuft zum **Kinnarodden,** dem **nördlichsten Festlandspunkt Europas** (71° 8,1′).

Das ist aber ein Zwei-Tages-Marsch durch kalte Wildnis. Vorsicht! Außer Treibholz keine Möglichkeit, Feuer zu machen, Schnee kann's auch im Sommer geben. Die Tour ist (mit Kondition) ein Erlebnis!

Wer es etwas bequemer haben will, startet am Flugplatz in Mehamn (gute Schuhe sind ein Muss!). Von hier aus ins Landesinnere laufen, Info auf dem Flughafen. Der Weg ist teilweise markiert und man kommt unterwegs an Bäche, wo es Trinkwasser gibt. (Übernachtung lediglich in einer notgelandeten Junkers.) Vom Hafen in Mehamn kann man mit einer Autofähre nach Berlevåg übersetzen.

Wer in Ifjord, Tankstelle am Campingplatz, weiter auf der 98 bleibt, erreicht jetzt das **Ifjordfjell.** (In der Turiststation hier soll's exquisite Lachsforellen zu essen geben.) Von hier sind es ca. 40 km, bis man wieder am Wasser ist, jetzt am Vestertana mit dem gleichnamigen Ort. Im Winter wird diese Strecke übrigens nicht geräumt und ist somit unpassierbar (Dez.–Mai). Aber auch im Sommer liegt hier teilweise Schnee. Trotzdem eine ganz tolle Strecke.

Biegt man rechts auf die Kv. 3 ab und fährt sie einige Kilometer in die Berge, findet man schöne Wanderwege, z. B. zum **Snoallajávri-See,** etwa 4 km lang. Auf der Rv. 98 erreicht man das Örtchen **Torrhop,** wo die Straße sich nach Süden in die Berge wendet. Kurz vor dem Tanafjord kann man links nach **Smalfjord** abbiegen. Von hier kann man mit einem Boot auf die andere Seite des Fjordes gelangen (Leirpollskogen). Auf der westlichen Seite des Tanafjordes verläuft die Straße nach Süden.

In **Rustefjelbma** *(Ruostefielmá)* erreicht man das Ufer des Tana, der hier aber so breit ist, dass man keine Brücke gebaut hat. Erst 25 km weiter südlich in **Tana Bru** hat man einen Brückenbau gewagt. Rechts im Ort liegt die 1964 erbaute *Tana Kirke,* in Sommer jeden Tag geöffnet. Für den müden Wanderer gibt es den Gasthof *Johnsens Gjestgiveri* mit Übernachtung. Kurz hinter der Kirche zweigt nach Norden die 890 ab und führt bis zur Tana-Mündung. Die karge Varanger-Halbinsel mit ihrem Fischreichtum liegt vor uns. Viele der alten Fischerdörfer sind inzwischen verlassen. Ab dem 13. Jh. war diese Gegend unter wechselnden Verwaltungen: Norweger, Schweden und Russen rangen um die Macht in den Fischgründen. Seit 1751 ist Frieden mit Schweden und seit 1828 mit Russland. Nun herrscht ein ziemliches Straßengewirr (890/ Route 10, E 6 nach Karasjok/Route 7), man fahre stur auf die E 6 Richtung Kirkenes, das sind noch 136 km. In **Varangerbotn** wieder ein Fjord, dessen Südküste man nun einige Zeit folgt. Nach 39 km biegt man dann nach Süden ab, um einige kleine Fjorde zu umgehen.

Die Straße ist gut ausgebaut. In Neiden trifft Route 9 von Inari auf die E 6. Von **Neiden** bis Kirkenes sind es nochmals 38 km, und eine der schönsten Strecken Nordnorwegens ist geschafft. In Kirkenes bietet sich noch ein Abstecher in das **Pasviktal** an. Die ehemalige „Iron-Curtain-Road" (885) führt zum Nationalpark Øvre-Pasvik. Zuerst kommt man nach Svanvik, dann durch Skogfoss mit seinem Wasserfall und dem tollen *Pasvik Taiga Hotel* und schließlich zur Station **Nyrud,** wo die Straße zu Ende ist.

3 km davor, in Noatun, befindet sich eine Außenstelle des **Sørvaranger Museums.** Es ist eine Sammlung von Hütten, die von *Hans Schaaning* (dem Enkel des Naturforschers, der das Tal besiedelte) auf Deutsch erklärt werden.

Die Hauptniederlassung des Museums residiert in Strand, ca. 5 km vor Svanvik rechts ab.

Man befindet sich übrigens am westlichsten Ausläufer der **Taiga.** Hier wachsen Sibirische Weißtannen zwischen den Kiefern und Birken. Von manchen Stellen am Ufer des Skogfoss sieht man die Schlote der Nickel-Hütten in der Stadt **Nikel** rauchen. Nikel gehört seit dem letzten Weltkrieg zur SU, heute Russland. Hier findet man einen Os, das ist ein Kieswall, der von einem ehemaligen Fluss stammt, der in der Eiszeit unter der Eisdecke floss. Nach dem Abschmelzen trocknete das Flussbett aus, und zurück blieben die Kieswälle, die ursprünglich auf dem Grund des Flusses lagen.

Im Nationalpark **Øvre Pasvik** gibt es drei ständig offene Schutzhütten. Der höchste Berg erreicht 202 m Höhe, die Gesamtfläche des 1970 eröffneten Parks beträgt 67 km² und ist sehr regenarm (vergleiche „Nationalparks").

Ohne eigenes Auto

- Lakselv – Tana Bru: Bus, Trampen schwierig
- Tana Bru – Kirkenes: Bus, Trampen ok

Route 9: Kittilä – Inari – Kirkenes

Diese Route ist etwas für Leute, die lieber Nebenstrecken fahren und dafür auch weniger Tankstellen und anderen „Service" in Kauf nehmen. Die Hauptstraße erreicht man, wenn man von **Kittilä** 86 km auf der 80 Richtung Sodankylä fährt. Dort biegt man auf die E 75 ab und rauscht bis Inari (196 km).

Die Alternativ-Strecke ist zwar auch asphaltiert, hat aber durchaus ihren Reiz: Von Kittilä geht's auf der 956 über **Sirkka** nach **Köngäs** (ca. 30 km

Suur-Lappi ist der finnische Tante-Emma-Laden

LAP_303 Foto: fh

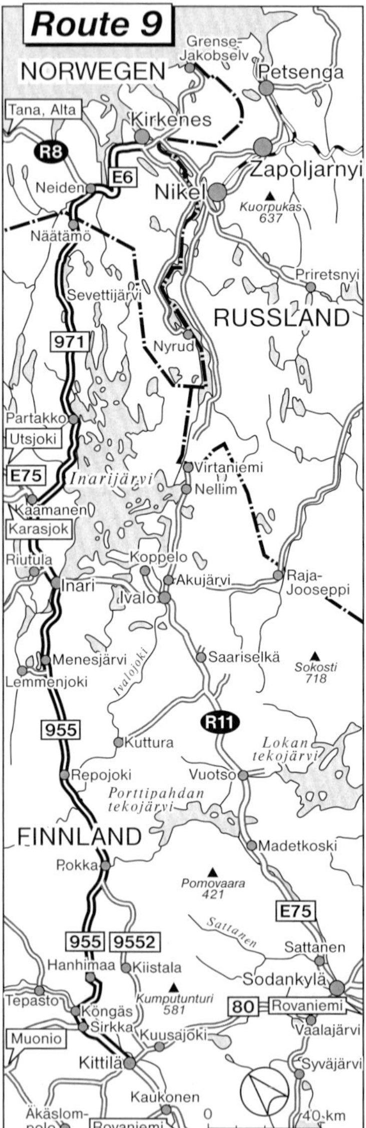

Kittilä - Kirkenes	*419 km*
Kittilä - Inari	204 km
Inari - Kaamanen	32 km
Kaamanen - Neiden	140 km
Neiden - Kirkenes	43 km

Richtung Norden) und von dort auf die 955 nach **Pokka.** Dieses Teilstück ist nicht befestigt! Die 9552, die von der 80 (Richtung Sodankylä) in Kotakumpu abzweigt, führt über **Kiistala** auch nach Pokka, ist aber „dichter" befahren. Auf der gesamten Strecke bis Inari sind Ansiedlungen (Pokka besteht aus ca. 8 Häusern), Tankstellen und Läden äußerst knapp gesät, also Reservekanister volltanken und etwas zu essen mitnehmen (Tankmöglichkeiten unseres Wissens nur in Pokka und Kiistala).

36 km vor Inari zweigt links die 9551 nach **Lemmenjoki** ab; fährt man hier rein, erreicht man nach 10 km den Fluss, an dem auch heute noch Unverbesserliche versuchen, Gold zu finden. Vom Ende der Straße führen Pfade flussaufwärts zu den Claims. Weitere Auskünfte in der Station *Valkeaporo* (Tel. 016-673001).

Die restlichen 30 km geht's meist an Flussufern entlang. In **Inari** trifft man auf die E 75, der man nach Norden für ca. 25 km folgt.

Dann biegt man vor **Kaamanen** rechts auf die 971 (die erste Straße ab Inari) und fährt weiter auf der etwa 140 km weiten Strecke nach Neiden.

Die einzige Tankstelle gibt es in **Näätämö** kurz vor der Grenze. Beim dortigen Touristenservice kann man einkaufen. Die Fahrt ist ein Erlebnis. Abertausende von Mini-Seen liegen links und rechts, vor und hinter einem. Man weiß eigentlich gar nicht, ob man sich nun auf einer Insel oder dem Festland befindet. Relativ viele einzelne Häuser liegen an der gut ausgebauten Straße, von der es keinen Abzweig gibt.

Nach 99 km erreicht man den einzigen „Ort" unterwegs. Es ist **Sevettijärvi,** in dem Skolten wohnen, die eigentlich von der Halbinsel Kola stammen. Es sind Auswanderer aus Suenjeli, die hier angesiedelt wurden. Es gibt eine orthodoxe Kapelle, auch das skoltsamische Museum sollte man nicht auslassen, es ist sehr informativ.

Von hier bis zur Grenze sind's noch ca. 30 km. Der **„Grenzort"** hat was von Wildwest: eine Ebene mit einigen Holzhäusern links und rechts der Straße, einem Laden, sonst nichts. Einen Zöllner wird man vergeblich suchen, wer was zu verzollen hat, muss sich 5 km weiter beim Zollhäuschen melden. Ab hier heißt die Straße 893. In **Neiden** erreicht man die E 6, rechts ab geht's nach Kirkenes, noch 43 km (vergleiche Route 8).

Ohne eigenes Auto

- Es gibt einen Bus nach Ivalo, sonst hat man kaum eine Chance.

Route 10: Inari – Utsjoki – Båtsfjord

Diese Route ist, neben dem direkten „Waldweg" (Route 9), die einzige Strecke, die von Finnland nach Nord-Ost-Norwegen führt. Die Strecke ist gut ausgebaut.

Von Inari geht's auf der E 75 nach Norden und in **Kaamanen** nicht links ab, sondern geradeaus weiter durch eine Gegend mit viel Wasser. Seen, Flüsse, Bäche, Teiche; alles, was der Angler braucht. Nur Lebensmittelgeschäfte sind knapp.

Von **Utsjoki** kann man den **Ailigas** besteigen. Die Straße hier knickt rechts ab und folgt dem Tenojoki/Tanaelv, dem Grenzfluss zwischen Finnland und Norwegen. Wenig Rastplätze auf der 970 rechtsseitig des Flusses, der norwegisch Tana und samisch Deatnu (großer Fluss) heißt. Die Grenze passiert man bei **Nuorgam** (500 Einwohner). Übernachtung bei *Alajalven tuvat Jalve*/Nuorgam (Tel. 016-677605) oder im Feriendorf *Alaköngäs,* Koskipirtit, Boratbocka/Nuorgam (Tel. 016-678612).

Ab **Skipagurra,** wo es rechts nach Kirkenes (Route 8) oder Vardø (Route 7) geht, folgt man der 890. Links hat man bei Tana Bru Anschluss an die E 6 und die 98 nach Karasjok und Lakselv. Die 890 führt erst ein Stück am Ufer des Tana entlang. Man erreicht **Nuorttit Sieiddá** *(Seida).* Es gibt einen Seitastein und eine Kapelle, von wo einige Wanderrouten in die Berge abzwei-

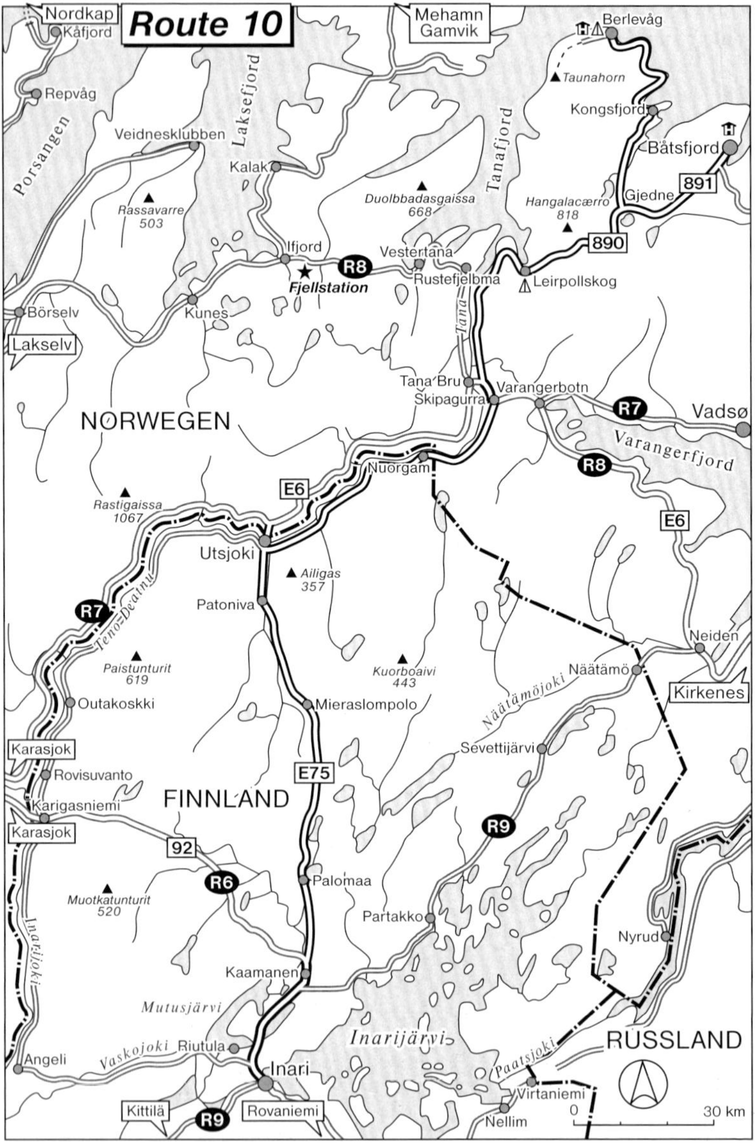
Route 10
Nordkap
Kåfjord
Repvåg
Porsangen
Veidnesklubben
Laksefjord
Kalak
Rassavarre
503
Mehamn
Gamvik
Duolbbadasgaissa
668
Tanafjord
Berlevåg
Taunahorn
Kongsfjord
Båtsfjord
891
Gjedne
Hangalacærro
818
890
Ifjord
R8
Fjellstation
Vestertana
Rustefjelbma
Leirpollskog
Börselv
Kunes
Lakselv
Tana
Tana Bru
Skipagurra
Varangerbotn
R7
Vadsø
Varangerfjord
NORWEGEN
Nuorgam
E6
Rastigaissa
1067
Utsjoki
Ailigas
357
Patoniva
Teno-Deatnu
Paistunturit
619
Kuorboaivi
443
Neiden
Näätämö
Näätämöjoki
Kirkenes
Outakoskki
Mieraslompolo
Sevettijärvi
Karasjok
Rovisuvanto
E75
FINNLAND
Karigasniemi
R9
92
R6
Muotkatunturit
520
Palomaa
Partakko
Nyrud
Inarijoki
Kaamanen
Mutusjärvi
Inarijärvi
RUSSLAND
Vaskojoki
Riutula
Angeli
Inari
Paatsjoki
Virtaniemi
Nellim
Kittilä
Rovaniemi
0
30 km

gen. **Schankeholmen** heißt die Mündung des Tana, die unter Naturschutz steht. Es gibt eine Schotterstraße dorthin, die an einem Parkplatz auf der Insel **Høgholmen** endet. Die 890 führt in den Norden der Kongsfjordfjell-Halbinsel. Das ist sicherlich der ödeste Teil Norwegens, aber er ist von einer bizarren Schönheit, die ihresgleichen sucht. Die Straße ist ab **Leirpollskog** im Winter (Dez.–Mai) nicht geräumt. Das Land ist ohne Baum und Strauch und voller Felsbrocken, zwischen denen die gut befahrbare Straße hindurchführt. Übernachtungsmöglichkeit im *Ildtoppern-Gasthaus.* Ab **Juladalen** steigt die Straße an und man passiert die Baumgrenze.

Auf der Gednjehøgda (kein Ort) hat man die Wahl, auf der 891 über das **Ordofjell** mit einer Höhe von immerhin 358 Metern nach **Båtsfjord** zu fahren oder auf der 890 nach Berlevåg. Beide Häfen werden von der Hurtigrute angelaufen und liegen jeweils am Ende der Welt. Båtsfjord liegt irgendwo im Nirgendwo, sagte der Fischhändler des Ortes. Im Winter werden die Straßen nicht immer geräumt, es fahren dann nur zu bestimmten Zeiten Schneepflüge von beiden Orten zur Gednjehøgda und drehen dort wieder um. Im Gefolge können dann alle mitfahren, die meinen es tun zu müssen.

Inari - Båtsfjord	***302 km***
Inari - Kaamanen	24 km
Kaamanen - Utsjoki	102 km
Utsjoki - Tana bru	75 km
Tana Bru - Båtsfjord	101 km
Tana Bru - Berlevåg	135 km

In **Berlevåg** endet die Eismeerstraße Ishavsveien. Der Weg dorthin führt über karge Hochebenen, von ein paar Seen bereichert. Die aufragenden Felsen sind eher flache Platten.

Kurz vor **Kongsfjord** erreicht man das Fjordufer und es geht an der Küste entlang. Rechts breitet sich eine flache Uferzone mit einigen Inselchen aus. Hier liegen die Geisterorte **Store Molvik** und **Kvitnes.** Die bizarre Erosionslandschaft besteht aus Sandstein. Auf einer Halbinsel stehen Ruinen und deutsches Gerät aus dem letzten Weltkrieg.

2 km hinter Kongsfjord kann man einen Spaziergang rechts auf die kleine Halbinsel **Veines** machen. Nachdem man um den Risfjord gekurvt ist, bieten sich wieder herrliche Blicke auf den Kongsfjord und die Barentssee. Vorbei am **Kjølnes Fyr** (siehe Berlevåg) erreicht man das 1200 Einwohner zählende **Berlevåg** und der Trubel der Hafenstadt überrascht.

Der Hafen wird durch Tausende von Tetrapoden geschützt, die den starken Wellengang abhalten. Eine Fähre fährt von hier um 22.30 Uhr nach Mehamn (570 NOK mit Pkw).

Auf das 269 m hohe **Tanahorn** sind schon die Samen gestiegen, um zu opfern. Von hier hat man einen guten Rundblick. Es gibt einen markierten Weg dorthin, er beginnt an der Straße nach Store Molvik, 8 km außerhalb von Berlevåg. Der Weg zum Rundblick ist etwa 4 km lang, siehe Ortsbeschreibung Berlevåg.

Man kann eine 3-stündige kombinierte **Angel- und Sightseeingtour** mit der *Vestvær* unternehmen. Das Boot gehört dem Museum, stammt von 1966 und fasst 12 Personen.

Ohne eigenes Auto

- Trampen ganz schlecht
- Schiff: Hurtig auf der Nordrute
- Bus: nach Båtsfjord, Tana Bru

Route 11: Rovaniemi – Inari

Es gibt zwei Möglichkeiten, von Rovaniemi an den Inari-See zu gelangen. Die weniger befahrene ist die über Kittilä (Route 9), die gebräuchlichere und gut ausgebaute führt über Sodankylä.

Von Rovaniemi fährt man nordöstlich Richtung Kemijärvi und biegt nach 25 km in **Vikajärvi,** an der Einmündung der 82, nach Norden ab.

Wer Lust und Zeit hat, kann Sodankylä auch über Kemijärvi erreichen. Er muss lediglich der Straße 82 folgen und in **Kemijärvi** auf die E 63 abbiegen. Diese Alternativstrecke ist rund 60 km länger, aber besonders im Sommer weniger stark befahren.

Wichtig ist diese Strecke, wenn man zum Pyhätunturi-Wandergebiet will, das kann man von der E 75 erst ab As-

Rovaniemi - Inari	***336 km***
Rovaniemi - Sodankylä	128 km
Rovaniemi - Kemijärvi	82 km
Kemijärvi - Sodankylä	78 km
Kemijärvi - Pyhätunturi	33 km
Pyhätunturi - Sodankylä	76 km
Sodankylä - Ivalo	159 km
Ivalo - Inari	39 km

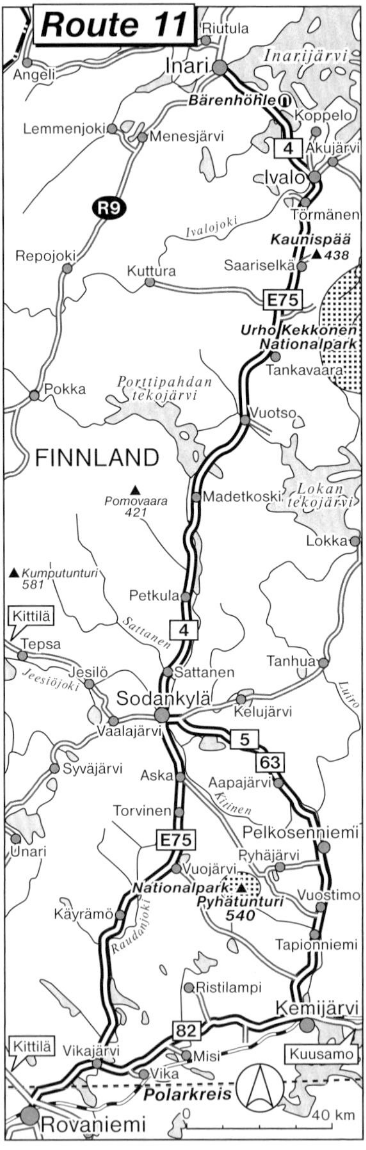

ka, ein ziemlicher Umweg. Der **Pyhätunturi** ist 540 m hoch. Von Süden her ist er zu steil, aber man kann ihn von Norden ersteigen. Am **Pyhäjärvi** ist ein alter Samenplatz, dort befindet sich eine Touristenstation (Kappelitie 2, Tel. 02-07681730). Schönes Wandergebiet, im Winter ein Wintersportzentrum. Wohnen kann man im *Kairosmaja Fjell Centre* (Tel. 020-768173) am Fuße des Pyhätunturi am Pyhäjärvi. Außerdem gibt es das Ferienzentrum *Lapin Orava* (Tel. 016-852103, www.lapinorava.fi) und das *Hotel Pyhätunturi* (Tel. 016-856111).

Am Raudanjoki, 80 km von Roi, liegen schöne Unterkünfte, *Visatupa*, Seipäjärventie 409, 99510 Raudanjoki, Tel. 016-634133.

Sodankylä ist das „Kälteloch" Lapplands, nirgends ist es im Winter kälter. Von hier bis Ivalo gibt es reichlich angenehme Rastplätze, die zum Übernachten einladen. Ab Sodankylä folgt die Straße immer dem Kitinen, der in dem See entspringt, der östlich von Vuotso liegt, bis dort sind es ca. 75 km. Dieser See **Porttipahdan Tekojärvi** ist als Angelparadies bekannt.

Von **Vuotso** bis Tankavaara (s. Ortsbeschreibungen) sind's noch 10 km. 25 km vor Ivalo, bei Saariselkä, liegt rechts der 438 m hohe **Kaunispää,** der mit Skilift und Motel zum Wintersport hergerichtet wurde. Hier kann man Rentier- und Motorschlittensafaris unternehmen (Joiku-Kotsamo, Tel. 626 217). Autoauffahrt und Turm mit grandioser Aussicht, auch im Sommer. Im Lutto-Tal kann man eine Rast im *Café Julia* einlegen.

Ende November findet hier das jährliche **Kamos Jazzfest** statt, das sich für Fans immer lohnt.

In **Saariselkä** kann man im 750-Betten-Fjällhotel *Saariselkä* (Tel. 016-681 501) oder im etwas kleineren *Hotel Laanihovi* (Tel. 016-668200) übernachten (Jugendherberge Tel. 019-349 395, Unterkunftsservice Tel. 020-310 000). Kuchen gibt's im *Hotel Riekonlinna*. Der Ort hat das Warenhaus *Kukkeli* (Saariseläntie 1) und sogar einen Weinladen zu bieten.

Nun ist es bergiger geworden, und das bleibt so bis **Ivalo.** Von hier sind's noch 39 km bis **Inari,** immer am See entlang. Es gibt exquisite Rastplätze zum Übernachten, die allerdings in der Hauptsaison recht belegt sind,

LAP_307 Foto: fh

Unwegsames Gelände beim Pyhätunturi

Routen

26 km vor Inari kann man eine „Bärenhöhle" *(Karhunpesäkivi)* besichtigen. Nur dem Schild folgen und endlos Treppen steigen (siehe Ortsbeschreibung Inari).

Ohne eigenes Auto

- Rovaniemi – Sodankylä: Bus, Trampen okay
- Sodankylä – Ivalo: Bus, Trampen gut

Route 12: Rovaniemi – Muonio

Dies ist im Sommer eine stark befahrene „Nordkaproute": von Rovaniemi über Muonio nach Alta. Mehr oder weniger folgt die Straße Nr. 79 die ganze Strecke dem Ounasjoki.

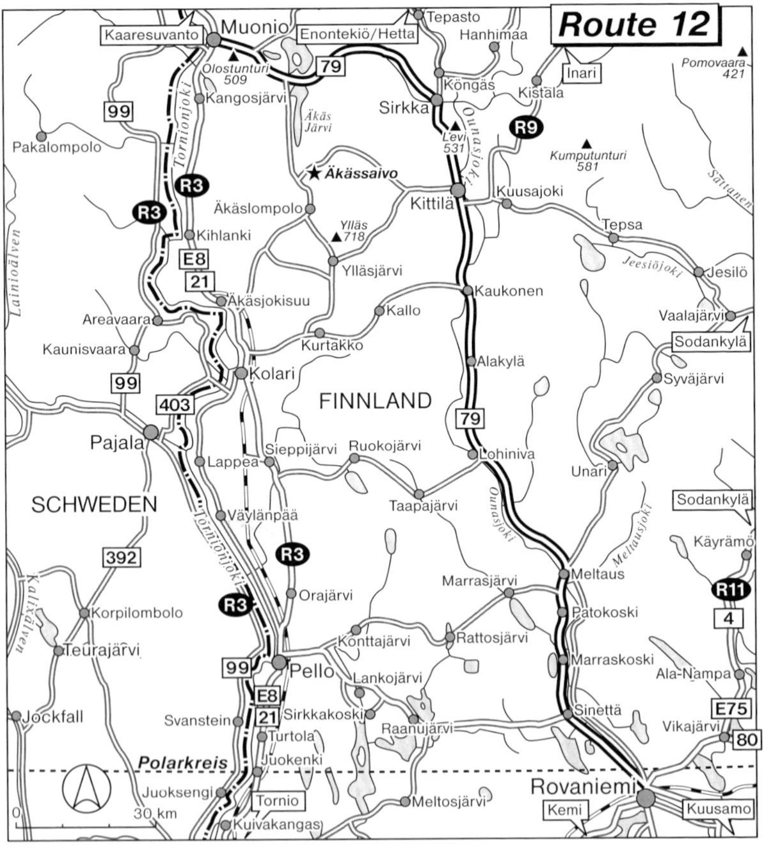

Kurz hinter Rovaniemi hat man, ehe man sich versieht, den **Polarkreis** überschritten. Landschaftlich nichts Besonderes: Felder, Äcker, Souvenirstände und ein Weihnachtsmanndorf. Dort eingeworfene Karten werden zum Advent abgeschickt (Joulupukin Pajakylä, FIN-96930 Napapiiri).

In **Tapionkylä** und in **Melthaus** führt eine Brücke über den Ounasjoki.

In **Kittilä** trifft man auf die Nebenstrecke von Inari (Route 9). Hinter Kittilä zweigt eine Nebenstraße nach Westen ab. Wer das Besondere liebt, biegt hier ab und kann auf Waldwegen zu den landschaftlichen Attraktionen **Äkässaivo** (Opferplatz) und **Äkäslinkka** (alte Mühle) gelangen, ohne große Umwege zu machen (siehe Ortsbeschreibung Muonio). Dort kann man nach Norden am Äkäsjärvi entlang wieder auf die 79 gelangen oder nach Südwesten fahren zur E 8 (Route 3).

Auf der Hauptstraße weiterfahrend, erreicht man als nächstes **Sirkka:** links und rechts der Straße je ein Berg, dazwischen der kleine „Göttersee". Der rechte heißt Levi und ist 531 m hoch. Guter Blick von der Sendestation.

Kurz hinter Sirkka biegt die Straße nach Westen ab. Jetzt sind es noch etwa 60 km bis Muonio. Hinter dem **Äkäsjärvi-See** zur Linken, führt eine schmale Straße nach **Äkäslompolo,** dem Wintersport- und Wandergebiet.

Rovaniemi - Muonio	***238 km***
Rovaniemi - Kittilä	156 km
Kittilä - Sirkka	20 km
Sirkka - Muonio	62 km

Letzte landschaftliche „Sensation" vor Muonio ist der **Olostunturi** mit Skilift und Aussichtsturm. Dann erreicht man **Muonio** und die E 8 (Anschluss Route 3).

Ohne eigenes Auto

- Bus und Trampen gut

Route 13: Arvidsjaur – Storjord

Eine der nördlichsten Verbindungsstraßen zwischen Schweden und Norwegen ist die Straße Nr. 95, eine Teilstrecke des Silvervägen, die allernördlichste ist der in den 70ern eröffnete Nordkalottenvägen von Kiruna nach Narvik.

Ausgangspunkt ist der Ort **Arvidsjaur** (363 m ü.d.M.); von hier führt die Straße in ziemlich gerader Richtung nach Nordwesten. Im Juni/Juli sollte man im Ort nachfragen, ob vielleicht zufälligerweise eine **Rentierscheide** (Aussortieren der Rentiere) stattfindet, Arvidsjaur ist das Zentrum der in der Umgebung lebenden Waldsamen.

Bis **Arjeplog** (420 m ü. d. M.) sind es ca. 85 km Wald, Moor und wieder Wald, hin und wieder Rentiere. Arjeplog ist ein schönes, altes Dörfchen, auf einer Landzunge zwischen zwei Seen gelegen. Das Silbermuseum nicht auslassen!

Bei **Jäkkvik** kreuzt der *Kungsleden* (siehe Wanderwege) die Autostraße. In Jäkkvik wurde der berühmte Samenprediger *Læstadius* geboren. Hier ist die letzte Tankstelle der Gegend.

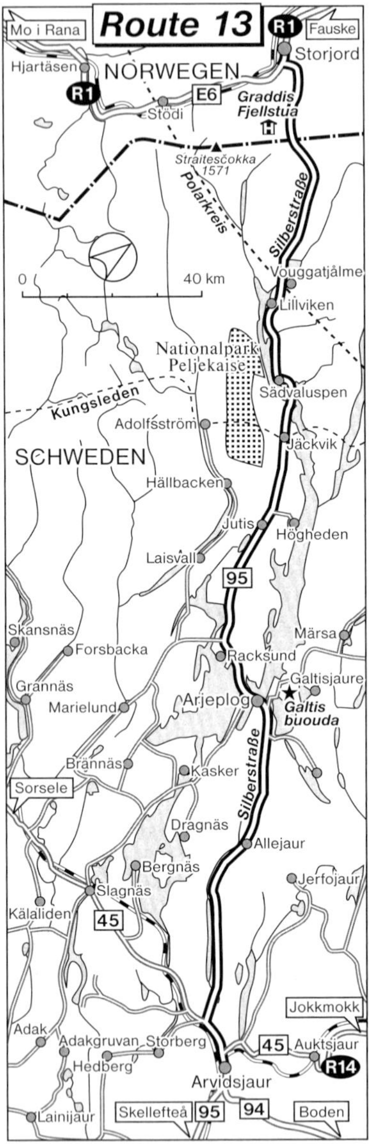

Links liegt nun der **Nationalpark Peljekaise.** Er hat eine Fläche von 14.600 ha und wurde 1909 zum Schutz der dortigen Fjällbirkenwälder gegründet. Durch diesen Park führt der Kungsleden-Wanderweg nach Südwesten.

Etwa bei **Vouggatjålme** erreicht man den **Polarkreis,** der ohne den sonst üblichen Zirkus überschritten wird.

Nun kommt die **Grenze,** an der ein Schild auffordert, im Falle einer Verzollung nach Mo oder Fauske zu fahren.

Hinter der Grenze kann man zur **Graddis-Fjellstua** abbiegen (430 m). Hier steht eine 1000-jährige Kiefer. Die Gegend heißt *Junkerdal,* nach dem Junker, der 1657 die schwedischen Silberminen im Nasafjäll zerstörte. Die E 6 trifft man bei **Storjord,** wo man sich für die Weiterfahrt nach Süden oder Norden entscheiden muss (Anschluss: Route 1).

Ohne eigenes Auto

- Arvisjaur - Ajeplog: Postbus, Trampen gut
- Arjeplog - E 6: schlecht, schlecht!

Arvidsjaur - Storjord	***234 km***
Arvidsjaur - Arjeplog	85 km
Arjeplog - Jäckvik	63 km
Jäckvik - Graddis	66 km
Graddis - Storjord	20 km

Route 14: Arvidsjaur – Jokkmokk – Gällivare – Karesuando

Diese Strecke fahren die Leute, die über Schweden Lappland erreichen wollen. Wohl einer der abwechslungsreichsten Anreisewege. Man hat Wald, Seen, Berge, Tundra, Wiesen, kurz alles, was die Palette „Wildnis“ so zu bieten hat. **Arvidsjaur** erreicht man von Südschweden über die 95 oder von Norwegen kommend (Route 13).

Von Arvidsjaur bis Jokkmokk fährt man durch hügeliges, waldbestandenes Land. Alle Flüsse, die man überquert, fließen von links nach rechts, also vom Skandinavischen Gebirge dem Botnischen Meerbusen zu. In mehr oder weniger großem Abstand läuft die Straße parallel zur Eisenbahnlinie, die hier als vorläufiges Ziel Gällivare hat. Dort trennen sich dann die Wege, die Bahnlinie macht einen weiten Linksbogen nach Kiruna, die Straße erreicht die gleiche Stadt mit einer weiten Rechtskurve.

Jokkmokk ist ein weitläufig angelegtes, freundliches Städtchen, das zum Verweilen einlädt. Von hier lohnt sich ein Abstecher nach **Kvikkjokk,** wo sich zwei Flüsse treffen und einen bis

Arvidsjaur - Karesuando	***464 km***
Arvidsjaur - Jokkmokk	158 km
Jokkmokk - Gällivare	90 km
Gällivare - Svappavaara	81 km
Svappavaara - Karesuando	135 km
(Svappavaara - Kiruna	47 km)

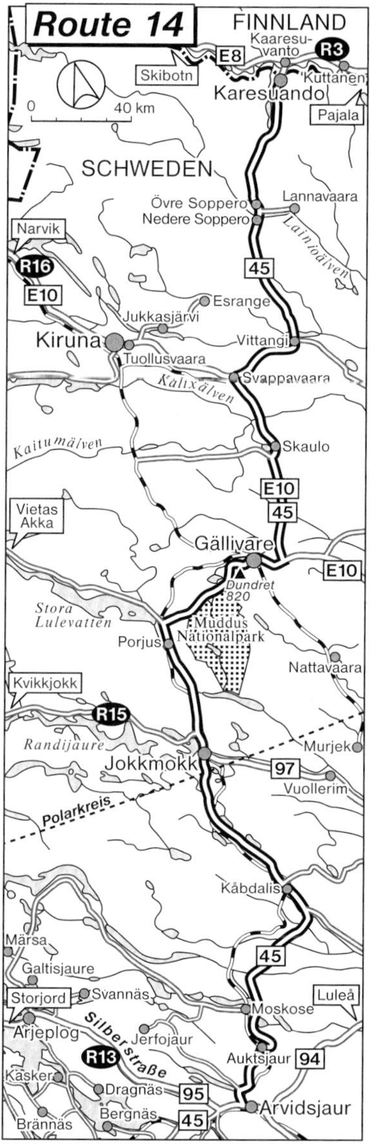

LAP_310 Foto: fh

Wenn die Sonne
bei Kvikkjokk im See versinkt ...

Jokkmokk reichenden See bilden (siehe Route 15).

Wer's eilig hat, folgt der Hauptstraße geradeaus weiter nach Gällivare. Auch hier benutzt man die 45. In **Porjus** liegt ein großes Wasserkraftwerk, das von Technik-Fans besichtigt werden kann. Tolle Führungen durch die alten Turbinenhallen (Eintritt frei). Von hier gehen die 400.000-Volt-Leitungen ab, von der auch die Kiruna-Narvik-Bahn ihren Strom bezieht. Außerdem: Ausstellung über den Bau 1910-15, Linascafé im alten Stellwerk. Die Galerie 47 im alten Bahnhofshäuschen ist von Juli bis August geöffnet. Von Porjus kann man nach **Vietas** zu einem ähnlichen Kraftwerk fahren.

Am Stora Lulevattn entlang, der am oberen Ende Akkajaure heißt, erreicht man den **Stora Sjøfallet-Nationalpark.** Dieser Nationalpark wurde 1910 gegründet, er hat eine abwechslungsreiche Flora und Fauna.

Fährt man in Porjus auf der 45 weiter, gelangt man nach **Gällivare.** Von hier aus ist der **Muddus-Nationalpark** zu erreichen, ab Ende Juli geöffnet ist. In der Mitte ist das Muddusjaur-Vogelschutzgebiet, das vom 15.3. bis 31.7. geschlossen ist (große Wälder).

Von Gällivare geht's kurzzeitig Richtung Osten, dann links ab auf die E 10, Richtung Kiruna. In **Svappavaara** muss man sich entscheiden, ob man Kiruna und dem Abiskopark einen Besuch abstatten will (Route 16) oder über Vittangi auf der 396 gen Nordkap. Im Dorf wurde ab dem 17. Jh. Kupfer abgebaut. Reste der Anlage gibt es noch.

Von Svappavaara bis **Vittangi** sind's 27 km. Der Ort war Gerichtsplatz und hält mit −53 °C den schwedischen Kälterekord. Es gibt einen kleinen Campingplatz. Die Landschaft ändert sich auch auf den letzten 100 km bis Karesuando nicht mehr. Es bleibt beim „echten Lappland“: Birken, Hügel, hier und da ein Bauernhof. In Nedere Soppero geht's rechts ab nach **Lannavaara,** ein Goldwäscherdorf (s. Tankavaara). 1 Tag waschen: 150 SEK. Info: www.kristallen.com/turism/guldvaskning. Außerdem gibt es ein Mineralienmuseum und eine Steinschleiferei.

In **Karesuando** verlässt man Schweden auf der Brücke über den Grenzfluss. Auf der finnischen Seite gibt es nun zwei Möglichkeiten, das Nordkap zu erreichen. Die kürzere Strecke führt paradoxerweise nach Süden, aber nur für ca. 30 km, dann nach Enontekiö/Hetta, dann scharf links Richtung Norden (Route 4). Die andere führt entlang der schwedisch-finnischen Grenze nach Norwegen.

Ohne eigenes Auto

- Arvidsjaur – Kiruna: Eisenbahn, Trampen möglich
- Svappavaara – Vittangi: Bus, Trampen möglich
- Vittangi – Karesuando: Bus, Trampen schlecht, aber möglich

Route 15: Jokkmokk – Kvikkjokk

Von Jokkmokk lohnt sich ein Ausflug zu dem kleinen Örtchen Kvikkjokk. Man folge der Rv. 805 und kommt nach 124 km zur Endstation. Eine wirklich tolle Fahrt durch dichten Wald und schöne Landschaft, immer an Seeufern entlang, erst am Randijaure dann am Saggat-See. Zwischen Jokkmokk und Kvikkjokk gibt's keine Tankstelle. Busse fahren regelmäßig, um Wanderer zurück in die Zivilisation zu bringen.

Von **Kvikkjokk** erreicht man mehrere Wanderwege: Den *Kungsleden* und den Weg in den Sarek.

Kvikkjokk: kalt rauscht der Fluss!

LAP_312 Foto: fh

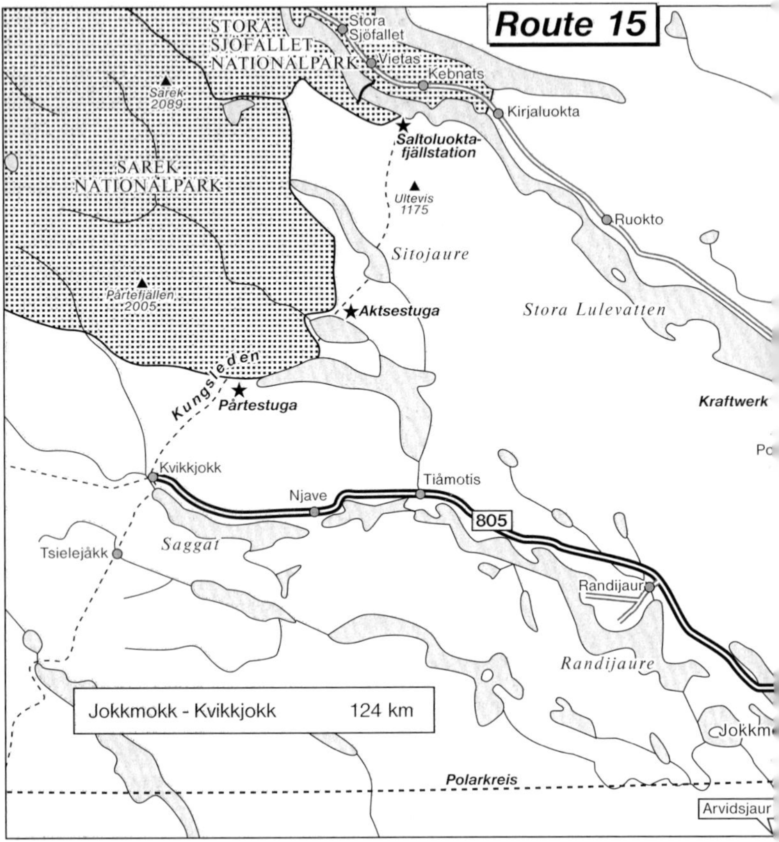

Man kann sich hier vor der Wandertour mit Proviant versorgen, außerdem gibt es die Möglichkeit, an einem Überlebenstraining teilzunehmen. Der eisige Kvikkjokk-Fluss, der vom 2021 m hohen Pårtefjellen kommt, fließt direkt am dortigen Wanderheim vorbei.

Wer den *Kungsleden* nach Norden bis **Saltoluokta** wandern will, sollte zusehen, dass er nicht in der zweiten Augustwoche dort ankommt, denn dann ist dort das Folklorefestival, das drastische Preisanstiege bei den Übernachtungsmöglichkeiten nach sich zieht.

Ohne eigenes Auto

- im Sommer Trampen gut, sonst Bus.

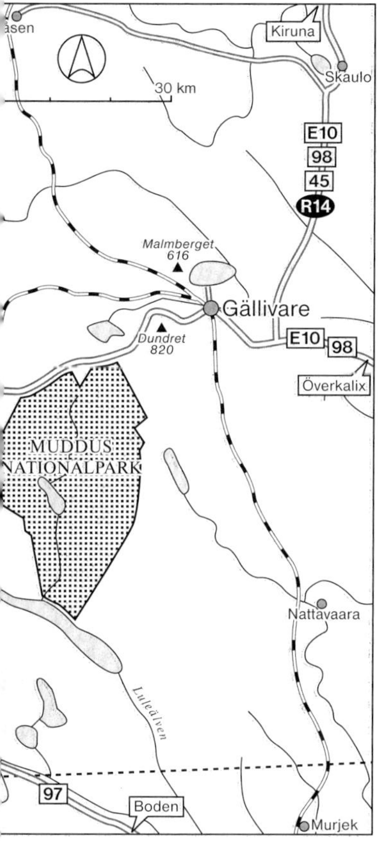

Route 16: Narvik – Kiruna

Kiruna-Narvik-Bahn (Ofotbahn)

Das im schwedischen Kiruna gewonnene Erz musste, um Geld zu bringen, exportiert werden. Dazu wurde es ursprünglich mit der Bahn zu den schwedischen Ostseehäfen transportiert und von dort nach Deutschland oder England verschifft. Dies war allerdings im Winter nicht möglich, da die Ostsee fast ganz zufror.

Der clevere Fischhändler *Anton Mosling* gründete daraufhin am Rombaksfjord in Norwegen eine Gesellschaft mit dem Ziel, von Narvik aus eine Eisenbahn über die Berge nach Kiruna zu bauen. Durch den Golfstrom sind Norwegens Häfen nämlich eisfrei.

Der Plan wurde trotz der immensen technischen Schwierigkeiten in die Tat umgesetzt. Sämtliches Material musste per Bahn und Schiff herangeholt werden. Die Schienen lieferte die 2500 km entfernte Firma *Krupp* in Essen. Die Legemannschaften arbeiteten sogar durch den Winter, wobei sich die Schienenstränge durch den Frost warfen und im Frühjahr die ersten Schwellen zu faulen begannen. Am 12.3.1888 steuerte der Engländer *Robertson* einen Zug mit Erz nach Luleå und am 15.11.1902 fuhr der erste Zug von Kiruna nach Narvik. Der Strom (seit 1921) für die E-Loks kommt vom Porjus-Kraftwerk in Schweden.

Kurze Zeit nach der Eröffnung ging die Betriebsgesellschaft pleite, und der englische Teilhaber forderte die 18 hochmodernen englischen Loks zurück, die Waggons durften bleiben. Da englische Züge schon zu der Zeit Pressluftbremsen hatten, die Skandinavier jedoch noch von Hand bremsten, wurden auf diese modernen Loren Bremserhäuschen aufgesetzt und die Züge von schwedischen Loks gezogen und weiterhin per Hand gebremst.

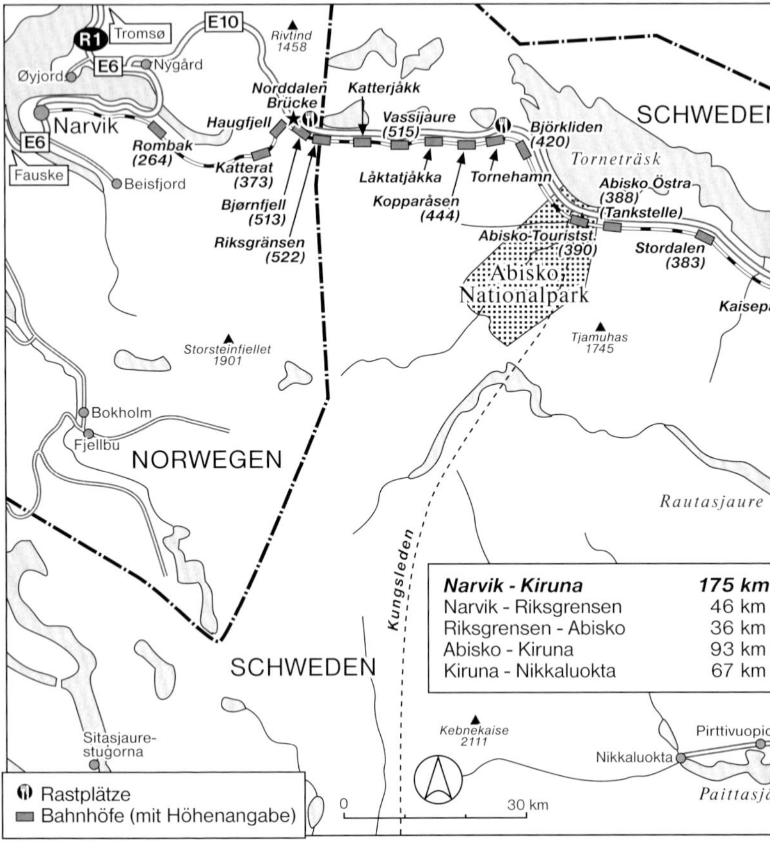

Heute rollen hier die modernsten und stärksten (9700 PS) Loks Europas, denn für Schweden ist dies die Teststrecke für Eisenbahnen. Die deutsche Firma *Adtranz* baute die größte Lok der Welt für die Erzbahn, einige Zahlen dazu: 45,8 m lang, 360 t schwer, zwölf Achsen, jeweils zwei davon treiben einen Zug an, der über 8000 t wiegen darf. Höchstgeschwindigkeit des Zuges 80 km/h.

Ein paar Zahlen für Technik-Fans

Im Anfangsstadium (mit Dampf) beförderte ein Zug 28 Wagen à 35 Tonnen Erz, zusammen also 980 Tonnen. Heute zieht man 5200 Tonnen auf 52 Waggons über den Berg, seit 1960 mit

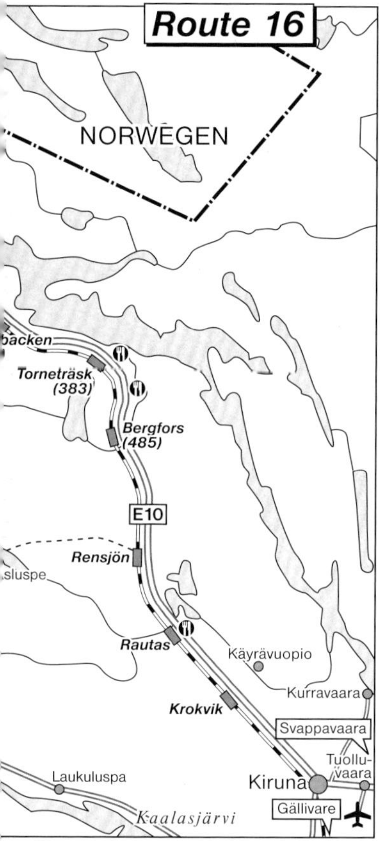

drei Loks Typ DM-3 in Schweden, ab Vassijaure mit norwegischen E 112 (= 7400 PS pro Zug).

Erzbahnfahrt

Die Fahrt geht von Narvik über Abisko (Nationalpark) nach Kiruna und ist ein schönes Erlebnis. Besonders der erste Teil bis Abisko ist interessant, man bestaunt eine einzigartige Bergwelt. Die schwindelerregende **Norddalen-Brücke** zwischen Katterrat und Haugfjell hat man zwar durch zwei Betonkonstruktionen ersetzt, aber man kann die alte vom Zug aus gut sehen.

Hinter Abisko wird die Fahrt eintöniger. Mehrere Züge verkehren täglich zwischen Narvik und Kiruna. Gut ausgeschilderte Wanderwege gibt es fast in jedem Ort hier oben.

Im Sommer (Mitte Juni-Ende Sept.) fährt der **Rallarrosen** (ein Lokalzug) die Strecke ab. In diesen Zug kann man an jedem Bahnhof zusteigen, wenn man irgendwo wandern will. Unbedingt die Abfahrtszeiten beachten!

Fahrtdauer: Express drei Std., Lokal vier bis fünf Std. Organisierte Fahrten sind möglich. Das Ticket ist zwei Monate gültig. Unbedingt auf die linke Seite setzen wegen der besseren Aussicht! Im Folgenden einige lohnenswerte **Zwischenstationen** in der Reihenfolge ab Narvik:

- **Rombak:** Wanderwege zum Langvann und zum Beisfjord.
- **Katterat:** „Norwegens bester Wanderweg" führt auf der ehemaligen Baustraße über Rombak hinunter zum Rombakfjord, außerdem gibt es Wege zum Katterat-See und zum Storsteinfjellet.
- **Bjørnfjell:** Skilaufen ist bis in den Juni möglich. Wanderwege zum Katterat-See und zum Torneträsk.
- **Riksgränsen:** (Lapplandia, höchstgelegener Bahnhof der Strecke, mit 522 m ü.d.M.) Grenze nach Schweden, Turiststation Tel. 0980-40080, mit Frühstück ab 390 SEK. Winter- und Sommersport, Seilbahn und Campingplatz. Wanderweg nach Björnfjell rund um den Katterjåkk-See.
- **Katterjåkk:** Der Bahnhof liegt in der Nähe eines alten Kraftwerks. Das *Hotel Fys Ihjäl*

LAP_317A Foto: fh

(„Hotel erfrieren") erinnert an die Strapazen der Bahnarbeiter beim Bau der Strecke.

● **Vassijaure:** Nördlichster Bahnhof Schwedens, Angelmöglichkeiten. Es gibt ein kleines samisches Museum. Wanderweg bis Njuorajaure oder zur Palnovik-Hütte (Samenlager).

● **Låktatjåkka:** Angelmöglichkeiten. Wanderweg zu Schwedens höchster Wanderhütte am Låktatjåkka-Pass, 1228 m ü. d. M. Der Bau dieser Station 1929 konnte wegen der unberechenbaren Natur nur mit großen Schwierigkeiten durchgeführt werden. Übernachtung 390 SEK; www.bjorkliden.com. Man braucht für die 7 km ungefähr 3 Std.! Auf dem Gipfel liegt ein Buch, in das man sich eintragen kann. Wanderweg nach Bjørkliden (Kiosk).

● **Kopparåsen:** Wegen seiner Lage vor den Bergen ist hier das Schnee- und Regenloch Schwedens. Ein Rekord wurde 1926 mit 3,27 m Schneehöhe aufgestellt.

Ofotbahn: Bahnhof Abisko Östra

● **Tornehamn** (3 km nördlich von Björkliden): Die alte Hauptstadt der Bauarbeiter. Sehenswert der Friedhof der *Rallare* mit den Gräbern von 57 Eisenbahnern, die beim Bau ihr Leben verloren. Auf dem Grab der legendären Frau *Svarta Björn,* steht lediglich: „Anna/Norwegen".

● **Björkliden:** Wanderwege nach Abisko (8 km) und zum Låktatjåkka-Pass (9 km). Übernachtungsmöglichkeit im Hotel oder in Hütten ab 665 SEK (Tel. 0980-64100). z. B: *Gammelgården Skilodge,* Hütten von 1920 (nur im Winter) oder *Fjället,* von wo man einen herrlichen Blick über Lapporten hat. Eine Campingmöglichkeit gibt es auch. Tourismusregion mit dem nördlichsten Golfplatz (zumindest) Schwedens und den viertgrößten Höhlen des Landes am Kåppasjåkko, die besichtigt werden können. Ausrüstung kann geliehen werden. Unweit der E 10 liegt der sehenswerte Siverfallet.

● **Abisko:** Touristenstation und Nationalpark, viele Wanderwege. Der Abisko-Canyon hat sich 20 m tief in den Fels gegraben. Einer der

LAP_317B Foto: fh

Endpunkte des berühmten *Kungsleden,* des fast 500 km langen Wanderwegs über Ammarnäs nach Hemevan, Sessellift (Juni-Sept. 9.30-17.30, 38 SEK/Person) auf den Nuolja (Bergstation 900 m), Mitternachtssonnen-Aussichtsplatz (MnS: 12.6.-4.7.). Abisko ist der regenärmste Ort Schwedens. Übernachtung ab 190 SEK/Person (Tel. 0980-40200). Großer Laden für Proviant und Sportartikel.

- **Abisko Östra:** Das Hotel hier ist ganzjährig geöffnet, zur Wander- und zur Ski-Saison (Tel. 0980-40148, ab 500 SEK, Hütte ab 750 SEK).
- **Kaisepakte:** Wer hier aussteigt, kann den Berg gleichen Namens aus der Nähe betrachten. Auf Samisch bedeutet das Wort „Abhang". Von diesem soll sich, der Legende nach, eine unglücklich verliebte Samin gestürzt haben.
- **Torneträsk:** Am 1. Maiwochenende werden die Lapplandmeisterschaften im Eisfischen ausgetragen. Es ist die größte Veranstaltung dieser Art mit rund 2000 Teilnehmern.

Autofahrt von Narvik nach Kiruna

In Norwegen macht die Straße einen Bogen von der Bahnlinie weg, in Schweden verläuft sie dann immer parallel dazu.

Von **Narvik** fährt man erst einmal auf der E 6 Richtung Norden. Nach der Brücke über den Rombak-Fjord kommt man durch **Nygård.** Vor dem Campingplatz *Hersletta* geht's rechts ab auf die E 10. Die Straße ist nicht breit, aber der Verkehr ist auch nicht dicht. Leider gibt es auf der norwegischen Seite wenige Halteplätze, es ist an der Felswand kaum Platz für die Straße. Kurz vor Schweden wird es dann besser. Auf dem Hochplateau liegen Sommerhäuser der Narviker weit verstreut wie Bauklötze auf dem Teppich.

Ab **Riksgränsen** wird die Gegend ebener. In Riksgränsen kann man sich Dias und herrliche Landschaftsfotos der Gegend ansehen. Der Künstler, der seine Fotos auch verkauft, heißt *Sven Hörnell.*

In **Katterjåkk** gibt es einen schönen Parkplatz mit Aussicht auf den See. Ein Laden ist vorhanden, in der Turiststation gibt es Unterkunft für Wanderer. In **Vassijaure** befindet sich der Rastplatz direkt am Bahnhof. Wer noch weiterfährt, findet auf halbem Weg nach **Tornehamn** und im Ort selbst traumhafte Rastplätze.

In **Björkliden** erreicht man den See **Torneträsk.** Hier befindet sich auch eine Tourist-Info, ein Laden und man kann Hütten mieten, von denen man tolle Aussichten über Lapporten hat. Das 2 km breite Tal, das die Samen Cuonavaggi nennen, ist ein oft fotografiertes Motiv.

Die einzige Tankstelle unterwegs findet man in **Abisko Östra,** hier steht auch das ganzjährig geöffnete Hotel.

Ab **Stenbacken** gibt es keine Übernachtungsprobleme mehr, alle 15 km wurde ein Rastplatz eingerichtet.

Bahnwärter wohnen einsam

LAP_X00 Foto: fh

Orte in Lappland von A bis Z

LAP_X03 Foto: fh

LAP_X01 Foto: fh

Wasser, bunte Häuschen und die Berge

Holz ist der traditionelle Baustoff in Skandinavien

Der beste Überblick bietet sich von den umgebenden Bergen, hier Narvik

Zu den Ortsbeschreibungen

Im Folgenden haben wir alle wichtigen lappländischen Orte jeweils **innerhalb der Länder** Norwegen, Schweden und Finnland **alphabetisch** geordnet, so dürfte es nicht schwer fallen, schnell die passenden Informationen zu finden. (Wir haben dabei der Einfachheit halber die skandinavische Reihenfolge des Alphabets nicht berücksichtigt, Å steht deshalb unter A und nicht am Ende des Alphabets.)

Kleinere Ortschaften sind oft als „Ausflugsziele" in der Beschreibung eines größeren Nachbarortes aufgelistet. Sie erscheinen aber zusätzlich noch einmal an der alphabetischen Stelle mit dem entsprechenden Verweis. Das gleiche gilt für die Ortschaften, die nur in den Routenbeschreibungen erwähnt werden.

Die einzelnen Ortsbeschreibungen sind wie folgt gegliedert:

- **Information:** Die Adresse des zuständigen Fremdenverkehrsbüros findet man stets als Erstes. Hier kann man weiteres, ausführlicheres Informationsmaterial besorgen bzw. sich schicken lassen.
- **Einw.** = Einwohnerzahl
- **Übernachtung:** JH = Jugendherberge, CA = Campingplatz, H = Hotel/Gasthof. Es wird nur angegeben, ob es entsprechende Einrichtungen gibt, Adressen findet man im Kapitel „Reisetipps A–Z, Übernachten". Jugendherbergen liegen normalerweise in Laufweite vom Zentrum, Campingplätze dagegen oft kilometerweit außerhalb der Ortschaft.
- **Mitternachtssonne (MnS):** Das dahinter stehende Datum gibt an, in welchem Zeitraum die Sonne hier nicht untergeht.
- **Sehenswertes:** Die Liste der Attraktionen ist nicht immer komplett. Insbesondere auf Bauwerke, die für den Nicht-Fachmann weniger interessant sind, haben wir verzichtet. Detaillierte Infos bekommt man bei den entsprechenden Tourist-Ämtern.
- **Veranstaltungen:** Was wir wussten, haben wir aufgeschrieben (siehe auch die Kapitel „Feiertage" und „Samenmärkte"). In vielen Orten gibt es spezielle Feste, sie alle zu beschreiben, würde den Rahmen sprengen.
- **Ausflüge:** Hier werden sehenswerte Orte und Dinge in der Umgebung aufgeführt.
- **Verkehrsverbindungen:** Diese Rubrik ist als grober Überblick für Rucksackreisende gedacht, aber keineswegs vollständig. Postbusse fahren z. B. täglich alle möglichen Ortschaften in der näheren Umgebung an, sind aber nicht extra vermerkt.
- **Daten und Zeiten:** Hinter Museen, Büros, Hotels und Ähnlichem sind die Öffnungszeiten und -saison angegeben. Vieles ist schon ab Frühherbst geschlossen. Mitunter richten sich die Saison-Öffnungszeiten nach dem Wetter.

In vielen Ortsbeschreibungen Lapplands steht: **„im 2. Weltkrieg völlig zerstört".** Das hat folgende Ursache: Als Hitlers Armee von der russischen Grenze zurückweichen musste, sollte der nachrückenden Roten Armee nichts überlassen werden, was irgendeinen Wert für sie hätte haben können. Durch diese „Aktion Verbrannte Erde" wurde der größte Teil Lapplands völlig verwüstet. Die Nazis sprengten Brücken und Höfe, versenkten alle Schiffe, zerstörten Strom- und Telefonverbindungen und metzelten den größten Teil der Rentierherden nieder. Fast 100.000 Menschen wurden vertrieben und ihre Städte dem Erdboden gleich gemacht. Es schadet nicht, wenn man hin und wieder daran denkt.

LAP_X02 Foto: ws

Ska\13a Foto: Stadtmuseum

Ska\19a Foto: Stadtmuseum

Dreimal Hammerfest:

oben:
So sieht Hammerfest heute aus
(Foto: Wolfram Schwieder)

Mitte:
Die Stadt um die Jahrhundertwende
(Foto: Stadtmuseum)

unten:
Der gleiche Ausschnitt 1945, nach der Zerstörung durch die deutschen Truppen
(Foto: Stadtmuseum)

Norwegen: Orte von Å bis Z

Å
Fischerdorf, siehe Lofoten

Andøya
Flache, bewaldete Insel, s. Vesterålen

Alta

● **Information:** Alta Turistinformasjon, im Parksenteret, Tel. 78445050, www.destinasjonalta.no.
● **Einw.:** 18.000
● **Übernachtung:** JH, CA, H
Nordlys Hotell Alta, Bekkefaret 3, Tel. 7845 7200, www.nordlyshotell.no.
Rica Hotel, Løkkeveien, Fv 13 zum Kreisverkehr und links, Tel. 78482700, www.rica.no.
Park Hotell, Markedsgata 6, Tel. 78457400, www.parkhotell.no.

In Alta, am gleichnamigen Fjord gelegen, stößt die Rv. 93 von Kautokeino kommend auf die E 6 (Ortsteil Bossekop). Die Ortschaft besteht aus mehreren Teilen, die sich entlang der E 6 ziehen.

Hier hat man Funde der ältesten norwegischen Kultur gemacht, bekannt unter dem Namen **Komsakultur.** Es haben hier also schon vor 10.000 Jahren Menschen gelebt. Hier wurden auch **Felszeichnungen** entdeckt, die 2-6000 Jahre alt sein sollen.

Bis zum 18. Jh. lebten hier vornehmlich Samen, dann begann die Einwanderung von Finnen und Norwegern. 1566 erwähnte man die Bewohner der Ortschaft am Altafluss zum ersten Mal in den Steuerbüchern der Festung Vardøhus.

1610 baute man auf der Insel **År** im Auftrag des Königs *Christian IV.* eine **Festung,** die allerdings nie angegriffen wurde, so dass die 42 Mann starke Garnison ihre Ruhe hatte. Die Reste der Festung sind zu besichtigen. Gegen Ende des 2. Weltkrieges wurden fast alle Häuser und ein Großteil der ehemals riesigen Kiefernwälder zerstört. Darum bietet Alta heute das übliche Bild einer modernen Siedlung.

Allerdings wurde der Hof **Altagård** auf Elvebakken im alten Stil wiederaufgebaut. Um 1740 diente er dem „Amtmann" als Wohnung, später befand sich hier eine Missionsschule, bis er 1897 zum Hauptquartier des „Altabataillons" wurde.

Wer von Norden kommt, wird die Reste des **Kiefernwaldes** geradezu überwältigend finden; zu lange hat man keinen richtigen Baum mehr gesehen. In der Umgebung liegen **Schieferbrüche,** in denen auch heute noch abgebaut wird. Etwa 300 Menschen arbeiten heute in der Schieferproduktion. 1935 waren es noch über 1000.

Heute ist der Ort relativ uninteressant. Es gibt ein Einkaufszentrum mit Café gegenüber dem Rica Hotel, einen Weinladen und den Flughafen.

Sehenswertes

• **Felszeichnungen:** Man findet sie am Westende des Ortes, an der E 6 im Stadtteil **Hjemmeluft.** Altaveien 19, tgl. Mai/ Sept. 9-18 Uhr, Juni-Aug. 8-

Nordnorwegen: geliebte Fjordlandschaft (Foto: Joachim Ehlers)

LAP_X05 Foto: je

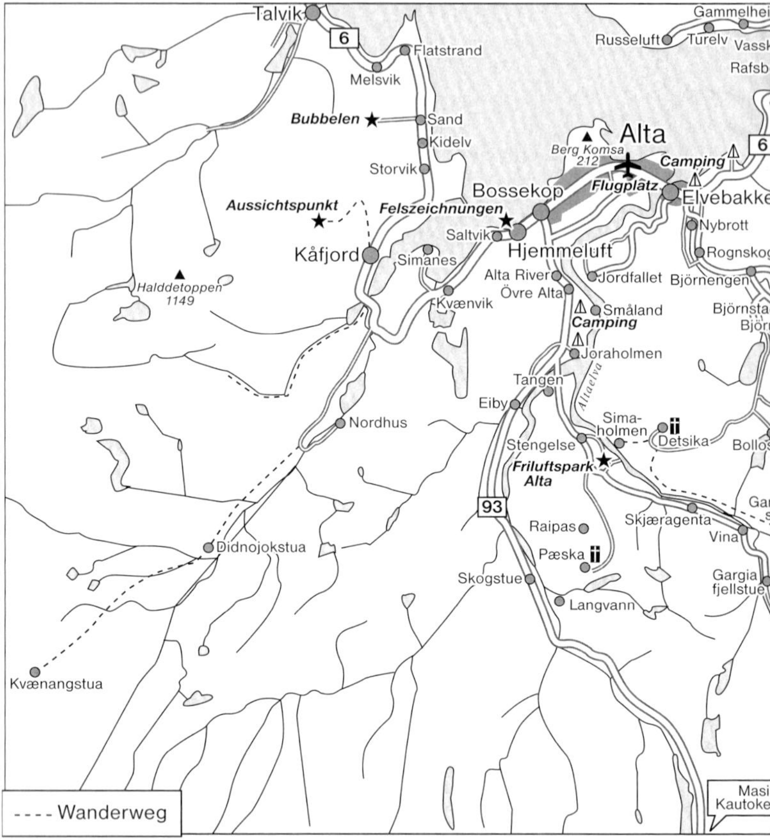

21 Uhr. Okt.-Apr. 9-15 Uhr, Sa/So 11-16 Uhr, www.alta.museum.no; dem Altamuseum angeschlossen und auch nur mit der Museumseintrittskarte zu besuchen, 40 (Winter) bzw. 80 NOK. Diese bis zu 6000 Jahre alten Bilder sind in die „World Heritage List" der UNESCO aufgenommen. Die Anlage hat einen europäischen Museumspreis bekommen.

- **Schieferbrüche:** Bei Raipas (Bezirksstr. Y 26), Langvann (Rv. 9) und bei Pæska (Rv. 95). Dort kann man sich selbst bei einer Führung im Schieferbrechen üben. Schiefer heißt auf norwegisch *skifer* und auf englisch *slate*.
- **Aufstieg zum Komsatoppen,** schöne Aussicht in 212 m Höhe.

Alta und Umgebung

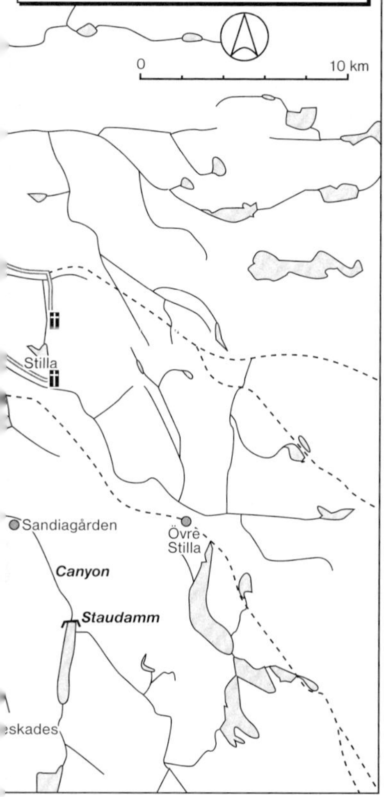

Aktivitäten

- **Angeln:** Zu viele Möglichkeiten, um sie alle aufzuführen. Es gibt eine Karte mit einer Übersicht über alle Angelseen bei der Alta Kommune. Das Alta-Museum veranstaltet regelmäßig Angeltouren mit einem historischen Boot auf dem Altafjord. Hochseefischen kann man beim Altafjord-Camping buchen.
- **Bootstouren:** Beim Alta Friluftspark kann man eine Tour zum Sautso Canyon buchen oder auch selbst ein Kanu leihen.
- **Toften:** Felsterrassen bis zum Meer. Das Meer hat sie in die Böschung erodiert.
- **Wintersport:** Ab Februar (kältester Monat); der Berg Komsa im Norden Altas ist 212 m hoch. Hier und in Rafsbotn, nördlich von Alta, gibt es Loipen. Wer gerne mit dem Snowscooter durch die Landschaft donnern will, kontakte *Alta Friluftspark* (Tel. 78433378, www.alta-friluftspark.no) oder *Finnmark Snowmobil Safari* (Tel. 78449944, www.snowmobile-safari.no). Schöner ist jedoch eine Tour mit dem Hundeschlitten mit *Canyon Huskies* (Tel. 7843 3306, www.canyonhuskies.no).

Ausflüge

- **Halddetoppen,** das erste **Nordlichtobservatorium** der Welt, 1899 auf dem Berg Haldde gebaut, von den Deutschen 1944 niedergebrannt, jetzt restauriert. Schöne Aussicht von 907 m Höhe über den Altafjord. Es gibt die Möglichkeit, dort für etwa 50 NOK zu übernachten. Dazu holt man sich den Schlüssel im Alta Museum, Tel. 78456330 (markierter Weg ab Kåfiord, 4 Std., gute Kondition ist Voraussetzung).
- **Alta Friluftspark,** eine Touristenattraktion mit Unterkunft, beliebt vor allem im Winter durch das *Iglu-Hotel,* das komplett aus Eis besteht. Außerdem Snowscootertouren und im Sommer Flussbootfahrten. Altaveien 19 in Storelvdalen (www.alta-friluftspark.no).

Der Altaelv-Staudamm

Der Altaelv bei Masi

1979 erlangte Alta durch den Bau des Altaelv-Staudamms eine internationale Berühmtheit. 1968 legte die norwegische Gesellschaft für Elektrizität und Wasserkraft der Regierung einen Plan zur Nutzung des Altaelvs vor. Danach sollte dieser lachsreiche Fluss aufgestaut werden. Dabei hätte man große Teile des grandiosen **Alta-Canyons** mitsamt dem Samendorf Masi überflutet. Dies hätte das Ende des Fischreichtums bedeutet. Außerdem hätte der Stausee den Zug der Rentiere behindert.

Nach heftigem Protest der Samen, der Bewohner Masis und vieler Naturschützer wurde 1970 der Plan geändert, wodurch Masi gerettet war. Der Einfluss der Stromgesellschaft in der Regierung war allerdings sehr groß. Selbst als bekannt wurde, dass man dem Minister falsche Zahlen vorgelegt hatte, um das Projekt durchzubekommen, änderte dies nichts am Baubeginn.

Die Erdarbeiten kamen ins Stocken, als am 15. Juli 1979 die Baustelle von Samen und Naturschützern besetzt wurde. In den nächsten Monaten kamen rund 5000 Menschen aus ganz Europa, um gegen den Bau zu protestieren. Im Herbst wurde die Baustelle das erste Mal geräumt. Beim zweiten Versuch zur Räumung musste die Polizei aufgeben.

Inzwischen schlugen die Wogen des Protestes bis nach Oslo, wo es Demonstrationen und einen Hungerstreik der Samen vor dem Parlamentsgebäude gab. Die Arbeiterpartei unterstützte inzwischen die Gegenseite, die dann das Lebensmittellager der Besetzer in die Luft sprengte. Im Winter 1981 kam es zu einem dramatischen Höhepunkt, als ein starkes Polizeiaufgebot mit Kettenfahrzeugen und Schneemobilen den Bauplatz erneut räumte. Eine Handvoll Besetzer hatte sich trotz klirrender Kälte dort angekettet. Mit eigens dafür gecharterten Fährschiffen wurden diese dann nach Oslo vor das Gericht transportiert.

Alle diese Proteste und Aktionen konnten den Bau des Staudamms allerdings doch nicht verhindern.

Heute kann man den 110 m hohen Damm besichtigen. Außerdem gibt es einen Inforaum, der in den Berg gesprengt ist.

- **Komsa:** Den Komsaberg erreicht man über einen Wanderpfad, der von der Komsaschule losgeht. Vom Gipfel hat man gute Sicht auf den Altafjord. Auf der anderen Seite des Berges, im Norden, steht der *Seidekjerringa*, ein samischer Opferstein.
- **Lathari,** der Badestrand liegt an einem Wäldchen, von der E 6 bei der nördlichen Ortsausfahrt zu erreichen.
- **Gargiafossen,** Wasserfall, JH, 25 km (Rv. 93)
- **Bubbelen,** auf der E 6 80 km nach Süden bis Langfjordbotn, samisch: Langguvuonbatta, dort links den Weg Richtung Bogelvdalen. Nach 3 km Schild. Hier blubbert der Fluss aus der Erde. Wer sich das Naturschauspiel ansehen will, der frage beim Altafjord-Camping.

• **Altaelv:** Der Altafluss ist immer noch einer der lachsreichsten Flüsse der Welt; Angellizenzen sind oft schon Monate vor der Saison alle vergeben, beste Fangzeit ist Mitte Juni bis Mitte Juli. Wegen dem Lachsreichtum kam es in der früheren Zeit oft zu Streitigkeiten, so dass 1611 der Fluss in den Aufgabenbereich des Amtmanns von Vardø gestellt wurde. Zwei Veranstalter führen Flussfahrten mit Kaffee und Kuchen durch. Pro Boot zwischen 15 und 25 Personen. *Alta Friluftspark* Tel. 78433378 oder in Masi *Cavzo Safari* Tel. 78487588, www.cavzo.no.

Gargia Fjellstua, Tel. 78457510, für Wanderer durch den Sautso-Canyon *Joatka Fjellstua* in der Nähe des Kraftwerks, Tel. 78434554. Will man übernachten, sollte man besser vorher reservieren.

• **Sautso-Canyon,** der Größte in Europa und ein wahrhaft beeindruckender Anblick. Der Canyonzugang ist für den Autoverkehr gesperrt, man kann nur ein Stück hinter der Sperre weiterfahren. An einer abgebrochenen Brücke kommt man nur noch mit Geländewagen weiter, da der Wasserstand im Fluss meist über 50 cm liegt. Wer eine Wandertour machen will, fahre von Alta 26 km auf der sehr schlechten Schotterpiste Richtung Gargia bis Bæskades. Von hier gibt es einen markierten Weg zum Canyon. Man muss allerdings mit 2 Std. Weg rechnen. Eine andere Möglichkeit ist der asphaltierte Weg zum Kraftwerk über das Tverrelvdalen. Die letzten Kilometer sind für Autos gesperrt.

• **Kåfjord:** 1826 wurden hier, westlich von Alta, **Kupfererzgruben** gebaut. Wann man das Kupfer entdeckte, ist nicht sicher. Zwei geschäftstüchtige Engländer jedenfalls trieben regen Handel mit dem norwegischen Kupfer, das sie gegen Schiffsladungen englischer Kohle tauschten. Dadurch wuchs die Gemeinde rasch auf 1000 Einwohner an, größer als Hammerfest. Mit einer Unterbrechung war die Grube bis 1909 in Betrieb. 1944 wurde auch diese Siedlung von den Deutschen niedergebrannt, so dass nur Schlackehalden und die Kirche zurückblieben. Außerdem erhalten: die Reste des ersten Wasserkraftwerkes, das um die Jahrhundertwende die Gruben und Kåfjord mit Strom versorgte. Nicht zu verwechseln mit dem Ort gleichen Namens vor dem Nordkap.

Verkehrsverbindungen

• **Bus:** Alta – Hammerfest täglich (3 Std.); *RPT Busser A/S* fährt zweimal die Woche nach Murmansk.
• **Flug:** Alta – Oslo (2½ Std.); ansonsten zu allen Flughäfen der Finnmark

Andenes

Vesteråleninsel, siehe Vesterålen

Ankenes

Skizentrum, siehe Narvik

Austvågøy

Lofoteninsel, siehe Lofoten

Balsfjord

siehe Route 1

Bardufoss

Kleiner Ort mit Flughafen und vielen Militäreinrichtungen, s. Route 1. Mit dem Ort Andselv zusammengewachsen. Ein Ausflug führt auf der 86 erst nach **Sørreisa,** dann auf der 84 nach Süden. Nach etwa 35 km links ab, bis die Straße endet. Nun eine herrliche kleine Wanderung am Fluss entlang zum:

- **Gumpedalselva:** *Steinura* sind riesige Felsbrocken, wie von Riesenhand auf der Ebene verstreut.

Båtsfjord

- **Information:** Båtsfjord Turistinformasjon, Hindberggt. 15, 9991 Båtsfjord, Tel. 7898 5520 oder bei der Syltefjord Tourist Information, Klausjorda 40, Tel. 78985959.
- **Einw.:** 2300
- **Mitternachtssonne:** 5.6.-9.7.
- **Übernachtung:** *Polar Hotell og Camping,* Tel. 78983100, www.polarhotell.no.
  Havly Fiskerheim, hinter dem Ort, Ecke Nordskogveien.

Båtsfjord, der Endpunkt der Route 10, ist einer der wichtigsten Orte der Fischindustrie in Nordnorwegen. Allerdings gehört er zur abgelegensten Kommune der Finnmark. Anfang des 20. Jh. wurde die Halbinsel Holmen am Ende des Båtsfjorden zum Hafen für große Schiffe ausgebaut. Es gibt immer gewaltigere Hafenprojekte; die ganze Stadt dreht sich um den Hafen und den Fisch. Hier stehen große Fischfabriken. Eine Straße gibt es erst seit 1961.

- Um sich einen Überblick zu verschaffen, kann man nordwestlich des Ortes auf das 368 m hohe **Hamnefjell** steigen. Auf dem Gipfel steht mit 241 Metern Norwegens höchster TV-Mast. Vom Gipfel hat man eine herrliche Aussicht über die Barentssee und Båtsfjord. Hinter der Pension *Havly Fiskerheim* links ab, bis die Häuser enden. Eine Schotterpiste führt hinauf bis kurz vor die Station.
- Wer Lachs oder Seeforellen **angeln** will, muss die Lizenz im Turistcenter kaufen.
- Das Touristenradio sendet hier auf FM 104,7.
- In der Kirche des Ortes gibt es übrigens ein riesiges Glasfenster zu bewundern.

LAP_X13 Foto: ws

Dieser Spark genannte Schlitten ist bei Schnee recht nützlich (Foto: Wolfram Schwieder)

Ausflüge

- **Syltefjord** heißt auch **Nordfjord,** das ehemalige Fischerdorf liegt am Ende des Nordfjorden, einem Seitenarm des Syltefjorden. Hinter dem Ort ragen das Hamnefjell und das Syltefjordfjellet auf. Syltefjord umfasst nur einige wenige Häuschen. Ursprünglich wurden von hier Wale gejagt. Die Station ist längst verfallen. Heute züchtet man Lachse. Nach dem Krieg wurden die Bewohner umgesiedelt, doch viele behielten ihr Eigentum als Sommerhäuschen. Es gibt noch die Schule, wo man campen kann, und die Kapelle, die 1955 aus dem niedergebrannten Makkaur nach hier umgesetzt wurde. Das *Stauran Café,* das aus russischem Treibholz gebaut ist, hat nur im Sommer geöffnet. Am Ende des Hafens beginnt der Wanderweg nach dem noch abgelegeneren **Ytre Syltefjord.** Man erreicht es nach etwa 20 Min. Weg über eine schmale Holzbrücke. Der Fischerort war von 1850 bis 1950 besiedelt und verfällt heute. Etwas östlich liegt der **Vogelfelsen Syltefjordstauran.** Hier gibt es die größte Tölpel-Kolonie Norwegens. Außerdem leben hier auch etwa 250 Kegelrobben.

- **Makkauer-Leuchtturm:** Am Ostufer des Fjordes, per Luftlinie etwa 15 km nach Nordosten. Das Fischerdorf **Makkaur** lag am Syltefjorden. 1944 brannten es die Deutschen nieder. Die Kirche blieb stehen und wurde 1955 nach Syltefjord geschafft. Heute lebt nur der Leuchtturmwärter hier. Hier wird seit 1928 alles noch von Hand bedient. Das Turmwärterhaus befindet sich 300 m landeinwärts. Kurze Besuche bereichern den eintönigen Alltag der diensttuenden Wärter.

Zu sehen gibt es alte Siedlungsreste und die Festungsanlage aus dem Zweiten Weltkrieg. Im Wasser rosten ein paar Schiffswracks, die dem Sturm zum Opfer fielen. An Land gibt es noch die beiden Friedhöfe des Fischerdorfes.

Die **Touristinfo in Båtsfjord** organisiert Bootsausflüge nach Makkaur. Zu Fuß läuft man zwei Tage von Båtsfjord über das **Makkaurfjell.** Die Strecke wird nicht häufig begangen, deshalb sollte in der Touristinfo oder in der Unterkunft aus Sicherheitsgründen eine Nachricht hinterlassen werden, wenn man hierhin aufbrechen will. Im Winter brettert man einfach mit dem Motorscooter über das Fjell.

Verkehrsverbindungen

- **Bus:** Die Straße von Tana Bru ist das ganze Jahr über befahrbar.
- **Flug:** Vor dem Ort gibt es ein kleines Flugfeld, auf dem die Widerøe-Flieger von Vardø, Kirkenes und Hammerfest landen.
- **Schiff:** Hurtigrute jeden Tag.

Berlevåg

- **Info/Übernachtung:** *Berlevåg Camping & Appartement AS,* Havnegata 8, Tel. 78981610, www.berlevag-pensjonat.no. Der schöne Campingplatz wird von einem Schweizer Ehepaar betrieben (Touristinfo: Tel. 78981610, ganzjährig). Info im Sommer 10-20 Uhr. Von der Straße 890 nach Norden abbiegen.

In Berlevåg endet die Straße 890. Seit 1980 führt eine Straße über die kargen Hochebenen, sie wird im Winter selten geräumt, so dass man in der Kolonne fahren muss (siehe Route 10). An der steilen Küste liegt eine flache Uferzone mit einigen Inselchen. Am Meer liegt das 1200 Einwohner zählende **Berlevåg.**

Der Hafen wird durch Tausende von **Tetrapoden** geschützt, die den starken Wellengang bis 9 m Höhe abhalten. Ein schwerer Sturm im Jahre 1882 machte diese Maßnahme erforderlich. Die ersten Norweger kamen 1750 hierher. Es waren Fischer und Bauern. Häuserreste gibt es bei **Skånsvika,** etwa 5 km westlich. Im Museum kann man etwas über die Geschichte der Fischerei erfahren, ein 20-minütiges Video über den Bau der Tetrapodenwälle sehen oder sich die Berlevåg II, einen alten Küstenkahn anschauen. Geöffnet: im Sommer täglich von 11 bis 18 Uhr. Es gibt eine Bibliothek, ein Kino und diverse Vereinshäuser. Seit 1872 gibt es eine Kirche mit wechselndem Aussehen, da sie beständig renoviert und erneuert wurde.

Die Haupteinnahmequelle ist der **Fischfang,** obwohl der Ertrag gegenüber den Rekordausbeuten in den 1920er Jahren deutlich zurückgegangen ist. Außer der Fischerei-Industrie gibt es noch eine Fabrik für Winden und anderes Schiffszubehör.

Bekannt im ganzen Land wurde Berlevåg durch seinen **Männerchor,** oder genauer gesagt durch einen skurrilen Dokumentarfilm, der den Chor im ganzen Land bekannt machte.

Auf dem Kongsfjordfjellet gibt es ein 3 Mwh-Kraftwerk.

• **Einkauf:** *Arctic Glasstudio* der Schweizerin Daniela Salathé.

Ausflüge

• Wer die Mitternachtssonne sehen will, begibt sich nach **Kjølnes** oder an die Küstenstreifen.

• Zum **Kjølnes Fyr,** dem Leuchtfeuer kann man von der Straße 890 zu Fuß laufen, von Berlevåg etwa 6 km. Der 22 m hohe weiße Leuchtturm von 1916 steht auf einer flachen Halbinsel in einer wunderschönen Küstenlandschaft. Vorgelagert sind noch zwei kleine Schären, der Schotterweg Kv. 16 führt vom Rv. 890 zum Turm. Übernachtungsmöglichkeit zeitweise im Wärterhaus, zu erfragen unter Tel. 48174755.

• Auf das 269 m hohe **Tanahorn,** 9 km westlich von Berlevåg sind schon die Samen gestiegen, um zu opfern. Es gibt einen markierten Weg dorthin. Der beginnt an der Straße nach Store Molvik, 8 km außerhalb von Berlevåg an der kleinen Parkbucht. Man fährt Richtung Flugfeld auf der 271, die später zum Kv. 2 wird. Der Weg zum Horn ist etwa 4 km lang. Zuerst überquert man den Bach Bukkedalselva. Danach geht der markierte Weg ständig leicht bergan, bis man an die 250 m hohe Steilküste kommt. Unterwegs auf der restlichen Strecke bieten sich immer wieder atemberaubende Ausblicke. Von dem kleinen Gipfelplateau hat man einen herrlichen Rundblick, sozusagen das Nordkap in Miniatur. In der Steilküste unterhalb des Gipfels nisten viele Seevögel. Zurück kann man an der Küste entlang wandern, 14 km Weg in Richtung Barentssee wieder zum Parkplatz.

Aktivitäten

• Für Frauen gibt es den **Mitternachtssonnengang,** am 28./29. Juli. Diese organisierte Tour startet in Store Molvik und führt am Tanafjord entlang über Kvitnes nach Skånsvikdalen. Von dort aus fährt ein Bus zurück.

- Man kann auch eine 3-stündige kombinierte **Angel- und Sightseeingtour** mit der *Vestvær* unternehmen. Der Hochsee-Fischkutter gehört dem Museum, stammt von 1966 und fasst 12 Personen.

Verkehrsverbindung

- **Bus:** Wochentags erreicht zweimal täglich ein Überlandbus den Ort, Fahrplaninfo: 78956960.
- **Schiff:** Der tägliche Hurtigdampfer kommt gegen 23 Uhr in den Hafen.
- **Flug:** *Widerøe* täglich nach Kirkenes, Vadsø, Tromsø, Hammerfest, Mehamn, Vardø, Alta, Honningsvåg.

Bjørnfjell

Station der Erzbahn, siehe Route 16

Bodø

- **Information:** Destinasjon Bodø, Sjøgata 3, am Hafen, Tel. 75548000, www.visitbodo.com.
- **Einw.:** 45.200
- **Übernachtung:** JH, CA, H

Es gibt reichlich Unterkünfte, wobei das *SAS Hotel* in der Storgt. 2, Tel. 75519000, www.radissonsas.com, das teuerste ist, hier eine Auswahl:

Thon Hotel, Moloveien 14, moderner 5-stöckiger Bau am Hafen, Tel. 75531900, www.thonhotels.no.

Bodø Hotell, Prof. Schyttesgate 5 im Zentrum, Tel. 75547700, www.bodohotell.no, empfehlenswert.

Wer auf das Meer schauen will, sollte ins *Skagen Hotel* in die Nyholmsgt. 11 gehen, Tel. 75519100, www.skagen-hotel.no, teuer.

Der größte Raubvogel Norwegens

Ein Viertel aller Seeadler leben in Nordnorwegen, deshalb ist Bodø die Stadt der Seeadler geworden. Er steht unter strengem Naturschutz. Die Weibchen, die größer werden als die Männchen, können über 2,8 Meter Spannweite haben. Oft kreisen sie auf der Suche nach etwas Essbarem über der Stadt. Am liebsten fressen sie Fische, auch mal tote, die an der Wasseroberfläche treiben. Morgens fliegen sie mit den Fischern raus, wo schnell mal was abfällt. Auch in Gesellschaft von Möwen findet man sie, wobei die Möwen selten bereit sind, ihre Beute zu teilen und ihnen schon zusetzen können. Da ist den Seeadlern der Otter lieber, der ihnen freiwillig etwas von seiner Beute übrig lässt.

Im Winter hocken die Tiere oft beisammen und frieren gemeinsam. Im Frühjahr, wenn es den meisten Fisch gibt, legt das Weibchen ein bis zwei Eier, wovon meist aber nur ein Junges überlebt. Obwohl es schon nach 10 Wochen fliegen kann, bleibt es faul den ganzen Sommer über im Nest und lässt sich füttern. Wenn es den Eltern reicht, legen sie die Nahrung vors Nest und kommen immer seltener, bis die Jungen selber losfliegen. Leider bricht etwa ein Viertel der jungen Adler in den ersten 2 Jahren vor Erschöpfung bei der Nahrungssuche zusammen, danach geht es vier Jahre lang besser, dann lockt der Trieb, wobei er das Weibchen mehr lockt und dieses dann mit anderen Weibchen um die Männchen kämpft. Das geschlechtsreife Männchen, ab dem sechsten Lebensjahr, erkennt man am weißen Schwanz (die Federn!). Der Seeadler wird zwischen 17 und 20 Jahre alt.

Durch die zunehmende Umweltbelastung mit Chemikalien ging die Geburtenrate zurück. Schwedische Vogelschützer versorgen ihre brütenden Schützlinge deshalb mit schadstofffreiem Fleisch.

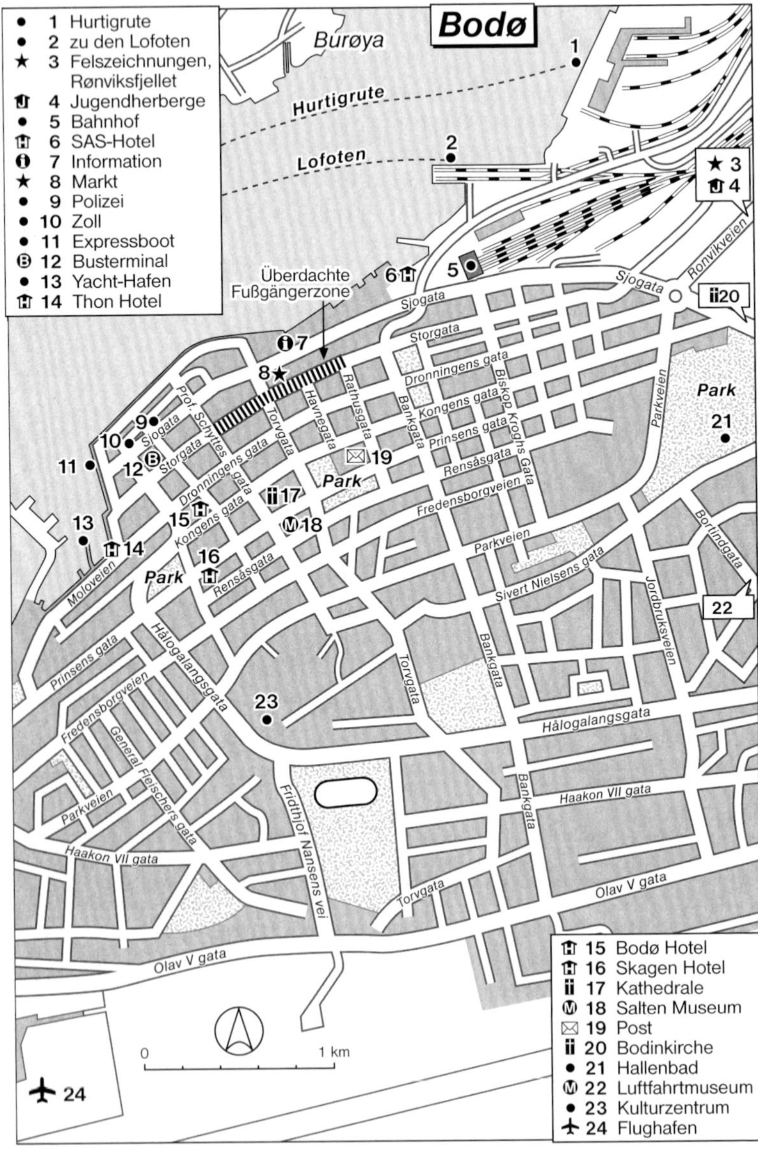
Bodø
1 Hurtigrute
2 zu den Lofoten
3 Felszeichnungen, Rønviksfjellet
4 Jugendherberge
5 Bahnhof
6 SAS-Hotel
7 Information
8 Markt
9 Polizei
10 Zoll
11 Expressboot
12 Busterminal
13 Yacht-Hafen
14 Thon Hotel
15 Bodø Hotel
16 Skagen Hotel
17 Kathedrale
18 Salten Museum
19 Post
20 Bodinkirche
21 Hallenbad
22 Luftfahrtmuseum
23 Kulturzentrum
24 Flughafen
Burøya
Hurtigrute
Lofoten
Überdachte Fußgängerzone
Sjogata
Storgata
Dronningens gata
Kongens gata
Prinsens gata
Rensåsgata
Fredensborgveien
Parkveien
Sivert Nielsens gata
Hålogalangsgata
Haakon VII gata
Olav V gata
Torvgata
Bankgata
Havnegata
Rathusgata
Biskop Kroghs Gata
Prof. Schyttes gata
Moloveien
General Fleischers gata
Fridthjof Nansens vei
Jordbruksveien
Bortindgata
Rønvikveien
Park
0
1 km

Kristensens Pensjonat, Rensåsgt. 45, Tel. 75521699, geöffnet Juli-August.

Wer es wildromantisch mag, *Myken Fyr* vor der Insel Myken, südöstlich von Bodø.

- **Mitternachtssonne:** 2.6.-10.7.

Bodø ist ein nach der Zerstörung 1940 modern wiederaufgebauter **Verkehrsknotenpunkt.** Hier beginnt die Eisenbahn nach Oslo, viele Schiffsverbindungen zu den Lofoten haben hier ihren Ausgangspunkt, und über die Rv. 80 erreicht man bequem die E 6.

Außerdem ist ein **Flughafen** vorhanden. Nach dem Krieg nutzte man zuerst den deutschen Flugplatz, danach baute man südlich davon einen neuen, der fast die gesamte Halbinsel einnimmt. 1960 startete hier der Spionageflieger *Powers* aus den USA mit der U2, die dann abgeschossen wurde und zu erheblichen Verwicklungen zwischen den Machtblöcken führte.

Die Stadt liegt malerisch zwischen schneebedeckten Bergen am äußeren Ende des Saltfjords. Wenn keine Wolken am Himmel sind, hat man einen guten Blick nach Norden, wo man die Mitternachtssonne beobachten kann. Das Løpsfjellet bietet ein großartiges Panorama. Überragt wird die Stadt vom Turm der modernen Kathedrale (Bodø ist Bischofssitz). Haupterwerbszweig ist die Fischindustrie. Der Fjord ist das ganze Jahr über eisfrei. Hier findet der Reisende die größte Auswahl an **Restaurants und Einkaufsmöglichkeiten** von Nordnorwegen.

- Im **Waffelhaus** am Flughafen findet man immer ein warmes Herz ...
- Beim **Glashuset** ist der Traum vieler deutscher Kaufwütiger wahr gemacht worden: Über die Storgata spannt sich ein Glasdach und beschützt so die Besucher der rund 40 Läden vor Sturm, Schnee und Regen.
- Wer ein **Einkaufszentrum** braucht, fahre ins *City Nord* beim *Luftfahrtssenter.* Dort hat man in 30 Läden alles, was man benötigt.
- **Bibliothekbaren** ist eine gute Bar im Skagenhotel, Nyholmsgt. 11, mit Kamin und gemütlichen Lesesesseln.
- Im **Top 13,** im 12. Stock des SAS-Hotels, genießt man bei einem Kaffee den besten Blick über Bodø. Storgt. 2. Oder man setzt sich gemütlich ins **Kafé Kafka,** Sandgt. 5b.
- **Tanz:** *Glæden* im Glashuset, und wenn man dem Treiben im Hafen zusehen möchte, ist *Løvolds Kafé* an der Trollbukt 9 das Richtige. Sonntags geschlossen.
- Fisch isst man am gemütlichsten am Anfang der Mole in der **Molostua,** Moloveien 9.

Sehenswertes

- **Kathedrale** (1956); sie liegt im Zentrum, hat schöne Glasfenster, eine besondere Dachkonstruktion und beinhaltet 10 Wandteppiche (schlicht und schön). Sie ist im Sommer von 9.30 bis 14 Uhr geöffnet.
- **Bodinkirche** (1200); Barockaltarbild aus dem Jahre 1670. Liegt etwas außerhalb; Öffnungszeiten im Sommer von 10 bis 20 Uhr.
- **Luftfahrtmuseum,** es liegt an der Olav V Gate. Geschichte der norwegischen Luftfahrt. Für Flugzeugliebhaber: Ich sah eine Ju 52 auf Schwimmern (norw. Kennz.), ein Ju-88-Wrack, eine Tiger Moth, eine Avro-Doppeldecker und eine hölzerne De Havilland Mosquito. Draußen steht eine gut erhaltene Spitfire (norw. Kennz.), und aus dem Düsenzeitalter erkannte ich unter anderem eine F-86-Sabre, 2 F-84, eine doppelrümpfige De Havilland Vampire in der Halle. 80 NOK, Mo-Fr 10-16 Uhr, Sa/So 11-17 Uhr, Mitte Ju-

ni-Mitte Aug. tgl. 10-18 Uhr, www.luft fart.museum.no.

- **Salten Museum:** Abteilung für Fischerei, Bauerntum und Handwerk. Prinsensgt. 116, geöffnet Mo-Fr 9-15, Mitte Juni-Mitte Aug Mo-Fr 9-16, Do bis 20 Uhr, Sa/So 11-16, www.salten museum.no.
- **Rønviksfjellet** (155 m ü.d.M.), 3 km von Bodø entfernt. Mitternachtssonnen-Aussicht mit Blick über die Stadt und toller Umgebung. Restaurant *Turisthytta*. Im Winter Langlauf möglich.
- **Keiservarden** (366 m ü.d.M.), ein relativ leichter Wanderpfad vom Rønvikfjell, durch den Wald rechts vom Parkplatz. Fantastische Aussicht vor allem auf die Insel Landegode und den Vestfjord. Fußweg zum „Maskinisten".
- **Bestemorsfestival** (Großmutterfestival): findet zur Mittsommerzeit statt und zeigt allerlei traditionelles Handwerk, Musik und Theater.

Aktivitäten

- Das **Seeadlerzentrum** im Rønviksfjell, 3½ km von Bodø, bietet nicht nur Wissenswertes über die großen Fischfresser, sondern auch eine tolle Aussicht vom Børvasstindene bis zu den Lofoten hinter dem Leuchtturm Landegode. Mit Café.
- **Seeadlerclub,** danach kann man in den Seeadlerclub eintreten. Mit seiner Spende versuchen Tierschützer, die Tiere vor dem Aussterben zu retten.
- Am SAS-Hotel liegt im Sommer ein gelbes **U-Boot,** mit dem man sich einen Eindruck vom Unterwasserleben im Hafen machen kann.

Ausflüge

- **Saltstraumen** (Mahlstrom): Der stärkste Gezeitenstrom der Welt! 33 km von Bodø entfernt. Linienbusverbindung ab Autobuszentrale. Mit dem Auto die Rv. 80 in Richtung Fauske bis Tverland, dann die Rv. 17 13 km rechts ab. Der Saltstraumen ist ein Sund (3 km lang, 150 m breit, 50 m tief), der den Skjerstadfjord mit dem Saltfjord verbindet. 400 Millionen Kubikmeter Wasser strömen beim Gezeitenwechsel durch diesen Engpass. Der

Marmor aus dem Steinfjell

Das UNO-Gebäude in New York hat ihn, das Osloer Rathaus auch. Die Rede ist von Norwegian Rose, einer der Marmorsorten aus dem Steinfjell. Weitere poetische Sorten heißen Arctic Green, Atlantic Rose und Jaune Rose.

Vor etwa 500 Mio. Jahren lag eine Menge totes Getier auf dem Meeresgrund zwischen Norwegen und Grönland. Die Skelette enthielten ziemlich viel Kalziumkarbonat. Das verband sich mit dem Magnesiumkarbonat im Schlamm des Meeresbodens unter starkem Druck zu Dolomit. Da die Kontinente zu der Zeit gerade aufeinander zu trieben, stieg der Druck weiter, und der Dolomit wandelte sich zu dem stärker kristallinen Marmor um. Manganeinschlüsse sind für die rötliche Färbung zuständig.

Die Steinbrüche gibt es seit 1884, die Firma *Ankerske* stellt dort seit 1910 Fassadenplatten her. Aus Fauske stammt auch der große Obelisk im Vigelandpark in Oslo.

Höhenunterschied beider Wasserspiegel beträgt bis zu einem Meter, und die Strömung erreicht Geschwindigkeiten bis zu 30 km/h. Bei Flut werden große Fischschwärme mitgetrieben. Diesen Fischquirl nutzen viele Angler aus, aber auch Möwen werden durch die Aussicht auf leichte Beute angelockt. Es ist ein gewaltiges Naturschauspiel. Die Gezeitentabelle gibt es in der Tourist-Info. Von weitem sieht es eher langweilig aus: flache Gegend, karg, ein paar Häuser, eine moderne Betonbrücke überspannt die Enge, eine kleine kahle Insel in der Mitte. Aber beim Gezeitenwechsel ...

Erlebniszentrum auf der Nordseite der Brücke mit Info, Multimediashow und wechselnden Ausstellungen, Eintritt 60 NOK, außerdem: Hotel und Camping, Tel. 75587560.

Warnung! Der Saltstraumen ist nichts für Paddler!

- **Felszeichnungen** (etwa 4000 Jahre alt), Straße Nr. 80 Richtung Fauske 30 km bis Vågan, 1½ km östlich der Fähre, 300 m von der Straße.
- **Bootsausflüge:** Wer mehr Zeit zur Verfügung hat, kann eine Tour zu den Lofoten, zu den Vesterålen oder zum Svartisen unternehmen. Bei *Ofotens og Vesterålens Dampskibsselskap,* Tel. 75521020, www.ovds.no. Deutscher Prospekt in der Touristinfo.
- **Leuchtturm Landegode:** Auf der Insel Landegode, 15 Gästezimmer, die aber in der Regel nur an Gruppen vermietet werden (www.skagen-hotel.no).

LAP_X21 Foto: ws

Fischfang ist eine Haupteinnahmequelle (Foto: Wolfram Schwieder)

- **Kjerringøy,** 40 km nördl. von Bodø, liegt auf einer Halbinsel, ist aber trotzdem nur mit dem Boot zu erreichen. Der alte Handelsplatz aus dem 19. Jh. mit seinen 15 alten Gebäuden ist ein malerischer Ort. Bekannt wurde die Insel durch *Knut Hamsun,* der hier lebte. Wer die Filme *„Der Telegrafist"* oder *„Pan"* gesehen hat, erkennt die Landschaft wieder. Das Ensemble mit 15 Häusern hat einen Preis für die Restaurierung bekommen, Tel. 75511257. Hier lässt es sich wandern und ausspannen. Es gibt Gasthäuser, Panoramablicke, einen Campingplatz mit Hütten (www.kjerringoy.no), eine Info, Läden, Bootsverleih ...

Verkehrsverbindungen

- **Bus:** Abfahrt von der Buszentrale an der Sjøgata nach Saltstraumen und Narvik, Fauske und Svolvær
- **Zug:** dreimal täglich nach Trondheim
- **Flug:** Widerøe fliegt nach Narvik, Kirkenes, Oslo, Bergen, Lofoten, Tromsø. Der Flughafen ist 2 km südlich, Bus vom SAS-Hotel, nicht aber vom Hafen.
- **Schiffsverbindung:** Hurtigruten in der Sjøgt., mit Wartehalle, täglich nach Tromsø (24 Std.), Hammerfest (37½ Std.), Honningsvåg (47 Std.), Kirkenes (65 Std.), Trondheim (25 Std.), Bergen (58 Std.)
- **Fähren:** täglich zu den Lofoten nach Stamsund, Svolvær, Moskenes und Røst. Alle Fahrten dauern 5-6 Std, Abfahrt täglich etwa 15 Uhr (außerhalb der Saison nicht am Wochenende) www.ovds.no.

Eggum

siehe Lofoten

Ekkerøy

siehe Vadsø

Flagstadøy

Lofoteninsel, siehe Lofoten

Fagernesfjell

Hochebene (656 m), Wintersport, siehe Narvik

Fauske

- **Information:** Salten Turistkontor, Boks 224, 8201 Fauske, Tel. 75643303
- **Einw.:** 9700
- **Übernachtung:** CA, H

Das *Fauske Hotell* liegt an der E 6, 250 m vor der Abzweigung des Rv. 80, Storgatan 82, Tel. 75602000, www.fauskehotell.no.

In Sulitjelma steht ein 60 Zi-Hotel an der Rv. 830/E 6, A. Qualesgt 15, Tel. 75640401.

Fauske liegt am wichtigen Knotenpunkt E 6/Rv. 80/Eisenbahn, am Ende des Skjerstadfjords. Es ist bekannt wegen der **Marmorbrüche** in der Umgebung (Steinfjell). Der Hafenkai, ganz aus weißem Marmor, zeigt dies. 1979 wurden Teile des alten Zentrums bei einem Brand zerstört. Beim Wiederaufbau wurden die alten Kaihäuser teilweise kopiert. Viele Leute steigen hier vom Zug in die Busse um und fahren nach Narvik, von wo aus man wieder mit der Bahn weiterfahren kann. Dementsprechend viele Unterkünfte gibt es hier. Zu sehen gibt es das Heimatmuseum *(Fauske bygdetun)*, das Straßenmuseum und die Kirche. Am Museum steht eine Skulptur des Künstlers *Per Barclay*.

Ausflüge

- Das **Saltdal** war früher das Zentrum des Bootbaus, und auch heute noch werden hier die traditionellen Holzboote gefertigt.
- **Sulitjelma,** Kupferbergbau und Eisenerz seit dem 19. Jh. Man fährt von Fauske 35 km Richtung Osten. Der Ort hat 1000 Einwohner, es gibt ein Bergbaumuseum und Führungen durch die Gruben, Tel. 75640240. Wer gut zu Fuß ist, kann auf einem markierten Weg zum *Kungsleden* vorstoßen. Übernachten kann man im *Euro Sulitjelma Hotell AS,* Tel. 75640401.
- **De ankerske marmorbrudd,** Steinbruch bei Løvgavlen von hier kommt Marmor vieler in- und ausländischer Gebäude.
- **Kobbertopp,** 1013 m hoher Aussichtsberg mit guter Rundsicht. In der

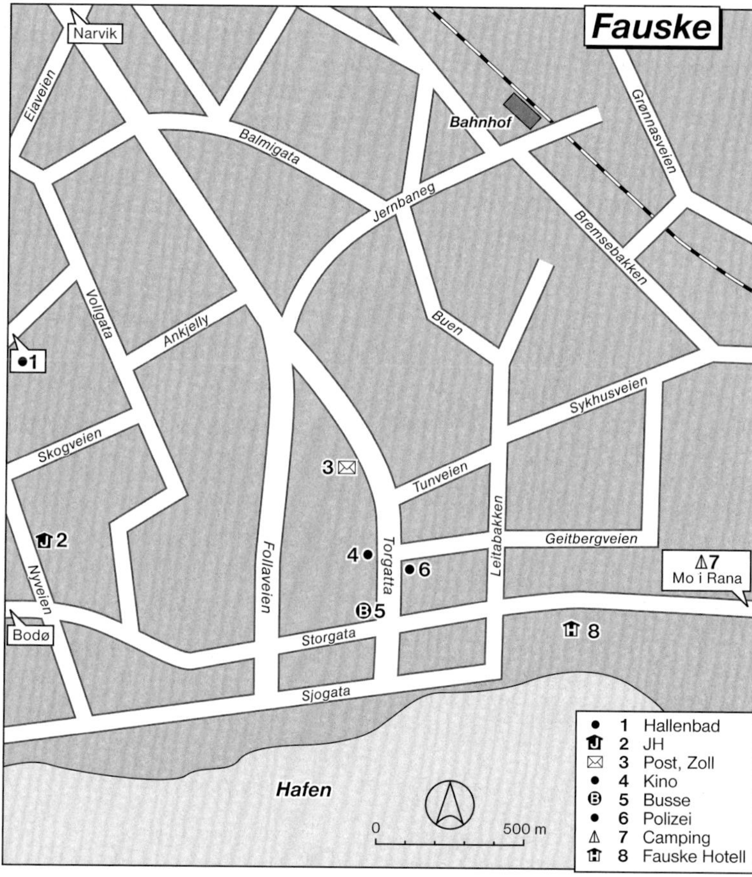

Gegend liegen neun Hütten, Schlüssel des DNT im Hotel erhältlich.

- **Gammel Offerplass,** mittelalterliche Opferstätte der Samen bei Leivset, zwei Felsblöcke von einem Ring aus Steinen umgeben.
- **Okshola,** Norwegens längste Kalksteinhöhle am Rv. 830.

Verkehrsverbindungen

- **Bus:** Nord-Norge-Busse bis Kirkenes, nach Narvik, Harstad, Tromsø, Nordkap
- **Zug:** bis Oslo

Gamvik

- **Information:** Tourist Information, Galleri Nordkyn, Dampskipskaia, 9970 Mehamn, Tel. 78496300.

Von **Slettnes Fyr** aus (Leuchtturm, 71° Nord am Ende der Straße 888) sieht man einen Felsen, der wie das Profil von *Roald Amundsen* aussieht. Man hat zwei farbig markierte **Wanderwege** eingerichtet und Tafeln mit Erklärungen aufgestellt. Jeder Weg dauert etwa drei Std. Läuft man vom Ort in Richtung Slettnes, kommt man zu den Ruinen der deutschen Befestigungen aus dem Zweiten Weltkrieg. Die Tourismusindustrie hat sich auch hier ein Zertifikat ausgedacht, das man bekommt, wenn man Gamvik mit Leuchtturm und Museum besucht.

Wer Seeforellen **angeln** will, holt die Lizenz im Hotel Mehamn, im Gamvik Gjesthus oder am Mossa Kiosken in Kjøllefjord. Das Gamvik Gjesthus organisiert Bootstrips zur **Vogelkolonie Omgangstauran.** Das Touristradio sendet auf FM 106,4.

Sehenswertes

- **Gamvik Museum,** überwiegend Fischerei. Tel. 78497949. Im Sommer (1.6.-20.8.) 9-16 Uhr, Rest des Jahres Di-Fr 9-15.30 Uhr.

Ausflüge

- Ausflug mit dem Boot nach **Kinnarodden,** dem nördlichsten Festlandspunkt, zu Fuß braucht man auf schlechtem Weg mit schlechten Markierungen etwa 12 Std.
- **Kjøllefjord** besticht durch seinen Blick auf Finnkjerka und den Fjord. Am Ostufer des Fjordes geht ein Weg 12 km nach Norden bis zur verlassenen Siedlung Skjøtningberg.
- Das „nördlichste" ist hier der **Leuchtturm,** der aus Gusseisen gebaut wurde. Für 50 NOK kann man ihn erklimmen.

Verkehrsverbindungen

- **Straße:** Im Winter ist die Strecke von Kifjord nach Kalak gesperrt. Dann wird die Strecke mit einer Fähre bewältigt.
- **Bus:** Von Mehamn fährt die *Finnmark Fylkesrederi og Ruteselskap.*
- **Flug:** *Widerøe* verbindet Gamvik mit dem Rest der Welt.
- **Schiff:** Hurtigrute jeden Tag.

Gargiafossen

Wasserfall, 25 km von Alta entfernt, siehe Alta

Gednjehøgda

siehe Route 10

Gjesvær

Ort auf Magerøya, siehe dort

Graddis

Fjellstua an der Grenze nach Schweden, siehe Route 13

Grense Jakobselv

Ende der Straße, Grenze zu Russland, siehe Kirkenes

Grønli-Grotte

siehe Mo i Rana

Hammerfest

- **Information:** Hammerfest Turist Kontor, im Einkaufscenter „Nissensenteret“, Kirkegata 21, Tel. 78406237, www.hammerfest-turist.no.
- **Einw.:** 9400
- **Mitternachtssonne:** 17.5.-28.7.
- **Übernachtung:** CA, H

Skytterhuset Hotel, Skytterveien 24, Tel. 78411511, www.skytterhuset.no.

Das blau-weiße *Thon Hotel,* Strandgt. 2-4, Tel. 78429600, www.hammerfesthotel.no.

Hammerfest Turistsenter, Storsvingen, Tel. 78411126, Campingplatz mit Hütten.

Hammerfest bekam am 17. Juli des Jahres 1789 das Stadtrecht und nennt sich seitdem **Nördlichste Stadt der Welt** (70° 39′ 48″). Dass mittlerweile eine Stadt in Alaska dieses Prädikat für sich beansprucht, stört weder die Einwohner noch Tausende von Touristen, die jährlich Station machen, nur um einmal hier gewesen zu sein.

Man erreicht **Kvaløy,** auf der Hammerfest liegt, über eine Brücke auf der 94, die in Skaidi von der E 6 abzweigt.

Die Stadt zieht sich um eine Bucht herum und bietet neben der Meridian-Säule keine großen Sehenswürdigkeiten. Die Stadt wurde 1809 von den Engländern geplündert, 1890 brannte sie von selbst ab, 1944 machten das die Deutschen.

Es gibt zwei Hallenbäder im Ort, ein echter Superlativ ist noch zu vermerken. Um 1891 erhielt Hammerfest als

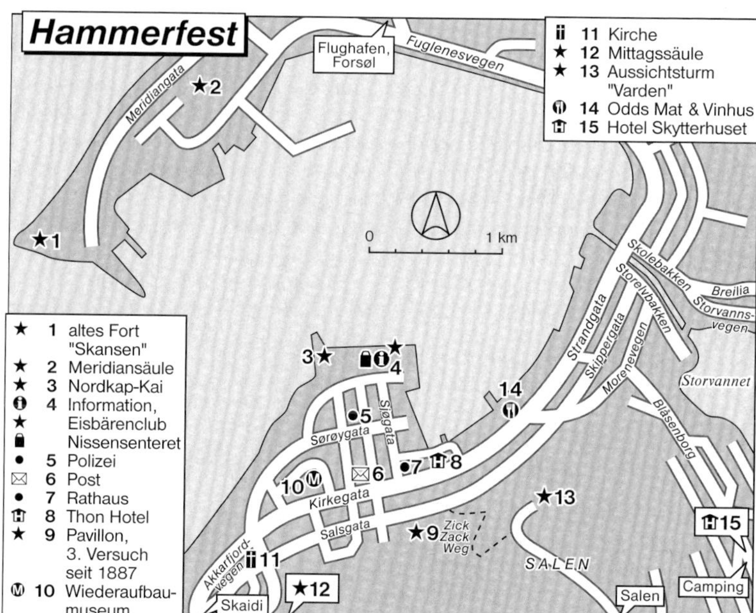

erste Stadt Europas **elektrische Straßenbeleuchtung.** Verständlich, wenn man bedenkt, dass hier die Sonne in der Zeit vom 21.11. bis zum 23.1. überhaupt nicht aufgeht. Dazu hatten die Stadtväter *Edison* in Paris seinen dritten Generator abgekauft.

Sehenswertes

- **Meridiansäule:** erinnert an die internationale Zusammenarbeit während der topografischen Vermessung des Erdballs, die in der Zeit von 1819 bis 1852 erfolgte. Initiatoren waren der Schwedische König und der Russische Zar. Sie steht auf der Halbinsel Fuglenes gegenüber der Kirche, der Weg ist ausgeschildert. Das Gegenstück dazu steht in Ismail am Schwarzen Meer.
- **Wiederaufbaumuseum:** interessante Ausstellung über die Zwangsevakuierung, das Niederbrennen und vor allem den Wiederaufbau der Gegend während und nach dem Zweiten Weltkrieg. Kirkegata 21, 11-14 Uhr, im Sommer Mo-Fr 9-16 Uhr Sa/So 10-14 Uhr, www.gjenreisningsmuseet.no.
- **Pavillon:** gehört zu den schönsten Bauten in Hammerfest und wurde von *Eva* und *Knut Arnesen* für das Stadtjubiläum geschaffen.
- **Varden:** Aussichtsturm von 1883 auf dem Byfjellet. Wurde von den Nazis abgerissen und 1983 wieder auf dem 80 m hohen Hügel Salen errichtet. Man erreicht ihn über den „Zick-Zack-Weg", den Kaplan *Simonsen* 1893 mit Hilfe der örtlichen Schnapshändler anlegte (vermutlich nach einem Warentest). Es gibt auch eine Straße, die zum Café neben dem Turm hinaufführt.
- **Mittagssäule:** Wenn der Schatten dieser Säule im Sommer in Richtung der Meridiansäule zeigt, ist es Mittag.
- Der alte **„Königliche Eisbärenklub":** Die Klubräume bei der Info am Hafen präsentieren eine Ausstellung alter Eismeer-Fischfanggeräte. Man kann für etwa 15 € die Mitgliedschaft erwerben. Der Eintritt kostet 20 NOK. Geöffnet im Sommer 10-15 Uhr.
- **Kirche:** interessante Dachkonstruktion, die an ein Stockfischgestell erinnert. Kein Altar, aber großer Glasgiebel (Eintritt 3 NOK, täglich geöffnet).
- **Skansen:** Die alte Festung wurde auf der Halbinsel Fuglenes während der napoleonischen Kriege gebaut. 1998 wurde sie rekonstruiert.
- **Fontäne** vor dem Rathaus. Wurde von einem US-Botschafter gespendet, dessen Mutter aus Hammerfest kam.

Ausflüge

- **Forsøl** (9 km): Fischerdorf im Norden Hammerfests, am Ende der R 94.

Ska\4a Foto: Stadtmuseum

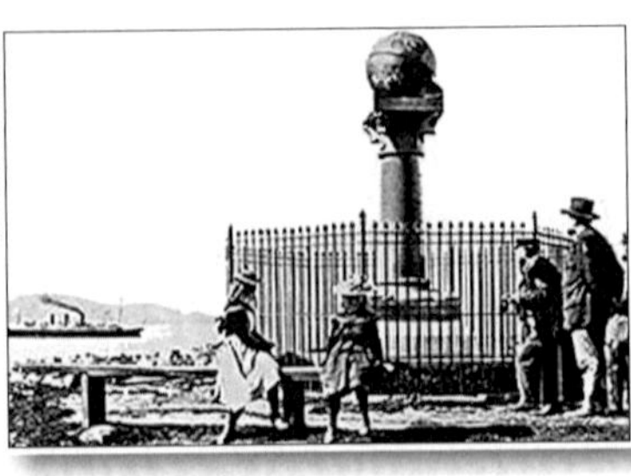

Die Meridiansäule um die Wende vom 19. zum 20. Jahrhundert (Foto: Hammerfest Stadtmuseum)

Es gibt Siedlungsreste aus der Steinzeit. In der Kirkegårdsbukt liegen Siedlungsplätze aus Steinzeit, Eisenzeit, Mittelalter und Neuzeit. Der Ort hat einen herrlichen weißen Sandstrand.

- **Nordkap:** Es gibt Pauschalangebote von Finnmark Fylkesrederi, z. B.: Tagestrip inklusive Essen, Bus zum Nordkap und zurück für 280 NOK, oder Schiff von Hammerfest nach Honningsvåg, Bus zum Nordkap, zurück Bus für 260 NOK.

Essen und Trinken

- **Odds Mat & Vinhus:** Strandgaten 24, das Innere dieses Hauses ist ziemlich verkitscht worden, aber die Speisen sind die besten der Stadt.

Aktivitäten

- **Angeln:** In der Touristinfo gibt es eine Broschüre, auf der die ganzen Angelseen verzeichnet sind. Wer nicht die Zeit für einen Ausflug hat: Der Storvannet in der Stadt soll auch ein gutes Revier sein. Hochseefischen kann man über die Hotels buchen.
- **Radtour:** Bei Intersport und in der Touristinfo gibt es Räder zu leihen.
- **Wandern:** Wanderkarten in der Touristinfo
- **Bootfahren:** Und wieder mal Hammerfest Turistsenter. Dort kann man sich ein Fahrzeug leihen.
- **Baden:** Janvannskogen ist ein beliebter Naturpark mit seichten Badestellen.

Verkehrsverbindungen

- **Bus:** Hammerfest ist Ausgangspunkt der Buslinien nach Finnland und Schweden und in das Innere der Finnmark, z. B. nach Karasjok oder Kautokeino. *Nor-Way Busexpress* und *Express 2000*.
- **Schiff:** Hurtigrute nach Bergen (4 Tage), Trondheim (knapp 3 Tage). Frachtschiffe und lokale Passagierschiffe können im Hafen gebucht werden.
- **Flug:** *Widerøe* nach Tromsø und Oslo

Hamningberg

Siehe auch Vardø und Route 7.

Das Dorf liegt mit seiner Bucht und dem Sandstrand am Südhang des 80 m hohen Hardbaken. Dieser schützt das Dorf vor den kalten Winden. Die Häuser stehen unter Denkmalschutz. Auf dem Berg sind noch Reste der deutschen Festungsanlagen zu sehen.

Trotz der deutschen Besetzung wurde der Ort nicht niedergebrannt. Im Oktober 1944 mussten die Nazis so schnell fliehen, dass sie dazu keine Gelegenheit mehr hatten.

Hamningberg wird im Sommer von 200 Leuten bewohnt, die dem Fischfang nachgehen (nur für den Eigenbedarf). Man kann auch Hütten mieten (über die Touristinfo *Vardø*). Im Winter wird die Zufahrtsstraße nicht geräumt, so dass der Ort einschneit und alle Einwohner nach Vardø umziehen. Im Sommer kann man hier gut fischen, trifft wenig Touristen, aber dafür viele nette Einheimische. Diese Gegend ist mückenfrei und lädt zum längeren Verweilen ein. Es gibt zwar keine Tankstelle, dafür aber Telefon, eine Poststelle und einen Laden. Der Besitzer ist ein freundlicher Mann, der deutsch spricht und gern Auskunft gibt. *Hardbakkenhandel* ist auch ein kleines Café. Am Parkplatz steht ein Monument für gerettete Seeleute. Das rettende Boot war eine *Colin Archer* (siehe dazu Exkurs *„Fridtjof Nansen")*. Am Ortseingang führt links ein Schotterweg zur Bucht **Skjåvika.** Auf der Anhöhe liegt der Friedhof des Ortes. Von hier aus führen Wanderwege entlang der Küste und nach **Sandfjord** zurück, einer Ansiedlung am Sandfjordelva, mit einer Sandbucht am Ende. Andere Wanderungen kann man vom Parkplatz am „Roads end" auf der Halbinsel **Spira** unternehmen. Von dort aus kann man die verfallene Mole besichtigen oder zum Leuchtfeuer auf der Halbinsel **Støvlenakken** laufen.

Harstad

Hauptort der Vesterålen, siehe dort

Hasvik

● **Information:**
Sørøya Turistinformasjon, Fjellveien 6, 9593 Breiviksbotn, Tel. 90611058, www.hasvik.com.
● **Übernachtung:**
Hasvik Hotel, Tel. 78451207, www.hasvikhotel.no.
Kjosen Gjestegiveri, Tel. 78421706.

Ehemalige niederländische Walfangstation auf der westlich von Hammerfest gelegenen Insel **Sørøya** (1400 Einwohner). Bekannt wurde Hasvik im Februar 1997, als es dort zu einer Demonstration kam, bei der eine größere Sonne oder, ersatzweise, zwei kleine gefordert wurden (!).

Nach dem Krieg stand in Hasvik nur noch die Kirche. Hierher kommen viele Leute zum Angeln oder Malen.

In den **Höhlen Nordsand, Kvithella** und **Bøle** suchten im 2. Weltkrieg die Menschen Zuflucht. In der Nordsandhöhle lebten zeitweise bis zu 100 Personen. Am besten zugänglich ist Kvithella und Nordsand, ausgeschildert, direkt von der Straße. Es gibt noch deutsche Bunkeranlagen in **Håen** zu sehen, teilweise verfallen.

Weiße Strände findet man in den Sørsand- und Nordsandfjord-Naturschutzgebieten.

Hochseefischtouren arrangiert der *Sørøy Havfiskeklubb* in **Sørvær.** Den Ort erreicht man, wenn man über Breivikbotn die Straße 884 40 km nach Norden fährt. In der 3. Juliwoche findet jährlich ein Angelwettbewerb statt.

1994 strandete mit dem Läuten der Weihnachtsglocken der russische Kreuzer *Murmansk* vor Sørvær. Seitdem liegt er dort. Im selben Ort fand man Reste einer 11.000 Jahre alten Siedlung. Es gibt ein Gasthaus, von dem aus geführte Wanderungen veranstaltet werden.

Hinter dem Breivik-Tunnel bei Markeila gibt es links eine **Vogelkolonie.**

Verkehrsverbindungen

● **Flug:** *Widerøe* verbindet Hasvik mit Alta und Hammerfest, außer samstags. Hasvik Air Office, Tel. 78421126.
● **Schiff:** Øksfjord und Tromsø werden täglich mit Expressbooten angefahren. Info: *Finnmark Fylkesrederi og Ruteselskap,* 9600 Hammerfest, Tel. 78411000.

Henningsvær

siehe Lofoten

Hinnøya

größte Insel Norwegens, siehe Vesterålen

Honningsvåg

Fährhafen auf Magerøya, siehe dort

Hopsfjord

siehe Route 8

Hornøya

östlichste Insel Norwegens, s. Vardø

Kabelvåg

siehe Lofoten

Kåfjord

Fährhafen, nicht zu verwechseln mit gleichnamigen Orten, z. B. an der E 6 am Altafjord kurz vor Alta. Von Kåfjord ging früher die Fähre nach Honningsvåg auf Magerøya, die heute wegen des **Tunnels** nicht mehr benötigt wird.

Im Juli findet hier ein **Sami-Musikfestival** statt. Es heißt *Riddu Riđđu*, was „Sturm am Strand" bedeutet.

Karasjok (Kárášjohka)

- **Information:** im „Samelandsenteret", Tel. 78468810.
- **Einw.:** 2900
- **Übernachtung:** JH, CA, H

Jergul Asttu, Rv. 92, 40 km von Karasjok in Richtung Kautokeino, Tel. 78469100, Samische Berghütten seit 1928.

Rica Hotel, Leavnnjageaidnu 1, Tel. 7846 8860, www.rica.no.

Karasjok ist eine der größten Samensiedlungen Norwegens. 85 % der Bevölkerung sind Samen, allerdings sesshaft gewordene. Der Ort wurde 1720 durch einen Freibrief des Königs zum Siedeln freigegeben. Davor gab es in der Nähe den alten Thingplatz *„Avjuvárre"*. Die ersten Bewohner mussten gleichzeitig Steuern an Norwegen, Schweden und Russland zahlen. 1807 ließ der König im Ort eine Holzkirche errichten – das einzige Gebäude, das den 2. Weltkrieg überstand. Seit 1974 gibt's eine neue.

Heute zeigt sich Karasjok, Kárášjohka auf Samisch, als moderne Siedlung, man trug dem hohen Samenanteil der Bevölkerung Rechnung und richtete einen samischen Zweig an Gymnasium, Grund- und Mittelschule ein (Rentierhaltung als Schulfach). Es gibt eine rein Samische Zeitung *Min Aigii*. Die Bibliothek hat die größte Sammlung samischer Literatur, es gibt das samische Theater Beaivvas und den Sender des „Samischen Rundfunks".

Der Ort liegt auf beiden Seiten des Karasjokka, eines Nebenflusses des Tana. Es gibt sogar Badestrände, das Wasser kann im Sommer bis 20 Grad warm werden. Der Familienbetrieb *Strømeng* stellt *Samisk Kniver,* die berühmten Finnenmesser her. Es gibt ein Denkmal für die gefallenen Soldaten des letzten Krieges und für die Opfer eines Minenunglücks.

Stein Halvorsen, der auch über die Landesgrenzen hinaus bekannt wurde, entwarf das Gebäude des Landtages der Samen, eine kreisförmige Konstruktion mit einer Halle in Form eines Zeltes in der Mitte.

Sehenswertes

- **Samenmuseum** *(samiske samlinger):* Schöne, modern ausgestellte Sammlung von Gegenständen samischer Kultur und Geschichte. Auf der nörd-

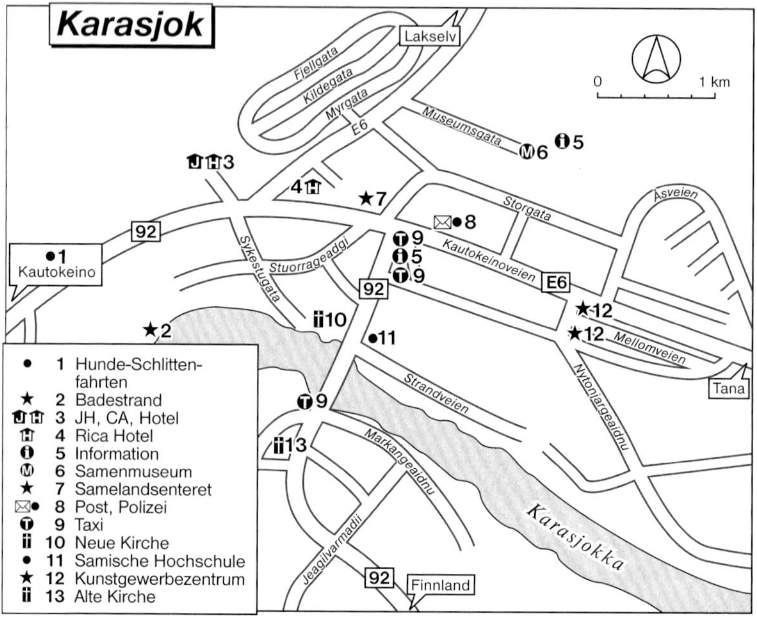

lichen Seite des Flusses, Abzweig von der Straße nach Lakselv; veranstaltet auch Touren (Erwachsene 75 NOK), www.desamiskesamlinger.no.

- **Alte Kirche,** 1810, südliches Ufer
- **Neue Kirche:** Von innen sieht man die ungewöhnliche Konstruktion aus Holz und Stahl, nördliches Ufer.
- **Kunstgewerbezentrum,** gegenüber der Post auf dem nördlichen Ufer. Hier befindet sich auch die *„Sølvsmia Karasjok"*. In dieser Silberschmiede wird ausgezeichneter Silberschmuck hergestellt. Die modernen und traditionellen Stücke werden in einem angenehmen Laden zum Kauf angeboten. Nette Leute! Tel. 78469002, www.samisk kunstnersenter.no.
- **Samelandsenteret** *(Sápmi):* Auf über 1000 m² sind Hotel, Café, Gasthaus und Samenhütten aufgebaut. Das Center wird vom Kreis Karosjok betrieben. Verkauf von Samischem Handwerk, Samischer Küche etc., mit Information und Verkaufsständen der ansässigen Handwerker (www.sapmi.no).

Ausflüge

- **Anarjokka Nationalpark:** (siehe auch Nationalparks)

Der Park, südlich von Karasjok, ist eine ziemliche Wildnis ohne Wege. Man erreicht ihn, wenn man auf dem Rv. 92 bis kurz vor den Grenzübergang nach Finnland fährt. Rechts zweigt eine Schotterstraße ab, die parallel am Ufer des Anarjókka nach Süden führt. 65 km weiter, gegenüber dem finnischen **Angeli** ist an der Bassevuovdde Fjellstue die Straße zu Ende. Von hier aus 8 km gen Westen beginnt der Park, der einen erst einmal mit Mücken und sumpfigen Stellen empfängt. Aber es gibt auch Singschwäne (siehe Tierkapitel) und vereinzelt macht auch Meister Petz von Finnland einen Ausflug in den Park. Von den Niederungen kann man bis zum 580 m hohen **Gurbis** laufen.

● **Storfossen:** Hier wird Gold gewaschen, obwohl es seit dem größten Fund (2 kg im Jahr 1898) keine nennenswerten Ergebnisse mehr gab. Bootsfahrten; 120 km, von Karasjok nach Karigasniemi, dann nach Süden Richtung Angeli (ungefähr 60 km).

Aktivitäten

● **Kanufahren:** Kanus verleiht das Camping & Youthhostel.
● **Samenboot:** Touren ab einer Stunde veranstaltet *Karasjok Opplevelser,* Tel. 78468802, www.karasjokinfo.no.
● **Von den Samen lernen:** *Kirsten Berit Gaup,* Tel. 78466442, zeigt das Zeltaufstellen, Rentierhüten etc.
● **Wintersport:** Januar/Februar bis minus 40 °C, Wintersportzeit: März-Mai; Eisfischen, Rentierschlittenfahrten, Skilanglauf zur Finnmarksvidda.
● **Hundeschlitten:** *Sven Engholm,* Tel. 7846 7166, in Karasjok, hat Schlittenhund-Gespanne. Man kann das ganze Jahr über Hunde mit Führer mieten, mit Schlitten oder Packtaschen. Er betreibt auch eine Jugendgerberge (2 km Richtung Kautokeino.) Einen ausführlichen Prospekt gibt's bei der Tourist-Info.

Veranstaltungen

● **„Kararock in Karasjok“,** Rockfestival, das jedes Jahr Ende Juli, Anfang August stattfindet. Termin beim Norwegischen Fremdenverkehrsbüro.
● **Rentierscheide:** im Herbst
● **Osterfest:** samische Musik, Snowscooterrennen etc.

Verkehrsverbindungen

● **Bus:** nach Lakselv, Hammerfest und Kautokeino.
● **Boot:** Flussfahrt zum Goldgräberfeld, Reedereien: *Arne Balto,* Tel. 78467331, oder *Anders & Nils Johnsen, Peder Birkely, Nils Tun.*

Kautokeino

● **Information:** Bredbuktnesveien 8 (an der Straße nach Galaniitu), Tel. 78486500 und 78456694, www.kautokeino.nu.
● **Einw.:** 3000
● **Übernachtung:** CA, H

Arctic Motell & Camping, Soumaloudda 16, Tel. 78485400. Der Campingplatz mit angeschlossenem Motel liegt direkt am Rv. 93 auf der Ostseite des Flusses.

Berit Hættas Camping, der riesige Platz liegt etwas südlich des Zentrums, direkt neben dem Arctic Motell og Camping. Tel. 78 486260.

Kautokeino Fjellstue liegt nördlich des Zentrums abseits des Rv. 93, Suohpatjávri. Die Hütten gruppieren sich auf einem Hang. Es gibt auch Zimmer und ein Café, Tel. 7848 6160, www.kautokeino.com/bongo.

Seit frühester Zeit ist Kautokeino, Guovdageaidnu auf Samisch, ein Winterquartier der Samen. 1640 wurde das erste Haus errichtet, 1703 die erste Kirche. Während des 2. Weltkrieges wurde auch Kautokeino dem Erdboden gleichgemacht. Die Deutschen haben sogar versucht, die riesigen Rentierherden abzuschlachten. Nach dem Kriege wiederaufgebaut, ist die

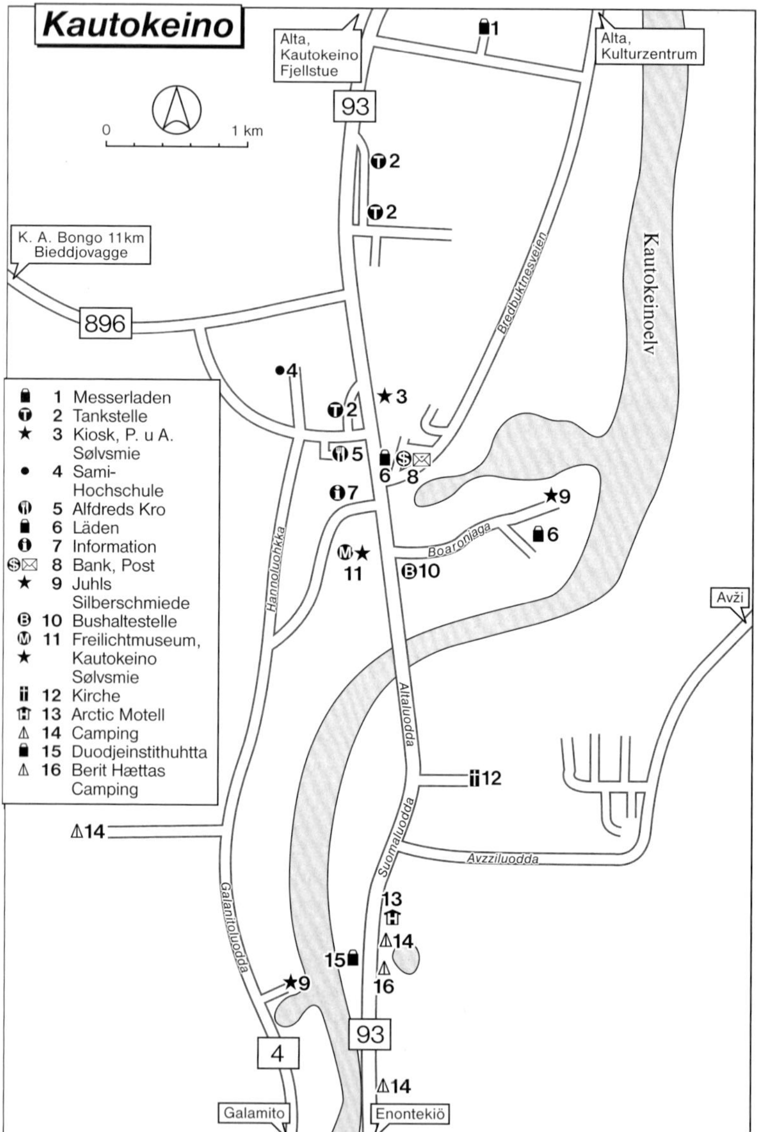
Kautokeino
0
1 km
Alta, Kautokeino Fjellstue
93
Alta, Kulturzentrum
K. A. Bongo 11km Bieddjovagge
896
Bredbuktnesveien
Kautokeinoelv
Hannoluohkka
Boaronjaga
Altaluodda
Suomaluodda
Avzziluodda
Galanitoluodda
Avži
4
93
Galamito
Enontekiö
1 Messerladen
2 Tankstelle
3 Kiosk, P. u A. Sølvsmie
4 Sami-Hochschule
5 Alfdreds Kro
6 Läden
7 Information
8 Bank, Post
9 Juhls Silberschmiede
10 Bushaltestelle
11 Freilichtmuseum, Kautokeino Sølvsmie
12 Kirche
13 Arctic Motell
14 Camping
15 Duodjeinstithuhtta
16 Berit Hættas Camping

Stadt heute eines der wichtigsten Kulturzentren der Samen in Norwegen.

Die Gemeinde bedeckt 9687 km² und ist die größte in Norwegen. Hier sind 70.000 Rentiere beheimatet, die man jedoch im Sommer nicht antrifft, da sie die Weidegründe im Norden aufgesucht haben. Ostern ist der große Festtag dieser Stadt, mit Hochzeiten, Rentierschlittenrennen und allerlei Spektakel. Im Sommer wirkt der Ort eher verlassen zwischen den kleinen Birken. Viele Einwohner sind mit den Tieren nach Norden gezogen, nur die Snowscooter stehen an den Häusern. Kautokeino heißt auf Deutsch „Mitte des Weges".

Es gibt seit 1989 eine **Sami-Hochschule,** *Sámi allaskuvla,* oder auf Norwegisch *Samisk høgskole* an der Hánnoluohkká 45. Die Skulptur von *de Gaup* vor der Schule heißt *„Flyvesjamanes Fugl"*.

Sehenswertes

- **Freilichtmuseum** mitten im Ort, östlich der Touristinfo. Vor dieser links, und die nächste wieder rechts. Das Museum zeigt samisches Leben in alter Zeit, kostet 20 NOK Eintritt, 9-19 Uhr geöffnet.
- Das **Kulturzentrum** hat einen Architekturpreis gewonnen und verfügt über das einzige Sami-Theater in Norwegen, *Beaivvás*. Von der 93 hinter dem Supermarkt auf die Straße nach Osten. Tel. 78484460.

Im Kunstzentrum in einem ehemaligen Schulinternat arbeiten mehrere Künstler in verschiedenen Ateliers. Ganzjährig vermietet das Kunstzentrum für 2 bis 6 Monate ein 60 m² großes Atelier an einen interessierten Künstler. Es hat einen Arbeitsraum und einen Wohnbereich, an der 93 nach Norden gelegen.

- Die **Kirche** von 1700 wurde im 2. Weltkrieg niedergebrannt, vorher konnte die Bevölkerung wichtige Teile der Einrichtung in Sicherheit bringen. Im Neubau 1958 fand alles wieder seinen Platz. Nachts wird sie angestrahlt.
- **Juhls Sølvsmie (Juhls Silberschmiede),** 2 km in Richtung Galamito. *Regine* und *Frank Juhls* (sie Deutsche, er Däne) sind schon in den 1950er Jahren hierhin gekommen, als es noch keine Straßen und Geschäfte gab. Auf Drängen der ansässigen Samen richteten sie eine Silberschmiede ein, um Samenschmuck zu reparieren. Das Haus, während dieser 20 Jahre von den Juhls selbst entworfen und gebaut, ist sehenswert. Das Innere – Werkstatt, Ausstellungsraum, Galerie, Museum, Wohnung und Cafeteria in einem, strahlt eine gemütliche Atmosphäre aus, die jeden gefangen nimmt. Kein Kaufzwang. Täglich von 9-18 Uhr geöffnet, Weihnachten geschlossen. Tagsüber durch Touristenbusse völlig überlaufen, Tel. 78484330.

Kunsthandwerk gibt es auch bei:

- **Duodjeinstithuhtta,** Kunsthandwerk gegenüber dem *Artic Motell og Camping* in einer Nebenstraße des Rv. 93.
- **Peter og Anita's Sølvsmie** (Silberschmiede), neben dem Kiosk.
- **Kautokeino Sølvsmie,** beim Museum.
- **Kristine Hættas Sølvsmie,** in der Info.
- **Messerladen** *(Samekniv),* südlich des Zentrums.

Veranstaltungen

- **Große Rentierscheide:** im Herbst.
- **Kleine Rentierscheide:** im Frühling.
- **Ostersonntag:** Trubel, Volksfest, Lappenhochzeit, Rentierschlittenrennen am Fluss, abends klassisches Konzert bei *Juhls*.

Aktivitäten und Ausflüge

- **Karen Anne Bongo:** Samische Küche im Samenzelt, Cuonovuohppi (11 km westl.), Tel. 78486160, www.kautokeino.com/bongo.
- **Essen** kann man auch in **Alfreds Kro,** Hannoluohkka 4, nördlich des Zentrums auf der Westseite des Rv. 93. Zu Ostern auch Konzerte.
- **Angeln:** Kautokeino hat sein eigenes Fischereirecht. Genaues erfährt man in der Gemeindeverwaltung. Es wimmelt von Saiblingen, Renken und Forellen. Angeltouren zum See Buletjávri veranstaltet *Triumf Turistservice,* Tel. 78456694.
- **Flussboottouren:** Ab einer Stunde bei *Cávzo Safari* in Masi. Das Boot fasst mindestens 10 Personen. Tel. 78407588, www.cavzo.no. Oder bei der Konkurrenz: *Mihkkala Fanas,* Tel. 78485600, ab 150 NOK.
- **Biedjovággi gruve:** Die 35 km entfernte Grube selbst darf nicht betreten werden, aber die Gegend lädt zum Wandern ein. Der Weg führt über die 896 nach Norden. Das letzte Stück ist eine Schotterpiste, die zwischen den Gipfeln des Joalotoavi (700 m) und Albbasoavi (700 m) hindurch führt, und vor der Mine endet.

Verkehrsverbindungen

- Die Busfahrt nach Alta dauert ca. 3 Std. Weitere Busse nach Hammerfest, Karasjok etc. Im Sommer einmal täglich Bus nach Finnland. Manchmal auch Flug möglich.

Kifjord

siehe Route 8

Kirkenes

- **Information:** Turistinformasjon, Presteveien 1, Tel. 78992544, www.kirkenesinfo.no. Außerhalb der Saison Sa und So geschlossen.
  Pasvikturist AS, Dr. Wesselsgate 9 (in der Fußgängerzone), 9910 Kirkenes, Tel. 7899 5080, www.pasvikturist.no.
- **Einw.:** 4900
- **Übernachtung:** CA, H
  Es gibt zwei Hotels der Rica-Kette: *Rica Kirkenes,* Pasvikvn. 63, Tel. 78991491 und *Rica Arctic,* Kongensgt. 1-3, Tel. 78995900.
  Barents Frokosthotel, container-ähnliches Haus im Zentrum. Presteveien 1, Tel. 7899 3299, gcelsius@frisurf.no.
  Kirkenes Hotell, Dr. Wesselsgt. 3, Eingang Kirkegata, Tel. 78992168, www.kirkeneshotell.no; kleines Haus.
  Barbara's Bed and Breakfast, Henrik Lunds gate 13, Tel. 78993207.
  Nur im Winter: *Schneehotel,* Hotel aus Eis mit 10 Suiten im Gabba Rentier Park, Tel. 78 970540, www.kirkenessnowhotel.com.

Kirkenes liegt im östlichen Zipfel Norwegens, 8 km von der russischen Grenze entfernt. Es ist Verwaltungssitz der Provinz Sør-Varanger und verdankt seine Existenz den Erzvorkommen von Bjørnevatn. 1906 wurde mit dem Abbau des Erzes begonnen; 1996 stellte die Bergwerksgesellschaft *AS Sydvaranger* ihren Betrieb ein.

War das Erz auf der einen Seite Lebensgrundlage der Stadt, so wurde sie gerade wegen dieses Bodenschatzes im 2. Weltkrieg von den Deutschen zerstört und im Oktober 1944 von den Russen befreit. Außer auf Malta sollen nirgends in Europa mehr Bomben auf eine Stadt geworfen worden sein als hier! Ein Großteil der Bevölkerung überlebte in den Gruben. Die Deutschen hatten hier 30.000 Mann stationiert.

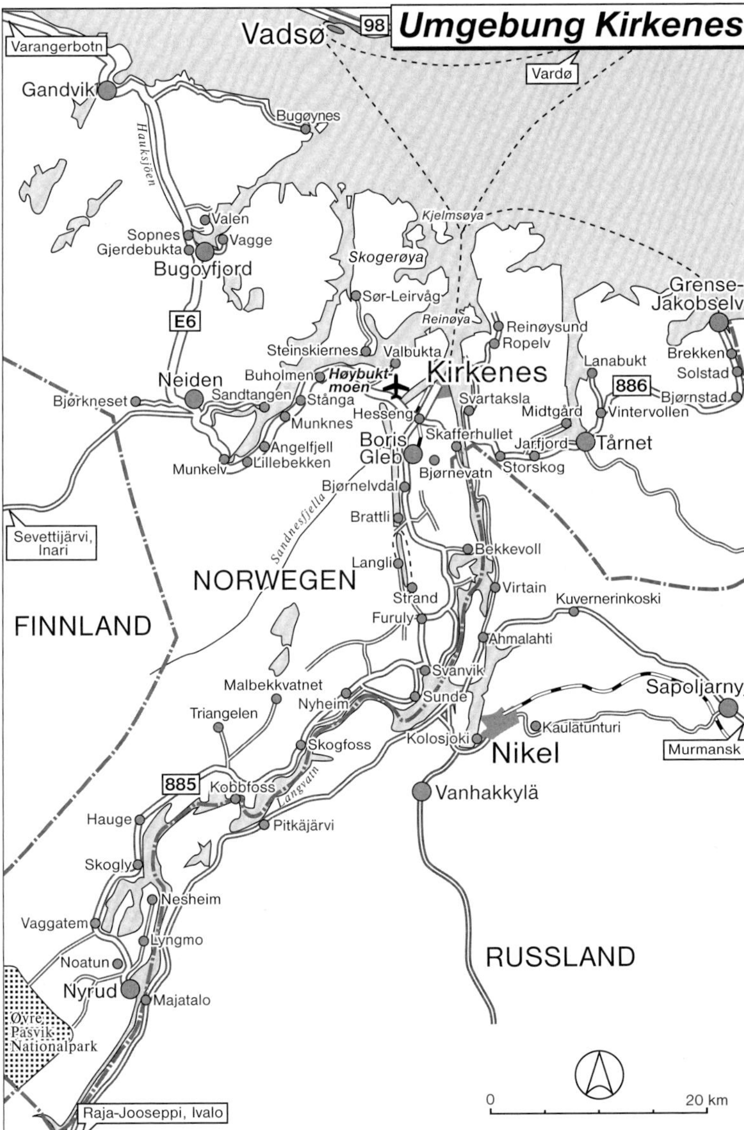
Umgebung Kirkenes
Varangerbotn
Vadsø
98
Vardø
Gandvik
Bugøynes
Hauksjöen
Valen
Sopnes
Vagge
Gjerdebukta
Bugøyfjord
Kjelmsøya
Skogerøya
Sør-Leirvåg
Grense-Jakobselv
E6
Reinøya
Reinøysund
Ropelv
Steinskiernes
Valbukta
Brekken
Lanabukt
Solstad
Neiden
Buholmen
Høybukt-moen
Kirkenes
886
Bjørnstad
Bjørkneset
Sandtangen
Stånga
Svartaksla
Midtgård
Vintervollen
Hesseng
Munknes
Skafferhullet
Tårnet
Boris Gleb
Angelfjell
Jarfjord
Munkelv
Lillebekken
Storskog
Bjørnevatn
Bjørnelvdal
Sandnesfjella
Brattli
Sevettijärvi, Inari
Bekkevoll
Langli
NORWEGEN
Virtain
Strand
Kuvernerinkoski
FINNLAND
Furuly
Ahmalahti
Svanvik
Malbekkvatnet
Sunde
Sapoljarnyj
Nyheim
Triangelen
Kaulatunturi
Kolosjoki
Skogfoss
Murmansk
Nikel
885
Kobbfoss
Vanhakkylä
Langvatn
Hauge
Pitkäjärvi
Skogly
Nesheim
Vaggatem
Lyngmo
Noatun
RUSSLAND
Nyrud
Majatalo
Øvre Pasvik Nationalpark
0
20 km
Raja-Jooseppi, Ivalo

LAP_X18 Foto: ws

Die Stadt präsentiert sich heute modern. Mit einem eisfreien Hafen und ganzjährigem Zugang zur Barentssee haben sich viele Unternehmen, die mit Russland Handel treiben, hier angesiedelt. Dienstleistung ist der wichtigste Erwerbszweig in der Gemeinde.

Kirkenes ist Ausgangs- bzw. Endpunkt wichtiger Verkehrslinien, wie z. B. der „Nord-Norge-Busse", die von hier bis Fauske fahren, und der Hurtigrute, mit der man bis nach Bergen kommt. Außerdem ist es Ausgangspunkt für Ausflüge ins schöne Pasviktal. Auf dem Markt steht ein Monument für die Kriegsmütter. Das Touristenradio sendet auf FM 104,5 und 106,5.

Im Busbahnhof am Lønboms Platz gibt es Schließfächer.

Essen kann man im *Casablanca* in der Dr. Wesselsgt. 6, oder z. B. im *Barokk,* Wesselsgt. 25. Auch das o.g. *Direktørboligen* bietet etwas für den Magen und sogar einen Kamin. Preiswerter ist es allerdings im *Mett & Co,* direkt an der E 6, 4 km von Kirkenes entfernt.

(Foto: Wolfram Schwieder)

Für den Wintersportler gibt's zahlreiche beleuchtete Loipen.

- **Mitternachtssonnen-Aussichtsplatz:** Der beste Platz ist gleich am Ortseingang auf dem Berg über dem Rica Hotel. Wegen der östlichen Lage und der einheitlichen Zeit in ganz Norwegen erreicht die Sonne ihren tiefsten Stand um 23 Uhr Mitteleuropäischer Zeit (24 Uhr finnischer Zeit); durch die Sommerzeit wird allerdings doch wieder Mitternacht daraus.
- **Grenzland-Museum:** Flora, Fauna, Geschichte, Kultur. Außerdem eine russische Iljushin Il-2, die man nach 40 Jahren aus einem See der Gegend geborgen hatte. Sommer 10-18, Winter 10-15.30 Uhr.
- **Savio Museum:** Der samische Künstler *John Andreas Savio* ist nur 36 Jahre alt geworden. Seine Zeichnungen und Radierungen sind in der Kongensgata 10b zu sehen. Im Sommer von 10-16 Uhr geöffnet, Eintritt 35 NOK.

Es gibt ein Denkmal für die Befreiung durch die rote Armee und ein Kriegsmütterdenkmal.

- **Andersgrotta:** Während des 2. Weltkriegs einer der wichtigsten Fluchttunnel der Bevölkerung. Hier kann man sich heute über den Krieg informieren. Buchen kann man die Besichtigung über Grenseland AS, Storgt. 1, Tel. 78 992501. Außerdem gibt es Tagestouren nach Russland, Fischzüge im Varangerbotn und Wandertouren.

Verkehrsverbindungen

- Täglich legt die **Hurtigrute** um 10.30 Uhr an und verlässt den Hafen um 13.30 Uhr. Nächster Stopp ist Vardø um 16.45 Uhr. Infos und Buchungen bei: *OVDS*, Tel. 76967600 www.hurtigruten.no.

- **Bus:** *Norway Bussekspress* fährt täglich in den Süden; *Nord-Norge-Busse* fahren nach Lakselv, Sørkjosen, Narvik, Fauske (1300 km).
- **Schiff:** Hurtigrute bis Bergen im Süden.
- **Flug:** Von Kirkenes bis Oslo ist man 4½ Std. in der Luft. Flüge mit Widerøe gehen täglich, der Flughafen liegt 12 km außerhalb.

Ausflüge (Umgebung)

Kirkenes hat 2 Vororte, **Hesseng** und **Sandnes.** In diesem Gebiet leben ca. 6000 Einwohner. Die restlichen 3600 Einwohner verteilen sich auf die übrigen Orte in der 3670 km² großen Gemeinde. **Bugøynes** im Westen liegt 100 km von Kirkenes entfernt.

- **Bjørnevatn,** 15 km südlich von Kirkenes, die E 6 nach Hesseng links auf die Straße Nr. 885. Wie Kirkenes ist auch Bjørnevatn im Zusammenhang mit dem Bergwerksbetrieb *AS Sydvaranger* entstanden. Der Ort mit seinen 1500 Einwohnern heißt deshalb auch „Grubenstadt". Lange Abraumhalden säumen die Umgebung. Die Grube liegt im Ort und war bis zu ihrer Schließung Nordeuropas größter Tagebau. Das Grubengelände ist nicht zugänglich, aber Teile sind von Bjørnevatn aus zu sehen. Führungen auf Anfrage in der Touristinformation, www.bjornevatn.no. Eine 14 Tonnen schwere Baggerschaufel aus der Grube dient als Bushaltestelle, außerdem gibt es ein Kriegsmütterdenkmal und einen Pavillon aus dem Jahr 1953 mit russischer Zwiebelkuppel. Er erinnert an die Befreiung von Sør-Varanger. Zentral im Ort liegt der *Arctic Pub.* **Bus:** Tagsüber stündlich.
- **Neiden** (44 km auf der E 6 nach Westen): Im Ort spricht man finnisch. Ursprünglich ein samischer Ort, bis der Frost so sehr in Finnland wütete, dass die finnischen Bauern und Holzfäller nach Norden in das fruchtbare Neidental zogen. Die norwegischen Behörden stellten Schriftstücke aus, die die finnischen Einwanderer zu Grundbesitzern machten. Durch die Grenzziehungen 1826 wurden dann die Samen mehr oder weniger vertrieben.

Sehenswert ist die **Griechisch-Orthodoxe Kapelle** (1796, Ikonen). Jeden letzten Sonntag im August findet hier eine Open-Air-Messe statt. Einzige echte Stabkirche nördlich von Trondheim ist die **protestantische Kapelle** von 1902. Diese ist zwar keine alte, sondern eine Replik, aber dennoch sehenswert. 1898 stellte Bischof Bøckmann fest, dass die Neidener *Laestadius* und seiner Erweckerbewegung anhingen und finnisch sprachen, deshalb ließ er ein „modernes" Gotteshaus bauen. Der **Wasserfall Skoltefossen** fließt direkt unter der Straßenbrücke. Wohnen kann man in einer der Hütten im *Neidenfoss-Camping* oder im *Neidenelven Turisthotell & Kro,* Tel. 78990000. Zum Lachsfischen gibt es Lizenzen bei der Touristinfo in Kirkenes. Eine Spezialität der Gegend ist die Wurfnetzfischerei (sam. *Lievjeled,* fin. *Käppälä).* Auch hier gibt es ein **Savio-Museum,** wo die Skizzen ausgestellt sind, auf denen er das samische Leben portraitierte.

Die *Neiden Fjellstue* bietet Rentierschlittenfahrten, Snowscootersafaris und Eisangeln an. Übernachtung in

Hütten oder Zelt. Tel. 78996111, www.samitour.no.

Die Höhenzüge rund um den Neidenfluss sind ehemalige Meeresböden und zeichnen sich als schnurgerade Linien in der Landschaft ab. Ein Bus fährt täglich nach Kirkenes.

• **Russische Grenze:** Von Kirkenes auf der E 6 Richtung Hesseng. Auf der Rv. 886 10 Min. bis Skafferhullet, 16 km bis Grenzpassierstelle Storskog, wo man Souvenirs kaufen kann. Auf der Rv. 885 40 km bis Svanvik, dort gibt es einen Aussichtspunkt mit Blick bis Nikel. Übernachten kann man beim Wikan Nationalparkzentrum, Tel. 7899 9818, www.pasvikdalen.no. Der Fluss markiert die Grenze. Lachsfischen ist nur für Norweger erlaubt. Organisation von Touren mit dem Boot über die Turistinfo. 16 km von Kirkenes entfernt liegt **Boris Gleb** mit Kapelle auf einer russischen Enklave, hier war früher ein Zentrum der Skoltsamen. Nach einer Gebirgsüberfahrt geht es am Grenzfluss weiter entlang nach:

• **Grense Jakobselv** an der Barentssee. Vor dem Grenzübergang nach Russland links abbiegen. Die Straße 886 führt durch die Orte Jarfjord, Tårnet und Vintervollen. Ab Vintervollen im Winter gesperrt.

Die Kapelle (1869) hat König *Oskar* als „geistlichen Wachturm nach Osten" erbauen lassen. Sie sollte den russischen Fischern, die Norwegern hier den Lachs wegfingen, norwegisches Gebiet signalisieren, da man nicht mit Waffengewalt gegen sie vorgehen wollte. Die Neuauflage dieser Drohung ist die **Anhöhe 247:** Die östlichste Land-Überwachungsstation der NATO Richtung Russland. Grense Jakobselv ist inzwischen fast nur noch im Sommer bewohnt, dann serviert das kleine Café in der Prestestua einheimischen Spezialitäten (nicht immer geöffnet). „Fußspuren gen Norden" heißt der Wanderweg am Grenzfluss entlang bis zum Eismeer. Keine Übernachtungsmöglichkeit.

• **Pasviktal:** Rv. 885, die Grenze nach Russland wurde 1826 der Einfachheit halber mitten durch den Fluss gezogen. 120 km bis Nyrud, sehr schöne Landschaft. Teilweise Nationalpark, größtes Urwaldgebiet Norwegens. Ein Paradies für Vogelfreunde; bisher hat man im Pasviktal 164 Vogelarten entdeckt. Außerdem gibt es hier Wölfe und Bären (vergl. Nationalparks und Route 8). In **Strand** wurde 1905 ein großes Internat erbaut, um den hier ansässigen Norwegern mehr moralische Unterstützung zu geben, die von Finnen und Russen umzingelt waren. Gleichzeitig sollte das Bildungsangebot mehr Einheimische in diese abgelegene Region locken. In den 1920er Jahren gehörte dieser Teil, der **Petsamo-Korridor,** zu Finnland. Im finnisch-russischen Krieg ging er wieder an Russland zurück. Heute ist in den Räumlichkeiten eine natur- und kulturgeschichtliche Ausstellung untergebracht. Geöffnet von Juni bis August.

Unterwegs am **Bjørnevatn-See** gibt es stillgelegte Grubenanlagen. Die Straße ist auf den letzten Kilometern mit Schlaglöchern übersät, so groß wie Elchköpfe. 20 km hinter Noatun endet die Straße an einem Kraftwerk,

Nach Russland

Mit dem Schiff

Vom 23.6. bis 2.8. bietet die *Finnmark Fylkesrederi og Rutelskap AS*, Postboks 308 in N-9601 Hammerfest Katamaranfahrten an, die man auch schon 14 Tage im Voraus buchen kann. Start in Kirkenes. Die Fahrten gibt es fünf Mal pro Woche, ein Besichtigungsprogramm in Murmansk ist eingeschlossen (kein Visum erforderlich). Auskunft auch bei: *Winge Reisebyrå*, N-9900 Kirkenes, Tel. 004785/91981.

In Deutschland kann man über die *Norwegische Schifffahrtsagentur* in Hamburg (Kleine Johannisstr. 10, 20451 Hamburg, Tel. 040/376930) eine Tour buchen, aber nur in Verbindung mit einer Hotelübernachtung in Kirkenes. Kosten: ca. 300 €; bei Buchung Passnummer angeben.

Das Schiff fährt in einer halben Stunde bis zur Grenze und biegt um die Landspitzen Njemetsky und Voronkovsky in den Murmansk-Fjord ein. Rechts liegt nun der U-Boot-Stützpunkt Poljarnjy, und kurz danach passiert man den Hafen Severomorsk, in dem die russische Eismeerflotte liegt. In Murmansk dann acht Stunden Programm mit Essen und Einkaufsbummel. Gegen Mitternacht ist man wieder in Kirkenes.

Tagesausflüge auch in die Nachbarstädte **Nikel/Zapolyarnyj.**

Mit dem eigenen Auto

Für Fahrten mit dem eigenen Auto benötigt man ein Visum, das über die russischen Botschaften ca. vier Wochen vor Reiseantritt beantragt werden muss. Die Buchung von Übernachtungen muss vor der Visabeantragung geklärt werden.

Man fährt zum Grenzübergang *„Storskog"*, 15 km entfernt von Kirkenes. Täglich geöffnet von 7-21 Uhr.

Mit dem Flugzeug

Arctic Air AS fliegt dreimal wöchentlich von Kirkenes nach Murmansk und zurück.

- **Arctic Air,** Tel. 78990540

Vor Ort:

- **Pasvikturist AS**

Touren nach Russland: Boris Gleb, Murmansk, Visumservice, Buchung von Hotel, Flug und Zug in Russland. Dr. Wesselsgate 9, 9910 Kirkenes, Tel. 78995080, Fax 7899 5057, firmapost@pasvikturist.no, www.pasvikturist.no.

Mit dem Bus

Wer mit Bus und Zug nach Murmansk fahren will, geht folgendermaßen vor:

Von Deutschland aus bei *Norving Reisebureau*, Boks 167, N-9901 Kirkenes, Tel. 004785/91694. Vier Tage Vollpension inkl. Bus und Bahn ab Kirkenes kosten ca. 500 € pro Person. Man muss eine Buchungsbestätigung mit „Intourist-Nummer" verlangen. Diese schickt man dann mit einem Visumantrag (den erhält man in jedem Reisebüro) an die russische Botschaft in Berlin. Zwei bis drei Wochen später erhält man seinen Pass mit dem Visum zurück.

Wer mit dem Auto in Kirkenes ankommt, kann es beim Zollamt abstellen. Die Reise beginnt um 4 Uhr mit einer Busfahrt zur Grenze. Dort muss man in einen russischen Bus umsteigen, und weiter geht's bis **Nikel,** wo man abermals umsteigt, diesmal in einen bequemen Zug.

Nach ca. achtstündiger Bahnfahrt mit Verpflegung und dem obligatorischen Samowar erreicht man **Murmansk.** Hier werden zwei Museen besucht, und es gibt eine Stadtrundfahrt. Gegen Aufpreis kann man eine Bootsfahrt unternehmen oder eine Theatervorstellung besuchen.

Murmansk

Murmansk (400.000 Einwohner) ist ein russischer Flottenstützpunkt. Der eisfreie Hafen war während des Krieges von enormer Bedeutung. Die Stadt wurde durch deutsche Luftangriffe fast völlig zerstört und dann „Heldenstadt" genannt. Im Museum gibt es eine Dokumentation der Stadtgeschichte, der Suche nach der Nordwest-Passage und der Flora und Fauna der Halbinsel Kola.

das Strom nach Russland verkauft. Nach 5 km Fußmarsch erreicht man das **Dreiländereck** mit seinem Monument. In Noatun gibt es das Haus *Hans Th. Schaannings,* eines Vogelexperten. Hier ist auch das Paradies der Braunbären und es gibt wieder Vielfraße.

Der Campingplatz in Svanvik organisiert Touren nach Russland. Hier liegt auch das Nationalparkzentrum für den **Øvre Pasvik-Nationalpark** mit Ausstellung. Geöffnet ganzjährig. Tel. 46 413600, www.pasvik.no. Essen sollte man im *Pasvik Taiga,* einem netten kleinen Hotel in Skogfoss mit hervorragender Küche, Menü ab 370 NOK, Reservierung unter Tel. 78995444. Im Ort läuft die Grenze mitten durch eine Staumauer. Die **Schlittenhundefarm** *Taiga Husky* veranstaltet Hundeschlittentouren. Für Selbstfahrer, kurze Touren, Tagesausflüge, Tel. 78995486.

Bei **Skogly** gibt es einen Friedhof der Skoltsamen zu sehen, in **Vaggatem** geht es zum Pasvik-Nationalpark. Das *Øvre Pasvik Café und Camping* an der Straße 886, Tel. 78995530 bietet Annehmlichkeiten wie Dusche und Sauna.

• Die Russische Stadt **Nikel** hieß bis 1944 *Kolosjoki,* sie wurde von den Russen wegen der dortigen Nickelfabrik annektiert. Diese Fabrik, 1940 mit Hilfe der Amerikaner gegründet, war eine der größten der Welt. Zu sehen ist der Ort vom ca. 90 m hohen Skoltevatn, 17 km südlich von Svanvik. Das Café *„auf der Höhe 96"* ist geöffnet von Juni bis Aug., für 25 NOK kann man die Aussicht von einem ehemaligen **Wachturm** genießen.

• **Bugøynes:** Abzweig von der E 6 zwischen Neiden und Varangerbotn. Dieses Fischerdorf hat 350 überwiegend finnische Einwohner. Auch sie sind, wie die Neidener, vor dem Frost im 19. Jh. in die wärmere Gegend am Meer ausgewandert, wo sie fortan vom Fischfang lebten. Das Dorf hieß dann **Pykeijä,** und sie selbst wurden *Quänen* genannt. Die Ansiedlung überdauerte den 2. Weltkrieg unzerstört, weil der deutsche Kommandant *Flach* zugesichert hatte, das Dorf nicht zu zerstören, wenn man ihm Boote zur Verfügung stellte. Zu sehen gibt es eine Kaianlage aus dem 19. Jh. Als die Fischbestände schrumpften, wollte das Dorf komplett auswandern. Zur gleichen Zeit nahm jedoch die Population der Kamtschatka-Krabbe aus Russland hier deutlich zu und bescherte den Bewohnern ein neues Auskommen.

Man kann 90 Minuten zum Vogelfelsen Ranvik laufen. In Bugøynes gibt es alles, was man braucht, Unterkünfte und Infos unter Tel. 78990375. Finnische Sauna ist auch vorhanden.

Bugøynes Erlebnisse betreibt einen Bootsverleih, Sauna mit Baden im offenen Eismeer und andere Abenteuer. www.bugoynes.no. Im historischen Kaufmannshaus **Lassigården** ist auf Vorbestellung Bewirtung von Gruppen möglich. Die lokale Spezialität ist die Kamtschatka-Krabbe. Ein Bus pro Tag nach Kirkenes.

Bootsausflüge

Über die *Turistinfo,* www.kirkenesinfo.no, kann man diverse Ausflüge ins Revier der Kamschatkakrabbe buchen. Es gibt eine

Tauchschule in Jarfjordbotn. Außerdem bieten folgende Unternehmen Fahrten an:
- **Neidenelven Camp./Motel,** Vermittlung/Verleih von Flussbooten. Angeltouren können arrangiert werden. Tel. 78996203, www.neidenelven.no.
- **Barents Safari** fährt täglich 2 Mal von Kirkenes mit dem Flussboot zur norwegisch-russischen Grenze bei Boris Gleb. Im Winter Snowscooter-Safaris. Tel. 90190594, www.barentssafari.no.
- **Kirkenes Fjord Fiske,** in Bjørnevatn, Angel- und Jagdtouren, Wanderung zum Dreiländereck. Tel. 48280801.

Kroken

Skizentrum, siehe Tromsø

Kvaløy

Insel mit 4000 Jahre alten Felszeichnungen, siehe Tromsø;

Insel, auf der Hammerfest liegt

Lakselv

- **Information:** Tel. 78460700, www.visitarcticnorway.no.
- **Einw.:** 4500
- **Übernachtung:** CA
- **Mitternachtssonne:** 1.6.-31.7.

Lakselv liegt landschaftlich schön am Porsangerfjord. Es ist Verwaltungssitz und Schulzentrum. Hier hält der *Nord-Norge-Bus* von Fauske nach Kirkenes.

Es gibt eine **Likörbrennerei** zu besichtigen (Flachbau hinter der Sparkasse). Wegen dem Staatsmonopol kann man hier allerdings keine Erzeugnisse kaufen. Von Juni bis September fängt man Lachse. Übernachten kann man im *Lakselv Hotel* am Karasjokveien.

Ausflüge

- Mit dem Flugtaxi können Blitzbesuche zum **Nordkap** gemacht werden.
- Am **Porsangerfjord** entlang gibt es Stellen mit grandiosem Ausblick.
- Trolle von **Trollholmsund:** Markante Felsformation 25 km von Lakselv entfernt, 5 km abseits der E 6. Markierter Weg vom Parkplatz.
- **Stabbursnes** und **Stabburdalen-Nationalpark,** Info: Naturhus an der E 6, 15 km nordwestlich.

Verkehrsverbindungen

- **Busse** fahren nach Kirkenes, Sørkjosen, Narvik, Fauske.
- **Flugplatz** in der Nähe. Im Sommer fliegt Braathens Di und Do für etwa 77 € nach Oslo, www.flysas.de.

Lapplandia

Erzbahnstation, siehe Route 16

Lofoten

Die gesamte Inselkette, die von Narvik ins Eismeer hinein ragt, bezeichnet man normalerweise als Lofoten, dies ist aber nicht ganz richtig, da nur die südlichen Inseln (Austvågøya, Vestvågøya, Flakstadøya, Moskenesøya, Mosken, Værøy und Røst) wirklich die Lofoten sind, die nördlicheren Inseln heißen hingegen Vesterålen (siehe dort). Vergangenheit und Zukunft der Lofoten sind in ganz besonderer Weise mit dem **Kabeljau** verbunden, ohne ihn gäbe es hier keine Lebensgrundlage für die 26.000 Einwohner. Er be-

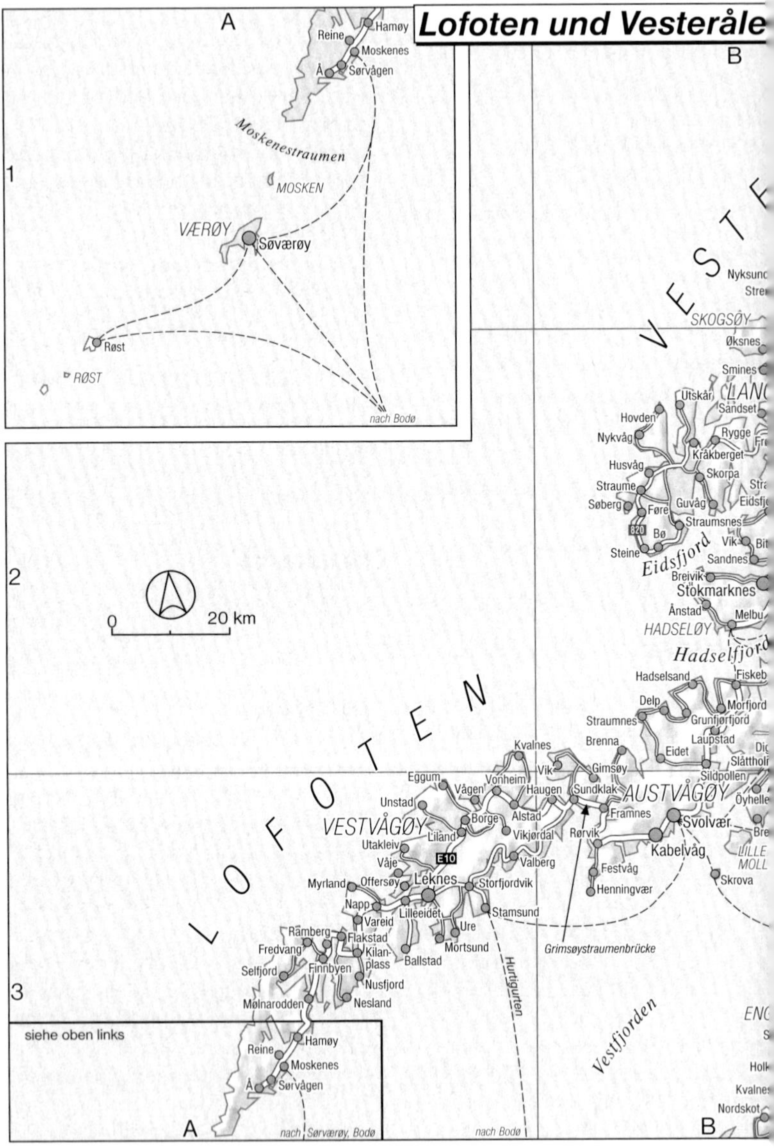
Lofoten und Vesterålen
A
B
1
2
3
Hamøy
Reine
Moskenes
Å
Sørvågen
Moskenestraumen
MOSKEN
VÆRØY
Søværøy
Røst
RØST
nach Bodø
0
20 km
LOFOTEN
VESTVÅGØY
AUSTVÅGØY
HADSELØY
SKOGSØY
Eidsfjord
Hadselfjord
Vestfjorden
Hurtigruten
Grimsøystraumenbrücke
siehe oben links
nach Sørværøy, Bodø
Svolvær
Kabelvåg
Leknes
Stokmarknes
Stamsund
Henningvær
Skrova
Ballstad
Nusfjord
Flakstad
Ramberg
Fredvang
Selfjord
Finnbyen
Kilan-plass
Nesland
Mølnarodden
Vareid
Napp
Myrland
Offersøy
Våje
Utakleiv
Liland
Unstad
Eggum
Vågen
Borge
Vonheim
Haugen
Alstad
Vikjørdal
Valberg
Storfjordvik
Lilleeidet
Ure
Mortsund
Kvalnes
Vik
Gimsøy
Sundklak
Framnes
Rørvik
Festvåg
Brenna
Straumnes
Delp
Hadselsand
Eidet
Laupstad
Grunfjørfjord
Morfjord
Sildpollen
Sandnes
Breivik
Ånstad
Vik
Straumsnes
Bø
Føre
Guvåg
Steine
Søberg
Straume
Husvåg
Nykvåg
Hovden
Utskår
Kråkberget
Rygge
Skorpa
Sandset
Smines
Øksnes
E10
820

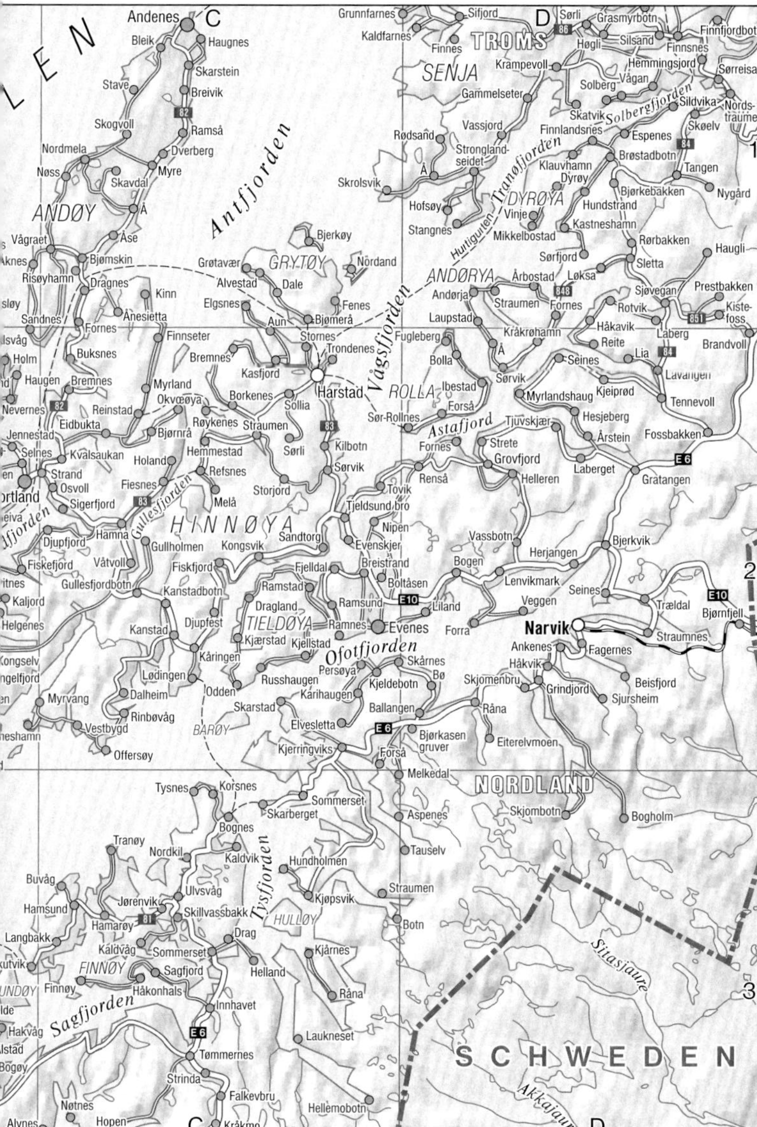
Andenes
C
D
Bleik
Haugnes
Skarstein
Stave
Breivik
82
Skogvoll
Ramså
Nordmela
Dverberg
Nøss
Myre
Skavdal
ANDØY
Å
Åse
Vågraet
Bjørnskin
Risøyhamn
Dragnes
Kinn
Ånesietta
Sandnes
Fornes
Finnseter
Holm
Buksnes
Haugen
Bremnes
Myrland
Okvøeøya
Nevernes
Reinstad
Eidbukta
Jennestad
Bjørnrå
Selnes
Kvalsaukan
Holand
Strand
Osvoll
Fiesnes
Refsnes
Sigerfjord
Melå
Hamna
HINNØYA
Djupfjord
Gullholmen
Kongsvik
Fiskefjord
Våtvoll
Fiskfjord
Gullesfjordbotn
Kanstadbotn
Kaljord
Helgenes
Kanstad
Djupfest
Kåringen
Lødingen
Dalheim
Odden
Myrvang
Rinbøvåg
Vestbygd
Offersøy
BARØY
Gullesfjorden
Antfjorden
Grunnfarnes
Sifjord
Kaldfarnes
Finnes
TROMS
SENJA
Gammelseter
Vassfjord
Rødsand
Strongland-seidet
Å
Skrolsvik
Hofsøy
Stangnes
Bjerkøy
GRYTØY
Nordand
Grøtavær
Alvestad
Dale
Elgsnes
Fenes
Aun
Bjømerå
Stornes
Trondenes
Bremnes
Kasfjord
Harstad
Borkenes
Sollia
Røykenes
Straumen
Hemmestad
Sørli
Kilbotn
Sørvik
Storjord
Tovik
Tjeldsund bro
Sandtorg
Nipen
Evenskjer
Fjelldal
Breistrand
Ramstad
Boltåsen
Dragland
Ramsund
E10
TJELDØYA
Ramnes
Evenes
Kjærstad
Kjellstad
Ofotfjorden
Persøya
Russhaugen
Karihaugen
Skarstad
Elvesletta
Kjerringviks
Vågsfjorden
ROLLA
Sør-Rollnes
Ibestad
Forså
Astafjord
Fornes
Rensa
Fugleberg
Bolla
Laupstad
Andørja
ANDØRYA
Hurtiguten
Tranøyfjorden
DYRØYA
Vinje
Mikkelbostad
Sørfjord
Krampevoll
Sørli
86
Grasmyrbotn
Høgli
Silsand
Finnfjordbotn
Finnsnes
Hemmingsjord
Sørreisa
Solberg
Vågan
Solbergfjorden
Skatvik
Sildvika
Nordstraumen
Finnlandsnes
Skøelv
Espenes
84
Brøstadbotn
Klauvhamn
Dyrøy
Tangen
Bjørkebakken
Nygård
Hundstrand
Kastneshamn
Rørbakken
Haugli
Sletta
Årbostad
Løksa
848
Straumen
Fornes
Sjøvegan
Prestbakken
Rotvik
851
Kistefoss
Håkavik
Laberg
Kråkrøhamn
Reite
Brandvoll
Lia
Seines
Sørvik
Lavangen
Myrlandshaug
Kjeiprød
Tennevoll
Tjuvskjær
Hesjeberg
Årstein
Fossbakken
Strete
Grovfjord
Laberget
E 6
Helleren
Gratangen
Vassbotn
Bjerkvik
Herjangen
Bogen
Lenvikmark
Seines
Trældal
Bjørnfjell
Veggen
Liland
Forra
Narvik
Straumnes
Ankenes
Fagernes
Håkvik
Beisfjord
Skjomenbru
Grindjord
Sjursheim
Skårnes
Bø
Kjeldebotn
Ballangen
Råna
Bjørkasen gruver
Eiterelvmoen
Forså
Melkedal
NORDLAND
Skjombotn
Bogholm
Tysnes
Korsnes
Sommerset
Skarberget
Aspenes
Bognes
Tranøy
Nordkil
Kaldvik
Tysfjorden
Hundholmen
Tauselv
Buvåg
Ulvsvåg
Straumen
Kjøpsvik
Hamsund
Jørenvik
81
Skillvassbakk
HULLØY
Botn
Hamarøy
Langbakk
Drag
Kaldvåg
Sommerset
Kjårnes
Helland
FINNØY
Sagfjord
Finnøy
Håkonhals
Råna
Innhavet
Sagfjorden
Hakvåg
E 6
Laukneset
Tømmernes
Strinda
Falkevbru
Nøtnes
Hellemobotn
Alvnes
Hopen
Kråkmo
Sitasjaure
Akkajaure
SCHWEDEN
1
2
3

Orte A–Z

herrscht alltäglich die Menschen, prägt ihren Lebensrhythmus und ist verantwortlich für Glück oder Leid der Bevölkerung.

Jedes Jahr ziehen Abermillionen von Dorschen (Kabeljau) von der Barentssee nach Süden in den Westfjord, der sich zwischen den Lofoten und dem norwegischen Festland befindet. Nur hier hat das Wasser die richtige Temperatur (+5 °C, Golfstrom), und der Salzgehalt ist wegen der vielen ins Meer fließenden Flüsse niedriger als im offenen Meer. Irgendwann zwischen Januar und April kommen die geschlechtsreifen Fische hier in riesigen Schwärmen an – das ist der Moment, auf den Tausende von Menschen gewartet haben. In diesen drei Fangmonaten entscheidet sich für viele Fischer, ob der Rest des Jahres in Wohlstand oder in Armut verbracht werden muss.

Mitte der achtziger Jahre fischten Norweger und Russen je 285.000 Tonnen Kabeljau. 55.000 Tonnen weniger als vorher. Die Fangquoten mussten herabgesetzt werden, um den Bestand dieser Fische zu sichern. Man ist etwas vorsichtiger geworden, nachdem man jahrelang rücksichtslos die Heringsschwärme abgefischt hat, heute muss man mit drastisch heruntergedrückten Heringsfangquoten retten, was zu retten ist.

Dorsch bzw. Kabeljau wird nach dem Fang, wenn er nicht direkt auf russischen Fabrikschiffen zu Filets und Seife wird, auf den Lofoten u. a. zu Trockenfisch verarbeitet. Ausgenommen, geköpft und paarweise zusammengebunden hängen die Fische an riesigen Trockengestellen, der Nordwind wird sie in knochentrockene Mumien verwandeln.

Die Köpfe werden, nachdem man die Zunge herausgeschnitten hat (wird besonders in Frankreich als Delikatesse geschätzt), zu Fischmehl verarbeitet. Teilweise wurden allerdings auch die Köpfe getrocknet und exportiert, z. B. nach Nigeria, wo man sich wegen Devisenmangels keine ganzen Fische leisten konnte.

In einer Saison werden viele Millionen Fischköpfe abgeschnitten und verkauft, riesige Berge davon kann man überall liegen sehen.

Im Sommer, wenn Touristenscharen die Inseln bevölkern, merkt man nicht viel von dem hektischen Treiben während der Fangsaison. Dann werden die **„Rorbuer“,** so nennt man die Fischerhütten, die, teils auf Pfählen ins Meer gebaut, den etwa 5000 Seeleuten während der Saison Unterkunft bieten, an Reisende vermietet. Die Trockengestelle sind dann leer.

Landschaftlich ähneln die Lofoten einem bis zu den Knien im Meer stehendem, alpinen Gebirge. Berge bis zu 1000 m laden zum Besteigen, die grandiose Landschaft zum Wandern ein. Bekannte Maler (z. B. *Gunnar Berg)* kamen schon zur Jahrhundertwende hierher, um sich von der herben Gegend inspirieren zu lassen. *Bjørnstjerne Bjørnson* sah dort: „Luftspiegelungen, die Bergketten vor und hinter dir auf den Kopf stellen, immer in Bewegung, während Wale spielen und Vögel rufen.“

Es gibt Seen, die sich beim Zurückgehen der Eiszeit gebildet haben. Die wie eine Perlenkette aufgereihten heißen Paternosterseen. Auf Moskenesøya und Austvågøya findet man extrem tiefe Seen, z. B. Solbjørvatn mit über 170 Metern, siehe auch im Kapitel Geografie „Eiszeit".

Für den Vogel- und Tierfreund bieten die Lofoten etwas Besonderes. Riesige Seevogelkolonien (Papageientaucher, Lummen, Möwen usw.) kann man z. B. auf Røst und Værøy besuchen.

Wer Korbuer mieten will:

- *Den Norske Hytteformidling,* Nedere Vollgt. 3, Oslo, Tel. 81544270, www.novasol.com.
- *The Tourist Info Centre,* Sørvågen, Tel. 7609 1599, www.lofoten-info.no.

Eine Woche kostet pro Person zwischen 500 und 900 NOK.

Wer wissen will, wie die Fischer früher in diesen Hütten lebten, kann das im Museum in Kåbelvag sehen.

Durch die neue **Lofast** Brücken-Tunnelverbindung spart man sich die Fähre Melbu – Fiskebøl und erreicht Austvågøy nun ohne Umweg über Sortland.

Die einzelnen Inseln von Norden nach Süden:

Austvågøy

Dies ist die nördlichste der Lofoteninseln mit den Orten **Svolvær**, **Kabelvåg** und **Henningsvær.** Der höchste Berg mit über 1100 Metern ist der Higravtinden. Die E 10 führt von Hinøya über Fiskebøl nach Süden. Bei Rørvik gibt es einen Tunnel, etwa 700 m lang, ohne Radweg. Die Insel verlässt man über die 800 m lange **Grimsøystraumenbrücke.** In Fiskebøl kann man über eine Nebenstraße über Straumnes nach Sildpollen fahren, wo man wieder auf die E 10 trifft. Diese Strecke ist eindrucksvoll um die Berge gewunden, nicht schlaglochfrei, sandig, aber man wird durch grüne Landschaft bestens entschädigt.

Svolvær

- **Infobüro:** Marktplass, Tel. 76073000, werktags im Sommer 9-22 Uhr, immer geöffnet, wenn das Hurtigrutenboot anlegt.
- **Übernachtung:** Es gibt sieben Hotels, diverse Rorbuer und einen kleinen Zeltplatz. Das schönste Hotel ist das *Rica Hotel,* von dessen Bar man einen guten Blick auf den Hafen und die Stadt hat; Tel. 76072222. Das *Vestfjordhotel* liegt ebenfalls am Wasser, das *Best Western Svolvær* im Ortsinneren und das große *Norlandia* am Supermarkt. Das *Knutmarka Feriesenter* ist am weitesten entfernt, zu Fuß etwa eine halbe Stunde vom Zentrum.

Mit 5000 Einwohnern größter Ort und kulturelles Zentrum der Lofoten. Die Gemeinde heißt übrigens Vågan. Im Rathaus kann man sich das Gemälde *„Trollfjordschlacht"* von *Gunnar Berg* ansehen. Es erinnert an die blutigen Kämpfe der Lofotfischer gegen die ersten Fischdampfer, die in den Trollfjord eindringen wollten, um dort zu fischen. Der Trollfjord kann mehrmals täglich vom Boot aus besichtigt werden, eine tolle Tour.

Der Reisende findet hier alles, was er an Läden, Tankstellen, Banken und Cafeterias so braucht, außerdem gibt es ein Kino und einen Badestrand, der etwa 3 km östlich, vor dem Børatunnel, unterhalb der Straße liegt.

LAP_X10 Foto: ws

Der Hafen von Svolvær (Foto: Wolfram Schwieder)

Der Ort wird überragt vom Berg **Rundfjell** (804 m). Man kann ihn auch ohne Ausrüstung besteigen, aber ungefährlich ist das nicht. Jedes Jahr stürzen sich einige unvorsichtige Touristen zu Tode. Also Vorsicht!

Die **Lofotkathedralen** aus dem 19. Jh. an der E 10 soll das größte Holzbauwerk Norwegens sein.

- In der Stadt gibt es ein **Lofotenmuseum,** ein **Aquarium,** und ein **Künstlerzentrum** des Kunstverbands mit Galerie und Laden in Svinøya.
- Anfang Juni gibt es die „Hobby-Cat-Regatta", und Ende Juni findet eine **Regatta** nach Bodø statt.
- In der **Fischsaison** (Januar bis April) ist hier einiges los, denn von hier starten die Fischer zu ihrem Fang.
- **Wintersport:** Es gibt etwa 4 km beleuchtete Loipe und Abfahrtsmöglichkeiten mit Liftanlage.
- **Schwertwalsafaris:** Die Meeresriesen folgen im Herbst den Heringsschwärmen, die sich bis Dezember in den Gewässern rings um die Inselhauptstadt aufhalten.
- Das **Hurtigrutenboot** legt am Marktplatz an, Abfahrt 8.30 Uhr, die Fähre nach Skutvik etwas nördlich, hinter dem Tunnel.
- Die **Autofähre** von Skutvik (Svolvær – Skutvik, Dauer 2 Std., 9x täglich) kommt im Zentrum an (halbe Strecke zwischen Narvik und Fauske). Früher nervten dann die Autokolonnen, die sich täglich über den Marktplatz quälten, heute gibt es eine Markt-Umgehung. Von hier kann man mit dem **Nordtrafikk-Bus** nach Sortland, Harstad, Kabelvåg und Henningsvær fahren. Fahrplan in der Turistinfo.

Kabelvåg

Ehemals wichtigster Gerichtsort; schon zur Zeit der Wikinger wurde hier Gericht gehalten. Heute wegen geringem Hafentiefgang unbedeutend. Hier ließ König *Øystein* schon im Jahre 1120 die ersten Rorbuer für seine Fischer bauen. Dadurch sicherte er sich seinen Anteil am Kabeljaufang: 5 Stk. pro Fischer, pro Saison. Die dankbaren Fischer haben ihm später ein Denkmal gesetzt.

Hier gibt es Läden, eine Post, eine Bank und mehrere Cafeterias. Wer baden will, kann in die Volkshochschule gehen, sie hat eine Schwimmhalle. Der schönste Platz zum Verweilen ist die Præstengbrygge am Hafen.

● **Unterkünfte** gibt es z. B. im alten *Kabelvåg Hotell,* Kong Øysteingt. 4, 28 Zimmer, Tel. 76078800, in einer Jugendherberge oder auf den beiden Campingplätzen *Sandvika* (Tel. 76078145) und *Lofoten Turist- og Rorbusenter* (Tel. 76078180), die etwa 2 km westlich am Ende der kleinen Straße liegen. Beide vermieten Hütten und haben eine Cafeteria. *Lofoten Rorbuferie* vermietet Hütten verschiedener Größe am hinteren Hafen, ruhig und mit grandioser Sicht auf die Berge. *Arnstein Larsen* spricht Deutsch und gibt gern Auskunft, Tel. 76078444, www.lofoten-rorbuferie.no.

● Das **Lofot-Museum** am Storvågen zeigt eine umfangreiche Sammlung aus der Geschichte der Lofoten. Es liegt in einem Hof eines „Fischerdorfbesitzers", eines jener Menschen, die selbst dem König widersprachen, wenn es um den Kabeljau ging (Eintritt 50 NOK, Tel. 76069790, www.lofotmuseet.no).

● Das **Aquarium** neben dem Museum ist empfehlenswert zur Vertiefung der Kenntnisse der heimischen Fische (Eintritt 80 NOK, Tel. 76078665, www.lofotakvariet.no).

● Die halb vergraben anmutende **Espolin-Galerie** zeigt die beeindruckenden Bilder von *Kaare Espolin-Johnson,* der seine Heimat malte. Die Bibliothek hat viele dokumentarische Aufnahmen aus dem Leben des 1994 verstorbenen Künstlers gesammelt (Eintritt 45 NOK, Tel. 76078405, www.galleri-espolin.no).

Alle drei Sehenswürdigkeiten kann man mit einem Kombiticket für 130 NOK besuchen.

● Am Ortseingang kann man die **Töpferwerkstatt** *Smedviken Art* besuchen.

● Die **Vågan-Kirche** hat Platz für 1200 Gläubige, sie wird Lofotkathedrale genannt, obwohl sie nicht bedeutend ist. Hier finden im Sommer öfters Konzerte statt. Näheres erfährt man im Museum. Vor der Kirche steht der Trollstein, mit einem normannischen Kreuz.

● **Bester Aussichtspunkt:** 100 m vom Museum, den Pfad schräg rechts gegenüber vom Museumsgebäude entlang. Er sieht recht unscheinbar aus, aber es lohnt sich.

Henningsvær

Henningsvær liegt auf zwei kleinen Inseln, ganz im Süden von **Austvågøy** und hat etwa 550 Einwohner. Man erreicht es über zwei hintereinanderliegende, einspurige Brücken, die 1985 gebaut wurden. Sie brachten den Autoverkehr auf die Inseln. Schönes Ortsbild, Hütten, Bohlenstege, Trockengestelle. Der Hafen ist durch eine Steinmole vor dem Meer gesichert. Beeindruckend ist die Bergkulisse hinter dem Ort. Post, Cafeteria und mehrere Läden erfreuen den Reisenden.

● **Übernachten** kann man im *Henningsvær Hotell* (Tel. 76074999), oder im *Henningsvær Bryggehotel,* einem Pfahlbau mit 30 Zimmern (Tel. 76074750). Rorbuer gibt es reichlich. Fragen beantwortet *Lars Larsen* im Lokal *Larsens Trandamperi,* der einstigen Trankocherei. Der vermietet auch Rorbuer, Tel. 76074681. Wem „Bacalao" spanisch vorkommt, liegt nicht falsch, denn der Stockfisch wurde und wird dorthin exportiert. Wenn im Sommer das **Stockfisch-Fest** gefeiert wird, kann es aber mit den Betten eng werden im Ort.

● Die **Galerie Erik Harr** am Ortseingang in der *Lofotbrygga,* einem alten Hafengebäude, sollte man auf jeden Fall besuchen, Eintritt: 40 NOK. Essen kann man in *Larsens Trandamperie,* die eher einem Museum ähnelt.

● Von der *Lofotens Hus Gallerie* kann man mit Schlauchbooten zum **Seeadler besichtigen** fahren. Buchung telefonisch unter 76071573 (300 NOK), www.galleri-lofoten.no.

Vestvågøy

● **Übernachtung:** CA, JH, H

Wer mit dem Schiff von Bodø kommt, dem mag Vestvågøy unheimlich vorkommen; wie eine riesige schwarze Wand taucht die Insel am Horizont auf. Wenn man aber näher kommt, löst sich die „Wand" in einzelne Felsen auf, zwischen denen freundliches Grün leuchtet. Es ist die einzige Lofoteninsel, auf der man mit dem Auto eine „Rundreise" machen kann. Von Austvågøy führt die E 10 über eine Brücke auf diese Insel.

Eggum

Bekannt ist Eggum durch seinen Aussichtsplatz (Mitternachtssonne). Man erreicht das 160-Einwohner-Dorf, wenn man in Borge von der E 10 nach Norden abbiegt. An der Ruine aus dem 2. Weltkrieg hinter dem Dorf lässt sich auch vorzüglich zelten und die Sicht genießen.

● Unterkommen kann man im Sommer im **Sjøhus,** Tel. 91100084, www.eggum.nu oder man zeltet westlich vom Ort auf der Wiese.
● Wohnen kann man auch im bauernhofähnlichen **Gimsøy Gjestegaard,** Tel. 76077177.

Leknes

In diesem Ort gibt es keinen Fischfang, dafür Dienstleistungen aller Art, Einkaufszentren, einen Flugplatz, ein Hotel und eine moderne Schwimmhalle. Auch diverse Autowerkstätten. Das **Vestvågøy-Museum** zeigt eine alte Dorfschule mit seiner Lehrerwohnung und dem Versammlungsraum der Gemeinde. Sehenswert sind ein Bautastein und Grabhügel aus der Wikingerzeit auf dem Hof Ramsvik. 14 km auf der E 10 Richtung Svolvær liegt das **Wikingermuseum** Lofotr beim Ort Borg. Man entdeckte die Reste eines 80 m langen Häuptlingshauses und rekonstruierte es. Am Ufer gibt es ein Bootshaus und die Replik eines Seglers, mit dem auch Ausflüge unternommen werden können (Eintritt 80 NOK, www.lofotr.no).

● Das **Lofoten-Hotel** stand ursprünglich in Lillehammer und war dort ein Olympiahotel. Nach den Spielen wurde es Brett für Brett zerlegt und hierher geschafft. Lillevollv. 15, Tel. 76080825, www.norlandia.no/lofoten. Doppelzimmer ab 1300 NOK.
● Preiswerter ist der **Unstad Camping** in Bøstad, Tel. 76083391, der auch Hütten hat.
● Richtung Ramberg, in Hagskaret, liegt die **Hagstua Eiendom,** Tel. 76083100, die acht Zimmer vermietet.
● **Hansnes Kro og Overnatting AS,** Fjordgløtten 6, Tel. 77747410.
● **Rorbuer (Fischerhütten)** kann man mieten bei Lofotrorbua, Tel. 760082111.

Stamsund

Erster Stopp der Hurtigruten ab Bodø. Wer weiterfahren will, löst das Ticket nur bis hier und kauft sich für die Weiterfahrt ein neues, dadurch spart man Geld. Den Platz für die Stadt hat 1910 der Kaufmann *Julius M. Johansen* aus dem Felsen sprengen lassen. Hier gibt es heute alles, was der Reisende braucht: Läden, Post, Bank, eine Tankstelle.

● **Übernachtung** im Hotel *Nordbakk* (Tel. 76089743) oder im *Stamsund Lofoten Hotel* (Tel. 76089300), das jedoch erheblich teurer ist. Der Camper fährt zum *Storfjord Camping* in Steine (Tel. 76089283). Die Jugendherberge *Justad* (Tel. 76089334) am Ortsausgang im Norden ist sehenswert. Das Holzhaus gehört zu den ältesten der Gegend. Rorbuer gibt es mehrere zu mieten.

- **Fiskarsheimen Havly** im Johansensvei 46, Tel. 76089206.
- In der alten Wäscherei, 100 m vom Anleger entfernt, ist die **Galleri 2** untergebracht, außerhalb der Saison Tel. 76084666.

Ballstad

Der 700 Seelenort ganz im Süden der Insel ist einer der größten Fischersiedlungen der Lofoten. Außer den pittoresken Häusern gibt es eine Trankocherei, Speichergebäude und Hafenanlagen. Von hier kann man nach Værøy und Røst weiterfahren. 5 km vor dem Ort steht das meistfotografierte Gotteshaus der Gegend, die rotweiße Stabkirche von Buskenes.

- **Übernachten** kann man im *Fiskarsheimen*, Tel. 76088272 oder bei Hattvika Brygger, Tel. 76088900.

Flakstadøya

- **Einw.:** 2000, 110 km²

Hier hat man viele Funde aus vorgeschichtlicher Zeit gemacht. Besonders interessant sind die Höhlen bei Starbåthe Haven im Westen der Insel (Fußweg von Napp oder Kilan). Museum in Sund, Glasbläserei in Vilsten. Höchster Berg „Stjemtind" (932 m). Die E 10, die über die Insel führt, ist gut ausgebaut, aber nicht sehr breit. Wer weiter nach Moskenesøya will, kann hinter Ramberg nach Fredvang abbiegen. Dort gibt es zwei einspurige Brücken. Die andere Möglichkeit ist die Kåkernbrücke zwischen Sund und Hamnøy. Die schönste Kirche steht in Flagstad. Sie wurde 1780 aus dem Holz eines Schiffswracks erbaut.

LAP_X14 Foto: ws

Mit der Hurtigruten unterwegs
(Foto: Wolfram Schwieder)

Ramberg

- **Einw.:** 600
- **Übernachtung:** CA, Rorbuer

Verwaltungssitz der Flagstad Kommune. Bekannt wegen seines Aussichtspunktes, der besonders zur Zeit der Mitternachtssonne besucht wird. Hinter dem Ort erheben sich gewaltige Felsen. Wenn man vom Ort nach Norden geht, kommt man zu einem kilometerlangen Sandstrand. Außerdem gibt es Tankstelle und Laden, die auch sonntags offen haben, einen Arzt und eine Diskothek im *Ramberg Café & Guesthouse* (Tel. 76093500). Im Sommer finden am Strand Surfregatten statt. Geld kann man bei der Post oder in der kleinen Bank abheben.

Napp

- **Einw.:** 200, Fischerdorf

In der Umgebung gibt es viele Seen zum Angeln. Wer Fisch kaufen möchte, geht zur Lagerhalle am ausgedienten Fährkai. Seit dem Tunnelbau 1989 legt hier keine Fähre mehr an. Es gibt Kiosk, Laden und Post.

Der 1780 m lange **Nappstraumentunnel** führt nach Flesa auf Vestvågøy (60 m tief, 8 % Gefälle). Dieser Tunnel hat einen seitlichen Weg für Fußgänger und Radfahrer, ist aber trotzdem unangenehm feucht und laut durch die Belüftungsanlage.

Eine der ältesten **Steinzeitsiedlungen** Norwegens liegt etwa 4 km außerhalb. Man erreicht sie, wenn man den Flagstad-Wanderweg nach Süden Richtung Nesland geht.

Nusfjord

Dieser kleine Ort mit renovierten Rorbuer steht seit 1975 auf der UNESCO-Liste der Kulturdenkmäler. Rings von Bergen umgeben, gibt es im Ort den Kaufmannsladen aus der Zeit der Jahrhundertwende zu sehen. Zum Einkauf in der heutigen Zeit gibt es einen modernen Laden, eine Post und die Cafeteria *Orania Nusfjord.* Rorbuer können ab 450 NOK angemietet werden.

Moskenesøya

- **Übernachtung:** CA, W

Südlichste, mit dem Auto zu erreichende Lofoteninsel. Eine Fahrt auf dem letzten Stück der E 10 ist schon ein Erlebnis. Die Aussicht ist grandios. Zwischen Hamnøy und Reine gibt es drei einspurige Brücken mit Ausweichplätzen. Bei Reine kann man bis zum norwegischen Festland schauen. Es gibt einen Zeltplatz in Fredvang (von Ramberg aus über die Brücke, Tel. 76094288, www.lofoten-info.no/fredcamp.htm). Der Platz ist preiswert und hat eine tolle Aussicht.

Reine

Schönster Ort der Insel (Einw.: 500) mit imposanter Felsenkulisse. Hierher sind die Maler gekommen, die durch ihre Bilder Ende des 19. Jh. die Lofoten im Rest Europas bekannt gemacht haben. Die schroffen Berge hatten es ihnen angetan. Auf dem einzigen Straßenschild der Stadt steht Sverdrupgate. *Hartvig Sverdrup* ist der „Eigentümer" der Stadt. Der Familie gehören fast alle Rorbuer, die Fischfabrik, die Arbeitsplätze. Da hier britisches und norwegisches Militär stationiert waren, wurde der Ort von den Deutschen 1941 niedergebrannt. Die Häuser sind also neueren Ursprungs. Früher konnte man hier nach Røst und Værøy fahren, heute legt die Fähre von Moskenes ab. Zu sehen gibt es ein

Puppenmuseum auf der Insel Sakrisøy und die Kirche.

Zum Komfort hat es einen Laden, eine Poststelle, eine Bank und eine Tankstelle. Auch eine Autowerkstatt findet sich im Ort. Es gibt kein Hotel, aber mehrere rotgestrichene Rorbuer zu mieten, Tel. 76092222, www.reineror buer.no.

Å

- **Einw.:** 500

Hier endet die Straße E 10 auf einem großen Parkplatz, nachdem man einen Tunnel passiert hat. Früher war es hier einsam, heute zieht es immer mehr Touristen in diese Gegend. Es gibt einen Laden, die Bekkhaugen-Cafeteria und das Brygga-Restaurant. Außerdem einen etwas teureren Fischverkauf. Im **Dörrfischmuseum** am Ortseingang gibt es eine deutsche Führung. Außerdem schmiedet *Mads Juul* hier Messer für Frauen. Alles scheint sich in Å um Fisch zu drehen. Eine alte **Trankocherei,** die heute unter Denkmalschutz steht, kann man sich ansehen und alles über Lebertran erfahren.

Im **Fischerdorfmuseum Sørvågen** gibt es eine alte Bäckerei. Hier kann man auch mal was anderes essen als immer Fisch, nämlich frisches Brot und Kuchen, die hier gebacken werden.

- Wer **Fisch essen** will, geht am besten auf die alte Landebrücke am Fischereimuseum, wo das Menü ab 140 NOK zu bekommen ist.
- **Rorbuer** kann man mieten, aber sie sind oft ausgebucht; www.lofoten-rorbu.com.
- In Sørvågen liegen der **Hennumgården** mit acht Zimmern, Tel. 76091211, www.lofoten ferie.com und das neue **Vest-Lofoten Hotel,** Tel. 76091366.
- Dann bleibt noch der **Moskenesstraumen Camping** (Tel. 76091344), der mit seiner herrlichen Aussicht für die buckelige Wiese entschädigt.

Værøy

- **Übernachtung:** JH, CA

Der Hauptort heißt Sørland. Hier leben etwa 850 Menschen. Auf Værøy befinden sich die berühmten **Vogelkolonien.** In senkrechten Felswänden leben mehrere Millionen Vögel. Allein der Mastadfjell soll 2 Millionen Tieren Nistplätze bieten. Es gibt reichlich Papageientaucher, Hunderte von Möwen, zahllose Lummen, sogar die sehr seltenen Seeadler. Infoblatt im Laden.

Die Eier der Papageientaucher werden von den Einheimischen gesammelt: eine halsbrecherische Kletterei in den steilen Wänden (Ende Mai bis Mitte Juni). Früher wurden auch die Vögel selbst verspeist, aber das ist heute verboten.

Eine Zeit lang fing man hier sogar Adler, aber auch das ist heute verboten. Eine relativ neue Straße führt auf den Håen zur 438 m hohen Wetterstation hinauf. Der Weg ist steil, die Aussicht grandios.

Von Sørland gibt es eine Straße nach Nordland. Hier gibt es einen Flugplatz.

Bis 1982 lebte hier der Mostadhund. Das war eine Hunderasse, die nur auf dieser Insel vorkam. Er war durch seinen Körperbau für die Jagd auf Papageientaucher spezialisiert. Diese Vögel bauen meterlange Höhlen in die Torfschicht der Felsen. Der Mostadhund konnte durch einen zusätzlichen Zeh an den Hinterbeinen gut klettern, außerdem konnte er die Vorderbeine waagerecht nach vorne und die Ohren nach hinten klappen, was sein Fortkommen in den engen Höhlengängen sehr erleichterte. Gegen Ende des letzten Jahrtausends waren sie fast ausgestorben, aber heute werden sie wieder gezüchtet.

- Die **Jugendherberge** mit 18 Betten erreicht man unter Tel. 76095375.
- Weitere Unterkünfte gibt es im **Kornelius Kro,** Tel. 76095299 und im **Prestegård,** Tel. 76095411. **Rorbuer** vermietet *Sørtun* unter Tel. 76065203. Weitere unter www.varoy.net.

Røst

Als Gott die Lofoten erschaffen hatte, wischte er sich den restlichen Lehm von den Händen, der fiel ins Meer, und so entstand die Inselgruppe Røst (so sagt eine alte Legende). Es sind genau 365 Inseln (für jeden Tag im Jahr eine). Es ist die südlichste Inselgruppe der Lofoten. Hier leben viele Menschen von der Schafzucht. 3000 Schafe gibt es auf den kleinen Grasinseln.

Der erste Ausländer war ein Italiener, der sich auf dem Weg nach Flandern im 15. Jh. verfahren hatte.

Der Ort bietet alles, was man an Infrastruktur braucht, inklusive Flugplatz und Leuchtturm Skomvær fyr.

Røst ist wegen seiner **Vogelkolonien** berühmt. Die Vogelinseln erreicht man am besten mit einem Fischerboot. Will man länger als einen Tag bleiben, muss man einen Termin abmachen, an dem man abgeholt werden will.

- Übernachten kann man im **Fiskarheimen Havly** (Tel. 76096900) ab 250 NOK, im **Hotel,** Tel. 76050800, oder in den **Sjøhus** genannten, größeren Rorbuer.
- Außerdem gibt es eine **Jugendherberge,** das Bett ab 90 NOK (Tel. 76096109).

Verkehrsverbindungen

- **Schiffe:**

Narvik – Svolvær – Narvik
Bodø – Stamsund – Svolvær – Stokmarknes – Harstad – Tromsø
Bodø – Røst
Bodø – Røst – Å (nur Sa/So)
Reine – Værøy – Røst (Sa) 1.6.-31.8.

- **Autofähren:**

Skutvik – Svolvær
Bodø – Stamsund (Hurtigruten)
Melbu – Fiskebøl
Bognes – Lødingen
Bodø – Svolvær, Moskenes (Hauptsaison auch Sa)
Narvik – Svolvær

- **Auto:** Narvik – Å (378 km + Fähre)
- **Hubschrauber:** Bødø – Røst, Røst – Vogelinsel (Studenten können sich eine Rabattkarte aus der Uni Tromsø oder Oslo besorgen.)

Lovund

Vogelkolonie, siehe Mo i Rana (N)

Lyngseidet

„Sommer-Samenlager“, 68 km von Tromsø über Ramfjordbotn (E 8), Breivikeidet (Rv. 91) und Svensby. Fähre nach Lyngseidet. Camping in Lyngseidet. Lyngseidet – Olderdalen (Fähre). Die Kirche im Ort wurde 1731 in Karnes gebaut und 9 Jahre später nach Lyngseidet transportiert. Man sieht die Lyngenalpen bis 2000 Meter emporragen. Es gibt ein Wirtshaus mit Übernachtung und Camping *Solvik Gård,*

Tel. 77713890, www.solvik.no. Siehe auch Route 1.

Magerøya

- **Information:** Nordkapp Reiseliv AS, Nordkapphuset, Honningsvåg, Tel. 78477030, www.northcape.no. 15.6.-15.8.
- **Übernachtung:** JH, CA in Skipsfjord
- **Mitternachtssonne:** 14.5.-30.7.

3500 Einwohner, Fläche 924 km². Zur Gemeinde Nordkap gehören die Insel Magerøya und Teile auf beiden Seiten des Porsangerfjords. Die Verwaltung ist in Honningsvåg. Die Fischerdörfer Nordvågen, Kamryvær, Skarsvåg und Gjesvær liegen zwischen Magerøya, und Repvåg auf dem Festland.

Trotz des denkbar unangenehmen Klimas ist Magerøya relativ dicht besiedelt. Es gibt immerhin sechs mit dem Auto zu erreichende Siedlungen, von denen einige einen Besuch wert sind. Es folgen die Orte auf Magerøya (Kilometerangaben beziehen sich auf die Entfernung vom Hauptweg zum Nordkap).

Honningsvåg

Der Ort ist laut einer Tafel am Ortseingang das „nördlichste Fischerdorf Europas". Der Hafen ist er einer der bedeutendsten Nordnorwegens. Hier machen viele Kreuzfahrtschiffe fest. Zu sehen ist die Skulptur „Der Nordwind", die Einheimischen nennen sie allerdings „Angelhaken". Ein großer Ort, fast senkrecht an den Felshang gebaut. Man kann im Zickzack weit hinauffahren und hat von oben einen guten Blick auf den Hafen. Es gibt Souvenirgeschäfte, eine Tourist-Info, eine Tankstelle in Storbukt und Unterkünfte. An der Touristeninformation gibt es das „Café Corner", wo man preiswert eine Kleinigkeit essen kann.

Recht angenehm ist ein Gang ins **Nordkapmuseum** (Tel. 78477200, www.nordkappmuseet.no). Hier gibt es unter anderem die Geschichte des Nordkaptourismus mit mehrsprachigen Erklärungen zu sehen. Außerdem gibt es einen Museumsshop und eine Cafeteria. Ganzjährig geöffnet, im Sommer Mo-Sa 10-19, So 12-19 Uhr, sonst Mo-Fr 12-16 Uhr, 30 NOK.

Die Insel erreicht man über einen Tunnel. Preise für die Durchfahrt: 135 NOK für Autos bis 3,5 t, 430 NOK für schwerere.

Wohnen kann man im *Rica Bryggen Hotel,* Vågen 1, Tel. 78472888.

Hütten: *North Cape Cabins,* www.northcapecabins.no, Tel. 95138891, Skolegt. 5, drei Hütten mit jeweils fünf Schlafplätzen, die im Sommer an Selbstversorger vermietet werden. An der Straße etwa 7½ km von Honningsvåg Richtung Nordkap. Tolle Aussicht! Eine Tankstelle gibt es in Storbukt.

Die *Nordkapp Mikrobryggeri As* braut seit einigen Jahren ein Bier namens „Sårry Makk", eine Anspielung auf die ehemals nördlichste Bauerei Makk in Tromsø (www.bryggerie.no).

Kobbholet

Fischerhütten, 2½ km von der Straße zwischen Tunnelausgang und Honningsvåg rechts ab.

Skipsfjord

Jugendherberge, Campingplatz und Hotel, Tel. 78473388, rica.hotel.nordkapp@rica.no.

Kamøyvær

160 Einw., Fischerdorf mit Laden und Post, 6 km rechts ab. Hier kann man bei *Lillemors Helsestue* wohnen, Tel. 78475123, oder im *Hotel Arran Nordkapp,* Tel. 78475129, www.arran.as, das etwas teurer ist. Dafür ist die Anlage mit seinen blau gestrichenen Häuschen ganz reizvoll.

Im Dugsfjordveien liegt die **Galerie East of the Sun.** Es gibt auch die Möglichkeit, bei den Fischern zu wohnen, Info unter der Tel. 78475150.

Gjesvær

25 km links ab. Sehr schöne Strecke, schöner als die zum Nordkap. Recht großer Fischerort, malerischer Hafen, Supermarkt, Fischfabrik usw. Ein Besuch lohnt sich. Das Turistsenter arrangiert Touren über Magerøya, Fischzüge und Fahrten durchs Gjesværstappan Naturreservat, Tel. 78475773. Auch eine Fischerhütte kann man für rund 800 NOK mieten. *Stappan Sjøprodukter* veranstaltet Seehundsafaris und eine schöne Fahrt um die Vogelfelsen, außerdem kann man hier auf der Terrasse etwas Warmes zu essen bekommen.

Skarsvåg

Hier ist Endstation im Winter, Skarsvåg liegt 5 km rechts der Straße und ist der letzte Ort vor dem Nordkap. Schöner Kletterpfad hinter dem Ort am Fjordufer, Start am Turistheim und Campingplatz. Pfad ist markiert und dauert bis Kirkeporten-Felsen etwa 15 Min. Von dort sieht man das Nordkap-Horn. Das *Mini price Motellet* (Tel. 78475248, www.minimotellet.no) ist die preiswerteste Unterkunft auf Magerøya. *Janne Hølund* verkauft Keramik im Ort. Wer gegen die Wellen kämpfen will, kann sich auf dem Campingplatz auch ein Ruderboot ausleihen.

„Großmutter Alma's Haus" heißt das preisgekrönte Projekt, bei dem eines der alten Häuser orginalgetreu rekonstruiert wurde und nun als Museum dient.

Seit 2000 verkauft das **„Weihnachtshaus"** Kunsthandwerk und Kaffee und Kuchen. Ein findiger Bewohner funktionierte damals sein Haus im Winter zum Laden um.

Nordkap

- **Information:** *Nordkapp Reiseliv As,* Tel. 78477030, www.northcape.no.
- **Mitternachtssonne:** 14.5.-30.7.
- **Übernachtung:** H

Das Nordkap, 71° 10′ 21″ geografischer Breite, gilt zwar als der nördlichste Punkt Europas. Das stimmt aber nicht, denn etwas weiter westlich liegt die Landspitze **Knivskjellodden** bei 71° 11′ 48″.

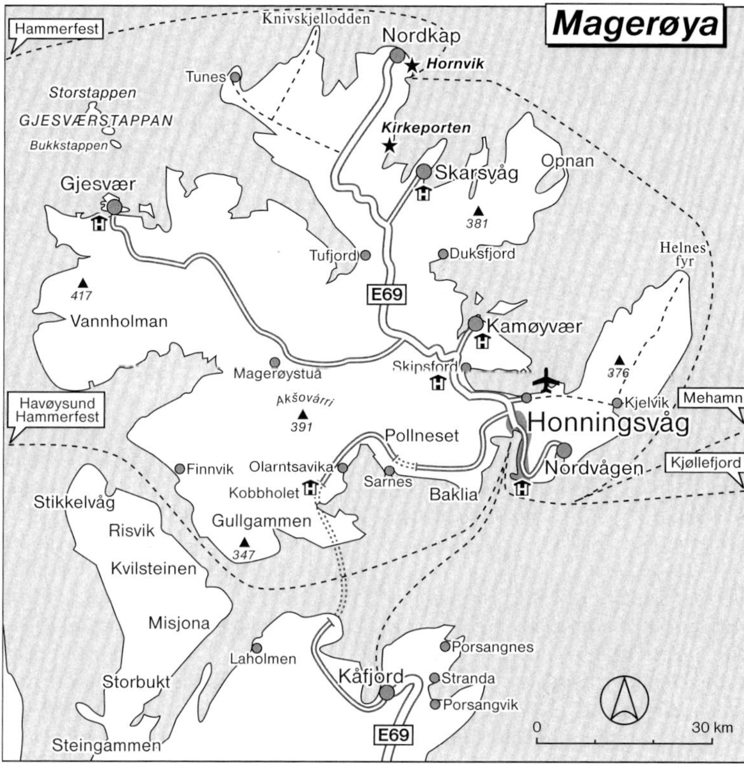

Gekrönt wird das Nordkap von der aus dicken Felsbrocken erbauten **Nordkaphallen** (Öffnungszeiten siehe Kasten, Tel. 78476860). Drinnen gibt's eine Cafeteria, in der man etwas zu essen bekommt, außerdem Souvenirs und Postkarten; ein Sonderpostamt gibt es auch. In der **St.-Johannes-Kapelle** kann man sich trauen lassen. Die dazu passende Hochzeits-Suite gibt es auch.

Es gibt einen thailändischen Tempel als Erinnerung an den Besuch des Königs, eine Büste von *Louis Philippe von Orléans* (französischer König), der 1795 hier war. Ein Madonnenbild aus Italien und eine Gedenkplatte für das

Öffnungszeiten der Nordkap-Halle

1.5.-16.6.:	12-1 Uhr
17.6.-4.8.:	9-2 Uhr
5.8.-31.8.:	12-24 Uhr
1.9.-5.10:	12-17 Uhr

deutsche Schlachtschiff Scharnhorst, das in der Gegend versenkt wurde.

Um diesen ganzen Komplex zu erreichen, muss man erst einmal 195 NOK pro Person bezahlen. Damit erkauft man sich das Recht, bis zu zwei Tagen am Nordkap oder in der Halle zu verweilen. Radler kommen mitunter umsonst in den Komplex, wenn sie sich früh auf den Weg machen. In der Halle gibt's auch ein Kino, das auf einer 180°-Leinwand einen sehenswerten Nordkap-Film zeigt. Von der Halle erreicht man einen Tunnel, der zu einer tiefer gelegenen Aussichtsplattform mit Bar führt. In ihm stehen Figuren berühmter Besucher. Wer Mitglied des Königlichen Nordkapklubs werden will, zahlt 125 NOK und erhält allerlei Reklame. Das Geld dient zur Erhaltung des Kaps.

Das „Kinder der Erde"-Monument wurde von Kindern aus sieben Ländern geschaffen und symbolisiert Hoffnung, Freude und Freundschaft.

Das Klima hier oben ist auch im Sommer meistens kalt und stürmisch. Die Wolken hängen fast immer so tief, dass man nicht einmal bis zum Meer hinunter sehen kann. Deshalb ist auch die Mitternachtssonne von hier oben recht selten zu sehen, obwohl sie nirgends in Skandinavien so lange scheint (14.5.-30.7.). Im Winter ist es hier allerdings, abgesehen von dem eisigen Wind, erstaunlich warm. Ende Februar kann es tagsüber 0 °C sein, während in Zentrallappland Temperaturen von –15 bis –20 °C herrschen.

Wer ohne das Vergnügen, am nördlichsten Punkt Europas gestanden zu haben, leben kann, sollte zumindest im Sommer nicht herkommen. Man erspart sich eine Enttäuschung, denn es gibt nicht viel Besonderes zu sehen.

Man kann auch **mit dem Bus** von Honningsvåg bis zum Nordkap fahren. Die Fahrt dauert 40 Minuten und beginnt am Fähranleger. Kostet mit Eintritt und Rückfahrt 250 NOK (Anfang Juni bis 15. August, Abfahrt in Honningsvåg gegen 12.45/17/20.15/23 Uhr; Rückfahrt ca.: 14.45/18.30/21.15/24.15/2 Uhr).

Besser ist es zu **trampen,** da im Juli/August praktisch ununterbrochen Touristen hin- und herfahren.

Man kann auch an einem jedes Jahr zur Mittsommernacht veranstalteten **Leistungsmarsch** teilnehmen. Start und Ziel ist der Rathausplatz in Honningsvåg. Erlaubte Zeit für die rund 70 km zum Nordkap und zurück: 23 Std. Sehr anstrengend, nur für Profis.

Wer den definitiv **nördlichsten Festlandpunkt Europas** sehen will (Nordkap und Knivskjellodden liegen ja auf einer Insel), kann von Honningsvåg mit der Hurtigruten nach **Kjøllefjord** übersetzen und erreicht dort die Straße 894 (weiter siehe Route 8). Kosten: Auto + 2 Personen 600 NOK. In Kjøllefjord gibt es eine Unterkunft mit 50 Betten, das *Nordkyn Vertshus,* Tel. 78498151.

Im Winter zum Nordkap

Die Strecke von Lakselv bis Skarsvåg wird im Winter geräumt. Da es hier oben wärmer als in Zentrallappland ist, kann man schon im Februar mit teilweise schneefreien Straßen rechnen, zumindest auf den sonnenbeschienenen Straßenabschnitten. Die im Schatten liegenden sind dafür meistens sehr glatt. Hier sind Spikes dringend erforderlich, da Schneeketten durch den dauernden Wechsel von Asphalt und Eis sehr schnell reißen. Ab Skarsvåg ist die Straße bei Schnee gesperrt, und man muss zu Fuß gehen, 30 km hin und zurück. In Skarsvåg gibt es ein Turistheim.

Allerdings kann man sich im Winter von hier mit einem **Snowscooter** zum Nordkap fahren lassen. Adresse: *Nordkapp Turistheim* 9763 Skarsvåg, Tel. 78475267. Bei Gruppenankunft kann auch die Halle geöffnet werden.

Als **Fußgänger** muss man sich an den Markierungspfählen orientieren, mit denen die Straße abgesteckt ist. Da der Rückweg im Dunkeln recht schwierig zu finden ist, sollte man recht früh starten. Es gibt keine Übernachtungsmöglichkeit unterwegs.

Tagestour ab *Rica Hotel,* Honningsvåg, am Hafen, 580 NOK, e-mail: info.honningsvag@ffr.no.

Ausflüge

Knivskjellodden

Kein Ort, sondern wirklich **Europas nördlichster Punkt** (71° 11′ 08″). Aber diese Stelle gibt touristisch nicht besonders viel her. Sie ist im Gegensatz zum Nordkap (307 m steil abfallende Felswand) eine nur gerade aus dem Meer ragende Felsklippe. Dorthin führt jedoch ein herrlicher, markierter Weg etwa 4 Std. lang durch sanfte Hügel und grüne Flächen. Der Weg startet auf dem Parkplatz auf der Westseite der E 69, 6 km vor dem Nordkap. Hin- und Rückweg insgesamt 18 km. Größtmögliche Aussicht von der Nordspitze des Nordkaps. Dort angekommen, kann man seinen Namen in das Buch des Wandervereins eintragen.

Kirkeporten („Kirchenpforte")

Dieser außergewöhnliche Felsen ist eine geologische Besonderheit, ein mehrere Meter breiter Felsvorsprung in Treppenform mit einer runden Öffnung an der Seite. Die Mitternachtssonne ist zwischen 0-2 Uhr hierdurch zu sehen. Man hat einen guten Blick zum **Hornvik-Felsen.** Nach Kirkeporten führt ein ca. 2½ km langer Pfad. Dieser Pfad fängt bei dem Campingplatz von Kirkeporten oder beim Nordkaphotel an. Hin- und Rückweg insgesamt rund 45 Minuten.

Hornvik-Felsen

Ungefähr 2½ km östlich vom Nordkap gelegen, findet man Gebäude und einen Steg aus der Zeit des zweiten Weltkrieges. Hier ist der alte Anlegeplatz der Touristenschiffe, bis 1956 die Nordkapstraße eröffnet wurde. Heute noch kann man den sehr beschwerlichen Weg über die Treppen von 1880 nehmen, die über 300 Meter nach oben führen, rund **1008 Stufen.** Die hiesig Pflanzen- und Tierwelt wurde bereits im Jahr 1929 unter Schutz gestellt. Zurzeit versucht man, diese Stelle wieder für Reisende attraktiv zu machen. Der Felsen selbst gilt den Samen als heilig.

Vogelfelsen Gjesværstappan

Eine Inselgruppe, bestehend aus fast **100 größeren und kleineren Inseln,** wo sich eine der größten Papageientaucher-Kolonien Norwegens (ca. 600.000 brütende Paare) befindet. Der Papageientaucher befindet sich in Gesellschaft von anderen Seevögeln, darunter auch Basstölpel, Seeadler, Tordalke, Eiderenten, Kormorane, Eissturmvögel und Schmarotzerraubmöwen. Insgesamt brüten auf der Insel rund 3 Mio. Seevögel.

Storkamøya

Vogelkolonie und nistende Seeadler. Mit den heimischen Fischern kann man mitfahren.

Mo i Rana

- **Information:** Mo i Rana Turistkontor (Fahrradvermietung), O.T. Olsens gt. 3, Box 1325, 8601 Mo i Rana, Tel. 75139200, www.arctic-circle.no.
- **Einw.:** 23.000
- **Übernachtung:** H, JH,CA

Meyergården Hotell, Fridtjof Nansen gate 28, Tel. 75134000, www.meyergarden.no. Ältestes Haus am Platze.

Mittelklasse sind *Fammy Leilighetshotell,* O.T. Olsens gt. 4, Tel. 75151999 und *Holmen Hotell,* Thomas Von Westens gate 2, Tel. 75151444.

Preiswerter ist das *Mo Gjestegaard,* Hans Wølnersgate 10, Tel. 75152211, www.mo-gjestegaard.no.

Mo i Rana liegt am landschaftlich sehr schönen Ranafjord und ist Verwaltungssitz der Gemeinde Rana. Seit 1724 gibt es hier eine Kirche, und seit eh und je ist diese Stadt ein Handelszentrum für die ganze Gegend. Seit 1730 ist hier jährlich ein Samenmarkt.

1860 war ein wichtiges Jahr für den Ort. Damals rief *Lars A. Meyer* eine Handelsstation ins Leben, die sich bis heute zu einer der wichtigsten Handelsgesellschaften Nordnorwegens entwickelt hat. Dazu kam das Hotel *Meyergården.* Außerdem wurde die heute noch betriebene Mofjell-Mine gegründet. 1946 entstand das Stahlwerk *A. S. Norsk Jernver,* und so hat sich Mo i Rana bis heute von einer Handelsstation zu einer modernen Industriestadt entwickelt. Seit dem 2. Weltkrieg hat sich die Einwohnerzahl vervierfacht. Die günstige Verkehrslage hat diese Entwicklung noch gefördert (Eisenbahnanschluss, E 6, eisfreier Hafen).

Dem Reisenden bietet Mo i Rana neben guten Angelmöglichkeiten im Sommer und Skifahrmöglichkeiten im Winter ganzjährig herrliche Wanderwege und Naturwunder, wie den Svartisen-Gletscher und die Grønligrotte, die größte von etwa 100 Kalksteingrotten der Umgebung.

- **Rana Museum** (3 Min. vom Bahnhof): Geschichtliche Sammlung, Kunst *(Munch),* Mineralien, Samenabteilung; geöffnet 17.6.-19.8.
- **Stenneset Bygdetun Museum:** Freilichtmuseum mit Häusern der Gegend.
- **Mo i Rana-Kirche:** Sie hat einen Zwiebelturm und wurde 1801 erbaut (geöffnet 20.6.-20.8. Di-Fr 9-14 Uhr).
- **Diskotheken:** „Lucas", „Kong Oscar", „Graben Dancing".

Ausflüge

- **Svartisen** (32 km): Norwegens zweitgrößter Gletscher (ca. 400 km²). Ein letztes Relikt aus der Eiszeit, im Tal

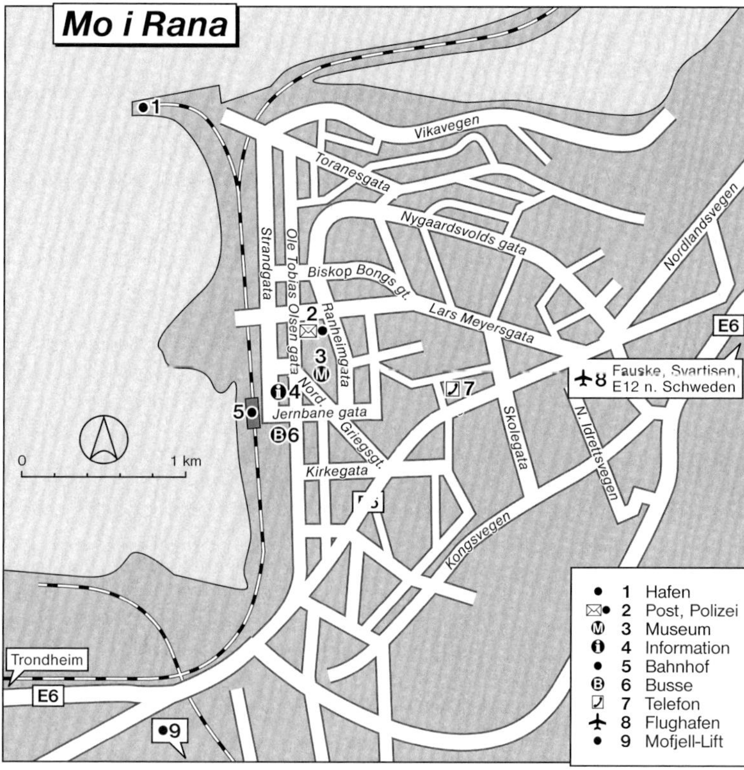

Glåmdalen. Er wird von eisfreien Gipfeln (ca. 1600 m ü.d.M.) überragt. Zu seinen Füßen haben sich Seen aus Schmelzwasser gebildet, z. B. der Svartisvannet. An ihm endet der Weg von Mo i Rana, und man kann vom 21.6. bis zum 5.9. mit einem Boot (20 Min.) zum Ausläufer des Gletschers hinüberfahren (80 NOK) oder um den See laufen. Im Winter kann man den See zu Fuß überqueren. Selbst paddeln ist hier übrigens verboten. Der Gletscher taut langsam ab. Die Gletscherzunge Østerdalsisen reichte vor 50 Jahren noch bis an den See, heute endet sie 2 km davor. Dass der Gletscher in letzter Zeit schneller schmilzt, liegt daran, dass das einfallende Sonnenlicht nicht mehr voll reflektiert werden kann, da Stürme in der Stratosphäre Schmutzpartikel aus den Industriegebieten Europas herantragen, so genannte „Schwarzmacher". Diese Art der Umweltverschmutzung macht den

Bewohnern der Umgebung besonders Sorgen, da das entstehende Schmelzwasser für jährliche Überschwemmungen verantwortlich ist. Man hat einen 2½ km langen Tunnel gesprengt, um größere Katastrophen zu verhindern. Gletscherwanderungen werden vom Touristbüro organisiert.

- **Grønli-Grotte** und **Seter-Grotte** (1,2 km lang): ca. 22 km auf der E 6 bis Røssvoll, von dort links ab nach Bjørnnes, dort Seitenweg zum Bauernhof Grønli. Sehr steil! Anstrengender Aufstieg zur Grotte, mehrsprachige Tonbanderklärungen am Eingang. Drinnen glitschig. Rutschfeste Bergschuhe (keine Gummistiefel) sind am besten. Abenteuertour mit Führer nach Absprache, etwa 220 NOK inklusive Ausrüstung; auch organisierte Touren. Eintritt: 100 NOK, Seter (nur mit Führer): 235 NOK, mit unterirdischem Bach.
- **Storglom-Staudamm:** Der neue Damm beim Svartisen mit seinem Kraftwerk ist die größte Anlage im Land. Für Zahlenfans: Ertragsleistung 350 MW, 120 Meter hoher, 900 Meter langer Damm mit 3,5 Mio Liter Wasser.
- In **Glomfjord** steht ein altes Kraftwerk, das 1972 sabotiert und daraufhin stillgelegt wurde. Die meisten Leute kommen allerdings wegen der Rentiere hierher, die als Felszeichnungen hinter dem Kraftwerk zu sehen sind. Zelten kann man in Forøy, Tel. 7709 1590.
- **Lovund:** mit dem Schiff von Nesna aus in ca. 2 Std. zu erreichen. Nach Nesna (70 km) fährt man auf der Rv. 805 (Busverbindung). Auf Lovund gibt es riesige Vogelkolonien (Papageientaucher). Es ist auch ein Paradies für Taucher; im Sommer kann man Tauchkurse absolvieren.
- **Polarkreis:** (80 km, E 6) *Saltfjell,* 650 m hoch, Cafeteria.
- **Plurdalen:** (40 km, E 6) nach Røssvoll rechts Richtung Tapperskar bis zum Hof Jordbrua. 3 km langer, unterirdischer Flusslauf. Taucht zwischen den 100 m hohen Felsen *Trollkirka* und *Steinugleflåget* mit Blasen auf.
- **Mofjell:** 410 m hoch. Juni bis August mit Lift in 5 Minuten zu besteigen. Für Besucher geöffnet. Organisierte Tour, einmal am Tag, 30 NOK.

Verkehrsverbindungen

- **Bus:** Grotte, Gletscher, Nesna, Grenze – Umeå
- **Zug:** Trondheim, Fauske, Bodø
- **Schiff** (Hurtigruten): Nesna, Kirkenes, Bergen
- **Flug:** Trondheim, Bodø

Moskenesøya

Lofoteninsel, siehe Lofoten

Napp

siehe Lofoten

Narvik

- **Information:** Tourist-Office, Kongensgata 44, 8500 Narvik, Tel. 76943309.
- **Einw.:** 18.350
- **Mitternachtssonne:** 10.6.-8.7.
- **Übernachtung:** JH, H, CA

Das wohl preiswerteste Bett steht zwischen den Bahngleisen neben der Straßenbrücke und heißt *Spor 1,* Tel. 76946020, www.spor1.no. Person im DZ inkl. Bettwäsche 550 NOK.

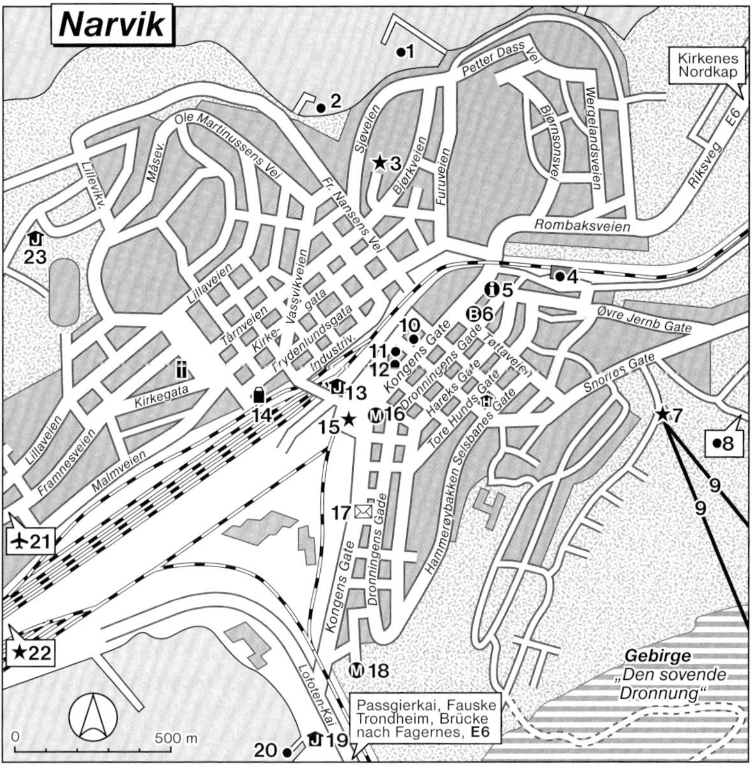

- ● 1 Yachthafen
- ● 2 Rundfahrtsboote
- ★ 3 Felszeichnungen
- ● 4 Bahnhof
- 5 Information
- 6 Busse
- ★ 7 Fjellheisen
- ● 8 Aussichtspunkt, Wanderweg
- ● 9 Lift
- ● 10 Polizei
- ● 11 Kino
- ● 12 Rathaus
- 13 Jugendherberge
- 14 Einkaufszentrum
- ★ 15 Markt
- 16 Kriegsmuseum
- 17 Post
- 18 Ofotmuseum
- 19 Jugendherberge
- ● 20 Hurtigruten, Svolvær
- 21 Flugplatz
- ★ 22 Erzverladung
- 23 Jugendherberge

Wem gehört eigentlich ... ?

1945 sollten die von den Alliierten Streitkräften eingeschlossenen deutschen Truppen durch die Luft versorgt werden. Die 13 dreimotorigen Junkers Ju 52 Maschinen konnten die Strecke von Oslo nach Narvik nicht ganz bewältigen, da die Kapazität der Tanks nicht ausreichte. So wählte man den 15 km von Narvik entfernt gelegenen, von hohen Bergen umgebenen, zugefrorenen Hartvikvannsee als Landeplatz aus. Die Piloten der Kampfgruppe 102 schafften es, die Maschinen auf dem Eis landen zu lassen. Dort blieben sie und versanken im folgenden Frühling alle miteinander im See.

Dort lagen sie dann bis 1986, als eine Gruppe von Bundeswehrsoldaten und Flugzeugbegeisterten daran ging, diese Maschinen zu heben, was auch mit einigen gelang. Die Aufmerksamkeit der Presse war gewaltig, vor allem wegen des vorangegangenen Rechtsstreits: Wem gehören die Dinger eigentlich heute? Eine Maschine steht nun im Luftwaffenmuseum in Bückeburg, eine weitere ging ans Junkers-Museum. Die Norweger beanspruchten ebenfalls zwei Exemplare.

Die Jugendherberge findet man im Viktoria Hotel, Tel. 76962800, www.victoria-hotel.net, in der Dronningsgata 58. Ein Café ist angeschlossen.

Das Hotel *Nordstjernen* im 70-er-Jahre-Stil liegt über der Turistinfo, Tel. 76944120, www.nordstjernen.no, DZ 750 NOK.

Norlandia Narvik Hotell, Skistuaveien 8, Tel. 76964800, www.norlandia.no. In der Nähe des Liftes, mit Blick auf die Stadt

Breidablikk Gjestehus, Tore Hundsgt., am Hang gelegen, toller Blick von den oberen Zimmern, Tel. 76941418, www.breidablikk.no, DZ ab 560 NOK.

Das preisgekrönte Herrenhaus *Norum Gården* hat sechs wunderschöne Zimmer, rund 600 NOK, Framnesveien 127, hinter der Kirche nach Süden, Tel. 76944857, http://norumgaarden.narviknett.no.

Der Campingplatz *Narvik Camping,* Rombaksveien 75, lieg an der E-6, Taraldsvika, Tel. 76945810, www.narvikcamping.com, 100 Plätze, 30 Hütten.

Narvik, früher *Viktoriahavn* genannt, auf einer Halbinsel zwischen dem Beisfjord und dem Rombaksfjord angelegt, verdankt seine Existenz bzw. seine Bedeutung seinem eisfreien Hafen und der aus diesem Grunde 1902 hierher gebauten Erzbahn (Ausgangspunkt ist Kiruna).

Ohne diese Bahn wäre Narvik heute ein unbedeutender Fischerort wie viele andere, wäre aber im 2. Weltkrieg um einiges besser davongekommen.

Hier wurden die Panzerkreuzer Norge und Eidsvoll versenkt. Von den Kämpfen berichten der Soldatenfriedhof und das Kriegsmuseum. Allerdings ist es nicht wie Kirkenes, Rovaniemi oder Hammerfest vollkommen dem Erdboden gleichgemacht worden; einige im viktorianischen Stil erbaute Holzhäuser sind stehengeblieben.

So präsentiert sich der Ort heute nicht ausschließlich modern, sondern stellt ein Durcheinander an sachlich-moderner Betonbauweise und verspielten älteren Holzhäusern dar. (In der Dronningensgata findet man sogar noch ein altes Theater mit Jugendstilornamenten.) Dadurch wirkt die Stadt gemütlich. Von den harten Kämpfen um die Stadt zeugt die Sammlung im „Kriegsmuseum".

Dominierend im Stadtbild sind die riesigen Verladeeinrichtungen im Erzhafen. Bis zu 30 Züge aus Schweden löschen hier wöchentlich ihre Ladung. Umgeben ist der Ort von hohen Bergen, auf die eine Seilbahn führt (Mitternachtssonnen-Aussichtsplatz). Im Sommer ist die Stadt voller Rucksackreisender, die zum nördlichsten Bahnhof fahren. Übernachtungsplätze sind dann rar.

Sehenswertes

- **Erzhafen:** Führung täglich gegen 14 Uhr, 30 NOK.
- **Svenska Sjömannskirke:** Hat einen Aufenthaltsraum. Hier gibt es Kaffee, Zeitungen, Bücher, ein Klavier und einen Billardtisch.
- **Wegweiser:** steht auf einem Parkplatz in der Nähe des Rathauses und zeigt Richtungen und Entfernungen zu 22 Orten in ganz Europa, z. B. Hamburg 2386 km, Nordpol 2420 km, Nordkap 672 km.
- **Ofotmuseum:** zeigt hauptsächlich Fischerei-Zubehör, Erzbahngeschichte. Administrasjonsveien 3, geöffnet Mo-Fr 11-14 Uhr, 25 NOK.

Sonstiges

- **Geysir** am Aussichtspunkt spuckt täglich um 13 und 21 Uhr.
- **Viktoria Café,** Dronningens gate 58, Mo-Fr 11-17 Uhr Mittagsbuffet für 19 NOK.
- Im **Supermarkt** gibt es eine **Bar.**

Ausflüge

- **Fagernesfjell** (656 m ü. d. M.): Im Sommer ist der Berg mit einer Seilbahn für 80 NOK in 15 Min. zu erreichen. Vom dortigen Restaurant mit Aussichtsterrasse in über 600 m Höhe hat man einen grandiosen Blick. Von hier kann man in 45-60 Min. bis zum Fernsehturm steigen (1000 m ü.d.M.) oder mit dem Mountainbike ins Tal brettern. Weitere 270 m auf den Stortoppen schafft man in 30 Minuten.
- **Wandern:** Im Rathaus beim *Narvik og Omegn Turistforening* erhält man alle wichtigen Informationen.
- **Felszeichnungen:** 3-4000 Jahre alt, in Richtung Boothafen/Vassvik dem Schild „Helleristinger" folgen.
- **Bootsfahrt nach Svolvær** (Lofoten): Abfahrt um 15 Uhr, sonntags um 12 Uhr vom Bootshafen ganz im Süden des Ortes. 286 NOK one way. Das Expressboot braucht etwa 5 Std.

LAP_X12 Foto: fh

Narvik von oben

Veranstaltungen

- **Winterfestwoche:** Sie wird jedes Jahr im März gefeiert. Man gedenkt der *Rallarne*, der Männer und Frauen, die unter unsäglichen Mühen die Erzbahn durch das Gebirge bauten. Das Fest ist wie Karneval, man kleidet sich wie die Menschen um 1900, und es gibt Veranstaltungen. Es wird z. B. die *Miss Svarta Bjørn* (Miss Schwarzer Bär) gewählt. Eine Auswahl von Fotos der Siegerinnen hängen an den Wänden in der Tourist-Info.

Orte A–Z

- **Wintersport:** Narvik ist als Wintersportgebiet bekannt. Es gibt Möglichkeiten für alpine Disziplinen (Abfahrt, Riesenslalom usw.) und auch gute Langlaufloipen auf dem Fagernesfjell.
- **Ankenes:** Skizentrum, 5 km entfernt (Ausrüstungsverleih).

Verkehrsverbindungen

- **Bus:** Nord-Norge-Busse bis Fauske bzw. Kirkenes
- **Zug:** bis Stockholm ohne Umsteigen
- **Schiff:** Narvik – Svolvær (Lofoten)

Neiden

Ausflugsort zum Fischen etc., siehe Kirkenes und Route 8 und 9

Nesna

Hafen der Hurtigrute, Ausgangspunkt für Besuche der Vogelkolonie Lovund, siehe Mo i Rana

Nordkap

siehe Magerøya

Nordkjosbotn

- **Übernachtung:** CA, Gasthof *Vollan,* Tel. 77722300.

Sehr gemütlicher kleiner Ort am Balsfjord an der Abzweigung nach Tromsø. Was das Dorf so beschaulich macht, das sind die hohen Berge, die den Ort am Ende des Balsfjord förmlich eingekreist zu haben scheinen. Man kann hier einen Tag zum Ausspannen verbringen (zwei Tankstellen, Supermarkt, Souvenirshop, netter Campingplatz).

Ausflüge

- **Der Piggestein:** auf der E 6 nach Osten 5 km weiterfahren, dann auf der linken Seite. Hier liegt ein riesiger Felsbrocken, der über und über mit Namen von Vorbeireisenden beschriftet wurde. Wer Farbe dabei hat, kann sich auf diesem 5 Meter hohen Gästebuch auch verewigen.
- **Tromsø:** 73 km, schöne Strecke (Bus: siehe Tromsø)

Nusfjord

siehe Lofoten

Nyksund

auf Langoya, siehe Vesterålen

Nyrud

siehe Route 8 und Kirkenes

Olderdalen

siehe Route 1 und 2

Pæska

Schiefersteinbrüche, siehe Alta

Pasviktal

größtes Urwaldgebiet Norwegens, siehe Kirkenes

Deutsche Seifensieder in Norwegen
(Foto: Wolfram Schwieder)

Porsangerfjord
siehe Lakselv

Raipas
Schieferbrüche, siehe Alta

Ramberg
siehe Lofoten

Reine
siehe Lofoten

Riksgränsen
Erzbahnstation, siehe Route 16

Rombak
Erzbahnstation, siehe Route 16

Røst
Lofoteninsel, siehe Lofoten

Saltstraumen
Mahlstrom, 33 km von Bodø entfernt, siehe dort

Skaidi

- **Information:** Turistkontor, 9626 Skaidi, Tel. 78416012.
- **Mitternachtssonne:** 17.5.-28.7.
- **Übernachtung:** Es gibt ein Touristenzentrum mit Hütten und Zeltplätzen.

Skaidi liegt ca. auf halber Strecke zwischen Alta und dem Nordkap an der Abzweigung nach Hammerfest. In der überwiegend baumlosen Gegend sind nur einige Samenhäuser und die Turiststation Repparfjord erwähnenswert. Im ganzjährig geöffneten Motel kann man etwas essen.

Ausflug

- Schöne Hängebrücke am Fluss, 6 km Richtung Alta, rechts der Straße. Man kann jagen und angeln, letzteres im Repparfjord (Lachse).

Wintersport

- Im März/April liegt hier der Schnee bis zu 2 m hoch. Es gibt gute Langlaufmöglichkeiten.

Skarsvåg

Ort beim letzten Abzweig vor dem Nordkap, siehe Magerøya

Skibotn

Kleiner Ort am Skibotnelv, zwischen Narvik und Alta an der Abzweigung nach Kaaresuvanto (Finnland). Existierte schon im 16. Jh. Beliebter Marktort. Hier wurden auch die bei den Samen sehr geschätzten kleinen Kaffeemühlen aus Messing hergestellt. Schwimmhalle beim Hotel.

Skipagurra

Hier zogen die Samen früher ihre Boote übers Land von Varangerbotn nach Tana oder stakten sie bei Niedrigwasser. Heute mündet hier die Rv. 895 von Polmak kommend auf die E 6/E 75. Im Ort liegt eine Gjestgiveri und Skiippagurra Camping. Siehe auch Route 10.

Skogfoss

siehe Route 8 und Kirkenes

Sordalen

siehe Route 1

Sortland

siehe Vesterålen

Stamsund

siehe Lofoten

Store Ekkerøya

Möwenkolonien, siehe Vadsø

Stokmarknes

siehe Vesterålen

Storjord

siehe Route 13

Storfossen

Goldwaschen, siehe Karasjok

Stuorajaure

samisch: Stuorajávri, Fischgebiet nördl. Kautokeinos, Angel-Lizenz dort

Svanvik

siehe Route 8 und Kirkenes

Svartisen

Norwegens zweitgrößter Gletscher, siehe Mo i Rana

Svensby

siehe Route 2

Svolvær

siehe Lofoten

Majestäische Wasserfälle bei Skibotn

LAP_X09 Foto: fh

Tana Bru

● **Information:** Tourist-Info, Miløbygget, Tel. 78925399, www.tana.kommune.no, verkauft auch samische Handarbeiten.

Wie der Name vermuten lässt, führt hier eine 195 m lange Brücke über den Tana-Fluss. Nach der Zusammenlegung von Polmak und Tana hatte man die Brücke hierhin verlegt. Es gibt ein wenig Industrie, aber hauptsächlich Landwirtschaft. Die Einwohner sind Norweger, Finnen und Samen, insgesamt etwa 3060. Auf samisch heißt der Ort *Deanu.* Es gibt eine 12 m hohe Riesenangel, die aus den Teilen der alten Tanabrücke gefertigt worden ist. Diese Brücke hatten die deutschen Truppen im Krieg zerstört. Im Museum kann man sich über die Historie der Lachsfischer informieren. Fährt man über die Brücke, zweigt links sofort die Straße 890 nach Berlevåg und Båtsfjord ab. Rechts liegt unterhalb der Brücke ein Rastplatz. Dort führt die E 75/E 6 nach Vadø und Kirkenes.

An der 98 am nördlichen Ortsausgang steht das *Tana Turisthotell,* das auch Fluss-Hütten vermietet. Nordöstlich vom Hotel die *Tana sølvsmie* mit Silberschmuck und Kunsthandwerk. Ansonsten gibt es zwei Supermärkte, Grill und Disko. Gegenüber dem Rathaus die *Tana Milljøbygg* mit Touristinfo, Kino, Galerie und Restaurant.

Wer hier Lachs angeln will, der wende sich an die *Levajok Fjellstue,* die Polizeistation, die Shell- oder Essotankstelle oder den Campingplatz. Man unterscheidet die Lizenzen danach, ob vom Boot, vom Ufer oder von beidem aus gefischt werden soll.

Baden kann man am Ufer des Tana, an einem der vielen Sandstrände. Karte in der Touristinfo.

Ausflüge

- Die **Levajok-Bergkapelle** wurde für die Samen gebaut.
- Ein vom Museum organisierter Ausflug führt zur **Polmak-Kirche** von 1850, die den Krieg unbeschadet überstand. Der Altar stammt aus dem Jahr 1626. Übernachten kann man im *Polmakmoen gjestegård,* einem Gasthof aus der Zeit der Jahrhundertwende, oder in den Samenhütten auf dem Gelände ab 600 NOK, Tel. 78928714.
- Nördlich des Ortes endet die Straße an einem Rastplatz, von wo man über einen Hügel in einer Stunde nach **Gávesluokta** wandern kann. Hier liegen noch alte Bunker aus dem Zweiten Weltkrieg.
- Bei der Levajok-Hütte kann man einen Trip mit einem **historischen Flussboot** mieten. Dann gibt es noch eine Kanutour mit Übernachtung im Zelt, 3-4 Tage von Storfoss nach Levajok. Tel. 78928746. Auch das Museum vermittelt Tana-Touren mit Fischgrillen im Samenzelt.
- Auf den **Rastigaissa,** 1067 Meter hoch, mit herrlichem Ausblick.
- **Kanufahren** auf dem Tana. Am Storfossen, wo ca. 50 m hohe Felswände den Fluss einengen, sollten nur sehr Geübte fahren (Stufe III). Ab Polmak wird es ruhiger. Ausruhen im *Polmakmoen Gjestegård* am Flussufer. Es gibt auch einen Campingplatz.

Tromsø

- **Information:** Tourist-Info, Kirkegata 2, 9253 Tromsø, Box 311, Tel. 77610000, www.destinasjontromso.no.
- **Einw.:** 64.500
- **Mitternachtssonne:** 21.5.-23.7.
- **Polarnacht:** 25.11.-21.1.
- **Übernachtung:** JH, CA, H

Amalie Hotel, Sjøgata 5B, Tel. 77664800, www.amalie-hotell.no, nettes kleines Haus.

Quality Hotel Saga, Richard Withs pl. 2, Tel. 77607000, www.sagahotel.no, gute Mittelklasse.

Rica Ishavshotel, Fredrik Langesgt. 2, Tel. 77666400, www.rica.no, sieht gut aus, ist teuer.

Clarion Collection Hotel With, Sjøgata 35/37, Tel. 77664200, www.choicehotels.no, mit Hafenblick.

Clarion Hotel Bryggen, Sjøgata 19-21, Tel. 77781100, www.choicehotels.no, neu, auch mit Hafenblick.

Grand Nordic Hotel, Storgt. 44, Tel. 7775 3777, www.nordic.no, Zweckbetonbau.

Thon Hotel Polar, Grønnegata 45, Tel. 77751700, www.thonhotels.no\polar, Mittelklasse mit klasse Bar.

ABC Hotell Nord, Parkgata 4, Tel. 7766 8300, www.tromso.biz, preiswert und gut.

Tromsø, das Paris des Nordens, war ursprünglich nur ein Anlegeplatz für Schiffe, die die Fahrrinne zwischen dem Festland und den vorgelagerten Inseln nahmen (wie die Schiffe der Hurtigrute). Heute hat es sich zur größten Stadt Nyksundder Welt nördlich des Polarkreises entwickelt (Stadtrecht: 1794). Früher eine wichtige Stadt für Polarexpeditionen und für den Walfang.

1928 bestieg *Amundsen* hier das Wasserflugzeug *Latham* um sich an der Suchaktion nach dem verunglückten Luftschiff *Italia* zu beteiligen. Von dem Flug über der Barentssee kehrte er nicht zurück. Er und die zehn anderen Besatzungsmitglieder blieben verschollen. Man fand nur einen Benzintank des Flugzeuges. (Amundsen-Denkmal und Nansen-Platz in der Nähe des Hafens).

Heute liegt der Schwerpunkt auf wissenschaftlichen Disziplinen. Es gibt hier das Nordlichtobservatorium, die nordnorwegische Wetterwarte, das Museum mit der Meeresbiologischen Abteilung und einer Erdbebenforschungsstelle. Außerdem auch eine Universität. Dank des Golfstroms ist der Hafen das ganze Jahr über eisfrei und das Klima relativ mild. Seit 1960 ist Tromsø durch eine Brücke (1036 m lang) mit dem Festland und seit 1974 durch eine zweite (1235 m lang) mit der Insel Kvaløya verbunden.

Der 2. Weltkrieg brachte für Tromsø keine Zerstörung, obwohl das deutsche Schlachtschiff *Tirpitz* von den Alliierten in der Nähe der Insel Håkøya, 16 km vor Tromsø versenkt wurde (12.11.1944). Nach zwei Volltreffern kenterte das 250 m lange Schiff, 82 Seeleute konnte man danach noch aus dem Rumpf herrausschweißen. Die Firma *Einar Høvding Skippsuphugging* kaufte 1948 das Wrack von der norwegischen Regierung für 120.000 Kronen und verschrottete es in den folgenden 9 Jahren. Auf Håkøya steht ein Denkmal. Wen die *Tirpitz* interessiert, der gehe ins Verteidigungsmuseum. Dort gibt es eine Ausstellung von Mai/Sept. So 12-17 Uhr Juni-Aug. Mi-So 12-17 Uhr, Eintritt 30 NOK.

Im Ort stehen noch alte Häuser, etwas Besonderes auf der Nordkalotte, auch das Stadtbild am Hafen hat sich kaum verändert.

Essen und Trinken

Ein Abstecher nach Tromsø lohnt sich, besonders für Vergnügungssüchtige. Es gibt hier nicht weniger als fünfzig (!) Diskotheken und Restaurants, für jeden Geschmack etwas.

Berühmt ist das *Versthused Skarven,* Strandtorget 1, wer das Bier der Tromsøer *Mack* Brauerei versuchen will, kann das in der Storgt. 4 in der *Ølhallen* probieren. Intimer ist es in der Storgt. 36 im *Circa*. Gut essen kann man im *Markens Grøde,* Storgata 30 oder im *Lotus* in der Sjøgata 39. Wer es preiswert haben will, geht ins *Knott og Tott* an der Domkirche.

Sehenswertes

• **Roald-Amundsen-Denkmal:** gleich in der Nähe der Tourist-Info.

• **Eismeerkathedrale:** 1965 eingeweiht, liegt auf dem Festland, direkt an der Brücke. Europas größtes Glasmosaik, 23 m hoch, von *Victor Sparre* ziert den Giebel. Der Architekt beschimpfte das Kunstwerk, das nachträglich eingebaut wurde, allerdings als Stilbruch. Juni-Mitte Aug. 9-19 Uhr, Mitte Aug.-Mai 16-18 Uhr, www.ishavskatedralen.no (25 NOK).

• **Universitätsmuseum Tromsø:** größtes Museum Nordnorwegens mit großer Sammlung samischer Kultur, ist der Uni angegliedert. Lars Thørringsveg 10, Juni-Aug. 9-18 Uhr, Sept.-Mai Mo-Fr 9-15.30 Uhr, Sa/So 11-17 Uhr, http://uit.no/tmu, Eintritt 40 NOK.

Am Museum in der Telegrafbukta ist ein beliebter Badeplatz.

•**Polaria:** Hjalmar Johansensgate 12, Polarmuseum mit Schwerpunkt Spitzbergen, u. a. alter Kutter, Aquarien (mit deutscher Beschriftung); www.polaria.no. Mitte Mai-Mitte Aug. 10-19 Uhr, Mitte Aug.-Mitte Mai 12-17 Uhr. 90 NOK.

•**Folkeparken Open-Air Museum:** das Gebäude ist von 1700, www.perspektivet.no, Mitte Juni-Ende Aug. Di-So 11-17 Uhr, Sept.-Mitte Juni Di-Fr 11-15 Uhr, Sa/So 12-16 Uhr. Die beiden Museen liegen im Süden der Insel. Mit dem Auto den Strandwegen folgen, zu Fuß Bus Nr. 21 ab Tourist-Info, 90 NOK.

•**Verteidigungsmuseum:** Für Kriegsveteranen, gibt es die alte Küstenbatterie süd mit den Kanonen, die 16 km weit reichten, außerdem Tirpitz-Ausstellung, Mai/Sept. So 12-17 Uhr Juni-Aug. Mi-So 12-17 Uhr, 30 NOK.

•**Polarmuseum:** Fotos und Gegenstände von den Expeditionen von *Nansen, Amundsen* usw. im alten Zollgebäude. Hauptsächlich Tiere und Felle und eine nachgebaute Jagdhütte. Søndre Tollbugt. 11, deutsche Führung, www.polarmuseum.no. Mitte Juni-Mitte Aug. 10-19 Uhr, März-Mitte Juni und Mitte Aug.-Sept. 11-17 Uhr, Okt-Feb. 11-15 Uhr. 50 NOK.

•**City-Museum Perspektivet:** Liegt im alten Folkethus in der Fußgängerzone, Storgata 95. Dokumente zur Stadtgeschichte. www.perspektivet.no, 40 NOK, Mitte Juni-Aug. Di-So 11-17 Uhr, Sept.-Mitte Juni Di-Fr 11-15, Sa/So 12-16 Uhr.

•**Tromsø Domkirche** (1861): eine der größten Holzkirchen Norwegens (tgl. 8-19.30 Uhr).

•**Macks Ølbryggeri:** Storgata 4; nördlichste Brauerei Europas mit englischem Pub, auch Veranstaltungsort.

•**Nordlichtplanetarium:** Zurzeit nicht öffentlich zugänglich.

•**Botanischer Garten:** Unigelände, auf 1600 m² kann man die nordische Flora besuchen, rund um die Uhr geöffnet, Eintritt frei. http://uit.no/botanisk.

•**Telegrafenmuseum:** Kvaløyveien 450, alles über den 10 KW Langwellensender, dem letzten freien Sender 1940 in Norwegen und die norwegische Telefongeschichte. www.telemuseum.no, Mi 10-14 Uhr und nach Absprache, Tel. 77670204, Eintritt frei.

•**Glasbläserei:** Peder Hansengate 4, Tel. 77683460, www.blaast.no, von 10-17 Uhr (So/Mo geschlossen) kann man den Glasbläsern bei der Arbeit zuschauen.

In Tromsø
(Foto: Wolfram Schwieder)

LAP_X19 Foto: ws

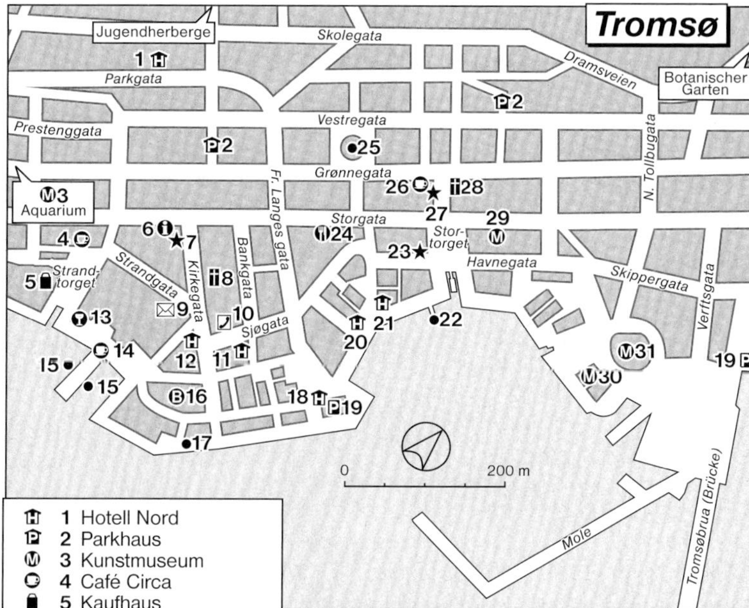

- 1 Hotell Nord
- 2 Parkhaus
- 3 Kunstmuseum
- 4 Café Circa
- 5 Kaufhaus
- 6 Touristeninformation
- 7 Silberschmied
- 8 Tromsø Domkirche
- 9 Post
- 10 Telefon
- 11 Amalie Hotel
- 12 Hotel Saga
- 13 Vertshuset Skarven
- 14 Café
- 15 Expressbootanleger
- 16 Bushaltestelle
- 17 Schiffsanleger
- 18 Rica Hotel
- 19 Parkplatz
- 20 Clarion Hotel Bryggen
- 21 Clarion Hotel
- 22 Yachthafen
- 23 Narvesen Kiosk
- 24 Pomor Restaurant
- 25 Kino „Fokus“
- 26 Theatercafé
- 27 Kulturhuset
- 28 Katholische Kirche
- 29 City-Museum Perspektivet
- 30 Polarmuseum
- 31 Tromsø Stadtmuseum

Ausflüge

• **Fjellheisen:** Gondelbahn auf den Storsteinen (421 m), mit Bus Nr. 28 von der Havegata ab Domus zu erreichen. Von hier hat man einen weiten Blick über den Fjord. www.fjellheisen.no, 13-17 Uhr, im Sommer bis 1 Uhr in der Nacht, 85 NOK, Restaurant mit Terrasse.

• **Mitternachtssonnen-Aussicht:** ½ Std. weiter zu Fuß auf das Fløfjell (638 m)

• **Felszeichnungen** (2000 v. Chr): durch Tromsø, über Brücke nach Kvaløy, auf Rv. 862 nach Süden. Kurz vor Straumhella beim Bauernhof rechts der Straße sieht man am Skavberg 3 Felswände mit verschiedenen Einritzungen, schwer zu finden (28 km ab Tromsø).

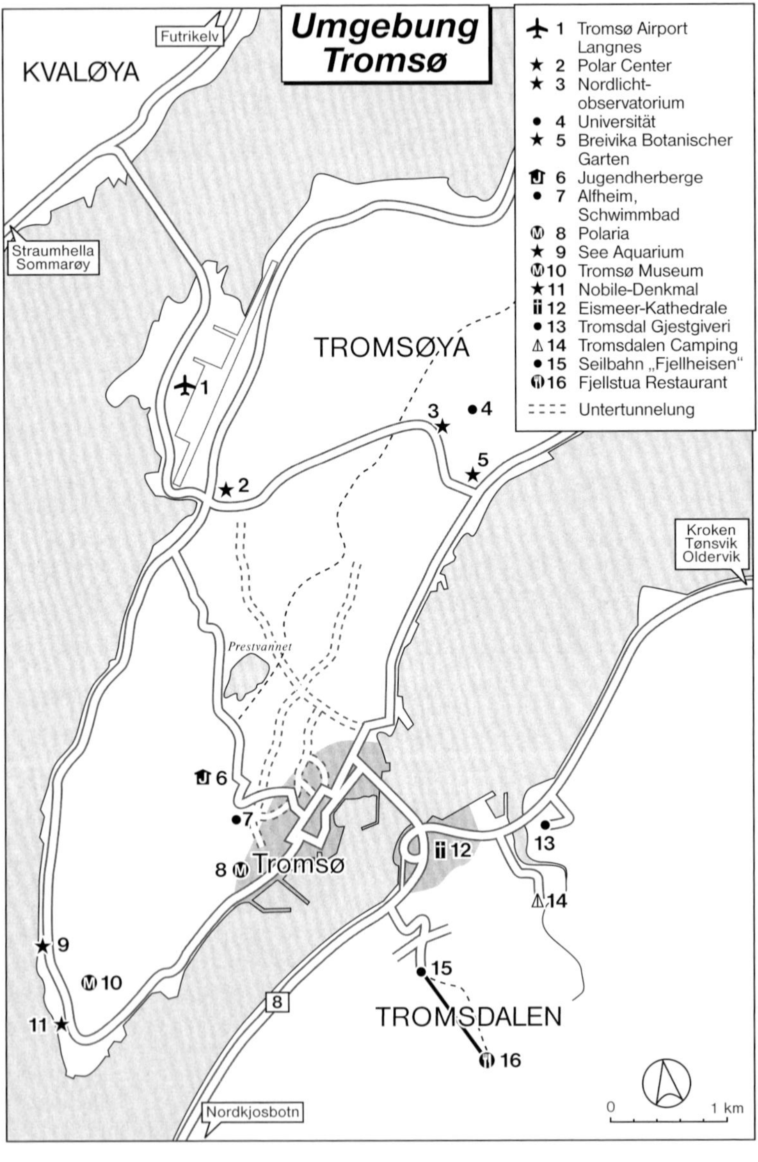
Umgebung Tromsø
1 Tromsø Airport Langnes
2 Polar Center
3 Nordlicht-observatorium
4 Universität
5 Breivika Botanischer Garten
6 Jugendherberge
7 Alfheim, Schwimmbad
8 Polaria
9 See Aquarium
10 Tromsø Museum
11 Nobile-Denkmal
12 Eismeer-Kathedrale
13 Tromsdal Gjestgiveri
14 Tromsdalen Camping
15 Seilbahn „Fjellheisen“
16 Fjellstua Restaurant
Untertunnelung
KVALØYA
Futrikelv
Straumhella Sommarøy
TROMSØYA
Kroken Tønsvik Oldervik
Prestvannet
Tromsø
TROMSDALEN
8
Nordkjosbotn
0
1 km

• **Kroken** (1460 m ü.d.M.): Skizentrum mit Skilift, beleuchteten Pisten und Loipen, 6 km entfernt, Bus Nr. 30/31 ab Domus in der Havnegata.

Veranstaltungen/Aktivitäten

• *Tromsø Danseteater, Skippergt, Storsalen KulturHuset* und *Bak Mål*, Strandgt. 22, sind die größten Veranstaltungsorte.
• **Musikfestival:** Ende Jan. Jazz, Klassik, Kammermusik, Ethno. www.nordlysfestivalen.no.
• **Midnight Sun Marathon:** Mitte Juli
• **Fahrradvermietung:** bei der Tourist-Info
• Der **Wanderverein DNT** hat in der Sjøgt. 17 ein Infobüro.
• **Hallenbad „Alfheim":** Alfheimvegen 23 (Juli/Aug Mo-Fr 15-20 Uhr), 27 NOK.
• **Kino „Fokus":** Grønnegata, der auffälligste Bau in ganz Tromsø.

Verkehrsverbindungen

• **Auto:** Die Kvalsundbrücke auf der 863 kostet 66 NOK. Oder bei Heia von der E 6 auf die 854 zur Fähre fahren und nach der Überfahrt die 862 zur Stadt.
• **Bus:** Tromsø – Kilpisjärvi – Muonio – Rovaniemi (11½ Std.) Mo-Fr 4.10 Uhr, Sa/So 6 Uhr, nach Kilpisjärvi und Narvik 6½ Std. Ein Tagesticket für alle Busse der Region kostet in der Touristinfo 40 NOK.
• **Schiffsreisen:** Es gibt eine ganze Reihe Schiffslinien in die fantastische Inselwelt vor Tromsø, z. B. nach Nord-Fugløy, einer Vogelinsel. Preis für eine Rundreise ca. 100 NOK. Information: Tourist-Info. Hurtigrute nach Norden: an 15.15 Uhr, ab 18 Uhr, nach Süden: An 23.45, ab 1.30 Uhr.

Schnellbootverbindungen bestehen nach Finnsnes und Harstad.
• **Flug:** nach Oslo ca. 2 Std.

Tysfjord

• **Information:** Kjøpsvik: Tysfjord Town Hall, Tel. 75775500. Storjord: Tysfjord Turistsenter, Tel. 75775370.
• **Übernachtung:** H, CA

Der Tysfjord liegt auf unserer Route 1, man muss ihn mit der Fähre von Storfjord nach Skarberget überwinden. Am Westufer liegen Storjord, Drag und Musken, am Ostufer Skarberget und Kjøpsvik. Von hier kann man eine **Wal-Safari** mitmachen, auf der man mit ziemlicher Sicherheit Orcas zu sehen bekommt. Der Tysfjord ist fast 900 Meter tief, an der Mündung allerdings nur 200 Meter. Dadurch kann das im Sommer erwärmte Wasser nicht abfließen. Dies zieht ab Oktober jede Menge Heringe an, die hier überwintern. Das wiederum hat nicht nur die Fischer auf den Plan gerufen, auch der Wal hat es herausbekommen und taucht hier jedes Jahr im Oktober und November auf, um sich satt zu fressen. Man kann eine Komplettour bei *Colibri-Umweltreisen* in Berlin buchen (siehe Exkurs Wal-Safari).

Vadsø

• **Information:** Kirkegata 15, 9800 Vadsø, Tel. 78940444.
• **Einw.:** 6000
• **Übernachtung:** H, CA

Nobile Hotell, Brugata 2, in der Innenstadt, Tel. 78953335, www.nobilehotell.no.

Rica Hotel, Oscarsgate 4, Tel. 78955250, www.rica.no, ebenfalls mitten im Zentrum.

Der Campingplatz liegt 20 Kilometer westlich in Vestre Jakobelv, Tel. 78956064.

Vadsø ist die Hauptstadt der Finnmark und war schon im 16. Jh. als Fischerort bekannt. 1833 erhielt dieser das Stadtrecht und ist heute das Verwaltungs-

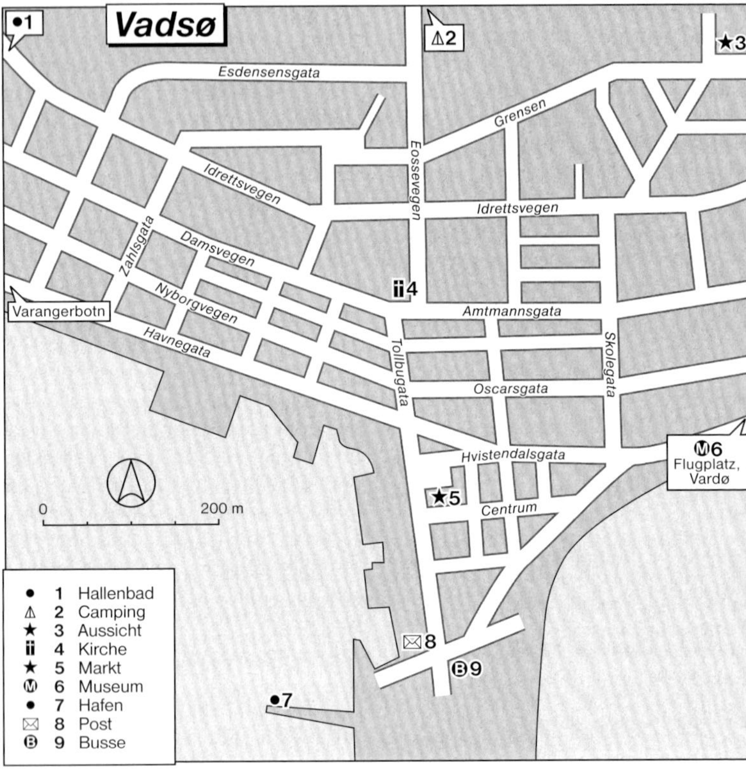

zentrum der Finnmark und Sitz des Lappenvogts. Der Ort besteht zu 90 % aus bunt angestrichenen Holzhäusern, die dem Ort besonders bei Sonnenschein ein fröhliches Aussehen geben. Für die Einwohner wurde ein großzügiges Sportgelände (mit Schwimmhalle!) im Norden der Stadt angelegt.

Vor der Kirche gibt es zwei große Steine, den ersten hatte der Architekt als Windschutz des Eingangs gedacht. Dann bekam er die Inschriften der Könige und Staatsoberhäupter, die hier zu Gast waren. Als der norwegische König 1892 noch mal kam, wurde ein zweiter Stein aufgestellt.

1926 und 1928 stand Vadsø im Blickpunkt der Weltöffentlichkeit, als das Luftschiff *Norge (Amundsen)* und zwei Jahre später die *Italia (Nobile)* hier festmachten, bevor sie zu ihren Nordpolarexpeditionen starteten. Der Haltemast steht noch heute auf dem Gelände des Vadsøya Kulturparks (s. u.).

Sehenswertes

- **Vadsø-Museum:** Hvistendahlsgate 31, im Hof ein Samen-Opferstein, eine Fischfabrik und ein alter Laden, im Sommer täglich 11-17 Uhr geöffnet.
- **Vadsøya Kulturpark:** Auf der Insel Vadsøy, durch den Yttersundet vom Festland aus. Er ist ein Teil-Projekt der „Fußspuren gen Norden", die sich von Nord-Trøndelag bis zur Finnmark verteilen. Auf dem Gelände findet man Reste einer Besiedlung des Ortes im 16. Jahrhundert.
- **Monument** für die finnischen Einwanderer von *Ensio Seppänen.*

Veranstaltungen

- Im Februar/März findet das Hauptereignis der Gegend statt: die **Lodde-Fischerei.**

Ausflüge

- **Store Ekkerøya:** Halbinsel, 15 km in Richtung Vardø. Hier sind die Reste der östlichsten Wikingersiedlung Norwegens zu finden: Vom höchsten Punkt der Halbinsel (Seezeichen) 100 m Richtung Klippen gehen, drei kreisrunde Steinwälle haben den Zahn der Zeit überstanden. Aber es gibt hier noch mehr zu sehen: eine riesige Möwenkolonie in der hinteren Steilküste der Insel. Es ist eine der größten Vogelkolonien Norwegens. Fraglich ist, ob es Sinn macht, so nah mit dem Auto an eine Vogelbrutstätte heran zu kommen. Man kann auf dem Steilufer herumlaufen und auf Abertausende von Möwen herabsehen. Wenn man über die Landzunge den Ort erreicht hat, am Strand entlang nach Norden.
- **Lachsangeln** kann man bei Vestre Jakobselv, Lizenzen auf dem dortigen Camping- und Touristbüro.

Verkehrsverbindungen

- **Schiff:** Mit der Hurtigrute kommt man nach Kirkenes, Vardø, Bergen und Hammerfest. Tagestouren nach Murmansk.
- **Flug:** Rund- und Nahflüge starten 5 km östlich von Vadsø auf einem kleinen Flughafen. Täglich nach Kirkenes und Alta.

Vågan

Felszeichnungen, 4000 Jahre alt, siehe Bodø

Varangerbotn

Várjjat Sámi Musea (Varanger Samiske Museum) (sehenswert), siehe Route 7

Vardø

- **Information:** Vardø Kommune, Tel. 7898 6907; im Sommer Turistkontor, Tuomainengården, im Museum, Tel. 78954490.
- **Einw.:** 2300
- **Übernachtung:** *Vardø Hotel,* Vestervågen/ Kaigata 8, Tel. 78987761, www.vardohotel.no, 42 Zimmer, DZ 1170 NOK.
  Svartnes Motell & Camping, Tel. 78987160, Barackenarchitektur, aber nur 250 NOK die Nacht, Camping möglich.

Vardø ist die Endstation der E 75 und die östlichste Kommune Norwegens. *„Cedant tenebræ soli",* Dunkelheit weiche der Sonne, steht seit 1887 auf dem Stadtwappen.

Die Gemeinde erstreckt sich 40 Kilometer bis zum fast 500 m hohen **Grythaugen** *(Stuorra Ruiti)* ins Hinterland. Zum Gemeindegebiet zählen die beiden Inseln **Skagodden** und **Vardøy,** auf denen die Stadt Vardø liegt. Die Inseln **Reinøy** und **Hornøy** sind Naturreservate.

An der Stadt vorbei führt nur noch die Straße Fv. 341 40 km weiter bis Hamningberg; dort ist endgültig „End of the Road". Die Stadt liegt über 2500 km von Oslo entfernt auf der Insel Vardøya, dem östlichen Zipfel der Varanger-Halbinsel. Sie liegt als einzige Stadt Westeuropas innerhalb der Arktischen Klimazone.

Man erreicht Vardø seit 1982 durch den Ishavtunnel, 88 m tief, den ersten Tunnel Norwegens unter dem Meeresspiegel. Leider ist er nur mäßig beleuchtet.

Im 18. und 19. Jahrhundert wuchs der Reichtum der Stadt durch den **Pomorhandel,** dem Tauschhandel mit den Russen der Kola-Halbinsel. Einen Einblick gewährt das **Pomormuseum** in den *Brodtkorbskjåene,* an der Kaigata. Die alten Speicherhäuser haben alle Kriegswirren überstanden und bilden den rechten Rahmen für die Sammlung. Nach dem Tunnel links in die Brodtkorbsgata, dann zweite Straße rechts in die Kaigata.

Heute ist der Fischfang und die Fischverarbeitung (Seafood Vardø) die Haupteinnahmequelle. In Svartnes hat man extra eine neue Anlegestelle gebaut.

Auf der abgelegenen Insel errichtete König *Håkon V.* um 1300 die **Festung Vardøhus.** 1734 wurde eine neue gebaut, sie ist mit den sternförmigen, Befestigungsmauern komplett erhalten, da sie nie angegriffen wurde. In der Festung pflanzte man 1960 sieben **Ebereschen.** Nur ein Baum überlebte. Er blühte 1974 und 1981. Jeden Herbst wird er durch einen Bretterverschlag geschützt.

1888 baute man ein Schulgebäude aus Holz, das heute noch steht. 1893 brach *Fridtjof Nansen* von Vardø aus mit der „Fram" zum Nordpol auf (s. Exkurs). Zum 100-jährigen Jubiläum wurde an der Kaigata ein Denkmal des Forschers aufgestellt. Geschaffen hatte es *Per Ung.*

Es gibt ein **Kvenen-Denkmal** für die finnischen Einwanderer, die sich in großer Zahl hier niederließen.

Die drei **Vardømuseen** befinden sich im roten Sandsteinhaus, das ursprünglich Krankenstation, dann Schule war. Zu sehen ist eine stadtgeschichtliche- und naturhistorische Sammlung sowie Dokumente über das Wüten der Hexenverfolger im 17. Jh. unter dem fanatischen Amtmann *John Cunninghum.*

Einar II heißt ein alter Lastensegler. Er liegt an der Per Larssensgaten 32, im Sommer 9-18.30 Uhr sonst 9-15 Uhr. An Bord gehen kostet 20 NOK Eintritt.

Die Kirche aus Spannbeton von 1958 ist bereits das vierte Modell. Es wird wohl halten.

In der Post gibt es den Sonderstempel „Östlichste Stadt Norwegens". Jedes Jahr im Januar wird die erste Sonne mit Salutschüssen begrüßt und die Kinder haben schulfrei.

Vardø vom Wasser aus gesehen
(Foto: Wolfram Schwieder)

LAP_X20 Foto: ws

Angelscheine für den Komagelv verkauft *Klara Hagala,* Komagvær.

Im ältesten Pub Nordnorwegens, dem **Nordpol Kro,** Kaigata 21, kann man diverse Biersorten trinken und häufig Blueskonzerten lauschen.

Zum Essen empfiehlt ist das preiswerte **Grilliaden** in der Kaigata oder das Restaurant des **Vardø Hotels** am Vestervågen/Kaigata 8.

Ausflüge

- Man kann auf die Insel **Hornøya** übersetzen. Sie ist **Vogelschutzgebiet.** Hier nisten über 80.000 Tiere, darunter Papageientaucher, Dreizehenmöwen, Trottellummen, und Silbermöwen. Man kann sehr dicht an die Niststellen herankommen. Ein Pfad führt vom Anleger über Blumenwiesen an Abhängen entlang auf die Ostseite der Insel zur Halbinsel **Store Avløysinga.** Unterwegs sieht man den Leuchtturm **Vardø fyr.** Dies ist der östlichste Punkt Norwegens mit 31° 10′ 4″ östlicher Länge.

  Die 12-minütige Bootsfahrt zur Insel unternimmt im Sommer *Vardø Havnevesen,* gegenüber der Hurtigruten-Anlegestelle. Das kleine Motorboot fasst nur 10 Personen, deshalb in der Touristinfo vorbuchen. 160 NOK. Abfahrt: 9, 10.30 und 12 Uhr.
- Der Angel- und Jagdverein vermietet Hütten in **Sandfjorddalen.** *Odd I. Andersen,* Tel. 78987881.
- **Kiberg:** 15 km südlich am Varangerfjord liegen die Ruinen der Geschützstellung Kibergneset. Das Partisanmuseum im alten Internat informiert über norwegische Partisanen im 2. Weltkrieg. Mit Hilfe ortskundiger Norwe-

ger und russischer Bewohner gelang es, etwa 100 Schiffe zu versenken. Erst 1992 wurde ihr Wirken vom König anerkannt und es gab ein Denkmal. Geöffnet 10-16 Uhr.

•Wer von der wirklich grandiosen Landschaft immer noch nicht genug hat, kann auf der Straße 341 weiterfahren bis **Hamningberg** (36 km) in der Kommune Båtsfjord. Sie beginnt in Svartnes, 200 Meter vor dem Tunnel der E 75. Zuerst geht es bis Smellror am Bussesundet entlang, danach ein Stück durch das Landesinnere, am Barvikvatnet mit der 127 m aufragenden Barvikhøgda vorbei. Danach ein Stück am Næringselva entlang zum Persfjord, den man umrundet. Bei Vesterelva geht es am Steilhang des 229 m hohen Persvarden entlang. Die Gemeindegrenze ist zwischen den Seglkollen-Bergen überquert. Hier sieht man geologische Spuren der tektonischen Bewegungen der Erdkruste, außerdem Strandlinien und Meeresböden aus früheren Zeiten. Hamningberg hat im Sommer ca. 200 Einwohner. Im Winter wird die Zufahrtsstraße nicht geräumt, so dass der Ort einschneit und alle Einwohner nach Vardø umziehen. Es gibt keine Tankstelle.

Veranstaltungen

•**Pomor-Tage,** norwegisch-russischer Markt Mitte Juli.
•**Yukigassen,** Meisterschaft im Schneeballwerfen, Ende März/Anfang April. Zwei Mannschaften versuchen sich gegenseitig zu treffen. Der „Sport" kommt aus Japan, daher sind zu der Zeit viele Japaner im Ort.
•**Arctic Giant,** Schneescooter-Rennen im Frühjahr. Die Strecke geht über 100 km.
•**Blues i Vintermørket,** Festival Mitte Nov.

Verkehrsverbindungen

•**Schiff:** Mit der Hurtigrute nach Kirkenes, Vadsø, Hammerfest und weiter nach Süden. Ankunft: 4.15 Uhr, Abfahrt Richtung Vadsø: 5 Uhr.
•**Bus:** täglich zum Rest der Finnmark. Erster Halt: Vardø lufthavn.
•**Flug:** Svartnes Flugfeld 4 km außerhalb. Von hier geht es nach Kirkenes, Hammerfest, Alta und Berlevåg.

Vestvågøy

Lofoteninsel, siehe Lofoten

Værøy

Lofoteninsel, siehe Lofoten

Vesterålen

So heißt die Inselgruppe nördlich der Lofoten. Dazu gehören folgende Inseln: Hinnøya, die größte Insel Norwegens, Langøya, Andøya, die anders als die umgebenden Inseln flach, bewaldet und mit kleinen Bergen übersät ist, und Hadseløya. Hinnøya und Andøya sind durch eine Brücke verbunden. Die wichtigsten Orte auf den Inseln:

Harstad

•**Information:** Harstad Turistkontor, Hans Egedesgt 3, Harstad, Tel. 77018989, www.visitharstad.com.
•**Einw.:** 21.000
•**Mitternachtssonne:** 22.5. bis 23.7.
•**Übernachtung:** JH, CA, H

F2 by Nordic Hotels, Fjordgate 2, Tel. 77003200, www.nordic.no/Hotell/vnh.

Grand Nordic Hotell, Strandgata 9, Tel. 77003000, www.nordic.no/Hotell/gnh; beide um 1000 NOK.

Cetrumgjestehus, Magnus gt. 5, Tel. 7706 2938 ab 500 NOK.

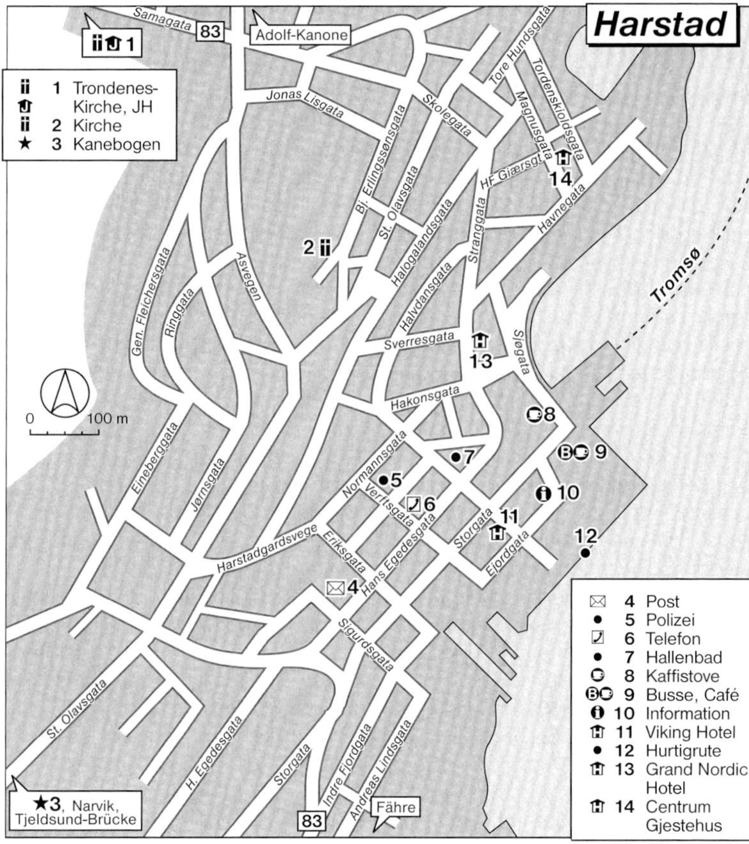

Sandtorgholmen, 10 km südlich der Tjeldsundbrücke in 250 Jahre alten Holzhäusern auf einer schmalen Halbinsel. Tel. 77028000.

Harstad liegt auf der Insel Hinnøya, die durch die 1 km lange, 40 m hohe „Tjelsundbrücke“ mit dem Festland verbunden ist. 1904 wurde das Stadtrecht verliehen. Harstad besitzt das größte Trockendock in Nord-Norwegen, und noch ist der Schiffsbau die Hauptindustrie. Noch, weil vor einigen Jahren hier oben im Meer Öl gefunden wurde, und man sich anschickt, auf Ölindustrie umzusteigen. Ob die Luft dann immer noch so rein, das Wasser immer noch so klar sein wird, ist fraglich. Die Spitzbergen-Reederei hat hier ihren Sitz.

Heute präsentiert sich Harstad noch in sauberer Natur und herrlicher Landschaft. Von hier aus kann man mit dem Schiff Ausflüge zu den Lofoten oder nach Tromsø machen.

In der letzten Juniwoche findet in Harstad das **Nordnorwegenfestival** statt. Jährlich kommen über 1000 Besucher, um an den kulturellen Veranstaltungen von artistischen Vorführungen, Konzerten (Folklore, Jazz usw.) bis hin zu Kunstausstellungen und Veranstaltungen für Kinder teilzunehmen.

Ebenfalls jährlich findet das **International Sea Angling Festival** statt, ein Angelwettbewerb, an dem jeder teilnehmen kann. Nach zwei Tagen werden der größte Fang und der schwerste Fisch prämiert.

Möglichkeiten zum Wandern und Skilaufen gibt es reichlich, baden kann man besonders gut in Kanebogen, 5 km südlich der Stadt oder in der Schwimmhalle „Grottenbad". Das Hotel *Arcticus* in der Havnegt. 3 hat ein Freiluftrestaurant und eine Bar mit Hafenblick.

Sehenswertes

- **Felszeichnungen** aus der Steinzeit auf Kjeøya, einer kleinen Insel.
- **Einkaufszentrum Kanebogen,** überglast. Alles, was der Reisende braucht, 10-19 Uhr, Sa 10-15 Uhr.
- **Adolfs Kanone:** größte erhaltene Landkanone. Mit diesem 20-m-Rohr wollte man gegen Ende des Krieges bis nach Narvik schießen. Besichtigung im Sommer täglich, sonst nur nach Vereinbarung mit der Tourist-Info, 55 NOK.
- **Trondenes-Kirche:** aus Stein (mit 2½ m dicken Mauern) von 1250. Archäologische Sammlung im Vorratskeller des Pfarrhauses. Besichtigung 25 NOK.
- **Trondenes, historisches Zentrum:** 3 km außerhalb, führt in die vergangenen Jahrhunderte, www.tdm.no.
- **Altevagen,** Reste einer alten Wikingersiedlung.

Sonstiges

Es gibt ein großes **Einkaufszentrum** und im Hafenpavillon in der Sjøgata kann man duschen und Wäsche waschen.

Ausflüge

- **Mitternachtssonnen-Aussichtsplätze:** Nupen, Gansåstoppen oder Harr-Galerie auf Røkenes: Seit 1673 in Familienbesitz, Galerie und Restaurant in altem Handelsposten.
- 200 Jahre alte Gebäude gibt es im **Freilichtmuseum Sandtorg** zu sehen, 18 km südlich, 6 km über die Tjeldsundbrücke.
- Auf der Rv. 83 kann man eine eindrucksvolle Rundreise um den östlichen Teil der Insel **Hinnøya** machen (152 km plus Fähre: Refsnes – Flesnes).
- Auf dem **Zwei-Mast-Schoner** „Anna Rogde" von 1868 kann man eine Tour um die Inseln mitmachen. Termine über die Touristinfo.
- **Wintersport,** 7 km westlich im Sollifjellet Alpinsenter, Nov.–Mai, 2 Pisten.

Blinder Passagier bei Sortland
(Foto: Wolfram Schwieder)

Sortland

- **Information:** Kjøpmannsgata 2, Tel. 7611 1480, www.visitvesteralen.com. Hier können auch Wal-Safaris gebucht werden.
- **Einw.:** 4500
- **Mitternachtssonne:** 23.5.-23.7.
- **Übernachtung:** Das größte Hotel mit 80 Zimmern ist das *Sortland Hotell,* Tel. 7610 8400, www.sortlandhotell.no. 37 Zimmer sind im *Strand Hotell* in der Strandgate 34 zu mieten, Tel. 76110080, www.strandhotell.no. Wer hier kein Glück hat, fahre zum *Sortland Camping* im Vestervegen, Tel. 76110300, zum *Sigerfjord Feriehus,* Tel. 76127289, www.vesteraalen.net, oder zum Sjøhus Sentert, 2 km außerhalb an der Rv. 820, Tel. 76110300.

Die Stadt bietet neben einer tollen Aussicht alles, was der Tourist braucht, und eine Pizzeria, die er eigentlich nicht braucht. Ende Juli gibt es das **Arctic Sea Kayak Race.**

Eine schöne Strecke führt auf die Insel **Hadseløya** nach **Melbu.** Hier kann man Ende Juli das Kulturfestival besuchen. Vom Markt kann man mit den Nordtrafikk-Bussen nach Straumsnes, Harstad, Kabelvåg und Henningsvær fahren. Fahrplan in der Turistinfo.

Stokmarknes

- **Übernachtung:** *Hotel Vesterålen,* Tel. 76150600, www.hurtigrutenshus.com, *Turissenteret Kinnarps, Sørmogårdens, Ferieleiligheter,* Rorbuer und Camping, z. B. *Havhusene,* das seine schönen Hütten direkt am Wasser stehen hat.

Sitz der Vesterålens-Reederei, aus der 1881 die Hurtigrute hervorging. Im Hafen gibt es ein Denkmal für den Gründer *Richard With.* Im Haus der Hurtigruten gibt es ein großes Museum

Wal-Safari

Wer sich Wale „in freier Wildbahn" ansehen möchte, kann dies von Andenes auf den **Vesterålen** (Inselgruppe nördlich der Lofoten) aus tun.

40 km vor Andenes wird das Meer fast 1000 Meter tief. Der Pottwal liebt die Tiefsee, die es in Europa nirgends so nah an der Küste gibt. Dadurch ist die Chance, hier Pottwale zu sehen, sehr hoch. Man muss allerdings Wartezeiten einplanen, da manchmal wegen des Wetters nicht ausgelaufen werden kann.

Man fährt auf's Meer mit einem Schiff hinaus, das von angehenden Wissenschaftlern zur Finanzierung ihres Studiums betrieben wird. Außerdem verdienen fertige Wissenschaftler sich damit Gelder für ihre Forschungen. Die Leute wissen, wo es Wale zu sehen gibt, man hat eine gute Chance.

Die Skipper sind ehemalige Walfänger, die zu Walschützern wider Willen geworden sind. Im Grunde genommen warten sie nur darauf, dass Norwegen den Walfang wieder erlaubt, dann sind sie sofort zur Stelle. Viele lehnen es immer noch ab, sich mit „Wal-Knutschern" abzugeben.

- **Buchen** kann man das bei: *Hvalsafari Andenes,* P.O. Box 58, N-8483 Andenes, Tel. 76115600, www.whalesafari.no oder Touristen-Information Andenes, Tel. 76141810.
- **Kosten** für die etwa 6-stündige Fahrt: 580 NOK für Erwachsene, 400 NOK für Kinder. Achtung: Man sollte die Reise nur bei ruhigem Wetter antreten, denn die Seekrankheit kann einen schnell erwischen. (In diesem Zusammenhang schrieb uns ein Leser, dass die Tabletten gegen Seekrankheit müde machen würden.)
- **Anreise:** Andenes erreicht man **mit dem Auto** von Narvik über die Straße Rv. 19, insgesamt sind das 270 km landschaftlich schöne Strecke. In Andenes liegt die Forschungsstation *(„Hvalsenter")* links von der Hauptstraße. Am Hafen in der Nähe des Leuchtturmes ist man dann am Ziel.

  Andenes erreicht man auch **mit dem Flugzeug** von Narvik.
- **Komplettreisen** bietet *Colibri* in Berlin an. Kosten: etwa 1000 €, beinhaltet außer zwei Waltouren Flug, Bahnfahrt, Bustransfer und 6 Übernachtungen mit Frühstück. Fliegen gegen Aufpreis. *Colibri* pflanzt als erster und einziger Reiseveranstalter pro Fluggast 100 Bäume als Ausgleich der Klimabilanz. Adresse: *Colibri-Umweltreisen*, Bahnhofstr. 154d, 14624 Dallgow-Döberitz, Tel. 03322-1299-0, www.colibri-berlin.de.

der Gesellschaft, Eintritt 80 NOK. Man kann auch ein Schiff der Linie von 1956 besichtigen.

In jedem Jahr mit gerader Endzahl findet Mitte Juni das **Vesterålsfest** statt, wo man die alten Traditionen hochhält.

Schiffsverbindungen in alle Richtungen, z. B. durch den Raftsund. Bevor man von Langøya aus die Stadt auf der Insel Hadseløya erreicht, fährt man über die Hadselbrücke, die so hoch ist, dass sogar die Schiffe der Hurtigruten unter ihr durchfahren. Füchse dagegen mag man weniger, die wehrt man mit Ultraschall ab.

Nyksund

Internationales Dorfprojekt bei Myre (toller Ausblick) auf Langøya; mit viel Engagement wollte man Mitte der

1980er Jahre die alten Hafenanlagen mit den Holzhäusern erhalten. Aber die Stiftungsgelder versiegten und so stehen viele Häuser wieder leer. Die Einheimischen haben die Disco und das Café dankbar angenommen, aber die Touristenströme sind ausgeblieben. Heute lebt nur noch eine Hand voll Menschen im Dorf. Trotzdem ein herrlicher Flecken Erde, den es lohnt sich anzuschauen.

Markierter **Wanderweg** nach Stø, wo die Walbeobachter ablegen und man Touren buchen kann. Von hier kann man zum Leuchtturm Anda Fyr mit seinen Seehundkolonien weiterwandern.

In Myre gibt es ein Hotel in der Storgt. 52 (Tel. 76119920), in dem auch das Whale-Tours-Büro zu erreichen ist.

Andenes

- **Information:** Andøy Reiseliv, 8483 Andenes, Tel. 76141810, www.andoyturist.no.
- **Einw.:** 3800
- **Mitternachtssonne:** 16.5.-26.7.
- **Übernachtung:**

Das würfelförmige *Norlandia Andrikken Hotel* hat 44 Zimmer, Tel. 76141222, www.norlandia.no/andrikken.

Andøy Natursenter Hisnakul, Hamnegata 1, Tel 76141203, 3 DZ am Wasser.

Pension, Sjøgata 4, Tel. 76141637, 4 Zimmer.

Lankanholmen Sjøhus, Storgata 53, Tel. 76141222, www.norlandia.no/lankanholmen, Apartments.

JH, Lankanholmen, Tel. 76142850.

Schöner Campingplatz beim *Norlandia Andrikken Hotel,* Tel. 76141222, www.norlandia.no/andrikken, mit Blick auf die Mitternachtssonne.

Des Weiteren gibt es einen Rorbucamping, Tel. 76141499, www.rorbucamping.no.

Sehenswertes

- Der große rote **Leuchtturm** von 1859 ist für 20 NOK zu besteigen, Info Polarmuseum.
- **Polarmuseum (Andøymuseet),** im Sommer, Eintritt 30 NOK, www.museumnord.no.
- Das **Wal-Zentrum** ist seit 1988 in einer alten Fischhalle am Hafen untergebracht. Hier gibt es alle Informationen, Videos und Ausstellungen zum Thema Wal. Man kann auch einen Wal adoptieren.

Ausflüge

- **Walsafari,** vom Walforschungszentrum seit 1988 durchgeführt (siehe Exkurs). Von Mai bis September tägliche Fahrten, Tel. 76115600, Kostenpunkt etwa 750 NOK.
- In der Nähe gibt es die **Vogelkolonie Bleiksøya.** Hier nisten über 50.000 Papageientaucher-Paare, Kormorane, Trottellummen und Tölpel. Man kann an einer organisierten Fahrt teilnehmen, Tel. 76145775, kostet etwa 370 NOK.

Verkehrsverbindungen

- **Bus** nach Sortland.
- **Fähre** nach Bognes, Lødingen, Fiskebøl, Melbu.
- **Flug** nach Bodø und Tromsø mehrmals am Tag. Andøya Airport Tel. 76141365.

Bleik

- **Einw.:** 800
- **Übernachtung:** Hafenhaus (3 Zimmer) oder *Gjestebua* (6 Betten). Zelten ist nur auf dem Campingplatz gestattet, da es eine Raketenbasis in der Nähe gibt.

Fridtjof Nansen und der Weg zum Nordpol

Der Name *Nansen* steht für eine der ungewöhnlichsten Entdeckungsreisen in der Geschichte der Seefahrt. Mit reichlicher Unterstützung der Regierung und privaten Sponsoren, lies er sich die *Fram* (Vorwärts) bauen. Sie wurde von dem genialen Konstrukteur *Colin Archer* entworfen und war eines der seetüchtigsten Schiffe seiner Zeit, 39 m lang und 11m breit. Zusätzlich wurde der Rumpf verstärkt und so gestaltet, dass er beim Einfrieren nicht vom Eis zerquetscht wurde.

Nansens Ziel war der Nordpol. 1893 brach er mit 12 Begleitern von Tromsø zur Insel **Nowaja Semlja** auf. Die Idee war, sich mit dem Schiff im Packeis einfrieren zu lassen und mit den wandernden Eismassen zum Nordpol zu gelangen. Im Polarmeer angekommen, ließ Nansen die *Fram* tatsächlich mit der Eisdrift nach Norden schieben. Die Zeit wurde für Messungen der Meeres- und Eisverhältnisse genutzt. Nach anderthalb Jahren wurde klar, dass die Drift weit südlich vom Pol vorbeiführte. Daraufhin stiegen Nansen und Johansen am 14.03.1895 aus und machte sich per Hundeschlitten und Skiern auf den Weg zum Pol.

Sie erreichten „nur" 86°14° nördlicher Breite, und schlugen sich nach **Franz-Josef-Land** durch, wo sie überwinterten. Am 17. Juni 1896 stießen sie zufällig auf eine britische Expedition die sie nach Tromsø zurückbrachte. Eine Woche später traf dort auch die Fram ein, die kurz zuvor nordwestlich von Spitzbergen aus dem Eis gebrochen war. Sie galt als verschollen. Später wurden sechs Bücher über die Auswertung geschrieben. Die Fram begleitete auch *Roald Amundsen* auf einer Expedition und ist heute in Oslo zu bestaunen.

Die Straße von Andenes nach Bleik wurde aus dem Felsen gehauen. Der Ort hat den längsten Sandstrand Norwegens (5 km lang, weißer Sand, nördlich des Ortes an der Straße nach Andenes). Die Häuser stehen dicht gedrängt, die Gassen sind eng, ein Teil steht auf einem Hügel.

Ausflüge mit dem Boot nach **Bleiksøya,** um den Vogelberg von Nahem zu sehen. Das Meer hat hier ein Loch durch den Felsen gespült (siehe auch Andenes, Ausflüge).

Melbu

- **Information:** Melbu Turistkontor
- **Einw.:** 3500
- **Mitternachtssonne:** 28.5. bis 22.7.
- **Übernachtung:** *Melbu Hotell As,* 58 Zimmer, Chr. Fredriksgt. 2, 50 m vom Anleger, Tel. 76160000.

Hafenort auf der Insel Hadseløya. Das Museum und das alte Kulturhaus aus der Mitte des 19. Jh. zeugen von vergangener Größe, im Sommer täglich geöffnet. Außerdem alljährlich das Kulturfest „Sommer-Melbu".

Fähre Melbu-Fiskebøl (30 Min., 10x tägl.). Durch den Bau der Lofast Verbindung zu den Lofoten über die E 10, ist diese Fähre eigentlich überflüssig geworden. Wer will, kann mit der nachgebauten Nordlandyacht „Brødrene" eine Tour in den Küstengewässern unternehmen, Buchung Tel. 76159111, www.nordlandsjekta.no.

An den Westufern gibt es immer wieder herrliche Aussichten auf die Lofoten und Vesterålen.

Schweden: Orte von A bis Z

Abisko

Touriststation seit 1902 und Nationalpark, siehe dort und Route 16.

Älvsbyn

Die 9000-Einwohner-Ortschaft lohnt vor allem wegen des 40 km außerhalb an der Str. 374 liegenden Wasserfalls Storforsen, der 82 m in die Tiefe stürzt. Es gibt ein Café, ein kleines Museum und ein Hotel mit Hütten und Camping, Tel. 0929-72100. Die Gegend um den Fall lädt zum Wandern ein.

Ammarnäs

Endort der 363 von Sorsele in den Vindelfjäll-Bergen. Am Vindelälven gelegen. Die Bevölkerung ist zur Hälfte samisch. Info: Tel. 0952-60000. Im Ort findet man einen Shop, ein Hotel mit einem Naturinformationszentrum, Tel. 0952-60003 und ein STF-Wanderheim, Tel. 0952-60045; Wandern durch das Vindelfjäll nach Tärneby (E 12). Außerdem gibt es neun Skipisten und das Naturrummet, in dem man etwas über das Fjäll erfahren kann.

Arjeplog

- **Information:** Tourist Office, Torget 1, Tel. 0961-22230, www.polcirkeln.nu.
- **Einw.:** 8000
- **Übernachtung:** CA, H

Hostel Fjällgården, im Zentrum, Dr. Wallqvistväg 8, Tel. 0961-10260, http://come.to/fjallgarden.

Hotel Silverhatten, Tel. 0961-10770, www.silverhatten.se, große Anlage im Zentrum.

Stiftung *Arjeploghus, Storg. 2,* Apartments, Tel. 0961-14270.

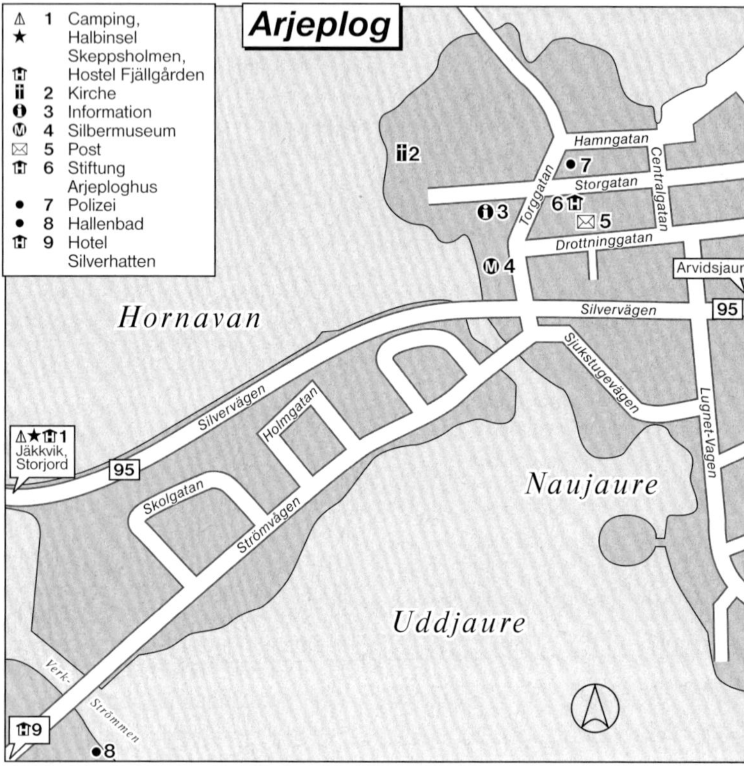

Arjeplog liegt zwischen den Seen Hornavan (tiefster Binnensee Schwedens, 221 m tief) und Uddjaure, an der so genannten Silberstraße, die Luleå mit Bodø in Norwegen verbindet.

Silber ist das Zauberwort von Arjeplog, seit im 16. Jh. dieses Metall gefunden wurde. Zahllose Glücksritter versammelten sich hier und verhalfen dem Ort, während des Dreißigjährigen Krieges, zu einem gewissen Wohlstand. 1770 wurde in Adolfström ein Schmelzofen errichtet; Samen brachten seinerzeit mit Rentieren das Erz dorthin. Noch heute kann man den Majorshof mit alten Wandbemalungen und den Kaufmannsladen besuchen. Eine Mine, die in *Laisvall,* steht zur Besichtigung offen. Sie ist seit 30 Jahren in Betrieb, hier wird Blei gefördert.

Das Interessanteste in Arjeplog ist wohl das **Silbermuseum.** Es ist in der ehemaligen, 1854 errichteten „Schule für Nomadenkinder" untergebracht und zeigt wirklich alles, was in Arjeplog außergewöhnlich war und ist. Vom „Bärengrab" aus der Steinzeit bis zum Volksempfänger, von der reichhaltigsten „Samen-Silber-Sammlung" bis zum selbstgebastelten Schneemobil. Das alles wurde von einem einzigen Mann zusammengetragen, *Einar Wallquist,* dem „Doktor der Lappen". Der Arzt, Schriftsteller und Künstler kam 1922 nach Arjeplog und eröffnete hier 1964 das Museum. 1985 starb *E. Wallquist.* Im Sommer ist der Doktorsgården für 50 SEK zu besichtigen.

Wichtigstes Ereignis war lange Zeit der Markt; erstmals 1640 erwähnt, aber vermutlich älter. Er wurde im Februar abgehalten, wenn schlechtes Wetter herrschte, Marktwetter eben. Man teilte das Jahr in „vor dem Markt" und „nach dem Markt" ein.

Sehenswertes

- **Silbermuseum:** Eintritt 50 SEK, deutsche Erklärung). Mo-Fr 10-12, 13-16 Uhr, Sa 10-14 Uhr.
- **Halbinsel Skeppsholmen:** im Hornavan-See am Museum, mit samischen Gebäuden.
- **Arjeplog-Kirche:** ganz in rosa, von Königin *Kristina* ursprünglich 1641 errichtet, ungewöhnliche Lage zu den üblichen Himmelsrichtungen. Wurde mehrfach wiederaufgebaut.

Ausflüge

- **Stromschnellen Vaukaströmmarna:** Freizeitgebiet, 2 km vom Zentrum. Naturpfad mit guten Angelmöglichkeiten. Angelscheine in der Turistinfo.

LAP_X04 Foto: je

- **Hornavan See:** Båtsuoj Sami Centre in Rebackudden, am Ufer des Sees. Wer Krach machen will, mietet ein Quad und brettert durch die Gegend. Skeppsholmen ist eine winzige Insel im Hornavan, auf der samische Hütten stehen.
- **Galtispuda:** Berg, 800 m, mit Kirche, 15 km vom Zentrum. Vom Gipfel herrliche Aussicht bis nach Norwegen und in den Nationalpark Sarek im Norden. Mit dem Auto befahrbar.
- **Vaukaströmmarna Country Park:** 2 km vom Ort entfernt. Auch für Rollstuhlfahrer zu „erfahren". Gute Fischgründe. Lizenz im Tourist-Büro, Tel. 0961-22230.
- **Adolfström:** Die Schmelzöfen, Majorsgården und Handelsboden laden zum Besichtigen ein, danach kann man sich im *Märkforsen Nature Reservat* einen Wasserfall anschauen.

„Ruhestätte"
(Foto: Joachim Ehlers)

- **Peljekaise-Nationalpark,** 70 km auf der Rv. 95 in Richtung Norwegen (siehe Nationalparks).
- **Miekak-Fischercamp** (Tel. 0961-104 40): nur mit Flugtaxi erreichbar.
- **Jäkkvik:** Es kreuzt der *„Kungsleden"*
- **Laisvall-Bleiminen:** 19 km auf der 95 Richtung Norwegen, dann 10 km nach links und 20 km nach rechts. Minenführungen um 12 Uhr. 93080 Arvidsjaur, Tel. 0960-10410 (Juli-Aug., täglich 9-20 Uhr).

Veranstaltungen/Aktivitäten

- **Winterjahrmarkt:** Ende Februar, großer Markt mit vielen Ständen und Vorführungen, erstmals 1614 schriftlich erwähnt.
- **Silver Festival:** Veranstaltung im Juli
- **Samenfest,** mit Lassowerfen und anderen Wettkämpfen, Ende September.
- **Samenmarkt:** Anfang Oktober
- **Wintersport:** viele Möglichkeiten in der Umgebung, beispielsweise Galtispuoda mit 1200 m langer Slalompiste und Skilift.

Verkehrsverbindungen

- **Bus:** Der *Bodø Expressen* fährt zwischen dem 14.6. und 20.8. von Piteå über Arvidsjaur, Arjeplog und Fauske nach Bodø in Norwegen. Abfahrt: außer Sa 12.20 Uhr, um 14.45 Uhr von Arjeplog nach Arvidsjaur und Pitea. Dienstag und Donnerstag fährt ein Bus nach Sädvaluspen und am Mo, Do und Fr einer nach Merkenes.

Arvidsjaur

- **Information:** Tourist Office, Gavareg 4, Tel. 0960-17500, www.polcirkeln.nu (Juli-Aug. tgl. 9-20 Uhr).
- **Einw.:** 8500
- **Übernachtung:** CA, H

Laponia Hotel, Storgatan 45, Tel. 0960-55500, www.hotell-laponia.se.

Hotel Edström, Stationsgatan 9, Tel. 0960-17100, www.hotelledstrom.se. Gelber Backsteinbau im Zentrum.

Lappland Lodge, Bed & Breakfast im gelben Holzhäuschen bei der Kirche, Tel. 960-13720.

Campingplatz Slagnäsforsen, Tel. 0960-650093 mit beheiztem Freibad und Restaurant an den gleichnamigen Stromschnellen.

Camp Gielas, Järnvägsgatan 111, Tel. 0960-55500.

Die Gemeinde wurde 1605 als Stützpunkt des Christentums in Lappland gegründet. Früher war Arvidsjaur ein Marktflecken für die Waldsamen aus der Umgebung. Im 17. Jh. wurde eine Kirche erbaut, und es entwickelte sich zu einem Kirchdorf. Dies ist immer noch erhalten, liegt heute mitten im Ort und ist die Hauptattraktion. Hier stehen etwa 70 **Samenhütten** *(Kåtor, Härben).*

Arvidsjaur ist auch heute noch ein wichtiger Ort für die Samen. Alljährlich findet hier im Juni/Juli eine große Rentierscheide statt, dabei werden hauptsächlich Jungtiere markiert.

Auf der **Autoteststrecke** in der Nähe kann man im Winter ein Sicherheitstraining absolvieren. deshalb ist hier im Winter ein internationales Publikum unterwegs und es gibt auch Direktflüge von den Autostädten Deutschlands.

Sehenswertes

- **Samisches Kunstgewerbe** gibt es in einem Geschäft an der Hauptstraße. Die erlesenen Sachen sind zwar recht teuer, aber Anschauen lohnt allemal.

Ausflüge

- **Trollfors Stromschnellen,** 55 km nördl. Arvidsjaur, 12 km hinter Mosko-

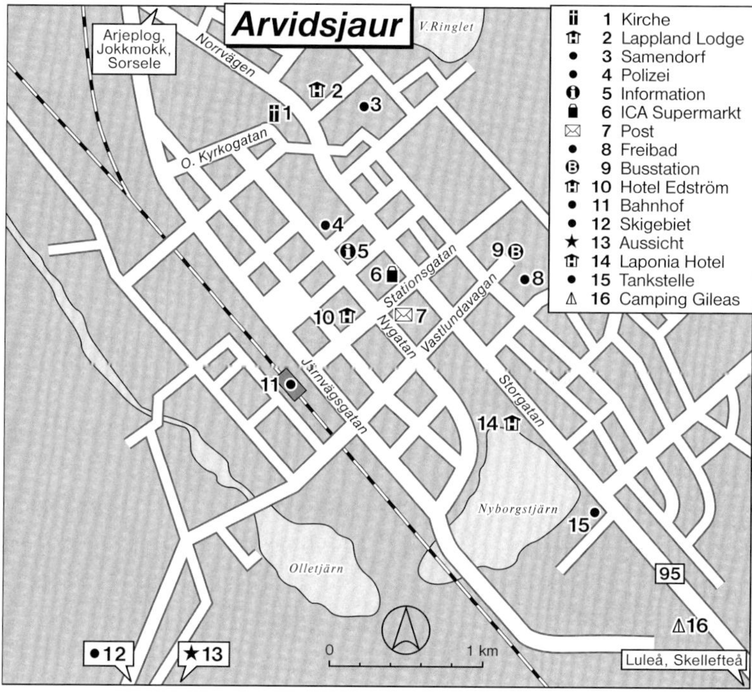

sel von der 45 nach Westen abbiegen und noch 16 km weiterfahren.

- **Naherholungsgebiet** auf dem kahlen Gebirge Vittjåkk.
- **Järvträsk Wassermühle:** seit 1786 im Betrieb. Rv. 95, bei Glommerträsk.
- **Reivo Naturpark:** 45 bis zum Rastplatz Auktsjaure.
- **Draisinenfahrt:** 160 SEK pro Tag, am Bahnhof zu mieten. Fahrten auf der Eisenbahnlinie nach *Jörn*.
- **Seilbahnfahrt:** 200 SEK, 13 km lang, ganzjährig, 70 km entfernt, lohnt sich.

Veranstaltungen/Aktivitäten

- **Rentierscheide** (Juni/Juli): Der Platz liegt an der Straße nach Arjeplog, linke Seite.
- **Storstämmingshelgen** (1. So im September): Kirchfest der Samen mit Festgottesdienst, Wettbewerben und Markt.
- **Wintersport:** Prästberget, 175 m hoher, 780 m langer Slalomkurs mit Flutlicht und Lift. Vittjåkk (bei Storberg), 20 km, drei Skilifts, Loipen, Restaurant, Cafeteria, Camping.
- Beheiztes **Freibad.**

Essen und Trinken

- **Restaurant Taverna:** im Hotel *Laponia*, Storgt. 45, preiswert, Tel. 55500.

Verkehrsverbindungen

- **Bus:** *Bodø Expressen* nach Bodø, Piteå und Arjeplog (im Sommer).
- **Zug:** Express nach Stockholm (14 Std.)
- **Inlandsbahn:** (im Sommer) 140 SEK, Moskosel Schienenlegermuseum, 10-18 Uhr oder Slagnäs Bahn fährt bis Östersund.
- **Arvidsjaur Airport:** Tel. 960-17380. *FlyCar* fliegt freitags von Stuttgart, Frankfurt-Hahn, München und Hannover Passagiere direkt, Mitte Feb.-Ende März auch Mi, www.flycar.de.

LAP_X24 Foto: fh

Dundret

Berg bei Gällivare, großes Wintersportgebiet, siehe dort.

Gällivare

- **Information:** Turistbyrå, Centralplan 3, 98236 Gällivare, Tel. 0970-16660, www.visit.gellivare.se.
- **Einw.:** 24.200
- **Mitternachtssonne:** 2.6.-12.7.
- **Übernachtung:** JH, CA, H

Grand Hotel, Lasarettsgatan 1, Tel. 0970-772290, www.grandhotellapland.com.

Gällivare Värdshus, Klockljungsvägen 2, Tel. 0970-15545.

Dundrets Fritidsby in Repisvare, Tel. 0970-14080, www.repisvare.se.

Gällivare und **Malmberget** sind 6 km voneinander entfernt und Schwesterstädte. *Malmberget* heißt Erzberg, und Erz verhalf dieser Stadt zum Wohlstand. Reisende halten sich gewöhnlich in Gällivare auf, da das Leben hier ruhiger verläuft. Da es in Malmberget früher keine Häuser gab, wurde 1888 die Hüttenstadt Kåkstan errichtet. Sie wurde zwar abgerissen, aber der Architekt *Jan Wikström* baute das Viertel im alten Stil wieder auf, mit Wohnungen, Kino, Geschäften und dem „Café nur für Nüchterne“. Spezialität: amerikanisches Schweinefleisch.

Als Eisen noch nicht so wichtig war, gehörte Gällivare (*vare* = samisch für Berg mit Baumbestand) den Samen. Es war einer ihrer wichtigsten Treffpunkte für Märkte usw. Hier wurden Hochzeiten gefeiert und Tote begraben. Das waren Anlässe zu Festen, die bis weit ins Land bekannt wurden.

1739 rief König *Frederik I.* seine Untertanen zum Bau einer Kirche auf, wohl um das Feiern dieser heidnischen Feste einzudämmen. Jede der Tischgemeinschaften sollte eine Øre für den Bau spenden, denn Geld war seinerzeit knapp. 1751 konnte die Kirche eingeweiht werden, und seitdem wird sie *Ettøres-Kyrka* (Ein-Øre-Kirche) genannt. Heute steht sie am Bahnhof auf der anderen Seite der Schienen.

Der alte Bahnhof in Gällivare

Auch heute noch ist Gällivare ein Samentreffpunkt, insbesondere im Frühling, wenn hier der große Samenmarkt abgehalten wird. Hier wurde den Samen sogar ein Denkmal errichtet. Es ist schlicht und ergreifend und zeigt einen meditierenden Samen. Die dazugehörige Inschrift steht am Anfang dieses Buches.

Die Verquickung von Alt und Neu wird im Wappen der Stadt deutlich: zwei Felder mit Rentieren und zwei mit dem Alchemistenzeichen für Eisen. Es gibt interessante Geschäfte, ein schönes, altes Bahnhofsgebäude und ein Hallenbad.

Sehenswertes

- **Grubenmuseum:** Upplandslaven, Malmberget (Eintritt: 140 SEK).
- **Hembydmuseum** (Heimatmuseum): Industriegt. 15, Gälivare, mit Nils-Nilsson-Skums-Atelier in einem Samenzelt, 11.6. bis 13.8. (Erwachsene 20 SEK).
- **Ettøres-Kyrka,** von 1740, siehe oben
- **Die „neue Kirche“,** (1882) von außen schöner als von innen.
- **Mitternachtssonnen-Aussichtsplatz:** Malmberget: Kungsryggen (518 m), Gällivare: Dundret (823 m).
- **Mückenmuseum:** Bei Sjaunamyren an der Inlandsbahn.
- **Sportfischermuseum:** 20 SEK

Ausflüge

- **Dundret** (5 km), 823 m hoher Berg bei Gällivare. Von hier kann man 10 % des schwedischen Staates überblicken (bei gutem Wetter, versteht sich). Auf dem Gipfel steht das Hotel Dundret Tel. 0970-97014560, www.dundret.se und das Restaurant *Bjørnfällan* (Bärenfalke) mit Sauna und Swimmingpool. An der Infotafel zu Gällivare führt eine Straße hoch, nicht der Beschilderung „Dundret“ folgen. Gute Wintersportmöglichkeiten, aber überlaufen. Es werden auch Hunde- und Motorschlittentouren veranstaltet. Hotel Dundret, Tel. 97014560.
- **Ferienort Björnfälla** (Bärenfalle), mit Restaurant. Das Gemeinschaftshaus ist aus 200-300 Jahre altem Kieferholz gebaut.
- **Killinge** (90 km nördlich), eines der ältesten Dörfer der Gemeinde, heute Touristenstation, interessante Hütten (6 Personen ca. 100 SEK). Allerdings kein Laden. Lebensmittel muss man also mitbringen! 1 km weiter sind die *Killinge Fallet* (Wasserfälle).
- **Stora Sjöfallet** (ca. 100 km), Wasserfall und Nationalpark, mit dem Bus von Gällivare oder mit dem Privatwagen bis Ritsem durchfahren und dort an der Fjellhütte parken. Die Straße läuft an der Westgrenze des Parks vorbei. Hier ist ein günstiger Ausgangspunkt, um die Gegend zu erkunden. Das in Vietas errichtete Wasserkraftwerk ist dem *Gamla-Sjøfallet* nicht besonders gut bekommen. Der einst gewaltige Wasserfall ist heute ausgebaut und wurde ergänzt durch den Suorvadamm und das Kraftwerk. Trotzdem ist es eine schöne Gegend. Gute Wanderwege ab Ritsem bis Staloluokta und weiter bis Kvikkjokk. Von dort kann man mit dem Bus nach Jokkmokk fahren (s. Nationalparks). Wer von der Station Stora Sjöfallet die Straße zurück nach Kebnats fährt, er-

reicht dort im Sommer das Boot zur Saltoluokta Fjällstation. Von dort aus kann man den Kungsleden erkunden. Manchmal fährt ein Boot auch direkt von Vietas zur Saltoluokta-Station.

Ein weiterer Kurztrip bietet sich über den Suorva-Damm in den Sarek, oder ab Vakkotavare gen Norden auf dem Kungsleden.

- **Muddus-Nationalpark,** 510 km² großes Wald- und Sumpfland. Einige Wanderwege starten in Skaite und führen durch den Südteil des Parks. Geführte Touren ab Hof Solberget.
- **Kraftwerk in Vietas** kann täglich von 11 bis 15 Uhr besichtigt werden (vom 18.6. bis 18.8.). Tankstelle in Vietas nur von Juni bis September offen.
- **Kaitun-Kapelle:** Sie wurde zum Andenken an den ehemaligen Generalsekretär der UNO, *Dag Hammarskjöld* errichtet. 1964 wurde die Kapelle eingeweiht. Sie liegt ca. 3 Kilometer nördlich von der Bahnstation Fjällåsen, in der Nähe der Eisenbahnlinie nach Kiruna. Samische Handwerker haben den Schmuck für die Kirche gemacht.

Veranstaltungen

- **Samenmarkt:** 2. Wochenende im März, alle Geschäfte sind geschlossen
- **Ski-Langlauf-Meisterschaften:** Mitte April in Malmberget
- **St.-Andreas-Tag,** letzter Sonntag im November
- **Lappland Cup,** Slalom und Riesenslalom in Gällivare (Dundret)

Verkehrsverbindungen

- **Flug:** nach Kiruna, Luleå und Stockholm
- **Bus:** nach Jokkmokk, Vietas und Ritsem
- **Zug:** nach Jokkmokk, Kiruna, Narvik und Stockholm; Inlandsbahn nach Mora

Haparanda

- **Information:** Im Sommer: *Haparanda Stadshotel,* Torget 7, Tel. 0922-12010, www.haparanda.se, ansonsten *Green Line,* Tornio, Finnland.
- **Einw.:** 11.000
- **Übernachtungen:**
  Stadshotel, sehenswertes Haus von 1900, Torget 7, Tel. 0922-12010.

Das schwedische Gegenstück zum finnischen Tornio. Der Ort selbst bekam 1842 die Stadtrechte verliehen und hat etwa halb so viele Einwohner wie die Stadt auf der finnischen Seite des Grenzflusses Tornioälven. Beide Teile verbindet eine 500 m lange Brückenkonstruktion. Haparanda ist geschäftiger, mit Hafen- und Industrieanlage. Früher war hier ein wichtiger Bahnhof, an dem die Gefangenen mit dem damaligen Ostblock ausgetauscht wurden. Deswegen gibt es bei den Schienen auch 2 verschiedene Spurweiten. Russland hat eine breitere Spur, und da Finnland zum Zarenreich gehörte, wurden hier auch „zaristische" Schienen verlegt. Heute ist der Bahnhof geschlossen und wird privat genutzt.

An der Flussmündung gibt es einen einmaligen 18-Loch-Golfplatz über die Staatsgrenzen. Da zwischen Finnland und Schweden eine Stunde Zeitunterschied herrscht, sind die Bälle im ungünstigsten Fall über eine Stunde unterwegs, sie können aber auch schon im Loch sein, bevor sie überhaupt abgeschlagen werden ...

Seit dem EU-Beitritt wird aus den beiden Städten wieder eine. Die Behörden und die Feuerwehr arbeiten inzwischen zusammen, und auch die beiden Touristeninformationen werben wieder gemeinsam.

Ausflug

- **Kukkolaforsen:** Stromschnellen, etwa 15 km außerhalb. Felchenfischen aus den Schnellen, wohnen kann man am Wasser in einem Blockhaus. Die Schnellen sind über dreieinhalb Kilometer lang. In der Nähe gibt es auch eine sog. **Bifurkation,** eine natürliche Verbindung zwischen zwei Flüssen.

Veranstaltung

- Ende Juni feiert man in Tornio und Haparanda das **International Kalottjazz & Blues Festival.** Konzerte in zwei Ländern, Eintritt ab 10 €.

Jäkkvik

Kleiner Ort mit Supermarkt am Peljekaise-Nationalpark, dicht unterhalb des Polarkreises. Der Kungsleden kreuzt hier die Straße 95 nach Norwegen. Am Sonntag vor Mittsommer findet ein Kirchenfest statt. Es heißt „Die Frühlingspredigt". Die Kapelle wurde 1777 während der zweiten Nasafjäll-Epoche in Lövmokk gebaut und 1885 hierhin transportiert. Nur mit Führer zu besuchen: Tel. 0961-21041.

Übernachten kann man im *Jäkkviks Fjällcenter,* Apartments, Camping, Restaurant, Tel. 0961-21140, oder *Jäkkviks Stugby,* Tel. 0961-21120.

„Drohend erhob sich der himmelhohe Peljekaise. Zumeist versteckt er sein schneegekröntes Haupt in Nebel und Wolken. Nass glitschten die Regenwolken an seinen breiten Granitschultern entlang ... Rings um die Wohnstätte, die sicher schon mehrere heilfroh verlassen hatten, lagen kalte, saure Sümpfe mit einer Fülle von wertlosem Wollgras. Selbst im hohen Sommer entstiegen diesem kalte Nebel. Für gewisses Getier, das der Mensch nicht schätzt, war die Heimstätte ein Paradies ... Das also war Jäkkvik! (aus *„Lars Levi Læstadius"* von *Alfred Otto Schwede,* Evangelische Verlagsanstalt, Berlin 1959)

Jokkmokk

- **Information:** Turistbyrå, Stortorget 4, 96223 Jokkmokk, Tel. 0971-22250, www.turism.jokkmokk.se.
- **Einw.:** 3400
- **Mitternachtssonne:** 12.6.-3.7.
- **Übernachtungen:** JH, CA, H

Hotel Jokkmokk, Solgatan 45, Tel. 0971-77700, www.hoteljokkmokk.se.

Hotell Gästis, Herrevägen 1, Tel. 0971-10012, www.hotell-gastis.com.

STF-Vandrarhem, Åsgård 20, Tel. 0971-55977, ganzjährig.

Obwohl die Gemeinde Jokkmokk etwa so groß wie Rheinland-Pfalz ist, leben hier nur knapp 7500 Menschen. Den größten Teil des Gebietes bilden die Fjälls mit den vier Nationalparks **Sarek, Padjelanta, Stora Sjöfallet** und **Muddus.** Alle zusammen heißen *Laponia* und wurden zum **Weltkulturerbe** und zum **Naturerbe** erklärt. Dazu kommen noch einige Naturreservate. Die Stadt Jokkmokk liegt im östlichen Teil, knapp über dem Polarkreis.

Schon immer war Jokkmokk für die Samen ein wichtiger Ort. Er hieß Bachwindung, Jåhkåmåhke. Hier war ihr Wintertreffpunkt, der *Dálvádis.* Der Pfarrer musste per Gesetz schwedisch und samisch beherrschen. Im Jahre 1605 wurde zum ersten Mal ein Markt

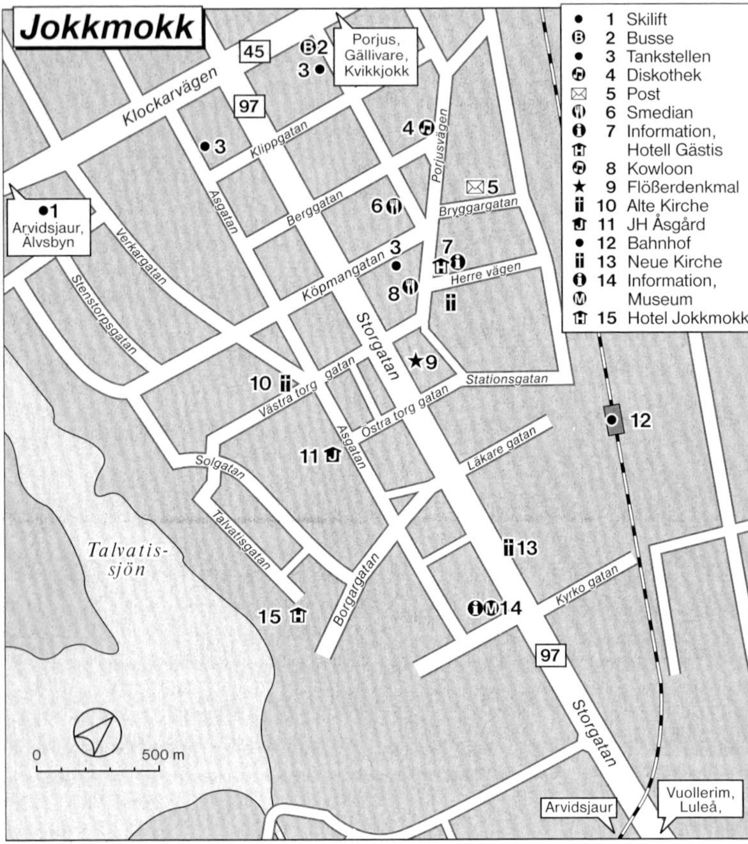

abgehalten. Diese Tradition wird heute noch fortgeführt; mittlerweile hat sich Jokkmokks „Marknad" (www.jokkmokksmarknad.com) zum größten Samenmarkt Schwedens entwickelt. Ursprünglich wollte der König mit diesem Markt die Kontrolle über den Warenfluss in der Nordprovinz erlangen. In Jokkmokk sind die Samen voll in die Stadtgemeinschaft integriert. Viele Samen haben das Waldren, ein Tier, das nicht wandert, sondern das ganze Jahr in der Gegend bleibt. Sie leben in Sirkas und Jåkkåskaska. Tuorpon, Sierri und Udtja sind Fjällsamendörfer.

Der Ort ist modern und großzügig angelegt, besitzt ein Museum mit Namen **Aitte** (interessante Sammlung zum Leben der Samen und Info zum Nationalpark) und eine schöne Holzkirche (1949 renoviert). In den **Kunstgewerbeläden** wird Erlesenes zu günstigen Preisen angeboten, z. B. kann man Bausätze für samische Messer kaufen und sein Messer an langen Winterabenden zu Hause selbst fertig bauen. An der 343, hinter dem Ortsausgang rechter Hand Richtung Porjus, liegt ein Kunsthandwerksladen, in dem man auch Renfleisch kaufen kann. Die *Stiftung Sameslöjdstiftelsen* mit Sitz in Jokkmokk hat die Aufgabe, das samische Kunsthandwerk weiterzuentwickeln, u. a. durch Marketing und Verkaufsförderung. Gutes samisches Kunsthandwerk wird mit dem Zeichen *Sami duodji* versehen. Außerdem gibt es einen Fabrikverkauf in Zinnfabrik „Jokkmokk Tenn".

Die Cessna mit Schwimmern
ist eine gute Wahl

LAP_X23 Foto: th

Sehenswertes

- **Museum,** Kyrkogatan. Juni-Aug. tgl. 9-18 Uhr, Sept.-Mai Di-Fr 10-15 Uhr, (50 SEK), www.ajtte.com.
- **Gamla Kyrka:** achteckiges Gebäude, in der Holzmauer wurden früher die Toten des Winters gelagert, bis der Boden auftaute.
- **Mitternachtssonnen-Aussichtsplatz:** Stoknabben

Ausflüge

- **Kvikkjokk:** 124 km, siehe dort
- **Muddus-Nationalpark:** Rv. 45 nach Norden, bei Liggadammen rechts ab bis Skaite. Der Park ist auch von Südost via Sarkavare (Messaure) erreichbar oder im Sommer via Urtimjaure (Suolaure). Im Winter ist der Weg nach Sarkavare geräumt, im Sommer große Mückenplage. Von Skaite führt ein Holzplankenweg 50 km durch den südlichen Teil des Parks. Es gibt einige unbewirtschaftete Hütten (Schlüssel bei den Touristenbüros in Gällivare). Der Luleälv ist durch die Wasserkraftwerke leider ziemlich verschandelt. Besser: Muddusälv. 8 Std. Führung mit Transport & Verpflegung, 550 SEK (siehe auch Kapitel „Nationalparks").
- **Sjauna Myggmuseum,** das einzige Mückenmuseum der Welt ist bei Sjaunamyren an der Inlandsbahn gelegen.

Veranstaltungen

- **Jokkmokks Marknad:** Anfang Februar. Zu dieser Zeit fällt die Quecksilbersäule auf bis -35 Grad Celsius! herunter. Hier finden auch Schlittenhundrennen statt.
- **Rentierscheide:** Sept./Okt. Der Platz liegt in Richtung Kvikkjokk, kurz vor Abzweig nach *„Gräsvikken"* rechts.

- **Herbstmarkt:** Ende August.
- **Diskothek im Gästis-Hotel,** Porjus Vägen, Mittwochabend geöffnet.

Wintersport

- **Skabramaive Skisportanlage:** Skilift, Flutlichtanlage, 800 m langer Skihang (Fallhöhe 190 m) südwestlich (Seitenweg der Rv. 45).
- **Hundspur:** schwierige Strecke für Zughundführer, 15 km lang.

Essen und Trinken

- Asiatisch im **Kowloon** in der Föreningsg. 3.
- **Smedian,** Föreningsg. 11.

Verkehrsverbindungen

- **Bus:** nach Gällivare, Kvikkjokk, Vietas (Stora Sjøfallet) und Narvik.
- **Zug:** nach Gällivare, Arvidsjaur, Östersund. Die beiden Nachtzüge ab Stockholm starten nachmittags und abends.
- **Flug:** Es gibt pro Tag zwei Direktflüge ab Stockholm-Arlanda.

Flüge in die angrenzenden Orte und Gebiete können bei *Lapplandsflyg AB,* Tel. 0971-21040, *Norrlandsflyg AB,* Tel. 0970-42032 und *Fiskflyg AB,* Tel. 0973-40032 gebucht werden.

Jukkasjärvi

20 km östlich von Kiruna. Die Bewohner sind überwiegend Samen. Hier steht ein Samenzentrum, und Ende Juli findet ein Markt statt. Es gibt auch ein Freilichtmuseum. Anfang August wird das „Teerfest" gefeiert. Die Holzkirche von 1608 ist berühmt; das Altarbild zeigt *Læstadius* bei den Samen. Im Pfarrhaus gibt es Kaffee und Kuchen.

Die Stromschnellen hier sind tückisch. Um sie gefahrlos zu durchqueren, wurde einst sogar ein eigenes Schlauchboot konstruiert.

Winter

Von November bis Mai kann man hier ein ganz besonderes Abenteuer erleben, nämlich die Nacht in einem ungeheizten Hotel verbringen. Wer dann auch noch richtig tippt, wann das ganze Hotel zusammenbricht, kann nach dem Wiederaufbau im nächsten Jahr umsonst ein Wochenende dort verbringen – garantiert wieder bei mindestens minus 5 Grad im Zimmer. Die Rede ist vom **Eishotel,** einem Iglu-ähnlichen Gebäude, das seit 1989 jedes Jahr im Winter dort steht. *Nils Yngve Bergquist,* der Manager, hatte vor einigen Jahren die Idee, eine ungewöhnliche Schneegalerie zu bauen. Heute ist jedes Jahr ein Hotel mit Bar, Kapelle, Sauna (!) und natürlich einer Galerie daraus geworden. Über 1500 Tonnen Schnee werden über ein Gerüstwerk aus Stahl und Holz gehäuft. Nach einigen Tagen kann das Gerüst entfernt werden, dann hat der Schnee sich soweit verfestigt, dass das „Haus" von selbst steht. Innen ist alles aus Schnee und Eis. Der Hotelgast schläft in einem Thermoschlafsack auf einem Eispodest, das mit Rentierfellen isoliert wird. Die Fenster werden aus klarem Flusseis herausgesägt, auch Tische, Stühle, die Bar, alles ist aus Eis. Einzig die Eingangstür ist aus Holz. Wer ein Zimmer buchen will, sollte rechtzeitig reservieren: Tel. 98066866.

Außerdem hat man feste Gebäude dazugebaut, die „normal", d. h. beheizt, sind. Wer umgekehrt im Sommer Lust auf Abkühlung verspürt, kann auch in Iglus schlafen, die in einer Eishalle stehen!

Am Wochenende kann man in der Wodkabar des Hotels an der „Silberhut-Auktion" teilnehmen. Der Erlös geht an die schwedische Kinder-Krebs-Gesellschaft.

Der norwegische Komponist *Terje Isu* komponierte Musik, die auf **Instrumenten aus Eis** gespielt wird. Die Uraufführung und CD-Aufnahme fanden in Jukkasjärvi statt. Die Eisbildhauer gewannen den ersten Preis in einem französischen Wettbewerb.

Karesuando

Schwedische Hälfte eines Ortes, der über den Grenzfluss nach Finnland reicht. Dort heißt er **Kaaresuvanto** (siehe dort). Hier lebte und arbeitete der Prediger und Botaniker *Læstadius,* es gibt ein kleines Museum. Im kleinen botanischen Garten findet man den von ihm entdeckten Gebirgsmohn. Die Kirche des 300-Einwohner Ortes hat 600 Sitzplätze. Die alte Kirche von 1816 stürzte teilweise ein und wurde 1909 durch die heutige ersetzt. Die Skulptur auf dem Altar von *Bror Hjort* stellt *Læstadius,* seinen Schüler *Raattamaa* und die Samin *Maria* dar.

Unterkünfte gibt es reichlich, z. B.: *Motell Arctic Tel.* 0981-20370, *Hotell Karesuando* Tel. 0981-20330, *Dagnys Hüttenvermietung* 0981-20040. Es gibt einen kleinen Campingplatz mit Kanuvermietung (Tel. 0981-20139) sowie einige Geschäfte und Kaffeebuden.

Katterjåkk

Erzbahnstation, siehe Route 16

Kebnekaise

Berg bei Kiruna, siehe Ausflüge

Killinge

Wasserfälle, siehe Gällivare

Kiruna

- **Information:** Kiruna Turistbyrå, im *Folket Hus,* Lars Janssongatan 17, Tel. 0980-18880, www.kiruna.se.
- **Einw.:** 26.000
- **Mitternachtssonne:** 28.5.-14.7.
- **Übernachtungen:** JH, CA

Kiruna Rumsservice, Hjalmar Lundblomsv. 53, Tel. 0980-19560.

Hotel E 10, Lastvågen 9, Tel. 0980-84000, moderner Flachbau für 555 SEK die Nacht.

Vinterpalatset, Järnvägsgt. 18, Tel. 0980-67770, www.vinterpalatset.se, gediegen, ab 1000 SEK.

Hotel Kebne, Konduktörsgatan 7, Tel. 980-68180, www.hotellkebne.com. Von außen wenig ansprechend, aber innen durchaus gemütlich.

Hotel Järnvågshotellet, Bangårdsgatan 7, Tel. 980-84444, www.jarnvagshotellet.com, Holzhaus an den Gleisen neben dem Bahnhof.

Yellow House, Handverkaregatan 25, Tel. 0980-13750, www.yellowhouse.nu, familiäres Hostel, ab 150 SEK die Nacht.

Vandrarhem Kiruna, Bergmästaregatan 7, Tel. 0980-17195, www.kirunahostel.com, ab 160 SEK die Nacht.

Die Hütte auf dem Campingplatz am Campingvägen 5 kostet 600 SEK.

Kiruna ist eine moderne Stadt. Sie wurde 1900 gegründet, als man begann, große Mengen Erz abzubauen. Einige Jahre später wurde die Eisenbahn Kiruna – Narvik fertiggestellt, und nun begann der Ort explosionsartig zu wachsen. 1938 wohnten im Zentrum bereits 11.000 Menschen,

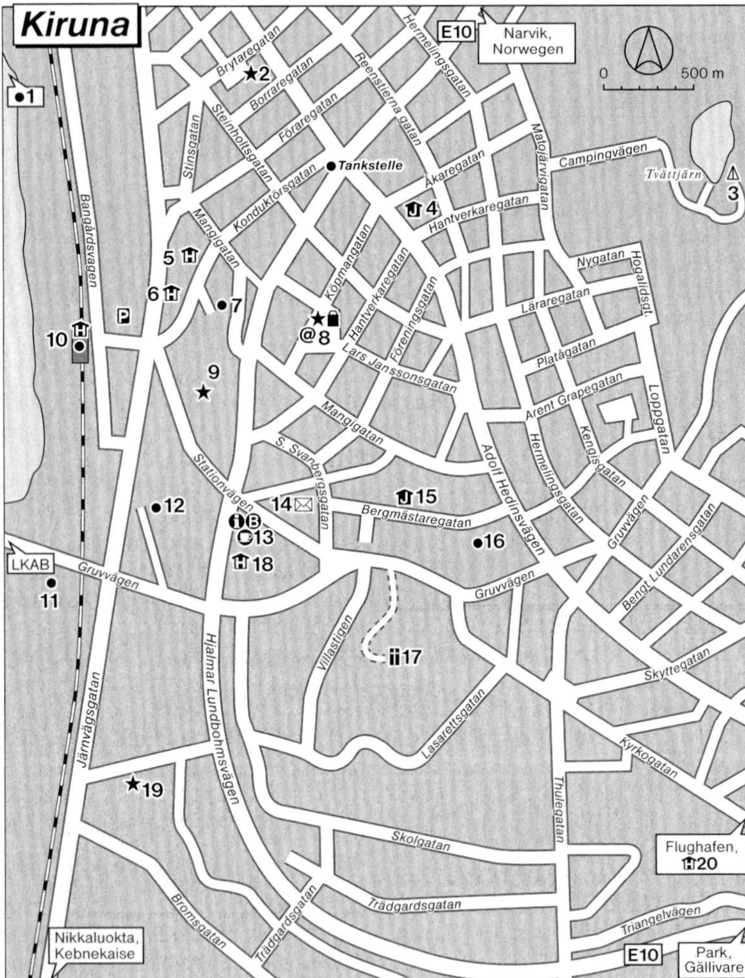

- ● 1 Badeplatz
- ★ 2 Samisches Kulturzentrum
- ⚠ 3 Camping
- 4 JH „Gelbes Haus“
- 5 Hotel Kebne
- 6 Hotel Vinterpalatset
- ● 7 Polizei
- ★ 8 Folkethus mit @ Internetcafé, Markt
- ★ 9 Park
- ● 10 Bahnhof, Hotel Järnvågshotellet
- ● 11 LKAB-Büro
- ● 12 Rathaus
- 13 Info, Bus, Café
- ✉ 14 Post
- 15 Vandrarhem Kiruna
- ● 16 Hallenbad
- 17 Kirche
- 18 Kiruna Rumsservice
- ★ 19 Hjalmar Lundbloms Gården
- 20 Hotel E10

und Kiruna bekam das Stadtrecht. Für die Grubenarbeiter wurden die modernsten Wohnungen der Zeit gebaut, eine Straßenbahn, deren Benutzung kostenlos war. Kiruna wurde zum größten sozialen Experiment des Jahrhunderts und macht es kulturhistorisch heute noch interessant.

Früher war es die größte Erzgrube der Welt! mit einer Fördermenge von 20 Millionen Tonnen pro Jahr. Die Gesellschaft *LKAB* beschäftigte in Kirunavaara 1000 Menschen. Seit 1983 stagniert die Produktion, und mit ihr die Stadt. Die Gesellschaft *LKAB,* ließ Wohnungen bauen, die nun leer stehen und verfallen.

Als Ersatz versucht man sich heute als Technologiezentrum zu profilieren, Slogan: Zukunftsstadt Kiruna.

Das Wappen der Stadt zeigt dessen ungeachtet neben dem Alchemiezeichen für Eisen ein Schneehuhn, auf Samisch *Keron.* Daraus entstand *Kiruna.*

Lange Zeit stand in allen Geografiebüchern, dass Kiruna die flächenmäßig größte Stadt der Welt sei. Diesen Platz hat heute eine australische Kommune übernommen. 80 % der Bevölkerung der Gemeinde wohnen im Zentralort Kiruna, trotzdem wirkt er ein wenig ausgestorben. Erreicht man die Stadt von Süden, erblickt man die riesigen Tagebauberge, aber im Ort selbst ist davon nichts zu sehen.

In der Lars Janssonsgatan 17 und 21 gibt es **Kunsthandwerksläden,** Essen kann man am besten in den Hotels.

Sehenswertes

- **Rathaus:** Der originelle Glockenturm wurde von *Bror Marklund* entworfen, 1964 wurde es zum schönsten öffentlichen Gebäude Schwedens gekürt. Mo-Fr (9.6.-24.7.) Führungen zwischen 10 und 14 Uhr. Glockenspiel: Mo-Fr 12 und 18 Uhr, Sa/So 18 Uhr.
- **Kiruna Kyrka:** Schöne Holzkirche, 1912 von der Grubengesellschaft gestiftet. Das große Altarbild ist von *Prins Eugen.* Auf dem Dach zehn vergoldete Holzfiguren, die verschiedene Gemütsregungen darstellen. Geöffnet 18.6.-19.8. 13-18 Uhr. Andernfalls den Pastor bitten aufzuschließen.
- **Marktplatz:** Laden mit Schnitzereien
- **Grubenbesichtigung:** 5.6.-17.8. täglich (Kinder unter 10 Jahren haben keinen Zutritt), 90 SEK, Erzproben inklusive. Das Besucherzentrum liegt 540 m

LAP_X26 Foto: fh

Das Rathaus, im Vordergrund die Fahne der Samen

Orte A–Z

LAP_X25 Foto: th

tief in der Erde, sehr aufregend. Abfahrt an der Info.

- **Mitternachtssonnen-Tour:** zum Kirunavaara-Gipfel (700 m) vom 14.6. bis 14.7. Tägl. Fahrten ab Info.
- **Samisches Kulturzentrum:** (Samegården), Brytaregatan 14, Museum und Geschäft mit Ausstellungen.
- **Hjalmar Lundbloms Gården:** Hier wohnte der Gründer der *LKAB* und kann besichtigt werden (10-20 Uhr). Hier gibt es Kaffee und Kuchen.

Ausflüge

- **Reise mit der Erzbahn:** siehe Routenbeschreibung 16
- **Kanu-Touren** werden vom Campingplatz aus veranstaltet, inkl. Picknick und Ausrüstung.
- **Floßfahrten** macht *Kiruna Forsrännare* am Busbahnhof, z. B. auf dem Kalixälf. 4 Std. 380 SEK.
- **Esrange:** Europas einzige zivile Raketenbasis, ca. ½ Stunde Busfahrt. Besichtigung nach Absprache. Außerdem Polarlichtforschungsstation.
- **Kebnekaise** (2117 m), Schwedens höchster Berg mit Fjällstation.
- **Paittasjärvi,** landschaftlich schön gelegener See westlich von Kiruna. Straße bis Nikkaluokta (70 km), von dort aus tagsüber alle zwei Std. 5,6 km mit

Die Kirche von Kiruna im Schnee

dem Boot über den Ladtojaure, dann kann man zur Kebnekaise-Fjellstation (690 m) wandern.

Aktivitäten

- **Internationaler Segelfliegertreff** am Fuße des Kebnekaise im Frühjahr.
- Ein **Hallenbad** gibt es in der Bergmästareg 10, ein **Internetcafé** im Folkethus.
- **Wintersport:** Die **Langlaufmeisterschaften** im Oktober sind Schwedens ältester Ski-Wettbewerb, im April Ende der Saison finden die **Kirunaspiele** statt. Gute Wintersportmöglichkeiten von den Bahnstationen Abisko, Björkliden und Riksgränsen. Am ersten Maiwochenende **Eisangelwettbewerb** auf dem Torneträsk-See. Achtung: keine Tankstelle auf 130 km.

Verkehrsverbindungen

- **Zug:** bis Narvik oder Stockholm
- **Bus:** nach Karesuando (4 Std.), Vittangi (1 Std. 25 Min.), Jukkasjärvi (15 Min.), Nikkaluokta (1,5 Std.), Riksgränsen (nur im Sommer)
- **Flug:** 5x täglich nach Stockholm, *SAS,* Tel. 08-7974000. *Barentsairlink* nach Luleå und Tromsö, Tel. 0920-227474, www.barentsair link.se.

Kvikkjokk

- **Information:** „Kvikkjokks Fjällstation", 96045 Kvikkjokk, Tel. 0971-21022 (Mitte Juni bis Ende Sept.), Tel. 0971-12203 (im Winter)
- **Einw.:** 17 (im Winter)
- **Übernachtung:** JH

Kvikkjokk ist der Endpunkt des Weges von Jokkmokk. Hier vereinigen sich die beiden Flüsse Tarraälv und Kamajokk und fließen in den Saggat-See. Die entstehenden Stromschnellen sind ein Paradies für **Wildwasserfahrer.**

Im 17. Jh. war Kvikkjokk das Zentrum der Silbererzverarbeitung, heute wird das Geschäft mit Touristen gemacht, die im Sommer in Scharen angereist kommen, um in der herrlichen Gegend zu wandern. Die Wanderwege *Padjelantaleden* und *Kungsleden* führen durch den Ort. Im Winter ist der Ort verlassen, der kleine Laden, die Post und sämtliche Kioske sind geschlossen, nur einige wenige Einheimische harren hier aus. Sogar der Gottesdienst in der schönen, 1906 erbauten Kirche findet nur im Sommer statt.

Zur Erinnerung an *Carl von Linné* (siehe Exkurs) und die lappländische Reise gibt jedes Jahr die „Linnétage".

Ausflüge

- **Kungsleden,** nach Vietas und Abisko, 260 km.
- **Padjelantaleden,** nach Staloluokta und von dort weiter bis Ritsem (Rv. 827). Man kann vom Ort auch mit dem Flugzeug bis Staloluokta fliegen und von dort zurückwandern (81 km, 5 Hütten in Abständen von 8-19 km). Außerdem fährt von Ritsem Bus 93 mehrmals täglich nach Gällivare. **Staloluokta** ist ein Samensommerlager mit etwa 20 Erdkotås. Man kann günstig handwerkliche Erzeugnisse kaufen. STF-Gebäude.

Essen und Trinken

- In der **STF-Fjällstation** gibt es preiswertes Essen in der Art eines Buffets.

Verkehrsverbindungen

- **Bus:** nach Jokkmokk und zum Bahnhof Murjek (Inlandsbahn)
- **Flug:** Staloluokta, Sjøfallet, Vietas

Låktatjåkka

Erzbahnstation, siehe Route 16

Malmberget

siehe Gällivare

Muddus-Nationalpark

s. Jokkmokk und „Nationalparks"

Överkalix

- **Information:** Turistbyrå, Box 141, Tel. 0926-10392, http://overkalix.heartoflapland.com.
- **Einw.:** 2400
- **Übernachten:**

Bränna Camping, Hüttenvermietung, Bulandsvägen 6, Tel. 0926-77888, 1.6.-31.8.

Bauernhof *Förryttargården*, Hedensbyn 94, Tel. 0926-10447, www.forryttargarden.se.

Der Ort an der E 10 liegt in einem Bogen des Kalixälv, so dass man schon fast von einer Insel sprechen kann. Hier, wo sich der Kalix und der Ängesån vereinigen, geht die flache Küstenlandschaft in die hügeligere Waldzone über. Ein Versuch, dort Industrie anzusiedeln, scheiterte im 19. Jh. Es gibt ein Hallen- und ein Freibad. Die steinerne Kirche mit dem goldenen Hahn auf dem Dach steht mitten im Ort. Dreimal wurde sie ein Opfer der Flammen. Zu sehen ist der vierte Versuch.

Ausgrabungen in Lansjärv und Lillberget attestiertem dem Ort eine 6000-jährige Geschichte. Hinter Överkalix erhebt sich der Brännaberget.

Das Wappen zeigt einen Hackebeilschwingenden Berliner Bären.

Sehenswertes

- **Martingården:** Alter Hof aus dem 19. Jh. in Nybyn. Kunstgewerblich interessierte sehen hier den typischen *Överkalix-Stil.* Besichtigungen von 12-17 Uhr.
- **Heimatfest** am 2. Sonntag im Juli.
- **Sirillius Kulturzentrum:** Hier gibt es eine Ikonengalerie und eine Orthodoxe Kirche mit Zwiebelturm.

Ausflüge

- **Stromschnellen,** an der Gemeindegrenze (10 km).
- **Traktormuseum:** in Svartbyn. Große und kleine Jungs können hier ihrer Faszination für bäuerliche Maschinen befriedigen. *Holger Larsson* hat einen riesigen Fuhrpark zusammengesammelt. 6 km südlich an der E 10, 10-18 Uhr im Sommer, Eintritt 20 SEK.
- **Jokkfall** und **Linafallet Wasserfälle** sind eingebettet in die schöne Landschaft. Unterhalb von Jokkfall liegen wichtige Lachsfanggründe. Einige kleine Inseln und die Uferzonen des Kalix laden zum Baden ein.
- **Brännaberget,** Mitternachtssonnen-Aussichtsplatz am Kalixälv mit herrlichem Panoramablick über den Fluss und die Wälder.

Övertorneå

- **Information:** Övertorneå-Ylitornio turism, Finlandsvägen 1, Tel. 0927-79651, www.arctic-circle.net.
- **Einw.:** 1700
- **Übernachten:**

Häuschen mieten kann man im *Camp Rantajärvi* 110, Tel. 0927-23000.

Das übliche Klotzhotel ist das *Tornedalia,* Sockenvägen 1, Tel. 0927-77550, www.tornedalia.se.

Dieser Ort hieß eigentlich Matarengi; nach dem Bau der Bahnlinie wurde er umgetauft. Wegen seiner geschützten Lage in einem flachen Tal wachsen hier sogar Tomaten und Blumenkohl. Über zwei Brücken kann man nach Ylitornio in Finnland fahren. Es gibt ein Hallenbad, und im Sockenweg 1 das Hotel *Tornedalia,* Tel. 0927-77550.

Zu Marketingzwecken wurde die Gemeinde zum **„Land am Polarkreis"** mit eigener Regierung ausgerufen. Laut Statistik ist es auch die gesündeste Gemeinde des Landes, was Ökoprojekte anzog und ihr auch das Attribut „Ökogemeinde" einbrachte.

Sehenswertes

- **Holzkirche** mit Skulpturen, wurde aus den Teilen einer angeschwemmten Kapelle gebaut. Kirchenrecycling, sozusagen.
- **Museum** mit einer Sammlung von Holzvögeln.
- **Berg Lupio** mit Cafeteria. Hier sollen heute noch Kobolde arbeiten.

Pajala

- **Information:** Turistbyrå, Kirunavägen 3, Tel. 0978-10015.
- **Übernachtungen:** UH, CA, H

Lapland River Hotel, Fridhemsvägen 1, Tel. 09878-10815, www.laplandriverhotel.se.

Hotel Bykrogen, Soukolovägen 2, Tel. 0978-71200, www.bykrogen.se.

Im 17. Jh. erlangte die Stadt am Torneälv lokale Wichtigkeit, weil in der Nähe, im damals finnischen Kengis, Eisenerz gefunden wurde. Es entstanden kleine Metallbetriebe, die ihre Erzeugnisse auf dem alljährlichen Markt den Samen aus Norwegen, Finnland und Russland verkauften.

Seit 1909 nur noch ein Erinnerungsmarkt am Sonntag nach der Sonnenwende. 1861 starb hier *Læstadius* (siehe: Kaaresuvanto). Er liegt bei der Kirche begraben. Außerdem gibt es ein beheiztes Freibad und eine Badeinsel im Torneälv. Unterkünfte gibt es eine Menge, z. B. *Pajala Camping* und *Logen Camping.*

LAP_X27 Foto: fh

Hier gibt's die Bonbons einzeln

Sehenswertes

- **Læstadius-Museum** im Pfarrhof

Ausflüge

Es gibt einen kleinen Flughafen.

- **Tärendö/Junosuando:** Hier gibt es eine so genannte **Bifurkation,** eine seltene natürliche Gabelung eines Flusses. So etwas gibt es übrigens auch in Deutschland, in Niedersachsen bei Melle. Die Wasser des Torneälv fließen zur Hälfte über den Tärendöälv in den Kalixälv ab.
- **Kengisforsen:** Wasserfall bei Kengis (10 km)
- **Masungsbyn:** An der Straße Richtung Vittangi kann man alte Grubenanlagen und Schmelzöfen besichtigen. Außerdem kann man über 200 Stufen in einen Canyon hinabsteigen, in dem Riesenfarne wachsen.
- **Rautajoki:** in der Nähe von Masungsbyn. Der Fluss Rautajoki fließt hier in einen 70 m tiefen Canyon.

Pello

siehe Pello (FIN)

Peljekaise

Nationalpark, siehe Arjeplog und „Nationalparks“

Porjus

- **Info** am Kraftwerk von Mitte Juni bis Mitte August, Tel. 0973-77720.

Porjus liegt an der Mündung des Stora Lulevatten vierzig Kilometer nördlich von Jokkmokk. 1833 wurde der Ödhof Porjus (samisch für Segel) angelegt, aus dem das Dorf hervorgegangen ist. 1910 wurde der Bau des Kraftwerks im Reichstag beschlossen, um die Erzbahn Kiruna/Narvik mit Strom zu versorgen. Das Material musste sechzig Kilometer zu Fuß von Gällivare zur Baustelle geschleppt werden, bevor die Eisenbahn 1911 fertiggestellt war. Bei der Einweihung 1915 nannte man es das „Denkmal mitten in der Wildnis“. Die Einwohnerzahl von Porjus unterlag starken Schwankungen. 1910: 7, 1950: 2000 und heute etwa 350.

- Die alte **Turbinenstation** von Porjus ist ein Industriedenkmal. Der Maschinensaal liegt 50 Meter unter der Erde und kann besichtigt werden. *Linas Café* öffnet im Sommer neben dem Schauraum der *Porjus Expo* und bietet die „besten hausgemachten Kuchen in ganz Lappland“. Außerdem gibt es das *Hotel Porjus,* Tel. 0973-10255, www.hotelporjus.com. Zu sehen gibt es noch einen riesigen „Man Guds Hand“ vom Bildhauer *Carl Milles* (s. Millesgarden, Stockholm), **Monumentet Kraft** und eine 400 Tonnen schwere und 15 Meter hohe **Steinskulptur** und den **hölzernen Glockenturm** der Kirche.

Prästberget

174 m, bekannter Slalomkurs, siehe Arvidsjaur

Riksgränsen

Erzbahnstation, siehe Route 16

Stalloluokta

Samensommerlager, siehe Kvikkjokk und Route 11

Stora Sjøfallet

Nationalpark, siehe Gällivare und „Nationalparks“

Svappavaara

siehe Route 14

Tornehamn

Erzbahnstation, siehe Route 16

Vassijaure

Erzbahnstation, siehe Route 16

Vietas

Eines der größten Wasser-Kraftwerke Schwedens (s. Karte bei Route 14).

Von der Straße 45 biegt man bei Porjus nach Norden ab und fährt am Ostufer des Stora Lulevatn entlang. Später nennt sich der See **Akkajaure.** In Vietas wird der Wasserfall umgeleitet und mit dem Wasser Turbinen betrieben. Man kann die Kraftstation von Mitte Juni bis August täglich besichtigen. Außerdem gibt es im Sommer eine Tankstelle und Unterkünfte in der Turiststation, sowie in ein paar Hütten längs des Weges. Im südlichen Teil gibt es keine Wege.

Vittangi

Knotenpunkt an der Straße 45, die von Svappavaara nach Karesuando führt. Hier kann man nach **Pajala** abbiegen. Der **Torneälv** fließt hinter dem Ort vorbei (siehe auch Route 14). Hier findet der Reisende Post und Bank, Grill und Pizza, ICA und Konsum, Museum und Folket-Haus. Außerdem eine der obligatorischen OK-Tankstellen. Übernachten kann man im *Vittangi Värdshus* oder beim *Trollsparvens Camping*, Via Lappia, Tel. 0981-10701. Der Ort hält den unglaublichen schwedischen Kälterekord mit -53 °Celsius! Infos unter 0981-10024.

Vouggatjålme

Feriendorf am Fuß des Tjidtjak (1587 m), der Bus *Silverexpressen* hält hier auf seiner Fahrt von Arvidsjaur nach Bodø, siehe Route 13. Es gibt Hütten mit einem herrlichen Ausblick auf die Berge, ein Angelcamp, und wer ohne Technik nicht auskommen will, kann sich mit dem Hubschrauber über die Berge fliegen lassen.

Vuollerim

Am Zusammenfluss des Großen und Kleinen Luleälv fand man 1983 Reste einer 6000 Jahre alten Siedlung. Lohnende Ausstellung mit Führung, kostet 50 SEK. Der Ort liegt 40 km südöstlich von Jokkmokk an der Straße 97.

Der Name ist samisch und bezeichnet einen Teil des Zaumzeuges, warum, ist unbekannt. Jedenfalls lebte man von der Landwirtschaft und dem Lachsfang. Als man in den 1950er Jahren ein Wasserkraftwerk baute, änderte sich der Gelderwerb radikal.

Anfang Juni *„Kulturkraftfest“*, Info: Tel. 0976-1030.

Die Touristinfo liegt auf einer kleinen Halbinsel, Tel. 0976-10165.

Finnland: Orte von A bis Z

Aavasaksa

Mitternachtssonnen-Aussichtsplatz, siehe Route 3

Äijäukoski

Stromschnellen, siehe Muonio

Ailigas

342 m, Mitternachtssonnen-Aussicht, siehe Utsjoki

620 m, Mitternachtssonnen-Aussicht, siehe Karigasniemi

Äkäsjärvi

Angelsee, siehe Route 12

Äkäslompolo

Wintersportgebiet, siehe Kittilä

Aska

siehe Route 11

Enontekiö (Hetta)

- **Information:** Fell Lapland Nature Centre, Peuratie 15, 99400 Enontekiö, Tel. 016-556 215, www.enontekio.fi.
- **Einw.:** 2450
- **Übernachtungen:** JH, CA, H

Familyhotel Hetan Majatalo, Riekontie 8, Tel. 016-5540400, www.hetan-majatalo.fi.

Hotel Jussantupa, Ounastie 140, Tel. 0400-696741.

Marjan Tupa, Enontekiö, Tel. 016-521264, Verleih von Booten und Fahrrädern.

Fjällzentrum Galdotieva, Palojärvi, Tel. 016-528630, Hütten, Camping, Café.

Feriendorf Enontekiö (Hetan Lomakyla), Tel. 016-521521, Hütten, Feriendorf, Camping, Café.

Hetta wird auch nach der Gemeinde Enontekiö genannt. Es ist Kirchdorf der

Kommune und wird fast ausschließlich von Samen bewohnt. Allerdings wohnen sie nicht mehr in Zelten und tragen auch nicht immer Trachten. Nur an Sonntagen, zum Kirchgang, verwandeln sich die Bewohner in rotblaue „Bilderbuchsamen". Wer im Winter kommt, wird sie auch alltags zu sehen bekommen. Die meisten Einwohner sind während der warmen Jahreszeit mit den Rentieren unterwegs, die geringe Bevölkerungszahl wird aber durch viele Touristen aufgestockt, die sich hier alljährlich versammeln (Feriendorf). Der Ort, besonders die Ausfallstraßen, ähneln einer Kirmes mit ihren Souvenirbuden. Wer die Ruhe liebt und keinen Trubel und Touristennepp mag, sollte diesen Ort in der „Saison" meiden.

Hetta liegt am **Ounasjärvi,** einem 15 km langen See, der als Ausgangspunkt für Kanufahrten beliebt ist. Man kann auf dem Ounasjoki etwa bis Rovaniemi fahren.

Sehenswertes

- **Kirche** mit schönem Altarbild.
- **Alatalo,** Silberschmiede des Ortes, Schmuck nach samischen Vorbildern, Sonkamuotka.
- Für militärgeschichtlich Interessierte hat man in Lätäseno, 55 km Richtung Karesunado, deutsche **Sturmbock Stellungen aus dem 2. Weltkrieg** restauriert (Järämä, Festungs- und Museumsgebiet, im Sommer).

Veranstaltungen

- **Marienfest** (im März): farbenfrohes Kirchfest mit Rentierrennen und Wettkämpfen.
- **Hetta Musikfestival** (Anfang April), finnische und internationale Volks- und Kirchenmusik, für Liebhaber moderner und alter Kirchenmusik ein tolles Erlebnis.

Aktivitäten

- **Ounas-Pallastunturi-Nationalpark:** Es gibt viele Wanderwege dorthin und hindurch. Das Naturwissenschaftliche Museum veranstaltet Wanderungen.
- **Kanufahrt** nach Rovaniemi: Im Sommer werden auch „Kanu-Safaris" veranstaltet, Dauer: sechs Tage. Kanus kann man bei *Tunturuopastoimisto,* Tel. 016-521230, oder im *Jussantupa-Hotel,* Tel. 0400-696741, leihen.
- **Wintersport:** Gute Möglichkeiten in der Umgebung. Es stehen 14 Fjells zur Wahl. *Nietostuvat Hetta,* Tel. 040-5071336, winterfeste Blockhütten, Sauna, Schlittensafaris. Motorschlittentouren: *Enontekiö Motorklub,* Tel. 521156.
- **Einkaufen:** Lebensmittel: *Erämaakota,* Hetta; Souvenirs: *Hetan Aitta,* Enontekiö; *Lapin Katajajaloste Oy,* Hetta.

Inari und Ivalo

- **Information:** Piiskuntie 5, Tel. 016-12521, 99800 **Ivalo,** Postbox 6.

  Inari Info, 99870 Inari, Tel. 016-661666, www.inarilapland.org.
- **Mitternachtssonne:** 24.5. bis 22.7.
- **Übernachtung:** JH, CA, H

  Hotel Ivalo, Ivalontie 34, am Fluss Ivalojoki Tel. 016-688111.

  Kultahippu Hotel, Ivalo, Tel. 016-661825, www.kultahippuhotel.fi, an der Straße Nr. 4 und am Ivalojoki-Fluss, mit Nachtclub.

  Hotel Inarin Kultahovi, Inari, Tel. 016-671221, www.hotelkultahovi.fi, zweistöckig.

  Feriendorf Inari, Inari, Tel. 016-671108, www.saariselka.fi/lomakylainari/index.html.

  Feriendorf Lapponia, Lapponia, Muddusjärvi, Tel. 016-672101, www.lomakylalapponia.com, veranstaltet Bootsfahrten.

  Wildniszentrum Inari, am See Muttusjärvi, Riutula, Tel. 016-6707960. Hostel, Jugendherberge.

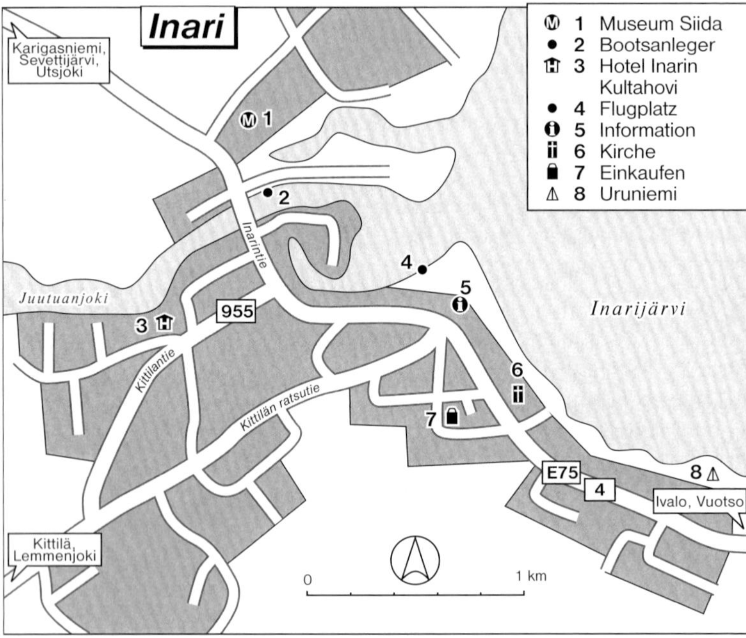

Uruniemi Camping, Uruniementie, Inari, Tel. 050-3718826, kleiner Platz am Seeufer.

Zelten kann man auch im *Feriendorf Ukonjärvi,* Ivalo, Tel. 016-667501, www.ukolo.fi.

Inari, durch den **Film „Zugvögel"** auch Nichtlapplandfans bekannt geworden, ist mit 17.358 km² eine ziemlich große Gemeinde. Hier wohnen 7700 Menschen, darunter 1500 Samen. Ivalo ist der Verwaltungssitz, Inari (40 km weiter nördlich) der „Tourist-Spot". Die landschaftliche Attraktion ist der **Inari-See,** 1386 km² groß, 119 m ü.d.M., mit mehr als 3000 Inseln. Der Bodensee passt mehr als zweimal hinein. Große Teile des Ufers sind Vogelschutzgebiet und schwer zugänglich.

Ivalo, seit 1785 besiedelt, besitzt heute den nördlichsten Flughafen und die größte Haushaltungsschule Finnlands. Der Ort, der 2700 Einwohner hat, ist ansonsten wenig interessant. Er besitzt eine moderne evangelische Kirche (1966) mit einem Taufbecken in Form einer Goldwaschpfanne. Sonntags kommen viele Zigeuner in Trachten zum Gottesdienst. Am Ivalojoki (sehr fischreich) gibt es einen Sandstrand nahe der Brücke, gut geeignet zum Baden.

2004 fand man in einer Felsspalte vier silberne Halsringe mit kunstvollen Gravuren. Sie stammen aus der Zeit von etwa 1000 n. Chr. und wurden

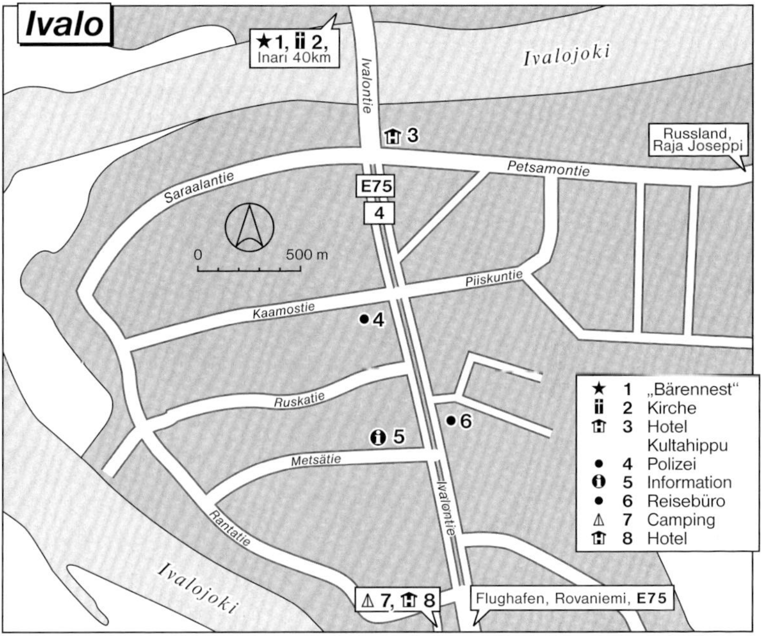

vermutlich aus geschmolzenen arabischen Silbermünzen hergestellt. Sie sollen im Nationalmuseum ausgestellt werden.

Sehenswertes in Inari

•Inari bietet neben „tausend" Souvenirständen ein sehr gutes **Freilichtmuseum,** wo man unter anderem Tierfallen besichtigen kann (Siida, Inarintie, 8-22 Uhr, 5 €).

Neben dem Freilichtmuseum befindet sich das **Sami-Museum.** 1984 hatte der berühmte Architekt *Tapio Wirkkala* die Idee dazu entwickelt. Alle Ausstellungen im Überblick: www.siida.fi.

Ausflüge

•**Rentierfarm** in Kaksamajärvi, 14 km von Ivalo Richtung Kittilä, *Into and Maarit Anna Paadar,* Tel. 016-673912.

•**Saariselkä, Kaunispää** (Wintersport), 40 km südlich von Ivalo an der E 75, 40 km lange, nicht beleuchtete Loipen, bis 1½ km lange Abfahrten, Skilift, 15.10. bis 15.4. Die drei großen Hotels sind auch im Sommer gut besucht. Info beim Tourist Office, Honkapolku 3, Tel. 016-668400. Außerdem gibt es das **Igluhotel Kakslauttanen,** im Winter mit Glasiglu zur Nordlichtbeobachtung, Tel. 016-667100.

•**Kiilopää** (Wintersport): Hier findet alljährlich Mitte April ein Lauf auf

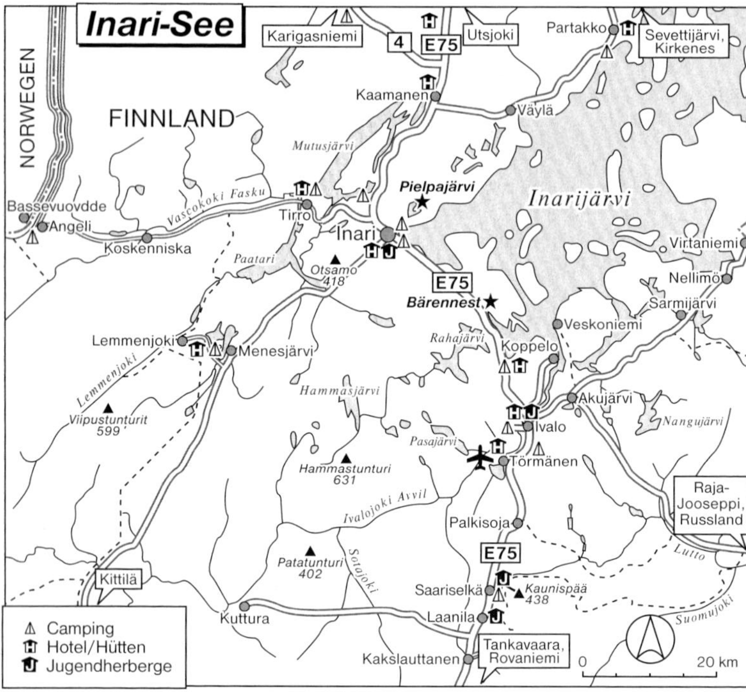

Schneeschuhen statt. Übernachtung im Fjällzentrum, am Eingang des UKK-Nationalparks (Hotel, JH und CA). Im Herbst kostenlose Ausflüge für Hotelgäste (Tel. 166700). Nichtgäste können Kanutouren bei *Lapin Luontoretket,* Tel. 0400-335435, buchen.

- **Wildniskirche Pielpajärvi:** markierter Weg vom Samenmuseum in Inari. Man braucht etwa 3 Std. zu der kleinen Holzkirche aus dem 18. Jh.
- **Otsamo-Fjäll** (8 km langer Fußpfad) gute Aussicht.
- **Stromschnellen Jäniskoski:** Am Juutuanjoki. 2 km flussaufwärts.
- **Goldgräbersiedlung** am Lemmenjoki: Man fährt die Rv. 955 von Inari in Richtung Kittilä, nach 36 km rechts abbiegen auf die Rv. 9551, dann 10 km bis Njurgulathi. Von dort geht es weiter mit dem Boot (zweimal täglich 20.6. bis 15.8.).
- **Mitternachtssonnen-Aussicht Kaunispää** (438 m ü.d.M.), 35 km südlich an der E 75.
- **Tankavaara** (Goldgräberort): 64 km nach Süden auf der E 75, Straße hat 16 % Steigung.
- **Grenze nach Russland,** Grenzorte: Virtaniemi (Straße endet hier) oder

Lotta bei Raja-Jooseppi (etwa 50 km). Die Straße führt an den Flüssen Lotta und Tuloma entlang.

- **Bärennest** *(Karhun Pesäkivi):* Etwa auf halber Strecke zwischen Inari und Ivalo. Das Nest ist ein hohler Felsen. Die Legende berichtet, dass hier während eines Unwetters ein Bär und ein Mensch friedlich zusammen übernachtet haben. 152 Stufen bis zur Höhle (nichts für Herzkranke). Hier herrscht mittlerweile ein ziemlicher Rummel, Souvenirstände, Kioske, etc.

Bei dem Felsen handelt es sich um eine geologische Besonderheit, nämlich um eine ehemalige Gletschermühle, das ist ein Felsen, der von kleineren, vom Gletscher mitgeführten Felsbrocken im Laufe der Jahre ausgehöhlt wurde. Durch die Eiszeit wurde diese Gletschermühle auf den Hügel transportiert, wo sie auf dem Kopf, mit dem Hohlraum nach unten, liegen blieb.

- **Huskyfarm:** 10 km vor Ivalo bei Rörmänen befindet sich an Straße 4 die Kamisak-Husky-Farm. Die Hunde freuen sich auch im Sommer auf Besuch und wollen gestreichelt werden. Dafür zeigen sie dann ihre Jungen. Der Besitzer, *Reijo Järvinen,* spricht Deutsch und erklärt den Besuchern im angeschlossenen Café gern etwas über Hundeschlitten und Huskies. Eintritt ca. 2 €.

Einkaufen (Inari)

- **Samische Handarbeiten** kann man bei *Samekki* erstehen. In der **Shoppinghalle** *Inarin Kuukkeli* kann man Lebensmittel einkaufen; **Silber** gibt es bei *Inarin Hopea.*

Aktivitäten

Ivalo:

- **Kino,** im Sommer: So, 20 Uhr; im Winter: Di, Do, So, 20 Uhr
- **Kamisak Ky,** Tel. 016-667836, veranstaltet im Winter Hundegespannfahrten.

Inari:

- **Bootsfahrten** zur Friedhofsinsel auf dem Inari-See, Dauer: 2 Std., 11.6.-20.8., pro Person 8,50 €, Loimurautu, Tel./Fax 016-661970.
- **Segelsaison:** Juni-Sept. Man kann Motor- und Segelboot und Surfbretter mieten (Segel- oder Motorboot 20 €/Stunde).
- **Kanus** kann man bei *Lapin Eräsafarit Ky,* Tel. 016-668345, oder *Luontoloma,* Tel. 016-668706, ausleihen.
- **Samenfest** mit Rentierrennen, Lassowerfen und anderen Wettkämpfen. Sehr bunte und lustige Veranstaltung auf dem zugefrorenen Inari-See im März.
- **Rentierscheiden:** in der Umgebung im Herbst.

Verkehrsverbindungen

- **Flugtaxi** (am Flughafen Ivalo): Information: *Lentotaksi* E. Jaakola, Inari, Tel. 020-5101900. *Finnair* fliegt z. B. nach Helsinki und Rovaniemi.
- **Bus:** Es gibt den *Ivalo-Express,* der die 999 km bis Juenssu „rasend" zurücklegt.
- **Boot: „Wasserbusse"** bieten im Sommer einige Rundfahrten (auch nachts) auf dem See an. Mindestteilnehmerzahl fünf Personen. Information: *Wasserbuskiosk,* Tel. 016-665212.

Juoksenki

siehe Route 3

Kaamanen

JH, CA; siehe Route 6

Kaaresuvanto

- **Mitternachtssonne:** 22.5.-18.7.
- **Übernachtung:** CA

Hotel Davvi, Käsivarrentie 3771, Tel. 016-522101, www.davvihotel.com, Heilquellen der Samen in der Nähe.

Karesuando (S) und Kaaresuvanto (FIN) waren ein Ort, bis der Muonioälv bzw. Mouniojoki zur Grenze zwischen Schweden und Finnland wurde. Karesuando gehört heute zum Stadtgebiet (!) von Kiruna. An der „neumodischen" Grenze stört man sich aber an den Ufern wenig. Eine moderne Brücke verbindet beide Ortshälften und ermöglicht Einheimischen und Touristen die Grenzüberschreitung.

Karesuando ist die bedeutendere Ortshälfte mit einer weithin sichtbaren Kirche und einigen Geschäften. 1826 begann hier **Lars Levi Læstadius** mit seiner „Erweckerbewegung". Das ist eine religiöse Bewegung, deren Prediger durchs Land ziehen und durch mitreißende Predigten versuchen, die Zuhörer in eine Art Trance zu versetzen. Die erregten Menschen springen auf, bekennen vor der Gemeinde laut ihre Sünden und lobpreisen den Herren. Diese Art des Gottesdienstes sich hat bei den Samen zeitweise großer Beliebtheit erfreut, wohl weil die Ekstase in ihrem religiösen Weltbild schon immer eine große Rolle gespielt hat. Auch heute noch gibt es diese Wanderprediger, und im Sommer steht in Kaaresuvanto stets ein Zelt für sie bereit.

Auf der schwedischen Seite erinnern zwei Dinge an *Læstadius:* in der Kirche das Altarbild *(Læstadius,* sein Schüler *Raattama* und die Mutter Gottes am Fuße des Kreuzes) sowie im Pfarrhof die Hütte *(pörte),* in der er zuerst wohnte.

Karesuando ist etwas „ortsähnlicher". Das genaue Gegenteil ist Kaaresuvanto mit seinen 450 Einwohnern. Es erinnert an einen Jahrmarkt. Entlang der Straße befinden sich Zelte mit „Sonderangeboten", vom Touristentrödel bis zu Werkzeug, Bleistiften, Pelzmänteln und Unterwäsche. Eine Bude neben der anderen und dazwischen das Predigerzelt. Kaaresuvanto hat sich zum Einkaufsort für Norweger entwickelt, die in Scharen herkommen und billig einkaufen wollen. Im Herbst ist der Spuk vorbei, im Winter ist der Ort „tot". Dann ist es auf der anderen Flussseite lebendiger. Gegründet wurde der Marktfleck 1673 von *Matti Martinpoika* und *Niilo Niilonpoika Niva.* 1945 von den Deutschen niedergebrannt und später schnell wieder aufgebaut.

Wer als Tramper hierher kommt, hat wenig Chancen, nach Norden fahren nur vollgepackte Autos; vielleicht klappt's an der Tankstelle. Falls nicht, gibt es zum Glück einen Bus. Von hier kann man nach Kilpisjärvi, Muonio, Vittangi und Pajala gelangen.

Kanus kann man sich beim *Lätäsenon Majat,* Lomakylä, Tel. 016-524602, ausleihen.

Sehenswertes

- **Kirche:** in Karesuando direkt an der Brücke.
- **Samische Handwerkserzeugnisse:** in Karesuando gleich hinter der Kirche etwa 300 m links, relativ preiswert.
- **Markkina:** 10 km in Richtung Norwegen. Ehemaliges Kirchdorf. Gutes Essen im Baari der Hüttensiedlung, Angelmöglichkeit.

• **Saanatunturi:** 20 km auf der E 8, Beschreibung siehe Kilpisjärvi.

Kanespatha

steiles Fjell, siehe Utsjoki

Karigasniemi

• **Mitternachtssonne:** 22.5. bis 22.7.
• **Übernachtung:** JH, CA, H

Holiday Village Reisti, Tel. 016-676466, 27 km nördlich, in Richtung Utsjoki.

Ferienzentrum Napakettu Ky, Tel. 016-67 6232.

Sowie diverse Hüttenvermieter, die meist nur im Sommer Unterkunft bieten.

Hier laufen die beiden Uferstraßen des Tana- bzw. Tenojoki zusammen. Die norwegische Straße verläuft niedriger. Auf der finnischen Seite geht's hügelig nach Utsjoki. Hier findet man eine Tankstelle, einen Supermarkt und einige Souvenirshops, damit ist fast alles über Karigasniemi gesagt. Das Wichtigste ist natürlich der Grenzübergang.

Es gibt Busverbindungen in verschiedene Richtungen und einige Läden.

Das Fjälldorf **Muotkan Ruoktu Karigasniemi** (Tel. 016-676900) bietet dem Wanderer Unterkunft.

Ausflüge

• **Ailigas** (Mitternachtssonnen-Aussichtsplatz): 620 m hoher Berg. Wanderweg von der 92 auf der finnischen Seite bis etwa 1 km vor Karigasniemi (nicht identisch mit dem 342 m hohen Ailigas in der Nähe von Utsjoki). Bei den Samen ein heiliger Berg. Hier soll das Paradies gewesen sein.

• **Rovisuvanto:** 10 km nach Norden liegt am Ufer des Teno das *Tenon Eräkievari.* Hier kann man sowohl wohnen als auch Ausflüge zum Ailigas und Kevo-Park unternehmen, Tel. 016-676088.

Kaunispää

Mitternachtssonnen-Aussichtsplatz (438 m), siehe Inari und Route 11

Kemi

• **Info: Kemi Touristeninformation,** Kauppakatu 16, Tel. 040-5682069, www.kemi.fi/matkailu.

Infos gibt es auch in der **Edelsteingalerie** Kauppakatu 29, Tel. 016-220300.

• **Einw.:** 2500
• **Übernachtung:**

Hotel Palomestari, Valtakatu 12, Tel. 016-257117, www.merilappi.com/palomestari, ein 6-stöckiger Zweckbau.

Hotel Merihovi, Keskuspuistokatu 6-8, Tel. 016-4580100, www.merihovi.fi, ein 1950er-Jahre-Bau.

Hotel Yöpuu, Eteläntie 227, Tel./Fax 016-232034, www.hotelliyopuu.com, interessantes Haus.

Apartments River Kemijoki Fishingcenter, Virtatie 59, Lautiosaari, Tel. 016-221858, www.fishingcenter.net, in einem Holzhaus.

Die Hafenstadt an der Kemijoki-Mündung liegt auf einer Halbinsel. Sie wurde durch das **Schneeschloss** bekannt, das erstmals 1997 gebaut wurde. Es zog 300.000 Besucher an. (Nur im Winter, Tel. 016-259502, www.snowcastle.net) Mittlerweile wird das Schneeschloss jedes Jahr als Hotel gebaut, wohnen kann man dort vom Januar bis April. Davor war der Eisbrecher *Sampo* die Attraktion, der als Museum im Hafen liegt (die Valtakatu nach Süden). Ausflüge kann man buchen bei: Kauppa-Katu 22, Tel. 09-69816548. Das Schiff fuhr 30 Jahre als Eisbrecher über die Ostsee, nun nimmt es jeden Winter Touristen auf die Tour mit.

Vom Bahnhof führt eine Straße geradewegs zum Hafen hinunter, links davon liegen am Ufer eine Badestelle und der Campingplatz. Den besten Überblick über die Stadt hat man von der Terrasse des Rathausturms, mit Café, Valtakatu 26.

Sehenswertes

- Im Sommer ist das größte **Edelsteinmuseum** Europas in der Kauppakatu 29 geöffnet, ziemlich teuer. Zu sehen gibt es u. a. die Krone von Väinö, des Königs von Finnland, und Kopien von europäischen Kronjuwelen.
- Finnlands **Farbenmuseum,** Sankarikatu 12, Tel. 259366.
- Auch die **Kirche** ist sehenswert.
- Im Juni geben die **Comictage** einen Überblick über das Schaffen finnischer und russischer Zeichner.
- **Kulturhistorisches Museum,** Sauvonsaarenkatu 11.
- **Kunstmuseum** und **Stadttheater,** Marina Takalon katu 3.
- **Arbeitermuseum,** Leinosenpolku 2.

Ausflüge

- **Keminmaa** erreicht man, wenn man die Perämerentie Richtung Tornio auf der rechten Seite des Kemijoki fährt. Dort gibt es eine alte Kirche aus dem Jahre 1521, in der die mumifizierte Leiche des 1629 verstorbenen Pfarrers *Nikolaus Rungius* aufbewahrt wird.

Weniger gruselig ist die Fischstraße an der Mündung des Kemijoki nahe dem Kraftwerk Isohaara. Außerdem gibt es ein Feriendorf, zwei Motels und zwei Museen. Es werden eine Reihe von Vogel-Beobachtungs-Touren veranstaltet, z. B. zum Rytikari Beobachtungsturm. Info: Tel. 016-259672.

- **Naherholungsgebiet Kallinkangas:** beleuchtete Skiloipen, Abfahrtshang, Geräteverleih, Café.
- **Tervola:** Biegt man auf die E 75 in Richtung Rovaniemi ab, erreicht man den kleinen Ort nach etwa 50 km. Die Landschaft um Tervola ist von Bergen und Bächen mit klarem Wasser geprägt. Die ostbottnische Bautradition ist in der Holzkirche von 1689 zu sehen. Es gibt ein Heimatmuseum (Tel. 437 868). Naturfreunde zieht es in die Naturparks Pisa und Runkaus sowie zu den Stromschnellen Pyhäportti und Pikkuköngäs. Der durch Tervola fließende Kemijoki mit seinen Nebenflüssen bietet vielfältige Möglichkeiten zur Freizeitgestaltung. Von der langen Geschichte Tervolas kann man sich im Törmävaara-Altertumsgebiet informieren.
- Auf der E 75, auf halbem Wege nach Rovaniemi am Kemijoki, findet man die **Hirvas-Gletschermühle,** bei der Gesteinsbrocken durch Wasser rund geschliffen wurden.

Essen und Trinken

Aus der Vielzahl an Restaurants, Cafés und Bars eine kleine Auswahl:

- **Prima-Café,** Valtakatu 11-13; **Ralex,** Café, Kauppakatu 12; **Aussichtscafé,** Valtakatu 26; **Kemi,** Brauerei & Pub, Keskuspuistokatu 1.

Kemijärvi

- **Information:** Tourist Office, Vapaudenkatu 8, Tel. 020-7538394, www.lakelapland.fi.
- **Einw.:** 12.000
- **Mitternachtssonne:** 24.6. bis 24.7.
- **Übernachtung:** JH, CA, H,

Hotel Kemijärvi, Vapaudenkatu 4, Tel. 016-4582200, www.hotellikemijarvi.com, 2-stöckiges Holzhaus.

Hotel Mestarin Kievari Oy, Kirkkokatu 9, Tel. 016-813577, www.mestarinkievari.fi.

Hostel Kemijärvi/Lohela's Lakeside Cottages, Lohelankatu 1, Tel. 016-813342, am See.

Camping Hietaniemi mit Sauna am See, Tel. 016-813640.

Hütten: *Karhujärven Kelopirtit,* Joutsijärventie 37 B, Tel. 016-822290.

Maila Aikio Hotel, Kuusivaarantie 719, Tel. 016-884808.

Kemijärvi liegt am Ufer des Kemijoki, 35 km nördlich des Polarkreises. Es ist Finnlands nördlichste Stadt. Schon im 16. Jh. wurde es wegen seiner zentralen Lage und der guten Wasserstraße zu einem regen Handelsplatz. Als der Holzhandel seine Blütezeit erreichte, hatte auch Kemijärvi seinen wirtschaftlichen Höhepunkt. Der *500-Markkaa-*Schein wurde seinerzeit als „Kemijärvi" bezeichnet.

Im 2. Weltkrieg wurde die Stadt völlig zerstört und zeigt sich darum heute mit modernen Bauten und geräumigen Durchgangsstraßen. Immer noch spielt die Holzindustrie eine bedeutende Rolle. Jährlich werden unter den Brücken der Stadt 10 Millionen Kubikmeter Holz hindurchgeflößt.

Sehenswertes

- **Heimatmuseum:** 200-jähriges Gebäude in der Sepänkatu 2. Im Hof

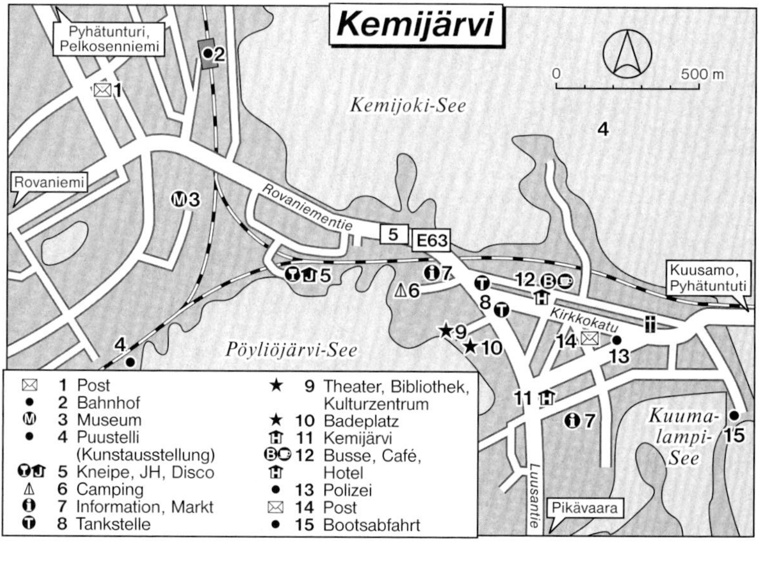

Hannes-Gebhard-Denkmal, Pionier der Genossenschaftsbewegung.

- Vor der Polizei steht eine **Wassernymphe** aus Bronze.
- **Kunstzentrum Puustelli:** am Ufer des Sees Pöyliöjärvi.
- **Schneemobilmuseum:** Varastitie 11, Tel. 812522.

Ausflüge

- **Suomentunturi:** Wintersportgebiet. Es gibt zwei Unterkünfte, *Hotel Suomu-Tunturi,* Tel. 812951, und eine Hüttenvermietung, *Suomutunturi Cabins,* Tel. 883176.
- **Pelkosenniemi:** Museum und Unterkünfte in ruhiger Umgebung, Info-Tel. 826111.

Veranstaltungen/Aktivitäten

- **Nationaler Tanzwettbewerb,** 2. Januarwochenende
- **Schneemobilrennen,** im März
- **Große Markttage,** Anfang April, inkl. „Yukigasse", internationale Schneeballschlacht
- **Mittsommerfest,** mit Rentierlauf
- **Kemijärvi-Tage,** Mitte Juli
- **Skulpturen-Wochen,** im Kunstzentrum Puustelli, Juli-August
- **Rentierscheiden** in der Umgebung Ende September (Genaue Termine an der Turistinfo fragen)
- **Rentierrennen,** am Mittwoch nach den „Ounasvaaran"-Wettkämpfen in Rovaniemi im März
- **Intern. Baumschnitzerwoche** im Juni
- **Restaurant** an der Busstation. Es heißt *Jussi Kulkijä* (Johnny Walker), gutes Essen (Ren-Fleisch).
- **Wintersport,** am Suomentunturi, direkt am Polarkreis, 45 km Loipen. Saison: 1.11.-10.5.
- **Bootstouren** im Sommer u. a. nach Luusua (Ulkuniemi-Camping). **Kanus** kann man sich beim *Hietaniemi Camping,* Tel. 016-813640, oder bei *Kuukiurun Lomakylä,* Tel. 9692-882535, ausleihen.

Verkehrsverbindungen

- **Bus** und **Zug** nach Helsinki über Rovaniemi

Keimiöniemi

älteste Fischerhütte Lapplands, siehe Muonio

Kevo-Nationalpark

siehe auch Utsjoki u. Nationalparks.

Die Wanderroute des Kevo-Nationalparks beginnt am Kenesjärvi, 30 km südlich von Utsjoki. Der Park ist von großen Flüssen umgeben, im Süden vom Ivalojoki und Repojoki, im nordwestlichen und nördlichen Teil vom Kiestimäjoki und Vaskojoki, und mittendrin fließt der Lemmenjoki. Dessen Cañon ist die Sehenswürdigkeit des Nationalparks. Man kann Wandertouren zu Fuß unternehmen, auf Skiern, paddelnd und rudernd.

Infos zu den Touren sind in den Büros des Forstamtes oder in Njurgalahti erhältlich.

Kiistala

siehe Route 9

Kilpisjärvi

- **Information:** „Kilpisjärven Retkeilykeskus", Tel. 016-537771, www.kilpisjarvi.org.
- **Mitternachtssonne:** 22.5. bis 22.7.
- **Übernachtung:** CA, JH, H

Lapland Hotels Kilpis, Käsivarrentie 14206, Tel. 016-323300.

Hotel Saananmaja, Tel. 016-537746, 1.4.-20.9., sonst nach Vereinbarung.

Feriendorf Kilpisjärvi, Tel. 016-537801, am Fuße des Saana, Laden, Café, Ausrüstungsverleih.

Eine Jugendherberge ist in Peeran Maja, 25 km südlich auf der E 8, Tel. 016-532659.

Kilpisjärvi ist eine Siedlung am Ufer des Kilpis-Sees zu Füßen des Saanatunturi, dem heiligen Berg der Samen. Es ist eigentlich kein Ort, denn es besteht nur aus einigen Häusern. Am Fuße des Saana gibt es einen Campingplatz mit Restaurant. In der Tuulan Kahvila im Feriendorf wird einheimische Küche serviert. Der Grenzübergang ist 2 km weiter (Endstation der Busse), die eigentliche Grenze ist jedoch 5 km dahinter. Bei schönem Wetter ist es hier angenehm, bei schlechtem hängen die Wolken oft so tief, dass der Berg dahinter verschwindet. Der See ist sehr lange zugefroren.

Ausflüge

- **Saana-Besteigung** (1029 m, der See liegt 472 m hoch, bleiben also 557 m zum Besteigen übrig); es gibt einige Wege auf den Gipfel über die lange, flache Seite. Man kann aber auch den direkten Weg nehmen, allerdings eine gefährliche Kletterei. Zurück sollte man auf jeden Fall den Fußweg nehmen. Er endet genau hinter dem Restaurant des Campingplatzes. Vom Gipfel hat man bei klarem Wetter einen Ausblick über Norwegen, Schweden und Finnland (Mitternachtssonnen-Aussichtsplatz). Auch im Sommer bläst hier oben oft ein kalter Wind.
- **Treriksröset** (Dreiländereck S, N, FIN): Es gibt zwei Möglichkeiten hinzukommen: im Sommer eine Rundfahrt auf dem See, am Nordwestufer aussteigen und von hier Wanderweg (3 km, 45 min) oder den 11 km langen, gut markierten Wanderweg um den See, durch das Malla-Naturschutzgebiet. Anfang 1,5 km hinter der Siedlung, links ab. Für beide Alternativen seien Gummistiefel empfohlen. Außerdem muss man vor dem Weg durch Malla das *Kilpisjärvi Erholungscenter* oder das *Touristen-Hotel* informieren.

Aktivitäten

- **Wintersport:** Am 22.6. gibt es die Saana-Mittsommer-Skiwettkämpfe. Auf dem Saana kann man bis in den Sommer hinein Skifahren. 80 km beleuchtete Loipen in der Umgebung. Saison vom 1.10. bis 20.5.
- **Kanus** kann man sich bei der Jugendherberge, Tel. 016-532659, ausleihen.
- **Rundflüge** veranstalten *Polar Lento Oy* (Tel. 537810) und *Copterline Oy* (Tel. 537743), *Kilpisjärvi Kreuzfahrt* (Tel. 537783) fährt über den See.

Verkehrsverbindungen

- **Busverbindungen** nach Kaaresuvanto (nach Skibotn nur im Sommer).

Kittilä

- **Information:** *Takkaporo,* Tel. 016-643420.
- **Einw.:** 5800
- **Fläche:** 8237 km²
- **Übernachtung:** JH, CA, H

Hotel Kittilän Eräkeskus, Lohiniva, Tel. 016-655323.

Herberge Le-Wirma Oy, Valtatie 21a, Tel. 0400-325777.

Der Ort Kittilä zieht sich einige Kilometer an der Straße 79 entlang. Im zweiten Weltkrieg wurde alles bis auf die Kirche zerstört. Es gibt Geschäfte, Krankenhäuser, Restaurants etc., alles, was zu einer Stadt gehört, aber nichts

Besonderes. Hier lebt man von Land- und Forstwirtschaft und vom Kupferbergbau. Der Maler *Reijo Raekallio* betreibt die Galerie *Pöntsö,* hat ein Lokal und vermietet Zimmer. *Pöntsö Galleria Inn,* Pöntsö, Tel. 016-657122.

Wer sich auf die umliegenden Flüsse begeben will: Kanus kann man sich unter anderem bei *Levin Safarit,* Tel. 016-641484, leihen.

Im **Heimatmuseum,** 5 km in Richtung Sodankylä, sind traditionelle Gebäude der Gegend zu sehen. Samische Handarbeiten gibt es bei *Lapin Tuliainen,* Valtatie 2-4, oder *Takkaporo/Hyötyläs,* Valtatie 26.

Ausflüge

- Wer Bilder des verstorbenen fantastischen Malers *Reidar Särestoniemi* anschauen möchte (er ist einer der bekanntesten Künstler Nordfinnlands), kann seinem Bruder und dessen Lebensgefährtin einen Besuch abstatten. Sie bewohnen das Blockhaus des Künstlers, das heute zum Museum geworden ist. Der Weg dorthin ist allerdings kompliziert: Der Ort heißt **Särestö.** Man fährt 10 km in Richtung Kaukonen auf der 79 und biegt dann kurz hinter Tiukuvaara links ab. Von hier aus kann man Schildern folgen. Geöffnet täglich 10-18 Uhr, ständige Ausstellung, angeschlossenes Café. Säreströntie 880, 99110 Kaukonen, Tel. 654480.
- **Pakasaivo** *(Lapp's Hell),* 80 km (nur wenn's trocken ist). Ein See mit doppeltem Boden. Er liegt in einem kleinen, sehr schönen Naturpark. Das Seeufer mit steilen Felswänden ist bis zu 25 m hoch, der See mindestens 90 m tief. Genau weiß man das nicht, weil in 50 m Tiefe eine feste Pechschicht den „ersten Grund" bildet. An einigen Stellen ist diese Schicht durchbrochen, und es geht noch tiefer hinunter. „Die Hölle der Lappen" heißt der See, da die Samen früher glaubten, hier wohne der Teufel. Ganz in der Nähe liegt auch ein *Seita,* ein heiliger Stein, dem die Samen früher Opfer gebracht haben.

  Von Kittilä 2 km auf der 79 in Richtung Sirkka, dort den ersten Weg links Richtung Äkäslompolo und von dort weiter bis Hannukainen. Hinter dem Abzweig links nach Luosu den ersten Pfad rechts. Hier müsste ein Schild „Pakasaivo" stehen. Nun noch 13 km Waldweg. Zuerst kommt der *Seita,* dann ein Rastplatz mit Überdachung. Von hier zu Fuß noch 300 m. Wenn man den Weg weiterfährt, kommt man nach 14 km auf die E 8 (Kolari – Muonio). Der genaue Plan ist bei der Ortsbeschreibung Muonio.
- In **Lomajärvi,** 60 km in Richtung Sodankylä, gibt es eine Gedenktafel für die samische Hexe *Loma-Tuokko,* eine restaurierte kleine Wassermühle und ein Museum.
- **Samen-Siida,** an der A 779 in Ivalonmatti, Tel. 0400-335559.
- Die Strecke von Kittilä **nach Inari** (190 km, Straße 995) ist eine der einsamsten in ganz Lappland, aber im Herbst wohl auch eine der schönsten (farblich). Treibstoff mitnehmen, da die Tankstellen dünn gesät sind.
- **Berg Levi:** 531 m hoch, zum Großteil mit Geröll bedeckt. Im Sommer von

der Straße nach Sirkka Piste zum Gipfel mit Rundumsicht. Oben gibt es eine Radiostation und das Restaurant *Tuikku*. Von Kittilä fährt *Levi Safari* dorthin, Tel. 016-3668970.

Wintersport

- **Sirkka,** 20 km, Straße 79 (Berg Levi), zwei Skilifte, Slalompiste, Loipen, JH (30.5. bis 30.9.).

Mittlerweile ist das Gebiet um den Berg Levi zu einem großen Wintersportzentrum ausgebaut worden, mit Motorschlitten-Wettbewerben etc. Ende November Europacup im Abfahrtslauf der Herren.

Unterkunft:

Hotel Sirkantähti, Sirkka, Tel. 016-640100, www.laplandhotels.fi.

Levi Center Hullu Poro, Rakkavaarantie, Tel. 016-6510100, http://hulluporo.fi.

Lomaset, Tel. 040-5801358 (man spricht deutsch), www.lomaset.fi, Ferienhäuser.

Feriendorf *Levihuvilat,* Kelorakka, Sirkka, Tel. 0400-562995, www.levihuvilat.com.

Immelmökit Ferienhäuser, Kätkänrannantie, Tel. 0208-341163, www.levi.fi/immelmokit.

SPA Hotel Levitunturi, Sirkka, Tel. 016-646301, www.hotellilevitunturi.fi.

Herberge *Levi* (Hullu Poro), Sirkka, Tel. 016-6510100.

Unterkunftsservice *Levi,* Iglu Oy, Sirkka, Tel. 016-641311.

- **Äkäslompolo,** Skigebiet im Westen, 60 km, JH (1.6. bis 31.8.).

Unterkunft: *Äkäskero Wilderness Lodge,* Tel. 016-533077, www.akaskero.com.

Verkehrsverbindungen

- **Bus** nach Muonio und Rovaniemi.
- **Direktflug** von Frankfurt mit *Finnair* im Winter.

Kitinen

siehe Route 11

Köngäs

siehe Route 9

Kolari

- **Information:** im Gemeindebüro, Tel. 016-519111.
- **Einw.:** 5000
- **Übernachtung:** JH, CA, H

Gasthaus Baari-Satta, Kalliontie 61, 95800 Sieppijärvi, Tel. 016-547195.

Kolari ist heute noch eine für Touristen unbedeutende Stadt nahe der schwedischen Grenze im Torniojoki-Tal mit einer Brücke über den Muoniojoki. Aber das soll sich ändern, denn hier entsteht Nordfinnlands größtes Touristenzentrum mit 30.000 (!) Betten. Momentan ist hier der Ausgangspunkt für Besuche des Ylläs, einer Fjell-Landschaft mit dem höchsten Gipfel Palovartio (718 m) und einer Touristenstation: Äkäslompolo (ein gut ausgebautes Wintersportgebiet mit Slalom, Abfahrt usw.). Ein Skilift ist auch im Sommer in Betrieb.

Es gibt das **Heimatmuseum Sieppijärvi,** in der Nähe eine restaurierte **Windmühle,** die wieder in Betrieb ist *(Äkäslinkka),* und die bei Kittilä beschriebene *Lapp's Hell.* Von Kolaris' Bahnhof (Finnlands nördlichster Bahnhof) fahren Züge in Richtung Süden und eine Postbusverbindung in alle Richtungen.

Kanus kann man beim *Ylläs Holiday Service,* Tel. 9695-569666, oder bei *Ylläs Safarit Oy,* Tel. 016-565112, ausleihen.

Ausflüge

- **Äkäslompolo** (36 km), 8 km Richtung Muonio, dann rechts ab, das ist die Rv. 939-1. Unterkunft: *Ylläskieppi,* Tel. 569371, 9 Hütten; Hotel *Ylläskaltio,* Tel. 552000, Gasthaus *Riitan Majatalo,* Tel. 0400-395252; *Koivusaajo* bietet Hütten in Kallioniemi am Fluss, Tel. 587631; Gasthaus *Hasa Pirjo,* Tel. 569235; Gasthaus *Takajänkkä,* Tel. 0400-738343 oder die Hütten des Hotels *Ylläshumina,* Tel. 016-569501, www.yllashumina.com. Außerdem gibt es mehrere Hotels.

Naturwissenschaftliches Museum, Kellokas; Wirbelsturm-Safaris, Sivulantie 16, Tel. 569699. Motorschlittenfahrten und Hundgespannfahrten, *Ylläs Pailakat,* Lompolontie 3, Tel. 040-5880080.

- **Ylläsjärvi** (20 km), die Rv. 939 in Richtung Kaukonen, in Kurtakko links ab. Guter Angelsee. Das Gebiet ist zum Naturpark geworden. Infos: Yllä-Lappi-Naturzentrum, Inarintie. Unterkunft mit Seeblick: *Ylläsjärven Tunturihotelli,* Tel. 016-5114100, www.yllas jarventunturihotelli.com. Ylläs ist bekannt wegen seiner interessanten Musikfeste bekannt, im Sommer als auch im Herbst, wenn samische Opernaufführungen stattfinden. Auch lockt das winterliche Jazzfestival Tausende ins Fjellgebiet.
- **Pakasaivo:** Auf die Straße nach Äkäslompolo, aber in Hannukainen links ab. Beschreibung siehe Kittilä.

Kukkola

Wasserfall, siehe Route 3 und Haparanda

Lemmenjoki

Nationalpark, siehe auch Route 9 und Inari

Straßen verlaufen an der nördlichen und der südöstlichen Seite. Man kann den Park über die Straße zum Dorf Liisma erreichen. Der Bus fährt entlang der östlichen Seite des Parks nach Njurgalahti, und ab dort beginnt der 14 km lange Pfad zum Zentrum am See Ravadasjavri. Im Sommer herrscht hier ein regelmäßiger Bootverkehr zum See Kultahamina. Vom See Ravadasjavri gibt es markierte Rundtour-Pfade (2- und 23 km) und entlang diesen gibt es Campingplätze und einige unverschlossene Hütten. Unterkunft in Hütten gibt es bei Kaija und Heikki Paltto, Lemmenjoki (Tel. 673413) oder bei der Konkurrenz (Tel. 673435). Von Ahkun tupa kann man sich mit dem Boot den Lemmenjoki entlang zum Marastrotunturi fahren lassen.

Luosto-Fjäll

Wintersport, siehe Sodankylä

Markkina

Angelmöglichkeiten und Campingplatz, siehe Kaaresuvanto

Muonio

- **Information:** *Kunnantoimisto* (= Gemeindeamt), Puthaanrannantie 15, 99300 Muonio, Tel. 016-534311, www.muonio.fi.

Touristeninformation auch im Kiela Naturium, Kilpisjärventie 15, 99301 Muonio, Tel. 016-532280, www.kielanaturium.fi.

- **Einw.:** 2800
- **Mitternachtssonne:** 26.5.-18.7.
- **Übernachtung:** JH, CA, H

Hotelli Jeris Oy, Jerisjärventie 91, Tel. 016-558511, www.hotellijeris.fi, Bar mit offenem Kamin und Café.

Lapland Hotels Olos, Tel. 016-536111, www.laplandhotels.com.

Tunturi-Lapin Tuvat, Peltolantie 82, Tel. 016-522267, www.tunturilapintuvat.com.

JH Keimiötunturin Maja, Jerisjärventie 320, Tel. 016-538515, www.ywca.fi/leirikes kukset.htm.

Muonio ist ein wichtiger Verkehrsknotenpunkt an der Grenze nach Schweden. Hier treffen die E 8 von Tornio nach Kilpisjärvi und die 79 von Kittilä aufeinander, außerdem gibt es eine Brücke über den Muoniojoki nach Schweden. Der Ort ist weitläufig angelegt, bietet aber bis auf die Stromschnellen des Flusses nichts Aufregendes. Hier finden alljährlich große Kanu-Wettbewerbe statt. Die **Äijäukoski** genannten Schnellen sind die schwierigsten des ganzen Flusses. Man kann Kanus leihen, z. B. bei *Retkeilymaja Pekonen,* Tel. 016-532237.

Die Kunstgalerie *Veli Koljonen,* am Särkijärvi, bietet Souvenirs örtlicher Künstler. *Kotikäsityö Tiuhta,* Torassiepintie 255, ist auf Handarbeiten spezialisiert.

Ausflüge

- **Keimiöniemi:** 20 km Richtung Pallas, eins der „7 Wunder" Lapplands, die ältesten Fischerhütten (lohnt sich nicht)
- **Pakasaivo:** Beschreibung unter Kittilä. 45 km auf der E 8 Richtung Tornio, dann in *„Kihlanki"* links ab, 13 km Waldweg (lohnt sich).
- **Pallas-Yllästunturi-Nationalpark:** 32 km bis zur Turiststation, Tel. 020-5647930 (Mitternachtssonnen-Aussichtsplatz). Einer der schönsten Naturparks in Finnland, sommers wie winters. Viele gut ausgebaute Wanderwege (Karten und Info in der Turiststation). Wer keine Lust zum Wandern hat, kann auf einer Straße durch den Park fahren. Von Muonio 12 km auf der Rv. 79 bis Särkijärvi, dann links ab auf die Rv. 957-3 bis Raattama. Eine herrliche Strecke, Camping und Feuermachen verboten (Nationalpark)!

  Übernachtung: *Hotel Pallas,* Tel. 016-532 441; *Hostal Majari,* Valtatie 5 (Kittilä), Tel. 0400-410592; *Hotel Ounaskievari,* Ounas-joentie 826, Tel. 653477; Hütten *Ounasranta,* Tepasto, Tel. 659 414; Rentiergehöft, Tel. 537322.
- **Äkäslinkka:** Eine alte Wassermühle nördlich von Äkäslompolo, heute kann man dort essen. In der Nähe an einem See gelegen ist ein alter samischer Opferplatz, **Äkässaivo.**

Wintersport

- **Olostunturi,** 6 km in Richtung Kittilä. Slalom und Langlaufzentrum, Skilift, Flutlicht, Eisangeln, Hotell, 45 km Loipen. Saison: 1.10. bis 15.5. Lapponia-Skiwoche im April. Außerdem kann man Icekart-Rennen fahren, www.tunturijotos.com.
- **Pallastunturi** (32 km von Muonio), 80 km lange Loipen, Saison vom 15.11. bis 15.5.
- **Lapponia-Lauf,** Anfang April über Pallas nach Hetta, maximal 80 km.

Veranstaltungen

- **Lapponia-Skilanglauf,** Mitte April.
- **Acerbin-Keino,** der mittsommerliche Kanuwettbewerb auf dem Jerisjoki.
- **Arctic Canoe Race,** von Kilpisjärvi oder von Jukkasjärvi in Schweden bis nach Tornio. Beide Strecken sind über 400 km lang, also nichts für Feierabend-Lederstrümpfe. Auskunft: ACR-Muonio, Postfach 85, 99300 Muonio.

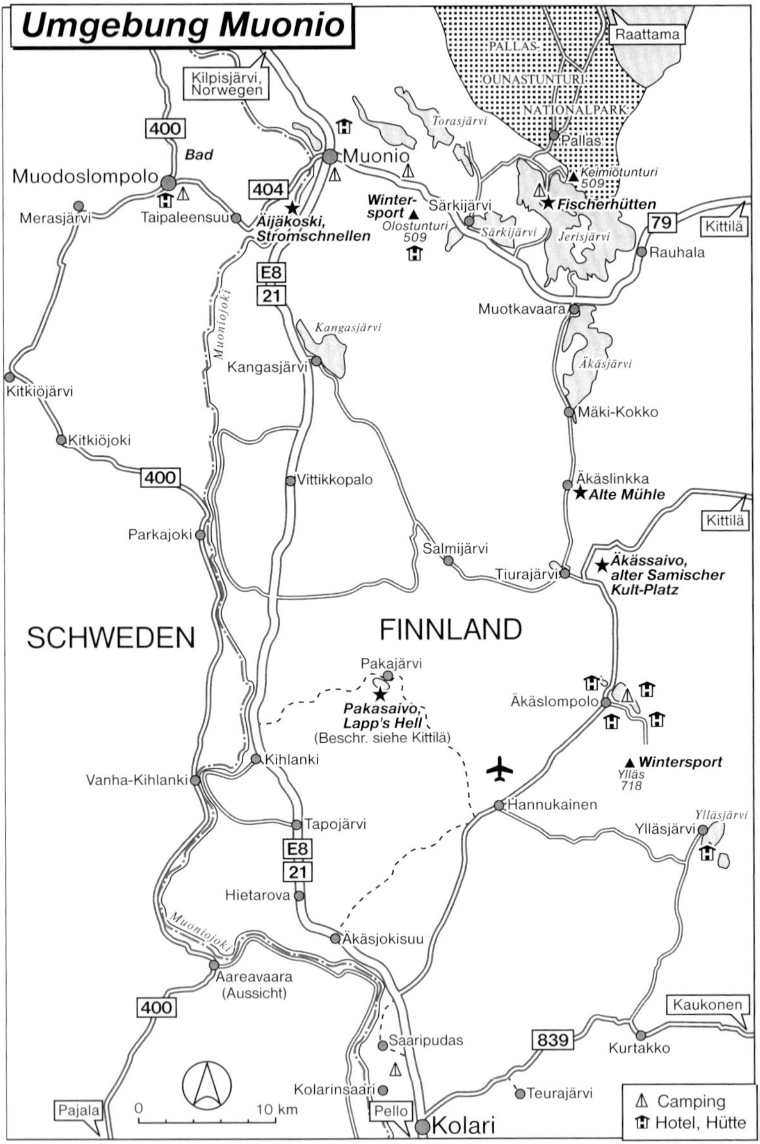
Umgebung Muonio
Raattama
PALLAS-
OUNASTUNTURI-
NATIONALPARK
Kilpisjärvi, Norwegen
400
Bad
Muodoslompolo
Torasjärvi
Pallas
Muonio
Keimiötunturi 509
404
Winter-sport
Olostunturi 509
Särkijärvi
Fischerhütten
Merasjärvi
Taipaleensuu
Äijäkoski, Stromschnellen
Särkijärvi
Jerisjärvi
79
Kittilä
Rauhala
E8
21
Muotkavaara
Kangasjärvi
Muoniojoki
Kangasjärvi
Äkäsjärvi
Kitkiöjärvi
Mäki-Kokko
Kitkiöjoki
400
Vittikkopalo
Äkäslinkka
Alte Mühle
Kittilä
Parkajoki
Salmijärvi
Tiurajärvi
Äkässaivo, alter Samischer Kult-Platz
SCHWEDEN
FINNLAND
Pakajärvi
Äkäslompolo
Pakasaivo, Lapp's Hell
(Beschr. siehe Kittilä)
Kihlanki
Wintersport
Ylläs 718
Vanha-Kihlanki
Hannukainen
Tapojärvi
Ylläsjärvi
Ylläsjärvi
E8
21
Hietarova
Muoniojoki
Äkäsjokisuu
Aareavaara (Aussicht)
400
Kaukonen
Saaripudas
839
Kurtakko
Kolarinsaari
Teurajärvi
Camping
Hotel, Hütte
Pajala
0
10 km
Pello
Kolari

- **Ruskarock,** Unterhaltungsmusik-Festival Ende August.
- **Lachsangelwettbewerb,** letztes Wochenende im Juli am Muoniojoki zwischen Sonkamuotka und Kihlanki.
- **Muonio päivä** (Kirchenfest), jedes Jahr im Oktober am Michaelis-Tag.

Verkehrsverbindungen

- **Bus:** nach Kittilä – Rovaniemi; Kilpisjärvi – Tromsø, Enontekiö – Kautokeino – Alta; Kolari – Pello – Tornio – Kemi

Otsamo-Fjäll

Berggruppe, siehe Inari

Ounasvaara

Wintersportzentrum, s. Rovaniemi

Pakasaivo

Lapp's Hell, tiefer See, s. Kittilä

Pallas-Yllästunturi

Berg und Nationalpark, siehe Nationalparks und Muonio

Den 550 km² großen Park um den gleichnamigen Berg gibt es seit 1938. Ausgangspunkte für eine Tour sind das *Pallaskero Tour Hotel,* die Siedlung Raattama, oder Enontekiö/Hetta.

Informationscenter in Pallas. Die Route Pallas – Hetta (64 km) beginnt hier; entlang dieser Route sind Zelt-Areale mit Feuerstellen und einige unverschlossene Hütten. Die südliche Tour-Route bis Ylläs (70 km) geht auch von Pallas aus. Private Unterkünfte kann man in einigen Häusern in den umliegenden Siedlungen bekommen. Es gibt auch Campingplätze, Feriensiedlungen, Jugendherbergen und Hotels in diesem Gebiet.

Pello

- **Information:** Pellon Tourist Info, Kauppatie 17, Tel. 016-512489.
- **Einw.:** 5900
- **Mitternachtssonne:** 4.6.-7.7.
- **Übernachtung:** JH, CA, H
  Pension Lepo, Hellandintie 4.
  Hotel Pellonhovi, Kunnantie 2, Tel. 016-513911, www.pellonhovi.fi.

Anfang Juli wird in Pello *Poikkinainti,* die **Grenzenlose Hochzeit,** gefeiert. Bei diesem Fest geht es darum, möglichst viele schwedisch-finnische Verbindungen zustande zu bekommen. Die länderübergreifenden Hochzeitspaare können sich auf viel Publicity freuen.

Kittisvaara heißt das Denkmal für die französische Gradmessungs-Expedition. Einkaufen kann man bei *Eräväärtit* in der Hellandintie. Am Ufer des Flusses mit Blick auf die schwedische Seite liegen Blockhütten, der Lassila-Hof und der Campingplatz (an der Esso-Tankstelle links von der 21 auf die Nivanpääntie abbiegen).

Pello ist eine nach dem Krieg entstandene Stadt. Es gibt ein Heimatmuseum und die Kirche zu besichtigen. Pentik-Keramik kann man in der Kolarintie 19 erstehen. 1974 wurde eine Brücke über den Torniojoki gebaut. Man kann seitdem nach Schweden hinüber in den gleichnamigen Ort fahren. Von hier führt eine Kiesstraße nach Kolari (65 km). Dort geht es mit der Fähre wieder zurück auf die finnische Seite. So hat man die Möglichkeit, bei **Kengis** (S) die Stromschnellen anzusehen, die beim Zusammenfluss von Muonio- und Torniojoki entstehen.

Auf diesem Wege lohnt sich ein Stopp in **Pajala** (S). Hier gibt es ein nettes Heimatmuseum. Wer auf finnischer Seite weiterfahren will, sollte wegen der schöneren Landschaft die 938 am Flussufer bis Kolari benutzen. Am Polarkreis bei Juoksenki kann man eine Rast einlegen (Tankstelle, Café).

Verkehrsverbindungen

- **Bus:** auf der finnischen Seite nach Muonio, Tornio und Rovaniemi, auf der schwedischen Seite nach Haparanda und Pajala.

Pokka

siehe Route 9

Pyhätunturi

Der Nationalpark liegt zwischen Pelkosenniemi und Kemijärvi. Es gibt eine Straße und eine Bus-Verbindung von Kemijärvi zur Grenze des Nationalparks. Das Gebiet hat Wanderpfade mit Zelt- und Feuerplätzen und einem Campingplatz. Der Luosto-Pfad (45 km) beginnt am Pyhätunturi. Es gibt Hütten in der Nähe des Parks.

Rovaniemi

- **Information:** Rovaniemi Tourist Information, Rovakatu 21, Tel. 016-346270, www.rovaniemi.fi/tourism.
- **Einw.:** 35.000
- **Mitternachtssonne:** 11.6. bis 2.7.
- **Übernachtung:** JH, CA, H

City Hotel, Pekankatu 9, Tel. 016-3300111, www.cityhotel.fi, schmuckloser Bau im Zentrum.

Hotel Oppipoika, Korkalonkatu 33, Tel. 020-7984609, 40 Zimmer, 1990er Jahre-Bau mit Restaurant, Sauna etc.

Jugendherberge Tervashonka, Hallituskatu 16, Tel. 016-344644, zentraler geht's nicht.

Hostel Rudolf, Koskikatu 41, Tel. 016-321321, www.hotelsantaclaus.fi. 41 geräumige Zimmer, Restaurant mit Bar, ca. 10 Min. Fußweg von der City entfernt.

Bed & Breakfast Kesäpirttilä, Pirttitie 17, Tel. 050-5369897, http://personal.inet.fi/yritys/kesapirttila, familiäre Atmosphäre.

Ounaskosken Camping, Jäämerentie 1, Tel. 016-345304, am Flussufer unter Bäumen.

Dort, wo die Flüsse Kemijoki und Ounasjoki zusammenfließen, haben sich schon in der Steinzeit Menschen angesiedelt. Heute liegt dort Rovaniemi, die „Hauptstadt Lapplands", das „Las Vegas des Nordens". 1785 wurde die Gemeinde Rovaniemi gegründet, aber erst am Ende des letzten Jahrhunderts begann sich der Ort zu entwickeln, als man sich entschloss, hier Holzveredelungsbetriebe anzusiedeln. Das Holz wurde auf den beiden Flüssen eingeflößt. 1938 wurde Rovaniemi, kurz „Roi" genannt, zur Hauptstadt der Provinz Lappi und vergrößerte sich stetig.

Auch der 2. Weltkrieg änderte daran nichts, obwohl die Stadt zerstört wurde. Innerhalb weniger Jahre war sie wieder aufgebaut. 1960 bekam Rovaniemi das Stadtrecht und zeigt sich heute von modernster Seite. Seine repräsentativen Gebäude wurden von bekannten Architekten wie etwa *Alvar Aalto* entworfen.

Man hat große Anstrengungen unternommen, Rovaniemi zu einem Touristenzentrum zu machen. Das ist auch gelungen: Jährlich besuchen über 400.000 Reisende die Stadt! Das kulturelle Angebot, aber auch der Touristennepp, ist dementsprechend groß. Den Beinamen „Las Vegas des Nordens" verdankt die Stadt den zahlreichen Spielautomaten. Die etwa einen halben Kilometer lange Fußgängerzone *Koskikatu* ist eine einzige Amüsiermeile geworden.

Die ansässige Messerfabrik *Martinii* stellt 1 Mio. Messer im Jahr her, außerdem gibt es noch die Schneemobilfabrik *Lynx*.

Sehenswertes

- **Stadtbibliothek:** 1965 von *Alvar Aalto* entworfen, Hallituskatu. Ein lichtdurchflutetes Bauwerk von innovativer Kraft. Neben Büchern (Spezialgebiet: Literatur über Lappland) gibt es wechselnde Ausstellungen. Mo-Fr 11-19 Uhr, Sa 10-16 Uhr.
- **Evangelische Kirche:** 1950 von einem Architekt namens *Liljeqvist* entworfen. Drinnen gibt es ein gewaltiges Fresco von 14 m Höhe von *Lennart Segerstråhle,* das die Rückkehr Jesu nach Rovaniemi und zum Berg Ounasvaara darstellt. Weiterer Schmuck sind Glasfenster. Das Licht an der Decke fällt übrigens nicht durch ein Fenster, sondern durch Scheinwerfer vom Sims herab.
- **Lappia-Haus:** Theater- und Kongressgebäude, die ebenfalls von *Aalto* entworfen wurden, erinnert vom Aussehen an schneebedeckte Berge, Hallituskatu 11. Im Keller Provinzmuseum, Kunstausstellung und kulturgeschichtliche Sammlung (Di-So 14-18 Uhr). Eintritt: 1 €.
- Das **Rathaus** wurde 1988 fertig gestellt. Es ist das dritte von *Aalto* geplante Gebäude in dem Ensemble mit Lappia-Haus und Bücherei.
- **Rovaniemi Art Museum:** Finnische Kunst in der Lapinkävijäntie 4, in der ehemaligen Postgarage, Tel. 016-322 2822. Di-So 12-17 Uhr, 4 €.
- **Heimatmuseum Pöykkölä:** 3,5 km vom Zentrum. Im ursprünglichen Zustand erhaltene Gebäude, die zum Museum ausgebaut und durch weitere Gebäude ergänzt wurden (1.6. bis 31.8. Di-So 13-17 Uhr).
- **Forstmuseum:** Metsämuseontie 7, Tel. 016-3482083.
- **Arktikum** mit Polarkreismuseum: Unterirdischer Bau am Ufer des Ounasjoki mit 170 m langem Glasdach; nicht nur für Architekten sehenswert. Beherbergt unter anderem das Provinzmuseum von Lappland. Pohjosranta 4, Tel. 016-3223260, www.arktikum.fi. 1.6.-31.8. tgl. 10-18 Uhr, 1.9.-30.11. Di-So 10-17 Uhr, 1.12.-31.5. tgl. 10-18 Uhr. Eintritt 10 €, Kinder 5 €.

Ausflüge

- **Polarkreis mit Weihnachtsmanndorf** *„Joulupkin Pajakylä"*. Der Weihnachtsmann wohnt im **Korvatunturi.** Hier ist das ganze Jahr über Rummel. Sonderpostamt – man schreibt seine Karte an die Lieben daheim im Sommerurlaub, zugestellt wird sie im Dezember. Die Werkstatt vom W-Mann kann besichtigt werden. Das Zentrum ist im Santa-Claus-Haus, Tel. 00358-16-3562096. Interessant ist, dass Lappland 1972 per Parlamentsbeschluss zum Weihnachtsmannland er-

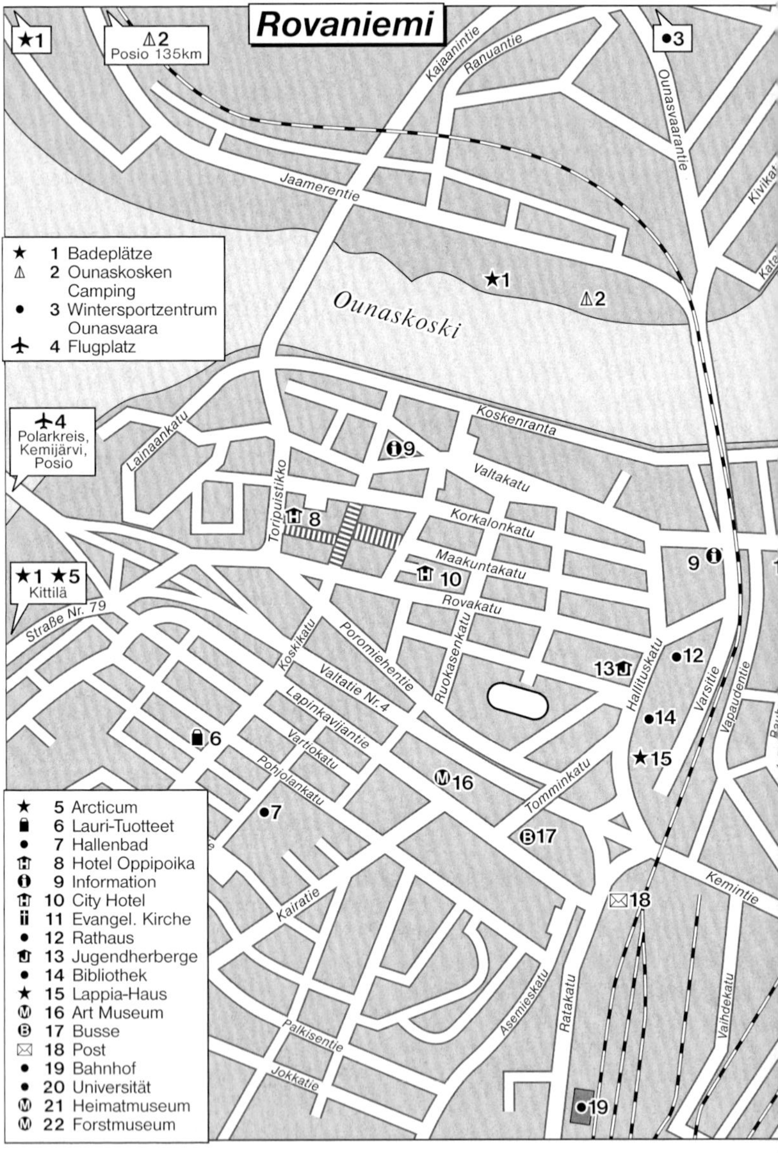
Rovaniemi
★1
⚠2 Posio 135km
•3
Kajaanintie
Ranuantie
Ounasvaarantie
Jaamerentie
Kivikat
Kataj
★ 1 Badeplätze
⚠ 2 Ounaskosken Camping
• 3 Wintersportzentrum Ounasvaara
✈ 4 Flugplatz
★1
⚠2
Ounaskoski
✈4 Polarkreis, Kemijärvi, Posio
Lainaankatu
Koskenranta
Valtakatu
Toripuistikko
8
9
Korkalonkatu
Maakuntakatu
10
9
★1 ★5 Kittilä
Straße Nr. 79
Rovakatu
Koskikatu
Poromiehentie
Ruokasenkatu
Hallituskatu
13
•12
Valtatie Nr. 4
Lapinkavijantie
Varsitie
Vapaudentie
•14
★15
6
Vartiokatu
Pohjolankatu
16
Tomminkatu
★ 5 Arcticum
6 Lauri-Tuotteet
• 7 Hallenbad
8 Hotel Oppipoika
9 Information
10 City Hotel
11 Evangel. Kirche
• 12 Rathaus
13 Jugendherberge
• 14 Bibliothek
★ 15 Lappia-Haus
16 Art Museum
17 Busse
18 Post
• 19 Bahnhof
• 20 Universität
21 Heimatmuseum
22 Forstmuseum
•7
17
Kemintie
Kairatie
18
Asemieskatu
Ratakatu
Vaihdekatu
Palkisentie
Jokkatie
•19

Kolpenentie
Salmijärvi
22
Ranuantie
78
Ranua 84 km
21
Kirkonjyrhämä
0
1 km
Pappilantie
Korvanranta
Vitikantie
Korvanranta
Vaylatie
13
Kirkko-
ampi
Rantavitikantie
Harjulampi
20
Ahkiomaantie
Vaylatie
Pappilantie
Eteläranta
4
E75
Kemi
Oulu

klärt wurde, der Abgeordnete Tavajärvi hatte eine Marktlücke erkannt. Als dann *British Airways* Flüge dorthin anbot, wurde zwar in den Zeitungen ausführlich gelästert, aber das Geschäft war nicht mehr aufzuhalten, und Gruppen aus aller Herren Länder kamen her. Postadresse: *Ioulupkin Pajakylä,* FIN-96930 Napapiiri, Internet: www.santaclaus.posti.fi.

Neueste Attraktion ist der **Santa Park,** ein Vergnügungspark, für den ein ganzer Berg ausgehöhlt wurde, um die Landschaft nicht weiter zu verschandeln. Zwischen dem Weihnachtsmanndorf und dem Santa Park pendelt eine Bahn, die auf halbem Weg an einer Rentierfarm einen Stopp macht.

- Das Reich des Kampusherren: Der **Hof des Schriftstellers Oiva Arvola** hat allerhand zu bieten. Geistervertreibung, Joikken, Geschichten am Feuer, Rentierreiten, lappländische Speisen, im Winter Eisschwimmen. Nivankylä, Tel. 016-384164, Buchung über die Turistinformation.
- **Ranua Wildlife Park,** Ranua Zoo. Bis dahin sind es 80 km nach Süden. Bei Kajaani an der 78. Alle nordischen Tiere sind hier versammelt, der Vielfraß, der Bär und der Luchs. Auch Eisbären sind zu sehen. Eintritt 9 €.

Essen und Trinken

- In der **Koskikatu** gibt es viele Cafés und Bars.
- **Baari,** am Taxistand gegenüber dem Busbahnhof. 5-18 Uhr, Sa 6-16 Uhr, So 7.30-16 Uhr. Guter Kaffee für Frühaufsteher.
- **Restaurant Casa Mia,** Hillapolku 9.
- **Martiini Shop,** mit kleinem Café und einer Ausstellung des großen Messerherstellers, im Firmengebäude genau gegenüber dem Arktikum. Vartiokatu 32.
- **Kaffeeboot Kemijoen Helmi,** bei einem Kaffee oder Bier kann man die vorüberziehende Landschaft genießen. Abfahrt unterhalb der Brücke, Straße 4, am Arktikum.

Einkaufen

Im Ort gibt es alles, ein Gang durch die Fußgängerzone freut Konsumentwöhnten.

- **Lauri-Tuotteet,** Pohjolankatu 25. Toller Laden für samische Handarbeiten. Unbedingt ansehen, nette Atmosphäre! Mo-Fr 9-17 Uhr, Sa/So 10-15 Uhr.

Veranstaltungen

- **Theater** im Lappia-Haus, August bis Mai
- **Artic Rally,** Februar, mit Rentierlauf durch die Fußgängerzone.
- *Napapiirin Hiihto,* 65 km **Skilanglauf,** März
- Nordlichtfest *Revontulifestvaali* und **Winterspiele** von Ounasvaara, März
- **Mitternachtssonnenfeier** in der Johannisnacht in Ounasvaara, Juni
- **Leichtbootregatta** „Artic Yacht Race" in Iso Vietonen, 50 km nordwestlich von Roi zur Mittsommernacht
- *Napapiirin Marathon,* internationaler **Marathonlauf** (42 km), für 10 € kann jeder teilnehmen.
- **Jutajaiset,** multikulturelles Fest, mit Samen, Tänzen, Gesang
- **Weihnachtsfestwochen,** Nov.-Dez.

In den letzten Jahren sind **Rentierrennen** ins Gerede gekommen. Deshalb werden die Tiere vor dem Start auf Dopingmittel untersucht.

- **Lapin Kansa,** in Pohtimolampi finden Anfang April wieder Rennen statt.

Aktivitäten

- **Hallen- und Freibad:** Nourtenkatu 11, geöffnet Mo-Fr 7-8 Uhr und 12-19.30 Uhr, Sa 10-18 Uhr, So 10-16 Uhr.
- **Badestrände** am östlichen Ufer des Kemijoki, gegenüber der Stadt.
- **Sommernachtsbootsfahrten:** mit 11-13 m langen, traditionellen Holzflussbooten abends den Kemi- und Ounasjoki entlang bis zu einer Rentierfarm. *Lappland Safaris,* Hamikatu 4, direkt hinter dem *Sokos Hotel Vaakuna.*

- **Verleih von Skiausrüstung:** *Ounasvaaran Hiihtoseura,* Talstation beim Skilift „Polar"
- **Motorschlittenverleih:** Harrikatu 4, Tel. 10801 und Valtakatu 26, Tel. 16716. Fahrten inkl. Führer, Ausrüstung und Kaffee ab 70 €.
- **Kanuverleih:** EP-Muovi, Tel. 016/369050, Lapin Safarit, Tel. 016/312304
- **Wanderwege** ab Bahnhof (3 km)
- **Wintersport:** Ounasvaara, 7 km lange, beleuchtete Piste, 2 Sprungschanzen (90 m), Loipen, Hotel usw. Saison: Dez. bis April. *Sky Hotel Ounasvaara,* Tel. 3353311, oder *Ounasvaaran Pirtit,* Hüttenvermietung. Im Sommer beschert der Aufstieg einen weiten Blick und eine Sommerrodelbahn.
- **Eisbahnen,** in der Stadtmitte

Verkehrsverbindungen

- **Bus:** von Roi kann man über vier verschiedene Routen mit Linienbussen nach Hammerfest und Tromsø in Norwegen reisen. Fahrtunterbrechungen: beliebig, Gültigkeitsdauer: 1 Monat, Buchung: Reisebüro oder Busbahnhof von *Matkahuolto.*
- **Zug:** Strecke bis Kemijärvi und Helsinki. Pkw bis 2,60 m kann mitgenommen werden.
- **Flug:** Helsinki etwa 70 Minuten, nach Ivalo 35 Minuten. Außerdem nach Tromsø in Norwegen. Außerdem: Air Berlin nach Deutschland.

Saanatunturi

heiliger Berg der Samen, siehe Kilpisjärvi

Saariselkä

siehe Route 11

Salla

- **Information:** *Sallan Markkinointi,* 98901 Salla.
- **Übernachtung:** H, CA

Feriendorf *Sallatunturin Tuvat,* Tel. 016-831931, Hütten ab 50 €/Tag.

Von Kemijärvi auf der Straße 82 ostwärts kommt man nach Salla. Ursprünglich hieß der Ort *Kuolajärvi.* Nach dem Zweiten Weltkrieg verlief die Grenze zu **Russland** mitten durch den Ort. Bis zur heutigen Grenze in Kelloselkä ist es nicht weit. Dies ist der zweite Straßenübergang nach Russland in Lappland, der erste ist bei Kirkenes. Wer vor der Grenze nach Norden abbiegt, erreicht hinter dem Dorf Kotala einen Campingplatz.

Zum Fischen kann man an die Seen Tammukka oder Tuohenlusikka fahren, zum Wandern ist Kolmiloukkonen im Kaunisharju Park nicht weit.

Es gibt eine Reihe Hotels und einen Bus nach Kemijärvi. Im Winter über 100 km Loipen und 9 Pisten.

Sevettijärvi

Skoltsamendorf, siehe Route 9.

Sevettijärvi liegt an der Straße von Kaamanen nach Neiden, 45 km vor dem Grenzort Näätämö. Es ist der Hauptort der Skoltsaamen in Finnland. Das Gebiet von Sevettijärvi wurde nach dem zweiten Weltkrieg mit den Bewohnern des russischen Gebiets Suenjeli besiedelt. Der Ort liegt an einem Seeufer unweit des Näätämöjoki. Der Näätämöfluss ist ein bekannter Lachsfluss, der jedoch schwer zugänglich ist.

Wohnen kann man im *Nili Tuvat,* Nilijoki, beim Näätämöjoki (Tel. 016 672240), oder auf dem Rentierhof *Toini Sanila,* Kannas (Tel. GSM 049-290 390, 040-290636).

Das **skoltsamische Museum** sollte man nicht auslassen, es ist sehr informativ; außerdem gibt es eine orthodoxe Kirche, die *Trifon von Petsamo* geweiht wurde.

Sirkka

Wintersportgebiet, siehe Kittilä und Route 9

Sodankylä

- **Information:** Turist Office, Jäämerentie 7, Tel. 016-618168, www.sodankyla.fi, 15.5.-15.8. (9-21 Uhr, außer So).
- **Einw.:** 12.000
- **Übernachtung:** JH, CA, H

Hotelli Sodankylä, Unarintie 15, Tel. 016-617121, ein 2-stöckiger Klotz, mit Restaurant.

Hostal Majatalo Kolme Veljestä, Ivalontie 1, 99600 Sodankylä, Tel. 016-611216.

Hotel Tievatupa, Tievatuvantie 69, 99830 Saariselkä, Tel. 016-667103.

Hotel Keisarinlinna, Moksuvaarantie 912, 99665 Moskuvaara, Tel. 0400-399148.

Hotelli Karhu, Lapintie 7, 99600 Sodankylä, Tel. 0201-62061, www.hotel-bearinn.com. Dreistöckiger, renovierter Bau an der E 4.

Hostal Visatupa, Seipäjärventie 409, 99510 Raudanjoki, Tel. 016-634133.

Schon im frühen 16. Jh. war Sodankylä ein wichtiger Treffpunkt für die Waldsamen. Gegen Ende des 17. Jh. kamen finnische Siedler und vertrieben die Samen mehr und mehr. Heute leben im Norden des Ortes noch 200 Samen, die hier gegen Ende des 19. Jh. sesshaft wurden. Im 2. Weltkrieg wurden etwa 80 % der Gebäude zerstört, aber man baute sie wieder auf.

Schnellimbiss im Keller des Supermarktes *Kauppayhiö.* Militär gibt's auch (im Militärschwimmbecken dürfen auch Zivilisten planschen). Im Sommer bieten Souvenirläden das Übliche feil. Essen kann man in der *Matka Kahvio* an der Busstation oder im *Bari Korkala,* Jäämerentie 4.

Sehenswertes

- Älteste **Holzkirche** Lapplands (1689). Der Glockenturm wurde 1859 zur neuen Kirche transportiert.
- **Naturhistorisches Museum,** Hamputörmäntie, Tel. 618645.
- Rentier und Same, schöne **Statue** von *Ensio Seppänen.*
- **Kunstgalerie Andreas Alariesto:** Jäämerentie 3. Der samische Künstler (1900–1989) malte naive Bilder über samische Kultur und Lebensweise. Außerdem wechselnde Ausstellungen.

Ausflüge

- Ausflüge bieten sich an nach **Tankavaara,** 110 km (siehe Tankavaara), oder zum Wintersportgebiet **Luosto-Fjäll** (40 km). Dort liegen entlang der Straße mehrere Unterkünfte, z. B. *Summasen,* Notkontie 15, Tel. 611786, *Hotel Luostotunturi,* Tel. 6204665, *Scandic-Hotel,* Tel. 624400. Rentierfahrten veranstaltet im Winter *Luosto's reindeer safaris,* Alakitisentie 89, oder *Snow Games Oy,* Luppokeino 2.
- Die Sehenswürdigkeit im Sommer ist die **Amethyst-Mine,** die besichtigt werden kann. Sie liegt auf dem Berg Lampivaara.
- **Luosto-Game-Trail:** 4 km langer, markierter Wanderweg von Aska nach Lepolantie, der Start ist an den Lepola-Hütten.
- Außerdem empfiehlt sich eine Bootstour über den **Lokka-Porttipahta-Stausee** zu einem Rentierzuchtdorf. Der

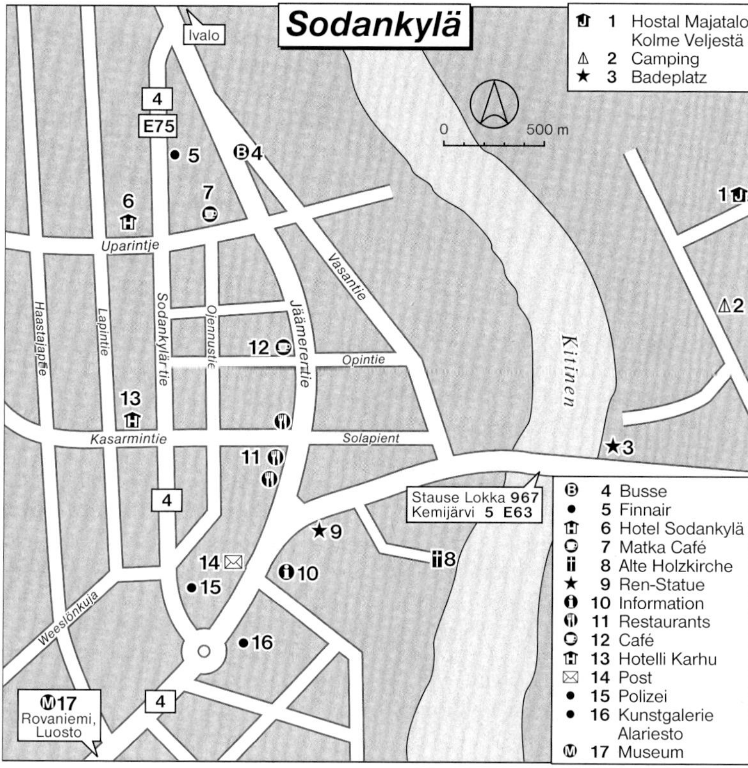

See ist mit 417 km² wohl der flächenmäßig größte Stausee in Europa. Pläne zur weiteren Vergrößerung wurden nach Protesten erst mal begraben. Wer in Lokka wohnen will: *Lokka Natural Resource Cooperative,* Tel. 0400-222 497, lokan.jaloste@osuuskunta.inet.fi.

Aktivitäten

- **Kanus** für Selbstfahrer verleiht *Peurasuvannon Siltamajat,* Tel. 358693, 636711, oder das *Hotelli Pyhän Asteli,* Tel. 016-852141.

Veranstaltungen

- **Tiefschnee-Ski-Wettbewerb,** Anfang Februar.
- **Jutajaiset** (Finnfestival), Volksmusik und Tanz, 1. Juliwochenende.
- **Flößerwettkampf** am Porttikoski, 2. Wochenende im Juli.
- **Midnight Sun Film Festival,** im Juni, mit Filmen rund um die Uhr.
- **Pferderennen „Nachtlose Nacht“,** Ende Juni.
- **Arbeitersommerfestival,** im August.
- **Musikfestival,** klassische Musik auf der Luosto-Loipe, Mitte August.

- **Rentierscheiden,** im Herbst, Auskunft in der Touristinfo.
- **Kaamos-Jazz,** Ende November

Verkehrsverbindungen

- **Bus:** nach Inari, Kittilä und Rovaniemi.

Suomentunturi

Wintersportgebiet, siehe Kemijärvi

Tankavaara

- **Information:** Kauko Launonen, 99695 Tankavaara, Tel. 016-46158
- **Übernachtung,** CA in Saariselkä
Kleinhotel Korundi, Tel. 016-626158, http://tankavaara.fi/kultakyla, Goldgräberhütten.

Einige Flüsse Finnlands sind goldhaltig, vor allen Dingen der Lemmenjoki und die südlichen Zuflüsse des Ivolojoki. Einer der ersten, die das entdeckten, war der Chef der damaligen Münzwerkstatt des Großfürstentums. Er fand im Jahre 1868 an einem Tag zwei Gramm Gold im Ivalojoki.

In den darauffolgenden Jahrzehnten kamen bis zu 600 **Goldsucher** an den Ivalojoki und seine Nebenflüsse und schürften laut Statistik bis zu 57 kg Gold im Jahr. Man brachte sogar Dampfmaschinen in die Wildnis. Mit ihnen wurde der Sand des Flussgrundes hochgepumpt und gesiebt.

Nach dem Krieg wurden die Funde immer spärlicher, und die Schürfer versuchten ihr Glück weiter nördlich am Lemmenjoki. Heute kann man dort im Sommer ca. 200 Unverbesserliche antreffen, die hoffen, den großen Fund zu machen; wie 1935, wo ein Nugget von 400 g gefunden wurde.

Früh erkannten die Goldsucher, dass der Tourismus eine größere Goldgrube war, als das Schürfen an sich. So richtete man am Lemmenjoki ein Goldgräbermuseum ein, in dem Touristen gegen Geld alte Fotos und Schürfwerkzeuge besichtigen konnten.

Heute bewegt sich der Hauptreiseverkehr auf der E 75 von Sodankylä über Inari zum Nordkap. Man packte also das Goldmuseum ein, transportierte es nach Tankavaara an die Hauptreisestrecke und nennt es nun **Golden World.** Zu sehen gibt es neben Gerätschaften und Bauwerken der Goldgräber auch eine Gold- und Mineraliensammlung. Außerdem kann jeder seinem individuellen Goldfieber nachgehen, denn neben dem Museum kann man gegen Gebühr selber Gold waschen. Man findet wirklich Gold, wenn auch nur in winzigen Mengen. Reich werden kann man dabei nicht. Es gibt einen Themenpark mit Goldgräberhütten anderer Gebiete, eine Schmalspurbahn, Übernachtungshütten und ein Café.

Anfang August werden jährlich **Weltmeisterschaften im Goldwaschen** ausgetragen. Diese Meisterschaften scheinen, wie die ganze Angelegenheit in Tankavaara, hauptsächlich dem Zweck zu dienen, die Kasse des Vereins der Goldgräber Finnlands *(Lapin Kullankaivajan Liitto)* zu füllen, der mit dem Geld u. a. ein Altenheim für Goldgräber in Inari gebaut hat. Die Gebühren für die Meisterschaften sind hoch. Dafür darf man jedoch auf dem

Gelände campen und der Ausscheidung der WM zusehen. Der Museumsbesuch kostet extra, wie auch der abendliche Tanz. Wer an der WM teilnehmen will, der muss sich frühzeitig per Post bei der Info anmelden und zahlt nochmals eine Aufnahmegebühr.

Jeder Teilnehmer bekommt eine Einkaufstüte voller Sand, in dem sich einige winzige Goldnuggets befinden. Wer zuerst alle Nuggets gefunden hat, ist der Sieger, erhält eine Urkunde und eine große Goldwaschpfanne.

Außerhalb der Meisterschaften kostet das Waschen pro Stunde 5 € und pro Tag 20 €. 1.6.-30.9.

Parallel dazu findet auch eine internationale **Mineralienbörse** statt. Da kann man auch selbst ausstellen, sofern man seine Steine dabei hat.

Verkehrsverbindungen

- **Bus:** nach Inari, Sodankylä und Rovaniemi
- **Rentierpost:** im März und April jeden Donnerstag zwischen Tankavaara und Vuotso, 15 km über Waldwege. Preis pro Person: 30 € inklusive Kaffee. Postsachen bekommen einen Sonderstempel.

Tornio

- **Information:** *Green Line Welcome Center,* beim Zoll an der E 4, Tel. 016-432733.
- **Einw.:** 23.000
- **Übernachtung:** H, CA

Tornion Kaupunginhotelli, Itäranta 4, Tel. 016-43311, www.tornionkaupunginhotelli.fi.

Hostel Tornio, Kivirannantie 13-15, Tel. 016-2119244.

Hütten Huvilompolo, Väinöläntie 18, Tel. 040-5319353.

Camping Tornio, im Osten des Ortes, Matkailijantie, Tel. 016-445945.

Tornio wurde im 17. Jh. gegründet, das älteste Überbleibsel ist die 1684 gebaute Holzkirche. Heute hat der Ort ca. 23.000 Einwohner, wesentlich mehr als **Haparanda,** das schwedische Gegenstück auf der anderen Seite des Grenzflusses Tornionjoki. Die beiden Stadtteile sind durch die E 4 über eine 500 m lange Brücke verbunden. Vom Wasserturm-Café kann man die Stadt überblicken. Pentik-Keramik betreibt einen Laden in der Hallituskatu.

1959 wurde zwischen Tornio und Kemi **Chromit** gefunden, ein Mineral mit einem hohen Chromgehalt. Im Tagebau wurden inzwischen 5 Mio. Tonnen Material abgebaut. Die Erzblase reicht bis zu 1000 Meter tief, weshalb man nun mit dem Untertage-Abbau beginnt. Auf einer Insel in der Mündung des Torniojoki entstanden eine Stahlschmelze und ein Walzwerk für Edelstahlbleche. *AvestaPolarit* ist der bedeutendste Arbeitgeber der Region.

Sehenswertes

- **Kunstmuseum Aine:** Von den finnischen Expressionisten bis zur Prisma-Gruppe, Torikatu 2, Di-Do 11-18 Uhr, Fr-So 11-15 Uhr, Tel. 016-432438.
- **Holzkirche** mit sechseckigem Turm und schönen Schnitzereien.
- **Brauerei Lapin Kulta,** für Bierfreunde, in der Lapinkullankatu 1.

Siehe auch Haparanda und Route 3, Puutarhakatu 9 A 7.

Veranstaltungen/Aktivitäten

- **Kanutouren,** Buchung z. B. Tel. 016-431296.

- **Kalottjazz & Blues Festival,** Anfang Juli (auch in Haparanda).
- **Tango- und Humppa-Festival,** Ende Juli im Innenhof des Rathauses *(Raatihuone)*, www.merilappi.com/humppafestivaalit.
- Mitte August: **Handwerker-Markt** um Årströmkartano, Rajakartano und die Uferstraße Rantakatu. Hier wimmelt es von kleinen Gassen, in denen Kaufleute ihre Waren feilbieten.

Treriksröset

Dreiländereck, siehe Kilpisjärvi

Utsjoki

- **Information:** *Utsjoki Turisthotel* oder Gemeindeamt, Tel. 016-686111.
- **Mitternachtssonne:** 18.5. bis 25.7.
- **Übernachtung:** CA, H

  Hotel Arran, Luossatie 1, Tel. 016-6753600.

  Hotelli Ravintola Pohjan Tuli, Mantojärvi, Tel. 020-7983460.

  Poronpurijat, Petteri Valle, Biedju, Tel. 016-677215, www.poronpurijat.com.

Die Gemeinde Utsjoki ist die einzige Finnlands, in der mehr Samen als Finnen leben, *Ohcejohka* nennen die Samen sie. Der Ort liegt am Tanajoki, dem Grenzfluss zwischen Norwegen und Finnland. Hier geht die E 75 über die Grenze. Morgens kann man im Hochsommer Lachse fangen. Den Fluss überspannt eine 316 m lange Brücke, die 1994 zur Stahlkonstruktion des Jahres gekürt wurde. Die E 75 führt drüben weiter nach Vardø. Auf der norwegischen Seite trifft man bei den Hütten namens Roavvegiedde in Norwegen auf die E 6. Wer mit dem Auto nach Karigasniemi will, fährt an einer schönen Straße am Ufer entlang. Es gibt in Utsjoki ein Hallenbad, natürlich mit Sauna: an der Straße nach Inari (970) am Ortsausgang links. Utsjoki besitzt außerdem die „nördlichste Steinkirche Finnlands" von 1860.

Ausflüge

- **Kanespatha** (25 km, Rv. 970): eine der wenigen steilen Fjällwände in Finnland. Im Winter bilden sich hier gigantische Eisformationen.
- **Kevo-Nationalpark:** Der Beginn des Wanderpfades ist an der Straße Richtung Inari am See Kenesjärvi. Das Kevo-Gebiet ist überwiegend urwaldartig, der Weg gut gekennzeichnet, aber schwierig. Wer gut zu Fuß ist, benötigt für die 60 km durch den Canyon 3-4 Tage.
- **Ailigas:** 342 m hoher Mitternachtssonnen-Aussichtsplatz mit schöner Rundumsicht. 5 km in Richtung Inari, dann 3 km bergauf (nicht mit dem Ailigas bei Karigasniemi verwechseln!).

Verkehrsverbindungen

- **Bus:** Es gibt ein paar spärliche Postbus-Verbindungen.

Urho Kekkonen Nationalpark

Der 2530 km² große Park liegt rechts der E 75 zwischen Vuotso, Tankavaara und Saariselkä. Er wurde 1983 eingerichtet. Busse passieren ihn täglich auf der Route Sodankylä – Ivalo. Man kann auch auf der 91 an die russische Grenze nach Raaja Jooseppi fahren (im Sommer verkehrt ein Bus). Von hier sind es 3 km zum Park.

Informations-Tafeln stehen in Raja-Jooseppi, Luirojärvi, Tulppio und Kiilopää. Es gibt einige Wanderhütten und Campingplätze. Markierte Pfade in einigen Teilen, Naturpfade in Tankavaara und Kiilopää. **Unterkunft** auch in Tulppio und Vuotso, **Boote** in Lokka und Porttipahta, Tel. 0400-295421, **Ausflüge in den Park** mit Rentierschlitten: *Vuotso,* Tel. 016-626181 und *Savukoski,* Tel. 0400-160568.

Informationen: *National Park Büro,* Sompiontie, Vuotso, Tel. 016-99690, *Tankavaara Information Centre,* Tel. 205647251.

Kiilopää Wilderness Centre, Tel. 016-667101.

Vuotso

Das südlichste Samendorf, 80 km nördlich von Sodankylä an der E 75, siehe auch Route 11. Hier ist das Informationszentrum des Urho-Kekkonen-Nationalparks mit angeschlossenem Museum. Außerdem gibt es eine Rentierfarm mit Ausstellung. Die Staudämme Porttipahta *(Porttipahdan tekojärvi)* und Lokka *(Lokan tekojärvi)* liegen in der Nähe. Man kann auch bis zum Park Sompio wandern. Wer Fliegen vorzieht: In Vuotso gibt es ein kleines Flugfeld, *Vuotso's Air Service,* Tel. 626170. Unterkunft: *Gasthaus Vuotso,* Tel. 016-62658.

Ylläsjärvi

Guter See zum Angeln, am Fuße des Ylläs gelegen, siehe Kolari.

Ylitornio

- **Information:** Gemeindeamt, Tel. 589111; Gemeinsame Touristenberatung von Ylitornio-Övertorneå, Tel. 016-5104651, Tullitie 1, 95620 Aavasaksa. Geöffnet das ganze Jahr hindurch. Sommerinfo: Souvenirladen *Niuro,* 1.6.-24.8.
- **Einw.:** 5600
- **Übernachtung:** H, CA

Feriendorf Aavasaksa, Aurinkomajat, 95620 Aavasaksanvaarantie 180, Tel. 016-578150, www.aurinkomajat.fi.

Hotel Helenan Kievari, Alkkulanraitti 67, Tel. 016-571201, www.helenankievari.com.

Ylitornio liegt an der „ruhigsten Grenze der Welt" im Tornionjoki-Flusstal. Es gibt eine Brücke nach Övertorneå. Auf dem Aavasaksa-Hügel stehen der Aussichtsturm und ein Aussichtscafé, auf dem Marktplatz das Denkmal des Schriftstellers *Väinö Kataja* (www.tornio.fi/kirjasto/tlaakso/kirja/suomi/kataja.htm). Es gibt ein Schulmuseum und das Väinö-Kataja-Museum.

Ausflüge

- **Stromschnelle Vuennonkoski**
- **Landgut Kristineström** am südlichen Portimojärvi von 1767.
- Wer nach **Schweden** will, kann die Övertorneå-Kirche, das Kunst- und Kulturzentrum *Dränglängan* und den Feldplatz *Koivumaa* auf schwedischem Gebiet besichtigen.
- Das **Ylitornio-Seengebiet** umfasst die Seen Miekojärvi, Iso-Vietonen, Raanujärvi und Lohijärvi. Kreuzfahrten auf dem Fluss, Saunafährausflüge, Kanufahrten, Unterkunft: *Loma-Vietonen, Meltosjärvi,* Tel. 016546184. Huskycenter: *Tuomisen Yrttirahat Oy,* Meltosjärvi, Tel. 016-5104651.

LA_430 Foto: fh

Anhang

LAP_X28 Foto: fh

LA_203C Foto: fh

Gerne erinnert man sich an den Himmel

Der wehmütige Blick zurück

Ich möchte auch
ein Haus in Lappland haben!

Literaturtipps

- *Ernst Moritz Arndt:* **Eine Reise durch Schweden,** Dresden 1804
- **Gästehäfen in Schweden** (auf Schwedisch), STF, Stockholm
- *Odd Mathis Hætta:* **Die Sámi,** Dawi Girji o.s., Karasjok 1995
- *Knut Hamsun:* **Mysterien**
- *B. Hunter, R. Weyler:* **Rettet die Wale,** Kübler Verlag
- *Mervyn Jones:* **The Sami of Lapland,** Minority Rights Group, London
- **Kanteltar. Alte finnische Volkslyrik,** Eugen Diederichs Verlag;
- *Gisbert Jänicke:* **Kalewala,** das finnische Nationalepos, eine neue schlanke Übersetzung die sich vom Originalversmaß frei macht, Jung u. Jung, Wien 2004.
- *Lore u. Hans Fromm:* **Kalevala,** das finnische Epos, aus dem Urtext übertragen, Marix Wiesbaden 2005.
- *Carl von Linné:* **Lappländische Reise,** Gemini-Verlag, Berlin 2004
- **Loipenatlas Finnland,** Comma Verlag, über Nordinfo, Darmstädter Landstr. 180, Frankfurt
- *Ernst Manker:* **People of eight Seasons,** Nordbok, Göteborg
- **Marinakatalog Finland** (Häfen), Finnischer Touristenverband
- *Leopold Stocker:* **Nationalparks in Skandinavien,** Graz
- *Asbjörn Nesheim:* **Über die Lappen und ihre Kultur,** Tanum-Norli
- *William Osgood, L.J. Harly:* **The Snowshoe Book,** Stephan Green Press
- *Arto Paasilinna:* **Herr Wassermann und die finnische Sauna,** Tietosanoma OY-Business Books
- *Päivikki Palosaari:* **Delikatessen aus Lappland** (Kochbuch), Polarlehdet Oy
- *Kirsti Paltto:* **Zeichen der Zerstörung,** Persona Verlag 1997, eine Samin erzählt vom Ende des 2. Weltkriegs
- *K. U. Schwaar:* **Sámpi,** Frauenfeld Waldgut
- *Alfred Otto Schwede:* **Carl von Linné,** Berlin 1980
- *Alfred Otto Schwede:* **Lars Levi Læstadius,** Evang. Verlagsanstalt
- *Johan Turi:* **Das Buch des Lappen Johan Turi,** Eichborn Verlag
- *Antti Tuuri:* **15 Meter nach links** (Roman), Wolfgang Butt Verlag
- *Nils-Aslak Valkeapää:* **Greetings from Lappland,** Zed-Press, London
- *Marita Gleisner:* **Der Friseurladen,** ein Finnlandkrimi, Goldmann Verlag
- *Matti Sarmela:* **Finnische Volksüberlieferung,** Waxmann 2000
- *Dieter Hermann Schmitz:* **Finnische Witze,** Yrityskirjat Oy, Helsinki 2001
- *Alexis Kivi:* **Bierfahrt nach Schleusingen,** Hinstorff Verlag, Rostock 2000. Kivi verlegt den finnisch-schwedischen Konflikt nach Thüringen.
- *M.A. Numminen:* **Tango ist meine Leidenschaft**. Das merkwürdige Gelübte eines Jugendlichen, 2001 Frankfurt.
- **Norwegisch – Wort für Wort,** Kauderwelsch-Band 30, **Schwedisch – Wort für Wort,** Kauderwelsch-Band 28, **Finnisch – Wort für Wort,** Kauderwelsch-Band 15, REISE KNOW-HOW Verlag, Bielefeld. Die praktischen Sprechführer speziell für den Reisealltag. Audiomaterial erhältlich.
- **Yksi, kaksi, kolme** – Finnisch für Deutschsprachige, Hempen-Verlag.

Quellennachweis

Bei folgenden Verlagen und Autoren bedanken wir uns für die Abdruckgenehmigungen:

Kübler Verlag: „Der Walfang" von *Marliese Kübler* aus dem Buch „Rettet die Wale – Die Fahrten von Greenpeace".
Outi Tuomi-Nikula: Beitrag zu dem Kapitel „Essen und Trinken".
Fischer Taschenbuch Verlag: „Die Stallo Braut" aus dem Buch „Skandinavische Märchen" von *Heinz Barüske*.
Minority Rights Group, London: „Die Samen heute" von *Laila Kuisler* aus „World Minorities, Volume 1", Herausgeber: *G. Ashworth*, und: „Was die Samen fordern" aus Report 55, „The Sami of Lapland".
Papyrus-Verlag: „Das Lappenzelt" stammt aus dem Buch „Zelte, Architektur der Nomaden".

„Mini-Sprachführer“

Wir haben unser Sprachführer-Kapitel in Anführungszeichen gesetzt. Das hat seinen Grund: Wir haben uns lange mit dem Gedanken getragen, eine Sprachlehre anzuhängen, sind dann aber doch zu dem Ergebnis gekommen, dass das eine ziemlich aussichtslose Sache ist. Erstens müssten wir drei Sprachen behandeln, zweitens würde es nicht viel nützen, wenn wir jetzt eine Vokabelliste angehängt hätten, weil die Aussprache ja noch geklärt werden müsste. Das alles würde den Rahmen dieses Buches sprengen.

Um den Lappland-Fahrer aber nicht völlig „im Regen stehen zu lassen“, haben wir alle **Hinweis-, Verbots-** und **Gebotsschilder,** die uns unterwegs begegnet sind, aufgelistet. Und zwar alphabetisch innerhalb der jeweiligen Sprache geordnet. Diese Schilder sind schließlich wichtig und müssen ja auch von Ausländern befolgt werden.

Demjenigen, der etwas tiefer in die Landessprachen einsteigen will, können wir die **Sprechführer der Kauderwelsch-Reihe** empfehlen (siehe Literaturtipps).

Norwegisch

Wir haben Wörter aus beiden gebräuchlichen Sprachen ohne eine Trennung aufgeführt (siehe auch Kapitel Sprachen).

Apen	Geöffnet
Adgand forbud	Kein Zutritt
Ankomst	Ankunft
Anleggsted	Anlegeplatz
Avsmalnende veg	Engpass
Avgang	Abfahrt
Bading forbud	Baden verboten
Bilferjer	Autofähre
Blindgate	Sackgasse
Blindvei	Sackgasse
Brygge	Landungsbrücke
Dårlig veg	Schlechte Wegstrecke
Dårlig veidekke	Schlechte Fahrbahn
Drosje	Taxi
Dyretrekk	Wildwechsel
Forbud mot Omkjøring	Überholverbot
Forbud mot gjennomfart	Durchfahrt verboten
Forbud mot stanna	Halteverbot
Gjenomgang forbud	Kein Durchgang
Inn	Eingang
Kjør sakte	Langsam fahren
Ledig	Frei
Livbåter	Rettungsboote
Løs grus	Loser Schotter
Lugar	Kabine
Lukket	Geschlossen
Møtsplats	Ausweichstelle
Omkjøring	Umleitung
Opplysninger	Auskunft
Opptatt	Besetzt
Øl	Bier
Røkekupe	Raucherabteil
Røking forbud	Rauchen verboten
Selvbetjening	Selbstbedienung
Stasjon	Bahnhof
Stengt	Geschlossen
Stoppested	Haltestelle
Svake kanter	Seitenstreifen nicht befahrbar
Sykehus	Krankenhaus
Til bildekk	Zum Autodeck
Til leie	Zu vermieten
Toalett	Toilette
Tollhus	Zollhaus
Torget	Platz
Ut	Ausgang
Utsalg	Ausverkauf
Veiarbeid	Baustelle
Venterom	Wartesaal

Schwedisch

Ankomst	Ankunft
Annan fara	Achtung
Arbetare på vägen	Baustelle
Att hyra	Zu vermieten
Avgång	Abfahrt
Avsmalnande Väg	Engpass
Återvändsgränd	Sackgasse
Badning förbjuden	Baden verboten
Barnkupé	Abteil für Mutter und Kind
Begränsat hastighet	Geschwindigkeitsbegrenzung
Bilfärjan	Autofähre
Biljetter	Fahrkarten
Biljettluckan	Fahrkartenschalter
Bio	Kino
Dålig väg	Schlechte Wegstrecke
Drag	Ziehen
Dricksvatten	Trinkwasser
Effektförvaringen	Gepäckaufbewahrung
Ej Simkunnig	Nichtschwimmer
Ej genomfahrt	Keine Durchfahrt
Enkelrigtad gata	Einbahnstraße
Forbud genomfahrt	Durchfahrt verboten
Fram	Vorn
Fritt inträde	Eintritt frei
Fullbelagt	Hotel belegt
Färjan	Fähre
Förrörelsehämnade	Schwerbeschädigte
Förbifartsväg	Umleitung
Förbjuded att bada	Baden verboten
Förbud att stanna	Halteverbot
Förbud mot högersväng	Rechts Abbiegen verboten
Förbud mot omkörning	Überholverbot
Förvaringbox	Schließfach
Genomgång förbjuden	Durchgang verboten
Gräns	Grenze
Hallplåts	Haltestelle
Hamnpolisen	Hafenpolizei
Håll till höger	Nach rechts
Håll till vänser	Nach links
Hjälpstation	1.-Hilfe-Station
Icke rökare	Nichtraucher
Inresa	Einreise
Järnväg	Eisenbahn
Kör sakta	Langsam fahren
Ledig	Frei
Lifsfara	Lebensgefahr
Lämna företräde	Vorfahrt beachten
Matsalen	Speisesaal
Mötesplats	Ausweichstelle
Nattklubb	Nachtklub
Nödbroms	Notbremse
Nödutgång	Notausgang
Oppet	Geöffnet
Øl	Bier
Pastigning	Eingang
Posten	Postamt
Rakt fram	Geradeaus
Rea	Ausverkauf
Resgodsinlämning	Gepäckannahme
Rum	Zimmer
Rökare	Raucher
Rökning förbjuden	Rauchen verboten
Simmare	Schwimmer
Sjukhus	Krankenhaus
Skjut	Drücken
Slutstation	Endstation
Snabbköp	Selbstbedienung
Spår	Gleis
Station	Bahnhof
Stuga	Ferienhäuschen
Stängt	Geschlossen
Systembolaget	Alkoholverkaufsstelle
Tandläkare	Zahnarzt
Tidtabell	Fahrplan
Till	Nach, zu
Tillträde förbud	Eingang verboten
Tjälskador	Frostschäden
Tjästekupé	Dienststube
Torg	Marktplatz
Tull	Zoll
Tullfria Varor	Zollfreie Waren
Tvättrum	Waschraum
Upptaget	Besetzt
Utgång	Ausgang
Utresa	Ausreise
Utsålg	Ausverkauf
Varning	Vorsicht
Varning för Tåg	Vorsicht Zug
Vägkorsning	Kreuzung
Vägkurva	Kurve
Väntsalen	Wartehalle
Växelkontoret	Wechselstube

Finnisch

Das häufigste Straßenschild in Suomi ist **Keskusta.** Offensichtlich führen alle Straßen dorthin, man erreicht diesen Ort allerdings nie, denn das heißt einfach nur **Zentrum.**

Aikataulu	Fahrplan
Aja hitaasti	Langsam fahren
Ajo sallittu omalla vastuulla	Befahren auf eigene Gefahr
Aluerajoitus	Geschwindigkeitsbegrenzung
Asema	Bahnhof
Autolautta	Autofähre
Etuajo-oikeus muuttunut	Vorfahrt geändert
Heikko tien reuna	Seitenstreifen nicht befahrbar
Hengenvaara	Lebensgefahr
Hissi	Fahrstuhl
Hätäjarru	Notbremse
Irtokiviä	Rollsplitt
Itsepalvelubaari	Selbstbedienungsrestaurant
Juomavesi	Trinkwasser
Jäätelö	Eis
Kaiteet puuttuvat	Leitplanke fehlt
Kapea silta	Enge Brücke
Kelirikko	Schlechte Wegstrecke
Kielletty	Verboten
Kiertotie	Umleitung
Korkeajännitys	Hochspannung
Käymälät	Toilette
Käytävä	Eingang
Lautta	Fähre
Liukas tie	Straßenglätte
Lossi	Fähre
Lähtevät	Abfahrt
Läpiajo kielletty	Durchfahrt verboten
Läpikulku kielletty	Durchgang verboten
Makuuvaunu	Schlafwagen
Matkailukeskus	Touristen-Station
Miehille	Männer
Naisille	Frauen
Näkotorni	Aussichtsturm
Odotussali	Wartesaal
Oikealle	Rechts
Oikeaan	Rechts
Øl	Bier
Opastus	Information
Poliisilaitos	Polizeirevier
Pysäkki	Haltestelle
Päällystevaurioita	Straßenschäden
Rautatieasema	Bahnhof
Ravintola	Restaurant
Ravintolavaunu	Speisewagen
Retkeilymaja	Jugendherberge
Saapuvat	Ankunft
Sairaala	Krankenhaus
Satama	Hafen
Silta	Brücke
Sisään	Eingang
Soranajo	Verschmutzte Fahrbahn
Tie savettu	Neue Straßendecke
Tiemerkintä	Straßenmarkierungen
Tietyö	Baustelle
Tonteille ajo sallittu	Anlieger frei
Tulli	Zoll
Tupakanpoltto kielletty	Feuer Verboten
Tupakoiminen kielletty	Rauchen verboten
Tupakoitsijoille	Raucher
Työnnä	Drücken
Uiminen kielletty	Baden verboten
Uloskäytävä	Ausgang
Umpikuja	Sackgasse
Vaja	Garage
Valtatie	Bundesstraße
Vapaa	Frei
Varattu	Besetzt
Varauloskäytävä	Notausgang
Varokaa junaa	Vorsicht Zug
Vasemmalle	Links
Vasempaan	Links
Vedä	Ziehen
Yliopisto	Universität

Und zum Schluss noch, weil's so schön ist: Keinosiamennysyhdistys = „Institut für künstliche Besamung“ (nur Tiere)

HILFE!

Dieses Reisehandbuch ist gespickt mit unzähligen Adressen, Preisen, Tipps und Infos. Nur vor Ort kann überprüft werden, was noch stimmt, was sich verändert hat, ob Preise gestiegen oder gefallen sind, ob ein Hotel, ein Restaurant immer noch empfehlenswert ist oder nicht mehr, ob ein Ziel noch oder jetzt erreichbar ist, ob es eine lohnende Alternative gibt usw.

Unsere Autoren sind zwar stetig unterwegs und versuchen, alle zwei Jahre eine komplette Aktualisierung zu erstellen, aber auf die Mithilfe von Reisenden können sie nicht verzichten.

Darum: Schreiben Sie uns, was sich geändert hat, was besser sein könnte, was gestrichen bzw. ergänzt werden soll. Nur so bleibt dieses Buch immer aktuell und zuverlässig. Wenn sich die Infos direkt auf das Buch beziehen, würde die Seitenangabe uns die Arbeit sehr erleichtern. Gut verwertbare Informationen belohnt der Verlag mit einem Sprechführer Ihrer Wahl aus der über 200 Bände umfassenden Reihe „Kauderwelsch“ (siehe unten).

Bitte schreiben Sie an:

REISE KNOW-HOW Verlag Peter Rump GmbH, Postfach 140666, D-33626 Bielefeld, oder per e-mail an: info@reise-know-how.de

Danke!

Praxis – die handlichen Ratgeber

Wer seine Freizeit aktiv verbringt, in die Ferne schweift, moderne Abenteuer sucht, braucht spezielle Informationen und Wissen, das in keiner Schule gelehrt wird. REISE KNOW-HOW beantwortet mit derzeit 89 Titeln die vielen Fragen rund um Freizeit, Urlaub und Reisen in der praktischen Ratgeberreihe: „Praxis“.

So vielfältig die Themen auch sind, gemeinsam sind allen Büchern die anschaulichen und allgemeinverständlichen Texte. Praxiserfahrene Autoren schöpfen ihr Wissen aus eigenem Erleben und würzen ihre Bücher mit unterhaltsamen und teilweise kuriosen Anekdoten.

Alexandra Albert: **Sprachen lernen im Ausland**

J. und W. Lips: **Schwanger reisen**

Hans Hörauf: **Wann wohin reisen**

Frank Littek: **Fliegen ohne Angst**

Rainer Höh: **Orientierung mit Kompass und GPS**

Wolfram Schwieder: **Richtig Kartenlesen**

Gunter Schramm: **Internet für die Reise**

V. Heinrich: **Kommunikation von unterwegs**

Helmut Hermann: **Reisefotografie**

V. Heinrich: **Reisefotografie digital**

M. Faermann: **Gewalt und Kriminalität unterwegs**

Rainer Höh: **Clever reisen mit dem Wohnmobil**

Erich Witschi: **Clever buchen, besser fliegen**

Hans-Jürgen Fründt: **Reisen und Schreiben**

Peter Günther: **Inline Skating**

Die Reiseführer von Reis

Reisehandbücher
Urlaubshandbücher
Reisesachbücher
Edition RKH, Praxis

Algarve, Lissabon
Amrum
Amsterdam
Andalusien
Apulien
Athen
Auvergne, Cévennen

Barcelona
Berlin, Potsdam
Borkum
Bretagne
Budapest
Burgund

City-Trips mit Billigfliegern
City-Trips mit Billigfliegern, Bd.2
Cornwall
Costa Blanca
Costa Brava
Costa de la Luz
Costa del Sol
Costa Dorada
Côte d'Azur, Seealpen, Hochprovence

Dalmatien
Dänemarks Nordseeküste
Disneyland Resort Paris
Dresden

Eifel
El Hierro
Elsass, Vogesen
England, der Süden
Erste Hilfe unterwegs
Estland
Europa BikeBuch

Fahrrad-Weltführer
Fehmarn
Föhr
Formentera
Friaul, Venetien
Fuerteventura

Gardasee, Trentino
Golf von Neapel, Kampanien
Gomera
Gotland
Gran Canaria
Großbritannien

Hamburg
Helgoland
Hollands Nordseeinseln
Hollands Westküste
Holsteinische Schweiz

Ibiza, Formentera
Irland
Island, Faröer
Istanbul
Istrien, Kvarner Bucht

Juist

Kalabrien, Basilikata
Katalonien
Köln
Kopenhagen
Korfu, Ionische Inseln
Korsika
Krakau, Tschenst.
Kreta
Krim, Lemberg, Kiew
Kroatien

Landgang an der Ostsee
Langeoog
La Palma
Lanzarote
Latium mit Rom
Leipzig
Ligurien, Cinque Terre
Litauen
London

Madeira
Madrid
Mallorca
Mallorca, Leben/Arbeiten
Mallorca, Wandern
Malta, Gozo, Comino
Mecklenb./Brandenb.: Wasserwandern
Mecklenburg-Vorp. Binnenland
Menorca
Montenegro
Moskau
Motorradreisen
München

Norderney
Nordseeinseln, Dt.
Nordseeküste Niedersachsens
Nordseeküste Schleswig-Holstein
Nordspanien
Nordzypern
Normandie
Norwegen

Ostseeküste Mecklenburg-Vorp.
Ostseeküste Schleswig-Holstein
Outdoor-Praxis

Paris
Piemont, Aostatal
Polens Norden
Polens Süden
Prag
Provence
Provence, Templer
Pyrenäen

Rhodos
Rom
Rügen, Hiddensee
Ruhrgebiet
Rumänien, Rep. Moldau

Sächsische Schweiz
Salzburg, Salzkammergut
Sardinien
Schottland
Schwarzwald, südl.
Schweiz, Liechtenstein
Sizilien, Lipar. Inseln
Skandinavien, der Norden
Slowakei
Slowenien, Triest
Spaniens Mittelmeerküste
Spiekeroog
St. Tropez und Umgebung
Südnorwegen
Südwestfrankreich
Sylt

Teneriffa
Tessin, Lago Maggiore
Thüringer Wald
Toscana
Tschechien
Türkei, Hotelführer
Türkei: Mittelmeerküste

Umbrien
Usedom

Venedig

Know-How auf einen Blick

Wales
Wangerooge
Warschau
Wien

Zypern, der Süden

Wohnmobil-Tourguides

Kroatien
Provence
Sardinien
Südnorwegen
Südschweden

Edition RKH

Durchgedreht – Sieben Jahre im Sattel
Eine Finca auf Mallorca
Geschichten aus dem anderen Mallorca
Mallorca für Leib und Seele
Rad ab!

Praxis

Aktiv Algarve
Aktiv Andalusien
Aktiv Dalmatien
Aktiv frz. Atlantikküste
Aktiv Gardasee
Aktiv Gran Canaria
Aktiv Istrien
Aktiv Katalonien
Aktiv Polen
Aktiv Slowenien
All inclusive?
Bordbuch Südeuropa
Canyoning
Clever buchen, besser fliegen
Clever kuren
Drogen in Reiseländern
Feste Europas
Fliegen ohne Angst
Frau allein unterwegs
Fun u. Sport im Schnee
Geolog. Erscheinungen
Gesundheitsurlaub in Dtl. Heilthermen
GPS f. Auto, Motorrad
GPS Outdoor-Navigation
Handy global
Höhlen erkunden
Hund, Verreisen mit
Inline Skating
Inline-Skaten Bodensee
Internet für die Reise
Kanu-Handbuch
Kartenlesen
Kommunikation unterw.
Kreuzfahrt-Handbuch
Küstensegeln
Langzeitreisen
Marathon-Guide Deutschland
Mountainbiking
Mushing/Hundeschlitten
Nordkap Routen
Orientierung mit Kompass und GPS
Paragliding-Handbuch
Pferdetrekking
Radreisen
Reisefotografie
Reisefotografie digital
Reisekochbuch
Reiserecht
Respektvoll reisen
Schutz vor Gewalt und Kriminalität
Schwanger reisen
Selbstdiagnose unterwegs
Sicherheit Meer
Sonne, Wind, Reisewetter
Spaniens Fiestas
Sprachen lernen
Survival-Handbuch Naturkatastrophen
Tauchen Kaltwasser
Tauchen Warmwasser
Trekking-Handbuch
Unterkunft/Mietwagen
Vulkane besteigen
Wandern im Watt
Wann wohin reisen?
Wein-Reiseführer Deutschland
Wein-Reiseführer Italien
Wein-Reiseführer Toskana
Wildnis-Ausrüstung
Wildnis-Backpacking
Wildnis-Küche
Winterwandern
Wohnmobil-Ausrustung
Wohnmobil-Reisen
Wohnwagen Handbuch
Wracktauchen
Zahnersatz, Reiseziel

KulturSchock

Familienmanagement im Ausland
Finnland
Frankreich
Irland
Leben in fremden Kulturen
Polen
Rumänien
Russland
Spanien
Türkei
Ukraine
Ungarn

Europa

Wo man unsere Reiseliteratur bekommt:
Jede Buchhandlung Deutschlands, der Schweiz, Österreichs und der Benelux-Staaten kann unsere Bücher beziehen. Wer sie dort nicht findet, kann alle Bücher über unsere **Internet-Shops** bestellen.
Auf den Homepages gibt es **Informationen** zu allen Titeln:

www.reise-know-how.de oder **www.reisebuch.de**

Europas Norden

Martin Schmidt

Norwegen

636 Seiten, 21 Stadtpläne und Karten,
24 Seiten farbiger Kartenatlas

Martin Schmidt

Südnorwegen

540 Seiten, 13 Stadtpläne,
24 Seiten farbiger Kartenatlas

Hans-Günter Semsek

Irland

Mit Nordirland

492 Seiten, 16 Karten und Pläne,
24 Seiten farbiger Kartenatlas

Barbara C. Titz, Jörg-Thomas Titz

Island

Mit den Färöer-Inseln

672 Seiten, 27 Karten und Pläne,
24 Seiten farbiger Kartenatlas

Günther Schäfer

Litauen

480 Seiten, 16 Karten und Pläne,
durchgehend illustriert, 24 Seiten
farbiger Kartenatlas

**REISE KNOW-HOW Verlag,
Bielefeld**

Register

R

S

T

U

V

Kartenverzeichnis

Übersichtskarten

Routenkarten

Stadt- und Umgebungspläne

Die Autoren

Peter Rump (Jahrgang 1953) hatte Ende der 1970er Jahre die Idee zu diesem Reiseführer. Zusammen mit Frank-Peter Herbst bereiste er ausgiebig das nördliche Europa.

Als Autor hat sich Peter Rump mittlerweile auf Bali spezialisiert (Bali-Handbuch, ebenfalls im Verlag REISE KNOW-HOW), daher liegt die Betreuung des Skandinavien-Handbuches jetzt bei Frank-Peter Herbst.

Frank-Peter Herbst (Jahrgang 1952, Foto) wurde in Berlin geboren und ging 1994 wieder dorthin zurück. Ein Grund mehr, so oft wie möglich dem Trubel der Stadt den Rücken zu kehren und zur Entspannung die unverbauten Weiten der Tundra zu suchen. Die direkte Verbindung Rostock–Trelleborg machen es ihm leicht, für ein Wochenende in sein geliebtes Skandinavien zu entfliehen.

Seit seinem Designstudium entwirft er Leuchten für private Wohnzimmer und Beleuchtungsanlagen für Kinos und Restaurants. Dabei lässt er sich immer wieder von der Formauffassung der skandinavischen Kollegen beeinflussen, was natürlich im Lande selbst am besten gelingt.

Als Projektmanager einer Internet-Service-Firma beschäftigt er sich in der letzten Zeit mit der modernsten Seite der Kommunikation. Auch hier ist der Blick nach Skandinavien ein Teil des Arbeitsalltages.

LAP_078 Foto: sk

Foto: Sonja Körber